DER KORAN

DER KORAN

Übersetzung von
Adel Theodor Khoury
Unter Mitwirkung von
Muhammad Salim Abdullah
Mit einem Geleitwort von
Inamullah Khan
Generalsekretär des Islamischen
Weltkongresses

Gütersloher Verlagshaus
Gerd Mohn

Originalausgabe

ISBN 3-579-00783-1 (Taschenbuch)
ISBN 3-579-02154-0 (gebundene Ausgabe)

Umschlaggestaltung: Dieter Rehder, Aachen
Satz: ICS Communikations-Service GmbH, Bergisch Gladbach 2
Druck und Einband: Clausen & Bosse, Leck
Printed in Germany

مؤتمر العالم الإسلامي

MOTAMAR AL-ALAM AL-ISLAMI

—WORLD MUSLIM CONGRESS—

P.O. Box 5030, Karachi-2 □ 224, Sharafabad, Karachi-0511

Zum Geleit

Unter allen offenbarten Büchern der Welt ist es der Koran, der ein vollständiges Modell des menschlichen Lebens enthält. Seine moralischen und geistlichen Lehren sind auf das Ziel und den Zweck ausgerichtet, Muslime oder Gläubige (Mu'min) zu schaffen und eine tugendhafte Gesellschaft, die islamische Umma, zu bilden. Gleichwohl gibt es viele koranische Anordnungen, die mit den Worten beginnen: »O ihr Menschen«, Worten, die an die Menschheit allgemein gerichtet sind. Der Koran lehrt den Menschen und im besonderen den Muslim, wie er seine Pflichten erfüllen soll und seine Verantwortung als beachtetes Mitglied der Gesellschaft zu tragen hat. Ich bin froh, daß die Deutsche Sektion des Islamischen Weltkongresses in Zusammenarbeit mit dem Christlich-Islamischen Institut das lobenswerte Werk der Übersetzung des Heiligen Korans unternommen hat. Ihre Veröffentlichung als solche wird nicht nur die heranwachsenden Muslime in Deutschland befähigen, die Lehren des Heiligen Korans besser zu verstehen, sondern sie wird auch helfen, den Inhalt dieses göttlichen Buches der Rechtleitung allen deutschsprachigen Menschen sowohl in Europa als auch in anderen Teilen der Welt zugänglich zu machen.

Der Heilige Koran ist zugleich eine Abhandlung über hohe Moral, ein Buch, das zu edlen Werten führt, und ein vollständiges System bzw. Modell des praktischen Gesetzes (sharī̀a). Ein durchschnittlicher Leser des Heiligen Korans mag denken, daß er Richtlinien gibt in bezug auf Fasten, Pflichtgebet, gesetzliche Abgabe oder Wallfahrt. Aber ein tieferes Studium kann einen erfahrenen Leser erleuchten über verschiedene tiefe Themen wie das letzte Selbst, die Aspekte der Wirklichkeit, die Überlegenheit des Menschen über die Natur und sein Streben, sein eigenes Schicksal zu gestalten. Der Heilige Koran enthält zugleich eine Auseinandersetzung mit Theorien über Raum, Zeit, Sinn der Wahrnehmung und anbrechende Evolution. Was die modernen Wissenschaftler stolz macht auf ihre empirische Haltung, ist schon längst erwähnt worden im Heiligen Koran, welcher eine Hauptquelle der Erkenntnis ist.

Wir Muslime besitzen die Kenntnis und halten am Glauben fest, daß der Koran immer schon im Himmel existiert hat, in schriftlicher Form und in Arabisch. So steht der Koran im Herzen des islamischen Lebens und Denkens, und die islamische Kultur, die vom Koran abgeleitet ist, ist ausgefüllt mit der Beschreibung zahlreicher wissenschaftlicher Phänomene, welche meist mit den heutigen wissenschaftlichen Ideen konkurrieren können, und dies trotz der Tatsache, daß der Koran vor 1400 Jahren offenbart wurde. Beispiele solcher wissenschaftlicher Ideen erscheinen im Koran auf dem Gebiet der Astronomie, des Tierreiches, der menschlichen Fortpflanzung und der Schöpfung. Der Koran ist voller Überlegungen über die Himmel; und, abgesehen von den Versen, die besonders die Schöpfung beschreiben, gibt es im Koran ungefähr vierzig andere Verse, die über die Astronomie Auskunft geben. Die Muslime haben nur eine schwache Anerkennung ihres Beitrags zur Psychologie erfahren, der vom Koran, dem größten Buch über Psychologie zur Erforschung des menschlichen Verhaltens, abgeleitet ist.

Es ist die Pflicht eines jeden Muslims, Mann, Frau oder Kind, den Koran zu lesen und seinen besten Fähigkeiten entsprechend zu verstehen. Der Koran muß nicht nur mit Hilfe der Augen, der Stimme und der Zunge gelesen werden, sondern auch, indem wir dieses innere »Licht des Herzens« einschalten, das für unsere intellektuelle Ausstrahlung zu sorgen vermag. Sollte irgendeiner von uns durch sein Studium oder seine Betrachtung des Korans nur eine schwache Erkenntnis oder nur ein dürftiges Verständnis von ihm erhalten, so ist es unsere Pflicht, anderen unser Wissen weiterzugeben, sie wenn möglich zu unterrichten und mit ihnen die Erfahrungen zu teilen, die sich aus der Berührung mit der geistlichen Welt ergeben. Wie voller ist dann unsere Freude und das Erlebnis des Wunders, wenn der Koran unsere geistlichen Augen öffnet! Kein Wunder, daß die Muslime die Notwendigkeit verspürt haben, ihn zu übersetzen, was dazu führte, ihn in über hundert Sprachen zu übertragen.

Der Koran befiehlt der islamischen Gemeinschaft, das Wissen zu erwerben, damit sie sowohl die sich entwickelnden Sitten besser versteht als auch die Art und Weise besser erfaßt, wie sie sich nach seinem Willen in dieser diesseitigen Welt verhalten soll. Diesem besonderen Befehl des Korans folgend, waren die früheren Muslime fähig, einen substantiellen Beitrag zum vorhandenen Wissensstand zu leisten. Es ist eine der ernstzunehmenden Tatsachen der heutigen Zeit, daß es den alten Normen nicht gelungen ist, unsere Jugend zu halten und zu überzeugen. Und wir stehen vor einer neuen Ära der Unwissenheit.

Jeder Mensch ist durch seine Vorurteile und Traditionen und sein Milieu, deren er sich unbewußt bleibt, bestimmt. Und es gibt noch weitere Faktoren, die ihn vorbelasten und daran hindern, die Kulturen, die nicht seine eigenen sind, und die Normen, die ihm fremd sind, wahrzunehmen. Die Weltgemeinschaft sowohl auf der kulturellen wie auch auf der physischen Ebene kann nicht ohne Wandel das Denken pflegen; und der Mensch als Wesen, das in die Geschichte eingetaucht ist, ist am meisten dem Wandel unterworfen. Große Kunstwerke wurden zu verschiedenen Zeiten verschieden verstanden, und unsere Antworten auf Situationen fallen in verschiedenen Abschnitten unseres Lebens unterschiedlich aus. Unser Ziel sollte es sein, zu sehen, was der Koran dem Menschen in seiner heutigen Lage sagt und wie der moderne

Mensch sich dem Heiligen Buch nähern soll, um fähig zu sein, das zu begreifen, was es sagt.
Der Koran ist das Wort Gottes. Er ist offenbart worden, um den Menschen an den Pakt zu erinnern, der mit Gott am Tag der Schöpfung geschlossen wurde. Darum muß der Mensch den Sinn des Wortes Gottes feststellen, weil Worte, die ihres Sinnes entleert sind, keine Kommunikation herstellen können. Das gleiche ist wahr in bezug auf die Übersetzung des Korans, der das göttliche Buch ist, den Menschen offenbart als (ewige) Rechtleitung sowohl für das Diesseits als auch für das Jenseits. Der Koran wurde offenbart in erhabenem Arabisch; durch seine großartige Diktion und seinen Stil behält er die Reinheit seines göttlichen Ursprungs. Um den Koran in der richtigen Perspektive zu verstehen und aufzunehmen, müssen wir Muslime von neuem noch mehr Anstrengungen unternehmen.

Karatschi (Pakistan), den 4. Juni 1987
7 Shawwal, 1407

Dr. Inamullah Khan

Generalsekretär des Islamischen Weltkongresses
Präsident der Weltkonferenz der Religionen für den Frieden (WCRP)
Träger des Niwano-Friedenspreises 1987

Vorwort

Dieses Buch ist das Ergebnis intensiver Beschäftigung mit dem Islam und seiner heiligen Schrift, dem Koran, und die Krönung einer jahrelangen Zusammenarbeit zwischen dem Christlich-Islamischen Institut (Altenberge) und dem Zentralinstitut Islam-Archiv-Deutschland (Soest).

Die Anwesenheit von Millionen Muslimen in den europäischen Ländern hat nicht nur Schwellenängste oder gar feindselige Haltungen aufkommen lassen. Bei vielen Christen ist vielmehr auch ein verstärktes Interesse für den Islam und die Probleme der muslimischen Minderheit erwacht. Immer mehr Menschen suchen aufrichtig die Begegnung mit den Anhängern des Islams, erklären sich mit ihnen solidarisch und haben damit begonnen, sich mit dem Koran zu beschäftigen. Das geschieht auf nahezu allen Ebenen: im Kindergarten, in der Schule, in der Nachbarschaft, in den Betrieben und Krankenhäusern, in gemeinsamen Gesprächen in den Kirchengemeinden und vereinzelt auch bereits in den Moscheen.

Bei den bisher gebräuchlichen deutschen Ausgaben des Korans vermissen die Muslime oft ein ausreichendes Einfühlungsvermögen in ihr Denken. Sie werfen ihnen vor, zumeist ihrem Koranverständnis nicht zu entsprechen. Auch wird von den christlichen Gesprächspartnern an die Muslime immer dringender die Frage nach einer »authentischen« deutschsprachigen Version des Korans herangetragen, zumal bekannt ist, daß im englisch- und französischsprachigen Raum derartige, von den islamischen Weltorganisationen anerkannte Übersetzungen seit Jahren angeboten werden.

Die vorliegende Übersetzung will all diesen Anliegen Rechnung tragen. Da sie sich so eng wie möglich an das arabische Original hält und dort, wo mehrere Deutungen möglich sind, der islamischen Tradition den Vorzug einräumt, vermag sie den deutschen Muslimen ein höchstmögliches Maß an Textsicherheit zu geben. Das ist um so höher einzuschätzen, als man in Zukunft im

Umfeld der gesellschaftlichen Integration und des religiösen Dialogs mit einer größer werdenden Zahl deutschsprachiger Muslime rechnen muß.
Die weiteren Möglichkeiten, den koranischen Text zu deuten, werden in den knapp gehaltenen Anmerkungen erwähnt. Ein umfassender Kommentar des Korans ist für die wissenschaftliche Studienausgabe vorgesehen, die im selben Verlag erscheint.
Ein Register, bezogen auf die wichtigsten Namen und Begriffe, will den fruchtbaren Umgang mit dem Koran erleichtern. Die Liste der in den Anmerkungen herangezogenen Bibelstellen aus dem Alten und dem Neuen Testament soll den Lesern helfen, über die gemeinsamen Grundlagen der drei monotheistischen Religionen: Judentum, Christentum und Islam, nachzudenken.
Um diese Ausgabe noch nützlicher zu machen, wird im Anhang eine Textauswahl aus dem Ḥadīth, der Urkunde der islamischen Tradition, veröffentlicht. Bei der Auswahl dieser Texte stand die Bemühung im Vordergrund, hier vor allem die religiösen, dem geistlichen Leben der Gläubigen förderlichen Aussprüche und Handlungen des Propheten Muḥammad wiederzugeben. Eine umfangreiche Sammlung von Ḥadīth-Texten, sowohl religiösen als auch rechtlichen Inhalts, soll nach der Studienausgabe des Korans erscheinen.
Zur Bedeutung der verschiedenen Zeichen im Text des Korans möge der Leser die technischen Hinweise beachten, die nach der Einleitung abgedruckt sind.
Allen Menschen guten Willens, die sich für Verständigung, Versöhnung und Solidarität unter den Religionsgemeinschaften und Völkern einsetzen, sei diese Arbeit gewidmet.

Im Mai 1987 (Ramaḍān 1407)
Adel Theodor Khoury und *Muhammad Salim Abdullah*

Inhalt

Muhammad Salim Abdullah: Einleitung XVII

Hinweise für den Leser XXXIX

Umschrift und Lautwerte arabischer Buchstaben. XL

DIE SUREN DES KORANS

Sure 1 Die Eröffnung (al-Fātiḥa), zu Mekka, 7 Verse . . 1
Sure 2 Die Kuh (al-Baqara), zu Medina, 286 Verse . . . 2
Sure 3 Die Sippe `Imrāns (Āl `Imrān),
zu Medina, 200 Verse 37
Sure 4 Die Frauen (al-Nisā'), zu Medina, 176 Verse . . 58
Sure 5 Der Tisch (al-Mā'ida), zu Medina, 120 Verse . . 79
Sure 6 Das Vieh (al-An`ām), zu Mekka, 165 Verse . . . 95
Sure 7 Der Bergkamm (al-A`rāf), zu Mekka, 206 Verse 112
Sure 8 Die Beute (al-Anfāl), zu Medina, 75 Verse . . . 132
Sure 9 Die Umkehr (al-Tauba), zu Medina, 129 Verse . 141
Sure 10 Jonas (Yūnus), zu Mekka, 109 Verse 155
Sure 11 Hūd, zu Mekka, 123 Verse 165
Sure 12 Josef (Yūsuf), zu Mekka, 111 Verse. 176
Sure 13 Der Donner (al-Ra`d), zu Medina, 43 Verse . . . 186
Sure 14 Abraham (Ibrāhīm), zu Mekka, 52 Verse 191
Sure 15 Ḥidjr (al-Ḥidjr), zu Mekka, 99 Verse 196
Sure 16 Die Bienen (al-Naḥl), zu Mekka, 128 Verse . . . 200
Sure 17 Die Nachtreise (al-Isrā') – oder:
Die Kinder Israels (Banī Isrā'īl),
zu Mekka, 111 Verse 211
Sure 18 Die Höhle (al-Kahf), zu Mekka, 110 Verse . . . 220
Sure 19 Maria (Maryam), zu Mekka, 98 Verse 229
Sure 20 Ṭā Hā, zu Mekka, 135 Verse 235
Sure 21 Die Propheten (al-Anbiyā'),
zu Mekka, 112 Verse 243
Sure 22 Die Wallfahrt (al-Ḥadjj), zu Medina, 78 Verse . 251

Sure 23 Die Gläubigen (al-Mu'minūn), zu Mekka, 118 Verse 258
Sure 24 Das Licht (al-Nūr), zu Medina, 64 Verse 264
Sure 25 Die Unterscheidungsnorm (al-Furqān), zu Mekka, 77 Verse 272
Sure 26 Die Dichter (al-Shu`arā'), zu Mekka, 227 Verse 277
Sure 27 Die Ameisen (al-Naml), zu Mekka, 93 Verse . . 285
Sure 28 Die Geschichte (al-Qaṣaṣ), zu Mekka, 88 Verse 292
Sure 29 Die Spinne (al-`Ankabūt), zu Mekka, 69 Verse . 301
Sure 30 Die Byzantiner (al-Rūm), zu Mekka, 60 Verse . 307
Sure 31 Luqmān, zu Mekka, 34 Verse 312
Sure 32 Die Anbetung (al-Sadjda), zu Mekka, 30 Verse . 315
Sure 33 Die Parteien (al-Aḥzāb), zu Medina, 73 Verse . . 317
Sure 34 Saba', zu Mekka, 54 Verse 325
Sure 35 Schöpfer (Fāṭir), zu Mekka, 45 Verse 330
Sure 36 Yā Sīn, zu Mekka, 83 Verse 335
Sure 37 Die sich reihen (al-Ṣāffāt), zu Mekka, 182 Verse 339
Sure 38 Ṣād, zu Mekka, 88 Verse 345
Sure 39 Die Scharen (al-Zumar), zu Mekka, 75 Verse . . 350
Sure 40 Der vergibt (Ghāfir) – oder: Der Gläubige (al-Mu'min), zu Mekka, 85 Verse 357
Sure 41 Im einzelnen dargelegt (Fuṣṣilat) – oder: Ḥā Mīm Sich niederwerfen (Ḥā Mīm al-Sadjda), zu Mekka, 54 Verse 363
Sure 42 Die Beratung (al-Shūrā), zu Mekka, 53 Verse . . 369
Sure 43 Der Prunk (al-Zukhruf), zu Mekka, 89 Verse . . 373
Sure 44 Der Rauch (al-Dukhān), zu Mekka, 59 Verse . . 379
Sure 45 Die auf den Knien sitzt (al-Djāthiya), zu Mekka, 37 Verse 381
Sure 46 Die Dünen (al-Aḥqāf), zu Mekka, 35 Verse . . . 384
Sure 47 Muḥammad, zu Medina, 38 Verse 388
Sure 48 Der Erfolg (al-Fatḥ), zu Medina, 29 Verse. . . . 392
Sure 49 Die Gemächer (al-Ḥudjurāt), zu Medina, 18 Verse 396
Sure 50 Qāf, zu Mekka, 45 Verse 398
Sure 51 Die aufwirbeln (al-Dhāriyāt), zu Mekka, 60 Verse 401

Sure 52 Der Berg (al-Ṭūr), zu Mekka, 49 Verse 403
Sure 53 Der Stern (al-Nadjm), zu Mekka, 62 Verse . . . 406
Sure 54 Der Mond (al-Qamar), zu Mekka, 55 Verse . . . 408
Sure 55 Der Erbarmer (al-Raḥmān), zu Mekka, 78 Verse 411
Sure 56 Die eintreffen wird (al-Wāqi`a), zu Mekka, 96 Verse 414
Sure 57 Das Eisen (al-Ḥadīd), zu Medina, 29 Verse . . . 417
Sure 58 Der Streit (al-Mudjādala), zu Medina, 22 Verse 420
Sure 59 Die Versammlung (al-Ḥashr), zu Medina, 24 Verse 423
Sure 60 Die Prüfung (al-Mumtaḥina), zu Medina, 13 Verse 426
Sure 61 Die Reihe (al-Ṣaff), zu Medina, 14 Verse 428
Sure 62 Der Freitag (al-Djumu`a), zu Medina, 11 Verse 430
Sure 63 Die Heuchler (al-Munāfiqūn), zu Medina, 11 Verse 431
Sure 64 Die Übervorteilung (al-Taghābun), zu Medina, 18 Verse 432
Sure 65 Die Entlassung (al-Ṭalāq), zu Medina, 12 Verse 434
Sure 66 Das Verbot (al-Taḥrīm), zu Medina, 12 Verse . . 436
Sure 67 Die Königsherrschaft (al-Mulk), zu Mekka, 30 Verse 438
Sure 68 Das Schreibrohr (al-Qalam), zu Mekka, 52 Verse 440
Sure 69 Die fällig wird (al-Ḥāqqa), zu Mekka, 52 Verse . 442
Sure 70 Die Himmelsleiter (al-Ma`āridj), zu Mekka, 44 Verse 444
Sure 71 Noach (Nūḥ), zu Mekka, 28 Verse 446
Sure 72 Die Djinn (al-Djinn), zu Mekka, 28 Verse 447
Sure 73 Der sich eingehüllt hat (al-Muzzammil), zu Mekka, 20 Verse 449
Sure 74 Der sich zugedeckt hat (al-Muddaththir), zu Mekka, 56 Verse 451
Sure 75 Die Auferstehung (al-Qiyāma), zu Mekka, 40 Verse 453
Sure 76 Der Mensch (al-Insān) – oder: die Zeit (al-Dahr), zu Medina oder zu Mekka, 31 Verse 454

Sure 77 Die gesandt werden (al-Mursalāt), zu Mekka, 50 Verse 456
Sure 78 Der Bericht (al-Naba'), zu Mekka, 40 Verse . . . 458
Sure 79 Die entreißen (al-Nāzi`āt), zu Mekka, 46 Verse 459
Sure 80 Er runzelte die Stirn (`Abasa), zu Mekka, 42 Verse 461
Sure 81 Umwinden (al-Takwīr), zu Mekka, 29 Verse . . 462
Sure 82 Zerbrechen (al-Infiṭār), zu Mekka, 19 Verse. . . 463
Sure 83 Die das Maß verkürzen (al-Muṭaffifīn), oder: Das Maß verkürzen (al-Taṭfīf), zu Mekka, 36 Verse 464
Sure 84 Sich spalten (al-Inshiqāq), zu Mekka, 25 Verse . 465
Sure 85 Die Sternzeichen (al-Burūdj), zu Mekka, 22 Verse 466
Sure 86 Der Nachtstern – oder: Was in der Nacht erscheint (al-Ṭāriq), zu Mekka, 17 Verse 467
Sure 87 Der Allerhöchste (al-A`lā), zu Mekka, 19 Verse 468
Sure 88 Die bedecken wird (al-Ghāshiya), zu Mekka, 26 Verse 469
Sure 89 Die Morgenröte (al-Fadjr), zu Mekka, 30 Verse 470
Sure 90 Das Gebiet (al-Balad), zu Mekka, 20 Verse . . . 471
Sure 91 Die Sonne (al-Shams), zu Mekka, 15 Verse . . . 472
Sure 92 Die Nacht (al-Layl), zu Mekka, 21 Verse 472
Sure 93 Der Morgen (al-Ḍuḥā), zu Mekka, 11 Verse . . 473
Sure 94 Das Weiten (al-Sharḥ), – oder: Sich weiten (al-Inshirāḥ), zu Mekka, 8 Verse . . 474
Sure 95 Der Feigenbaum (al-Tīn), zu Mekka, 8 Verse . . 474
Sure 96 Der Embryo (al-`Alaq), zu Mekka, 19 Verse. . . 475
Sure 97 Die Bestimmung (al-Qadr), zu Mekka, 5 Verse 476
Sure 98 Das deutliche Zeichen (al-Bayyina), zu Medina oder zu Mekka, 8 Verse 476
Sure 99 Das Beben (al-Zalzala, oder: al-Zilzāl), zu Medina, oder: zu Mekka, 8 Verse 477
Sure 100 Die laufen (al-`Ādiyāt), zu Mekka, 11 Verse . . 478
Sure 101 Die Katastrophe (al-Qāri`a), zu Mekka, 11 Verse 478

Sure 102 Wettstreit um noch mehr (al-Takāthur), zu Mekka, 8 Verse 479
Sure 103 Der Nachmittag (al-`Aṣr), zu Mekka, 3 Verse . . 479
Sure 104 Der Stichler (al-Humaza), zu Mekka, 9 Verse . . 480
Sure 105 Der Elefant (al-Fīl), zu Mekka, 5 Verse 480
Sure 106 Quraysh, zu Mekka, 4 Verse 481
Sure 107 Die Hilfeleistung (al-Mā`ūn), zu Mekka, 7 Verse 481
Sure 108 Die Fülle (al-Kauthar), zu Mekka, 3 Verse . . . 482
Sure 109 Die Ungläubigen (al-Kāfirūn), zu Mekka, 6 Verse 482
Sure 110 Die Unterstützung (al-Naṣr), zu Medina, 3 Verse. 483
Sure 111 Die Palmenfaser (al-Masad), — oder: Lodern (al-Lahab), zu Mekka, 5 Verse 483
Sure 112 Der aufrichtige Glaube (al-Ikhlāṣ), zu Mekka, 4 Verse 484
Sure 113 Das Frühlicht (al-Falaq), zu Mekka, 5 Verse. . . 484
Sure 114 Die Menschen (al-Nās), zu Mekka, 6 Verse . . . 485

ANHANG

Texte aus der Tradition (Ḥadīth) zu Themen des Korans 487
Einleitung: Sunna und Ḥadīth 488
Texte zu einigen Koranstellen 492
Gott: Erhabenheit, Vorsehung, Huld, Barmherzigkeit, Vergebung, Menschenfreundlichkeit und Liebe 496
Muḥammad: Vergebung, Fürsprache 502
Das Gute / Das Böse, Gebote / Verbote, das Rechte / das Verwerfliche 507
Diesseits / Jenseits 515
Islam / Religion, Reinigungsriten, Gebet, Fasten 518
Tugenden: Dankbarkeit, Geduld, Bewährung in der Prüfung 523
Familie, Verwandte, Pietät 530
Keuschheit, Unzucht, Ehebruch. 533

Gerechtigkeit 534
Wahrhaftigkeit, Lüge, Heuchelei 536
Ehe, Ehepartner 537
Brüderlichkeit, Hilfsbereitschaft, Liebe 541
Regierungsverantwortung 548
Gesetzliche Strafen: Diebstahl, Unzucht, Ehebruch . . . 549
Tod und Gericht, Vergeltung, Paradies / Hölle 551

Namen- und Sachregister zum Koran 559

Bibelstellenregister 577

Muhammad Salim Abdullah

Der Koran
Gottes Wort im Leben der Gemeinde

»Im Namen Gottes, des Erbarmers, des Barmherzigen.
Wir haben ihn *(den Koran)* in der Nacht der Bestimmung hinabgesandt. Woher sollst du wissen, was die Nacht der Bestimmung ist? Die Nacht der Bestimmung ist besser als tausend Monate. Die Engel und der Geist kommen in ihr mit der Erlaubnis ihres Herrn herab mit jedem Anliegen. (Voller) Frieden ist sie bis zum Aufgang der Morgenröte.«
Mit diesen Worten berichtet die 97. Sure des Korans (1–5) von der ersten Offenbarung, die Muḥammad im Alter von vierzig Jahren, am 27. Ramaḍāntage des Jahres 610 n. Chr. (jul. Zeitrechnung) empfing und durch die er nach islamischem Glauben zum »khātam al-nabiyyīn«, zum »Siegel der Propheten« (Sure 33,40), berufen wurde.
Bei dem Wort »Koran«, arabisch Qur'ān, handelt es sich um ein Lehnwort aus dem Aramäischen mit der Bedeutung: Lesung, Vortrag, von qara'a = lesen, rezitieren. Von den Muslimen wird der Koran häufig schlicht als »Das Buch« (al-kitāb) bezeichnet, das die Gesamtheit der göttlichen Botschaften enthält, die der Prophet im Laufe von zwei Jahrzehnten empfing, wie sie in dem vor Anbeginn der Welt geschaffenen Urbild, der »Mutter des Buches« (umm al-kitāb), verzeichnet stehen. Im Koran selbst heißt es dazu: »Nein, es ist ein glorreicher Koran auf einer wohlverwahrten Tafel« (85, 21–22); und: »Er ist aufgezeichnet in der Urnorm des Buches bei Uns, erhaben und weise« (43,4).
Der Koran ist also das Wort Gottes, und der Gläubige leitet ein Zitat aus ihm daher folgerichtig stets ein mit der Formel: qāla llāh (Gott hat gesagt).
Zwar bekennen sich heute nahezu 1,2 Milliarden Menschen zu den Lehren des Islams, und kein anderes Buch wird bis in unsere Tage gleich viel gelesen, zitiert und memoriert oder hat in

gleichem Maße das Leben des einzelnen, der Familie und der Gesellschaft so sehr geprägt wie der Koran, dennoch ist das Urteil der nichtislamischen Welt über ihn geteilt. Schon Goethe schrieb in seinem *Westöstlichen Diwan*: »Grenzenlose Tautologien und Wiederholungen bilden den Körper dieses heiligen Buches, das uns, sooft wir auch darangehen, immer von neuem anwidert, dann aber anzieht, in Erstaunen setzt und am Ende Verehrung abnötigt.« Der Stil des Korans sei seinem Inhalt und Zweck gemäß streng, groß, furchtbar, stellenweise wahrhaft erhaben: »So treibt ein Keil den anderen, und darf sich über die große Wirksamkeit des Buches niemand verwundern. Weshalb es denn auch von den echten Verehrern für unerschaffen und ›mit Gott gleich ewig‹ erklärt wurde.«

Das schönste Urteil über die heilige Schrift des Islams hat Emile Dermenghem in seinem Buch *Mohammed* (Reinbek 1960) gefällt. Er schreibt: »Das heilige Buch des Islams kann nicht als ein literarisches Werk, dessen Verfasser Mohammad wäre, aufgefaßt werden. Sein Wert und auch seine Schönheit gehen über das Literarische hinaus und spiegeln seinen Ursprung und die ihm zugesprochene Natur wider. Die erschöpfende Wirksamkeit eines Kunstwerkes, und eben dieses im besonderen, ist das Ergebnis eines engen Verkehrs des ausstrahlenden und des empfangenden Geistes. Der Koran ist ein ›inspiriertes‹ Buch schon deshalb, weil er nicht allein die Frucht der bewußt denkenden Vernunft ist, und weil das Bewußtsein dessen, der ihn in klar erkennbaren Trancezuständen verkündete, ohne vielleicht die unbewußten Tiefen seiner Persönlichkeit immer zu verlassen, offenbar in eine Wirklichkeit eingetaucht war, welche die Welt des Scheins überragt.« Andererseits zwinge die Tatsache, daß der Koran als ungeschaffenes Wort betrachtet werde, das man im Gebet rezitiert, also dazu diene, zum Ewigen zu gelangen (vgl. Koran 5,35), dieses Buch anders als wie irgendeine Dichtung zu behandeln. Dermenghem: »Ohne festen Plan, explosiv, in Verbindung mit zufälligen Umständen entstanden, nicht widerspruchslos – so steht dieses lebenskräftige, dynamische Buch vor uns.«

1. *Die Stellung des Korans in der Gemeinde*

Der Koran vermittelt ein das ganze Leben des Menschen umfassendes und bestimmendes Gefüge religiöser Traditionen, gesellschaftlicher Ordnungen und politischer Bindungen. Er ist für die Muslime die Urnorm des Gesetzes, die primäre Wirklichkeit des Islams. Er ist nicht nur die Verdichtung aller Lehren des Propheten, aus der ein breiter Strom von Traditionen gespeist wird, sondern vor allem die letztgültige Autorität, das Wort Gottes durch den Mund des Propheten, das den Islam begründet. Der Koran ist zwar eine verbalinspirierte Offenbarungsurkunde, also Wort für Wort an Muḥammad diktiert, aber seine Autorität beruht nicht in erster Linie auf dieser Überlieferungsweise, sondern liegt eine Schicht tiefer. Für den Muslim ist der Koran, wie bereits erwähnt, das Abbild einer ewigen, übergeschichtlichen Urschrift der Offenbarung, die bei Gott aufbewahrt wird. Das wird aus folgenden Abschnitten des ehrwürdigen Buches deutlich:

- »Beim deutlichen Buch! Wir haben es in einer gesegneten Nacht hinabgesandt – Wir haben ja (die Menschen) immer wieder gewarnt –, in der jede weise Angelegenheit einzeln entschieden wird als eine Angelegenheit von unserer Seite – ja, Wir haben immer wieder (Warner) gesandt . . .« (al-Dukhān 44, 2–5).
- »Wir sind es, die die Ermahnung hinabgesandt haben, und Wir sind es, die sie bewahren« (al-Ḥidjr 15,9).
- »Betrachten sie denn nicht sorgfältig den Koran? Wenn er von einem anderen als Gott wäre, würden sie in ihm viel Widerspruch finden« (al-Nisā' 4,82).
- »Dies ist das Buch, an ihm ist kein Zweifel möglich . . .« (al-Baqara 2,2).
- »Wenn die Menschen und die Djinn zusammenkämen, um etwas beizubringen, was diesem Koran gleich wäre, sie brächten nicht seinesgleichen bei, auch wenn sie einander helfen würden. Und Wir haben den Menschen in diesem Koran verschiedene Gleichnisse dargelegt. Doch bestehen die meisten Menschen auf dem Unglauben« (al-Isrā' 17,88–89).

So warnt der Koran auch eindringlich vor leichtfertigen Ausdeutungen seiner Verse, etwa in der Sure Āl ʿImrān (3,7): »Er ist es, der das Buch auf dich herabgesandt hat. In ihm gibt es eindeutig festgelegte Zeichen, sie sind die Urnorm des Buches – und andere, mehrdeutige. Diejenigen, in deren Herzen Abweichen von der Wahrheit steckt, folgen dem, was in ihm mehrdeutig ist, im Trachten danach, (die Menschen) zu verführen, und im Trachten danach, es (eigener) Deutung zu unterziehen. Um seine Deutung aber weiß niemand außer Gott. Diejenigen, die im Wissen fest gegründet sind, sagen: ›Wir glauben; das eine und das andere ist von unserem Herrn.‹ Jedoch bedenken es nur die Einsichtigen.«

Der Muslim versucht also, sein heiliges Buch auf eine andere Weise zu verstehen, nämlich in laut vorgetragener Rezitation. Er macht sich den Koran innerlich zu eigen. Folglich benutzt er auch im profanen Leben koranische Formulierungen und eignet sich eine koranische Denkweise an, die sein Weltbild prägt. Daher ist die heilige Schrift des Islams kein abstraktes Buch, das als Objekt für sich besteht. Der Koran existiert als Anrede, die Antwort erwartet, die den Hörer mit einbezieht. *Islam* heißt ja auch unter anderem Hingabe, und *Muslim* der sich Hingebende. Der Koran schafft sich also eine Gruppe von Nachfolgern, die islamische Gemeinde. Sie – die Muslime – leben in und nach ihm, und er – der Koran – lebt umgekehrt in, mit und unter der Rezitation und Antwort des Glaubens weiter. Der »Christus des Islams« ist also der Koran und nicht der Prophet, durch dessen Mund er offenbart wurde. Im Christentum wurde das Wort Fleisch, im Islam zum Buchstaben, zu einem Buch, dem Koran.

In seinem *Buch der Ewigkeit* singt der 1938 verstorbene muslimische Dichter Sir Muḥammad Iqbal:

Willst du ein Herz als rechter Moslem haben,
Blick auf dein Innres und in den Koran!
In seinen Versen hundert neue Welten
Jahrhunderte in seinem Wort enthalten.
Der Welten eine reicht für unsere Ära;
Es faßt sie, wessen Herz den Sinn erfaßt.

Ein Gläubiger ist selbst ein Gottesvers,
Er zieht die Welten an so wie ein Kleid.
Wenn eine Welt in seiner Brust veraltet,
Ist's der Koran, der eine neu entfaltet!

Er ist, wie Gott, verborgen und doch klar,
Lebendig und beständig, voll Verkündigung.
In ihm liegt das Geschick von West und Osten –
Nun zeige der Gedanken Blitzesschnelle!
Er spricht zum Moslem: Gib die Seele hin!
Was du mehr hast als nötig, gib es hin!
Du schufst ein neu Gesetz und neue Riten!
Betrachte sie im Lichte des Korans!
Erkenn des Lebens Höhen und die Tiefen,
Erkenne die Bestimmung auch des Lebens!

Unsre Versammlung hat nicht Wein noch Schenken,
Die Laute des Korans hat ew'ge Lieder!
Mag unser Schlag auch ohne Wirkung sein –
Im Himmel gibt es tausend gute Spieler!
Das Gottgedenken braucht nicht Nationen,
Und es bedarf der Zeiten nicht, des Raums.

2. *Die Entstehungsgeschichte des Korans und die Sicherung des Textes*

Wenn man um diese zentrale Bedeutung des Korans für die islamische Gemeinde weiß, wird leicht verständlich, daß die `Ulamā' (Gelehrten) geradezu eifersüchtig über die Reinheit des Textes wachen.

Der Prophet Muḥammad selbst lernte alle ihm zukommenden Offenbarungen auswendig und memorierte sie regelmäßig, so daß ihm der Text stets gegenwärtig blieb. Außerdem traf er eine Reihe von Vorkehrungen zur Sicherung und Erhaltung der Texte. Man weiß, daß er eine Anzahl Personen eigens dazu angestellt hatte, um ihnen jede empfangene Offenbarung sofort in die Feder zu diktieren. Fünfzehn Namen von Sekretären des Propheten sind überliefert, darunter auch die späteren Kalifen Abū Bakr, `Umar, `Uthmān und `Alī, der Schwiegersohn des Propheten.

Als in der frühislamischen Gemeinde das Verlangen wuchs, die heiligen Texte auswendig zu lernen, bildete Muḥammad selbst vier Männer, deren Namen uns mit `Abdullāh ibn Mas`ūd, Sālim Maulā Abī Ḥudhayfa, Mu`ādh ibn Djabal und Ubayy ibn Ka`b überliefert sind, zu Schriftgelehrten aus und übertrug ihnen die Vermittlung des Korans. `Abdullāh, ein Landarbeiter, und Sālim, ein befreiter Sklave, stammten aus Mekka und waren nach Medina ausgewandert. Mu`ādh und Ubayy gehörten zu den Notabeln von Medina. Indem Muḥammad die ersten Schriftgelehrten des Islams aus verschiedenen Volksschichten berief, schuf er jedermann den ihm gemäßen Zugang zu den Quellen der Schrift.

Neben diesen vier vom Propheten selbst geschulten Koranlehrern oder Schriftgelehrten sind uns die Namen von dreißig männlichen und drei weiblichen Koran-Rezitatoren überliefert, darunter auch der Sekretär des Propheten, Zayd ibn Thābit. Im Jahre 4 nach der Hidjra (626 n. Chr.) sandte Muḥammad siebzig seiner Gefährten als Koranlehrer zu verschiedenen arabischen Stämmen. Jeder von ihnen konnte den Koran auswendig rezitieren. Noch zu Lebzeiten des Propheten hatten Tausende von Muslimen auf diese Weise den Koran ihrem Gedächtnis anvertraut.

Der Überlieferung zufolge fielen im Kampf gegen Musaylima, der sich nach dem Tode des Propheten, im Jahre 632, gegen die Gemeinde erhoben hatte, allein 500 von 3000 Koran-Rezitatoren. So beauftragte der Kalif Abū Bakr auf `Umars Vorschlag hin den bereits erwähnten Zayd ibn Thābit, alle schriftlich vorhandenen Fragmente (Zettel, Palmblätter, Steine, Knochen, Leder und Holzstücke) zu sammeln, sie durch mündlich verbürgte Überlieferungen der Koran-Rezitatoren zu ergänzen und die Texte dann auf geordnete Blätter (ṣuḥuf) zu übertragen. Nachdem der so entstandene Text von einer Rezitatoren-Kommission überprüft und gebilligt worden war, wurde er zu einem Buch zusammengefaßt und im Laufe des Monats Ramaḍān des Jahres 633 n. Chr.

von Anfang bis zum Ende in den Gebetsversammlungen der Gemeinde vorgetragen und von dieser schließlich als authentisch anerkannt.

Neben diesem ersten Koran-Exemplar, das schließlich in den Besitz von `Umars Tochter, der Prophetenwitwe Ḥafṣa kam, existierten vier andere Rezensionen in den Provinzen. Verfasser dieser Aufzeichnungen waren, neben den bereits erwähnten Schriftgelehrten `Abdullāh ibn Mas`ūd und Ubayy ibn Ka`b, der langjährige Diener des Propheten Abū Mūsā `Abdullāh al-Ash`arī und Miqdād ibn `Amr, einer der frühesten Anhänger des Islams. Die Aufzeichnungen dieser vier Männer unterschieden sich vom Ḥafṣa-Exemplar, wie wir heute wissen, lediglich in der Anordnung der Suren und in einigen unbedeutenden textlichen Varianten. Es blieb dem Kalifen `Uthmān vorbehalten, den Text im Jahre 653, also 21 Jahre nach dem Tode des Propheten, zu kanonisieren. Vorlage zu dem sogenannten medinischen Musterkodex (al-imām) war der Ḥafṣa-Koran, und Vorsitzender der Redaktionskommission wieder Zayd ibn Thābit, der auch die erste Sammlung vorgenommen hatte.

Von diesem Musterkodex wurden sieben Abschriften in die seinerzeitigen Metropolen geschickt, unter anderem nach Mekka, Kūfa, Baṣra und Damaskus, mit der gleichzeitigen Verordnung, daß künftig keinerlei Abweichungen vom Standardtext mehr erlaubt seien, auch wenn es sich nur um die Aussprache der Konsonanten handele. Als Folge wurden alle abweichenden Abschriften vernichtet. Seither gibt es nur noch die sogenannte *`uthmān'sche Rezension*, die auf Zayd ibn Thābit zurückgeht und deren Text noch heute gültig und vorhanden ist.

Der Textsicherung dienten aber auch die sich fünfmal täglich wiederholenden Gebete, während derer der Koran rezitiert wurde, sodann die Rechtsprechung, die auf Texten des Korans basierte. Weiter wurden blindgeborene Kinder angehalten, den Koran auswendig zu lernen, aus der Überlegung heraus, daß ein Blinder, nicht fähig, einer gewöhnlichen Beschäftigung nachzugehen, wohl imstande sei, Wächter des unverfälschten Korantextes zu werden. Sie erhielten für diesen Dienst den Ehrentitel eines »Ḥāfiẓ«, eines »Wächters der Schrift«. Wenn während des

Monats Ramaḍān in den Moscheen der gesamten Welt der Koran vorgetragen wird, steht hinter dem Imām in der Regel ein Ḥāfiẓ und wacht über den genauen Vortrag des Vorbeters.

Der britische Orientalist Sir William Muir faßt in seinem Werk *Das Leben Muḥammads* seine Betrachtungen über die Authentizität des Korans wie folgt zusammen: »Was wir haben, obschon wahrscheinlich nicht von ihm selbst korrigiert, ist doch sein eigenes ... Wir dürfen, auf die stärksten Beweise hin, feststellen, daß jeder Spruch des Korans die echte und unverfälschte Fassung von Muḥammad selbst ist ... Es besteht andererseits jede Gewähr, innerlich und äußerlich, daß wir den Text besitzen, den Muḥammad selbst ausgab und gebrauchte ... und wir glauben, daß der Koran so sicher das Wort Muḥammads ist, als die Muslime glauben, daß er das Wort Gottes ist« (S. 28). Und der deutsche Islam- und Koran-Forscher Theodor Nöldeke meint: »Kleine Schreibfehler können vorhanden sein, aber der Koran `Uthmāns enthält nur echte Bestandteile, obwohl manchmal in sehr merkwürdiger Reihenfolge. Die Bemühungen europäischer Gelehrter, die Existenz späterer Änderungen im Koran zu beweisen, sind gescheitert« (Encyclopaedia Britannica, 9. Ausgabe, unter dem Stichwort »Qur'ān«).

3. Aufbau und Inhalt des Korans

Der Koran ist eingeteilt in 114 Kapitel (Suren), die bis auf die neunte Sure sämtlich mit der Formel: Bismi llāhi r-raḥmāni r-raḥīm (Im Namen Gottes, des Erbarmers, des Barmherzigen) eingeleitet werden. Die Suren umfassen insgesamt 6348 Verse, die man āyāt, d. h. Zeichen, oder āyāt Allāh, d. h. Zeichen Gottes, nennt. Zum Zwecke der Rezitation wurde der Koran überdies in 30 Teile gegliedert, die wiederum für die einzelnen Gebete in Rukū` unterteilt sind.

Für den Koran werden auch noch andere Bezeichnungen benutzt, die den Inhalt signalisieren: al-kitāb (das Buch); al-nūr (das Licht); al-hudā (die Rechtleitung); al-dhikr (die Ermahnung, die Erinnerung) und al-furqān (die Unterscheidungsnorm). Der

Koran ist die Warnung und das göttliche und göttlich offenbarte Gesetz (al-shar`), das dem vernunftbegabten Geschöpf Pflichten auferlegt, die es erfüllen muß (taklīf). Der Koran legt die »arkān al-dīn« (die Grundpflichten des Islams: Glaubenszeugnis, Gebet, Mildtätigkeit, Fasten, Pilgerfahrt) fest, und er ist »al-ṣirāṭ al-mustaqīm« (der gerade Weg), die Richtschnur zum Heil. Mit jedem Gebet fleht der Muslim Gott um Rechtleitung an: »Führe uns den geraden Weg, den Weg derer, die du begnadet hast, die nicht dem Zorn verfallen und nicht irregehen« (al-Fātiḥa 1,6–7). Der Inhalt des Korans will daher vornehmlich als Richtschnur, als Weg zum Heil aufgefaßt werden, als »Mittel, zu Gott zu gelangen« (al-Mā'ida 5,35) als dem eigentlichen Ziel des irdischen Daseins.

Der Koran führt den Menschen durch verschiedene Entwicklungsphasen diesem hohen Ziel entgegen. Zunächst lehrt er den Menschen, zwischen Gut und Böse zu unterscheiden, um ihn zur sittlichen Reife zu führen. Das heilige Buch gibt die Normen an, die nötig sind, um diese Entwicklungsstufe zu erreichen: Der Gläubige soll alle guten Eigenschaften in sich vereinigen.

Er soll nicht nur die Wahrheit lieben, sondern er muß auch wissen, was dazugehört. So soll er unter anderem friedliebend sein, versöhnungsbereit, verträglich, treu, mäßig, geduldig, mitleidig. Ebenso soll er wissen, daß alle guten Eigenschaften ihren Wert verlieren, wenn sie nicht zur rechten Zeit und am richtigen Ort auf die rechte Art angewandt werden.

Wenn der Mensch diese Stufe der Sittlichkeit erreicht hat, wird er in das geistige Stadium weitergeführt. Das geschieht, indem der Koran ihm eröffnet, daß er für ein höheres Ziel erschaffen ist und daß er auf dieses Ziel ausgerichtet bleiben muß. Der Gläubige lernt, daß Absicht und innere Gesinnung den Wert und die Würde einer Tat bestimmen. Deshalb soll er stets darüber wachen, daß die Absicht, die einer Tat oder einem Werk zugrunde liegt, lauter bleibt. Der Gläubige soll daher in jeder Situation seines Lebens um Gottes willen handeln.

Die Haltung, die der Muslim gegenüber dem Nächsten einnimmt, ist in jeder der aufgeführten Entwicklungsphasen anders. Am Anfang handelt der Mensch nach dem Naturgesetz: Er erweist dem Nächsten Gutes und erwartet, daß der andere seine Güte mit Dankbarkeit beantwortet. Der reifere Gläubige tut Gutes, ohne zu erwarten, daß seine Tat mit Güte erwidert wird, hört aber auf, Gutes zu tun, wenn der andere seinem Tun Böses entgegensetzt. In einem noch höheren Entwicklungsstadium ist der Gläubige gut zu seinem Nächsten, selbst wenn ihm mit Bösem vergolten wird.

Der Koran drückt dies so aus: »Gott gebietet, Gerechtigkeit *(`adl)* zu üben, Gutes zu tun *(iḥsān)* und die Verwandten zu beschenken *(ītā' dhī l-qurbā)* (al-Naḥl 16,90).

Das Wort *`adl* bedeutet: Gutes gegen Gutes; *iḥsān* ist: Gutes tun, ohne daß der andere etwas zurückerstattet; *ītā' dhī l-qurbā* aber bedeutet: das Geben wie an Verwandte – wie Eltern ihren Kindern etwas geben.

Der Gläubige muß über der Vergeltung (Böses mit Bösem) stehen. Solange er nicht imstande ist, davon abzugehen, wird er noch von natürlichen Trieben beherrscht und ist noch nicht vollkommen in den Zustand »Islam« eingetreten. Der Koran sagt, man müsse dem Übeltäter vergeben können. Daher wird der fortgeschrittene Gläubige weder Vergebung noch Vergeltung dem Drang seiner natürlichen Triebe überlassen. Ihm liegt vielmehr die Besserung des Übeltäters am Herzen. So lesen wir es im Koran: »Eine böse Tat soll mit etwas gleich Bösem vergolten werden. Wer aber verzeiht und Besserung schafft, dessen Lohn obliegt Gott. Er liebt ja die nicht, die Unrecht tun« (al-Shūrā 42,40). Der wahrhaft geistliche Mensch soll durch seine Vergebung und Vergeltung nach der Besserung des Übeltäters streben. Für den, der sich auf den Weg der geistlichen Entwicklung begibt, bedeutet Glauben im Anfang einfach annehmen, auf das vertrauen, was man als Wahrheit erkannt hat. In diesem Stadium, auf dieser Entwicklungsstufe gelten für ihn die geistlichen Gesetze (sharī`a) als Vorschriften, die für die Gesundung von Körper und Geist notwendig sind. Je weiter er nun auf seinem Weg fortschreitet, um so tiefer werden seine Einsichten in die Wahrheit. So wird sein Glaube (īmān) zum Wissen (`irfān), und die sharī`a wird für ihn zur ṭarīqa (zum Lebensweg). Die Weisungen der Religion werden zum Weg, der ans Endziel führt.

Diesem Weg folgt er weder aus Furcht vor Strafe, noch weil er auf Belohnung hofft. Zu einem solchen Gläubigen sagt der Koran: Was immer du auch tust, Gott hat dir alles vergeben (vgl. 4,110; 39,53).

In der letzten Entwicklungsphase schließlich erhält der Gläubige die Sicherheit des Glaubens. Sharīʿa wird ḥaqīqa (Wirklichkeit). Er entdeckt, daß alles, was von außen her an ihn herangetragen wurde, nichts anderes als die Stimme seines tiefsten Wesens ist: Er selbst ist also eigentlich der Weg. Sein Wille wird eins mit dem Willen des Schöpfers; was ihm geschenkt wurde, gibt er zurück mit den Worten des Korans: »Mein Gebet und meine Kulthandlung, mein Leben und mein Sterben gehören Gott, dem Herrn der Welten« (al-Anʿām 6,162). Das war von Anfang an auch sein Gelöbnis: Lā ilāha illā llāh. Ich bezeuge, daß niemand der Anbetung würdig ist außer Gott, und daß es keinen Gegenstand der Liebe und des Verlangens gibt außer Gott.

Gewöhnlich wird das Gesetz des Korans in vier Hauptkategorien eingeteilt: 1. die Glaubensüberzeugungen (ʿaqāʾid); 2. die Kultvorschriften (ʿibādāt); 3. die Vorschriften für das Handeln des Menschen in seiner sittlichen Finalität (akhlāq) und 4. die Vorschriften für die zwischenmenschlichen Beziehungen (muʿāmalāt).

Zusammenfassend bleibt hier festzustellen, daß der Koran für den Gläubigen zum einen die Gesamtheit der Wahrheit darstellt, von der er vor Gott und den Menschen Zeugnis ablegen muß – der Muslim ist ja in erster Linie *muʾmin*, d. h. Zeuge Gottes –, und zum anderen das Gesetz für das Leben in der weltlichen Gemeinschaft aufstellt.

Der Schweizer Ernst Zbinden, der an mehreren Koran-Übersetzungen mitgewirkt hat, schreibt über die heilige Schrift: »Das Große am Koran ist die unerhörte Bestimmtheit und Hartnäckigkeit, mit der die Einzigkeit Gottes verkündet wird, ist das Drängen auf ethische Betätigung in der Gemeinde der Gläubigen, ist das Pochen auf den Ernst des letzten Gerichts: da findet man Perlen der religiösen Geistigkeit, getragen von der ursprünglichen Glut des offenbarenden Erlebnisses.«

Abschließen möchte ich mit einem Gedicht auf den Koran aus der

Feder eines europäischen Muslims, des bosnischen Dichters Musa Casim Catic (1878–1914):

Koran

Himmlisches Buch! Du hast in meinem Herzen
Des Glaubens Flam' entzündet durch dein Wort –
Durch deinen Garten schlingt sich der Gedanke fort.
Ich pflückt' dein blumig Versspiel, da entwichen
meine Schmerzen.

Und Meere und Erd' im Schein der Himmelskerzen
Bezeugten: Ewig bleibt bestehen Gottes Wort!
Wo sich die Wahrheit deiner Lehr' verströmet, dort
Beugen vor deiner Hoheit sich die Sünderherzen.

Auch dein unwürd'ger Sänger wähnt, der Entrückte,
Daß ihm dein heil'ger Mund durch einen Kuß beglückte!
Des Gottes Mund, aus welchem seine Lehre floß,
Aus dem der Honig seiner Worte sich ergoß,
Im ganzen Weltenall als Fackel tief verehrt,
O ew'ge Wahrheit! Überall als Gottes Wort gelehrt!

4. *Schriftverständnis*

In der islamischen Theologie ist es schon recht früh zu tiefgehenden Divergenzen um das rechte Schriftverständnis gekommen. Vor allem ging es dabei um den Fragenkomplex: Ist der Koran *Gottes Werk*, also von ihm geschaffen, oder *Gottes Wort*, also ungeschaffen von aller Ewigkeit her, der göttlichen Wesenheit immanent gleich den anderen Attributen Gottes?
Um es vorweg zu sagen: Für die Mehrheitstheologie aller Rechtsschulen steht unzweifelhaft fest, daß der Koran eine verbal-, nicht eine realinspirierte Offenbarungsurkunde ist.
Religionsgeschichtlich betrachtet wurde der theologische Streit

zwischen zwei Denkrichtungen, den Mu`taziliten und den Ash`ariten (von `Alī ibn Ismā`īl al-Ash`arī, 874–955), ausgetragen. Die mu`tazilitische Schule geht auf die Theologen Wāṣil ibn `Aṭā' (699–748) und `Amr ibn `Ubayd (699–761) zurück. Die Mu`taziliten suchten den Koran rationalistisch zu deuten und stützten sich dabei vornehmlich auf die Philologie. Sie vertraten zwar auch einen strengen, die Einheit Gottes absolut betonenden Monotheismus, aber ebenso den Standpunkt, daß der Koran Gottes Werk, also realinspiriert, geschaffen sei. Unter ihnen fand eine Art *islamischer Aufklärung* statt, in deren Mittelpunkt die Doktrin von der Freiheit und Verantwortlichkeit des Menschen stand.

Die Mu`tazila setzte sich in der ersten Hälfte des 9. Jahrhunderts schließlich durch, als die These vom *Geschaffensein des Korans* zum Staatsdogma erhoben wurde und die Kalifen, wie etwa al-Mu`taṣim (833–842), versuchten, diesem Dogma mit den Mitteln der Inquisition Allgemeingültigkeit zu verschaffen.

Daß die Mu`tazila – ihr letzter großer Theologe war al-Zamakhsharī (gestorben 1144) – schließlich scheiterte, ist dem orthodoxen Theologen Aḥmad ibn Ḥanbal (780–855) zuzuschreiben, dem Gründer der ḥanbalitischen Rechtsschule des sunnitischen Islams. Zwar wird die Lehre der Mu`tazila auch heute von zahlreichen Theologen als möglicher Denkansatz und als Hilfsmittel vorsichtig angewandt, aber als Denkschule ist sie verschwunden bzw. als Häresie verpönt.

Die Lehre Ibn Ḥanbals wurde dagegen in der Folgezeit von den Vertretern der Orthodoxie als unveräußerliches Glaubensgut dogmatisiert und weitervererbt. Davon zeugt seither jedes Glaubensbekenntnis und jede auch nur einigermaßen umfassende theologische Abhandlung, beginnend mit Ash`arī bis hin zu dem großen Reformator Muḥammad `Abduh (gestorben 1905).

Ash`arīs Denkschule wählte den *Mittelweg* zwischen dem unbeugsamen Dogmatismus der einen und der rationalistischen Konzeption der anderen Seite. Seine Theologie – die heute die Mehrheitstheologie darstellt – entschied sich für die zeitlose Existenz des Korans, der, von Menschenmund nachgesprochen, über den Begriffsbereichen von Geschaffen und Ungeschaffen

steht. Sie geht vom Prinzip der »gläubigen Aufnahme« aus. Dazu ein typisches ash`aritisches Glaubenszeugnis aus dem 9. Jahrhundert, das heute noch Gültigkeit besitzt:
Darin heißt es vom Koran als dem ungeschaffenen Wort Gottes, er sei »geschrieben in den Codices, rezitiert mit der Zunge der Menschen und bewahrt in der Brust der Menschen, ohne darin selbst Platz zu nehmen. Tinte, Papier und Schrift sind geschaffen, denn sie sind das Werk von Menschen. Aber das Wort Gottes als solches ist nicht geschaffen. Die Schrift, die Buchstaben, Worte und Verse sind ein Hinweis des Korans, weil die Menschen dieser Hinweise bedürfen. Doch das Wort Gottes selbst beruht in seinem Wesen, und sein Sinngehalt wird nur durch diese Dinge den Menschen verständlich.«
Daß man in jener Zeit jedoch auch schon relativieren konnte, erfuhr die islamische Welt im Jahre 1950, als erstmals eine Bekenntnisschrift aus dem frühen 11. Jahrhundert veröffentlicht wurde. Sie stammt von dem 1013 verstorbenen Theologen al-Bāqillānī. Auch für Bāqillānī ist das Wort Gottes von Ewigkeit existent und somit nicht geschaffen. Aber diese dogmatische Feststellung gilt für ihn nur für den Koran als das eigentliche Wort Gottes, während die den Menschen vorliegende schriftliche oder mündliche Wiedergabe des Korans zeitgebunden und damit der Sphäre des Irdischen zuzuordnen ist. Ihm zufolge gehören die Buchstaben und Laute in den Bereich der menschlichen Textwiedergabe und nicht zum Text selbst. Nicht einmal die Sprache gehöre zum eigentlichen Wort Gottes. Wenn es im Koran etwa heiße, das Wort Gottes sei auf das Herz des Propheten herabgesandt, so sei zunächst festzuhalten, daß der Ausdruck »herabgesandt« nicht räumlich verstanden werden dürfe, sondern im übertragenen Sinn als »mitteilen« zu verstehen sei. Außerdem müsse man unterscheiden zwischen dem, der herabsendet – Gott –, dem, was herabgesandt wurde – das ewige Wort Gottes –, und schließlich dem, womit herabgesandt wurde – die arabische Sprache, »mit der Gabriel den Koran dem Propheten vorgelesen hat, und mit der wir ihn vorlesen werden, bis zum Tag der Auferstehung«.
Mit anderen Worten: Bāqillānī erhebt den eigentlichen Koran

zurück in die Transzendenz. Den Menschen ist er nur mittelbar zugänglich und verständlich, nämlich in einer durch die jeweilige Umwelt bedingten sprachlichen Umschreibung.

5. Schriftgebrauch

5.1 Die frühe Dogmatisierung des Korans als ungeschaffenes Wort Gottes hatte unter anderem zur Folge, daß diese erste und wichtigste Erkenntnisquelle islamischen Glaubens sich nahezu vollständig einer *Exegese* entzog. Sie verbot sich gewissermaßen von selbst, ein Umstand, der theologiegeschichtlich um so bedeutsamer wird, wenn man sich einmal das heutige Verständnis von christlicher Exegese und Textkritik vergegenwärtigt.
Die Herausnahme des Korans aus dem theologischen Entwicklungsprozeß hat es mit sich gebracht, daß die Sunna und die Institution des Idjmā` (Übereinstimmung der Gemeinschaft) schon recht früh in den Mittelpunkt theologischer Bemühungen rückten und damit auch die Entwicklung des islamischen Schriftverständnisses prägten. Auch die zwischen dem 7. und 11. Jahrhundert entstandenen Korankommentare (tafsīr) gehen auf die Auslegungen durch den Propheten selbst zurück, die von den Prophetengefährten und ihren Nachfolgern übermittelt und in der Sunna festgehalten wurden.
Das arabische Wort *Sunna,* gemeinhin mit Tradition übersetzt, heißt soviel wie: gewohnte Handlungsweise, Brauch, der Weg, den man beschreitet, Lebensführung. In der islamischen Terminologie versteht man darunter primär die Handlungsweise, das Vorbild des Propheten, dem der gläubige Muslim nacheifern soll.
Über die Verbindlichkeit der Sunna heißt es im Koran:

- »Sprich: Wenn ihr Gott liebt, dann folgt mir, so wird Gott euch lieben und euch eure Sünden vergeben. Und Gott ist voller Vergebung und barmherzig« (3,31).
- »Wer dem Gesandten gehorcht, gehorcht Gott. Und wenn jemand sich abkehrt – siehe, Wir haben dich nicht als Hüter über sie gesandt« (4,80).
- ». . . Und was der Gesandte euch zukommen läßt, das sollt

ihr nehmen. Und was er euch verwehrt, davon sollt ihr euch fernhalten. Und fürchtet Gott. Gott verhängt eine harte Strafe« (59,7).

Dennoch unterscheiden sich Koran und Sunna in ihrer Wertigkeit. Was als Überlieferung von Muḥammad her gilt, wurde dem Propheten nicht wie beim Koran Wort für Wort, sondern dem Inhalt nach eingegeben, und es blieb ihm überlassen, die Gedanken so in Worte zu kleiden, wie es seiner Sprachgewohnheit entgegenkam. Die Rezitation des Korans ist, ob der Gläubige den Sinn erfaßt oder nicht, ein Stück Ritus. Das ist bei der schriftlich fixierten Sunna, dem Ḥadīth, anders. Er ist eine realinspirierte Urkunde und dient somit lediglich als Hilfsmittel für den Fortschritt im religiösen Leben.

Der Koran ist zudem das Beglaubigungswunder des Propheten. Diese Auszeichnung kommt dem Ḥadīth nicht zu. Der Ḥadīth enthält nicht das Wort Gottes, sondern die von Gott inspirierten Auslegungen des Propheten.

Der *Idjmāʿ* setzt die Tradition und damit auch die Theologie des Ḥadīth fort. Es handelt sich bei ihm um die übereinstimmende Überzeugung der islamischen Gemeinschaft.

Wenn Fragen auftauchen, zu deren Lösung oder Beantwortung weder der Koran noch die Sunna herangezogen werden können, ist der Muslim verpflichtet, sich ein eigenes Urteil anhand von analogen Fällen im Koran bzw. im Ḥadīth zu bilden. Dieses Verfahren nennt man *Idjtihād* (von idjtahada = sich bemühen, sich anstrengen, allen Ernstes nach etwas streben). In der heutigen islamischen Theologie versteht man darunter folgerichtig das Bemühen um die Lösung theologischer Fragen, für die es weder im Koran noch in den Sunnatexten eine unmittelbare Auskunft gibt. Der Oberbegriff für dieses Verfahren, insbesondere bei der Rechtsfindung, ist *Qiyās* (Analogieschluß). Der Qiyās gilt allerdings nicht als unumstößliche Wahrheit. Er wird vielmehr lediglich als mehr oder weniger sichere Meinung, also als Theorie gewertet. Nur dann, wenn die gesamte Gelehrtengemeinschaft, die ʿUlamā', eine bestimmte theologische Frage in völliger Einhelligkeit beantwortet, ist die auf diesem Wege herbeigeführte Entscheidung »unfehlbar richtig«. Diese Entscheidung nennt

man dann Idjmā` d. h. die Übereinstimmung der islamischen Gemeinschaft, wobei heute die Übereinstimmung der `Ulamā' stellvertretend als Übereinstimmung aller Muslime gewertet und anerkannt wird.
Im Hinblick auf dieses Verfahren hat der Prophet Muḥammad einmal gesagt, daß seine Gemeinschaft »nie in einem Irrtum übereinstimmen« werde und daß die Meinungsverschiedenheiten unter den Muslimen »ein Zeichen göttlicher Barmherzigkeit« seien.

5.2 Seit dem Ende des 19. Jahrhunderts bemühten sich islamische Denker um eine Neuinterpretation des Glaubensgutes. Damit einher ging der Versuch, die Religion von allen Formen des Aberglaubens und allen materiellen Beweggründen entspringenden Auswüchsen zu reinigen. Diese Wiederherstellung des reinen Glaubens sollte als das leitende Prinzip in religiösen wie in weltlichen Belangen gelten, für den einzelnen ebenso wie für die Gesellschaft, für den Staat ebenso wie für die islamische Gemeinschaft. Diese Bewegung wird als *Salafiyya* bezeichnet, abgeleitet von salaf = die Vorgänger im Glauben.
Das grundlegende Postulat dieser Bewegung lautet: Der Islam ist berufen, das Glück des Menschen nicht erst im Jenseits zu verwirklichen, sondern schon auf Erden. Er ist somit berufen, alle wissenschaftlichen oder technischen Entwicklungen mit einzubeziehen. Um dieses Ziel zu erreichen, muß sich der Islam nach Auffassung der Reformisten vom Ballast der im Laufe der Jahrhunderte eingeführten Gebräuche und Einrichtungen befreien, soweit diese nicht ihrem Wesen nach mit den grundlegenden Glaubenssätzen verbunden sind. Zurückgreifend auf die Quellen, muß der Glaube im Hinblick auf die heutigen Probleme neu überdacht werden, d. h., die verschlossene Pforte des *Idjtihād*, der persönlichen Anstrengung, muß auf der Grundlage von Koran und Sunna wieder geöffnet werden, und zwar jenseits der Unterschiede der vier klassischen Rechtsschulen.
In dieser neuen Tradition standen sicherlich schon der Reformator Ibn `Abd al-Wahhāb (1720–1792) und Djamāl al-Dīn al-Afghānī (1839–1897). Der eigentliche Gründer der Reformbe-

wegung ist jedoch *Muḥammad `Abduh* (1848–1905), ein Schüler Afghānīs. Er sollte später »der Reformator des Jahrhunderts« genannt werden.

`Abduh, später Shaykh al-Azhar und Großmufti von Ägypten, prägte den heute noch gültigen Lehrsatz, daß eine Rückbesinnung auf den ursprünglichen Islam von einer Neuinterpretation des Glaubenserbes und einer Anpassung an die Gepflogenheiten der modernen Entwicklung abhängig sei. Er lehrte, daß das richtige Verständnis des Korans letztlich vom richtigen Verständnis der Welt abhänge. Wie Djamāl al-Dīn al-Afghānī hatte sich auch Muḥammad `Abduh intensiv mit westeuropäischer Philosophie und Politik beschäftigt. Der Rationalismus und die Französische Revolution beeindruckten ihn tief. Andererseits sah er mit scharfem Blick die Schwächen der westlichen Kultur. Vom Christentum meinte er, daß es der modernen Vernunftskritik nicht gewachsen sei. So trieb ihn die Erfahrung eines säkularisierten Europas zum väterlichen Islam zurück, dem er freilich sehr kritisch gegenübertrat: Auch der Islam ist krank und muß erneuert werden. Seine Doppeldiagnose der tiefsitzenden, aber keineswegs tödlichen Krankheit lautete: Die Tradition von zwölf Jahrhunderten hat den einfachen und kraftvollen Islam des Propheten überwuchert; die positive Beziehung zwischen Offenbarung und Vernunft ist verlorengegangen. `Abduhs Rezept: Die Rückkehr zum ursprünglichen Islam – zum Koran – bringt die Lösung für beide Konflikte.

Vor allem ist `Abduh davon überzeugt, daß sich Vernunft und Offenbarung im Islam nicht ausschließen, sondern ergänzen. Die geoffenbarte Religion dient der moralischen Entwicklung der Menschheit, während die Wissenschaft alle der Vernunft zugänglichen Bereiche der Welt dirigiert und entwickelt.

Weil Gott selbst nun der Urheber der Vernunft ist, kann sie der Mensch auch völlig frei im Rahmen der geoffenbarten Wahrheit benutzen. Wo ein scheinbarer Widerspruch zwischen Vernunft und Offenbarung entsteht, muß der Mensch zunächst davon ausgehen, daß er einem Mißverständnis zum Opfer gefallen ist. Im Zweifelsfall soll ein Konflikt zugunsten der Vernunft entschieden werden.

Diese Theologie signalisierte zweifellos ein neuerwachtes islamisches Selbstbewußtsein, die Zuversicht, die von der Vernunft vorangetriebenen Strömungen der Modernisierung in den Islam voll integrieren zu können. Das Beispiel der Reformtheologie `Abduhs zeigt deutlich, daß eine theologische Erneuerung begonnen hat. Und in der Tat ist seinerzeit ein Prozeß der Neuinterpretation des Glaubenserbes für eine veränderte Gegenwart und Zukunft in Gang gesetzt worden, wenngleich man natürlich nicht übersehen darf, daß sich diese Entwicklung an der Peripherie des Islams abspielt. Die Gruppe der Reformtheologen ist noch relativ klein; sie wird von der Mehrheit der Muslime und vom religiösen Establishment bislang weder voll akzeptiert noch hinreichend zur Kenntnis genommen. Aber darauf kommt es nach Meinung vieler Beobachter vorläufig auch gar nicht an. Entscheidend ist, daß einige bekennende Muslime, die sich der Zukunft ihres Glaubens fest verpflichtet fühlen, eine Neuinterpretation faktisch in Angriff genommen haben und damit den Beweis erbringen, daß sie im Rahmen des Islams möglich ist. Aber: So unwiderruflich diese Entwicklung auch sein mag, die Interpretationsfrage – sie dürfte der Angelpunkt für die Zukunft der islamischen Ökumene sein – bleibt zunächst ein kritisches Thema, gerade heute, da der Islam politisch erstarkt und mehr und mehr nostalgischen Denkweisen verfällt.

Eine weitere Frage zielt auf die Beziehung zwischen Offenbarung und Geschichte. Ist die koranische Offenbarung so endgültig und verbindlich fixiert, daß sie sich kritiklos und unveränderbar außerhalb der geschichtlichen Entwicklung befindet? In dieser Frage laufen die Probleme der Koraninterpretation wie der Offenheit gegenüber einer neuen gesellschaftlichen Situation in einem Riesenknoten zusammen. Hier kann man ablesen, wieviel theologischen Spielraum der Islam besitzt, um sich den neuen geschichtlichen Entwicklungen anzupassen, ohne in einen Frontalzusammenstoß mit seinem eigenen Ausgangspunkt – der Absolutheit der göttlichen Offenbarung im Koran – zu geraten. Muḥammad `Abduh glaubt, die Widersprüche zwischen der religiösen Offenbarung und dem in der Vernunft begründeten Realitätsverständnis der Gegenwart durch eine Rückbesinnung auf den ursprünglichen Islam des Propheten lösen zu können. Diese Hoffnung beruht allerdings zweifellos auf einem aufklärerischen Geschichtsverständnis: Geschichte ist die progressive und kontinuierliche Entwicklung von Ideen. Wenn Muslime heute ihr Handeln verändern und ihren Glauben neu interpretieren, dann geschieht das als Weiterentwicklung desselben ursprünglichen Islams.

Diese und ähnliche – auch weitergehende – Ansichten wurden seither von einer Reihe von islamischen Denkern vertreten und vertieft. Hier einige Beispiele:

Asaf Fayzee (Indien): »Ich glaube, daß der Koran eine Botschaft Gottes ist. Er ist die Stimme Gottes, wie sie von Muḥammad gehört wurde, in der Redeweise Muḥammads, der arabischen Sprache. Muḥammad gab sie in Muḥammads Worten wieder. Ich glaube, daß diese Worte in jedem Zeitalter von neuem interpretiert und neu verstanden werden müssen. Ich glaube, daß es die Pflicht jedes Muslims ist, die Botschaft für sich zu verstehen.«

Hasan Saab (Beirut) versteht die koranische Botschaft als einen »nie endenden Dialog zwischen Gott und Mensch«.

Ibn Milad (Tunis) spricht von einer Wechselwirkung zwischen geoffenbarter Wahrheit und jeweiliger menschlicher Wirklichkeit.

Mohammad Aziz Lahbabi (Marokko) tastet sich in eine ähnliche Richtung vor: »Eine nur abstrakte Wahrheit, die sich nicht auf einen konkreten Kontext bezieht, keine Beziehung zur lebendigen zeitgenössischen Wirklichkeit hat, die ist buchstäblich nicht wahr ...«

Zwei wichtige exegetische Instrumente seien hier noch erwähnt, von denen eines dem Bereich der *Koranselbstinterpretation* zuzuordnen ist, leider aber zu selten herangezogen wird, wenn es um Möglichkeiten einer zeitgemäßen Interpretation der Offenbarung geht, also um ein neues, zeitgemäßes Schriftverständnis. Der Inhalt der islamischen Offenbarungsschrift kann beipielsweise in drei Ebenen eingeordnet werden, die sich sowohl in ihrer Gewichtung unterscheiden, wie sie sich andererseits auch ergänzen. Sie liefern gewissermaßen den Schlüssel zum rechten Koranverständnis und sind auf diese Weise auch ein unverzichtba-

res Hilfsmittel, um islamische Existenz in einer für den Islam atypischen Umwelt verwirklichen zu können. Diese drei Ebenen sind: (a) die Ebene des Glaubens; (b) die Ebene des Brauchtums und (c) die Ebene des Verfahrens. Die Anwendung ist entweder informatorischer, erneuernder oder kritischer Natur.
Praktisch bedeutet das, daß die Glaubensartikel (Ebene des Glaubens) unveränderbar und ewiggültig sind. Dazu gehören ewige Wahrheiten wie die Einheit Gottes, die göttliche Offenbarung durch den Mund des Propheten, Auferstehung, Jüngstes Gericht, Erlösung, Bestrafung unter anderem. Dieser Teilaspekt des Inhalts der Offenbarung ist informatorischer Natur und kann vom Menschen weder interpretiert oder hinterfragt werden.
Das ist beim Brauchtum (Ebene des Brauchtums) anders. So sind beispielsweise Gebet und Fasten ein Brauch, der von Gott festgelegt worden ist. Die Menschen sind angewiesen, ihn einzuhalten. Bräuche sind aber keine offenbarten Wahrheiten, sie sind vielmehr auf Geheiß Gottes eingeführt worden. Dem Brauchtum liegt das Prinzip zugrunde, daß es nur dann eingeführt worden ist oder wird, nachdem Gott den Befehl dazu gegeben hat.
Die Ebene des Verfahrens hingegen trifft den »weltlichen Teil« der islamischen Lehre, z. B. den rechtlichen Bereich, den Handel, den gesellschaftlichen Teil des Lebens. Hier gilt die Regel, daß alle Transaktionen frei und erlaubt sind, so nicht ein ausdrückliches Gebot oder Verbot vorliegt.
Als weiteres Hilfsmittel für die historische Exegese bietet sich die Lebensgeschichte des Propheten an, die durch die Offenbarungen zeitlich gegliedert und bestimmten Lebensdaten und Ereignissen in der Prophetengeschichte zugeordnet werden. Dadurch wird dem Leser ermöglicht, das historische Umfeld kennenzulernen, in das jeweils offenbart wurde. Von hieraus ist es möglich, zu einem besseren Verständnis des Korans oder bestimmter Teile der Offenbarungsurkunde zu gelangen und damit zu einem veränderten Schriftverständnis.
Wie man auch zu den neuen Ansätzen stehen mag: sie sind nicht islamfeindlich. Sie bauen im Gegenteil auf ein altes Traditionselement auf. Die islamische Gemeinde ist eben nicht nur Empfänger und Objekt der Offenbarung. Sie ist vielmehr gleichzeitig

aufgerufen, das Gotteswort durch die Geschichte zu tragen und es jeweils im Lichte ihrer Erfahrungen und Bedürfnisse neu zu interpretieren.

Soest, im Februar 1987

Literaturangaben

Muhammad Salim Abdullah: Islam. Für das Gespräch mit Christen, Altenberge 1984.

Hermann Stieglecker: Die Glaubenslehren des Islam, Paderborn 1962, 2. Aufl. 1983.

Mohammad Iqbal: Buch der Ewigkeit (übersetzt von Annemarie Schimmel), München 1957.

Ernst Zbinden: Aus dem Koran. Die Offenbarungen des Propheten Mohammed ibn Abdallah (nach der Übersetzung von Friedrich Rückert), Zürich 1953.

Muslimische Bibliothek: Muhammeds Geburt (Buch 6), Wien 1964.

Hinweise für den Leser

Zur Gestaltung der Rezitation und des frommen Gebrauchs der koranischen Botschaft gliedert sich der Text des Korans in 30 Teile, welche wiederum in je zwei Abschnitte aufgeteilt sind. Insgesamt sind es also 60 Abschnitte.

Teile, Abschnitte und deren Untergliederung (¼, ½ und ¾) werden durch ein fettes Sternchen (*****) vor dem jeweiligen Vers angezeigt. Wenn der Beginn dieser Gliederung mit dem Anfang einer Sure zusammenfällt, wird auf das Sternchen verzichtet.

Ein dünnes Sternchen (*), hochgesetzt nach einem Wort bzw. am Anfang eines Verses, weist auf den Kurzkommentar in den Anmerkungen hin. Der Kommentar wird dann unter Angabe der betreffenden Verszahl abgedruckt, z. B.: 25: ...

Die Übersetzung ist um größtmögliche Treue zum arabischen Original bemüht. Notwendige Zusätze werden in ( ) gesetzt. Wo Abweichungen vom genauen Wortlaut des Originals unumgänglich sind, um Verwechselungen und Mißdeutungen vorzubeugen, wird die genaue Wiedergabe des Originals in den Anmerkungen unter dem Hinweis: *wörtlich* abgedruckt.

Umschrift und Lautwerte arabischer Buchstaben

ʼ	=	Explosionslaut – vor jedem anlautenden Vokal gesprochen
th	=	stimmloses englisches th (thing)
dj	=	stimmhaftes dsch
djj	=	Doppel dj
ḥ	=	scharfes, ganz hinten in der Kehle gesprochenes h
kh	=	ch (wie in: ach)
dh	=	stimmhaftes englisches th (the)
z	=	französisches z
sh	=	sch
ṣ	=	dumpfes stimmloses s
ḍ	=	dumpfes stimmloses d
ṭ	=	dumpfes stimmloses t
ẓ	=	dumpfes englisches th (the)
ʽ	=	gepreßter, in der Kehle gebildeter, stimmhafter Reibelaut
gh	=	Gaumen-r
w	=	englisches w
y	=	englisches y; deutsches j
ā, ī, ū	=	lange Vokale.

ء	ʼ	ض	ḍ
ب	b	ط	ṭ
ت	t	ظ	ẓ
ث	th	ع	ʽ
ج	dj (جّ، جـّ djj)	غ	gh
ح	ḥ	ف	f
خ	kh	ق	q
د	d	ك	k
ذ	dh	ل	l
ر	r	م	m
ز	z	ن	n
س	s	هـ	h
ش	sh	و	w
ص	ṣ	ي	y

Die Suren des Korans

Sure 1

Die Eröffnung (al-Fātiḥa)

zu Mekka, 7 Verse

1 Im Namen Gottes, des Erbarmers, des Barmherzigen.
2 Lob sei Gott, dem Herrn der Welten*, 3 dem Erbarmer, dem
Barmherzigen, 4 der Verfügungsgewalt besitzt über den Tag des
Gerichtes. 5 Dir dienen wir, und Dich bitten wir um Hilfe.
6 Führe uns den geraden Weg, 7 den Weg derer, die Du begnadet
hast, die nicht dem Zorn verfallen und nicht irregehen.

2: Oder: der Weltenbewohner.

Sure 2

Die Kuh (al-Baqara)

zu Medina, 286 Verse

Teil Im Namen Gottes, des Erbarmers, des Barmherzigen.
[1] 1 Alif Lām Mīm*. 2 Dies ist das Buch, an ihm ist kein Zweifel
möglich, es ist eine Rechtleitung für die Gottesfürchtigen, 3 die
an das Unsichtbare glauben und das Gebet verrichten und von
dem, was Wir ihnen beschert haben, spenden, 4 und die an das
glauben, was zu dir herabgesandt und was vor dir herabgesandt
wurde, und die über das Jenseits Gewißheit hegen. 5 Diese folgen
einer Rechtleitung von ihrem Herrn, und das sind die, denen es
wohl ergeht. 6 Denen, die ungläubig sind, ist es gleich, ob du sie
warnst oder ob du sie nicht warnst; sie glauben nicht. 7 Versie-
gelt hat Gott ihre Herzen und ihr Gehör, und über ihrem
Augenlicht liegt eine Hülle. Und bestimmt ist für sie eine
gewaltige Pein.

8 Unter den Menschen gibt es welche, die sagen: »Wir glauben
an Gott und an den Jüngsten Tag.« Doch sie sind keine Gläubi-
gen. 9 Sie versuchen, Gott und diejenigen, die glauben, zu
betrügen. Sie betrügen aber letztlich nur sich selbst, und sie
merken es nicht. 10 In ihren Herzen ist Krankheit, und Gott hat
ihre Krankheit noch vermehrt. Und für sie ist eine schmerzhafte
Pein bestimmt dafür, daß sie zu lügen pflegten. 11 Und wenn
ihnen gesagt wird: »Stiftet nicht Unheil auf der Erde«, sagen sie:
»Wir schaffen ja nur Ordnung.« 12 Und doch sind eben sie die
Unheilstifter, aber sie merken es nicht. 13 Und wenn ihnen
gesagt wird: »Glaubt, wie die anderen Menschen glauben«, sagen
sie: »Sollen wir denn glauben, wie die Toren glauben!« Und doch
sind eben sie die Toren, aber sie wissen es nicht. 14 Und wenn sie
diejenigen, die glauben, treffen, sagen sie: »Wir glauben.« Und
wenn sie mit ihren teuflischen Anführern allein sind, sagen sie:
»Wir stehen auf eurer Seite; wir treiben ja nur Spott.« 15 Gott

1: Die Bedeutung dieser arabischen Buchstaben ist noch nicht geklärt.

ist es, der ihrer spottet und sie im Übermaß ihres Frevels verharren läßt, so daß sie blind umherirren. 16 Das sind die, die den Irrtum um die Rechtleitung erkauft haben. Doch bringt ihr Handel keinen Gewinn, noch folgen sie der Rechtleitung. 17 Mit ihnen ist es wie mit dem, der ein Feuer anzündete. Als es erleuchtete, was um ihn herum war, nahm Gott ihnen das Licht hinweg und ließ sie in Finsternissen zurück, so daß sie nicht sehen können. 18 Taub, stumm, blind sind sie: Sie werden nicht umkehren. 19 Oder es ist wie ein heftiger Regen vom Himmel mit Finsternissen und Donner und Blitz. Sie stecken sich die Finger in die Ohren vor den Donnerschlägen aus Angst vor dem Tod. Und Gott umgreift die Ungläubigen. 20 Der Blitz raubt ihnen beinahe das Augenlicht. Sooft er ihnen leuchtet, gehen sie in seinem Licht; läßt er es über ihnen dunkel werden, bleiben sie stehen. Und wenn Gott wollte, würde Er ihr Gehör und ihr Augenlicht fortnehmen. Gott hat Macht zu allen Dingen.

21 O ihr Menschen, dienet eurem Herrn, der euch und die, die vor euch lebten, erschuf, auf daß ihr gottesfürchtig werdet, 22 der euch die Erde zu einer Unterlage und den Himmel zu einem Bau machte, und der vom Himmel Wasser herabkommen ließ und dadurch Früchte als Lebensunterhalt für euch hervorbrachte. So stellt Gott keine anderen als Gegenpart zur Seite, wo ihr es doch wißt. 23 Und wenn ihr im Zweifel seid über das, was Wir auf unseren Diener hinabgesandt haben, dann bringt eine Sure gleicher Art bei und ruft eure Zeugen anstelle Gottes an, so ihr die Wahrheit sagt*. 24 Wenn ihr es nicht tut – und ihr werdet es nie tun können –, dann hütet euch vor dem Feuer, dessen Brennstoff Menschen und Steine sind und das für die Ungläubigen bereitet ist. 25 Und verkünde denen, die glauben und die guten Werke tun, daß für sie Gärten bestimmt sind, unter denen Bäche fließen*. Sooft ihnen daraus eine Frucht als Lebensunter-

23: Zu dieser Herausforderung vgl. 10,38; 11,13; 17,88; 52,34.

25: Die Gärten werden als Hänge dargestellt. – Nur Ähnliches: Die Ähnlichkeit darf nicht über die Andersartigkeit des Paradieses hinwegtäuschen; oder sie ist ein Hinweis auf die gleichbleibende Qualität der Früchte des Paradieses.

halt beschert wird, sagen sie: »Das ist, was uns vorher beschert
wurde«; es wird ihnen aber nur Ähnliches* gebracht. Und sie
haben darin geläuterte Gattinnen. Und sie werden darin ewig
[1¼] weilen. *26 Gott schämt sich nicht, als Gleichnis eine Mücke oder
das, was darüber hinausgeht*, zu nehmen. Diejenigen nun, die
glauben, wissen, daß es die Wahrheit von ihrem Herrn ist.
Diejenigen, die ungläubig sind, sagen: »Was will Gott mit einem
solchen Gleichnis?« Er führt damit viele irre und leitet damit
viele recht. Und Er führt damit nur die Frevler irre, 27 die den
Bund Gottes, nachdem er geschlossen worden ist, brechen und
das zerschneiden, was Gott befohlen hat zu verbinden, und die
auf der Erde Unheil stiften. Das sind die Verlierer. 28 Wie könnt
ihr Gott verleugnen, wo ihr tot waret und Er euch wieder
lebendig gemacht hat? Dann läßt Er euch sterben und macht euch
wieder lebendig, und dann werdet ihr zu Ihm zurückgebracht. 29
Er ist es, der für euch alles, was auf der Erde ist, erschaffen hat,
dann hat Er sich zum Himmel aufgerichtet und ihn zu sieben
Himmeln gestaltet. Und Er weiß über alle Dinge Bescheid.
30 Und als* dein Herr zu den Engeln sprach: »Ich werde auf der
Erde einen Nachfolger einsetzen.« Sie sagten: »Willst Du auf ihr
einen einsetzen, der auf ihr Unheil stiftet und Blut vergießt,
während wir dein Lob singen und deine Heiligkeit rühmen?« Er
sprach: »Ich weiß, was ihr nicht wißt.« 31 Und Er lehrte Adam
alle Dinge samt ihren Namen. Dann führte Er sie den Engeln vor
und sprach: »Tut mir die Namen dieser kund, so ihr die Wahr-
heit sagt.« 32 Sie sagten: »Preis sei Dir! Wir haben kein Wissen
außer dem, was Du uns gelehrt hast. Du bist der, der alles weiß
und weise ist.« 33 Er sprach: »O Adam, tu ihnen ihre Namen
kund.« Als er ihre Namen kundgetan hatte, sprach Er: »Habe Ich
euch nicht gesagt: Ich weiß das Unsichtbare der Himmel und der
Erde, und Ich weiß, was ihr offenlegt und was ihr verschweigt?«
34 Und als Wir zu den Engeln sprachen: »Werft euch vor Adam nie-
der.« Da warfen sie sich nieder, außer Iblīs. Der weigerte sich und

26: was größer oder kleiner ist als eine Mücke.

30: Und (gedenke) als ...: Zeitsatz, der im Koran häufig in verkürzter Form gebraucht wird.

verhielt sich hochmütig, und er war einer der Ungläubigen.
35 Und Wir sprachen: »O Adam, bewohne du und deine Gattin
das Paradies. Eßt reichlich von ihm zu eurem Wohl, wo ihr wollt.
Aber naht euch nicht diesem Baum, sonst gehört ihr zu denen,
die Unrecht tun.« 36 Da ließ sie Satan beide vom Paradies* fallen
und vertrieb sie vom Ort, wo sie waren. Und Wir sprachen:
»Geht hinunter. Die einen von euch sind Feinde der anderen. Ihr
habt auf der Erde Aufenthalt und Nutznießung für eine Weile.«
37 Da nahm Adam von seinem Herrn Worte (der Umkehr)
entgegen, so wandte Er sich ihm gnädig zu. Er ist der, der sich
gnädig zuwendet, der Barmherzige. 38 Wir sprachen: »Geht von
ihm alle hinunter. Wenn dann von Mir eine Rechtleitung zu
euch kommt, dann haben diejenigen, die meiner Rechtleitung
folgen, nichts zu befürchten, und sie werden nicht traurig sein.
39 Diejenigen aber, die nicht glauben und unsere Zeichen für
Lüge erklären, das sind die Gefährten des Feuers; sie werden
darin ewig weilen.

40 O ihr Kinder Israels, gedenket meiner Gnade, mit der Ich euch
begnadet habe, und erfüllt euren Bund mit Mir, so will Ich
meinen Bund mit euch erfüllen. Vor Mir sollt ihr Ehrfurcht
haben. 41 Und glaubt an das, was Ich hinabgesandt habe zur
Bestätigung dessen, was bei euch ist. Und seid nicht die ersten,
die es verleugnen. Und verkauft nicht meine Zeichen für einen
geringen Preis. Mich sollt ihr fürchten. 42 Und verkleidet nicht
das Wahre mit dem Falschen, und verschweigt nicht die Wahr-
heit, wo ihr es doch wißt. 43 Und verrichtet das Gebet und
entrichtet die Abgabe, und verneigt euch mit denen, die sich
verneigen.*44 Wollt ihr denn den Menschen die Frömmigkeit [1½]
gebieten und dabei euch selbst vergessen, wo ihr doch das Buch
verlest? Habt ihr denn keinen Verstand? 45 Und sucht Hilfe in
der Geduld und im Gebet. Und das ist ja schwer, außer für die
Demütigen, 46 die damit rechnen, daß sie ihrem Herrn begegnen
und daß sie zu Ihm zurückkehren werden.

47 O ihr Kinder Israels, gedenket meiner Gnade, mit der Ich euch
begnadet habe, und daß Ich euch vor den Weltenbewohnern

36: Wörtlich: von ihm, davon.

bevorzugt habe. 48 Und hütet euch vor einem Tag, an dem keine Seele für eine andere etwas begleichen kann, keine Fürsprache von ihr angenommen und kein Lösegeld von ihr genommen wird, und an dem sie* keine Unterstützung erfahren. 49 Und als Wir euch von den Leuten des Pharao erretteten, die euch schlimme Pein zufügten, indem sie eure Söhne abschlachteten und nur eure Frauen am Leben ließen – darin war für euch eine gewaltige Prüfung von eurem Herrn. 50 Und als Wir euretwegen das Meer spalteten und euch so retteten und die Leute des Pharao ertrinken ließen, während ihr zuschautet. 51 Und als Wir uns mit Mose für vierzig Nächte verabredeten. Dann nahmt ihr euch, nachdem er weggegangen war*, das Kalb und habt so Unrecht getan. 52 Dann verziehen Wir euch nach diesem (Frevel), auf daß ihr dankbar würdet. 53 Und als Wir Mose das Buch und die Unterscheidungsnorm zukommen ließen, auf daß ihr der Rechtleitung folget. 54 Und als Mose zu seinem Volk sagte: »O mein Volk, ihr habt euch selbst Unrecht getan, indem ihr euch das Kalb genommen habt. Kehrt zu eurem Schöpfer um und tötet einander*. Das ist besser für euch in den Augen eures Schöpfers. Da wandte Er sich euch wieder gnädig zu. Er ist der, der sich gnädig zuwendet, der Barmherzige. 55 Und als ihr sagtet: »O Mose, wir werden dir nicht glauben, bis wir Gott mit eigenen Augen sehen.« Da ergriff euch der Donnerschlag, während ihr zuschautet. 56 Dann erweckten Wir euch nach eurem Tod, auf daß ihr dankbar würdet. 57* Und Wir ließen die Wolken euch überschatten und sandten auf euch das Manna und die Wachteln hinunter: »Eßt von den köstlichen Dingen, die Wir euch beschert haben.« Und nicht Uns taten sie Unrecht, sondern sich selbst haben sie Unrecht getan. 58 Und als Wir sprachen: »Tretet in diese Stadt ein und eßt reichlich davon zu eurem Wohl, wo ihr wollt; und betretet das Tor in der Haltung der Niederwerfung und sagt: Entlastung!*, dann vergeben Wir euch eure Verfehlungen. Und

48: die Menschen vor dem Gericht.
51: Wörtlich: nach ihm.
54: Vgl. Bibel: Exodus 32,27–29.
57–60: Vgl. 7,160–162.
58: Bitte um Vergebung, um Abladen der Schuld.

Wir werden den Rechtschaffenen noch mehr geben. 59 Dann vertauschten es diejenigen, die Unrecht taten, mit einem Ausspruch, der anders war als das, was ihnen gesagt worden war*. Da sandten Wir über diejenigen, die Unrecht taten, ein Zorngericht vom Himmel herab dafür, daß sie frevelten.

*60 Und als Mose um Wasser für sein Volk bat. Da sprachen [1¾]
Wir: »Schlag mit deinem Stab auf den Stein.« Da brachen aus ihm zwölf Quellen hervor, so daß jede Menschengruppe wußte, wo ihre Trinkstelle war. – »Eßt und trinkt von dem, was Gott beschert hat, und stiftet nicht Unheil auf der Erde.« 61 Und als ihr sagtet: »O Mose, wir werden es nicht aushalten, nur eine einzige Speise zu haben. So rufe für uns deinen Herrn an, daß Er uns etwas hervorbringe von dem, was die Erde sonst wachsen läßt an Gemüse, Gurken, Knoblauch*, Linsen und Zwiebeln.« Er sagte: »Wollt ihr denn das Minderwertige in Tausch gegen das Bessere nehmen? Zieht hinab nach Ägypten. Ihr habt dort, was ihr erbittet.« Und über sie wurden Erniedrigung und Elend gelegt, und sie zogen sich den Zorn Gottes zu. Dies dafür, daß sie immer wieder die Zeichen Gottes verleugneten und die Propheten zu Unrecht töteten*; dies dafür, daß sie ungehorsam waren und immer wieder Übertretungen begingen. 62 Diejenigen, die glauben, und diejenigen, die Juden sind, und die Christen und die Ṣābier*, all die, die an Gott und den Jüngsten Tag glauben und Gutes tun, erhalten ihren Lohn bei ihrem Herrn, sie haben nichts zu befürchten, und sie werden nicht traurig sein. 63 Und als Wir eure Verpflichtung entgegennahmen und über euch den Berg emporhoben: »Nehmt, was Wir euch zukommen ließen, mit aller Kraft und gedenket dessen, was darin steht, auf daß ihr gottesfürchtig seid.« 64 Aber danach kehrtet ihr euch ab. Ohne die Huld Gottes gegen euch und seine Barmherzigkeit wäret ihr gewiß unter den Verlierern. 65 Und ihr wißt um diejenigen von

59: Oder: mit einem Verhalten, das mit dem Inhalt des Ausspruches nicht übereinstimmt.

61: Oder: Getreide. Vgl. Bibel: Exodus 16,1–3; Numeri 11,5. – Vgl. Evangelium: Matthäus 23,37; Lukas 13,34.

62: Wahrscheinlich eine Täufergemeinde wie die Mandäer.

euch, die gegen den Sabbat eine Übertretung begangen haben, worauf Wir zu ihnen sprachen: »Werdet zu verabscheuten Affen*.« 66 So machten Wir es zu einem warnenden Beispiel für die Zeitgenossen und die Nachfolgenden und zu einer Ermahnung für die Gottesfürchtigen.
67* Und als Mose zu seinem Volk sagte: »Gott befiehlt euch, eine Kuh zu schächten.« Sie sagten: »Nimmst du uns zum Gegenstand des Spottes?« Er sagte: »Ich suche Zuflucht bei Gott davor, daß ich zu den Törichten gehöre.« 68 Sie sagten: »Rufe für uns deinen Herrn an, daß Er uns deutlich mache, wie sie sein soll.« Er sagte: »Er spricht: Es soll eine Kuh sein, die weder alt noch zu jung zum Kalben ist, eben mittleren Alters dazwischen. Nun tut, was euch befohlen wird.« 69 Sie sagten: »Rufe für uns deinen Herrn an, daß Er uns deutlich mache, welcher Farbe sie sein soll.« Er sagte: »Er spricht: Es soll eine gelbe Kuh sein, deren Farbe intensiv ist und die den Zuschauern Freude macht.«
70 Sie sagten: »Rufe für uns deinen Herrn an, daß Er uns deutlich mache, wie sie sein soll, denn die Kühe kommen uns doch ähnlich vor. Aber wir werden gewiß, so Gott will, die richtige finden.« 71 Er sagte: »Er spricht: Es soll eine Kuh sein, die weder zum Pflügen des Ackers noch zum Bewässern der Felder gezwungen wurde, fehlerfrei und ohne Makel.« Sie sagten: »Jetzt hast du die Wahrheit gebracht.« Sie schächteten sie. Doch beinahe hätten sie es nicht getan. 72* Und als ihr jemanden getötet hattet und über ihn miteinander Streit bekamt. Aber Gott bringt doch heraus, was ihr verschwiegen hattet. 73 Da sprachen Wir: »Schlagt ihn mit einem Stück von ihr*.« So macht Gott die Toten wieder lebendig und läßt euch seine Zeichen sehen, auf daß ihr verständig werdet. 74 Nach diesem Geschehen verhärteten sich eure Herzen, so daß sie wie Steine waren oder noch härter. Denn unter den Steinen gibt es welche, aus denen die Bäche

65: Vgl. 7,163.166.
67–71: Vgl. Bibel: Numeri 19,1–10.
72–73: Vgl. Bibel: Deuteronomium 21,1–9.
73: von der Kuh. Somit wird er wieder zum Leben erweckt, damit er den Namen seines Mörders preisgibt.

hervorbrechen; und es gibt welche, die sich spalten, so daß das
Wasser aus ihnen herauskommt; und es gibt welche, die aus
Ehrfurcht vor Gott herunterfallen. Und Gott läßt nicht unbeach-
tet, was ihr tut.
*75 Erhofft ihr etwa, daß sie mit euch glauben, wo doch ein Teil [2]
von ihnen das Wort Gottes hörte, es aber dann wissentlich
entstellte, nachdem er es verstanden hatte? 76 Wenn sie diejeni-
gen, die glauben, treffen, sagen sie: »Wir glauben.« Und wenn
sie miteinander allein sind, sagen sie: »Wollt ihr denn mit ihnen
über das reden, was Gott euch eröffnet hat, so daß sie damit vor
eurem Herrn mit euch streiten? Habt ihr denn keinen Ver-
stand?« 77 Wissen sie denn nicht, daß Gott weiß, was sie
geheimhalten und was sie offenlegen? 78 Unter ihnen gibt es
Ungelehrte, die das Buch nicht kennen, sondern nur Wunschvor-
stellungen heranziehen. Sie stellen ja nur Mutmaßungen an. 79
Aber wehe denen, die das Buch mit ihren Händen schreiben und
dann sagen: »Dies ist von Gott her«, um es für einen geringen
Preis zu verkaufen! Wehe ihnen wegen dessen, was ihre Hände
geschrieben haben, und wehe ihnen wegen dessen, was sie
erwerben*! 80 Und sie sagen: »Das Feuer wird uns sicher nur für
eine Anzahl von Tagen berühren.« Sprich: Habt ihr bei Gott ein
(solches) Versprechen erhalten? – dann wird Gott sein Verspre-
chen niemals brechen –, oder sagt ihr über Gott, was ihr nicht
wißt? 81 Nein, diejenigen, die eine schlechte Tat erworben haben
und die ihre Schuld umfängt, das sind die Gefährten des Feuers;
sie werden darin ewig weilen. 82 Und diejenigen, die glauben und
die guten Werke tun, das sind die Gefährten des Paradieses; sie
werden darin ewig weilen.
83 Und als Wir die Verpflichtung der Kinder Israels entgegen-
nahmen: »Ihr sollt nur Gott dienen, die Eltern gut behandeln,
und auch die Verwandten, die Waisen und die Bedürftigen.
Sprecht freundlich zu den Menschen. Verrichtet das Gebet und
entrichtet die Abgabe.« Danach habt ihr – bis auf wenige von
euch – den Rücken gekehrt und euch abgewandt. 84 Und als Wir
eure Verpflichtung entgegennahmen: »Ihr sollt nicht gegenseitig

79: D. h.: was sie begehen und zu verantworten haben.

euer Blut vergießen und nicht einander aus euren Wohnstätten vertreiben.« Da habt ihr sie bekräftigt, indem ihr dies bezeugt habt. 85 Dennoch tötet gerade ihr einander und vertreibt einen Teil von euch aus ihren Wohnstätten, indem ihr einander in Schuld und Übertretung gegen sie unterstützt. Und wenn sie als Gefangene zu euch kommen, so löst ihr sie aus. Dabei ist euch doch verboten, sie zu vertreiben. Glaubt ihr denn nur an einen Teil des Buches und verleugnet den anderen? Die Vergeltung für diejenigen unter euch, die dies tun, ist nichts als Schande im diesseitigen Leben, und am Tag der Auferstehung werden sie der härtesten Pein zugeführt werden. Und Gott läßt nicht unbeachtet, was ihr tut. 86 Das sind die, die das diesseitige Leben gegen das Jenseits erkauft haben. So wird ihnen die Pein nicht erleichtert, und sie werden keine Unterstützung erfahren.

87 Und Wir ließen dem Mose das Buch zukommen und nach ihm die Gesandten folgen. Und Wir ließen Jesus, dem Sohn Marias, die deutlichen Zeichen zukommen und stärkten ihn mit dem Geist der Heiligkeit. Wollt ihr euch denn jedesmal, wenn euch ein Gesandter etwas bringt, was ihr nicht mögt, hochmütig verhalten und einen Teil (von ihnen) der Lüge zeihen und einen (anderen) Teil töten? 88 Und sie sagen: »Unsere Herzen sind unbeschnitten.« Aber nein! Gott hat sie wegen ihres Unglaubens verflucht. Darum sind sie sowenig gläubig. 89 Und als ein Buch* von Gott zu ihnen kam, das bestätigte, was bei ihnen war – zuvor pflegten sie um den Sieg über die zu bitten, die nicht glauben –, als nun zu ihnen kam, was sie kannten, da verleugneten sie es. So komme Gottes Fluch über die Ungläubigen! 90 Schlimm ist das, wofür sie ihre Seelen verkauft haben, daß sie verleugneten, was Gott herabgesandt hat, aus ungerechter Ablehnung, daß Gott etwas von seiner Huld herabsendet, auf wen von seinen Dienern er will. So haben sie sich Zorn über Zorn zugezogen. Und die Ungläubigen erhalten eine schmähliche Pein. 91 Und wenn zu ihnen gesagt wird: »Glaubt an das, was Gott herabgesandt hat«, sagen sie: »Wir glauben an das, was auf uns herabgesandt wurde.« Sie verleugnen aber, was nachher

89: Das ist der Koran.

kam, obwohl das die Wahrheit ist, das bestätigt, was bei ihnen ist. Sprich: Warum habt ihr früher die Propheten Gottes getötet, wenn ihr gläubig seid? *92 Und Mose kam doch zu euch mit den [2¼] deutlichen Zeichen. Dann aber nahmt ihr euch, nachdem er weggegangen war*, das Kalb und habt so Unrecht getan. 93 Und als Wir eure Verpflichtung entgegennahmen und den Berg über euch emporhoben: »Nehmt, was Wir euch zukommen ließen, mit aller Kraft und hört darauf.« Sie sagten: »Wir hören, und wir gehorchen nicht.« Und für ihren Unglauben mußten sie das Kalb wie ein Getränk* in ihre Herzen aufnehmen. Sprich: Schlimm ist das, was euer Glaube euch befiehlt, wenn ihr überhaupt gläubig seid.

94 Sprich: Wenn die jenseitige Wohnstätte bei Gott euch unter Ausschluß der anderen Menschen zusteht, dann wünscht euch den Tod, so ihr die Wahrheit sagt. 95 Aber niemals werden sie ihn sich wünschen wegen der Werke, die ihre Hände vorausgeschickt haben. Und Gott weiß über die, die Unrecht tun, Bescheid. 96 Und du wirst sicher finden, daß unter den Menschen sie am meisten am Leben hängen – auch mehr als die Polytheisten. Manch einer von ihnen möchte gern tausend Jahre alt werden. Aber das Altwerden wird ihn gewiß nicht von der Pein wegrücken. Und Gott sieht wohl, was sie tun.

97 Sprich: Wenn einer dem Gabriel ein Feind ist – denn er hat ihn* auf dein Herz herabkommen lassen mit der Erlaubnis Gottes als Bestätigung dessen, was vor ihm vorhanden war und als Rechtleitung und Frohbotschaft für die Gläubigen –, 98 wenn einer ein Feind ist Gott und seinen Engeln und seinen Gesandten, und Gabriel und Michael, dann ist Gott den Ungläubigen ein Feind. 99 Und Wir sandten zu dir gewiß deutliche Zeichen hinab. Nur die Frevler verleugnen sie. 100 Will ein Teil von ihnen denn jedesmal, wenn sie einen Bund schließen, ihn verwerfen? Nein, die meisten von ihnen glauben nicht. 101 Und als zu ihnen ein Gesandter von Gott her kam, der bestätigte, was bei ihnen

92: Wörtlich: nach ihm.
93: Vgl. Bibel: Exodus 32,20; Deuteronomium 9,21.
97: den Koran.

war, warf ein Teil derer, denen das Buch zugekommen war,
das Buch Gottes hinter seinen Rücken, als ob sie von nichts
wüßten.
102 Und sie folgten dem, was die Satane unter der Herrschaft
Salomos vortrugen. Aber nicht Salomo war ungläubig, sondern
die Satane waren ungläubig; sie lehrten die Menschen die Zaube-
rei und das, was auf die Engel in Babel, Hārūt und Mārūt*,
herabgesandt worden war. Diese jedoch lehrten niemanden, ohne
zu sagen: »Wir sind nur eine Versuchung, so werde nicht
ungläubig.« So lernten sie von ihnen das, womit sie zwischen
dem Mann und seiner Frau Zwietracht stifteten. Und sie ver-
mochten niemanden zu schädigen, es sei denn mit Gottes Erlaub-
nis. Und sie lernten, was ihnen schadete und nichts nützte. Und
sie wußten, daß derjenige, der dies erkauft, im Jenseits keinen
Anteil hat. Schlimm ist das, wofür sie ihre Seele verkauft haben.
Wenn sie es doch wüßten! 103 Und wenn sie geglaubt hätten und
gottesfürchtig gewesen wären! ... Eine Belohnung von Gott ist
doch besser, wenn sie es doch wüßten!
104 O ihr, die ihr glaubt, sagt nicht: »Achte auf uns« (rāʿinā),
sondern sagt: »Schau auf uns« (unẓurnā)*. Und hört darauf.
Und für die Ungläubigen ist eine schmerzhafte Pein bestimmt.
105 Diejenigen von den Leuten des Buches und von den Polythe-
isten, die nicht glauben, mögen es nicht gern, daß auf euch etwas
Gutes von eurem Herrn herabgesandt wird. Gott aber schenkt
seine Barmherzigkeit in besonderer Weise, wem Er will. Und
[2½] Gott besitzt große Huld. *106 Was Wir auch an Zeichen aufhe-
ben oder der Vergessenheit preisgeben, Wir bringen dafür ein
besseres oder ein gleiches. Weißt du denn nicht, daß Gott Macht
hat zu allen Dingen? 107 Weißt du denn nicht, daß Gott die
Königsherrschaft der Himmel und der Erde hat? Außer Gott habt
ihr weder Freund noch Helfer. 108 Oder wollt ihr von eurem

102: Über diese zwei gefallenen Engel, die den Dämonen die Zauberkunst beigebracht haben, sind verschiedene Legenden überliefert und divergierende Interpretationen vertreten worden. Eine Variante bezeichnet sie nicht als Engel (malak), sondern als Könige (malik).

104: Der Hintergrund dieser Maßnahme ist unklar; vgl. 4,46.

Gesandten das gleiche fordern, was früher von Mose gefordert
wurde? Wer den Unglauben gegen den Glauben eintauscht, ist
vom rechten Weg abgeirrt. 109 Viele von den Leuten des Buches
möchten gerne euch, nachdem ihr gläubig geworden seid, wieder
zu Ungläubigen machen, da sie von sich aus Neid empfinden,
nachdem ihnen die Wahrheit deutlich wurde. So verzeiht und
seid nachsichtig, bis Gott mit seinem Befehl eintrifft. Gott hat
Macht zu allen Dingen. 110 Verrichtet das Gebet und entrich-
tet die Abgabe. Und was ihr für euch an Gutem vorausschickt,
das werdet ihr bei Gott vorfinden. Gott sieht wohl, was ihr
tut.

111 Sie sagen: »Es werden das Paradies nur die betreten, die
Juden oder Christen sind.« Das sind ihre Wünsche. Sprich:
Bringt her euren Beweis, so ihr die Wahrheit sagt. 112 Nein, wer
sich völlig Gott hingibt und dabei rechtschaffen ist, der hat seinen
Lohn bei seinem Herrn. Diese haben nichts zu befürchten, und
sie werden nicht traurig sein. 113 Die Juden sagen: »Die Christen
haben keine Grundlage.« Und die Christen sagen: »Die Juden
haben keine Grundlage.« Dabei lesen sie (alle) das Buch. Auch
diejenigen, die unwissend sind, äußern sich in der gleichen
Weise. Gott wird am Tage der Auferstehung zwischen ihnen
über das urteilen, worüber sie uneins waren. 114 Und wer ist
ungerechter als der, der verhindert, daß in den Anbetungsstätten
Gottes seines Namens gedacht wird, und bestrebt ist, sie zu
zerstören? Gerade diese dürfen sie nicht anders als voller Furcht
betreten. Bestimmt ist für sie im Diesseits Schande und im
Jenseits eine gewaltige Pein.

115 Gottes ist der Osten und der Westen. Wohin ihr euch auch
wenden möget, dort ist das Antlitz Gottes. Gott umfaßt und weiß
alles. 116 Und sie sagen: »Gott hat sich ein Kind genommen.«
Preis sei Ihm! Ihm gehört doch, was in den Himmeln und auf der
Erde ist. Alle sind Ihm demütig ergeben. 117 Er ist der Schöpfer
der Himmel und der Erde. Wenn Er eine Sache beschlossen hat,
sagt Er zu ihr nur: Sei!, und sie ist.

118 Diejenigen, die unwissend sind, sagen: »Wenn doch Gott zu
uns spräche oder ein Zeichen zu uns käme!« Auch diejenigen, die
vor ihnen lebten, äußerten sich in der gleichen Weise. Ihre

Herzen sind einander ähnlich. Wir haben die Zeichen deutlich gemacht für Leute, die Gewißheit hegen. 119 Wir sandten dich mit der Wahrheit als Freudenboten und Warner. Und du hast dich nicht für die Gefährten der Hölle zu verantworten. 120 Weder die Juden noch die Christen werden mit dir zufrieden sein, bis du ihrer Glaubensrichtung folgst. Sprich: Nur die Rechtleitung Gottes ist die (wahre) Rechtleitung. Und wenn du ihren Neigungen folgst nach dem, was dir an Wissen zugekommen ist, so wirst du vor Gott weder Freund noch Helfer haben. 121 Diejenigen, denen Wir das Buch zukommen ließen und die es lesen, wie es richtig gelesen werden soll, glauben daran. Diejenigen, die nicht daran glauben, das sind die Verlierer.

122 O ihr Kinder Israels, gedenket meiner Gnade, mit der Ich euch begnadet habe, und daß Ich euch vor den Weltenbewohnern bevorzugt habe. 123 Und hütet euch vor einem Tag, an dem keine Seele für eine andere etwas begleichen kann, kein Lösegeld von ihr angenommen wird und keine Fürsprache ihr nützt, und an dem sie keine Unterstützung erfahren.

[2¾] *124 Und als Abraham von seinem Herrn durch Worte auf die Probe gestellt wurde* und er sie erfüllte. Er sprach: »Ich mache dich zum Vorbild für die Menschen.« Er sagte: »Und auch welche von meiner Nachkommenschaft.« Er sprach: »Mein Bund erstreckt sich aber nicht auf die, die Unrecht tun.« 125 Und als Wir das Haus zu einem Versammlungsort für die Menschen und zu einer sicheren Stätte machten: »Nehmt euch die Stätte Abrahams* zu einem Gebetsort.« Und Wir erlegten Abraham und Ismael auf: »Reinigt mein Haus für diejenigen, die den Umlauf vollziehen und die eine Einkehrzeit einlegen und die sich verneigen und niederwerfen.« 126 Und als Abraham sagte: »Mein Herr, mach dieses zu einem sicheren Gebiet und beschere seinen Bewohnern Früchte, denen von ihnen, die an Gott und den

124: Inhalt dieser Worte: Gebote und Verbote; Kultriten; Forderungen des Glaubens; Zeichen durch die Himmelskörper; oder Befehl an Abraham, seinen Sohn zu opfern (vgl. 37,106).

125: der Stein, auf dem Abraham bei der Errichtung der Ka'ba stand, oder das gesamte Bethaus, oder die gesamten Wallfahrtsorte.

Jüngsten Tag glauben.« Er sprach: »Und wer nicht glaubt, den lasse Ich ein wenig genießen, alsdann zwinge Ich ihn in die Pein des Feuers – welch schlimmes Ende!« 127 Und als Abraham dabei war, vom Haus die Fundamente hochzuziehen, (er) und Ismael. Sie beteten: »Unser Herr, nimm es von uns an. Du bist der, der alles hört und weiß. 128 Unser Herr, mache uns beide Dir ergeben und (mache) aus unserer Nachkommenschaft eine Gemeinschaft, die Dir ergeben ist. Und zeige uns unsere Riten*, und wende Dich uns gnädig zu. Du bist der, der sich gnädig zuwendet, der Barmherzige. 129 Unser Herr, laß unter ihnen einen Gesandten aus ihrer Mitte erstehen*, der ihnen deine Zeichen verliest und sie das Buch und die Weisheit lehrt und sie läutert. Du bist der Mächtige, der Weise.« 130 Und wer verschmäht die Glaubensrichtung Abrahams außer dem, der seine Seele geringschätzt? Wir haben ihn ja im Diesseits auserwählt. Und im Jenseits gehört er zu den Rechtschaffenen. 131 Und als sein Herr zu ihm sprach: »Sei (Mir) ergeben.« Er sagte: »Ich ergebe mich dem Herrn der Welten.« 132 Und Abraham hat es seinen Söhnen aufgetragen, er und auch Jakob: »O meine Söhne, Gott hat für euch die (reine) Religion erwählt. So sollt ihr nur als Gottergebene sterben.« 133 Oder wart ihr zugegen, als Jakob im Sterben lag? Als er zu seinen Söhnen sagte: »Wem werdet ihr dienen nach mir?« Sie sagten: »Dienen werden wir deinem Gott und dem Gott deiner Väter Abraham, Ismael und Isaak, dem einzigen Gott. Und wir sind Ihm ergeben.« 134 Das ist eine Gemeinschaft, die dahingegangen ist. Sie erhält, was sie erworben hat, und ihr erhaltet, was ihr erworben habt. Und ihr habt nicht zu verantworten, was sie zu tun pflegten.

135 Und sie sagen: »Werdet Juden oder Christen, so folgt ihr der Rechtleitung.« Sprich: Nein, (wir folgen) der Glaubensrichtung Abrahams, als Anhänger des reinen Glaubens; und er gehörte nicht zu den Polytheisten. 136 Sprecht: Wir glauben an Gott und

128: Das sind wohl die Kulthandlungen, vor allem solche, die mit der Wallfahrt zusammenhängen.

129: Vgl. 2,151; 3,164; 62,2. Der Koran und der Ḥadīth beziehen diese Bitte auf die Sendung Muḥammads.

an das, was zu uns herabgesandt wurde, und an das, was herabgesandt wurde zu Abraham, Ismael, Isaak, Jakob und den Stämmen, und an das, was Mose und Jesus zugekommen ist, und an das, was den (anderen) Propheten von ihrem Herrn zugekommen ist. Wir machen bei keinem von ihnen einen Unterschied. Und wir sind Ihm ergeben. 137 Wenn sie an das gleiche glauben, woran ihr glaubt, so folgen sie der Rechtleitung. Wenn sie sich abkehren, so befinden sie sich in Widerstreit. Gott wird euch vor ihnen schützen. Er ist der, der alles hört und weiß. 138 (Nehmt an) das Kennzeichen* Gottes. Und wer hat ein schöneres Kennzeichen als Gott? Ihm allein dienen wir. 139 Sprich: Was streitet ihr mit uns über Gott, wo Er unser Herr und euer Herr ist? Wir haben unsere Werke, und ihr habt eure Werke (zu verantworten). Und wir sind zu Ihm aufrichtig. 140 Oder wollt ihr sagen, daß Abraham, Ismael, Isaak, Jakob und die Stämme Juden oder Christen gewesen sind? Sprich: Wißt ihr es besser oder Gott? Wer ist denn ungerechter als der, der ein Zeugnis, das er von Gott hat, verschweigt? Aber Gott läßt nicht unbeachtet, was ihr tut. 141 Das ist eine Gemeinschaft, die dahingegangen ist. Sie erhält, was sie erworben hat, und ihr erhaltet, was ihr erworben habt. Und ihr habt nicht zu verantworten, was sie zu tun pflegten.

2. Teil *142 Die Toren unter den Menschen werden sagen: »Was hat sie
[3] von ihrer Gebetsrichtung abgebracht, die sie (bisher) eingehalten
haben*? Sprich: Gottes ist der Osten und der Westen. Er führt,
wen Er will, zu einem geraden Weg. 143 Und so haben Wir euch
zu einer in der Mitte stehenden Gemeinschaft* gemacht, auf daß
ihr Zeugen seid über die Menschen und daß der Gesandte Zeuge
sei über euch. Und Wir haben die Gebetsrichtung, die du eingehalten hast, nur eingesetzt, um zu erfahren, wer dem Gesandten folgt, (und um ihn zu unterscheiden) von dem, der auf seinen

138: Wörtlich: Salbung, Färbung, Farbzeichen.

142: Nachdem sie in Richtung Jerusalem gebetet hatten, wurde den Muslimen die Gebetsrichtung nach Mekka angeordnet.

143: die das Gleichgewicht zwischen den Extremen hält, mit einem ausgewogenen Ordnungssystem und Verhalten.

Fersen kehrtmacht. Wahrlich, das ist schwer, außer für die, die Gott rechtleitet. Nimmer wird Gott es zulassen, daß euer Glaube umsonst gewesen ist. Gott hat Mitleid mit den Menschen und ist barmherzig.
144 Wir sehen, wie du dein Gesicht zum Himmel hin und her richtest. So werden Wir dir eine Gebetsrichtung festlegen, mit der du zufrieden sein wirst. Wende also dein Gesicht in Richtung der heiligen Moschee*. Und wo immer ihr seid, wendet euer Gesicht in ihre Richtung. Diejenigen, denen das Buch zugekommen ist, wissen bestimmt, daß es die Wahrheit von ihrem Herrn ist. Gott läßt nicht unbeachtet, was sie tun.
145 Du magst zu denen, denen das Buch zugekommen ist, mit jedem Zeichen kommen, sie werden deiner Gebetsrichtung nicht folgen. Und auch du wirst ihrer Gebetsrichtung nicht folgen. Keiner von ihnen wird der Gebetsrichtung der anderen folgen. Und wenn du ihren Neigungen folgst nach dem, was an Wissen zu dir gekommen ist, gehörst du gewiß zu denen, die Unrecht tun.
146 Diejenigen, denen Wir das Buch zukommen ließen, kennen es, wie sie ihre Söhne kennen. Aber ein Teil von ihnen verschweigt wissentlich die Wahrheit.
147 Es ist die Wahrheit von deinem Herrn. So sei nicht einer der Zweifler.
148 Jeder hat eine Richtung*, zu der er sich wendet. So eilt zu den guten Dingen um die Wette. Wo immer ihr euch befindet, Gott wird euch alle zusammenbringen. Gott hat Macht zu allen Dingen.
149 Von wo du auch herausgehst, wende dein Gesicht in Richtung der heiligen Moschee. Es ist wirklich die Wahrheit von deinem Herrn. Gott läßt nicht unbeachtet, was ihr tut.
150 Und von wo du auch herausgehst, wende dein Gesicht in Richtung der heiligen Moschee. Und wo immer ihr auch seid, wendet euer Gesicht in ihre Richtung, damit die Menschen keinen Beweisgrund gegen euch haben, außer denen von ihnen, die Unrecht tun – fürchtet sie nicht, sondern fürchtet Mich –, und damit Ich meine Gnade an euch vollende und ihr die Rechtleitung findet,
151 so wie Wir auch unter euch einen Gesandten aus eurer Mitte

144: die Kaʿba in Mekka.

148: Gemeint ist hier nicht nur die Gebetsrichtung, sondern auch die Lebensordnung und Orientierung.

entsandt haben, der euch unsere Zeichen verliest, euch läutert und euch das Buch und die Weisheit lehrt und euch das lehrt, was ihr nicht wußtet. 152 Darum gedenket Meiner, dann gedenke Ich euer, und danket Mir und seid nicht undankbar gegen Mich.

153 O ihr, die ihr glaubt, sucht Hilfe in der Geduld und im Gebet. Gott ist mit den Geduldigen. 154 Und sagt nicht von denen, die auf dem Weg Gottes getötet werden, sie seien tot. Sie sind vielmehr lebendig, aber ihr merkt es nicht. 155 Und Wir werden euch sicher Prüfungen aussetzen mit ein wenig Furcht und Hunger und mit Verlust an Vermögen, Seelen und Früchten. Und verkünde den Geduldigen frohe Botschaft, 156 die, wenn ein Unglück sie trifft, sagen: »Wir gehören Gott, und wir kehren zu Ihm zurück.« 157 Auf sie kommen Segnungen und Barmherzigkeit von ihrem Herrn herab. Das sind die, die der Rechtleitung folgen.

[3¼] *158 Siehe, Ṣafā und Marwa* gehören zu den Kultzeichen Gottes. Wer also die Wallfahrt zum Haus (Gottes) oder den Pilgerbesuch vollzieht, für den ist es kein Vergehen, zwischen ihnen den Lauf zu verrichten. Und wenn einer freiwillig Gutes tut, so zeigt sich Gott erkenntlich und weiß Bescheid.

159 Diejenigen, die verschweigen, was Wir an deutlichen Zeichen und Rechtleitung hinabgesandt haben, nachdem Wir es den Menschen im Buch deutlich gemacht haben, diese wird Gott verfluchen, und verfluchen werden sie auch die Fluchenden, 160 außer denen, die umkehren und Besserung zeigen und (alles) offenlegen. Denen wende Ich Mich gnädig zu. Ich bin der, der sich gnädig zuwendet, der Barmherzige. 161 Über diejenigen, die nicht glauben und als Ungläubige sterben, kommt der Fluch Gottes und der Engel und der Menschen allesamt. 162 Sie werden darin* ewig weilen. Ihnen wird die Pein nicht erleichtert, und ihnen wird kein Aufschub gewährt.

163 Und euer Gott ist ein einziger Gott, es gibt keinen Gott außer Ihm, dem Erbarmer, dem Barmherzigen. 164 In der Erschaffung

158: Das sind zwei Hügel in der Nähe der Kaʿba, über 400 Meter voneinander entfernt, zwischen denen der Pilger den Lauf zu vollziehen hat.

162: unter dem Fluch, oder eher: in der Pein der Hölle.

der Himmel und der Erde; im Aufeinanderfolgen von Nacht und
Tag; in den Schiffen, die auf dem Meer fahren mit dem, was den
Menschen nützt; im Wasser, das Gott vom Himmel herabkom-
men läßt und mit dem Er die Erde nach ihrem Absterben wieder
belebt und auf ihr allerlei Getier sich ausbreiten läßt; im Wechsel
der Winde und der zwischen Himmel und Erde in Dienst gestell-
ten Wolken, (in alledem) sind Zeichen für Leute, die verständig
sind. 165 Unter den Menschen sind welche, die sich neben Gott
andere als Gegenpart nehmen, die sie lieben, wie man Gott liebt.
Doch diejenigen, die glauben, lieben Gott noch mehr. Wenn nur
diejenigen, die Unrecht tun, angesichts der Pein sehen würden,
daß alle Kraft Gott gehört und daß Gott harte Pein verhängt! 166
Und dies, wenn diejenigen, denen man folgte, sich von denen, die
ihnen folgten, lossagen, sie die Pein sehen, die Verbindungen für
sie abgeschnitten sind, 167 und diejenigen, die ihnen folgten,
sagen: »Hätten wir doch eine Möglichkeit zur Rückkehr, damit
wir uns von ihnen lossagen, so wie sie sich von uns losgesagt
haben!« Auf diese Weise läßt Gott sie ihre Werke sehen als
Grund zu vielfachem Bedauern für sie. Und sie werden aus dem
Feuer nicht herauskommen.
168 O ihr Menschen, eßt von dem, was es auf der Erde gibt, so es
erlaubt und köstlich ist. Und folgt nicht den Fußstapfen des
Satans. Er ist euch ein offenkundiger Feind. 169 Er befiehlt euch
nur Böses und Schändliches, und daß ihr über Gott sagt, was ihr
nicht wißt. 170 Und wenn ihnen gesagt wird: »Folgt dem, was
Gott herabgesandt hat«, sagen sie: »Wir folgen lieber dem, was
wir bei unseren Vätern vorgefunden haben.« Was denn, auch
wenn ihre Väter nichts verstanden haben und der Rechtleitung
nicht gefolgt sind? 171 Mit denen, die ungläubig sind, ist es, wie
wenn einer etwas* anschreit, was nur Rufen und Zurufen hört.
Taub, stumm, blind sind sie, so haben sie keinen Verstand. 172
O ihr, die ihr glaubt, eßt von den köstlichen Dingen, die Wir
euch beschert haben, und danket Gott, so ihr wirklich Ihm dient.
173 Verboten hat Er euch nur Verendetes, Blut, Schweinefleisch

171: das Vieh.

und das, worüber ein anderer Gott angerufen worden ist*. Wer
aber gezwungen wird, ohne daß er Auflehnung oder Übertretung
begeht, den trifft keine Schuld. Gott ist voller Vergebung und
barmherzig.
174 Diejenigen, die verschweigen, was Gott vom Buch herabge-
sandt hat, und es gegen einen geringen Preis vertauschen, wer-
den in ihrem Bauch nichts als Feuer verzehren. Gott wird sie am
Tag der Auferstehung nicht ansprechen und nicht für rein erklä-
ren. Und für sie ist eine schmerzhafte Pein bestimmt. 175 Das
sind die, die den Irrtum gegen die Rechtleitung erkauft haben,
und auch die Pein gegen die Vergebung. Wie können sie sich dem
Feuer gegenüber so standhaft zeigen! 176 Dies geschieht, weil
Gott das Buch mit der Wahrheit herabgesandt hat. Und diejeni-
gen, die über das Buch uneins sind, befinden sich in einem tiefen
[3½] Widerstreit. *177 Frömmigkeit besteht nicht darin, daß ihr euer
Gesicht nach Osten oder Westen wendet. Frömmigkeit besteht
darin, daß man an Gott, den Jüngsten Tag, die Engel, das Buch
und die Propheten glaubt, daß man, aus Liebe zu Ihm*, den
Verwandten, den Waisen, den Bedürftigen, dem Reisenden und
den Bettlern Geld zukommen läßt und es für den Loskauf der
Sklaven und Gefangenen ausgibt, und daß man das Gebet ver-
richtet und die Abgabe entrichtet. (Fromm sind auch) die, die
ihre eingegangenen Verpflichtungen erfüllen, und die, die in Not
und Drangsal und zur Zeit der Gefahr geduldig sind. Sie sind es,
die wahrhaftig sind, und sie sind die Gottesfürchtigen.
178 O ihr, die ihr glaubt, vorgeschrieben ist euch bei Totschlag
die Wiedervergeltung: der Freie für den Freien, der Sklave für
den Sklaven, das Weib für das Weib. Wenn einem von seinem
Bruder etwas nachgelassen wird, dann soll die Beitreibung* auf
rechtliche Weise und die Leistung an ihn auf gute Weise erfol-
gen. Dies ist eine Erleichterung von seiten eures Herrn und eine
Barmherzigkeit. Wer danach Übertretungen begeht, für den ist
eine schmerzhafte Pein bestimmt. 179 In der Wiedervergeltung

173: Vgl. 5,3; 6,145; 16,115.
177: zu Gott – oder: trotz seiner Liebe zu ihm, d. h. zum Geld.
178: des Blutgeldes.

liegt für euch Leben*, o ihr Einsichtigen, auf daß ihr gottesfürchtig werdet.
180 Vorgeschrieben ist euch, wenn einer von euch im Sterben
liegt, falls er Vermögen hinterläßt, eine Verfügung zugunsten
der Eltern und der Angehörigen auf rechtliche Weise zu machen.
Das ist eine Rechtspflicht für die Gottesfürchtigen. 181 Wenn
jemand es abändert, nachdem er es gehört hat, so lastet die
Schuld daran auf denjenigen, die es abändern. Gott hört und
weiß alles. 182 Wer aber von seiten eines Erblassers eine
Unrechtmäßigkeit oder ein schuldhaftes Verhalten befürchtet
und dann zwischen ihnen Aussöhnung schafft, den trifft keine
Schuld. Gott ist voller Vergebung und barmherzig.
183 O ihr, die ihr glaubt, vorgeschrieben ist euch, zu fasten, so
wie es denen vorgeschrieben worden ist, die vor euch lebten, auf
daß ihr gottesfürchtig werdet, 184 (und dies) für eine Anzahl von
Tagen. Wer von euch krank ist oder sich auf einer Reise befindet,
für den gilt eine Anzahl anderer Tage. Denjenigen aber, die es
(eigentlich einhalten) können, ist als Ersatzleistung die Speisung
eines Bedürftigen auferlegt. Wenn einer freiwillig Gutes tut, so
ist es besser für ihn. Und daß ihr fastet, ist besser für euch, wenn
ihr Bescheid wißt. 185 Der Monat Ramaḍān ist es, in dem der
Koran herabgesandt wurde als Rechtleitung für die Menschen
und als deutliche Zeichen der Rechtleitung und der Unterscheidungsnorm. Wer nun von euch in dem Monat anwesend ist, der
soll in ihm fasten. Und wer krank ist oder sich auf einer Reise
befindet, für den gilt eine Anzahl anderer Tage. Gott will für
euch Erleichterung. Er will für euch nicht Erschwernis, und daß
ihr die Zahl (der Tage) vollendet und Gott dafür hochpreiset, daß
Er euch rechtgeleitet hat, und daß ihr dankbar werdet. 186 Wenn
dich meine Diener nach Mir fragen, so bin Ich nahe, und Ich
erhöre den Ruf des Rufenden, wenn er Mich anruft. Sie sollen
nun auf Mich hören, und sie sollen an Mich glauben, auf daß sie
einen rechten Wandel zeigen.

179: Denn die Wiedervergeltung beschränkt die Blutrache auf die Person des Täters, sie erstreckt sich nicht auf den ganzen Stamm. Außerdem wirkt sie abschreckend.

187 Erlaubt ist euch, in der Nacht während der Fastenzeit
Umgang mit euren Frauen zu haben. Sie sind eine Bekleidung für
euch, und ihr seid eine Bekleidung für sie. Gott weiß, daß ihr
euch immer wieder selbst betrogen habt, so hat Er sich euch
gnädig wieder zugewandt und euch verziehen. Verkehrt nun-
mehr mit ihnen und trachtet nach dem, was Gott euch vorge-
schrieben hat. Und eßt und trinkt, bis ihr in der Morgendämme-
rung den weißen Faden vom schwarzen Faden unterscheiden
könnt. Danach vollzieht das Fasten bis zur Nacht. Und verkehrt
nicht mit ihnen, während ihr in den Moscheen eine Einkehrzeit
einlegt. Dies sind die Bestimmungen Gottes, tretet ihnen nicht
zu nahe. So macht Gott den Menschen seine Zeichen deutlich,
auf daß sie gottesfürchtig werden. 188 Und verzehrt nicht unter-
einander euer Vermögen durch Betrug, und übergebt es nicht
den Richtern, um einen Teil des Vermögens der Menschen in
sündhafter Weise wissentlich zu verzehren.
[3¾] *189 Sie fragen dich nach den Neumonden. Sprich: Sie sind
Zeitbestimmungen für die Menschen und für die Wallfahrt. Und
Frömmigkeit besteht nicht darin, daß ihr durch die Hinterseite in
die Häuser geht. Frömmigkeit besteht darin, daß man gottes-
fürchtig ist. Geht also in die Häuser durch ihre Türen. Und
fürchtet Gott, auf daß es euch wohl ergehe.
190 Und kämpft auf dem Weg Gottes gegen diejenigen, die gegen
euch kämpfen, und begeht keine Übertretungen. Gott liebt die
nicht, die Übertretungen begehen. 191 Und tötet sie, wo immer
ihr sie trefft, und vertreibt sie, von wo sie euch vertrieben haben.
Denn Verführen ist schlimmer als Töten. Kämpft nicht gegen sie
bei der heiligen Moschee, bis sie dort gegen euch kämpfen. Wenn
sie gegen euch kämpfen, dann tötet sie. So ist die Vergeltung für
die Ungläubigen. 192 Wenn sie aufhören, so ist Gott voller
Vergebung und barmherzig. 193 Kämpft gegen sie, bis es keine
Verführung mehr gibt und bis die Religion nur noch Gott gehört.
Wenn sie aufhören, dann darf es keine Übertretung geben, es sei
denn gegen die, die Unrecht tun. 194 Ein heiliger Monat (darf
zur Vergeltung dienen) für einen heiligen Monat*. Bei den

194: Wenn die Feinde das Friedensabkommen im heiligen Monat brechen, dürfen die Muslime ihnen auch im heiligen Monat mit

heiligen Dingen gilt die Wiedervergeltung. Wer sich gegen euch
vergeht, gegen den dürft ihr euch ähnlich vergehen, wie er sich
gegen euch vergeht. Und fürchtet Gott und wißt, daß Gott mit
den Gottesfürchtigen ist. 195 Und spendet auf dem Weg Gottes
und streckt nicht eure Hände nach dem Verderben aus*, und tut
Gutes. Gott liebt die, die Gutes tun.
196 Und vollzieht die Wallfahrt und den Pilgerbesuch für Gott.
Wenn ihr behindert seid, dann gebt, was an Opfertieren
erschwinglich ist. Und schert euch nicht den Kopf, bis die
Opfertiere ihren erlaubten Schlachtort erreicht haben. Wer von
euch krank ist oder ein Leiden am Kopf hat, der hat eine
Ersatzleistung zu bringen: Fasten oder Almosen oder Tieropfer.
Wenn ihr nun in Sicherheit seid, so soll derjenige, der nach dem
Pilgerbesuch (das normale Leben) bis zur (Zeit der) Wallfahrt
genossen hat, darbringen, was an Opfertieren erschwinglich ist*.
Wer es nicht vermag, der soll während der Wallfahrt drei Tage
fasten und sieben, nachdem ihr zurückgekehrt seid: Das sind
insgesamt zehn. Dies gilt für den, dessen Angehörige nicht im
Bezirk der heiligen Moschee wohnen. Fürchtet Gott und wißt,
daß Gott eine harte Strafe verhängt.
197 Die Wallfahrt findet in bekannten Monaten* statt. Wer sich
in ihnen die Wallfahrt auferlegt, hat sich während der Wallfahrt
des Geschlechtsumgangs, des Frevels und des Streites zu enthal-
ten. Und was ihr an Gutem tut, das weiß Gott. Und versorgt euch
mit Wegzehrung. Aber die beste Wegzehrung ist die Gottes-

derselben Münze heimzahlen. Der Grundsatz der Wiedervergeltung wird auch auf solche Fälle angewandt.

195: Das bezeichnet wohl die Haltung derer, die nicht spenden und sich nicht für die Sache Gottes einsetzen.

196: Derjenige, der nach dem Pilgerbesuch das normale Leben genießt bis zur Zeit der Wallfahrt, hebt für diese Zeit den Weihezustand auf. Daher hat er eine Ersatzleistung für diese Unregelmäßigkeit (welche als Erleichterung der Weihevorschriften verstanden wird) zu bringen.

197: Das sind nach den muslimischen Kommentatoren die drei letzten Monate des Mondjahres: Shawwāl, Dhū l-qa`da und Dhū l-ḥidjja, wobei der letzte der eigentliche Wallfahrtsmonat ist.

furcht. Und fürchtet Mich, o ihr Einsichtigen. 198 Es ist für euch
kein Vergehen, daß ihr nach einer Huld von eurem Herrn strebt.
Und wenn ihr von `Arafāt* herabeilt, dann gedenket Gottes vor
der heiligen Kultstätte. Gedenket Seiner, wie Er euch rechtgelei-
tet hat. Ihr gehörtet ja vordem zu denen, die irregehen. 199 Dann
eilt herab, von wo die Menschen herabeilen, und bittet Gott um
Vergebung. Gott ist voller Vergebung und barmherzig. 200 Und
wenn ihr eure Riten beendet habt, dann gedenket Gottes, wie ihr
eurer Väter (früher) gedacht habt* oder mit noch innigerem
Gedenken. Unter den Menschen gibt es welche, die sagen:
»Unser Herr, beschenke uns im Diesseits.« Diese haben im
Jenseits keinen Anteil. 201 Und unter ihnen gibt es welche, die
sagen: »Unser Herr, schenke uns im Diesseits Gutes und auch im
Jenseits Gutes, und bewahre uns vor der Pein des Feuers.« 202
Diese erhalten einen Anteil von dem, was sie sich erworben
haben. Gott ist schnell im Abrechnen.

[4] *203 Und gedenket Gottes in einer bestimmten Anzahl von
Tagen. Wer sich beeilt und es in zwei Tagen durchführt, den
trifft keine Schuld. Und wer längere Zeit braucht, den trifft auch
keine Schuld*. (Dies gilt) für den, der gottesfürchtig ist. Fürchtet
Gott und wißt, daß ihr zu Ihm versammelt werdet.

204 Und unter den Menschen gibt es einen, dessen Reden über
das diesseitige Leben dir gefällt und der Gott zum Zeugen anruft
für das, was in seinem Herzen ist. Dabei ist er der streitsüchtigste
Widersacher. 205 Und wenn er an der Macht ist*, reist er auf der
Erde umher, um Unheil auf ihr zu stiften und Saatfelder und
Nachwuchs zu verderben. Aber Gott liebt das Unheil nicht. 206
Und wenn man zu ihm sagt: »Fürchte Gott«, so führt ihn die

198: Das ist ein Berg östlich von Mekka, auf dessen Hängen sich die Pilger am 9. Dhū l-ḥidjja versammeln.

200: Die Araber pflegten die Großtaten und die Vorzüge ihrer Vorfahren öffentlich hochzupreisen.

203: Das sind die drei sogenannten Tashrīq-Tage in Minā, vom 11. bis 13. Dhū l-ḥidjja. Wer also die Riten dieser drei Tage in den ersten zwei Tagen oder erst im dritten Tag vollzieht, den trifft keine Schuld.

205: Oder einfach: Wenn er sich abkehrt, weggeht.

Überheblichkeit zur Schuld. So ist die Hölle das, was für ihn eben ausreicht. Welch schlimme Lagerstätte! 207 Und unter den Menschen gibt es auch einen, der sich selbst veräußern würde im Streben nach dem Wohlwollen Gottes. Und Gott hat Mitleid mit den Dienern. 208 O ihr, die ihr glaubt, tretet allesamt in die Ergebung* und folgt nicht den Fußstapfen des Satans. Er ist euch ein offenkundiger Feind. 209 Wenn ihr aber strauchelt, nachdem die deutlichen Zeichen zu euch gekommen sind, so wißt, daß Gott mächtig und weise ist. 210 Erwarten sie denn etwas anderes, als daß Gott zu ihnen in schattenspendenden Wolken kommt, und auch die Engel? Die Angelegenheit ist dann entschieden. Und zu Gott werden alle Angelegenheiten zurückgebracht.

211 Frag die Kinder Israels, wie viele deutliche Zeichen Wir ihnen zukommen ließen. Wenn aber einer die Gnade Gottes eintauscht, nachdem sie zu ihm gekommen ist, so verhängt Gott eine harte Strafe. 212 Das diesseitige Leben ist denen, die ungläubig sind, verlockend gemacht worden, und sie verhöhnen diejenigen, die glauben. Aber diejenigen, die gottesfürchtig sind, stehen am Tag der Auferstehung über ihnen. Und Gott beschert den Lebensunterhalt, wem Er will, ohne (viel) zu rechnen.

213 Die Menschen waren eine einzige Gemeinschaft. Dann ließ Gott die Propheten als Freudenboten und Warner erstehen. Er sandte mit ihnen das Buch mit der Wahrheit herab, damit es zwischen den Menschen über das urteile, worüber sie uneins waren. Und nur jene, denen es zuteil wurde, waren darüber uneins, nachdem die deutlichen Zeichen zu ihnen gekommen waren – dies aus ungerechter Auflehnung untereinander. Nun hat Gott die, die glauben, mit seiner Erlaubnis zu der Wahrheit geleitet, über die sie uneins waren. Und Gott führt, wen Er will, zu einem geraden Weg.

214 Oder meint ihr, daß ihr ins Paradies eingehen werdet, noch ehe euch das gleiche widerfahren ist wie denen, die vor euch dahingegangen sind? Not und Drangsal berührten sie, und sie wurden hin und her geschüttelt, so daß der Gesandte und diejenigen, die mit ihm gläubig waren, dann sagten: Wann

208: Oder: in den Frieden; oder: ins Heil.

kommt die Unterstützung Gottes? Wahrlich, die Unterstützung
Gottes ist nahe.
215 Sie fragen dich, was sie spenden sollen. Sprich: Was ihr an
Gutem spendet, das sei für die Eltern, die Angehörigen, die
Waisen, die Bedürftigen und den Reisenden. Und was ihr an
Gutem tut, Gott weiß es.
216 Vorgeschrieben ist euch der Kampf, obwohl er euch zuwider
ist. Aber vielleicht ist euch etwas zuwider, während es gut für
euch ist. Und vielleicht liebt ihr etwas, während es schlecht für
euch ist. Und Gott weiß, ihr aber wißt nicht Bescheid. 217 Sie
fragen dich nach dem heiligen Monat, nach dem Kampf in ihm.
Sprich: Der Kampf in ihm ist schwerwiegend; aber (die Menschen)
vom Wege Gottes abweisen, an Ihn nicht glauben, den
Zugang zur heiligen Moschee verwehren und deren Anwohner
daraus vertreiben, (all das) wiegt bei Gott schwerer. Verführen
wiegt schwerer als Töten. Sie hören nicht auf, gegen euch zu
kämpfen, bis sie euch von eurer Religion abbringen, wenn sie es
können. Diejenigen von euch, die sich nun von ihrer Religion
abwenden und als Ungläubige sterben, deren Werke sind im
Diesseits und im Jenseits wertlos. Das sind die Gefährten des
Feuers; sie werden darin ewig weilen. 218 Diejenigen, die glauben,
und diejenigen, die ausgewandert sind und sich auf dem
Weg Gottes eingesetzt haben, dürfen auf die Barmherzigkeit
Gottes hoffen. Und Gott ist voller Vergebung und barmherzig.
[4¼] *219 Sie fragen dich nach dem Wein und dem Glücksspiel.
Sprich: In ihnen liegt eine große Sünde und auch vielfacher
Nutzen für die Menschen. Aber die Sünde in ihnen ist größer als
der Nutzen. Und sie fragen dich, was sie spenden sollen. Sprich:
Das Entbehrliche. So macht Gott euch die Zeichen deutlich, auf
daß ihr nachdenkt 220 über das Diesseits und das Jenseits. Und
sie fragen dich nach den Waisen. Sprich: Für sie Ordnung
schaffen ist besser. Aber wenn ihr den Umgang mit ihnen pflegt,
so sind sie eure Brüder. Und Gott weiß den Unheilstifter zu
unterscheiden von dem, der Ordnung schafft. Und wenn Gott
gewollt hätte, hätte Er euch in Bedrängnis gebracht. Gott ist
mächtig und weise.

221 Und heiratet nicht polytheistische Frauen, bis sie gläubig
geworden sind. Wahrlich, eine gläubige Sklavin ist besser als eine
polytheistische Frau, auch wenn sie euch gefallen sollte. Und laßt
die Polytheisten nicht zur Heirat zu, bis sie gläubig geworden
sind. Wahrlich, ein gläubiger Sklave ist besser als ein Polytheist,
auch wenn er euch gefallen sollte. Jene rufen zum Feuer. Gott
aber ruft zum Paradies und zur Vergebung mit seiner Erlaubnis.
Und Er macht den Menschen seine Zeichen deutlich, auf daß sie
es bedenken. 222 Und sie fragen dich nach der Menstruation.
Sprich: Sie ist ein Leiden. So haltet euch von den Frauen
während der Menstruation fern und nähert euch ihnen nicht, bis
sie wieder rein sind. Wenn sie sich nun gereinigt haben, dann
geht zu ihnen, wie Gott es euch befohlen hat. Gott liebt die
Bußfertigen, und Er liebt die, die sich reinigen. 223 Eure Frauen
sind für euch ein Saatfeld. Geht zu eurem Saatfeld, wo immer ihr
wollt. Und schickt für euch (etwas Gutes) voraus. Und fürchtet
Gott und wißt, daß ihr Ihm begegnen werdet. Und verkünde den
Gläubigen frohe Botschaft.

224 Und macht Gott nicht bei euren Eiden zu einem Hinderungs-
grund, Pietät zu üben und gottesfürchtig zu sein und Frieden
unter den Menschen zu stiften. Und Gott hört und sieht alles.
225 Gott belangt euch nicht wegen unbedachter Rede in euren
Eiden. Aber Er belangt euch wegen dessen, was eure Herzen
begehen. Und Gott ist voller Vergebung und langmütig.

226 Diejenigen, die schwören, sich ihrer Frauen zu enthalten,
haben vier Monate zu warten. Wenn sie es aber zurücknehmen,
so ist Gott voller Vergebung und barmherzig. 227 Und wenn sie
sich zur Entlassung entschließen – siehe, Gott hört und weiß
alles. 228 Die entlassenen Frauen haben drei Perioden lang zu
warten. Es ist ihnen nicht erlaubt, zu verschweigen, was Gott in
ihrem Schoß erschaffen hat, so sie an Gott und den Jüngsten Tag
glauben. Ihre Gatten haben eher das Recht, sie während dieser
Zeit zurückzunehmen, wenn sie eine Aussöhnung anstreben.
Und sie* haben Anspruch auf dasselbe, was ihnen obliegt, und
dies auf rechtliche Weise. Die Männer stehen eine Stufe über

228: die Frauen.

ihnen. Und Gott ist mächtig und weise. 229 Die Entlassung darf zweimal erfolgen. Dann müssen sie* entweder in rechtlicher Weise behalten oder im Guten freigegeben werden. Und es ist euch nicht erlaubt, etwas von dem, was ihr ihnen zukommen ließet, zu nehmen, es sei denn, beide fürchten, die Bestimmungen Gottes nicht einzuhalten. Und wenn ihr fürchtet, daß die beiden die Bestimmungen Gottes nicht einhalten werden, so besteht für sie beide kein Vergehen in bezug auf das, womit sie sich loskauft. Dies sind die Bestimmungen Gottes, übertretet sie nicht. Diejenigen, die Gottes Bestimmungen übertreten, das sind die, die Unrecht tun. 230 Wenn er sie entläßt, so ist sie ihm nicht mehr erlaubt, ehe sie nicht einen anderen Gatten geheiratet hat. Wenn dieser sie entläßt, dann ist es für sie kein Vergehen, wieder zueinander zurückzukehren, wenn sie meinen, die Bestimmungen Gottes einhalten zu können. Dies sind die Bestimmungen Gottes. Er macht sie deutlich für Leute, die Bescheid wissen. 231 Und wenn ihr die Frauen entlaßt und sie das Ende ihrer Frist erreichen, dann behaltet sie in rechtlicher Weise oder gebt sie in rechtlicher Weise frei. Behaltet sie aber nicht aus Schadenslust, um Übertretungen zu begehen. Wer dies tut, der hat sich selbst Unrecht getan. Und nehmt euch nicht die Zeichen Gottes zum Gegenstand des Spottes, und gedenket der Gnade Gottes zu euch und dessen, was Er von dem Buch und der Weisheit auf euch herabgesandt hat, um euch damit zu ermahnen. Und fürchtet Gott und wißt, daß Gott über alle Dinge Bescheid weiß. 232 Und wenn ihr die Frauen entlaßt und sie das Ende ihrer Frist erreichen, dann hindert sie nicht, ihre Gatten wieder zu heiraten, falls sie sich in rechtlicher Weise geeinigt haben. Damit wird derjenige von euch ermahnt, der an Gott und den Jüngsten Tag glaubt. Dies ist lauterer und reiner für euch. Und Gott weiß, ihr aber wißt nicht Bescheid.

[4½] *233 Und die Mütter sollen ihre Kinder zwei volle Jahre stillen. Das gilt für den, der das Stillen bis zum Ende führen will. Und derjenige, dem das Kind geboren wurde, hat für ihren Lebensunterhalt und ihre Kleidung in rechtlicher Weise zu sorgen. Von

229: die Frauen.

niemandem wird mehr gefordert, als er vermag. Einer Mutter darf nicht wegen ihres Kindes Schaden zugefügt werden, und auch nicht dem Vater wegen seines Kindes. Und der Erbe hat dieselben Verpflichtungen. Wenn sie sich jedoch in beiderseitigem Einvernehmen und nach Beratung für die Entwöhnung entscheiden, so ist das für sie kein Vergehen. Und wenn ihr eure Kinder stillen lassen wollt, so ist das für euch kein Vergehen, sofern ihr das, was ihr (an Lohn) ausgesetzt habt, in rechtlicher Weise übergebt. Und fürchtet Gott. Und wißt, Gott sieht wohl, was ihr tut.
234 Und wenn welche von euch abberufen werden und Gattinnen zurücklassen, so sollen diese vier Monate und zehn Tage zuwarten. Und wenn sie das Ende ihrer Frist erreicht haben, so besteht für euch kein Vergehen, wenn sie über sich in rechtlicher Weise
verfügen. Und Gott hat Kenntnis von dem, was ihr tut. 235 Und
es ist für euch kein Vergehen, wenn ihr Heiratsabsichten gegenüber solchen Frauen andeutet oder bei euch innerlich hegt. Gott weiß, daß ihr an sie denken werdet. Aber vereinbart nichts heimlich mit ihnen, es sei denn, ihr sagt etwas, was sich geziemt. Und entscheidet euch nicht, die Ehe zu schließen, bis die vorgeschriebene Frist zu Ende gegangen ist. Und wißt, daß Gott weiß, was in eurem Innern ist. So nehmt euch davor in acht. Und wißt, daß Gott voller Vergebung und langmütig ist.
236 Es ist für euch kein Vergehen, wenn ihr die Frauen entlaßt, solange ihr sie noch nicht berührt oder für sie noch keine Morgengabe ausgesetzt habt. Und sichert ihnen – der Wohlhabende nach seinem Maß und der Unbemittelte nach seinem Maß – eine Versorgung auf rechtliche Weise. (Dies gilt) als Rechts-
pflicht für die Rechtschaffenen. 237 Und wenn ihr sie entlaßt,
noch ehe ihr sie berührt habt, während ihr für sie eine Morgengabe ausgesetzt habt, so steht ihnen die Hälfte von dem zu, was ihr ausgesetzt habt, es sei denn, sie lassen etwas davon nach oder der, unter dessen Obhut die Eheschließung steht, läßt etwas davon nach. Und wenn ihr etwas nachlaßt, entspricht das eher der Gottesfurcht. Und vergeßt den Großmut untereinander nicht. Gott sieht wohl, was ihr tut.

238 Haltet die Gebete ein, besonders das mittlere Gebet. Und steht vor Gott in demütiger Ergebenheit. 239 Und wenn ihr etwas befürchtet, so betet, ob ihr nun zu Fuß seid oder reitet. Und so ihr in Sicherheit seid, dann gedenket Gottes, wie er euch gelehrt hat, was ihr nicht wußtet.

240 Und diejenigen von euch, die abberufen werden und Gattinnen zurücklassen, haben ihren Gattinnen eine Versorgung für ein Jahr zu vermachen, ohne sie (aus dem Haus) auszuweisen. Wenn sie aber von sich aus ausziehen, so besteht für euch kein Vergehen, wenn sie über sich in rechtlicher Weise verfügen. Und Gott ist mächtig und weise. 241 Und den entlassenen Frauen steht eine Versorgung in rechtlicher Weise zu. Das gilt als Rechtspflicht für die Gottesfürchtigen. 242 So macht Gott euch seine Zeichen deutlich, auf daß ihr verständig werdet.

[4¾] *243 Hast du nicht auf jene geschaut, die zu Tausenden aus ihren Wohnstätten auszogen aus Angst vor dem Tod? Gott sprach zu ihnen: »Sterbet.« Dann machte Er sie wieder lebendig. Gott ist voller Huld gegen die Menschen. Aber die meisten Menschen sind nicht dankbar. 244 Und kämpft auf dem Weg Gottes. Und wißt, daß Gott alles hört und sieht. 245 Wer ist es, der Gott ein gutes Darlehen leiht? Er wird es ihm vielfach verdoppeln. Und Gott teilt bemessen und auch großzügig zu. Und zu Ihm werdet ihr zurückgebracht. 246 Hast du nicht auf die Vornehmen unter den Kindern Israels nach Mose geschaut, als sie zu einem ihrer Propheten* sagten: »Setz uns einen König ein, damit wir auf dem Weg Gottes kämpfen.« Er sagte: »Kann es aber möglich sein, daß ihr, wenn euch vorgeschrieben wird zu kämpfen, doch nicht kämpft?« Sie sagten: »Warum sollten wir denn nicht auf dem Weg Gottes kämpfen, wo wir doch aus unseren Wohnstätten und von unseren Söhnen vertrieben worden sind?« Als ihnen aber vorgeschrieben wurde zu kämpfen, kehrten sie sich ab bis auf wenige von ihnen. Und Gott weiß Bescheid über die, die Unrecht tun. 247 Und ihr Prophet sagte zu ihnen: »Gott hat euch Ṭālūt* zum König eingesetzt.« Sie sagten: »Wie sollte er die Königs-

246: Vgl. Bibel: 1. Samuel 8.
247: Das ist der König Saul der Bibel.

herrschaft über uns erhalten, wo wir doch eher Recht auf die Königsherrschaft haben als er und ihm kein beachtliches Vermögen zuteil wurde?« Er sagte: »Gott hat ihn vor euch auserwählt und ihm darüber hinaus ein größeres Maß an Wissen und Körperstatur gegeben. Und Gott läßt seine Königsherrschaft zukommen, wem Er will. Und Gott umfaßt und weiß alles. 248
Und ihr Prophet sagte zu ihnen: »Das Zeichen seiner Königsherrschaft wird sein, daß die Lade, in der eine Ruhe spendende Gegenwart von eurem Herrn ist und ein Rest von dem, was die Sippe Moses und die Sippe Aarons hinterlassen haben*, zu euch kommt, getragen von den Engeln. Darin ist für euch ein Zeichen, so ihr gläubig seid.« 249 Und als Ṭālūt mit den Truppen ausrückte*, sagte er: »Gott wird euch mit einem Fluß prüfen. Wer daraus trinkt, gehört nicht zu mir, und wer davon nicht kostet, gehört zu mir, ausgenommen, wer nur eine Handvoll schöpft.« Da tranken sie daraus bis auf wenige von ihnen. Und als er und diejenigen, die mit ihm gläubig waren, den Fluß überquert hatten, sagten sie: »Wir haben heute keine Kraft gegen Goliat und seine Truppen.« Da sagten diejenigen, die damit rechneten, daß sie Gott begegnen werden: »Wie manche geringe Schar hat doch schon mit Gottes Erlaubnis eine große Schar besiegt! Und Gott ist mit den Standhaften.« 250 Und als sie sich gegen Goliat und seine Truppen stellten, sagten sie: »Unser Herr, gieße Standhaftigkeit über uns aus, festige unsere Schritte und unterstütze uns gegen die ungläubigen Leute.« 251 Und sie schlugen sie mit Gottes Erlaubnis. Und David tötete Goliat. Und ihm ließ Gott die Königsherrschaft und die Weisheit zukommen, und Er lehrte ihn manches, was Er eben wollte. Und würde Gott nicht die einen Menschen durch die anderen abwehren, so würde die Erde voller Unheil sein. Aber Gott ist voller Huld gegen die Weltenbewohner. 252 Das sind die Zeichen Gottes. Wir verlesen

248: Die Lade ist ein Zeichen der Gegenwart Gottes inmitten seines Volkes und spendet daher *Ruhe* und Zuversicht. Der *Rest* aus der Hinterlassenschaft Moses und Aarons wird hier wahrscheinlich als eine Art Reliquie dargestellt.

249: Vgl. Bibel: Richter 7,5 ff.

sie dir der Wahrheit entsprechend. Und du bist gewiß einer der Gesandten.

3. Teil *253 Das sind die Gesandten. Wir haben die einen von ihnen vor
[5] den anderen bevorzugt. Unter ihnen sind welche, mit denen Gott gesprochen hat. Einige von ihnen hat Er um Rangstufen erhöht. Und Wir haben Jesus, dem Sohn Marias, die deutlichen Zeichen zukommen lassen und ihn mit dem Geist der Heiligkeit gestärkt. Und wenn Gott gewollt hätte, hätten diejenigen, die nach ihnen lebten, einander nicht bekämpft, nachdem die deutlichen Zeichen zu ihnen gekommen waren. Aber sie sind uneins geworden. Unter ihnen sind solche, die geglaubt haben, und solche, die ungläubig geworden sind. Und wenn Gott gewollt hätte, hätten sie einander nicht bekämpft. Aber Gott tut, was Er will.

254 O ihr, die ihr glaubt, spendet von dem, was Wir euch beschert haben, bevor ein Tag kommt, an dem es weder Handel noch Freundschaft, noch Fürsprache gibt. Die Ungläubigen sind die, die Unrecht tun.

255* Gott, es gibt keinen Gott außer Ihm, dem Lebendigen, dem Beständigen. Nicht überkommt Ihn Schlummer und nicht Schlaf. Ihm gehört, was in den Himmeln und was auf der Erde ist. Wer ist es, der bei Ihm Fürsprache einlegen kann, es sei denn mit seiner Erlaubnis? Er weiß, was vor ihnen und was hinter ihnen liegt, während sie nichts von seinem Wissen erfassen, außer was Er will. Sein Thron umfaßt die Himmel und die Erde, und es fällt Ihm nicht schwer, sie zu bewahren. Er ist der Erhabene, der Majestätische.

256 Es gibt keinen Zwang in der Religion. Der richtige Wandel unterscheidet sich nunmehr klar vom Irrweg. Wer also die Götzen verleugnet und an Gott glaubt, der hält sich an der festesten Handhabe, bei der es kein Reißen gibt. Und Gott hört
und weiß alles. 257 Gott ist der Freund derer, die glauben: Er
führt sie aus den Finsternissen hinaus ins Licht. Diejenigen, die nicht glauben, haben die Götzen zu Freunden; sie führen sie aus dem Licht hinaus in die Finsternisse. Das sind die Gefährten des Feuers, sie werden darin ewig weilen.

255: Dieser ist als *Thronvers* bekannt.

258 Hast du nicht auf den geschaut, der mit Abraham über seinen
Herrn stritt, ob Gott es war, der ihm die Königsherrschaft
zukommen ließ? Als Abraham sagte: »Mein Herr ist es, der
lebendig macht und sterben läßt.« Er sagte: »*Ich* mache lebendig
und lasse sterben.« Abraham sagte: »Gott bringt die Sonne vom
Osten her. Bring du sie vom Westen.« Da war der, der ungläubig
war, verwirrt. Und Gott leitet die ungerechten Leute nicht recht.
259 Oder es ist wie mit dem, der an einer Stadt vorbeikam, die bis
zu den Dächern verödet war. Er sagte: »Wie kann Gott diese
wieder lebendig machen, nachdem sie ausgestorben ist?« Da ließ
ihn Gott sterben, hundert Jahre, dann erweckte Er ihn. Er sprach:
»Wie lange hast du verweilt?« Er sagte: »Verweilt habe ich einen
Tag oder einen Teil von einem Tag.« Er sprach: »Nein, du hast
hundert Jahre verweilt. Schau auf deine Speise und deinen
Trank, sie sind nicht verfault. Und schau auf deinen Esel. Das ist,
damit Wir dich zu einem Zeichen für die Menschen machen. Und
schau auf die Gebeine, wie Wir sie aufrichten und sie dann mit
Fleisch überziehen.« Als dies ihm deutlich wurde, sagte er: »Ich
weiß nun, daß Gott Macht hat zu allen Dingen.« 260 Und als
Abraham sagte: »Mein Herr, zeig mir, wie Du die Toten wieder
lebendig machst.« Er sprach: »Glaubst du denn nicht?« Er sagte:
»Doch. Aber mein Herz soll Ruhe finden.« Er sprach: »Dann
nimm vier Vögel, richte sie auf dich zu (und schlachte sie). Dann
lege auf jeden Berg ein Stück von ihnen, und dann rufe sie. Sie
werden zu dir eilends kommen. Und wisse, daß Gott mächtig und
weise ist.«
261 Mit denen, die ihr Vermögen auf dem Weg Gottes spenden,
ist es wie mit einem Saatkorn, das sieben Ähren wachsen läßt mit
hundert Körnern in jeder Ähre. Gott gibt das Doppelte, wem Er
will. Gott umfaßt und weiß alles. 262 Diejenigen, die ihr Vermö-
gen auf dem Weg Gottes spenden und, nachdem sie gespendet
haben, nicht auf ihr Verdienst pochen und nicht Ungemach
zufügen, haben ihren Lohn bei ihrem Herrn, sie haben nichts zu
befürchten, und sie werden nicht traurig sein. *263 Freundliche [5¼]
Worte und Verzeihen sind besser als ein Almosen, dem Unge-
mach folgt, Gott ist auf niemanden angewiesen und langmütig.
264 O ihr, die ihr glaubt, vereitelt nicht eure Almosen, indem ihr

auf euer Verdienst pocht und Ungemach zufügt, gleich dem, der
sein Vermögen spendet, um von den Menschen gesehen zu
werden, und nicht an Gott und den Jüngsten Tag glaubt. Mit ihm
ist es wie mit einem Felsen, der von Erdreich bedeckt ist. Es trifft
ihn ein Platzregen und macht ihn zu einem kahlen Ding. Sie
verfügen über nichts von dem, was sie erworben haben. Und
Gott leitet die ungläubigen Leute nicht recht. 265 Mit denen, die
ihr Vermögen spenden im Streben nach dem Wohlwollen Gottes
und zur Festigung ihrer Seelen, ist es wie mit einem Garten auf
einer Anhöhe. Es trifft ihn ein Platzregen, und er bringt den
doppelten Ernteertrag. Und wenn ihn kein Platzregen trifft, dann
ist es der Tau. Und Gott sieht wohl, was ihr tut.
266 Möchte einer von euch einen Garten von Palmen und
Weinstöcken haben, unter dem Bäche fließen und in dem er
allerlei Früchte hat? Dann trifft ihn das Alter, während er (noch)
schwache Nachkommen hat. Nun trifft ihn* ein Wirbelsturm
mit Feuer, er verbrennt. So macht Gott euch die Zeichen deut-
lich, damit ihr nachdenkt. 267 O ihr, die ihr glaubt, spendet von
den köstlichen Dingen, die ihr erworben habt, und von dem, was
Wir für euch aus der Erde hervorgebracht haben. Und sucht nicht
das Schlechte davon aus, um es zu spenden, wo ihr es nicht
nehmen würdet, es sei denn, ihr würdet ein Auge zudrücken.
Und wißt, daß Gott auf niemanden angewiesen ist und des Lobes
würdig.
268 Der Satan droht euch Armut an und befiehlt euch Schändli-
ches. Gott verheißt euch Vergebung von seiner Seite und Huld.
Gott umfaßt und weiß alles. 269 Er schenkt die Weisheit, wem Er
will. Und wem die Weisheit geschenkt wird, dem wird viel Gutes
geschenkt. Jedoch bedenken es nur die Einsichtigen. 270 Was ihr
an Spenden spendet oder an Gelübden gelobt, Gott weiß es.
Diejenigen, die Unrecht tun, haben keine Helfer. 271 Wenn ihr
die Almosen offen zeigt, so ist es schön. Wenn ihr sie geheimhal-
tet und den Armen zukommen laßt, so ist es besser für euch, und
Er sühnt euch etwas von euren Missetaten. Gott hat Kenntnis
[5½] von dem, was ihr tut. *272 Es ist nicht deine Aufgabe, sie

266: den Garten.

rechtzuleiten, sondern Gott leitet recht, wen Er will. Und was ihr an Gutem spendet, es ist zu eurem Vorteil. Und ihr spendet nur in der Suche nach dem Antlitz Gottes. Und was ihr an Gutem spendet, wird euch voll zurückerstattet, und euch wird nicht Unrecht getan. 273 (Die Spenden sind) für die Armen, die auf dem Weg Gottes Behinderung erleiden, so daß sie nicht im Land umherwandern können. Der Törichte hält sie für reich wegen ihrer Zurückhaltung. Du erkennst sie an ihrem Merkmal. Sie betteln die Menschen nicht in aufdringlicher Weise an. Und was ihr an Gutem spendet, Gott weiß es. 274 Diejenigen, die ihr Vermögen bei Nacht und Tag, geheim oder offen, spenden, haben ihren Lohn bei ihrem Herrn, sie haben nichts zu befürchten, und sie werden nicht traurig sein.

275 Diejenigen, die den Zins verzehren, werden nur so aufstehen, wie der aufsteht, den der Satan packt und zu Boden schlägt. Dies, weil sie sagen: Das Verkaufen ist gleich dem Zinsnehmen. Aber Gott hat das Verkaufen erlaubt und das Zinsnehmen verboten. Wer eine Ermahnung von seinem Herrn bekommt und dann aufhört, darf das, was vorher geschah, behalten. Seine Angelegenheit wird Gott überlassen. Diejenigen aber, die es von neuem tun, das sind die Gefährten des Feuers; darin werden sie ewig weilen. 276 Gott vernichtet das Zinsnehmen, und Er verzinst die Almosen. Gott liebt keinen, der sehr ungläubig und sündig ist. 277 Diejenigen, die glauben, die guten Werke tun, das Gebet verrichten, die Abgabe entrichten, haben ihren Lohn bei ihrem Herrn, sie haben nichts zu befürchten, und sie werden nicht traurig sein. 278 O ihr, die ihr glaubt, fürchtet Gott und laßt künftig, was an Zinsnehmen anfällt, bleiben, so ihr gläubig seid. 279 Wenn ihr es nicht tut, so erwartet Krieg von Gott und seinem Gesandten. Wenn ihr umkehrt, steht euch euer Kapital zu; so tut ihr kein Unrecht, und es wird euch kein Unrecht getan. 280 Und wenn ein Schuldner in Bedrängnis ist, dann gewährt ihm Aufschub, bis sich bei ihm Erleichterung einstellt. Wenn ihr es ihm aber als Almosen erlaßt, ist es besser für euch, so ihr Bescheid wißt. 281 Und hütet euch vor einem Tag, an dem ihr zu Gott zurückgebracht werdet. Dann wird jeder Seele voll zurückerstattet, was sie erworben hat. Und ihnen wird nicht Unrecht getan.

282 O ihr, die ihr glaubt, wenn es unter euch um eine Schuld auf eine
bestimmte Frist geht, dann schreibt es auf. Ein Schreiber soll es in
eurem Beisein der Gerechtigkeit gemäß aufschreiben. Kein Schrei-
ber soll sich weigern, zu schreiben, wie Gott ihn gelehrt hat. Er soll
schreiben, und der, gegen den das Recht besteht*, soll es diktieren,
und er soll Gott, seinen Herrn, fürchten und nichts davon abziehen.
Und wenn derjenige, gegen den das Recht besteht, schwachsinnig
oder hilflos ist oder nicht selbst zu diktieren vermag, so soll sein
Sachwalter der Gerechtigkeit gemäß diktieren. Und laßt zwei
Zeugen aus den Reihen eurer Männer es bezeugen. Wenn es aber
keine zwei Männer gibt, dann sollen es ein Mann und zwei Frauen
sein aus den Reihen der Zeugen, mit denen ihr einverstanden seid,
so daß, wenn eine der beiden sich irrt, die eine von ihnen die andere
erinnern kann. Die Zeugen sollen sich nicht weigern, wenn sie dazu
aufgerufen werden. Und unterlaßt nicht aus Verdruß, es aufzu-
schreiben, ob es groß oder klein ist, (um es festzulegen) bis zu seiner
Frist. Das ist für euch gerechter bei Gott und richtiger für das
Zeugnis, und bewirkt eher, daß ihr keine Zweifel hegt. Es sei denn,
es handelt sich um eine an Ort und Stelle vorhandene Ware, die ihr
untereinander aushändigt, dann ist es für euch kein Vergehen,
wenn ihr sie nicht aufschreibt. Und nehmt Zeugen, wenn ihr
miteinander Kaufgeschäfte abschließt. Kein Schreiber und kein
Zeuge soll einem Schaden ausgesetzt werden. Wenn ihr es aber tut,
so ist das ein Frevel von euch. Und fürchtet Gott. Gott lehrt euch,
[5¾] und Gott weiß alle Dinge. *283 Und wenn ihr auf einer Reise seid
und keinen Schreiber findet, so soll ein Pfand genommen werden.
Und wenn die einen von euch den anderen etwas anvertrauen, so
soll derjenige, dem etwas anvertraut wurde, das ihm Anvertraute
zurückgeben, und er soll Gott, seinen Herrn, fürchten. Und
verschweigt nicht das Zeugnis. Wer es verschweigt, dessen Herz ist
sündig. Gott weiß, was ihr tut. 284 Gott gehört, was in den
Himmeln und was auf der Erde ist. Und ob ihr das, was in eurem
Inneren ist, offenlegt oder geheimhaltet, Gott rechnet mit euch
darüber ab. Er vergibt, wem Er will, und Er peinigt, wen Er will. Und
Gott hat Macht zu allen Dingen.

282: der Schuldner.

285 Der Gesandte glaubt an das, was zu ihm von seinem Herrn herabgesandt wurde, und ebenso die Gläubigen. Jeder glaubt an Gott und seine Engel und seine Bücher und seine Gesandten. Wir machen bei keinem seiner Gesandten einen Unterschied. Und sie sagen: »Wir hören, und wir gehorchen. Schenke uns deine Vergebung, unser Herr. Zu Dir führt der Lebensweg. 286 Gott
fordert von niemandem mehr, als er vermag. Ihm gereicht zum Vorteil, was er erworben hat, und ihm gereicht zum Schaden, was er begangen hat. Unser Herr, belange uns nicht, wenn wir vergessen und sündigen. Unser Herr, lege auf uns keine Last, wie Du sie auf die gelegt hast, die vor uns lebten. Unser Herr, lade uns nichts auf, wozu wir keine Kraft haben. Verzeihe uns, vergib uns und erbarme dich unser. Du bist unser Schutzherr, so unterstütze uns gegen die ungläubigen Leute.

Sure 3

Die Sippe `Imrāns (Āl `Imrān)

zu Medina, 200 Verse

Im Namen Gottes, des Erbarmers, des Barmherzigen.
1 Alif Lām Mīm*. 2 Gott, es gibt keinen Gott außer Ihm, dem
Lebendigen, dem Beständigen. 3 Er hat auf dich das Buch mit der
Wahrheit herabgesandt als Bestätigung dessen, was vor ihm
vorhanden war. Und Er hat die Tora und das Evangelium herab-
gesandt 4 zuvor als Rechtleitung für die Menschen, und Er hat
die Unterscheidungsnorm herabgesandt. Diejenigen, die die Zei-
chen Gottes verleugnen, erhalten eine harte Pein. Und Gott ist
mächtig und übt Rache. 5 Vor Gott ist nichts verborgen, weder
auf der Erde noch im Himmel. 6 Er ist es, der euch im Mutter-
schoß gestaltet, wie Er will. Es gibt keinen Gott außer Ihm, dem

1: Die Bedeutung dieser Buchstaben ist noch nicht geklärt.

Mächtigen, dem Weisen. 7 Er ist es, der das Buch auf dich herabgesandt hat. In ihm gibt es eindeutig festgelegte Zeichen – sie sind die Urnorm des Buches* – und andere, mehrdeutige. Diejenigen, in deren Herzen Abweichen von der Wahrheit steckt, folgen dem, was in ihm mehrdeutig ist, im Trachten danach, (die Menschen) zu verführen, und im Trachten danach, es (eigener) Deutung zu unterziehen. Um seine Deutung aber weiß niemand außer Gott. Diejenigen, die im Wissen fest gegründet sind, sagen: »Wir glauben; das eine und das andere ist von unserem Herrn.« Jedoch bedenken es nur die Einsichtigen. 8 Unser Herr, laß unsere Herzen nicht abweichen, nachdem Du uns rechtgeleitet hast. Und schenke uns von Dir Barmherzigkeit. Du bist ja der Freigebige. 9 Unser Herr, Du wirst die Menschen auf einen Tag versammeln, an dem kein Zweifel möglich ist. Gott bricht das Versprechen nicht.

10 Denen, die ungläubig sind, werden weder ihr Vermögen noch ihre Kinder vor Gott etwas nützen. Sie sind der Brennstoff des Feuers. 11 (Es geht ihnen) wie den Leuten des Pharao und denen, die vor ihnen lebten. Sie erklärten unsere Zeichen für Lüge, so ergriff sie Gott wegen ihrer Sünden. Und Gott verhängt harte Strafen. 12 Sprich zu denen, die ungläubig sind: Ihr werdet besiegt und zur Hölle versammelt werden – welch schlimme Lagerstätte! 13 Ihr hattet ein Zeichen in zwei Gruppen, die aufeinandertrafen: Die eine Gruppe kämpfte auf dem Weg Gottes, die andere war ungläubig. Sie* sahen mit eigenen Augen, daß jene zweimal so zahlreich waren wie sie. Aber Gott stärkt mit seiner Unterstützung, wen Er will. Darin ist eine Lehre für die Einsichtigen.

14 Verlockend ist den Menschen gemacht worden die Liebe zu dem, was man begehrt: Frauen, Söhne, ganze Zentner von Gold und Silber, markierte Pferde, Vieh und Ackerland. Dies ist Nutznießung des diesseitigen Lebens. Aber bei Gott ist die

7: Wörtlich: die Mutter des Buches, d. h. entweder die Quintessenz des Buches oder die Urschrift, die nach dem Koran (13,39) bei Gott aufbewahrt ist.

13: die Gläubigen.

schöne Heimstatt. *15 Sprich: Soll ich euch etwas kundtun, was [6]
besser ist als dieses? Für diejenigen, die gottesfürchtig sind, sind
bei ihrem Herrn Gärten, unter denen Bäche fließen und in denen
sie ewig weilen werden, und geläuterte Gattinnen und Wohlge-
fallen von Gott – Gott sieht wohl die Diener –, 16 (für sie), die
sagen: »Unser Herr, wir glauben, so vergib uns unsere Sünden
und bewahre uns vor der Pein des Feuers«, 17 die geduldig,
wahrhaftig und demütig ergeben sind, die Spenden geben und die
in der Morgendämmerung um Vergebung bitten.

18 Gott bezeugt, daß es keinen Gott gibt außer Ihm, ebenso die
Engel und diejenigen, die das Wissen besitzen. Er steht für die
Gerechtigkeit ein. Es gibt keinen Gott außer Ihm, dem Mächti-
gen, dem Weisen. 19 Die Religion bei Gott ist der Islam.
Diejenigen, denen das Buch zugekommen ist, sind erst uneins
geworden, nachdem das Wissen zu ihnen gekommen war, dies
aus ungerechter Auflehnung untereinander. Wenn aber jemand
die Zeichen Gottes verleugnet – siehe, Gott ist schnell im
Abrechnen. 20 Wenn sie mit dir streiten, dann sprich: Ich ergebe
mich Gott völlig, und auch die, die mir folgen. Und sprich zu
denen, denen das Buch zugekommen ist, und zu den Ungelehr-
ten: Werdet ihr nun Muslime werden? Wenn sie Muslime
werden, folgen sie der Rechtleitung. Wenn sie sich aber abkeh-
ren, so obliegt dir nur die Ausrichtung (der Botschaft). Und Gott
sieht wohl die Diener. 21 Denen, die die Zeichen Gottes verleug-
nen und die Propheten zu Unrecht töten* und diejenigen unter
den Menschen töten, die die Gerechtigkeit gebieten, verkünde
eine schmerzhafte Pein. 22 Das sind die, deren Werke im Dies-
seits und im Jenseits wertlos sind, und sie werden keine Helfer
haben.

23 Hast du nicht auf jene geschaut, denen ein Anteil vom Buch
zugekommen ist, wie sie zum Buch Gottes gerufen werden,
damit es zwischen ihnen urteilt, und wie dann ein Teil von ihnen
den Rücken kehrt und sich abwendet? 24 Dies, weil sie sagen:
»Das Feuer wird uns sicher nur einige gezählte Tage berühren.«
Siehe, betört hat sie in ihrer Religion, was sie immer wieder

21: Vgl. Evangelium: Matthäus 23,37; Lukas 13,34.

erdichtet haben. 25 Wie wird es wohl sein, wenn Wir sie auf einen Tag versammeln, an dem kein Zweifel möglich ist, und wenn jeder Seele voll erstattet wird, was sie erworben hat? Und ihnen wird nicht Unrecht getan. 26 Sprich: O Gott, der Du über die Königsherrschaft verfügst, Du gibst die Königsherrschaft, wem Du willst, und Du nimmst die Königsherrschaft, wem Du willst. Du verleihst Macht, wem Du willst, und du erniedrigst, wen Du willst. In deiner Hand liegt das Gute. Du hast Macht zu allen Dingen. 27 Du läßt die Nacht in den Tag übergehen, und Du läßt den Tag in die Nacht übergehen. Du bringst das Lebendige aus dem Toten, und Du bringst das Tote aus dem Lebendigen hervor, und du bescherst Unterhalt, wem Du willst, ohne (viel) zu rechnen.

28 Die Gläubigen sollen sich nicht die Ungläubigen anstelle der Gläubigen zu Freunden nehmen. Wer das tut, hat keine Gemeinschaft mit Gott, es sei denn, ihr hütet euch wirklich vor ihnen. Gott warnt euch vor sich selbst. Und zu Gott führt der Lebensweg. 29 Sprich: Ob ihr das geheimhaltet, was in eurem Inneren ist, oder es offenlegt, Gott weiß es. Und Er weiß, was in den Himmeln und was auf der Erde ist. Und Gott hat Macht zu allen Dingen. 30 An dem Tag, da jede Seele das vorgebracht findet, was sie an Gutem getan hat und was sie an Bösem getan hat. Sie wird wünschen, es läge zwischen ihr und ihm* eine weite Entfernung. Und Gott warnt euch vor sich selbst. Und Gott hat Mitleid mit den Dienern.

31 Sprich: Wenn ihr Gott liebt, dann folgt mir, so wird Gott euch lieben und euch eure Sünden vergeben. Und Gott ist voller Vergebung und barmherzig. 32 Sprich: Gehorchet Gott und dem Gesandten. Wenn sie sich abkehren – siehe, Gott liebt die Ungläubigen nicht.

[6¼] *33 Gott hat sich Adam, Noach, die Sippe Abrahams und die Sippe `Imrāns vor den Weltenbewohnern erwählt, 34 eine Nachkommenschaft, von der die einen von den anderen stammen. Und Gott hört und weiß alles. 35 Als die Frau `Imrāns sagte: »Mein Herr, ich gelobe Dir das, was in meinem Leib ist, und

30: dem Bösen, das sie getan hat, oder dem Tag des Gerichtes.

weihe es Dir. Nimm es von mir an. Du bist der, der alles hört und weiß.« 36 Als sie mit ihr niederkam, sagte sie: »Mein Herr, ich habe da ein Mädchen geboren.« – Gott wußte doch besser, was sie geboren hatte, ein männliches Kind ist eben nicht wie ein weibliches. – »Und ich habe sie Maria genannt. Und ich suche bei Dir Zuflucht für sie und ihre Nachkommenschaft vor dem gesteinigten Satan.« 37 Da nahm sie ihr Herr auf schöne Weise an und ließ sie auf schöne Weise heranwachsen. Er vertraute sie Zakaria an. Sooft Zakaria zu ihr in das Heiligtum trat, fand er bei ihr Lebensunterhalt. Er sagte: »O Maria, woher hast du das?« Sie sagte: »Von Gott. Gott beschert Unterhalt, wem Er will, ohne (viel) zu rechnen.«

38* Dort rief Zakaria zu seinem Herrn und sagte: »Mein Herr, schenke mir von Dir her eine gute Nachkommenschaft. Du erhörst ja das Gebet.« 39 Da riefen ihm die Engel, während er im Heiligtum stand und betete, zu: »Gott verkündet dir Yaḥyā*; er wird ein Wort von Gott bestätigen und wird Herrscher, Asket und Prophet sein, einer von den Rechtschaffenen.« 40 Er sagte: »Mein Herr, wie soll ich einen Knaben haben, wo ich ein hohes Alter erreicht habe und meine Frau unfruchtbar ist?« Er sprach: »So ist es; Gott tut, was Er will.« 41 Er sagte: »Mein Herr, setze mir ein Zeichen.« Er sprach: »Dein Zeichen ist, daß du drei Tage lang zu den Menschen nicht sprechen wirst, außer durch Winken. Und gedenke viel deines Herrn und preise (Ihn) am Abend und am Morgen.«

42 Als die Engel sagten: »O Maria, Gott hat dich auserwählt und rein gemacht, und Er hat dich vor den Frauen der Weltenbewohner auserwählt. 43 O Maria, sei deinem Herrn demütig ergeben, wirf dich nieder und verneige dich mit denen, die sich verneigen.«

44 Dies gehört zu den Berichten über das Unsichtbare, die Wir dir offenbaren. Du warst ja nicht bei ihnen, als sie ihre Losstäbe warfen, wer von ihnen Maria betreuen solle. Und du warst nicht bei ihnen, als sie miteinander stritten. 45 Als die Engel sagten:

38 ff.: Vgl. Evangelium: Lukas 1,5–25.
39: Johannes den Täufer.

»O Maria, Gott verkündet dir ein Wort von Ihm, dessen Name
Christus* Jesus, der Sohn Marias, ist; er wird angesehen sein im
Diesseits und Jenseits, und einer von denen, die in die Nähe
(Gottes) zugelassen werden. 46 Er wird zu den Menschen spre-
chen in der Wiege und als Erwachsener und einer der Rechtschaf-
fenen sein.« 47 Sie sagte*: »Mein Herr, wie soll ich ein Kind
bekommen, wo mich kein Mensch berührt hat?« Er sprach: »So
ist es; Gott schafft, was Er will. Wenn Er eine Sache beschlossen
hat, sagt Er zu ihr nur: Sei!, und sie ist.« 48 Und Er wird ihn
lehren das Buch, die Weisheit, die Tora und das Evangelium. 49
Und Er wird ihn zu einem Gesandten an die Kinder Israels
machen: »Ich komme zu euch mit einem Zeichen von eurem
Herrn: Ich schaffe euch aus Ton etwas wie eine Vogelgestalt,
dann blase ich hinein, und es wird zu einem Vogel mit Gottes
Erlaubnis; und ich heile Blinde und Aussätzige und mache Tote
wieder lebendig mit Gottes Erlaubnis; und ich tue euch kund,
was ihr eßt und in euren Häusern aufspeichert. Darin ist für euch
ein Zeichen, so ihr gläubig seid. 50 Und (ich komme), das zu
bestätigen, was von der Tora vor mir vorhanden war, und um
euch einiges von dem zu erlauben, was euch verboten wurde. So
komme ich zu euch mit einem Zeichen von eurem Herrn. Daher
fürchtet Gott und gehorchet mir. 51 Gott ist mein Herr und euer
[6½] Herr, so dienet Ihm. Das ist ein gerader Weg.« *52 Als Jesus
Unglauben von ihrer Seite spürte, sagte er: »Wer sind meine
Helfer (auf dem Weg) zu Gott hin?« Die Jünger sagten: »Wir
sind die Helfer Gottes. Wir glauben an Gott. Bezeuge, daß wir
gottergeben sind. 53 Unser Herr, wir glauben an das, was Du
herabgesandt hast, und wir folgen dem Gesandten. So verzeichne
uns unter denen, die bezeugen.« 54 Sie schmiedeten Ränke, und
Gott schmiedete Ränke. Gott ist der beste derer, die Ränke
schmieden. 55 Als Gott sprach: »O Jesus, Ich werde dich abberu-
fen und zu Mir erheben und dich von denen, die ungläubig sind,
rein machen. Und Ich werde diejenigen, die dir folgen, über die,
die ungläubig sind, stellen bis zum Tag der Auferstehung. Dann

45: der Messias, der Gesalbte.
47: Vgl. Evangelium: Lukas 1,34.37.

wird zu Mir eure Rückkehr sein, und Ich werde zwischen euch über das urteilen, worüber ihr uneins waret. 56 Diejenigen, die ungläubig sind, werde Ich mit einer harten Pein peinigen im Diesseits und Jenseits, und sie werden keine Helfer haben.« 57 Denjenigen aber, die glauben und die guten Werke tun, wird Er ihren vollen Lohn erstatten. Gott liebt die nicht, die Unrecht tun. 58 Das verlesen Wir dir von den Zeichen und der weisen Ermahnung.

59 Mit Jesus ist es vor Gott wie mit Adam. Er erschuf ihn aus Erde, dann sagte Er zu ihm: Sei!, und er war. 60 Es ist die Wahrheit von deinem Herrn. Darum sei nicht einer von den Zweiflern. 61 Und wenn man mit dir darüber streitet nach dem, was zu dir an Wissen gekommen ist, dann sprich: Kommt her, laßt uns unsere Söhne und eure Söhne, unsere Frauen und eure Frauen, uns selbst und euch selbst zusammenrufen und dann den Gemeinschaftseid* leisten und den Fluch Gottes auf die Lügner herabkommen lassen.

62 Das ist gewiß der wahre Bericht. Und es gibt keinen Gott außer Gott. Gott ist der Mächtige, der Weise. 63 Wenn sie sich abkehren, so weiß Gott über die Unheilstifter Bescheid.

64 Sprich: O ihr Leute des Buches, kommt her zu einem zwischen uns und euch gleich angenommenen Wort: daß wir Gott allein dienen und Ihm nichts beigesellen, und daß wir nicht einander zu Herren nehmen neben Gott. Doch wenn sie sich abkehren, dann sagt: »Bezeugt, daß wir gottergeben sind.« 65 O ihr Leute des Buches, warum streitet ihr über Abraham, wo doch die Tora und das Evangelium erst nach ihm herabgesandt wurden? Habt ihr denn keinen Verstand? 66 Siehe, ihr habt über etwas gestritten, wovon ihr Wissen habt*. Warum streitet ihr denn nun über das, wovon ihr kein Wissen habt? Gott weiß, ihr aber wißt nicht Bescheid. 67 Abraham war weder Jude noch

61: Der Gemeinschaftseid ist die Grundlage des hier vorgeschlagenen Gottesurteils.

66: Der Gegenstand des Streites ist nicht näher zu bestimmen, muß jedoch in der Zuständigkeit der Gesprächspartner gelegen haben. Vielleicht ist er auf die Sendung Jesu Christi zu beziehen.

Christ, sondern er war Anhänger des reinen Glaubens, ein
Gottergebener, und er gehörte nicht zu den Polytheisten. 68
Diejenigen unter den Menschen, die am ehesten Abraham bean-
spruchen dürfen, sind die, die ihm gefolgt sind, und dieser
Prophet und diejenigen, die glauben. Und Gott ist der Freund der
Gläubigen.

69 Eine Gruppe von den Leuten des Buches möchte euch gern in
die Irre führen. Aber sie führen nur sich selbst in die Irre, und sie
merken es nicht. 70 O ihr Leute des Buches, warum verleugnet
ihr die Zeichen Gottes, wo ihr sie selbst bezeugt? 71 O ihr Leute
des Buches, warum verkleidet ihr die Wahrheit mit dem Falschen
und verschweigt die Wahrheit, wo ihr es wißt?

72 Eine Gruppe von den Leuten des Buches sagt: »Glaubt an das,
was auf diejenigen, die glauben, herabgesandt wurde, nur am
Anfang des Tages, und verleugnet es an seinem Ende. Vielleicht
werden sie umkehren. 73 Und glaubt nur denen, die eurer
Religion folgen.« Sprich: Die Rechtleitung ist ja die Rechtleitung
Gottes. (Fürchtet ihr,) daß anderen das gleiche zukommt, was
euch zugekommen ist, oder daß sie mit euch vor eurem Herrn
streiten? Sprich: Die Huld liegt in der Hand Gottes, Er läßt sie
zukommen, wem Er will. Gott umfaßt und weiß alles. 74 Er
schenkt seine Barmherzigkeit besonders, wem Er will. Und Gott
besitzt große Huld.

[6¾] *75 Unter den Leuten des Buches gibt es manch einen, der, wenn
du ihm einen Zentner anvertraust, ihn dir zurückgibt, und
manch einen, der, wenn du ihm einen (einzigen) Dinar anver-
traust, ihn dir nur dann zurückgibt, wenn du ihm dauernd
zusetzt. Das rührt daher, daß sie sagen: »Man kann uns in bezug
auf die Ungelehrten nicht belangen.« Damit sagen sie über Gott
eine Lüge, und sie wissen es. 76 Nein! Wenn einer seine
Verpflichtung erfüllt und gottesfürchtig ist – siehe, Gott liebt
die Gottesfürchtigen. 77 Diejenigen, die den Bund Gottes und
ihre Eide für einen geringen Preis verkaufen, haben am Jenseits
keinen Anteil. Gott wird sie nicht ansprechen und nicht zu ihnen
schauen am Tag der Auferstehung, und sie auch nicht für rein
erklären. Und für sie ist eine schmerzhafte Pein bestimmt. 78
Unter ihnen gibt es eine Gruppe, die ihre Zungen beim Lesen des

Buches verdrehen, damit ihr meint, es gehöre zum Buch, während es nicht zum Buch gehört, und die sagen, es sei von Gott her, während es nicht von Gott kommt. Damit sagen sie gegen Gott eine Lüge aus, und sie wissen es. 79 Es steht keinem Menschen zu, daß Gott ihm das Buch, die Urteilskraft* und die Prophetie zukommen läßt und daß er dann zu den Menschen sagt: »Seid meine Diener anstelle Gottes.« Vielmehr (wird er sagen): »Seid Gottesgelehrte, da ihr das Buch lehrt und da ihr es erforscht.« 80 Und auch nicht, daß er euch befiehlt, die Engel und die Propheten zu Herren zu nehmen. Kann er euch den Unglauben befehlen, nachdem ihr Gottergebene geworden seid?

81 Und als Gott die Verpflichtung der Propheten entgegennahm: »Was immer Ich euch für ein Buch und eine Weisheit zukommen lasse, wenn danach ein Gesandter zu euch kommt, der bestätigt, was bei euch ist, dann müßt ihr an ihn glauben und ihn unterstützen.« Er sprach: »Erkennt ihr es an und betrachtet ihr euch Mir gegenüber daran gebunden?« Sie sagten: »Wir erkennen es an.« Er sprach: »So bezeugt es, und Ich gehöre mit euch zu den Zeugen.« 82 Diejenigen, die sich danach abkehren, das sind die Frevler. 83 Suchen sie sich etwa eine andere Religion als die Religion Gottes, wo Ihm ergeben ist, was in den Himmeln und auf der Erde ist, ob freiwillig oder widerwillig, und wo sie (alle) zu Ihm zurückgebracht werden? 84 Sprich: Wir glauben an Gott und an das, was auf uns herabgesandt wurde, und an das, was herabgesandt wurde auf Abraham, Ismael, Isaak, Jakob und die Stämme, und an das, was Mose und Jesus und den Propheten von ihrem Herrn zugekommen ist. Wir machen bei keinem von ihnen einen Unterschied. Und wir sind Ihm ergeben*. 85 Wer eine andere Religion als den Islam sucht, von dem wird es nicht angenommen werden. Und im Jenseits gehört er zu den Verlierern. 86 Wie sollte Gott Leute rechtleiten, die ungläubig geworden sind, nachdem sie gläubig waren und bezeugt haben, daß der Gesandte wahrhaftig ist, und nachdem die deutlichen Zeichen zu

79: Oder: Urteilsvollmacht, d. h. Zuständigkeit, in Rechtsfragen das Urteil aufgrund der Bestimmungen Gottes zu fällen.

84: Vgl. 2,136.

ihnen gekommen sind? Gott leitet die ungerechten Leute nicht recht. 87 Die Vergeltung für sie ist, daß der Fluch Gottes und der Engel und der Menschen allesamt über sie kommt*. 88 Sie werden darin ewig weilen. Ihnen wird die Pein nicht erleichtert, und ihnen wird kein Aufschub gewährt, 89 außer denen, die danach umkehren und Besserung zeigen. Denn Gott ist voller Vergebung und barmherzig. 90 Von denen, die, nachdem sie gläubig waren, ungläubig werden und an Unglauben zunehmen, wird ihre Reue nicht angenommen werden. Das sind die, die irregehen. 91 Von denen, die ungläubig geworden sind und als Ungläubige sterben – nicht die Erde voll Gold würde von einem von ihnen angenommen, auch wenn er sich damit loskaufen wollte. Für sie ist eine schmerzhafte Pein bestimmt, und sie werden keine Helfer haben.

92 Ihr werdet die (wahre) Frömmigkeit nicht erlangen, bis ihr von dem spendet, was ihr liebt. Und was immer ihr spendet, Gott
4. Teil weiß es. *93 Alle Speisen waren den Kindern Israels erlaubt,
[7] außer dem, was Israel sich selbst verboten hat*, bevor die Tora herabgesandt wurde. Sprich: Bringt die Tora her und lest sie vor, so ihr die Wahrheit sagt. 94 Diejenigen, die nach diesem* gegen Gott Lügen erdichten, das sind die, die Unrecht tun. 95 Sprich: Gott sagt die Wahrheit. So folgt der Glaubensrichtung Abrahams, als Anhänger des reinen Glaubens, und er gehörte nicht zu den Polytheisten. 96 Das erste Haus, das für die Menschen errichtet wurde, ist gewiß dasjenige in Bakka*; voller Segen ist es und Rechtleitung für die Weltenbewohner. 97 In ihm sind deutliche Zeichen. Es ist die Stätte Abrahams, und wer es betritt, ist in Sicherheit. Und Gott hat den Menschen die Pflicht zur Wallfahrt nach dem Haus auferlegt, allen, die dazu eine Möglichkeit finden. Und wenn einer ungläubig ist, so ist Gott auf die Weltenbewohner nicht angewiesen.

87: Vgl. 2,161.

93: Durch ihre Sünden und Übertretungen haben die Kinder Israels selbst Gott veranlaßt, ihnen zur Strafe Speiseverbote aufzuerlegen.

94: nach dieser Feststellung.

96: Mekka; siehe 2,124–141.

98 Sprich: O ihr Leute des Buches, warum verleugnet ihr die
Zeichen Gottes? Gott ist Zeuge über das, was ihr tut. 99 Sprich:
O ihr Leute des Buches, warum weist ihr den, der glaubt, vom
Weg Gottes ab, indem ihr euch ihn krumm wünscht, wo ihr doch
Zeugen seid? Und Gott läßt nicht unbeachtet, was ihr tut.
100 O ihr, die ihr glaubt, wenn ihr einer Gruppe derer gehorcht,
denen das Buch zugekommen ist, werden sie euch, nachdem ihr
gläubig geworden seid, wieder zu Ungläubigen machen. 101 Wie
könnt ihr ungläubig werden, wo euch die Zeichen Gottes verlesen
werden und sein Gesandter unter euch ist? Wer an Gott festhält,
wird zu einem geraden Weg geleitet. 102 O ihr, die ihr glaubt,
fürchtet Gott, wie Er richtig gefürchtet werden soll, und sterbt
nicht anders denn als Gottergebene. 103 Und haltet allesamt am
Seil Gottes fest und spaltet euch nicht. Und gedenket der Gnade
Gottes zu euch, als ihr Feinde waret und Er Vertrautheit zwi-
schen euren Herzen stiftete, so daß ihr durch seine Gnade Brüder
wurdet; und als ihr euch am Rande einer Feuergrube befandet
und Er euch davor rettete. So macht euch Gott seine Zeichen
deutlich, auf daß ihr der Rechtleitung folgt. 104 Aus euch soll
eine Gemeinschaft (von Gläubigen) entstehen, die zum Guten
aufrufen, das Rechte gebieten und das Verwerfliche verbieten.
Das sind die, denen es wohl ergeht. 105 Und seid nicht wie
diejenigen, die sich gespalten haben und uneins geworden sind,
nachdem die deutlichen Zeichen zu ihnen gekommen waren.
Bestimmt ist für sie eine gewaltige Pein, 106 am Tag, da einige
Gesichter weiß und andere Gesichter schwarz sein werden. Zu
denen, deren Gesichter schwarz sein werden, (wird gesprochen):
»Wieso seid ihr ungläubig geworden, nachdem ihr gläubig waret?
Kostet nun die Pein dafür, daß ihr ungläubig waret.« 107 Dieje-
nigen aber, deren Gesichter weiß sein werden, befinden sich in
der Barmherzigkeit Gottes; sie werden darin ewig weilen. 108
Das sind die Zeichen Gottes. Wir verlesen sie dir der Wahrheit
entsprechend. Und Gott will kein Unrecht für die Weltenbewoh-
ner. 109 Gott gehört, was in den Himmeln und was auf der Erde
ist. Und zu Ihm werden die Angelegenheiten zurückgebracht.
110 Ihr seid die beste Gemeinschaft, die je unter den Menschen
hervorgebracht worden ist. Ihr gebietet das Rechte und verbietet

das Verwerfliche und glaubt an Gott. Würden die Leute des Buches glauben, es wäre besser für sie. Unter ihnen gibt es Gläubige, aber die meisten von ihnen sind Frevler. 111 Sie werden euch keinen Schaden, nur geringes Leid zufügen. Und wenn sie gegen euch kämpfen, werden sie euch den Rücken kehren. Und dann werden sie keine Unterstützung erfahren. 112 Erniedrigung überdeckt sie, wo immer sie angetroffen werden, es sei denn, sie stehen unter dem Schutz einer Verbindung mit Gott und einer Verbindung mit Menschen. Und sie ziehen sich den Zorn Gottes zu. Und Elend überdeckt sie. Dies dafür, daß sie immer wieder die Zeichen Gottes verleugneten und die Propheten zu Unrecht töteten*; dies dafür, daß sie ungehorsam waren
[7¼] und immer wieder Übertretungen begingen. *113 Sie sind nicht (alle) gleich. Unter den Leuten des Buches gibt es eine aufrechte Gemeinschaft. Sie verlesen die Zeichen Gottes zu (verschiedenen) Nachtzeiten, während sie sich niederwerfen. 114 Sie glauben an Gott und an den Jüngsten Tag. Sie gebieten das Rechte und verbieten das Verwerfliche und eilen zu den guten Dingen um die Wette. Sie gehören zu den Rechtschaffenen. 115 Was immer sie an Gutem tun, sie werden dafür nicht Undank ernten. Gott weiß über die Gottesfürchtigen Bescheid.

116 Denen, die ungläubig sind, werden weder ihr Vermögen noch ihre Kinder vor Gott etwas nützen. Das sind die Gefährten des Feuers; sie werden darin ewig weilen. 117 Mit dem, was sie in diesem irdischen Leben ausgeben, ist es wie mit einem eisigen Wind, der das Saatfeld von Leuten traf, die sich selbst Unrecht getan hatten, und es vernichtete. Und nicht Gott hat ihnen Unrecht getan, sondern sie tun sich selbst Unrecht. 118 O ihr, die ihr glaubt, nehmt euch keine Vertrauten unter denen, die nicht zu euch gehören. Sie werden euch kein Unheil ersparen. Sie möchten gern, ihr würdet in Bedrängnis geraten. Der Haß hat sich aus ihrem Munde kundgetan, und das, was ihre Brust verbirgt, ist schlimmer. Wir haben euch die Zeichen deutlich gemacht, so ihr verständig seid. 119 Siehe, ihr liebt sie, sie aber lieben euch nicht. Ihr glaubt an das gesamte Buch. Wenn sie euch

112: Vgl. 2,61.

treffen, sagen sie: »Wir glauben.« Wenn sie allein sind, beißen
sie sich gegen euch die Fingerspitzen vor Groll. Sprich: Sterbt an
eurem Groll. Gott weiß über das innere Geheimnis Bescheid. 120
Wenn euch Gutes widerfährt, tut es ihnen leid, und wenn euch
Schlimmes trifft, freuen sie sich darüber. Wenn ihr euch gedul-
dig und gottesfürchtig zeigt, wird ihre List euch nichts schaden.
Gott umgreift, was sie tun.

121 Und als du von deinen Angehörigen in der Frühe weggingst,
um die Gläubigen in Stellungen zum Kampf einzuweisen*. Und
Gott hört und weiß alles. 122 Als zwei Gruppen von euch im
Begriff waren, den Mut zu verlieren, wo doch Gott ihr Sachwal-
ter war. Auf Gott sollen die Gläubigen vertrauen. 123 Gott hat
euch doch in Badr unterstützt*, als ihr unterlegen waret. So
fürchtet Gott, auf daß ihr dankbar werdet. 124 Als du zu den
Gläubigen sagtest: »Genügt es euch denn nicht, daß euer Herr
euch mit dreitausend herabgesandten Engeln beisteht? 125 Ja,
wenn ihr standhaft und gottesfürchtig seid und sie sogleich gegen
euch vorrücken, steht euch euer Herr bei mit fünftausend
gekennzeichneten Engeln.« 126 Und Gott hat es nur deswegen
gemacht, damit es für euch eine Frohbotschaft sei und damit eure
Herzen dadurch Ruhe finden – der Sieg* kommt nur von Gott,
dem Mächtigen, dem Weisen –, 127 dies, damit Er einen Teil
derer, die ungläubig sind, ausmerze oder sie niederwerfe, so daß
sie enttäuscht zurückkehren 128 – dir steht in dieser Angelegen-
heit keine Entscheidung zu –, oder damit Er sich ihnen wieder
zuwende oder sie peinige, denn sie sind Leute, die Unrecht tun.
129 Gott gehört, was in den Himmeln und was auf der Erde ist.
Er vergibt, wem Er will, und Er peinigt, wen Er will. Und Gott ist
voller Vergebung und barmherzig.

130 O ihr, die ihr glaubt, verzehrt nicht den Zins in mehrfach
verdoppelten Beträgen und fürchtet Gott, auf daß es euch wohl
ergehe. 131 Und hütet euch vor dem Feuer, das für die Ungläubi-

121: Es geht hier vielleicht um die Schlacht am Uḥud (625). Dort erlitten die Muslime eine Niederlage.

123: Der Sieg zu Badr erfolgte im Jahr 624.

126: Oder: die Unterstützung.

gen bereitet ist. 132 Und gehorchet Gott und dem Gesandten, auf
½] daß ihr Erbarmen findet. *133 Wetteifert nach einer Vergebung
von eurem Herrn und zu einem Garten, der so breit ist wie die
Himmel und die Erde, der für die Gottesfürchtigen bereitet ist,
134 die in guten und schlechten Tagen spenden, ihren Groll
unterdrücken und den Menschen verzeihen – Gott liebt die
Rechtschaffenen –, 135 und die, wenn sie etwas Schändliches
begangen oder sich selbst Unrecht getan haben, Gottes gedenken
und um Vergebung für ihre Sünden bitten – und wer vergibt die
Sünden außer Gott? – und auf dem, was sie getan haben, nicht
bestehen, wo sie es doch wissen. 136 Deren Lohn ist Vergebung
von ihrem Herrn und Gärten, unter denen Bäche fließen; darin
werden sie ewig weilen. Vorzüglich ist doch der Lohn derer, die
(gut) handeln.

137 Schon vor euch wurde (mit den Menschen) beispielhaft
verfahren. Geht auf der Erde umher und schaut, wie das Ende
derer war, die (die Botschaft) für Lüge erklärt haben. 138 Dies ist
eine Darlegung für die Menschen und eine Rechtleitung und eine
Ermahnung für die Gottesfürchtigen.

139 Und erlahmt nicht und werdet nicht traurig, wo ihr doch die
Oberhand haben werdet, so ihr gläubig seid. 140 Wenn ihr
Wunden erlitten habt*, so haben die (feindlichen) Leute ähnliche
Wunden erlitten. Solche Tage teilen Wir den Menschen abwech-
selnd zu. (Dies geschieht) auch, damit Gott diejenigen in Erfah-
rung bringe, die glauben, und sich aus euren Reihen Zeugen
nehme – und Gott liebt die nicht, die Unrecht tun –, 141 und
damit Gott diejenigen, die glauben, läutere und die Ungläubigen
vernichte, 142 – oder meint ihr, daß ihr ins Paradies eingehen
werdet, noch ehe Gott in Erfahrung gebracht hat, wer von ihnen
sich eingesetzt hat? – und damit Er in Erfahrung bringe, wer die
Standhaften sind. 143 Und ihr pflegtet euch den Tod zu wün-
schen, bevor ihr ihm begegnet seid. Nun habt ihr ihn gesehen,
indem ihr zuschautet. 144 Muḥammad ist nur ein Gesandter.
Vor ihm sind etliche Gesandte dahingegangen. Werdet ihr denn,
wenn er stirbt oder getötet wird, auf euren Fersen kehrtmachen?

140: Bei der Niederlage am Uḥud (625).

Wer auf seinen Fersen kehrtmacht, wird Gott nichts schaden
können. Und Gott wird (es) den Dankbaren vergelten. 145 Und
niemand kann sterben außer mit der Erlaubnis Gottes gemäß
einer Schrift mit festgelegter Frist. Und wer die Belohnung des
Diesseits will, dem geben Wir etwas von ihm. Und wer die
Belohnung des Jenseits will, dem geben Wir etwas von ihm.
Und Wir werden (es) den Dankbaren vergelten. 146 Und so
manchen Propheten gab es, mit dem viele Scharen gekämpft
haben. Sie erlahmten nicht wegen dessen, was sie auf dem Weg
Gottes traf, und sie wurden nicht schwach, und sie gaben nicht
nach. Und Gott liebt die Standhaften. 147 Und nichts anderes
war ihre Rede, als daß sie sagten: »Unser Herr, vergib uns
unsere Schuld und unsere Maßlosigkeit in unserem Anliegen.
Festige unsere Schritte und unterstütze uns gegen die ungläubi-
gen Leute.« 148 So gab ihnen Gott den Lohn des Diesseits und
den schönen Lohn des Jenseits. Und Gott liebt die Rechtschaf-
fenen.

149 O ihr, die ihr glaubt, wenn ihr denen gehorcht, die nicht
glauben, lassen sie euch auf den Fersen kehrtmachen und als
Verlierer zurückkehren. 150 Nein, Gott ist euer Schutzherr, und
Er ist der beste Helfer. 151 Wir werden den Herzen derer, die
ungläubig sind, Schrecken einjagen dafür, daß sie Gott solche
beigesellen, für die Er keine Ermächtigung herabgesandt hat.
Ihre Heimstätte ist das Feuer. Schlimm ist die Bleibe derer, die
Unrecht tun. 152 Und Gott hat euch sein Versprechen wahr
gemacht, als ihr sie mit seiner Erlaubnis vernichtend schluget, bis
ihr verzagtet, miteinander über die Angelegenheit strittet und
ungehorsam waret, nachdem Er euch hatte sehen lassen, was ihr
liebt – unter euch gibt es welche, die das Diesseits wollen, und
unter euch gibt es welche, die das Jenseits wollen; dann wies Er
euch von ihnen ab, um euch zu prüfen. Und Er hat euch
nunmehr verziehen. Gott ist voller Huld gegen die Gläubigen.
*153 Als ihr wegliefet, ohne euch nach jemandem umzuwenden, [7¾]
während der Prophet euch weit hinten zurief. Da belohnte Er
euch mit Kummer für (den dem Propheten gemachten) Kummer,
damit ihr nicht traurig seid über das, was euch entgangen war,

und auch nicht über das, was euch getroffen hatte*. Und Gott hat Kenntnis von dem, was ihr tut. 154 Dann, nach dem Kummer, sandte Er auf euch Sicherheit herab, einen Schlaf, der eine Gruppe von euch überkam, während eine (andere) Gruppe sich um sich selbst kümmerte, indem sie von Gott etwas anderes als die Wahrheit dachte, wie in der Zeit der Unwissenheit gedacht wurde. Sie sagten: »Haben wir bei der Angelegenheit etwas zu entscheiden?« Sprich: Gott allein entscheidet in der ganzen Angelegenheit. Sie halten in ihrem Inneren geheim, was sie dir nicht offenlegen. Sie sagen: »Wenn wir bei der Angelegenheit etwas zu entscheiden gehabt hätten, wären wir nicht hier getötet worden.« Sprich: Auch wenn ihr in euren Häusern geblieben wäret, so wären diejenigen, für die es bestimmt war, getötet zu werden, dennoch zu ihren Sterbestätten hinausgezogen. (Dies geschieht), damit Gott prüft, was in eurer Brust ist, und läutert, was in euren Herzen ist. Und Gott weiß über das innere Geheimnis Bescheid. 155 Diejenigen von euch, die sich abkehrten am Tag, da die beiden Scharen aufeinandertrafen*, die hat der Satan straucheln lassen wegen etwas von dem, was sie erworben haben. Gott hat ihnen nunmehr verziehen. Gott ist voller Vergebung und langmütig.

156 O ihr, die ihr glaubt, seid nicht wie diejenigen, die nicht glauben und die von ihren Brüdern, wenn diese auf der Erde umherzogen oder sich auf einem Feldzug befanden, sagen: »Wären sie bei uns gewesen, wären sie nicht gestorben und nicht getötet worden.« Gott will dies zu einem Grund zu (tiefem) Bedauern in ihren Herzen machen*. Und Gott macht lebendig und läßt sterben. Und Gott sieht wohl, was ihr tut. 157 Und wenn ihr auf dem Weg Gottes getötet werdet oder sterbt, so ist

153: Der Kummer, den die Muslime erlitten haben, sollte sie vom Kriegsgeschehen mit allem, was dazugehörte an Beute oder Leiden, ablenken und ihre Aufmerksamkeit auf ihre beschämende Haltung gegenüber dem Propheten richten.

155: Bei der Schlacht am Uḥud (625).

156: Gott will, daß eure Haltung, die euch von ihnen unterscheidet –, oder: daß ihre eigene Haltung und ihre Gedanken angesichts des Todes ihrer Brüder ihnen ein Grund zu tiefem Bedauern sei.

Vergebung und Barmherzigkeit von Gott besser als das, was sie zusammentragen. 158 Und wenn ihr sterbt oder getötet werdet, so werdet ihr gewiß zu Gott versammelt werden. 159 Es ist um der Barmherzigkeit Gottes willen, daß du ihnen gegenüber umgänglich warst. Wärest du grob und hartherzig gewesen, wären sie rings um dich fortgelaufen. So verzeihe ihnen und bitte für sie um Vergebung und ziehe sie zu Rate in den Angelegenheiten. Und wenn du dich entschlossen hast, dann vertraue auf Gott. Gott liebt ja die, die vertrauen. 160 Wenn Gott euch unterstützt, dann kann niemand euch besiegen. Und wenn Er euch im Stich läßt, wer ist es, der euch daraufhin unterstützen könnte? Auf Gott sollen also die Gläubigen vertrauen.

161 Es steht einem Propheten nicht zu, zu veruntreuen*. Wer veruntreut, wird das, was er veruntreut hat, am Tag der Auferstehung beibringen. Dann wird jeder Seele voll erstattet, was sie erworben hat. Und ihnen wird nicht Unrecht getan. 162 Ist denn derjenige, der dem Wohlgefallen Gottes folgt, wie der, der sich den Groll Gottes zuzieht und dessen Heimstätte die Hölle ist? Welch schlimmes Ende! 163 Sie nehmen verschiedene Rangstufen bei Gott ein. Und Gott sieht wohl, was sie tun.

164 Gott hat den Gläubigen eine Wohltat erwiesen, als Er unter ihnen einen Gesandten aus ihrer Mitte hat erstehen lassen, der ihnen seine Zeichen verliest, sie läutert und sie das Buch und die Weisheit lehrt. Sie befanden sich ja vorher in einem offenkundigen Irrtum. 165 Wie konntet ihr, als euch ein Unglück traf, das ihr (den Feinden) doppelt so arg zugefügt hattet*, sagen: »Woher kommt das?« Sprich: Es kommt von euch selbst. Gott hat Macht zu allen Dingen. 166 Und was euch traf an dem Tag, da die beiden Scharen aufeinandertrafen, das geschah mit der Erlaubnis Gottes, und damit Er die Gläubigen in Erfahrung bringe, 167 und auch die in Erfahrung bringe, die heucheln. Und es wurde zu ihnen gesagt: »Kommt her, kämpft auf dem Weg Gottes oder

161: Diese Äußerung bezieht sich wohl auf eine Begebenheit bei der Verteilung der Beute nach dem Sieg von Badr (624).

165: Das Unglück der Muslime am Uḥud (625) hatte ihre Feinde bei Badr (624) noch ärger getroffen.

wehrt die Feinde ab.« Sie sagten: »Wenn wir wüßten, daß es einen Kampf geben würde, würden wir euch sicherlich folgen.« An jenem Tag waren sie dem Unglauben näher als dem Glauben, sie sagten ja mit ihrem Munde, was nicht in ihrem Herzen war. Und Gott weiß besser, was sie verschweigen. 168 Das sind diejenigen, die, während sie selbst zurückblieben, von ihren Brüdern sagten: »Hätten sie uns gehorcht, wären sie nicht getötet worden.« Sprich: Wehrt doch den Tod von euch ab, so ihr die Wahrheit sagt.

169 Halte diejenigen, die auf dem Weg Gottes getötet wurden, nicht für tot*. Sie sind vielmehr lebendig bei ihrem Herrn, und sie werden versorgt, 170 und sie freuen sich dabei über das, was Gott ihnen von seiner Huld zukommen ließ. Und sie erwarten die, die hinter ihnen nachgekommen sind und sie noch nicht eingeholt haben, voll Freude darüber, daß auch sie nichts zu befürchten haben und nicht traurig sein werden.

[8] *171 Sie empfangen mit Freude Gnade und Huld von Gott und (freuen sich) darüber, daß Gott den Lohn der Gläubigen nicht verlorengehen läßt.

172 Für diejenigen, die auf Gott und den Gesandten gehört haben, nachdem sie die Wunde erlitten hatten, – für diejenigen von ihnen, die rechtschaffen und gottesfürchtig waren, ist ein großartiger Lohn bestimmt. 173 Zu ihnen haben die Menschen gesagt: »Die Menschen haben sich gegen euch versammelt, daher fürchtet euch vor ihnen.« Aber das hat ihren Glauben nur verstärkt, und sie sagten: »Gott genügt uns. Welch vorzüglicher Sachwalter!« 174 Sie kehrten mit Gnade und Huld von Gott zurück, nichts Böses berührte sie, und sie folgten dem Wohlgefallen Gottes. Und Gott besitzt große Huld.

175 Das ist der Satan. Er will (euch) vor seinen Freunden angst machen. Habt keine Angst vor ihnen, Mich sollt ihr fürchten, so ihr gläubig seid. 176 Laß dich nicht durch die betrüben, die im Unglauben miteinander wetteifern. Sie können Gott nicht schaden. Gott will für sie im Jenseits keinen Anteil bereithalten. Und bestimmt ist für sie eine gewaltige Pein. 177 Diejenigen, die den

169: Vgl. 2,154.

Unglauben für den Glauben erkauft haben, können Gott nichts schaden. Und bestimmt ist für sie eine schmerzhafte Pein. 178
Und diejenigen, die ungläubig sind, sollen nicht meinen, es sei besser für sie, daß Wir ihnen Aufschub gewähren. Wir gewähren ihnen ja Aufschub, damit sie noch mehr Schuld auf sich laden. Und bestimmt ist für sie eine schmähliche Pein. 179 Nimmer
wird Gott die Gläubigen in dem Zustand belassen, in dem ihr euch befindet; Er will nur das Schlechte vom Guten unterscheiden*. Und nimmer wird Gott euch über das Unsichtbare Auskunft geben. Aber Gott erwählt von seinen Gesandten, wen Er will. So glaubt an Gott und seine Gesandten. Und wenn ihr glaubt und gottesfürchtig seid, ist für euch ein großartiger Lohn bestimmt.

180 Diejenigen, die mit dem geizen, was Gott ihnen von seiner Huld beschert hat, sollen nicht meinen, das sei besser für sie. Nein, es ist schlechter für sie. Am Tag der Auferstehung wird ihnen das, womit sie gegeizt haben, als Halskette umgelegt werden. Gott gehört das Erbe der Himmel und der Erde. Und Gott hat Kenntnis von dem, was ihr tut. 181 Gott hat die Rede
derer gehört, die da sagten: »Gott ist arm, wir sind reich*.« Wir werden aufschreiben, was sie sagten, und daß sie die Propheten zu Unrecht töteten, und Wir werden sprechen: Kostet die Pein des Höllenbrandes. 182 Dies für das, was eure Hände vorausge-
schickt haben, und weil Gott den Dienern kein Unrecht tut. 183
Das sind die, die sagten: »Gott hat uns auferlegt, an keinen Gesandten zu glauben, bis er uns ein Opfer bringt, das das Feuer verzehrt*.« Sprich: Es sind vor mir Gesandte mit den deutlichen Zeichen und mit dem, was ihr gesagt habt, zu euch gekommen. Warum habt ihr sie dann getötet, so ihr die Wahrheit sagt? 184
Wenn sie dich der Lüge zeihen, so sind schon vor dir Gesandte der Lüge geziehen worden, die mit den deutlichen Zeichen gekommen waren, und mit den Schriften und dem erleuchtenden Buch.

179: Wörtlich: bis Er das Schlechte vom Guten unterschieden hat.
181: Der Vorwurf richtet sich gegen die Juden von Medina.
183: Vgl. Bibel: Brandopfer des Propheten Elija: 1. Könige 18; Brandopfer des Aaron: Levitikus 9,24.

185 Jeder wird den Tod erleiden. Euch wird euer Lohn am Tag
der Auferstehung voll erstattet. Wer vom Feuer weggerückt und
ins Paradies geführt wird, der hat das Ziel erreicht. Das diessei-
[8¼] tige Leben ist ja nur eine betörende Nutznießung. *186 Ihr
werdet sicherlich an eurem Vermögen und an euch selbst geprüft
werden, und ihr werdet gewiß von denen, denen das Buch vor
euch zugekommen ist, und von den Polytheisten viel Ungemach
hören. Wenn ihr euch aber geduldig und gottesfürchtig verhal-
tet, so gehört dies zur Entschlossenheit in den Anliegen.

187 Und als Gott die Verpflichtung derer, denen das Buch zugekommen ist, entgegennahm: »Ihr müßt es den Menschen deutlich machen und dürft es nicht verschweigen.« Da warfen sie es hinter ihren Rücken und tauschten es gegen einen geringen Preis. Schlecht ist, was sie erkaufen. 188 Und meine nicht, daß diejenigen, die sich freuen über das, was sie vollbracht haben, und es lieben, für das gelobt zu werden, was sie nicht getan haben – meine nicht, sie würden der Pein entrinnen. Bestimmt ist für sie eine schmerzhafte Pein. 189 Und Gott gehört die Königsherrschaft der Himmel und der Erde. Und Gott hat Macht zu allen Dingen.

190 In der Erschaffung der Himmel und der Erde und im Wechsel von Nacht und Tag sind Zeichen für die Einsichtigen, 191 die Gottes gedenken, im Stehen und Sitzen und auf ihren Seiten liegend, und über die Erschaffung der Himmel und der Erde nachdenken: »Unser Herr, Du hast dies nicht umsonst erschaffen. Preis sei Dir! Bewahre uns vor der Pein des Feuers. 192 Unser Herr, wen Du ins Feuer eingehen läßt, den hast Du zuschanden gemacht. Diejenigen, die Unrecht tun, werden keine Helfer haben. 193 Unser Herr, wir haben einen Rufer gehört, der zum Glauben ruft: Glaubt an euren Herrn. Da haben wir geglaubt. Unser Herr, vergib uns unsere Sünden und sühne uns unsere Missetaten, und berufe uns mit den Frommen ab. 194 Unser Herr, gib uns das, was Du uns durch deine Gesandten verheißen hast, und mache uns am Tag der Auferstehung nicht zuschanden. Du brichst das Versprechen nicht.« 195 Da erhörte sie ihr Herr: »Ich lasse keine Tat verlorengehen, die einer von euch getan hat, ob Mann oder Weib. Die einen stammen ja von

den anderen. Denjenigen, die ausgewandert und aus ihren Wohnstätten vertrieben worden sind und auf meinem Weg Leid erlitten haben, die gekämpft haben und getötet worden sind, werde Ich ihre Missetaten sühnen und sie in Gärten eingehen lassen, unter denen Bäche fließen, als Belohnung von Gott.« Und bei Gott ist die schöne Belohnung.
196 Laß dich nicht betören durch das Umherziehen der Ungläubi-
gen im Land. 197 Das ist eine geringe Nutznießung. Dann wird
ihre Heimstätte die Hölle sein – welch schlimme Lagerstätte!
198 Aber für diejenigen, die ihren Herrn fürchten, sind Gärten bestimmt, unter denen Bäche fließen; darin werden sie ewig weilen, als Herberge von seiten Gottes. Und was bei Gott ist, ist besser für die Frommen.
199 Unter den Leuten des Buches gibt es welche, die an Gott glauben und an das, was zu euch herabgesandt wurde, und an das, was zu ihnen herabgesandt wurde, und so zeigen sie sich demütig gegen Gott. Und sie verkaufen nicht die Zeichen Gottes für einen geringen Preis. Jene haben ihren Lohn bei ihrem Herrn. Gott ist schnell im Abrechnen.
200 O ihr, die ihr glaubt, seid geduldig und miteinander standhaft und einsatzbereit. Und fürchtet Gott, auf daß es euch wohl ergehe.

Sure 4

Die Frauen (al-Nisā')

zu Medina, 176 Verse

Im Namen Gottes, des Erbarmers, des Barmherzigen.

[8½] 1 O ihr Menschen, fürchtet euren Herrn, der euch aus einem einzigen Wesen erschuf, aus ihm seine Gattin erschuf und aus ihnen beiden viele Männer und Frauen entstehen und sich ausbreiten ließ. Und fürchtet Gott, in dessen Namen ihr einander bittet, und (achtet) die Verwandtschaftsbande. Gott ist Wächter über euch. 2 Und gebt den Waisen ihr Vermögen und tauscht nicht Schlechtes gegen Gutes aus. Und zehrt nicht ihr Vermögen auf zu eurem Vermögen hinzu. Das wäre eine große Sünde. 3 Und wenn ihr fürchtet, gegenüber den Waisen nicht gerecht zu sein, dann heiratet, was euch an Frauen beliebt, zwei, drei oder vier. Wenn ihr aber fürchtet, (sie) nicht gleich zu behandeln, dann nur eine, oder was eure rechte Hand (an Sklavinnen) besitzt. Das bewirkt es eher, daß ihr euch vor Ungerechtigkeit bewahrt.

4 Und gebt den Frauen ihre Morgengabe als Geschenk. Wenn sie euch freiwillig etwas davon überlassen, so könnt ihr es verbrauchen, und es wird euch zur Freude und zum Wohl sein. 5 Und gebt nicht den Toren euer Vermögen, durch das Gott euch einen Unterhalt verschafft hat. Versorgt sie damit und kleidet sie, und sagt zu ihnen, was sich geziemt. 6 Und prüft die Waisen. Sobald sie das Heiratsalter erreicht haben, übergebt ihnen ihr Vermögen, wenn ihr bei ihnen einen rechten Wandel feststellt. Und zehrt es nicht verschwenderisch und voreilig auf, bevor sie älter werden. Und wer nicht darauf angewiesen ist, soll sich enthalten; wer arm ist, soll in rechtlicher Weise davon zehren. Und wenn ihr ihnen ihr Vermögen übergebt, dann laßt es gegen sie bezeugen. Und Gott genügt als der, der abrechnet.

7 Den Männern steht ein Teil von dem, was die Eltern und die Angehörigen hinterlassen, zu, und den Frauen steht ein Teil von dem, was die Eltern und die Angehörigen hinterlassen, zu, mag es wenig oder viel sein; (dies gilt) als Pflichtanteil. 8 Und wenn

die Verwandten, die Waisen und die Bedürftigen bei der Teilung
zugegen sind, so gebt ihnen etwas davon und sagt zu ihnen, was
sich geziemt. 9 Fürchten sollen sich diejenigen, die, wenn sie
selbst schwache Nachkommen hinterlassen würden, besorgt um
sie wären. Sie sollen Gott fürchten und zutreffende Worte
sprechen. 10 Diejenigen, die das Vermögen der Waisen zu
Unrecht verzehren, verzehren nur Feuer in ihrem Bauch. Und sie
werden in einem Feuerbrand brennen.
11 Gott trägt euch in bezug auf eure Kinder (folgendes) auf:
Einem männlichen Kind steht soviel wie der Anteil von zwei
weiblichen zu; sind es nur Frauen, über zwei an der Zahl, so
stehen ihnen zwei Drittel dessen, was er hinterläßt, zu; ist es nur
eine, so steht ihr die Hälfte zu. Den beiden Eltern steht jedem
von ihnen ein Sechstel dessen, was er hinterläßt, zu, wenn er
Kinder* hat; wenn er keine Kinder hat und seine Eltern ihn
beerben, so steht seiner Mutter ein Drittel zu. Hat er Brüder, so
steht seiner Mutter ein Sechstel zu. (Dies gilt) nach Berücksichti-
gung eines Testamentes, das er etwa gemacht hat, oder einer
(bestehenden) Schuld. – Eure Väter und eure Söhne: Ihr wißt
nicht, wer von ihnen euch im Nutzen nähersteht*. – (Dies ist)
eine Pflicht von seiten Gottes. Gott weiß Bescheid und ist weise.
*12 Euch steht die Hälfte dessen, was eure Gattinnen hinterlas- [8¾]
sen, zu, wenn sie keine Kinder haben. Wenn sie Kinder haben,
dann steht euch ein Viertel dessen, was sie hinterlassen, zu, und
zwar nach Berücksichtigung eines Testamentes, das sie etwa
gemacht haben, oder einer (bestehenden) Schuld. Und es steht
ihnen ein Viertel dessen, was ihr hinterlaßt, zu, wenn ihr keine
Kinder habt. Wenn ihr Kinder habt, dann steht ihnen ein Achtel
dessen, was ihr hinterlaßt, zu, und zwar nach Berücksichtigung
eines Testamentes, das ihr etwa gemacht habt, oder einer (beste-
henden) Schuld. Und wenn ein Mann oder eine Frau von seitli-
chen Verwandten beerbt wird und er einen Bruder oder eine
Schwester hat, dann steht einem jeden von ihnen ein Sechstel zu.
Sind es mehr, dann teilen sie sich in ein Drittel, und zwar nach

11: Oder: ein Kind. – Hier wird vielleicht davor gewarnt, die Starken zu bevorzugen und Frauen und Kinder zu benachteiligen.

Berücksichtigung eines Testamentes, das er etwa gemacht hat,
oder einer (bestehenden) Schuld. Es soll kein Schaden zugefügt
werden. (Dies ist) ein Auftrag von seiten Gottes. Gott weiß
Bescheid und ist langmütig. 13 Das sind die Rechtsbestimmun-
gen Gottes. Wer Gott und seinem Gesandten gehorcht, den läßt
Er in Gärten eingehen, unter denen Bäche fließen; darin werden
sie ewig weilen. Das ist der großartige Erfolg. 14 Und wer gegen
Gott und seinen Gesandten ungehorsam ist und seine Rechtsbe-
stimmungen übertritt, den läßt Er in ein Feuer eingehen; darin
wird er ewig weilen. Und bestimmt ist für ihn eine schmähliche
Pein.

15 Gegen diejenigen von euren Frauen, die Schändliches bege-
hen, müßt ihr vier von euch zeugen lassen. Wenn sie es bezeu-
gen, dann haltet sie in den Häusern fest, bis der Tod sie abberuft
oder Gott ihnen einen Ausweg verschafft. 16 Und wenn zwei von
euch es begehen, dann fügt ihnen beiden Leid zu. Wenn sie
bereuen und Besserung zeigen, dann laßt von ihnen ab. Gott
schenkt Zuwendung und ist barmherzig. 17 Gott obliegt es, sich
denen (gnädig) zuzuwenden, die aus Unwissenheit das Böse tun
und die dann bald darauf bereuen. Diesen schenkt Gott Zuwen-
dung. Gott weiß Bescheid und ist weise. 18 Die gnädige Zuwen-
dung gilt aber nicht für die, welche die bösen Taten begehen, so
daß erst, wenn der Tod einem von ihnen naht, dieser sagt: »Ich
bereue jetzt«; und auch nicht für die, die als Ungläubige sterben.
Diesen haben Wir eine schmerzliche Pein bereitet.

19 O ihr, die ihr glaubt, es ist euch nicht erlaubt, die Frauen
wider ihren Willen zu erben*. Und setzt ihnen nicht zu, um
etwas von dem zu nehmen, was ihr ihnen zukommen ließet, es
sei denn, sie begehen eine eindeutige schändliche Tat. Und geht
mit ihnen in rechtlicher Weise um. Wenn sie euch zuwider sind,
so ist euch vielleicht etwas zuwider, während Gott viel Gutes in
es hineinlegt. 20 Und wenn ihr eine Gattin gegen eine (andere)
Gattin eintauschen wollt und ihr der einen von ihnen einen
Zentner habt zukommen lassen, so nehmt nichts davon. Wollt
ihr es denn durch Verleumdung und offenkundige Sünde neh-

19: sie wie ein Erbteil zu behandeln.

men? 21 Wie könnt ihr es nehmen, wo ihr bereits zueinander
eingegangen seid und wo sie von euch eine feste Verpflichtung
entgegengenommen haben?
22 Und heiratet nicht solche Frauen, die (vorher) eure Väter
geheiratet haben, abgesehen von dem, was bereits geschehen ist.
Das ist etwas Schändliches und Abscheuliches und ein übler
Weg. 23 Verboten ist auch, zu heiraten eure Mütter, eure
Töchter, eure Schwestern, eure Tanten väterlicherseits und eure
Tanten mütterlicherseits, die Töchter des Bruders und die Töch-
ter der Schwester, eure Mütter, die euch gestillt haben, und eure
Milchschwestern, die Mütter eurer Frauen, eure Stieftöchter, die
sich in eurem Schutz befinden und von euren Frauen stammen,
zu denen ihr eingegangen seid – wenn ihr zu ihnen noch nicht
eingegangen seid, dann ist es für euch kein Vergehen –, und die
Ehefrauen eurer Söhne, die aus euren Lenden stammen. (Verbo-
ten ist) auch, daß ihr zwei Schwestern zur Frau zusammen habt,
abgesehen von dem, was bereits geschehen ist. Gott ist voller
Vergebung und barmherzig. *24 Und (verboten ist, zu heiraten) 5. Teil
die unter Schutz Gestellten unter den Frauen, ausgenommen das, [9]
was eure rechte Hand (an Sklavinnen) besitzt. Das ist die Vor-
schrift Gottes für euch. Erlaubt ist euch, was jenseits dieser
(Gruppe) liegt, daß ihr euch mit eurem Vermögen (Frauen) sucht
in der Absicht, (sie) unter Schutz zu stellen und nicht Unzucht zu
treiben. Denen unter ihnen, die ihr genossen habt, sollt ihr – das
ist eine Rechtspflicht – ihren Lohn geben*. Es besteht für euch
kein Vergehen, wenn ihr, nachdem die Rechtspflicht festgesetzt
ist, darüber hinaus etwas in gegenseitigem Einvernehmen ver-
einbart. Gott weiß Bescheid und ist weise.
25 Wer von euch keine Mittel besitzt, um unter Schutz gestellte
gläubige Frauen zu heiraten, der soll Frauen heiraten aus den
Reihen der gläubigen Mägde, die eure rechte Hand besitzt. Gott
weiß besser Bescheid über euren Glauben. Die einen von euch
stammen ja von den anderen. So heiratet sie mit der Erlaubnis

24: Diese Stelle wird von einigen Richtungen zur Rechtfertigung der sogenannten Mut`a-Ehe (Genußehe), einer Art Ehe auf Zeit, herangezogen.

ihrer Herren und gebt ihnen ihren Lohn in rechtlicher Weise, als
unter Schutz gestellten Frauen, die nicht Unzucht treiben und
sich keine Liebhaber nehmen. Wenn sie unter Schutz gestellt
worden sind und dann Schändliches begehen, steht für sie darauf
an Pein die Hälfte dessen, was für die unter Schutz gestellten
Frauen steht. Dies gilt für denjenigen von euch, der die Bedräng-
nis fürchtet. Und wenn ihr euch geduldig zeigt, so ist es besser
für euch. Und Gott ist voller Vergebung und barmherzig. 26
Gott will es euch deutlich machen und euch zu den Verfahrens-
weisen derer, die vor euch lebten, leiten und sich euch zuwenden.
Gott weiß Bescheid und ist weise. 27 Und Gott will sich euch
zuwenden; diejenigen aber, die den Begierden folgen, wollen,
daß ihr eine gewaltige Abweichung vollzieht. 28 Gott will euch
Erleichterung gewähren. Der Mensch ist ja schwach erschaffen
worden.
29 O ihr, die ihr glaubt, verzehrt nicht untereinander euer
Vermögen durch Betrug, es sei denn, es geht um einen Handel in
gegenseitigem Einvernehmen. Und tötet nicht einander. Gott ist
barmherzig zu euch. 30 Wer es (doch) in Übertretung und
Unrecht tut, den werden Wir in einem Feuer brennen lassen. Das
ist Gott ein leichtes. 31 Wenn ihr die schweren Vergehen meidet
von dem, was euch untersagt ist, sühnen Wir euch eure Misseta-
ten und gewähren euch einen ehrenvollen Eingang (ins Paradies).
32 Und wünscht euch nicht das, womit Gott die einen von euch vor
den anderen bevorzugt hat. Die Männer erhalten einen Anteil von
dem, was sie erworben haben, und die Frauen erhalten einen Anteil
von dem, was sie erworben haben*. Und bittet Gott um etwas von
seiner Huld. Gott weiß über alle Dinge Bescheid.
33 Einem jeden haben Wir Erbfolger gegeben in bezug auf das,
was die Eltern und die Angehörigen hinterlassen. Und gebt
denjenigen, mit denen euch eure Eide verbinden, ihren Anteil.
Gott ist ja über alle Dinge Zeuge. 34 Die Männer haben Voll-
macht und Verantwortung gegenüber den Frauen, weil Gott die
einen vor den anderen bevorzugt hat und weil sie von ihrem

32: Die Männer, die ihre Pflichten erfüllen, erhalten ihren Lohn dafür, und desgleichen die Frauen.

Vermögen (für die Frauen) ausgeben. Die rechtschaffenen
Frauen sind demütig ergeben und bewahren das, was geheimge-
halten werden soll, da Gott es geheimhält. Ermahnt diejenigen,
von denen ihr Widerspenstigkeit befürchtet, und entfernt euch
von ihnen in den Schlafgemächern und schlagt sie*. Wenn sie
euch gehorchen, dann wendet nichts Weiteres gegen sie an. Gott
ist erhaben und groß. 35 Und wenn ihr ein Zerwürfnis zwischen
beiden (Ehepartnern) befürchtet, dann bestellt einen Schiedsrich-
ter aus seiner Familie und einen Schiedsrichter aus ihrer Familie.
Wenn sie sich aussöhnen wollen, wird Gott ihnen Eintracht
schenken. Gott weiß Bescheid und hat Kenntnis von allem.
*36 Und dient Gott und gesellt Ihm nichts bei. Und behandelt die [9¼]
Eltern gut und die Verwandten, die Waisen, die Bedürftigen, den
verwandten Beisassen, den fremden Beisassen, den Gefährten an
eurer Seite, den Reisenden und das, was eure rechte Hand
besitzt. Gott liebt die nicht, die eingebildet und prahlerisch sind,
37 die geizen und den Leuten befehlen, geizig zu sein, und die
verschweigen, was Gott ihnen von seiner Huld hat zukommen
lassen – Wir haben den Ungläubigen eine schmähliche Pein
bereitet –, 38 und die ihr Vermögen spenden, um von den
Menschen gesehen zu werden, und nicht an Gott glauben, und
auch nicht an den Jüngsten Tag. Und wenn einer den Satan zum
Gesellen hat, so ist das ein schlimmer Geselle. 39 Was würde
ihnen (Schlimmes) widerfahren, wenn sie an Gott und den
Jüngsten Tag glaubten und von dem spendeten, was Gott ihnen
beschert hat? Und Gott weiß über sie Bescheid. 40 Gott tut nicht
einmal im Gewicht eines Stäubchens Unrecht. Und wenn es eine
gute Tat ist, so wird Er sie verdoppeln und von sich her einen
großartigen Lohn zukommen lassen. 41 Wie wird es sein, wenn
Wir von jeder Gemeinschaft einen Zeugen beibringen und dich
als Zeugen über diese beibringen? 42 An jenem Tag werden
diejenigen, die ungläubig und gegen den Gesandten ungehorsam
waren, wünschen, sie würden dem Erdboden gleichgemacht, und
sie werden vor Gott keine Aussage verschweigen.
43 O ihr, die ihr glaubt, kommt nicht zum Gebet, während ihr

34: leicht, als Zurechtweisungsmittel.

betrunken seid, bis ihr wißt, was ihr sagt, und auch nicht sexuell verunreinigt – es sei denn, ihr geht vorbei –, bis ihr euch gewaschen habt. Und wenn ihr krank oder auf Reisen seid, oder wenn einer von euch vom Abort kommt oder wenn ihr die Frauen berührt habt und ihr kein Wasser findet, dann sucht einen sauberen Boden und streicht euch über das Gesicht und die Hände. Gott ist voller Verzeihung und Vergebung.
44 Hast du nicht auf jene geschaut, denen ein Anteil am Buch zugekommen ist, wie sie den Irrtum erkaufen und wollen, daß ihr
vom Weg abirrt? 45 Gott weiß besser über eure Feinde Bescheid.
Und Gott genügt als Freund, und Gott genügt als Helfer.
46 Unter denen, die Juden sind, entstellen einige den Sinn der Worte und sagen: »Wir hören und gehorchen nicht«, und: »Höre zu, ohne daß du hören kannst«, und: »Achte auf uns« (rā`inā); sie verdrehen dabei ihre Zungen und greifen die Religion an. Hätten sie gesagt: »Wir hören und gehorchen«, und: »Höre«, und: »Schau auf uns« (unẓurnā), wäre es besser und richtiger für sie*. Aber Gott hat sie wegen ihres Unglaubens
verflucht, so glauben sie nur wenig. 47 O ihr, denen das Buch
zugekommen ist, glaubt an das, was Wir hinabgesandt haben zur Bestätigung dessen, was bei euch ist, bevor Wir bestimmte Gesichter auswischen und sie auf ihren Rücken kehren oder sie verfluchen, wie Wir die Gefährten des Sabbats verflucht haben.
Und der Befehl Gottes wird ausgeführt. 48 Gott vergibt nicht,
daß Ihm beigesellt wird, und Er vergibt, was darunter liegt, wem Er will. Und wer Gott (andere) beigesellt, hat eine gewaltige Sünde erdichtet.
49 Hast du nicht auf jene geschaut, die sich selbst für rein erklären? Nein, Gott erklärt rein, wen Er will, und ihnen wird
nicht ein Dattelfädchen Unrecht getan. 50 Schau, wie sie gegen
Gott Lügen erdichten! Dies genügt als offenkundige Sünde. 51
Hast du nicht auf jene geschaut, denen ein Anteil am Buch zugekommen ist, wie sie an die nutzlose Magie und an die Götzen glauben und von denen, die ungläubig sind, sagen:
»Diese folgen einem rechteren Weg als die, die glauben«? 52 Das

46: Vgl. 2,93.104.

sind die, die Gott verflucht hat. Und wen Gott verflucht, für den
wirst du keinen Helfer finden. 53 Oder haben sie* etwa einen
Anteil an der Königsherrschaft? Auch dann würden sie den
Menschen nicht einmal ein Dattelgrübchen zukommen lassen. 54
Oder beneiden sie die Menschen um das, was ihnen Gott von
seiner Huld hat zukommen lassen? Wir ließen ja der Sippe
Abrahams das Buch und die Weisheit zukommen, und Wir
ließen ihnen eine gewaltige Königsherrschaft zukommen. 55
Unter ihnen gab es solche, die daran* glaubten, und unter ihnen
gab es solche, die sich davon abwandten. Und die Hölle genügt als
Feuerbrand. 56 Diejenigen, die unsere Zeichen verleugnen, wer-
den Wir in einem Feuer brennen lassen. Sooft ihre Häute gar
sind, tauschen Wir ihnen andere Häute (dagegen) ein, damit sie
die Pein kosten. Gott ist mächtig und weise. 57 Und diejenigen,
die glauben und die guten Werke tun, werden Wir in Gärten
eingehen lassen, unter denen Bäche fließen; darin werden sie auf
immer ewig weilen. Darin sind geläuterte Gattinnen. Und Wir
werden sie in einen ausgedehnten Schatten eingehen lassen.
*58 Gott befiehlt euch, anvertraute Güter ihren Eigentümern [9½]
zurückzugeben und, wenn ihr unter den Menschen urteilt, nach
Gerechtigkeit zu urteilen. Wie trefflich ist das, womit Gott euch
ermahnt! Gott sieht und hört alles. 59 O ihr, die ihr glaubt,
gehorchet Gott und gehorchet dem Gesandten und den Zuständi-
gen unter euch. Wenn ihr über etwas streitet, so bringt es vor
Gott und den Gesandten, so ihr an Gott und den Jüngsten Tag
glaubt. Das ist besser und führt zu einem schöneren Ab-
schluß

60 Hast du nicht auf jene geschaut, die behaupten, sie glaubten
an das, was zu dir herabgesandt wurde, und an das, was vor dir
herabgesandt wurde, wie sie die Streitsachen vor die Götzen
bringen wollen, wo ihnen doch befohlen wurde, sie zu verleug-

53: Hier und in den folgenden Versen sind die Juden von Medina angesprochen.

55: an den Koran, oder an das, was im vorherigen Vers genannt wurde: das Buch, die Weisheit und die Königsherrschaft. Andere Deutung: an ihn, d. h. Muḥammad.

nen? Und der Satan will sie weit abirren lassen. 61 Und wenn zu ihnen gesagt wird: »Kommt her zu dem, was Gott herabgesandt hat, und zum Gesandten«, siehst du die Heuchler sich klar von dir abwenden. 62 Wie wird es wohl sein, wenn sie ein Unglück trifft für das, was ihre Hände vorausgeschickt haben, und sie zu dir kommen und bei Gott schwören: »Wir wollten es ja nur gutmachen und Einvernehmen schaffen«? 63 Das sind die, von denen Gott weiß, was in ihrem Herzen ist. Wende dich von ihnen ab, ermahne sie und sprich zu ihnen über sie selbst eindringliche Worte. 64 Und Wir haben die Gesandten nur deswegen entsandt, damit man ihnen gehorcht mit der Erlaubnis Gottes. Würden sie, da sie gegen sich selbst Unrecht verübt haben, zu dir kommen und Gott um Vergebung bitten, und würde der Gesandte für sie um Vergebung bitten, so würden sie sicher finden, daß Gott sich gnädig zuwendet und barmherzig ist. 65 Nein, bei deinem Herrn, sie glauben nicht wirklich, bis sie dich zum Schiedsrichter nehmen über das, was zwischen ihnen umstritten ist, und danach wegen deiner Entscheidung keine Bedrängnis in ihrem Inneren spüren, sondern sich in völliger Ergebung fügen. 66 Und wenn Wir ihnen vorgeschrieben hätten: Tötet einander oder zieht aus euren Wohnstätten aus, sie hätten es nicht getan, bis auf wenige von ihnen. Würden sie doch das tun, wozu sie ermahnt werden, es wäre sicher besser für sie und würde sie stärker festigen, 67 und Wir würden ihnen von Uns her einen großartigen Lohn zukommen lassen, 68 und Wir würden sie einen geraden Weg führen. 69 Diejenigen, die Gott und dem Gesandten gehorchen, befinden sich mit denen, die Gott begnadet hat, von den Propheten, den Wahrhaftigen, den Märtyrern und den Rechtschaffenen. Welch treffliche Gefährten sind es! 70 Das ist die Huld Gottes. Und Gott genügt als der, der Bescheid weiß.

71 O ihr, die ihr glaubt, seid auf eurer Hut, und rückt in Trupps aus oder rückt zusammen aus. 72 Unter euch gibt es manch einen, der langsam ausrückt; und wenn euch ein Unglück trifft, sagt er: »Gott hat mir Gnade erwiesen, da ich nicht mit ihnen dabei war.« 73 Und wenn euch eine Huld von Gott her zuteil wird, sagt er sicher, als hätte zwischen euch und ihm nie Liebe

bestanden*: »O wäre ich doch mit ihnen gewesen, so hätte ich
einen großartigen Erfolg erlangt!« *74 So sollen diejenigen, die [9¾]
das diesseitige Leben gegen das Jenseits verkaufen, auf dem Weg
Gottes kämpfen. Und wer auf dem Weg Gottes kämpft und
daraufhin getötet wird oder siegt, dem werden Wir einen großar-
tigen Lohn zukommen lassen. 75 Was hindert euch daran, zu
kämpfen auf dem Weg Gottes und für diejenigen unter den
Männern, den Frauen und den Kindern, die wie Schwache behan-
delt werden und die sagen: »Unser Herr, führe uns aus dieser
Stadt hinaus, deren Einwohner Unrecht tun, und bestelle uns von
Dir her einen Freund, und bestelle uns von Dir her einen Helfer.« 76
Diejenigen, die glauben, kämpfen auf dem Weg Gottes. Und
diejenigen, die ungläubig sind, kämpfen auf dem Weg der Götzen.
So kämpft gegen die Freunde des Satans. Die List des Satans ist
schwach. 77 Hast du nicht auf jene geschaut, zu denen gesagt
wurde: »Haltet eure Hände zurück und verrichtet das Gebet und
entrichtet die Abgabe«? Als ihnen dann der Kampf vorgeschrieben
wurde, hatte plötzlich ein Teil von ihnen eine solche Furcht vor den
Menschen wie die Furcht vor Gott oder eine noch stärkere Furcht.
Und sie sagten: »Unser Herr, warum hast Du uns den Kampf
vorgeschrieben? Hättest Du uns doch für eine kurze Frist zurückge-
stellt!« Sprich: Die Nutznießung des Diesseits ist gering, und das
Jenseits ist besser für den, der gottesfürchtig ist. Und euch wird
nicht ein Dattelfädchen Unrecht getan. 78 Wo immer ihr seid, der
Tod wird euch erreichen, auch wenn ihr in hochgebauten Burgen
wäret. Wenn sie etwas Gutes trifft, sagen sie: »Das ist von Gott.«
Und wenn sie etwas Schlechtes trifft, sagen sie: »Das ist von dir.«
Sprich: Alles ist von Gott. Was ist mit diesen Leuten los, daß sie
kaum eine Aussage begreifen?
79 Was dich an Gutem trifft, ist von Gott. Und was dich an
Schlechtem trifft, ist von dir selbst. Und Wir haben dich zum
Gesandten für die Menschen entsandt. Und Gott genügt als
Zeuge. 80 Wer dem Gesandten gehorcht, gehorcht Gott. Und
wenn jemand sich abkehrt – siehe, Wir haben dich nicht als

73: Die Heuchler vermögen nicht in echter Selbstlosigkeit sich mit den anderen Gläubigen zu freuen.

Hüter über sie gesandt. 81 Und sie sagen: »(Wir leisten) Gehor-
sam.« Wenn sie jedoch von dir weggehen, beschließt eine Gruppe
von ihnen im Dunkeln etwas anderes als das, was du sagst. Und
Gott schreibt, was sie im Dunkeln beschließen, auf. Darum
wende dich von ihnen ab und vertrau auf Gott. Gott genügt als
Sachwalter. 82 Betrachten sie denn nicht sorgfältig den Koran?
Wenn er von einem anderen als Gott wäre, würden sie in ihm
viel Widerspruch finden. 83 Und wenn zu ihnen etwas durch-
dringt, das Sicherheit oder Angst hervorruft, verbreiten sie es.
Würden sie es aber vor den Gesandten und die Zuständigen unter
ihnen bringen, so würden es diejenigen von ihnen, die es heraus-
zubekommen verstehen, (zu beurteilen) wissen*. Und ohne die
Huld Gottes gegen euch und seine Barmherzigkeit wäret ihr bis
auf wenige dem Satan gefolgt. 84 So kämpfe auf dem Weg
Gottes. Du hast dich nur für dich selbst zu verantworten. Und
sporne die Gläubigen an, vielleicht wird Gott die Schlagkraft
derer, die ungläubig sind, zurückhalten. Und Gott besitzt eine
noch stärkere Schlagkraft und verhängt eine noch härtere Strafe.
85 Wer eine gute Fürbitte einlegt, erhält einen Anteil daran. Und
wer eine schlechte Fürbitte einlegt, erhält einen entsprechenden
Anteil daran. Gott umsorgt und überwacht alle Dinge. 86 Wenn
ihr mit einem Gruß begrüßt werdet, dann grüßt mit einem noch
schöneren Gruß, oder erwidert ihn. Und Gott rechnet über alle
Dinge ab. 87 Gott, es gibt keinen Gott außer Ihm. Er wird euch
sicher zu dem Tag der Auferstehung versammeln, an dem kein
Zweifel möglich ist. Und wer ist wahrhaftiger als Gott in seinen
Aussagen?

[10] *88 Wieso seid ihr im Hinblick auf die Heuchler zwei Gruppen,
wo Gott sie (in den alten Zustand*) zurückversetzt hat wegen
dessen, was sie erworben haben? Wollt ihr denn rechtleiten, wen
Gott irregeführt hat? Wen Gott irreführt, für den findest du

83: Oder: so würden diejenigen von ihnen (d. h. denen, die die Nachricht verbreiten und am Anfang des Verses angesprochen werden), die es herauszubekommen suchen, es von ihnen (d. h. vom Gesandten und den Zuständigen) erfahren (d. h. in der richtigen Weise erfahren).

88: in den Zustand des Irrtums.

keinen Weg. 89 Sie möchten gern, ihr würdet ungläubig, wie sie ungläubig sind, so daß ihr ihnen gleich würdet. So nehmt euch niemanden von ihnen zum Freund, bis sie auf dem Weg Gottes auswandern. Wenn sie sich abkehren, dann greift sie und tötet sie, wo immer ihr sie findet, und nehmt euch niemanden von ihnen zum Freund oder Helfer, 90 mit Ausnahme derer, die zu Leuten gelangen, zwischen denen und euch ein Vertrag besteht, oder zu euch kommen, weil Beklommenheit ihre Brust befallen hat, gegen euch zu kämpfen oder gegen ihre (eigenen) Leute zu kämpfen – und wenn Gott gewollt hätte, hätte Er ihnen Gewalt über euch verliehen, und dann hätten sie gewiß gegen euch gekämpft. Wenn sie sich von euch fernhalten und nicht gegen euch kämpfen und euch Frieden anbieten, dann erlaubt euch Gott nicht, gegen sie vorzugehen. 91 Ihr werdet andere finden, die vor euch Sicherheit und auch vor ihren (eigenen) Leuten Sicherheit haben wollen. Jedesmal, wenn sie der Verführung unterworfen werden, werden sie dadurch (in den alten Zustand) zurückversetzt*. Wenn sie sich nicht von euch fernhalten und euch nicht den Frieden anbieten und ihre Hände nicht zurückhalten, dann greift sie und tötet sie, wo immer ihr sie trefft. Über solche Leute haben Wir euch eine offenkundige Gewalt verliehen.

92 Es steht einem Gläubigen nicht zu, einen Gläubigen zu töten, es sei denn, (es geschieht) aus Versehen. Wer einen Gläubigen aus Versehen tötet, hat einen gläubigen Sklaven zu befreien oder ein Blutgeld an seine Angehörigen zu übergeben, es sei denn, sie erlassen es als Almosen. Wenn er zu Leuten gehört, die eure Feinde sind, während er ein Gläubiger ist, so ist ein gläubiger Sklave zu befreien. Und wenn er zu Leuten gehört, zwischen denen und euch ein Vertrag besteht, dann ist ein Blutgeld an seine Angehörigen auszuhändigen und ein gläubiger Sklave zu befreien. Wer es nicht vermag, der hat zwei Monate hintereinander zu fasten. Das ist eine Zuwendung von seiten Gottes. Und Gott weiß Bescheid und ist weise. 93 Und wer einen Gläubigen

91: Die Ungläubigen veranlassen sie, ihre Abmachung mit den Gläubigen zu brechen und so zu ihrer alten feindlichen Haltung zurückzukehren.

vorsätzlich tötet, dessen Lohn ist die Hölle; darin wird er ewig
weilen. Und Gott zürnt ihm und verflucht ihn und bereitet ihm
eine gewaltige Pein. 94 O ihr, die ihr glaubt, wenn ihr auf dem
Weg Gottes im Land umherwandert, so stellt die Lage eindeutig
fest und sagt nicht zu dem, der euch den Frieden anbietet: »Du
bist kein Gläubiger«, im Trachten nach den Gütern des diesseiti-
gen Lebens. Gott schafft doch viele Möglichkeiten, Beute zu
erzielen. So seid ihr früher gewesen, da hat Gott euch eine
Wohltat erwiesen. Stellt also die Lage eindeutig fest. Gott hat
Kenntnis von dem, was ihr tut.
95 Nicht gleich sind diejenigen unter den Gläubigen, die daheim
sitzen, ohne ein Gebrechen zu haben, und diejenigen, die sich auf
dem Weg Gottes mit ihrem Vermögen und mit ihrer eigenen
Person einsetzen. Gott bevorzugt diejenigen, die sich mit ihrem
Vermögen und mit ihrer eigenen Person einsetzen, um eine
ganze Stufe vor denen, die daheim sitzen. Einem jeden hat Gott
das Beste versprochen. Doch hat Gott diejenigen, die sich einset-
zen, vor denen, die daheim sitzen, bevorzugt mit einem großarti-
gen Lohn, 96 mit Rangstufen von Ihm her, mit Vergebung und
Barmherzigkeit. Gott ist voller Vergebung und barmherzig.
97 Zu denen, die die Engel abberufen, während sie gegen sich
selbst Unrecht verübt haben, sagen diese: »Wie war euer
Zustand?« Sie sagen: »Wir wurden auf der Erde wie Schwache
behandelt.« Sie sagen: »War denn die Erde Gottes nicht weit
genug, so daß ihr auf ihr hättet auswandern können?« Diese
haben die Hölle zur Heimstätte – welch schlimmes Ende! 98
– mit Ausnahme derer unter den Männern, Frauen und Kin-
dern, die wie Schwache behandelt wurden und sich keine List
erdenken konnten und keinen rechten Weg fanden*. 99 Diesen
möge der Herr verzeihen! Und Gott ist voller Verzeihung und
[10¼] Vergebung. *100 Wer auf dem Weg Gottes auswandert, findet
auf der Erde viele Auswege und ergiebige Versorgung. Und wer
aus seinem Haus hinausgeht, um zu Gott und seinem Gesandten

98: die gerne ausgewandert wären, wenn sie eine Möglichkeit dazu gehabt hätten.

auszuwandern, und dann vom Tod ereilt wird, dessen Lohn obliegt Gott. Und Gott ist voller Vergebung und barmherzig.
101 Und wenn ihr im Land umherwandert, ist es für euch kein Vergehen, das Gebet abzukürzen, falls ihr Angst habt, daß diejenigen, die ungläubig sind, euch der Anfechtung aussetzen.
Die Ungläubigen sind euch ja ein offenkundiger Feind. 102 Und
wenn du unter ihnen weilst und für sie das Gebet anführst, so soll sich eine Gruppe von ihnen mit dir aufstellen und ihre Waffen ergreifen. Wenn sie sich niederwerfen, so sollen die anderen hinter euch sein*. Dann soll eine andere Gruppe, die noch nicht gebetet hat, kommen und mit dir beten, und sie sollen auf ihrer Hut sein und ihre Waffen ergreifen. Diejenigen, die ungläubig sind, möchten gern, ihr würdet auf eure Waffen und eure Sachen nicht achtgeben, so daß sie euch auf einmal überfallen. Und es ist für euch kein Vergehen, wenn ihr unter dem Regen zu leiden habt und krank seid, eure Waffen abzulegen. Und seid auf eurer Hut. Gott hat den Ungläubigen eine schmähliche Pein
bereitet. 103 Und wenn ihr das Gebet beendet habt, dann gedenket
Gottes im Stehen und Sitzen und auf euren Seiten liegend. Und wenn ihr Ruhe habt, dann verrichtet das Gebet. Das Gebet ist für die Gläubigen eine für bestimmte Zeiten festgesetzte Vorschrift. 104
Und erlahmt nicht in der Verfolgung der Leute. Wenn ihr leidet, so leiden sie auch, wie ihr leidet; ihr aber erhofft von Gott, was sie nicht erhoffen. Gott weiß Bescheid und ist weise.
105 Wir haben zu dir das Buch mit der Wahrheit hinabgesandt, damit du zwischen den Menschen nach dem urteilst, was Gott
dich hat sehen lassen. Und sei nicht ein Anwalt der Verräter, 106
und bitte Gott um Vergebung. Gott ist voller Vergebung und
barmherzig. 107 Und streite nicht zugunsten derer, die sich selbst betrügen. Gott liebt den nicht, der ein Betrüger und ein
Sünder ist. 108 Sie verbergen sich vor den Menschen, sie können sich aber vor Gott nicht verbergen, wo Er bei ihnen ist, wenn sie im Dunkeln Verabredungen treffen, die Ihm nicht gefallen. Und

102: die anderen: wörtlich: sie. – Oder: Wenn sie sich niedergeworfen haben, dann sollen sie hinter euch sein, d. h. sich hinter euch stellen, um die nächste Gruppe zu schützen.

Gott umfaßt, was sie tun. 109 Da habt ihr zu ihren Gunsten im diesseitigen Leben gestritten. Wer wird denn am Tag der Auferstehung mit Gott zu ihren Gunsten streiten, oder wer wird als Sachwalter über sie eingesetzt?

110 Wer Böses begeht oder sich selbst Unrecht tut und dann Gott um Vergebung bittet, der wird finden, daß Gott voller Vergebung und barmherzig ist. 111 Und wer eine Sünde erwirbt, erwirbt sie zu seinem eigenen Schaden. Und Gott weiß Bescheid und ist weise. 112 Und wer eine Verfehlung oder eine Sünde erwirbt und sie dann einem Unschuldigen vorwirft, der lädt auf sich eine Verleumdung und eine offenkundige Sünde.

113 Und ohne die Huld Gottes gegen dich und seine Barmherzigkeit wäre eine Gruppe von ihnen im Begriff gewesen, dich irrezuführen; aber sie führen nur sich selbst in die Irre, und sie schaden dir nichts. Und Gott hat auf dich das Buch und die Weisheit herabgesandt und dich gelehrt, was du nicht wußtest.
[10½] Und die Huld Gottes gegen dich ist gewaltig. *114 Nichts Gutes liegt in einem großen Teil ihrer vertraulichen Gespräche, es sei denn, wenn einer zu einem Almosen oder zu einer rechten Tat oder zur Aussöhnung zwischen den Menschen auffordert. Und wer dies im Streben nach dem Wohlgefallen Gottes tut, dem werden Wir einen großartigen Lohn zukommen lassen. 115 Wer sich dem Gesandten widersetzt, nachdem ihm die Rechtleitung deutlich geworden ist, und einem anderen Weg als dem der Gläubigen folgt, den lassen Wir verfolgen, was er verfolgt hat, und in der Hölle brennen – welch schlimmes Ende! 116 Gott vergibt nicht, daß Ihm (etwas) beigesellt wird, und Er vergibt, was darunter liegt, wem Er will. Und wer Gott (andere) beigesellt, der ist weit abgeirrt. 117 Sie rufen ja statt Seiner weibliche Wesen an, sie rufen ja einen rebellischen Satan an, 118 den Gott verfluchte und der sagte: »Ich werde mir von deinen Dienern einen festgesetzten Anteil nehmen, 119 und ich werde sie irreführen, und ich werde sie Wünschen nachjagen lassen, und ich werde ihnen befehlen, und sie werden die Ohren der Herdentiere abschneiden*, und ich werde ihnen befehlen, und sie werden die

119: Oder: einschlitzen. – Wahrscheinlich geht es hier um einen

Schöpfung Gottes verändern.« Und wer sich den Satan anstelle Gottes zum Freund nimmt, der wird einen offenkundigen Verlust erleiden.
120 Er macht ihnen Versprechungen und läßt sie Wünschen nachjagen. Und der Satan verspricht ihnen nur Betörung.
121 Diese haben die Hölle zur Heimstätte, und sie werden kein Mittel finden, ihr zu entrinnen.
122 Diejenigen, die glauben und die guten Werke tun, werden Wir in Gärten eingehen lassen, unter denen Bäche fließen; darin werden sie auf immer ewig weilen. Das ist das Versprechen Gottes in Wahrheit, und wer ist wahrhaftiger als Gott in seiner Aussage?

123 Weder nach euren Wünschen noch nach den Wünschen der Leute des Buches geht es. Wer Böses tut, dem wird danach vergolten, und er wird für sich anstelle Gottes weder Freund noch Helfer finden.
124 Diejenigen, die etwas von den guten Werken tun, ob Mann oder Weib, und dabei gläubig sind, werden ins Paradies eingehen, und ihnen wird nicht ein Dattelgrübchen Unrecht getan.
125 Und wer hat eine schönere Religion als der, der sich völlig Gott hingibt und dabei rechtschaffen ist und der Glaubensrichtung Abrahams, als Anhänger des reinen Glaubens, folgt? Gott hat sich Abraham ja zum Vertrauten genommen.
126 Und Gott gehört, was in den Himmeln und was auf der Erde ist. Und Gott umfaßt alle Dinge.

127 Sie fragen dich um Rechtsauskunft über die Frauen. Sprich: Rechtsauskunft über sie gibt euch Gott, und auch das, was euch im Buch verlesen wird über die weiblichen Waisen, denen ihr nicht das zukommen laßt, was ihnen vorschriftsgemäß zusteht, und die ihr nicht heiraten wollt, und auch über die von den Kindern, die wie Schwache behandelt werden; und ihr sollt für die Gerechtigkeit gegenüber den Waisen eintreten. Was ihr an Gutem tut, Gott weiß es.
128 Und wenn eine Frau von ihrem Gemahl Widerspenstigkeit oder Abwendung befürchtet, so ist es für sie beide kein Vergehen, untereinander Aussöhnung zu schaffen, und die Aussöhnung ist besser. Und die Menschen sind dem Geiz ständig verfallen. Und wenn ihr rechtschaffen und

altarabischen Brauch, bestimmte Tiere als tabu zu kennzeichnen und sie nicht mehr als Lasttiere zu benutzen.

gottesfürchtig seid, so hat Gott Kenntnis von dem, was ihr tut.
129 Und ihr werdet es nicht schaffen, die Frauen gleich zu
behandeln, ihr mögt euch noch so sehr bemühen*. Aber wendet
euch nicht (von der einen) gänzlich ab, so daß ihr sie in der
Schwebe laßt. Und wenn ihr nach Aussöhnung strebt und Gott
fürchtet, so ist Gott voller Vergebung und barmherzig. 130 Und
wenn die beiden sich trennen, wird Gott aus seinem umfassenden
Reichtum jeden unabhängig machen. Und Gott umfaßt alles und
ist weise.

131 Und Gott gehört, was in den Himmeln und auf der Erde ist.
Wir haben denen, denen das Buch vor euch zugekommen ist, und
auch euch aufgetragen: Fürchtet Gott. Wenn ihr ungläubig seid,
so gehört Gott doch (alles), was in den Himmeln und auf der Erde
ist. Gott ist auf niemanden angewiesen und des Lobes würdig.
132 Und Gott gehört, was in den Himmeln und was auf der Erde
ist. Gott genügt als Sachwalter. 133 Wenn Er will, läßt Er euch,
ihr Menschen, fortgehen und andere nachrücken. Gott hat dazu
die Macht. 134 Wenn einer den Lohn des Diesseits will, so
besteht bei Gott der Lohn des Diesseits und des Jenseits. Gott
hört und sieht alles.

[10¾] *135 O ihr, die ihr glaubt, tretet für die Gerechtigkeit ein und
legt Zeugnis für Gott ab, auch wenn es gegen euch selbst oder
gegen die Eltern und die Angehörigen sein sollte. Wenn es sich
um einen Reichen oder einen Armen handelt, so hat Gott eher
Anspruch auf beide; folgt also nicht (euren) Neigungen, anstatt
gerecht zu sein. Wenn ihr (das Zeugnis) verdreht oder davon
ablaßt, so hat Gott Kenntnis von dem, was ihr tut.

136 O ihr, die ihr glaubt, glaubt an Gott und seinen Gesandten,
und das Buch, das Er auf seinen Gesandten herabgesandt hat, und
das Buch, das Er zuvor herabgesandt hat. Wer Gott verleugnet,
und seine Engel, seine Bücher, seine Gesandten und den Jüngsten
Tag, der ist weit abgeirrt. 137 Denen, die glauben und dann
ungläubig werden, dann wieder glauben und dann wieder
ungläubig werden und dann im Unglauben zunehmen, denen

129: Dies ergänzt die Bestimmung im Vers 4,3 bezüglich der Zahl der Frauen, die ein Muslim heiraten darf.

wird Gott unmöglich vergeben, und Er wird sie unmöglich einen
rechten Weg führen.
138 Verkünde den Heuchlern, daß für sie eine schmerzhafte Pein
bestimmt ist, 139 (sie), die sich die Ungläubigen anstelle der
Gläubigen zu Freunden nehmen. Suchen sie denn bei ihnen die
Macht? Alle Macht gehört Gott. 140 Er hat auf euch im Buch
herabgesandt, ihr sollt, wenn ihr hört, daß Leute die Zeichen
Gottes verleugnen und über sie spotten, euch nicht zu ihnen
setzen, bis sie auf ein anderes Gespräch eingehen. Sonst seid ihr
ihnen gleich. Gott wird die Heuchler und die Ungläubigen
allesamt in der Hölle versammeln, 141 die euch gegenüber ja
abwarten: Wenn euch ein Erfolg von Gott her zufällt, sagen sie:
»Sind wir nicht mit euch gewesen?«; und wenn den Ungläubigen
ein Glück zufällt, sagen sie: »Haben wir euch nicht in der Hand
gehabt, euch aber vor den Gläubigen geschützt?« Gott wird am
Tag der Auferstehung zwischen euch urteilen. Und Gott wird nie
den Ungläubigen eine Möglichkeit geben, gegen die Gläubigen
vorzugehen. 142 Die Heuchler versuchen, Gott zu betrügen; Er
ist es aber, der sie betrügt. Und wenn sie sich zum Gebet
hinstellen, stellen sie sich nachlässig hin, wobei sie von den
Menschen gesehen werden wollen, und sie gedenken Gottes nur
wenig. 143 Sie schwanken dazwischen und schließen sich weder
diesen noch jenen an. Und wen Gott irreführt, für den wirst du
keinen Weg finden.
144 O ihr, die ihr glaubt, nehmt euch nicht die Ungläubigen
anstelle der Gläubigen zu Freunden. Wollt ihr denn Gott eine
offenkundige Handhabe gegen euch liefern? 145 Die Heuchler
befinden sich im untersten Grund des Feuers, und du wirst für sie
keinen Helfer finden, 146 außer denen, die umkehren und
Besserung zeigen, an Gott festhalten und gegenüber Gott auf-
richtig in ihrer Religion sind. Jene zählen zu den Gläubigen. Und
Gott wird den Gläubigen einen großartigen Lohn zukommen
lassen. 147 Warum sollte Gott euch peinigen, wenn ihr dankbar
und gläubig seid? Und Gott zeigt sich erkenntlich und weiß
Bescheid.
*148 Gott liebt es nicht, daß jemand über das Böse öffentlich 6. Teil
redet, es sei denn, es wurde ihm Unrecht getan. Gott hört und [11]

weiß alles. 149 Ob ihr etwas Gutes offen zeigt oder geheimhaltet oder etwas Böses verzeiht, Gott ist voller Verzeihung und mächtig.

150 Diejenigen, die Gott und seine Gesandten verleugnen und zwischen Gott und seinen Gesandten unterscheiden wollen und sagen: »Wir glauben an die einen, verleugnen aber die anderen«, und einen Weg dazwischen einschlagen wollen, 151 das sind die wahren Ungläubigen. Und Wir haben für die Ungläubigen eine schmähliche Pein bereitet. 152 Denen, die an Gott und seine Gesandten glauben und bei keinem von ihnen einen Unterschied machen, wird Er ihren Lohn zukommen lassen. Gott ist voller Vergebung und barmherzig.

153 Die Leute des Buches fordern von dir, daß du auf sie ein Buch vom Himmel herabsenden läßt. Sie haben von Mose etwas noch Größeres als dieses gefordert und gesagt: »Laß uns Gott offen sehen.« Da ergriff sie der Donnerschlag wegen ihrer Ungerechtigkeit. Dann nahmen sie sich das Kalb, nachdem die deutlichen Zeichen zu ihnen gekommen waren. Wir verziehen das, und Wir gaben Mose eine offenkundige Ermächtigung. 154 Und Wir hoben den Berg über sie bei (der Entgegennahme) ihrer Verpflichtung empor und sprachen zu ihnen: »Betretet das Tor in der Haltung der Niederwerfung.« Und Wir sprachen zu ihnen: »Begeht am Sabbat keine Übertretungen.« Und Wir nahmen von ihnen eine feste Verpflichtung entgegen. 155 (Verflucht wurden sie,) weil sie ihre Verpflichtung brachen, die Zeichen Gottes verleugneten, die Propheten zu Unrecht töteten und sagten: »Unsere Herzen sind unbeschnitten«* – vielmehr hat Gott sie wegen ihres Unglaubens versiegelt, so daß sie nur wenig glauben; 156 und weil sie ungläubig waren und gegen Maria eine gewaltige Verleumdung aussprachen; 157 und weil sie sagten: »Wir haben Christus Jesus, den Sohn Marias, den Gesandten Gottes, getötet.« – Sie haben ihn aber nicht getötet, und sie haben ihn nicht gekreuzigt, sondern es erschien ihnen eine ihm ähnliche Gestalt. Diejenigen, die über ihn uneins sind, sind im Zweifel über ihn. Sie haben kein Wissen über ihn, außer daß sie

155: Vgl. 2,88; – Bibel: Levitikus 26,41; Jeremia 9,25.

Vermutungen folgen. Und sie haben ihn nicht mit Gewißheit getötet, 158 sondern Gott hat ihn zu sich erhoben. Gott ist mächtig und weise. 159 Und es gibt keinen unter den Leuten des Buches, der nicht noch vor seinem Tod an ihn* glauben würde. Am Tag der Auferstehung wird er über sie Zeuge sein. – 160 Und wegen der Ungerechtigkeit derer, die Juden sind, haben Wir ihnen köstliche Dinge verboten, die ihnen (sonst) erlaubt waren, und weil sie viele vom Weg Gottes nachdrücklich abweisen; 161 und weil sie Zins nehmen, obwohl er ihnen verboten ist*; und weil sie das Vermögen der Menschen durch Betrug verzehren. Und Wir haben den Ungläubigen unter ihnen eine schmerzhafte Pein bereitet. 162 Aber diejenigen von ihnen, die im Wissen fest gegründet sind, und auch die Gläubigen glauben an das, was zu dir herabgesandt wurde und was vor dir herabgesandt wurde. Und denen, die das Gebet verrichten und die Abgabe entrichten und an Gott und den Jüngsten Tag glauben, denen wird Er einen großartigen Lohn zukommen lassen.

*163 Wir gaben dir eine Offenbarung, wie Wir Noach und den [11¼]
Propheten nach ihm offenbart haben. Und Wir offenbarten (auch) Abraham, Ismael, Isaak, Jakob und den Stämmen, Jesus, Ijob, Jonas, Aaron und Salomo. Und Wir ließen David eine Schrift* zukommen. 164 Und (Wir schickten) Gesandte, von denen Wir dir früher erzählt haben, und (auch) Gesandte, von denen Wir dir nicht erzählt haben – und Gott hat mit Mose wahrhaftig gesprochen –, 165 Gesandte als Freudenboten und Warner, damit die Menschen nach dem Auftreten der Gesandten keinen Beweisgrund gegen Gott haben. Und Gott ist mächtig und weise. 166 Gott bezeugt, was Er zu dir herabgesandt hat. Er hat es mit seinem Wissen herabgesandt. Auch die Engel bezeugen es. Und Gott genügt als Zeuge. 167 Diejenigen, die ungläubig sind und vom Weg Gottes abweisen, sind weit abgeirrt. 168 Denen,

159: vor dem eigenen Tod an Jesus … – Andere Deutung: vor dem Tod Jesu, also in der Endzeit.

161: Vgl. Bibel: Exodus 22,24; Levitikus 25,35–37; Deuteronomium 23,20.

163: Oder: einen Psalter.

die ungläubig sind und Unrecht tun, wird Gott unmöglich vergeben, und Er wird sie unmöglich einen rechten Weg führen,
169 es sei denn den Weg zur Hölle, darin werden sie auf immer ewig weilen. Und dies ist Gott ein leichtes.
170 O ihr Menschen, der Gesandte ist von eurem Herrn mit der Wahrheit zu euch gekommen. So glaubt, das ist besser für euch. Wenn ihr ungläubig bleibt, so gehört Gott doch (alles), was in den Himmeln und auf der Erde ist. Gott weiß Bescheid und ist weise.

171 O ihr Leute des Buches, übertreibt nicht in eurer Religion und sagt über Gott nur die Wahrheit. Christus Jesus, der Sohn Marias, ist doch nur der Gesandte Gottes und sein Wort, das er zu Maria hinüberbrachte, und ein Geist von Ihm. So glaubt an Gott und seine Gesandten. Und sagt nicht: Drei*. Hört auf, das ist besser für euch. Gott ist doch ein einziger Gott. Gepriesen sei Er und erhaben darüber, daß Er ein Kind habe. Er hat, was in den Himmeln und was auf der Erde ist. Und Gott genügt als Sachwalter.
172 Christus wird es sicher nicht aus Widerwillen ablehnen, Diener Gottes zu sein, und auch nicht die in die Nähe (Gottes) zugelassenen Engel. Wenn einer es aus Widerwillen ablehnt, Ihm zu dienen, und sich hochmütig zeigt, so wird Gott doch sie allesamt zu sich versammeln.
173 Denen nun, die glauben und die guten Werke tun, wird Er ihren Lohn voll erstatten, und Er wird ihnen von seiner Huld noch mehr geben. Diejenigen aber, die Widerwillen zeigen und sich hochmütig verhalten, wird Er mit einer schmerzhaften Pein peinigen. Und sie werden für sich anstelle Gottes weder Freund noch Helfer finden.

174 O ihr Menschen, gekommen ist nunmehr zu euch ein Beweis von eurem Herrn. Und Wir haben zu euch ein offenkundiges Licht hinabgesandt.
175 Diejenigen nun, die an Gott glauben und an Ihm festhalten, wird Er in seine Barmherzigkeit und Huld eingehen lassen und auf einem geraden Weg zu sich führen.

176 Sie fragen dich um Rechtsauskunft. Sprich: Gott gibt euch eine Rechtsauskunft über die seitliche Verwandtschaft*. Wenn jemand stirbt, ohne ein Kind zu haben, und er eine Schwester

171: D. h. drei Götter.
176: Ergänzung zu den Bestimmungen vom Vers 4,12.

hat, dann steht ihr die Hälfte dessen, was er hinterläßt, zu. Und er beerbt sie, wenn sie kein Kind hat. Wenn es zwei (Schwestern) sind, stehen ihnen zwei Drittel dessen, was er hinterläßt, zu. Wenn es Geschwister sind, Männer und Frauen, dann steht dem männlichen Geschwister soviel wie der Anteil von zwei weiblichen zu. Gott macht es euch deutlich, damit ihr nicht irregeht. Und Gott weiß über alle Dinge Bescheid.

Sure 5

Der Tisch (al-Māʾida)

zu Medina, 120 Verse

Im Namen Gottes, des Erbarmers, des Barmherzigen.
1 O ihr, die ihr glaubt, erfüllt die Verträge. Erlaubt ist euch das [11½]
Herdenvieh außer dem, was euch bekanntgemacht wird; und ihr
sollt, während ihr im Weihezustand* seid, das Jagdwild nicht für
erlaubt halten. Gott entscheidet, was Er will. 2 O ihr, die ihr
glaubt, verletzt den sakralen Charakter weder der Kultzeichen
Gottes noch des heiligen Monats, noch der Opfertiere und der
Halsgehänge* noch derer, die sich zum heiligen Haus begeben im
Streben nach Huld und Wohlgefallen von ihrem Herrn. Wenn
ihr den Weihezustand abgelegt habt, dann dürft ihr jagen. Und
der Haß gegen bestimmte Leute, weil sie euch von der heiligen
Moschee abgewiesen haben, soll euch nicht dazu verleiten, Übertretungen zu begehen. Helft einander zur Frömmigkeit und
Gottesfurcht, und helft einander nicht zur Sünde und Übertretung. Und fürchtet Gott. Gott verhängt eine harte Strafe. 3 Ver-
boten ist euch Verendetes, Blut, Schweinefleisch und das, worüber ein anderer als Gott angerufen worden ist, und Ersticktes,

1: während der Wallfahrt nach Mekka.
2: die als Kennzeichen für die Opfertiere dienen.

Erschlagenes, Gestürztes, Gestoßenes und das, was ein wildes Tier angefressen hat – ausgenommen das, was ihr schächtet –, und das, was auf Opfersteinen geschlachtet worden ist. Und (verboten ist) auch, daß ihr mit Pfeilen das Los werft. Das ist Frevel. Heute sind diejenigen, die ungläubig sind, an eurer Religion verzweifelt, so fürchtet sie nicht, sondern fürchtet Mich. Heute habe Ich euch eure Religion vervollkommnet und meine Gnade an euch vollendet, und Ich habe daran Gefallen, daß der Islam eure Religion sei. Wenn aber einer aus Hunger gezwungen wird, ohne zu einer Sünde hinzuneigen, so ist Gott voller Vergebung und barmherzig. 4 Sie fragen dich, was ihnen erlaubt ist. Sprich: Erlaubt sind euch die köstlichen Dinge. Wenn ihr Jagdtiere abrichtet, indem ihr sie von dem lehrt, was Gott euch gelehrt hat, dann eßt von dem, was sie für euch fassen, und erwähnt den Namen Gottes darüber. Und fürchtet Gott. Gott ist schnell im Abrechnen.

5 Heute sind euch die köstlichen Dinge erlaubt. Die Speise derer, denen das Buch zugekommen ist, ist euch erlaubt, und eure Speise ist ihnen erlaubt. Erlaubt sind auch die unter Schutz gestellten gläubigen Frauen und die unter Schutz gestellten Frauen aus den Reihen derer, denen vor euch das Buch zugekommen ist, wenn ihr ihnen ihren Lohn zukommen laßt und mit ihnen in der Absicht lebt, (sie) unter Schutz zu stellen, nicht Unzucht zu treiben und sie nicht als heimliche Konkubinen zu nehmen. Und wer den Glauben leugnet, dessen Werk ist wertlos, und im Jenseits gehört er zu den Verlierern.

6 O ihr, die ihr glaubt, wenn ihr euch zum Gebet hinstellt, so wascht (vorher) euer Gesicht und eure Hände bis zu den Ellbogen und streicht euch über den Kopf, und (wascht) eure Füße bis zu den Knöcheln. Und wenn ihr sexuell verunreinigt seid, dann reinigt euch. Und wenn ihr krank oder auf Reisen seid, oder wenn einer von euch vom Abort kommt, oder wenn ihr die Frauen berührt habt und ihr kein Wasser findet, dann sucht einen sauberen Boden und streicht euch davon über das Gesicht und die Hände*. Gott will euch keine Bedrängnis auferlegen,

6: Vgl. 4,43.

sondern Er will euch rein machen und seine Gnade an euch
vollenden, auf daß ihr dankbar seid. 7 Und gedenket der Gnade
Gottes zu euch und der Verpflichtung, durch die Er euch gebun-
den hat, als ihr sagtet: »Wir hören und wir gehorchen.« Und
fürchtet Gott. Gott weiß über das innere Geheimnis Bescheid.
8 O ihr, die ihr glaubt, tretet für Gott ein und legt Zeugnis für die
Gerechtigkeit ab. Und der Haß gegen bestimmte Leute soll euch
nicht dazu verleiten, nicht gerecht zu sein. Seid gerecht, das
entspricht eher der Gottesfurcht. Und fürchtet Gott. Gott hat
Kenntnis von dem, was ihr tut. 9 Gott hat denen, die glauben und
die guten Werke tun, versprochen: Bestimmt ist für sie Verge-
bung und großartiger Lohn. 10 Und diejenigen, die nicht glauben
und unsere Zeichen für Lüge erklären, das sind die Gefährten der
Hölle. 11 O ihr, die ihr glaubt, gedenket der Gnade Gottes zu
euch, als gewisse Leute im Begriff waren, ihre Hände nach euch
auszustrecken, und Er ihre Hände von euch zurückhielt. Und
fürchtet Gott. Auf Gott sollen die Gläubigen vertrauen.
*12 Gott nahm die Verpflichtung der Kinder Israels entgegen. [11¾]
Und Wir ließen aus ihren Reihen zwölf Vorgesetzte auftreten.
Und Gott sprach: »Ich bin mit euch. Wenn ihr das Gebet
verrichtet und die Abgabe entrichtet, an meine Gesandten glaubt
und ihnen beisteht und Gott ein schönes Darlehn leiht, werde Ich
euch eure Missetaten sühnen, und Ich werde euch in Gärten
eingehen lassen, unter denen Bäche fließen. Wer von euch
hierauf ungläubig wird, der ist vom rechten Weg abgeirrt.« 13
Weil sie aber ihre Verpflichtung brachen, haben Wir sie verflucht
und ihre Herzen verstockt gemacht. Sie entstellen den Sinn der
Worte. Und sie vergaßen einen Teil von dem, womit sie ermahnt
worden waren. Und du wirst immer wieder Verrat von ihrer
Seite erfahren – bis auf wenige von ihnen. Aber verzeih ihnen
und laß es ihnen nach. Gott liebt die Rechtschaffenen. 14 Und
von denen, die sagen: »Wir sind Christen«, nahmen Wir ihre
Verpflichtung entgegen. Sie vergaßen einen Teil von dem, womit
sie ermahnt worden waren. So erregten Wir unter ihnen Feind-
schaft und Haß bis zum Tag der Auferstehung. Gott wird ihnen
kundtun, was sie zu machen pflegten.
15 O ihr Leute des Buches, unser Gesandter ist nunmehr zu euch

gekommen, um euch vieles von dem, was ihr vom Buch geheimgehalten habt, deutlich zu machen und um vieles zu übergehen. Gekommen ist zu euch von Gott ein Licht und ein offenkundiges
Buch, 16 mit dem Gott diejenigen, die seinem Wohlgefallen nachgehen, die Wege des Friedens leitet und sie aus den Finsternissen ins Licht herausbringt mit seiner Erlaubnis; und Er leitet
sie zu einem geraden Weg. 17 Ungläubig sind gewiß diejenigen, die sagen: »Gott ist Christus, der Sohn Marias.« Sprich: Wer vermag denn gegen Gott überhaupt etwas auszurichten, wenn Er Christus, den Sohn Marias, und seine Mutter und diejenigen, die auf der Erde sind, allesamt verderben lassen will? Gott gehört die Königsherrschaft der Himmel und der Erde und dessen, was dazwischen ist. Er erschafft, was Er will. Und Gott hat Macht zu
allen Dingen. 18 Die Juden und die Christen sagen: »Wir sind die Söhne Gottes und seine Lieblinge.« Sprich: Warum peinigt Er euch dann für eure Sünden? Nein, ihr seid Menschen von denen, die Er erschaffen hat. Er vergibt, wem Er will, und Er peinigt, wen Er will. Und Gott gehört die Königsherrschaft der Himmel und der Erde und dessen, was dazwischen ist. Zu Ihm führt der
Lebensweg. 19 O ihr Leute des Buches, unser Gesandter ist nunmehr zu euch gekommen, um euch in einer Zeit, in der die Propheten ausgeblieben sind, Klarheit zu bringen, damit ihr nicht sagt: »Zu uns ist kein Freudenbote und kein Warner gekommen.« Zu euch ist ein Freudenbote und ein Warner gekommen. Und Gott hat Macht zu allen Dingen.

20 Und als Mose zu seinem Volk sagte: »Mein Volk, gedenket der Gnade Gottes zu euch, als Er in eurer Mitte Propheten einsetzte und euch zu Königen machte und euch zukommen ließ, was Er niemandem von den Weltenbewohnern hat zukommen
lassen. 21 O mein Volk, tretet in das heilige Land ein, das Gott euch bestimmt hat. Und kehrt nicht den Rücken, sonst würdet
ihr als Verlierer umkehren.« 22 Sie sagten: »O Mose, in ihm sind gewaltige Leute. Wir werden es nie betreten, solange sie nicht aus ihm herausgehen. Wenn sie aus ihm herausgehen,
dann treten wir ein.« 23 Zwei Männer von den Gottesfürchtigen, welche Gott begnadet hatte, sagten: »Tretet durch das Tor gegen sie ein; wenn ihr dadurch eintretet, werdet ihr Sieger sein. Und

auf Gott sollt ihr vertrauen, so ihr Gläubige seid*.« 24 Sie sagten: »O Mose, wir werden es nie und nimmer betreten, solange sie darin sind. Geh du und dein Herr und kämpft. Wir bleiben hier sitzen.« 25 Er sagte: »Mein Herr, ich habe nur mich selbst und meinen Bruder. So scheide uns von den frevlerischen Leuten.« 26 Er sprach: »Verwehrt sei es ihnen vierzig Jahre, in denen sie auf der Erde umherziehen. So sei nicht betrübt über die frevlerischen Leute.«

*27 Und verlies ihnen den Bericht über die zwei Söhne Adams [12]
der Wahrheit entsprechend. Als sie ein Opfer darbrachten. Es wurde von dem einen angenommen und von dem anderen nicht angenommen. Der sagte: »Ich schlage dich tot.« Er sagte: »Gott nimmt es an nur von den Gottesfürchtigen. 28 Auch wenn du deine Hand nach mir ausstreckst, um mich zu töten, so werde ich meine Hand nicht nach dir ausstrecken, um dich zu töten. Ich fürchte Gott, den Herrn der Welten. 29 Ich will, daß du meine Sünde und deine Sünde auf dich lädst und so zu den Gefährten des Feuers gehörst. Das ist die Vergeltung für die, die Unrecht tun.« 30 Seine Seele machte ihn willig, seinen Bruder zu töten. Er tötete ihn und wurde einer der Verlierer. 31 Gott schickte einen Raben, der in der Erde scharrte, um ihm zu zeigen, wie er die Leiche seines Bruders bedecken könne. Er sagte: »Wehe mir! Bin ich nicht fähig, wie dieser Rabe zu sein und die Leiche meines Bruders zu bedecken?« So wurde er einer von denen, die bereuen. 32 Aus diesem Grund haben Wir den Kindern Israels vorgeschrieben: Wenn einer jemanden tötet, jedoch nicht wegen eines Mordes oder weil er auf der Erde Unheil stiftet, so ist es*, als hätte er die Menschen alle getötet. Und wenn jemand ihn am Leben erhält, so ist es, als hätte er die Menschen alle am Leben erhalten. Unsere Gesandten kamen zu ihnen mit den deutlichen Zeichen. Aber viele von ihnen verhalten sich nach alledem maßlos auf der Erde. 33 Die Vergeltung für die, die gegen Gott und seinen Gesandten Krieg führen und auf der Erde umherrei-

23: Vgl. Bibel: Numeri 13,30; 14,6–9.24.38.

32: Oder: so soll es sein, als ...: und zwar im Hinblick auf die Bestrafung.

sen, um Unheil zu stiften, soll dies sein, daß sie getötet oder
gekreuzigt werden, oder daß ihnen Hände und Füße wechselsei-
tig abgehackt werden, oder daß sie aus dem Land verbannt
werden. Das ist für sie eine Schande im Diesseits, und im Jenseits
ist für sie eine gewaltige Pein bestimmt, 34 außer denen, die
umkehren, bevor ihr euch ihrer bemächtigt. Und wißt, daß Gott
voller Vergebung und barmherzig ist. 35 O ihr, die ihr glaubt,
fürchtet Gott und sucht ein Mittel, zu Ihm zu gelangen, und setzt
euch auf seinem Weg ein, auf daß es euch wohl ergehe. 36 Wenn
diejenigen, die ungläubig sind, alles hätten, was auf der Erde ist,
und noch einmal das gleiche dazu, um sich damit von der Pein des
Tages der Auferstehung loszukaufen, es würde nicht von ihnen
angenommen werden. Und bestimmt ist für sie eine schmerz-
hafte Pein. 37 Sie wollen aus dem Feuer herauskommen. Sie
können aber nicht aus ihm herauskommen. Und bestimmt ist für
sie eine beständige Pein.

38 Und hackt dem Dieb und der Diebin die Hände ab zur
Vergeltung für das, was sie erworben haben, dies als abschrek-
kende Strafe von seiten Gottes. Und Gott ist mächtig und weise.
39 Wenn aber einer, nachdem er Unrecht getan hat, umkehrt und
Besserung zeigt, wird Gott sich gewiß ihm zuwenden. Gott ist ja
voller Vergebung und barmherzig. 40 Weißt du nicht, daß Gott
die Königsherrschaft der Himmel und der Erde gehört? Er pei-
nigt, wen Er will, und Er vergibt, wem Er will. Und Gott hat
Macht zu allen Dingen.

[12¼] * 41 O Gesandter, laß dich nicht durch die betrüben, die im
Unglauben miteinander wetteifern, aus den Reihen derer, die mit
dem Mund sagen: »Wir glauben«, während ihre Herzen nicht
glauben. Unter denen, die Juden sind, gibt es welche, die auf
Lügen hören und auf andere Leute*, die nicht zu dir gekommen
sind, hören. Sie entstellen den Sinn der Worte und sagen:
»Wenn euch dies gebracht wird, nehmt es an; wenn es euch aber
nicht gebracht wird, dann seid auf der Hut.« Wen Gott der
Versuchung preisgeben will, für den vermagst du gegen Gott

41: Oder: nicht glauben, und aus den Reihen derer, die Juden sind. Sie hören auf Lügen, und sie hören auf andere Leute …

überhaupt nichts auszurichten. Das sind die, deren Herzen Gott nicht rein machen will. Bestimmt ist für sie im Diesseits Schande und im Jenseits eine gewaltige Pein.
42 Sie hören auf Lügen, und sie verzehren unrechtmäßig erworbenes Gut. Wenn sie zu dir kommen, so urteile zwischen ihnen oder wende dich von ihnen ab. Wenn du dich von ihnen abwendest, werden sie dir nichts schaden; wenn du urteilst, dann urteile zwischen ihnen nach Gerechtigkeit. Gott liebt die, die gerecht handeln.
43 Wie können sie dich zum Schiedsrichter machen, wo sie doch die Tora besitzen, in der das Urteil Gottes enthalten ist, und sich hierauf nach alledem abkehren? Diese sind keine (richtigen) Gläubigen.
44 Wir haben die Tora hinabgesandt, in der Rechtleitung und Licht enthalten sind, damit die Propheten, die gottergeben waren, für die, die Juden sind, (danach) urteilen, und so auch die Rabbiner und die Gelehrten, aufgrund dessen, was ihnen vom Buche Gottes anvertraut wurde und worüber sie Zeugen waren. So fürchtet nicht die Menschen, sondern fürchtet Mich. Und verkauft nicht meine Zeichen für einen geringen Preis. Diejenigen, die nicht nach dem urteilen, was Gott herabgesandt hat, das sind die Ungläubigen.
45 Und wir haben ihnen darin* vorgeschrieben: Leben um Leben, Auge um Auge, Nase um Nase, Ohr um Ohr, Zahn um Zahn; und auch für Verwundungen gilt die Wiedervergeltung. Wer aber dies als Almosen erläßt, dem ist es eine Sühne. Diejenigen, die nicht nach dem urteilen, was Gott herabgesandt hat, das sind die, die Unrecht tun.
46 Und Wir ließen nach ihnen Jesus, den Sohn Marias, folgen, damit er bestätige, was von der Tora vor ihm vorhanden war. Und Wir ließen ihm das Evangelium zukommen, das Rechtleitung und Licht enthält und das bestätigt, was von der Tora vor ihm vorhanden war, und als Rechtleitung und Ermahnung für die Gottesfürchtigen.
47 Die Leute des Evangeliums sollen nach dem urteilen, was Gott darin herabgesandt hat. Und diejenigen, die nicht nach dem urteilen, was Gott herabgesandt hat, das sind die Frevler.

45: Vgl. Bibel: Exodus 21,23–25; Levitikus 24,19–20; Deuteronomium 19,21.

48 Und Wir haben zu dir das Buch mit der Wahrheit hinabge-
sandt, damit es bestätige, was vom Buch vor ihm vorhanden war,
und alles, was darin steht, fest in der Hand habe. Urteile nun
zwischen ihnen nach dem, was Gott herabgesandt hat, und folge
nicht ihren Neigungen, damit du nicht von dem abweichst, was
von der Wahrheit zu dir gekommen ist. Für jeden von euch
haben Wir eine Richtung und einen Weg festgelegt. Und wenn
Gott gewollt hätte, hätte Er euch zu einer einzigen Gemeinschaft
gemacht. Doch will Er euch prüfen in dem, was Er euch hat
zukommen lassen. So eilt zu den guten Dingen um die Wette. Zu
Gott werdet ihr allesamt zurückkehren, dann wird Er euch
kundtun, worüber ihr uneins waret. 49 Und urteile zwischen
ihnen nach dem, was Gott herabgesandt hat, und folge nicht
ihren Neigungen. Und hüte dich vor ihnen, daß sie dich nicht
verführen und abweichen lassen von einem Teil dessen, was Wir
zu dir hinabgesandt haben. Wenn sie sich abkehren, so wisse, daß
Gott sie wegen eines Teiles ihrer Sünden treffen will. Und gewiß
sind viele von den Menschen Frevler. 50 Wünschen sie etwa die
Urteilsnorm der Zeit der Unwissenheit? Wer hat denn eine
bessere Urteilsnorm als Gott für Leute, die Gewißheit hegen?
[12½] *51 O ihr, die ihr glaubt, nehmt euch nicht die Juden und die
Christen zu Freunden. Sie sind untereinander Freunde. Wer von
euch sie zu Freunden nimmt, gehört zu ihnen. Gott leitet
ungerechte Leute gewiß nicht recht. 52 Und du siehst, daß
diejenigen, in deren Herzen Krankheit ist, sich eilig um sie
bemühen; sie sagen: »Wir fürchten, daß uns eine Schicksals-
wende trifft.« Möge Gott den Erfolg oder einen Befehl von sich
her bringen, so daß sie bereuen, was sie in ihrem Inneren
geheimhalten! 53 Und diejenigen, die glauben, werden sagen:
»Sind das die, die bei Gott ihren eifrigsten Eid geschworen haben,
sie seien auf eurer Seite?« Ihre Werke sind wertlos, so daß sie
nun zu Verlierern geworden sind*.
54 O ihr, die ihr glaubt, wenn einer von euch von seiner Religion
abfällt, so wird Gott (anstelle der Abgefallenen) Leute bringen,

53: Dieser Satz kann auch zu den Worten der Gläubigen gezählt werden.

die Er liebt und die Ihn lieben, die den Gläubigen gegenüber sich
umgänglich zeigen, den Ungläubigen gegenüber aber mit Kraft
auftreten, die sich auf dem Weg Gottes einsetzen und den Tadel
des Tadelnden nicht fürchten. Das ist die Huld Gottes; Er läßt sie
zukommen, wem Er will. Gott umfaßt und weiß alles. 55 Euer
Freund ist Gott, und sein Gesandter, und auch diejenigen, die
glauben, die das Gebet verrichten und die Abgabe entrichten,
während sie sich verneigen. 56 Wer sich Gott und seinen
Gesandten und diejenigen, die glauben, zu Freunden nimmt
(gehört zu ihnen): Die Partei Gottes sind die Obsiegenden. 57
O ihr, die ihr glaubt, nehmt euch aus den Reihen derer, denen
das Buch vor euch zugekommen ist, nicht diejenigen, die eure
Religion zum Gegenstand von Spott und Spiel nehmen, und auch
nicht die Ungläubigen zu Freunden. Und fürchtet Gott, so ihr
gläubig seid. 58 Wenn ihr zum Gebet ruft, nehmen sie es zum
Gegenstand von Spott und Spiel. Dies, weil sie Leute sind, die
keinen Verstand haben.
59 Sprich: O ihr Leute des Buches, was anderes läßt euch uns
grollen, als daß wir an Gott glauben und an das, was zu uns
herabgesandt wurde, und das, was zuvor herabgesandt wurde,
und daß die meisten von euch Frevler sind? 60 Sprich: Soll ich
euch kundtun, was schlimmer ist als dies in bezug auf die
Belohnung bei Gott? Diejenigen, die Gott verflucht hat und
denen Er zürnt und aus deren Reihen Er einige zu Affen* und
Schweinen gemacht hat, und die den Götzen dienen, diese befin-
den sich in einer schlimmeren Lage und sind vom rechten Weg
weiter abgeirrt. 61 Und wenn sie zu euch kommen, sagen sie:
»Wir glauben.« Aber sie treten als Ungläubige ein und gehen als
solche hinaus. Und Gott weiß besser Bescheid über das, was sie
verschweigen. 62 Und du siehst, daß viele von ihnen in Sünde
und Übertretung und im Verzehren des unrechtmäßig Erworbe-
nen wetteifern. Schlimm ist das, was sie zu tun pflegen. 63
Würden doch die Rabbiner und die Gelehrten ihnen die sündhaf-
ten Aussagen und das Verzehren des unrechtmäßig Erworbenen
verbieten! Ja, schlimm ist das, was sie zu machen pflegen.

60: Vgl. 2,65; 7,166.

64 Und die Juden sagen: »Die Hand Gottes ist gefesselt.« Ihre
Hände seien gefesselt und sie seien verflucht für das, was sie
sagen! Nein, seine Hände sind ausgebreitet, und Er spendet, wie
Er will. Und was zu dir von deinem Herrn herabgesandt wurde,
wird sicher bei vielen von ihnen das Übermaß ihres Frevels und
den Unglauben noch mehren. Und Wir erregten unter ihnen
Feindschaft und Haß bis zum Tag der Auferstehung. Sooft sie ein
Feuer zum Krieg entfachen, löscht Gott es aus. Und sie reisen auf
der Erde umher, um Unheil zu stiften. Gott liebt die Unheilstifter
nicht. 65 Würden die Leute des Buches glauben und gottesfürch-
tig sein, Wir würden ihnen ihre Missetaten sühnen und sie in die
Gärten der Wonne eingehen lassen. 66 Und würden sie die Tora
und das Evangelium und das, was zu ihnen von ihrem Herrn
herabgesandt wurde, einhalten, sie würden von oben und unter
ihren Füßen zu essen bekommen. Unter ihnen gibt es eine
Gemeinde mit maßvollem Wandel. Was aber viele von ihnen
betrifft, so ist schlimm, was sie tun.

[12¾] *67 O Gesandter, richte aus, was zu dir von deinem Herrn
herabgesandt wurde. Wenn du es nicht tust, dann hast du deine
Botschaft nicht ausgerichtet. Gott schützt dich vor den Men-
schen. Gott leitet gewiß die ungläubigen Leute nicht recht. 68
Sprich: O ihr Leute des Buches, ihr entbehrt jeder Grundlage, bis
ihr die Tora und das Evangelium und das, was zu euch von eurem
Herrn herabgesandt wurde, einhaltet. Und was von deinem
Herrn zu dir herabgesandt wurde, wird sicher bei vielen von
ihnen das Übermaß ihres Frevels und den Unglauben noch
mehren. So sei nicht betrübt über die ungläubigen Leute.

69 Diejenigen, die glauben, und diejenigen, die Juden sind, und
die Ṣābier* und die Christen, all die, die an Gott und an den
Jüngsten Tag glauben und Gutes tun, haben nichts zu befürch-
ten, und sie werden nicht traurig sein.

70 Und Wir nahmen die Verpflichtung der Kinder Israels ent-
gegen und entsandten ihnen Gesandte. Jedesmal, wenn ihnen ein
Gesandter etwas brachte, was sie nicht mochten, ziehen sie einen
Teil (von ihnen) der Lüge und töteten einen (anderen) Teil.

69: Vgl. Anmerkung zu 2,62.

71 Und sie meinten, es käme keine Versuchung. Sie waren blind
und taub. Hierauf wandte sich Gott ihnen gnädig zu. Dann
wurden sie (wieder) blind und taub, und zwar viele von ihnen.
Und Gott sieht wohl, was sie tun.
72 Ungläubig sind diejenigen, die sagen: »Gott ist Christus, der
Sohn Marias«, wo doch Christus gesagt hat: »O ihr Kinder
Israels, dienet Gott, meinem Herrn und eurem Herrn.« Wer Gott
(andere) beigesellt, dem verwehrt Gott das Paradies. Seine Heim-
stätte ist das Feuer. Und die, die Unrecht tun, werden keine
Helfer haben. 73 Ungläubig sind diejenigen, die sagen: »Gott ist
der Dritte von dreien«, wo es doch keinen Gott gibt außer einem
einzigen Gott. Wenn sie mit dem, was sie sagen, nicht aufhören,
so wird diejenigen von ihnen, die ungläubig sind, eine schmerz-
hafte Pein treffen. 74 Wollen sie sich denn nicht reumütig Gott
zuwenden und Ihn um Vergebung bitten? Gott ist voller Verge-
bung und barmherzig. 75 Christus, der Sohn Marias, ist nichts
anderes als ein Gesandter; vor ihm sind etliche Gesandte dahin-
gegangen. Seine Mutter ist eine Wahrhaftige. Beide pflegten,
Speise zu essen. Siehe, wie Wir ihnen die Zeichen deutlich
machen, und dann siehe, wie sie sich abwenden lassen. 76 Sprich:
Wie könnt ihr anstelle Gottes dem dienen, was euch weder
Schaden noch Nutzen bringen kann? Und Gott ist der, der alles
hört und weiß. 77 Sprich: O ihr Leute des Buches, übertreibt
nicht in eurer Religion über die Wahrheit hinaus und folgt nicht
den Neigungen von Leuten, die früher irregegangen sind und
viele irregeführt haben und vom rechten Weg abgeirrt sind.
78 Verflucht wurden diejenigen von den Kindern Israels, die
ungläubig waren, durch den Mund Davids und Jesu, des Sohnes
Marias. Dies dafür, daß sie ungehorsam waren und immer
wieder Übertretungen begingen. 79 Sie pflegten nicht einander
das Verwerfliche, das sie taten, zu verbieten. Schlimm ist, was sie
zu tun pflegten. 80 Du siehst viele von ihnen die Ungläubigen zu
Freunden nehmen. Schlimm ist das, was sie sich selbst vorausge-
schickt haben, so daß Gott ihnen grollt; und sie werden in der
Pein ewig weilen. 81 Würden sie an Gott und den Propheten und
an das, was zu ihm herabgesandt wurde, glauben, hätten sie sie
nicht zu Freunden genommen. Aber viele von ihnen sind Frevler.

7. Teil *82 Du wirst sicher finden, daß unter den Menschen diejenigen,
[13] die den Gläubigen am stärksten Feindschaft zeigen, die Juden und
die Polytheisten sind. Und du wirst sicher finden, daß unter
ihnen diejenigen, die den Gläubigen in Liebe am nächsten stehen,
die sind, welche sagen: »Wir sind Christen.« Dies deshalb, weil
es unter ihnen Priester und Mönche gibt und weil sie nicht
hochmütig sind. 83 Wenn sie hören, was zu dem Gesandten
herabgesandt wurde, siehst du ihre Augen von Tränen überflie-
ßen wegen dessen, was sie nun von der Wahrheit kennen. Sie
sagen: »Unser Herr, wir glauben. Verzeichne uns unter den
Zeugen. 84 Warum sollten wir nicht an Gott glauben und an das,
was von der Wahrheit zu uns gekommen ist, und nicht erhoffen,
daß unser Herr uns Eingang gewährt mit den rechtschaffenen
Leuten?« 85 Nun belohnt sie Gott für das, was sie gesagt haben
mit Gärten, unter denen Bäche fließen; darin werden sie ewig
weilen. Dies ist die Entlohnung der Rechtschaffenen. 86 Diejeni-
gen, die ungläubig sind und unsere Zeichen für Lüge erklären,
das sind die Gefährten der Hölle.

87 O ihr, die ihr glaubt, erklärt nicht für verboten die köstlichen
Dinge, die Gott euch erlaubt hat, und begeht keine Übertretun-
gen. Gott liebt die nicht, die Übertretungen begehen. 88 Und eßt
von dem, was Gott euch beschert hat, so es erlaubt und köstlich
ist. Und fürchtet Gott, an den ihr eben glaubt. 89 Gott belangt
euch nicht wegen unbedachter Rede in euren Eiden. Aber Er
belangt euch, wenn ihr euch in den Eiden fest bindet*. Die Sühne
dafür besteht darin, zehn Bedürftige mit dem zu beköstigen,
womit ihr sonst eure Angehörigen beköstigt, oder sie zu kleiden
oder einen Sklaven freizulassen. Wer es nicht vermag, der soll
drei Tage fasten. Das ist die Sühne für eure Eide, wenn ihr
schwört. Und haltet eure Eide. So macht Gott euch seine Zeichen
deutlich, auf daß ihr dankbar seid.

90 O ihr, die ihr glaubt, der Wein, das Glücksspiel, die Opfer-
steine und die Lospfeile sind ein Greuel von Satans Werk. Meidet
es, auf das es euch wohl ergehe. 91 Der Satan will ja durch Wein

89: und sie dennoch nicht haltet.

und Glücksspiel Feindschaft und Haß zwischen euch erregen und
euch vom Gedenken Gottes und vom Gebet abbringen. Werdet
ihr wohl nun aufhören? 92 Und gehorchet Gott und gehorchet
dem Gesandten, und seid auf der Hut. Wenn ihr euch abkehrt, so
wißt, unserem Gesandten obliegt nur die deutliche Ausrichtung
(der Botschaft). 93 Diejenigen, die glauben und die guten Werke
tun, begehen im Hinblick auf das, was sie essen, kein Vergehen,
wenn sie nur gottesfürchtig sind und glauben und die guten
Werke tun, und weiter gottesfürchtig sind und glauben, und
dann auch gottesfürchtig und rechtschaffen sind. Und Gott liebt
die Rechtschaffenen.

94 O ihr, die ihr glaubt, Gott wird euch prüfen im Hinblick auf
das Jagdwild, das eure Hände und eure Lanzen treffen, damit
Gott feststellt, wer Ihn im Verborgenen fürchtet. Wer danach
Übertretungen begeht, für den ist eine schmerzhafte Pein
bestimmt. 95 O ihr, die ihr glaubt, tötet nicht das Jagdwild,
während ihr im Weihezustand seid*. Wer es von euch vorsätzlich
tötet, hat als Auflage ein Stück Vieh abzugeben, gleich dem, was
er getötet hat – darüber sollen zwei gerechte Leute von euch
urteilen –, dies als Opfertier, das die Ka`ba erreichen soll. Oder
er hat als Sühne Bedürftige zu speisen oder das Entsprechende an
Fasten zu leisten. (Dies,) damit er die schweren Folgen seines
Verhaltens kostet. Gott verzeiht, was vorher geschah. Wer es
aber wieder tut, an dem rächt sich Gott. Und Gott ist mächtig
und übt Rache. 96 Erlaubt ist euch, die Tiere des Meeres zu jagen
und sie zu essen zum Nutzen für euch und für die Reisenden,
aber verboten ist euch, die Tiere des Festlandes zu jagen, während
ihr im Weihezustand seid. Und fürchtet Gott, zu dem ihr versammelt werdet.

*97 Gott hat die Ka`ba, das heilige Haus, für die Menschen zum [13¼]
Erfüllungsort ihrer Kulthandlungen* gemacht, sowie den heiligen Monat, die Opfertiere und die Halsgehänge. Dies, damit ihr
wißt, daß Gott weiß, was in den Himmeln und was auf der Erde

95: Vgl. 5,1.

97: Wörtlich: Ort, wo sie sich hinstellen (zum Gebet und zur Erfüllung weiterer Kultpflichten).

ist, und daß Gott über alle Dinge Bescheid weiß. 98 Wißt, Gott verhängt eine harte Strafe, und Gott ist voller Vergebung und barmherzig. 99 Dem Gesandten obliegt nur die Ausrichtung (der Botschaft). Und Gott weiß, was ihr offenlegt und was ihr verschweigt. 100 Sprich: Nicht gleich sind das Verdorbene und das Köstliche, auch wenn die Menge des Verdorbenen dir gefallen sollte. So fürchtet Gott, ihr Einsichtigen, auf daß es euch wohl ergehe.

101 O ihr, die ihr glaubt, fragt nicht nach Dingen, die, wenn sie euch offengelegt würden, euch weh täten, und die, wenn ihr zu der Zeit, da der Koran herabgesandt wird, danach fragt, euch offengelegt werden. Gott hat sie übergangen. Und Gott ist voller Vergebung und mild. 102 Danach haben Leute vor euch gefragt, und dann haben sie sie verleugnet. 103 Gott hat keine Vorschriften festgelegt* in bezug auf ohrgeschlitzte oder freiweidende Kamelstuten oder auf Schafe, die weiblichen Nachwuchs nacheinander werfen, oder auf Kamelhengste, die (dank ihrer Leistung) ihren Rücken (vor Traglast) schützen. Aber diejenigen, die ungläubig sind, erdichten Lügen gegen Gott, und die meisten von ihnen haben keinen Verstand. 104 Und wenn ihnen gesagt wird: »Kommt her zu dem, was Gott herabgesandt hat, und zum Gesandten«, sagen sie: »Uns genügt, was wir bei unseren Vätern vorgefunden haben.« Was denn, auch wenn ihre Väter nichts gewußt haben und der Rechtleitung nicht gefolgt sind? 105 O ihr, die ihr glaubt, kümmert euch um euch selbst. Wer abirrt, kann euch nicht schaden, wenn ihr der Rechtleitung folgt. Zu Gott ist eure Heimkehr allesamt. Dann wird Er euch kundtun, was ihr zu tun pflegtet.

106 O ihr, die ihr glaubt, wenn einer von euch im Sterben liegt und sein Testament machen will, so soll das Zeugnis unter euch erfolgen durch zwei gerechte Leute von euch – oder durch zwei andere, die nicht von euch sind, wenn ihr im Land umherwandert und euch das Todesunglück trifft. Ihr sollt sie nach dem Gebet festhalten, und sie sollen dann, wenn ihr Zweifel habt, bei Gott

103: so daß solche Tiere als geweiht gelten und daher dem gewöhnlichen Dienst nicht mehr unterzogen werden dürfen.

schwören: »Wir verkaufen es nicht für irgendeinen Preis, auch wenn es sich um einen Verwandten handelt. Und wir verschweigen das Zeugnis Gottes nicht, sonst gehörten wir zu denen, die sich versündigen.« 107 Wenn man entdeckt, daß sie sich einer Sünde schuldig gemacht haben, sollen aus den Reihen derer, gegen die man sich versündigt hat, zwei andere, deren Erbrecht am ehesten feststeht, an ihre Stelle treten und bei Gott schwören: »Unser Zeugnis ist bestimmt wahrhaftiger als deren Zeugnis. Und wir haben keine Übertretung begangen, sonst gehörten wir zu denen, die Unrecht tun.« 108 Das bewirkt eher, daß sie das Zeugnis seinem Inhalt entsprechend vorbringen oder eben fürchten, daß nach ihren Eiden (andere) Eide zugelassen werden. Und fürchtet Gott und hört zu. Gott leitet die frevlerischen Leute nicht recht.

*109 Am Tag, da Gott die Gesandten versammelt und dann [13½]
spricht: »Was wurde euch geantwortet?*« Sie sagen: »Wir haben kein Wissen (davon). Du bist der, der die unsichtbaren Dinge alle weiß.«

110 Und als Gott sprach: »O Jesus, Sohn Marias, gedenke meiner Gnade zu dir und zu deiner Mutter, als Ich dich mit dem Geist der Heiligkeit stärkte, so daß du zu den Menschen in der Wiege und als Erwachsener sprachst; und als Ich dich das Buch, die Weisheit, die Tora und das Evangelium lehrte; und als du aus Ton etwas wie eine Vogelgestalt mit meiner Erlaubnis schufest und dann hineinbliesest und es mit meiner Erlaubnis zu einem Vogel wurde; und als du Blinde und Aussätzige mit meiner Erlaubnis heiltest und Tote mit meiner Erlaubnis herauskommen ließest*; und als Ich die Kinder Israels von dir zurückhielt, als du mit den deutlichen Zeichen zu ihnen kamst, worauf diejenigen von ihnen, die ungläubig waren, sagten: ›Das ist nichts als eine offenkundige Zauberei.‹«

111 Und als Ich den Jüngern offenbarte: »Glaubt an Mich und an meinen Gesandten.« Sie sagten: »Wir glauben. Bezeuge, daß wir gottergeben sind.« 112 Als die Jünger sagten: »O Jesus, Sohn

109: als Reaktion auf eure Verkündigung.
110: Vgl. 3,48–49.

Marias, kann dein Herr uns einen Tisch vom Himmel* herabsenden?« Er sagte: »Fürchtet Gott, so ihr gläubig seid.« 113 Sie sagten: »Wir wollen davon essen, so daß unsere Herzen Ruhe finden und daß wir wissen, daß du uns die Wahrheit gesagt hast, und daß wir zu denen gehören, die darüber Zeugnis geben*.« 114 Jesus, der Sohn Marias, sagte: »O Gott, unser Herr, sende auf uns einen Tisch vom Himmel herab, daß er für uns, für den ersten von uns und den letzten von uns, ein Fest sei, und ein Zeichen von Dir. Und versorge uns. Du bist der beste Versorger.« 115 Gott sprach: »Ich werde ihn auf euch hinabsenden. Wer von euch hernach ungläubig wird, den werde Ich mit einer Pein peinigen, mit der Ich keinen von den Weltenbewohnern peinige.«

116 Und als Gott sprach: »O Jesus, Sohn Marias, warst du es, der zu den Menschen sagte: ›Nehmt euch neben Gott mich und meine Mutter zu Göttern?‹« Er sagte: »Preis sei Dir! Es steht mir nicht zu, etwas zu sagen, wozu ich kein Recht habe. Hätte ich es gesagt, dann wüßtest Du es. Du weißt, was in meinem Inneren ist, ich aber weiß nicht, was in deinem Inneren ist. Du bist der, der die unsichtbaren Dinge alle weiß. 117 Ich habe ihnen nichts anderes gesagt als das, was Du mir befohlen hast, nämlich: ›Dienet Gott, meinem Herrn und eurem Herrn.‹ Ich war Zeuge über sie, solange ich unter ihnen weilte. Als Du mich abberufen hast, warst Du der Wächter über sie. Und Du bist über alle Dinge Zeuge. 118 Wenn Du sie peinigst, so sind sie deine Diener. Wenn Du ihnen vergibst, so bist Du der Mächtige, der Weise.« 119 Gott sprach: »Das ist der Tag, an dem den Wahrhaftigen ihre Wahrhaftigkeit nützen wird. Bestimmt sind für sie Gärten, unter denen Bäche fließen, darin werden sie auf immer ewig weilen. Gott hat Wohlgefallen an ihnen, und sie haben Wohlgefallen an Ihm. Dies ist der großartige Erfolg.« 120 Gott gehört die Königsherrschaft der Himmel und der Erde und dessen, was in ihnen ist. Und Er hat Macht zu allen Dingen.

112: Wird hier andeutungsweise Bezug genommen auf das Abendmahl (Evangelium: Matthäus 26,20–29; Markus 14,17–25; Lukas 22,14–23) oder auch auf die Vision des Apostels Petrus in Joppe (Apostelgeschichte 10,9–16)?

113: über den Tisch und das Zeichen.

Sure 6

Das Vieh (al-An`ām)

zu Mekka, 165 Verse

Im Namen Gottes, des Erbarmers, des Barmherzigen.
1 Lob sei Gott, der die Himmel und die Erde erschaffen und die
Finsternisse und das Licht gemacht hat! Dennoch setzen diejeni-
gen, die ungläubig sind, ihrem Herrn (andere) gleich. 2 Er ist es,
der euch aus Ton erschaffen und dann eine Frist beschlossen hat.
Und eine bestimmte Frist ist bei Ihm festgesetzt. Dennoch
zweifelt ihr daran. 3 Er ist Gott in den Himmeln und auf der
Erde. Er weiß, was ihr geheimhaltet und was ihr offen bekundet,
und Er weiß, was ihr erwerbt.
4 Kein Zeichen von den Zeichen ihres Herrn kommt zu ihnen,
ohne daß sie sich davon abwenden. 5 So erklärten sie die
Wahrheit für Lüge, als sie zu ihnen kam. Aber zu ihnen werden
die Berichte gelangen über das, worüber sie immer wieder
gespottet haben. 6 Haben sie denn nicht gesehen, wie viele
Generationen Wir vor ihnen haben verderben lassen? Wir haben
ihnen auf der Erde eine feste Stellung verliehen, die Wir euch
nicht verliehen haben. Und Wir haben den Himmel über sie
ergiebig regnen lassen und die Bäche unter ihnen fließen lassen.
Aber Wir haben sie für ihre Sünden verderben und nach ihnen
eine andere Generation entstehen lassen.
7 Hätten Wir auf dich ein Buch auf Papyrus hinabgesandt und
würden sie es mit ihren Händen berühren, würden diejenigen,
die ungläubig sind, dennoch sagen: »Dies ist nichts als offenkun-
dige Zauberei.« 8 Und sie sagen: »Wäre ein Engel auf ihn
herabgesandt worden!« Würden Wir einen Engel hinabsenden,
wäre die Angelegenheit dann entschieden, und ihnen wird dann
kein Aufschub gewährt. 9 Auch wenn Wir ihn* zu einem Engel
gemacht hätten, Wir hätten ihn (doch) zu einem Mann gemacht

9: den Zusendenden, d. h.: Wenn Wir beschlossen hätten, einen Engel zum Gesandten zu machen ...

und hätten ihnen (noch weiter) verhüllt, was sie sich ja selbst
verhüllen. 10 Gespottet wurde schon vor dir über Gesandte. Da um-
schloß diejenigen, die sie verhöhnt hatten, das, worüber sie
spotteten. 11 Sprich: Zieht auf der Erde umher und schaut, wie das
Ende derer war, die (die Botschaft) für Lüge erklärt haben.
12 Sprich: Wem gehört, was in den Himmeln und auf der Erde
ist? Sprich: (Es gehört) Gott. Vorgeschrieben hat Er sich selbst
die Barmherzigkeit. Er wird euch zum Tag der Auferstehung
versammeln, an dem kein Zweifel möglich ist. Diejenigen, die
[13¾] sich selbst verloren haben, die glauben eben nicht. *13 Ihm
gehört, was in der Nacht und am Tag besteht*. Er ist der, der
alles hört und weiß. 14 Sprich: Sollte ich mir zum Freund einen
anderen als Gott nehmen, den Schöpfer der Himmel und der
Erde, der Speise gibt und dem niemand Speise geben kann?
Sprich: Mir ist befohlen worden, der erste von denen zu sein, die
gottergeben sind, und: »Sei nicht einer der Polytheisten.« 15
Sprich: Ich fürchte, wenn ich gegen meinen Herrn ungehorsam
bin, die Pein eines gewaltigen Tages. 16 Von wem sie an jenem
Tag abgewehrt wird, dessen hat Er sich erbarmt. Und das ist der
offenkundige Erfolg. 17 Wenn Gott dich einen Schaden erleiden
läßt, so gibt es niemanden, der ihn beheben könnte, außer Ihm.
Und wenn Er dich Gutes erfahren läßt, so hat Er Macht zu allen
Dingen. 18 Er ist der, der bezwingende Macht über seine Diener
besitzt, und Er ist der, der weise ist und Kenntnis von allem hat.
19 Sprich: Was gilt als das größte Zeugnis? Sprich: Gott ist
Zeuge zwischen mir und euch. Dieser Koran ist mir offenbart,
damit ich euch und auch jeden, den er erreicht, durch ihn warne.
Wollt ihr wirklich bezeugen, daß es neben Gott andere Götter
gibt? Sprich: Ich bezeuge (es) nicht. Sprich: Er ist nur ein
einziger Gott, und ich bin unschuldig an dem, was ihr (Ihm)
beigesellt. 20 Diejenigen, denen Wir das Buch zukommen ließen,
kennen es, wie sie ihre Söhne kennen. Diejenigen, die sich selbst
verloren haben, die glauben eben nicht. 21 Und wer ist denn
ungerechter, als wer gegen Gott eine Lüge erdichtet oder seine

13: Wörtlich: wohnt bzw. ruht.

Zeichen für Lüge erklärt? Denen, die Unrecht tun, wird es sicher
nicht wohl ergehen.
22 Und am Tag, da Wir sie alle versammeln. Dann sprechen Wir
zu denen, die Polytheisten waren: Wo sind denn eure Teilhaber,
die ihr immer wieder angegeben habt? 23 Dann wird die Folge
ihrer Verwirrung nur sein, daß sie sagen: »Bei Gott, unserem
Herrn, wir waren keine Polytheisten.« 24 Schau, wie sie sich
selbst belügen und wie ihnen entschwunden ist, was sie zu
erdichten pflegten.
25 Und unter ihnen gibt es welche, die dir zuhören. Aber Wir
haben auf ihre Herzen Hüllen gelegt, so daß sie es nicht begrei-
fen, und in ihre Ohren Schwerhörigkeit. Sie mögen jedes Zei-
chen sehen, sie glauben nicht daran. Und so, wenn sie zu dir
kommen, um mit dir zu streiten, sagen diejenigen, die ungläubig
sind: »Das sind nichts als die Fabeln der Früheren.« 26 Und sie
verwehren es (den Leuten), und sie selbst entfernen sich davon.
Sie bringen nur Verderben über sich selbst, und sie merken es
nicht. 27 Könntest du nur zuschauen, wenn sie vor das Feuer
gestellt werden und sagen: »O würden wir doch zurückgebracht
werden! Wir würden dann nicht die Zeichen unseres Herrn für
Lüge erklären, und wir würden zu den Gläubigen gehören«! 28
Vielmehr ist ihnen klargeworden, was sie früher geheimgehalten
haben. Würden sie zurückgebracht, sie würden zu dem zurück-
kehren, was ihnen verboten wurde. Sie sind ja Lügner. 29 Und
sie sagen: »Es gibt nur unser diesseitiges Leben, und wir werden
nicht auferweckt.« 30 Könntest du nur zuschauen, wenn sie vor
ihren Herrn gestellt werden und Er spricht: »Ist dies nicht die
Wahrheit?« Sie sagen: »Doch, bei unserem Herrn!« Er spricht:
»Kostet nun die Pein dafür, daß ihr ungläubig waret.« 31 Den
Verlust haben diejenigen, die die Begegnung mit Gott für Lüge
erklären, so daß sie, wenn die Stunde plötzlich über sie kommt,
sagen: »O welch ein Bedauern, daß wir sie nicht beachtet
haben!« Sie tragen ihre Lasten auf ihrem Rücken. O schlimm ist
das, was sie da tragen werden! 32 Das diesseitige Leben ist nur
Spiel und Zerstreuung. Die jenseitige Wohnstätte ist gewiß
besser für die, die gottesfürchtig sind. Habt ihr denn keinen
Verstand?

33 Wir wissen wohl, daß dich betrübt, was sie sagen. Aber nicht
dich zeihen sie der Lüge, sondern die, die Unrecht tun, leugnen ja
die Zeichen Gottes. 34 Der Lüge wurden schon vor dir Gesandte
geziehen. Und sie ertrugen es mit Geduld, daß sie der Lüge
geziehen wurden und daß ihnen Leid zugefügt wurde, bis unsere
Unterstützung zu ihnen kam. Niemand wird die Worte Gottes
abändern können. Zu dir ist doch etwas vom Bericht über die
Gesandten gekommen. 35 Und wenn du schwer daran trägst, daß
sie sich abwenden, und wenn du imstande bist, einen Schacht in
die Erde oder eine Leiter in den Himmel zu suchen und ihnen
dann ein Zeichen vorzubringen ...* Wenn Gott gewollt hätte,
hätte Er sie in der Rechtleitung vereint. Sei also nicht einer der
[14] Törichten. *36 Nur jene können antworten, die zuhören. Die
Toten wird Gott auferwecken. Dann werden sie zu Ihm zurück-
gebracht. 37 Und sie sagen: »Wenn doch ein Zeichen von seinem
Herrn auf ihn herabgesandt würde!« Sprich: Gott hat dazu die
Macht, ein Zeichen herabzusenden. Aber die meisten von ihnen
wissen nicht Bescheid.

38 Es gibt keine Tiere auf der Erde und keine Vögel, die mit ihren
Flügeln fliegen, die nicht Gemeinschaften wären gleich euch. Wir
haben im Buch nichts übergangen. Dann werden sie zu ihrem
Herrn versammelt. 39 Und diejenigen, die unsere Zeichen für
Lüge erklären, sind taub, stumm, in Finsternissen. Gott führt
irre, wen Er will, und wen Er will, den bringt Er auf einen
geraden Weg. 40 Sprich: Was meint ihr? Wenn die Pein Gottes
über euch kommt oder die Stunde über euch kommt, werdet ihr
dann andere anrufen als Gott, so ihr die Wahrheit sagt? 41 Nein,
Ihn werdet ihr anrufen. Dann wird Er das beheben, weswegen ihr
(Ihn) anruft, wenn Er will, und ihr werdet vergessen, was ihr
(Ihm) beigesellt.

42 Und Wir haben vor dir zu Gemeinschaften (Gesandte)
geschickt und sie* mit Not und Drangsal heimgesucht, auf daß
sie sich vielleicht demütigen. 43 Hätten sie sich doch gedemütigt,
als unsere Schlagkraft über sie kam! Aber ihre Herzen verhärte-

35: D. h.: dann tu es.

42: die Gemeinschaften.

ten sich, und der Satan machte ihnen verlockend, was sie zu tun pflegten. 44 Und als sie das vergaßen, womit sie ermahnt worden waren, öffneten Wir ihnen die Tore zu allen Dingen. Als sie sich dann über das freuten, was ihnen zuteil wurde, suchten Wir sie plötzlich heim. Da waren sie ganz verzweifelt. 45 So wurde der letzte Rest der Leute, die Unrecht taten, ausgemerzt. Und Lob sei Gott, dem Herrn der Welten! 46 Sprich: Was meint ihr? Wenn Gott euer Gehör und euer Augenlicht fortnähme und euer Herz versiegelte, welcher Gott außer Gott könnte es euch zurückbringen? Schau, wie Wir die Zeichen auf verschiedene Weise darlegen, dennoch kehren sie sich ab. 47 Sprich: Was meint ihr? Wenn die Pein Gottes plötzlich oder offen über euch kommt, wer wird wohl verderben außer den Leuten, die Unrecht tun? 48 Und Wir senden die Gesandten nur als Freudenboten und Warner. Diejenigen nun, die glauben und Besserung bringen, haben nichts zu befürchten, und sie werden nicht traurig sein. 49 Diejenigen aber, die unsere Zeichen für Lüge erklären, wird die Pein treffen dafür, daß sie immer wieder gefrevelt haben.

50 Sprich: Ich sage euch nicht, ich hätte die Vorratskammern Gottes, und ich kenne auch nicht das Unsichtbare. Und ich sage euch nicht, ich sei ein Engel. Ich folge nur dem, was mir offenbart wird. Sprich: Sind etwa der Blinde und der Sehende gleich? Wollt ihr denn nicht nachdenken? 51 Und warne damit diejenigen, die fürchten, zu ihrem Herrn versammelt zu werden – außer Ihm haben sie weder Freund noch Fürsprecher –, auf daß sie gottesfürchtig werden. 52 Und vertreibe diejenigen nicht, die morgens und abends ihren Herrn anrufen in der Suche nach seinem Antlitz. Dir obliegt in keiner Weise, sie zur Rechenschaft zu ziehen*, und ihnen obliegt in keiner Weise, dich zur Rechenschaft zu ziehen, so daß du sie vertreiben dürftest. Sonst würdest du zu denen gehören, die Unrecht tun. 53 Und so haben Wir die einen durch die anderen der Versuchung ausgesetzt, damit sie

52: Vertreibe nicht diejenigen, die gläubig sind (vgl. 11,29; 26,114) und fromm sind (vgl. 18,28), auch wenn sie die Niedrigsten in der Gesellschaft sein sollten (vgl. 11,27; 26,111), und auch wenn sie sich vielleicht früher etwas zuschulden kommen ließen (vgl. 6,54).

sagen: »Hat Gott gerade diesen da aus unserer Mitte eine
Wohltat erwiesen?« Weiß nicht Gott besser Bescheid über die,
die dankbar sind? 54 Und wenn diejenigen, die an unsere Zeichen
glauben, zu dir kommen, so sprich: Friede über euch! Euer Herr
hat sich selbst die Barmherzigkeit vorgeschrieben: Wenn nun
einer von euch aus Unwissenheit Böses tut, aber danach umkehrt
und Besserung zeigt, so ist Er voller Vergebung und barmherzig.
55 So legen Wir die Zeichen im einzelnen dar, auch damit der
Weg der Übeltäter offenkundig wird.

56 Sprich: Mir ist verboten worden, denen zu dienen, die ihr
anstelle Gottes anruft. Sprich: Ich folge nicht euren Neigungen.
Sonst wäre ich abgeirrt, und ich würde nicht zu denen zählen, die
der Rechtleitung folgen. 57 Sprich: Ich berufe mich auf ein
deutliches Zeichen von meinem Herrn, aber ihr erklärt es für
Lüge. Ich verfüge nicht über das, was ihr zu beschleunigen
wünscht*. Das Urteil gehört Gott allein. Er erzählt die Wahrheit,
und Er ist der Beste derer, die entscheiden. 58 Sprich: Würde ich
über das verfügen, was ihr zu beschleunigen wünscht, wäre die
Angelegenheit zwischen mir und euch bereits entschieden. Und
[14¼] Gott weiß besser Bescheid über die, die Unrecht tun. *59 Er
verfügt über die Schlüssel des Unsichtbaren. Niemand außer Ihm
weiß über sie Bescheid. Und Er weiß, was auf dem Festland und
im Meer ist. Kein Blatt fällt, ohne daß Er darüber Bescheid weiß;
und es gibt kein Korn in den Finsternissen der Erde und nichts
Feuchtes und nichts Trockenes, ohne daß es in einem offenkundi-
gen Buch stünde. 60 Er ist es, der euch bei Nacht abberuft und
weiß, was ihr bei Tag begangen habt; und dann erweckt Er euch
an ihm, damit eine bestimmte Frist erfüllt wird. Dann wird eure
Rückkehr zu Ihm sein, und dann wird Er euch kundtun, was ihr
zu tun pflegtet. 61 Er ist der, der bezwingende Macht über seine
Diener besitzt. Und Er entsendet Hüter über euch, so daß, wenn
der Tod zu einem von euch kommt, unsere Boten ihn abberufen,
und sie übergehen nichts. 62 Dann werden sie zu Gott, ihrem

57: das Strafgericht, das den Ungläubigen immer wieder angedroht wird.

wahren Herrscher, zurückgebracht. Ja, Ihm gehört das Urteil, und Er ist der Schnellste derer, die abrechnen.
63 Sprich: Wer errettet euch aus den Finsternissen des Festlandes und des Meeres, wenn ihr Ihn in (sichtbarer) Demut und im Verborgenen anruft: »Wenn Er uns hieraus rettet, werden wir sicher zu den Dankbaren gehören«? 64 Sprich: Gott errettet euch daraus und aus jeder Trübsal. Ihr aber gesellt (Ihm) weiterhin (andere) bei. 65 Sprich: Er ist es, der dazu die Macht hat, über euch eine Pein von oben oder unter euren Füßen zu schicken, oder euch in Parteien durcheinanderzubringen und die einen von euch die Schlagkraft der anderen erleiden zu lassen. Schau, wie Wir die Zeichen auf verschiedene Weise darlegen, auf daß sie die Sache begreifen. 66 Dein Volk erklärt es für Lüge, obwohl es die Wahrheit ist. Sprich: Ich bin nicht als Sachwalter über euch eingesetzt. 67 Jeder Bericht wird seine Bestätigung finden, und ihr werdet es noch zu wissen bekommen.
68 Und wenn du diejenigen siehst, die auf unsere Zeichen (spottend) eingehen, dann wende dich von ihnen ab, bis sie auf ein anderes Gespräch eingehen. Und wenn dich der Satan vergessen läßt, dann sollst du, nachdem du dich wieder daran erinnert hast, nicht mit den Leuten zusammensitzen, die Unrecht tun. 69 Denjenigen, die gottesfürchtig sind, obliegt in keiner Weise, sie zur Rechenschaft zu ziehen. Es ist nur eine Ermahnung, auf daß sie gottesfürchtig werden. 70 Und laß diejenigen sitzen, die ihre Religion zum Gegenstand von Spiel und Zerstreuung nehmen und die das diesseitige Leben betört. Und ermahne durch ihn, auf daß niemand dem Verderben preisgegeben wird für das, was er erworben hat. Er hat dann außer Gott weder Freund noch Fürsprecher. Und würde er auch jedes Lösegeld vorlegen, es wird von ihm nicht angenommen werden. Das sind die, die dem Verderben preisgegeben werden für das, was sie erworben haben. Bestimmt ist für sie ein Getränk aus heißem Wasser und eine schmerzhafte Pein dafür, daß sie ungläubig waren. 71 Sprich: Sollen wir statt zu Gott zu etwas rufen, was uns weder nützt noch schadet, und, nachdem Gott uns rechtgeleitet hat, auf unseren Fersen kehrtmachen, gleich jenem, den die Satane im Land weggelockt haben? Ratlos (ist er); er hat Gefährten, die ihn

zur Rechtleitung rufen: »Komm zu uns.« Sprich: Nur die Recht-
leitung Gottes ist die (wahre) Rechtleitung. Und uns wurde
befohlen, uns dem Herrn der Welten zu ergeben. 72 Und auch:
Verrichtet das Gebet und fürchtet Ihn. Er ist es, zu dem ihr
versammelt werdet. 73 Er ist es, der die Himmel und die Erde der
Wahrheit entsprechend erschaffen hat. Und am Tag, da Er sagt:
Sei!, und es ist. Sein Wort ist die Wahrheit. Und Ihm gehört die
Königsherrschaft am Tag, da in die Trompete geblasen wird. Er
weiß über das Unsichtbare und das Offenbare Bescheid, und Er
ist der Weise, der Kenntnis von allem hat.
[14½] *74 Und als Abraham zu seinem Vater Āzar sagte: »Nimmst du
dir denn Götzen zu Göttern? Ich sehe dich und dein Volk in
einem offenkundigen Irrtum.« 75 Und so zeigten Wir Abraham
das Reich der Himmel und der Erde, damit er einer von denen sei,
die Gewißheit hegen. 76 Als nun die Nacht ihn umhüllte, sah er
einen Stern. Er sagte: »Das ist mein Herr.« Als der aber ver-
schwand, sagte er: »Ich liebe die nicht, die verschwinden.« 77 Als
er dann den Mond aufgehen sah, sagte er: »Das ist mein Herr.«
Als der aber verschwand, sagte er: »Wenn mein Gott mich nicht
rechtleitet, werde ich gewiß zu den abgeirrten Leuten gehören.«
78 Als er dann die Sonne aufgehen sah, sagte er: »Das ist mein
Herr. Das ist ja größer.« Als sie aber verschwand, sagte er: »O
mein Volk, ich bin unschuldig an dem, was ihr (Gott) beigesellt.
79 Ich richte mein Gesicht zu dem, der die Himmel und die Erde
erschaffen hat, als Anhänger des reinen Glaubens, und ich gehöre
nicht zu den Polytheisten.« 80 Sein Volk stritt mit ihm. Er sagte:
»Wollt ihr mit mir über Gott streiten, wo Er mich rechtgeleitet
hat? Ich fürchte nicht, was ihr Ihm beigesellt, es sei denn, es ist
mein Herr, der etwas will. Mein Herr umfaßt alle Dinge in
seinem Wissen. Wollt ihr es nicht bedenken?« 81 »Und wie sollte
ich fürchten, was ihr (Ihm) beigesellt, wo ihr euch nicht fürchtet,
Gott solche beizugesellen, für die Er auf euch keine Ermächti-
gung herabgesandt hat? Welche von beiden Gruppen hat eher
Recht auf Sicherheit, so ihr es wißt?« 82 Denjenigen, die glauben
und ihren Glauben nicht mit unrechtem Handeln verhüllen,
gehört die Sicherheit, und sie folgen der Rechtleitung. 83 Das ist
unser Beweisgrund, den Wir Abraham gegen sein Volk zukom-

men ließen. Wir erhöhen, wen Wir wollen, um Rangstufen. Dein Gott ist weise und weiß Bescheid. 84 Und Wir schenkten ihm Isaak und Jakob; jeden (von ihnen) haben wir rechtgeleitet. Auch Noach haben Wir zuvor rechtgeleitet, sowie aus seiner Nachkommenschaft David und Salomo, Ijob, Josef, Mose und Aaron – so entlohnen Wir die, die Gutes tun –; 85 und Zakaria, Yaḥyā* –, Jesus und Elias: jeder von ihnen gehört zu den Rechtschaffenen; 86 und Ismael, Elischa, Jonas und Lot: jeden (von ihnen) haben Wir vor den Weltenbewohnern bevorzugt; 87 und auch manche von ihren Vätern, ihren Nachkommen und ihren Brüdern. Wir haben sie erwählt und zu einem geraden Weg geleitet. 88 Das ist die Rechtleitung Gottes. Er leitet damit recht, wen von seinen Dienern Er will. Und hätten sie (Gott andere) beigesellt, so wäre (auch) ihnen wertlos geworden, was sie zu tun pflegten. 89 Das sind die, denen Wir das Buch, die Urteilsvollmacht und die Prophetie zukommen ließen. Wenn diese da sie verleugnen, so haben Wir sie Leuten anvertraut, die sie nicht verleugnen. 90 Das sind die, die Gott rechtgeleitet hat. Richte dich nun nach ihrer Rechtleitung. Sprich: Ich verlange von euch keinen Lohn dafür. Es ist nichts als eine Ermahnung für die Weltenbewohner.

91 Und sie haben Gott nicht so eingeschätzt, wie Er eingeschätzt werden soll, als sie sagten: »Gott hat nichts auf einen Menschen herabgesandt.« Sprich: Wer hat denn das Buch herabgesandt, das Mose als Licht und Rechtleitung für die Menschen gebracht hat? Ihr macht ja daraus Papyrusblätter, die ihr offen zeigt – und ihr haltet vieles geheim; und euch wurde beigebracht, was ihr nicht wußtet, weder ihr noch eure Väter. Sprich: Gott*. Und dann laß sie in ihren ausschweifenden Reden ihr Spiel treiben.

92 Und dies ist ein Buch, das Wir hinabgesandt haben, ein gesegnetes (Buch), das bestätigt, was vor ihm vorhanden war, damit du die Mutter der Städte* und die Menschen in ihrer Umgebung warnest. Diejenigen, die an das Jenseits glauben, glauben auch daran, und sie halten ihr Gebet ein. 93 Und wer ist

85: Johannes der Täufer.

91: Gott hat das Buch herabgesandt.

92: Mekka.

ungerechter, als wer gegen Gott eine Lüge erdichtet oder sagt: »Mir ist offenbart worden«, während ihm nichts offenbart worden ist, und wer sagt: »Ich werde herabsenden, was dem gleich ist, was Gott herabgesandt hat«? Könntest du nur zuschauen, wenn die Ungerechten sich in den Fluten des Todes befinden und die Engel ihre Hände ausstrecken: »Gebt eure Seelen heraus. Heute wird euch mit der Pein der Schmach vergolten dafür, daß ihr immer wieder gegen Gott etwas anderes als die Wahrheit gesagt und euch gegenüber seinen Zeichen hochmütig verhalten
habt«! 94 Ihr seid nun einzeln zu Uns gekommen, so wie Wir
euch das erste Mal erschaffen haben, und ihr habt hinter euch zurückgelassen, was Wir euch verliehen haben. Und Wir sehen nicht bei euch eure Fürsprecher, von denen ihr behauptet habt, sie hätten Anteil an euch. Abgeschnitten ist das Band zwischen euch, und entschwunden ist euch, was ihr immer wieder behauptet habt.
[14¾] *95 Gott ist es, der die Körner und die Kerne spaltet. So bringt Er
das Lebendige aus dem Toten und das Tote aus dem Lebendigen hervor. Das ist Gott – wie leicht laßt ihr euch doch abwen-
den! –, 96 Er, der die Morgendämmerung anbrechen läßt. Er hat
die Nacht zur Ruhezeit und die Sonne und den Mond zur Zeitberechnung gemacht. Das ist das Dekret dessen, der mächtig
ist und Bescheid weiß. 97 Er ist es, der euch die Sterne gemacht
hat, damit ihr euch durch sie die gute Richtung in den Finsternissen des Festlandes und des Meeres findet. Wir haben die Zeichen
im einzelnen dargelegt für Leute, die Bescheid wissen. 98 Und Er
ist es, der euch aus einem einzigen Wesen hat entstehen lassen. Dann gibt es einen Aufenthaltsort und einen Aufbewahrungsort*. Wir haben die Zeichen im einzelnen dargelegt für Leute, die
begreifen. 99 Und Er ist es, der vom Himmel Wasser herabkom-
men läßt. Und Wir bringen damit Pflanzen jeglicher (Art) hervor; und dann bringen Wir aus ihnen Grün hervor, aus dem Wir übereinandergereihte Körner hervorbringen – und aus den Pal-

98: D. h. Mutterschoß und Grab, oder Mutterschoß und Lebensdauer, oder Lebensdauer und Grab. Es gibt auch andere Deutungen dieser zwei Wörter.

men, aus ihren Blütenscheiden entstehen herabhängende Dattelbüschel –, und (auch) Gärten mit Weinstöcken, und die Öl- und die Granatapfelbäume, die einander ähnlich und unähnlich sind. Schaut auf ihre Früchte, wenn sie Früchte tragen, und auf deren Reifen. Darin sind Zeichen für Leute, die glauben.
100 Und sie haben Gott Teilhaber gegeben: die Djinn, wo Er sie
doch erschaffen hat. Und sie haben Ihm Söhne und Töchter
angedichtet, ohne (richtiges) Wissen. Preis sei Ihm! Er ist erha-
ben über das, was sie da schildern. 101 Der Schöpfer der Himmel
und der Erde, woher soll Er ein Kind haben, wo Er doch keine
Gefährtin hat und Er (sonst) alles erschaffen hat? Und Er weiß
über alle Dinge Bescheid. 102 Das ist eben Gott, euer Herr. Es
gibt keinen Gott außer Ihm, dem Schöpfer aller Dinge. So dienet
Ihm. Er ist Sachwalter über alle Dinge. 103 Die Blicke erreichen
Ihn nicht, Er aber erreicht die Blicke. Und Er ist der Feinfühlige*,
der Kenntnis von allem hat. 104 Zu euch sind nun einsichtbrin-
gende Zeichen von eurem Herrn gekommen. Wer einsichtig
wird, ist es zu seinem eigenen Vorteil, und wer blind ist, ist es zu
seinem eigenen Schaden. Und ich bin nicht Hüter über euch. 105
So legen Wir die Zeichen auf verschiedene Weise dar. Dies,
damit sie sagen können: »Du hast danach geforscht«, und damit
Wir es* Leuten deutlich machen, die Bescheid wissen. 106 Folge
dem, was dir von deinem Herrn offenbart worden ist. Es gibt
keinen Gott außer Ihm. Und wende dich von den Polytheisten
ab. 107 Wenn Gott gewollt hätte, wären sie nicht Polytheisten
geworden. Und Wir haben dich nicht zum Hüter über sie
gemacht, und du bist nicht als Sachwalter über sie eingesetzt.
108 Und schmäht nicht diejenigen, die sie anstelle Gottes anru-
fen, damit sie nicht in Übertretung ohne (richtiges) Wissen Gott
schmähen. So haben Wir jeder Gemeinschaft ihr Tun verlockend
gemacht. Alsdann wird ihre Rückkehr zu ihrem Herrn sein, und
Er wird ihnen kundtun, was sie zu tun pflegten.

103: der die feinen und verborgenen Einzelheiten kennt und sein Ziel zu erreichen weiß, der dem Menschen Mitgefühl zeigt und Hilfe angedeihen läßt.

105: Oder: ihn, d. h. den Koran.

109 Und sie haben bei Gott ihren eifrigsten Eid geschworen, sie
würden, wenn ein Zeichen zu ihnen käme, sicher daran glauben.
Sprich: Die Zeichen stehen bei Gott allein. Wie solltet ihr auch
merken, daß, wenn es tatsächlich käme, sie doch nicht glauben?
110 Und Wir kehren ihre Herzen und ihr Augenlicht um, ebenso
wie sie das erste Mal nicht daran geglaubt haben. Und Wir lassen
8. Teil sie im Übermaß ihres Frevels blind umherirren. *111 Würden
[15] Wir auch zu ihnen die Engel hinabsenden, würden die Toten
auch zu ihnen sprechen und Wir alle Dinge vor ihren Augen
versammeln, sie würden unmöglich glauben, es sei denn, Gott
will es. Aber die meisten von ihnen sind töricht.
112 Und so haben Wir jedem Propheten einen Feind gegeben: die
Satane der Menschen und der Djinn, von denen die einen den
anderen prunkvolles Gerede eingeben, um sie zu betören – und
wenn dein Herr gewollt hätte, hätten sie es nicht getan; so laß sie
sitzen mit dem, was sie erdichten –, 113 und damit die Herzen
derer, die an das Jenseits nicht glauben, ihm zuneigen, und damit
sie daran Gefallen haben und begehen, was sie begehen.
114 Sollte ich mir einen anderen Schiedsrichter als Gott suchen,
wo Er es doch ist, der das Buch, im einzelnen dargelegt, zu euch
herabgesandt hat? Diejenigen, denen Wir das Buch zukommen
ließen, wissen, daß es von deinem Herrn mit der Wahrheit
herabgesandt wurde. So sei nicht einer der Zweifler. 115 Und das
Wort deines Herrn hat sich in Wahrhaftigkeit und Gerechtigkeit
erfüllt. Niemand kann seine Worte abändern. Er ist der, der alles
hört und weiß. 116 Und wenn du der Mehrzahl derer, die auf der
Erde sind, folgst, werden sie dich vom Weg Gottes abirren lassen.
Sie folgen ja nur Vermutungen, und sie stellen nur Schätzungen
an. 117 Dein Herr weiß besser, wer von seinem Weg abirrt,
und Er weiß besser über die Bescheid, die der Rechtleitung
folgen.
118 Eßt von dem, worüber der Name Gottes ausgesprochen
worden ist, so ihr an seine Zeichen glaubt. 119 Warum solltet ihr
denn nicht von dem essen, worüber der Name Gottes ausgespro-
chen worden ist, wo Er euch im einzelnen dargelegt hat, was Er
euch verboten hat, ausgenommen das, wozu ihr gezwungen
werdet? Viele führen (andere) durch ihre Neigungen ohne (rich-

tiges) Wissen in die Irre. Aber dein Herr weiß besser über die
Bescheid, die Übertretungen begehen. 120 Unterlaßt die Sünde,
ob sie offen oder verborgen ist. Denen, die Sünden erwerben,
wird vergolten für das, was sie begangen haben. 121 Und eßt
nicht von dem, worüber der Name Gottes nicht ausgesprochen
worden ist. Das ist Frevel. Die Satane geben ihren Freunden ein,
mit euch zu streiten. Wenn ihr ihnen gehorcht, seid ihr sogleich
Polytheisten. 122 Ist denn der, der tot war, den Wir aber dann
wieder lebendig gemacht und dem Wir ein Licht gegeben haben,
daß er darin unter den Menschen umhergehen kann, mit dem zu
vergleichen, der in den Finsternissen ist und nicht aus ihnen
herauskommen kann? So ist den Ungläubigen verlockend
gemacht worden, was sie zu tun pflegten.
123 Und so haben Wir in jeder Stadt ihre größten Übeltäter
bestellt, damit sie in ihr Ränke schmieden. Sie schmieden aber
Ränke nur gegen sich selbst, und sie merken es nicht. 124 Wenn
ein Zeichen zu ihnen kommt, sagen sie: »Wir werden nicht
glauben, bis uns das gleiche zukommt, was den Gesandten Gottes
zugekommen ist.« Gott weiß besser, wo Er seine Botschaft
anbringt. Diejenigen, die Übeltaten begehen, wird bei Gott
Erniedrigung und eine harte Pein treffen dafür, daß sie Ränke
schmiedeten. 125 Wen Gott rechtleiten will, dem weitet Er die
Brust für den Islam. Und wen Er irreführen will, dem macht Er
die Brust beklommen und bedrückt, so als ob er in den Himmel
hochsteigen würde. Auf diese Weise legt Gott das Greuel auf
diejenigen, die nicht glauben. 126 Und dies ist der Weg deines
Herrn, er ist gerade. Wir haben die Zeichen im einzelnen darge-
legt für Leute, die (sie) bedenken. *127 Bestimmt ist für sie bei [15¼]
ihrem Herrn die Wohnstätte des Friedens. Er ist ihr Freund
wegen dessen, was sie zu tun pflegten.
128 Und am Tag, da Er sie alle versammelt: »O Gemeinschaft der
Djinn, ihr habt euch viele Menschen angeworben.« Und ihre
Freunde unter den Menschen sagen: »Unser Herr, wir haben
Nutzen voneinander gehabt und haben nun unsere Frist erreicht,
die Du uns gesetzt hast.« Er spricht: »Das Feuer ist eure Bleibe;
darin werdet ihr ewig weilen, es sei denn, Gott will es anders.«
Dein Herr ist weise und weiß Bescheid. 129 So setzen Wir die

einen von denen, die Unrecht tun, über die anderen* wegen dessen, was sie erworben haben. 130 »O Gemeinschaft der Djinn und der Menschen, sind nicht Gesandte aus eurer Mitte zu euch gekommen, um euch von meinen Zeichen zu erzählen und euch die Begegnung mit diesem eurem Tag warnend zu verkünden?« Sie sagen: »Wir zeugen gegen uns selbst.« Betört hat sie das diesseitige Leben, und sie zeugen gegen sich selbst, daß sie ungläubig waren. 131 Das ist so, weil dein Herr die Städte nicht zu Unrecht dem Verderben preisgibt, während ihre Bewohner nichts ahnen. 132 Für alle sind Rangstufen bestimmt für das, was sie getan haben. Und dein Herr läßt nicht unbeachtet, was sie tun. 133 Und dein Herr ist der, der auf niemanden angewiesen ist und die Barmherzigkeit besitzt. Wenn Er will, läßt Er euch fortgehen und nach euch folgen, was Er will, so wie Er euch aus der Nachkommenschaft anderer Leute entstehen ließ. 134 Was euch angedroht wird, wird sicher kommen, und ihr könnt es nicht vereiteln. 135 Sprich: O mein Volk, handelt nach eurem Standpunkt. Ich werde auch so handeln. Dann werdet ihr wissen, wem die jenseitige Wohnstätte gehört. Wahrlich, denen, die Unrecht tun, wird es nicht wohl ergehen.

136 Und sie haben für Gott einen Anteil festgesetzt von dem, was Er an Feldernte und Vieh geschaffen hat. Und sie sagen: »Dies ist für Gott« – so behaupten sie –, »und dies ist für unsere Teilhaber.« Was für ihre Teilhaber bestimmt ist, gelangt nicht zu Gott, was aber für Gott bestimmt ist, gelangt zu ihren Teilhabern. Schlecht ist doch ihr Urteil. 137 Und auch vielen von den Polytheisten haben ihre Teilhaber verlockend gemacht, ihre Kinder zu töten, um sie zu verderben und sie in ihrer Religion zu verwirren. Wenn Gott gewollt hätte, hätten sie es nicht getan. So laß sie da sitzen mit dem, was sie erdichten. 138 Und sie sagen: »Das sind Tiere und Ernte, die tabu sind. Niemand darf davon essen, außer dem, wen wir wollen.« So behaupten sie. – Es sind Tiere, deren Rücken (für Lasten) verwehrt sind, und Tiere, über die sie den Namen Gottes nicht aussprechen; so erdichten sie eine Lüge gegen Ihn. Er wird ihnen

129: Oder: Wir machen die einen ... zu Freunden der anderen (und zu ihrem Beistand).

vergelten für das, was sie immer wieder erdichteten. 139 Und sie sagen: »Was im Leib dieser Tiere ist, ist den Männern unter uns vorbehalten, für unsere Gattinnen aber verboten.« Wird es aber tot (geboren), so haben sie (alle) daran teil. Er wird ihnen für ihre Schilderung vergelten. Er ist weise und weiß Bescheid. 140 Den Verlust haben diejenigen, die ihre Kinder aus Torheit ohne (richtiges) Wissen töten und das für verboten erklären, was Gott ihnen beschert, indem sie gegen Gott eine Lüge erdichten. Sie sind abgeirrt und folgen nicht der Rechtleitung.

*141 Und Er ist es, der Gärten mit Spalieren und ohne Spaliere [15½]
entstehen läßt, sowie die Palmen und das Getreide verschiedener Erntesorten, und die Öl- und Granatapfelbäume, die einander ähnlich und unähnlich sind. Eßt von ihren Früchten, wenn sie Früchte tragen, und entrichtet am Tag ihrer Ernte, was als Rechtspflicht darauf steht, aber seid nicht maßlos – Er liebt ja die Maßlosen nicht. 142 Und an Vieh (läßt Er entstehen) Lasttiere und Kleintiere. Eßt von dem, was Gott euch beschert hat, und folgt nicht den Fußstapfen des Satans. Er ist euch ein offenkundiger Feind. 143 (Und auch) acht Tiere zu Paaren: von den Schafen zwei und von den Ziegen zwei. – Sprich: Sind es die beiden Männchen, die Er verboten hat, oder die beiden Weibchen, oder was der Leib der beiden Weibchen enthält? Tut (es) mir denn aufgrund eines (richtigen) Wissens kund, so ihr die Wahrheit sagt. 144 Und auch von den Kamelen zwei und von den Rindern zwei. – Sprich: Sind es die beiden Männchen, die Er verboten hat, oder die beiden Weibchen, oder was der Leib der Weibchen enthält? Oder waret ihr zugegen, als Gott euch dies auftrug? Wer ist denn ungerechter, als wer gegen Gott eine Lüge erdichtet, um die Menschen ohne (richtiges) Wissen irrezuführen? Gott leitet die ungerechten Leute nicht recht. 145 Sprich: In dem, was mir offenbart wurde, finde ich nicht, daß etwas für den Essenden zu essen verboten wäre, es sei denn, es ist Verendetes oder ausgeflossenes Blut oder Schweinefleisch – es ist ein Greuel – oder ein Frevel, worüber ein anderer als Gott angerufen worden ist. Wenn aber einer gezwungen wird, wobei er weder Auflehnung noch Übertretung begeht, so ist dein Herr voller Vergebung und barmherzig.

146 Und denen, die Juden sind, haben Wir alles verboten, was
Krallen hat; und von den Rindern und den Schafen haben Wir
ihnen das Fett verboten, ausgenommen das, was ihre Rücken und
ihre Eingeweide tragen oder was mit Knochen verwachsen ist.
Damit haben Wir ihnen für ihre Auflehnung vergolten, und Wir
sagen ja die Wahrheit. 147 Wenn sie dich der Lüge zeihen, dann
sprich: Euer Herr besitzt eine umfassende Barmherzigkeit, aber
niemand kann seine Schlagkraft von den Leuten abwenden, die
Übeltäter sind.

148 Diejenigen, die (Ihm) beigesellen, werden sagen: »Wenn
Gott gewollt hätte, hätten wir nicht beigesellt, und auch nicht
unsere Väter, und wir hätten nichts verboten.« Auf diese Weise
haben diejenigen, die vor ihnen lebten, (ihre Gesandten) der Lüge
geziehen, bis sie unsere Schlagkraft zu spüren bekamen. Sprich:
Besitzt ihr irgendein Wissen, das ihr uns vorbringen könnt? Ihr
folgt ja nur Vermutungen, und ihr stellt nur Schätzungen an.
149 Sprich: Gott verfügt über den überzeugenden Beweisgrund.
Wenn Er wollte, würde Er euch allesamt rechtleiten. 150 Sprich:
Bringt eure Zeugen her, die bezeugen, daß Gott dies verboten
hat. Wenn sie es auch bezeugen, so bezeuge es nicht mit ihnen,
und folge nicht den Neigungen derer, die unsere Zeichen für
Lüge erklären und die nicht an das Jenseits glauben und ihrem
Herrn (andere) gleichsetzen.

[15¾] *151 Sprich: Kommt her, daß ich verlese, was euer Herr euch
verboten hat: Ihr sollt Ihm nichts beigesellen, und die Eltern gut
behandeln; und tötet nicht eure Kinder aus Angst vor Verarmung – euch und ihnen bescheren Wir doch den Lebensunterhalt; und nähert euch nicht den schändlichen Taten, was von
ihnen offen und was verborgen ist; und tötet nicht den Menschen, den Gott für unantastbar erklärt hat, es sei denn bei
vorliegender Berechtigung. Dies hat Er euch aufgetragen, auf daß
ihr verständig werdet. 152 Und nähert euch nicht dem Vermögen
des Waisenkindes, es sei denn auf die beste Art, bis es seine
Vollkraft erreicht hat. Und gebt volles Maß und Gewicht nach
Gerechtigkeit. Wir fordern von den Menschen nur das, was sie
vermögen. Und wenn ihr aussagt, dann seid gerecht, auch wenn
es um einen Verwandten geht. Und erfüllt den Bund Gottes. Dies

hat Er euch aufgetragen, auf daß ihr es bedenket. 153 Und dies ist mein Weg, er ist gerade. Folgt ihm. Und folgt nicht den verschiedenen Wegen, daß sie euch nicht in verschiedene Richtungen von seinem Weg wegführen. Dies hat Er euch aufgetragen, auf daß ihr gottesfürchtig werdet.

154 Alsdann ließen Wir dem Mose das Buch zukommen, um (alles) zu vervollständigen für den, der Gutes getan hat, als eine ins einzelne gehende Darlegung aller Dinge und als Rechtleitung und Barmherzigkeit, auf daß sie an die Begegnung mit ihrem Herrn glauben. 155 Und dies ist ein Buch, das Wir hinabgesandt haben, ein gesegnetes (Buch). Folgt ihm und seid gottesfürchtig, auf daß ihr Erbarmen findet. 156 Damit ihr nicht sagt: »Das Buch wurde nur auf zwei Gemeinden vor uns herabgesandt, und wir ahnten nichts von dem, was sie erforscht haben.« 157 Oder damit ihr nicht sagt: »Wenn das Buch auf uns herabgesandt worden wäre, hätten wir uns besser leiten lassen als sie.« Nunmehr ist ein deutliches Zeichen von eurem Herrn und Rechtleitung und Barmherzigkeit zu euch gekommen. Wer ist denn ungerechter als der, der die Zeichen Gottes für Lüge erklärt und sich von ihnen abwendet? Wir werden denjenigen, die sich von unseren Zeichen abwenden, mit einer schlimmen Pein dafür vergelten, daß sie sich abwandten. 158 Erwarten sie denn etwas anderes, als daß die Engel zu ihnen kommen, oder daß dein Herr kommt, oder daß einige von den Zeichen deines Herrn kommen? Am Tag, da einige von den Zeichen deines Herrn kommen, nützt niemandem sein Glaube, wenn er nicht vorher geglaubt oder in seinem Glauben Gutes erworben hat. Sprich: Wartet ab. Wir warten selbst auch ab.

159 Mit denen, die ihre Religion spalteten und zu Parteien wurden, hast du nichts zu schaffen. Ihre Angelegenheit wird Gott zurückgebracht. Alsdann wird Er ihnen kundtun, was sie zu tun pflegten. 160 Wer mit einer guten Tat kommt, erhält zehnmal soviel. Und wer mit einer schlechten Tat kommt, dem wird nur gleichviel vergolten. Und ihnen wird dabei nicht Unrecht getan.

161 Sprich: Mich hat mein Herr zu einem geraden Weg geleitet, einer richtigen Religion, der Glaubensrichtung Abrahams als

Anhänger des reinen Glaubens, und er gehörte nicht zu den
Polytheisten. 162 Sprich: Mein Gebet und meine Kulthandlung,
mein Leben und mein Sterben gehören Gott, dem Herrn der
Welten. 163 Er hat keinen Teilhaber. Dies ist mir befohlen
worden, und ich bin der erste der Gottergebenen. 164 Sprich:
Sollte ich mir einen anderen Herrn suchen als Gott, wo Er doch
der Herr aller Dinge ist? Jede Seele erwirbt (das Böse) nur zu
ihrem eigenen Schaden. Und keine lasttragende (Seele) trägt die
Last einer anderen. Alsdann wird eure Rückkehr zu eurem Herrn
sein, und Er wird euch das kundtun, worüber ihr uneins waret.
165 Er ist es, der euch zu aufeinanderfolgenden Generationen auf
der Erde gemacht und die einen von euch über die anderen um
Rangstufen erhöht hat, um euch zu prüfen in dem, was Er euch
zukommen ließ. Dein Herr ist schnell im Bestrafen, und Er ist
voller Vergebung und barmherzig.

Sure 7

Der Bergkamm (al-A`rāf)

zu Mekka, 206 Verse

Im Namen Gottes, des Erbarmers, des Barmherzigen.
[16] 1 Alif Lām Mīm Ṣād*. 2 Dies ist ein Buch, das zu dir herabge-
sandt worden ist – es soll in deiner Brust keine Bedrängnis
seinetwegen sein –, damit du mit ihm warnst, und auch als
Ermahnung für die Gläubigen. 3 Folgt dem, was zu euch von
eurem Herrn herabgesandt worden ist, und folgt nicht an seiner
Stelle (anderen) Freunden. Ihr laßt euch wenig ermahnen. 4 Wie
manche Stadt haben Wir verderben lassen! Da kam unsere
Schlagkraft über sie nachts, oder während sie zu Mittag ruhten.
5 So war ihr Rufen, als unsere Schlagkraft über sie kam, nur, daß
sie sagten: »Wir haben gewiß Unrecht getan.« 6 Ja, Wir werden
gewiß die, zu denen Gesandte geschickt worden sind, zur Verant-

1: Die Bedeutung dieser Buchstaben ist noch nicht geklärt.

wortung ziehen, und Wir werden gewiß die Gesandten zur Verantwortung ziehen. 7 Wir werden ihnen bestimmt aus (richtigem) Wissen (alles) erzählen, denn Wir waren ja nicht abwesend. 8 Das Wägen an jenem Tag erfolgt der Wahrheit entsprechend. Diejenigen, deren Waagschalen schwer sind, das sind die, denen es wohl ergeht. 9 Diejenigen, deren Waagschalen leicht sind, das sind die, die sich selbst verloren haben, weil sie sich gegenüber unseren Zeichen ungerecht verhielten.

10 Und Wir haben euch auf der Erde eine feste Stellung gegeben, und Wir haben für euch auf ihr Unterhaltsmöglichkeiten bereitet. Ihr seid aber wenig dankbar. 11 Und Wir haben euch erschaffen. Dann haben Wir euch gestaltet. Dann haben Wir zu den Engeln gesprochen: »Werft euch vor Adam nieder.« Da warfen sie sich nieder, außer Iblīs: er gehörte nicht zu denen, die sich niederwarfen. 12 Er sprach: »Was hat dich daran gehindert, dich niederzuwerfen, als Ich (es) dir befohlen habe?« Er sagte: »Ich bin besser als er. Du hast mich aus Feuer erschaffen, ihn aber hast Du aus Ton erschaffen.« 13 Er sprach: »Geh aus ihm* hinunter. Dir steht es nicht zu, dich darin hochmütig zu verhalten. Geh hinaus. Du gehörst zu den Erniedrigten.« 14 Er sagte: »Gewähre mir Aufschub bis zu dem Tag, da sie erweckt werden.« 15 Er sprach: »Du sollst nun zu denen gehören, denen Aufschub gewährt wird.« 16 Er sagte: »Weil Du mich hast abirren lassen, werde ich, ich schwöre es, ihnen auf deinem geraden Weg auflauern. 17 Dann werde ich zu ihnen treten von vorn und von hinten, von ihrer rechten und von ihrer linken Seite. Und Du wirst die meisten von ihnen nicht dankbar finden.« 18 Er sprach: »Geh aus ihm hinaus, verabscheut und verstoßen. Wer auch immer von ihnen dir folgt, füllen werde Ich die Hölle mit euch allen.«

19 »O Adam, bewohne, du und deine Gattin, das Paradies. Eßt, wo ihr wollt, und nähert euch nicht diesem Baum, sonst gehört ihr zu denen, die Unrecht tun.« 20 Der Satan flüsterte ihnen ein, um ihnen zu zeigen, was ihnen von ihrer Blöße verborgen geblieben war. Und er sagte: »Nur deswegen hat euch euer Herr

13: aus dem Paradies.

diesen Baum verboten, damit ihr nicht zu Engeln werdet oder zu denen gehöret, die ewig leben.« 21 Und er schwor ihnen: »Ich bin zu euch einer von denen, die (euch) gut raten.« 22 Er ließ sie durch Betörung abfallen. Und als sie dann von dem Baum gekostet hatten, wurde ihnen ihre Blöße offenbar, und sie begannen, Blätter des Paradieses über sich zusammenzuheften. Und ihr Herr rief ihnen zu: »Habe ich euch nicht jenen Baum verboten und euch gesagt: Der Satan ist euch ein offenkundiger Feind?« 23 Sie sagten: »Unser Herr, wir haben uns selbst Unrecht getan. Und wenn Du uns nicht vergibst und dich unser erbarmst, werden wir bestimmt zu den Verlierern gehören.« 24 Er sprach: »Geht hinunter. Die einen von euch sind Feinde der anderen. Ihr habt auf der Erde Aufenthalt und Nutznießung auf eine Weile.« 25 Er sprach: »Auf ihr werdet ihr leben, und auf ihr werdet ihr sterben, und aus ihr werdet ihr hervorgebracht werden.« 26 O Kinder Adams, Wir haben auf euch Kleidung hinabgesandt, die eure Blöße bedeckt, und auch Prunkgewänder. Aber die Kleidung der Gottesfurcht, die ist besser. Das gehört zu den Zeichen Gottes, auf daß sie es bedenken. 27 O Kinder Adams, der Satan soll euch bloß nicht verführen, wie er eure Eltern aus dem Paradies vertrieben hat, indem er ihnen die Kleidung wegnahm, um sie ihre Blöße sehen zu lassen. Er sieht euch, er und seine Genossen, von wo ihr sie nicht seht. Wir haben die Satane denen zu Freunden gemacht, die nicht glauben.

28 Und wenn sie etwas Schändliches tun, sagen sie: »Wir haben es bei unseren Vätern vorgefunden, und Gott hat es uns geboten.« Sprich: Gott gebietet nicht das Schändliche. Wollt ihr denn über Gott sagen, was ihr nicht wißt? 29 Sprich: Mein Herr hat die Gerechtigkeit geboten, und daß ihr euer Gesicht bei jeder Moschee aufrichtet und ihn anruft, wobei ihr Ihm gegenüber aufrichtig in der Religion seid. So wie Er euch anfangs gemacht hat, werdet ihr zurückkehren. 30 Einen Teil hat Er rechtgeleitet, über einen Teil ist der Irrtum zu Recht gekommen, denn sie haben sich die Satane anstelle Gottes zu Freunden genommen und meinen, sie seien der Rechtleitung gefolgt.

[16¼] *31 O Kinder Adams, legt euren Schmuck bei jeder Moschee an, und eßt und trinkt, aber seid nicht maßlos. Er liebt ja die

Maßlosen nicht. 32 Sprich: Wer hat denn den Schmuck verboten, den Gott für seine Diener hervorgebracht hat, und auch die köstlichen Dinge des Lebensunterhalts? Sprich: Sie sind im diesseitigen Leben für die bestimmt, die glauben, und am Tag der Auferstehung (ihnen) besonders vorbehalten. So legen Wir die Zeichen im einzelnen dar für Leute, die Bescheid wissen. 33 Sprich: Siehe, mein Herr hat die schändlichen Taten verboten, was von ihnen offen und was verborgen ist; und auch die Sünde und die Gewaltanwendung ohne vorliegende Berechtigung, und auch, daß ihr Gott solche beigesellt, für die er keine Ermächtigung herabgesandt hat, und daß ihr über Gott das sagt, was ihr nicht wißt.

34 Für jede Gemeinschaft ist eine Frist festgesetzt. Und wenn ihre Frist kommt, können sie nicht einmal eine Stunde zurückbleiben oder vorausgehen.

35 O Kinder Adams, wenn Gesandte aus eurer Mitte zu euch kommen, um euch von meinen Zeichen zu erzählen, dann haben diejenigen, die gottesfürchtig sind und Besserung bringen, nichts zu befürchten, und sie werden nicht traurig sein. 36 Und diejenigen, die unsere Zeichen für Lüge erklären und sich ihnen gegenüber hochmütig verhalten, das sind die Gefährten der Hölle; darin werden sie ewig weilen. 37 Und wer ist denn ungerechter als der, der gegen Gott eine Lüge erdichtet oder seine Zeichen für Lüge erklärt? Jene wird ihr Anteil dem Buch gemäß* erreichen. Und wenn dann unsere Boten* zu ihnen kommen, um sie abzuberufen, sagen sie: »Wo sind diejenigen, die ihr anstelle Gottes anzurufen pflegtet?« Sie sagen: »Sie sind uns entschwunden.« Und sie bezeugen gegen sich selbst, daß sie ungläubig waren. 38 Er spricht: »Geht ein ins Feuer mit Gemeinschaften von den Djinn und den Menschen, die vor euch dahingegangen sind.« Sooft eine Gemeinschaft hineingeht, verflucht sie ihresgleichen*. Und wenn sie dann alle darin einander eingeholt haben, sagt die letzte von ihnen in bezug auf die erste: »Unser

37: Wörtlich: vom Buch, d. h. dem Buch der Offenbarung, oder dem Buch der Bestimmung. – Boten: die Engel.

38: Wörtlich: ihre Schwester.

Herr, diese da haben uns in die Irre geführt. So laß ihnen eine
doppelte Pein vom Feuer zukommen.« Er spricht: »Jeder erhält
das Doppelte, aber ihr wißt nicht Bescheid.« 39 Und die erste von
ihnen sagt zu der letzten: »Ihr habt nun keinen Vorzug gegen-
über uns. Kostet die Pein für das, was ihr erworben habt.«
40 Denen, die unsere Zeichen für Lüge erklären und sich ihnen
gegenüber hochmütig verhalten, werden die Tore des Himmels
nicht geöffnet, und sie werden nicht ins Paradies eingehen, ehe
denn ein Kamel durch ein Nadelöhr geht*. So vergelten Wir
denen, die Übeltäter sind. 41 Ihnen wird die Hölle zur Lager-
stätte, und über ihnen sind Decken. So vergelten Wir denen, die
Unrecht tun. 42 Diejenigen, die glauben und die guten Werke
tun – Wir fordern von einem jeden nur das, was er vermag –,
das sind die Gefährten des Paradieses; darin werden sie ewig
weilen. 43 Und Wir nehmen weg, was in ihrer Brust an Groll
dasein mag. Es fließen unter ihnen Bäche. Und sie sagen: »Lob
sei Gott, der uns hierher geleitet hat! Wir hätten unmöglich die
Rechtleitung gefunden, hätte uns Gott nicht rechtgeleitet. Die
Gesandten unseres Herrn sind wirklich mit der Wahrheit gekom-
men.« Und es wird ihnen zugerufen: »Dies ist das Paradies. Es ist
euch zum Erbe gegeben worden für das, was ihr zu tun pflegtet.«
44 Die Gefährten des Paradieses rufen den Gefährten des Feuers
zu: »Wir haben gefunden, daß das, was uns unser Herr verspro-
chen hat, wahr ist. Habt Ihr auch gefunden, daß das, was euch
euer Herr versprochen hat, wahr ist?« Sie sagen: »Ja.« Da ruft
ein Rufer unter ihnen aus: »Gottes Zorn komme über die, die
Unrecht tun, 45 die vom Weg Gottes abweisen und sich ihn
krumm wünschen, und die ja das Jenseits verleugnen.« 46 Und
zwischen ihnen ist ein Vorhang. Und auf dem Bergkamm sind
Männer, die jeden an seinem Merkmal erkennen. Sie rufen den
Gefährten des Paradieses zu: »Friede sei über euch!« Sie selbst
[16½] aber sind nicht hineingegangen, obwohl sie es begehren. *47
Und wenn ihre Blicke sich den Gefährten des Feuers zuwenden,
sagen sie: »Unser Herr, stelle uns nicht zu den Leuten, die
Unrecht tun.« 48 Und die Gefährten des Bergkammes rufen

40: Vgl. Evangelium: Matthäus 19,24; Markus 10,25; Lukas 18,25.

Männern, die sie an ihrem Merkmal erkennen, zu. Sie sagen: »Es hat euch nicht genützt, daß ihr (Vermögen und Freunde) gesammelt und euch hochmütig verhalten habt.
49 Sind das diejenigen, von denen ihr geschworen habt, Gott werde ihnen keine Barmherzigkeit erweisen? – Geht (ihr*) ins Paradies ein. Ihr habt nichts zu befürchten, und ihr werdet nicht traurig sein.«
50 Die Gefährten des Feuers rufen den Gefährten des Paradieses zu: »Schüttet auf uns etwas Wasser aus oder etwas von dem, was Gott euch beschert hat.« Sie sagen: »Gott hat beides den Ungläubigen verwehrt,
51 die ihre Religion zum Gegenstand von Zerstreuung und Spiel genommen haben und die das diesseitige Leben betört hat.« Heute werden Wir sie vergessen, wie sie die Begegnung mit diesem ihrem Tag vergaßen und wie sie unsere Zeichen zu leugnen pflegten.
52 Wir haben ihnen ein Buch gebracht, das Wir mit Wissen im einzelnen dargelegt haben, als Rechtleitung und Barmherzigkeit für Leute, die glauben.
53 Erwarten sie denn etwas anderes als seine Deutung? An dem Tag, an dem seine Deutung eintrifft, werden diejenigen, die es vorher vergessen haben, sagen: »Die Gesandten unseres Herrn sind mit der Wahrheit gekommen. Haben wir denn Fürsprecher, daß sie für uns Fürsprache einlegen? Oder können wir zurückgebracht werden, daß wir anders handeln, als wir gehandelt haben?« Sie haben sich selbst verloren, und es ist ihnen entschwunden, was sie immer wieder erdichtet haben*.

54 Euer Herr ist Gott, der die Himmel und die Erde in sechs Tagen erschuf und sich dann auf dem Thron zurechtsetzte. Er läßt die Nacht den Tag überdecken, wobei sie ihn eilig einzuholen sucht. (Er erschuf auch) die Sonne, den Mond und die Sterne, welche durch seinen Befehl dienstbar gemacht wurden. Siche, Ihm allein steht das Erschaffen und der Befehl zu. Gesegnet sei Gott, der Herr der Welten!
55 Und ruft euren Herrn in (sichtbarer) Demut und im Verborgenen an. Er liebt die nicht, die Übertretungen begehen.
56 Und stiftet nicht Unheil auf der Erde, nachdem sie in Ordnung gebracht worden ist. Und ruft Ihn in

49: die eben vorher erwähnten Gottesfürchtigen.
53: Ihr falscher Götzenglaube wird zunichte.

Furcht und Begehren an. Die Barmherzigkeit Gottes ist den Rechtschaffenen nahe. 57 Und Er ist es, der die Winde als frohe Kunde seiner Barmherzigkeit vorausschickt*. Wenn sie dann eine schwere Bewölkung herbeitragen, treiben Wir sie zu einem abgestorbenen Land, senden dadurch* das Wasser hernieder und bringen dadurch allerlei Früchte hervor. So bringen Wir (auch) die Toten hervor, auf daß ihr es bedenket. 58 Und das gute Land bringt seine Pflanzen mit der Erlaubnis seines Herrn hervor. Und das (Land), das schlecht ist, bringt nur mühsam etwas hervor*. So legen Wir die Zeichen auf verschiedene Weise dar für Leute, die dankbar sind.

59 Wir sandten Noach zu seinem Volk. Er sagte: »O mein Volk, dienet Gott. Ihr habt keinen Gott außer Ihm. Ich fürchte für euch die Pein eines gewaltigen Tages.« 60 Die Vornehmen aus seinem Volk sagten: »Wir sehen, daß du dich in einem offenkundigen Irrtum befindest.« 61 Er sagte: »O mein Volk, bei mir befindet sich kein Irrtum, sondern ich bin ein Gesandter vom Herrn der Welten. 62 Ich richte euch die Botschaften meines Herrn aus und rate euch gut. Und ich weiß von Gott her, was ihr nicht wißt. 63 Wundert ihr euch etwa darüber, daß eine Ermahnung von eurem Herrn zu euch gekommen ist durch einen Mann aus eurer Mitte, damit er euch warne und damit ihr gottesfürchtig werdet, auf daß ihr Erbarmen findet?« 64 Sie aber ziehen ihn der Lüge. Da retteten Wir ihn und diejenigen, die mit ihm waren, im Schiff. Und Wir ließen diejenigen ertrinken, die unsere Zeichen für Lüge erklärten; sie waren ja ein blindes Volk.

[16¾] *65 Und (Wir sandten) zu `Ād ihren Bruder Hūd. Er sagte: »O mein Volk, dienet Gott. Ihr habt keinen Gott außer Ihm. Wollt ihr nicht gottesfürchtig sein?« 66 Die Vornehmen aus seinem Volk, die ungläubig waren, sagten: »Wir sehen, daß du der Torheit verfallen bist, und wir meinen, daß du zu den Lügnern gehörst.« 67 Er sagte: »O mein Volk, bei mir befindet sich keine Torheit, sondern ich bin ein Gesandter vom Herrn der Welten.

57: Die Winde schickt Er seiner Barmherzigkeit voraus ... — Oder: darauf.

58: Vgl. Evangelium: Matthäus 13,3–9.

68 Ich richte euch die Botschaften meines Herrn aus, und ich bin für euch ein treuer Ratgeber. 69 Wundert ihr euch etwa darüber, daß eine Ermahnung von eurem Herrn zu euch gekommen ist durch einen Mann aus eurer Mitte, damit er euch warne? Gedenket, als Er euch zu Nachfolgern nach dem Volk des Noach machte und euch eine beachtliche Stellung* in seiner Schöpfung verlieh. Gedenket also der Wohltaten Gottes, auf daß es euch wohl ergehe.« 70 Sie sagten: »Bist du zu uns gekommen, damit wir Gott allein dienen und das verlassen, was unsere Väter verehrt haben? Bring uns doch her, was du uns androhst, so du zu denen gehörst, die die Wahrheit sagen.« 71 Er sagte: »Es überfallen euch Greuel und Zorn von eurem Herrn. Streitet ihr denn mit mir über Namen, die ihr genannt habt, ihr und eure Väter, für die aber Gott keine Ermächtigung herabgesandt hat? So wartet ab. Ich bin mit euch einer von denen, die abwarten.« 72 Da retteten Wir ihn und diejenigen, die mit ihm waren, aus Barmherzigkeit von Uns. Und Wir merzten den letzten Rest derer aus, die unsere Zeichen für Lüge erklärten und nicht gläubig waren.

73 Und (Wir sandten) zu Thamūd ihren Bruder Ṣāliḥ. Er sagte: »O mein Volk, dienet Gott. Ihr habt keinen Gott außer Ihm. Ein deutliches Zeichen ist von eurem Herrn zu euch gekommen. Dies ist die Kamelstute Gottes, euch zum Zeichen. Laßt sie auf Gottes Erde weiden und rührt sie nicht mit etwas Bösem an, sonst ergreift euch eine schmerzhafte Pein. 74 Und gedenket, als Er euch zu Nachfolgern nach `Ād machte und euch auf der Erde in Stätten einwies, so daß ihr euch in ihren Ebenen Schlösser nahmt und die Berge zu Häusern meißeltet. Gedenket also der Wohltaten Gottes und stiftet nicht Unheil auf der Erde.« 75 Die Vornehmen aus seinem Volk, die sich hochmütig verhielten, sagten zu denen, die wie Schwache behandelt wurden, ja zu denen von ihnen, die gläubig waren: »Wißt ihr sicher, daß Ṣāliḥ von seinem Herrn gesandt worden ist?« Sie sagten: »Wir glauben gewiß an das, womit er gesandt worden ist.« 76 Diejenigen, die sich hochmütig verhielten, sagten: »Wir verleugnen das, woran ihr

69: Oder: eine größere Körperstatur.

glaubt.« 77 Sie schnitten der Kamelstute die Flechsen durch und stachen sie, und sie rebellierten gegen den Befehl ihres Herrn. Und sie sagten: »O Ṣāliḥ, bring uns doch her, was du uns androhst, so du einer der Gesandten bist.« 78 Da ergriff sie das Beben, und am Morgen lagen sie in ihrer Wohnstätte nieder. 79 So kehrte er sich von ihnen ab und sagte: »O mein Volk, ich habe euch die Botschaft meines Herrn ausgerichtet, und ich habe euch gut geraten. Aber ihr liebt die nicht, die gut raten.«

80 Und (Wir sandten) Lot. Als er zu seinem Volk sagte: »Wollt ihr denn das Schändliche begehen, wie es vor euch keiner von den Weltenbewohnern begangen hat? 81 Ihr geht in Begierde zu den Männern, statt zu den Frauen. Nein, ihr seid maßlose Leute.« 82 Die Antwort seines Volkes war nur, daß sie sagten: »Vertreibt sie aus eurer Stadt. Das sind Menschen, die sich rein stellen.« 83 Da retteten Wir ihn und seine Angehörigen, außer seiner Frau. Sie gehörte zu denen, die zurückblieben und dem Verderben anheimfielen. 84 Und Wir ließen einen Regen auf sie niedergehen. Schau, wie das Ende der Übeltäter war.

85 Und (Wir sandten) zu Madyan ihren Bruder Shu`ayb. Er sagte: »O mein Volk, dienet Gott. Ihr habt keinen Gott außer Ihm. Ein deutliches Zeichen ist von eurem Herrn zu euch gekommen, so gebt volles Maß und Gewicht und zieht den Menschen nichts ab, was ihnen gehört, und stiftet nicht Unheil auf der Erde, nachdem sie in Ordnung gebracht worden ist. Das ist bestimmt besser für euch, so ihr gläubig seid. 86 Und lauert nicht auf jedem Weg, indem ihr droht und vom Weg Gottes den abweist, der an Ihn glaubt, und euch ihn* krumm wünscht. Und gedenket, als ihr wenige waret und Er euch zu vielen machte. Und schaut, wie das Ende der Unheilstifter war. 87 Und wenn eine Gruppe von euch an das glaubt, womit ich gesandt worden bin, eine andere Gruppe aber nicht glaubt, so geduldet euch, bis Gott zwischen uns urteilt. Er ist der Beste derer, die Urteile
9. Teil fällen.« *88 Die Vornehmen aus seinem Volk, die sich hochmü-
[17] tig verhielten, sagten: »Wir werden dich, o Shu`ayb, und diejenigen, die mit dir glauben, bestimmt aus unserer Stadt vertreiben,

86: den Weg Gottes.

oder ihr kehrt zu unserer Glaubensrichtung zurück.« Er sagte:
»Was denn, auch wenn es uns zuwider ist? 89 Wir würden gegen
Gott eine Lüge erdichten, sollten wir zu eurer Glaubensrichtung
zurückkehren, nachdem uns Gott aus ihr errettet hat. Wir
können unmöglich zu ihr zurückkehren, es sei denn, Gott unser
Herr, wollte es. Unser Herr umfaßt alle Dinge in seinem Wissen.
Auf Gott vertrauen wir. Unser Herr, richte zwischen uns und
unserem Volk nach der Wahrheit. Du bist der beste Richter.« 90
Und die Vornehmen aus seinem Volk, die ungläubig waren,
sagten: »Wenn ihr dem Shu`ayb folgt, werdet ihr bestimmt
Verlierer sein.« 91 Da ergriff sie das Beben, und am Morgen
lagen sie in ihrer Wohnstätte nieder. 92 Diejenigen, die Shu`ayb
der Lüge ziehen, waren, als hätten sie nicht darin lange gewohnt.
Diejenigen, die Shu`ayb der Lüge ziehen, waren selbst die Verlierer. 93 So kehrte er sich von ihnen ab und sagte: »O mein Volk,
ich habe euch die Botschaften meines Herrn ausgerichtet, und ich
habe euch gut geraten. Wie könnte ich betrübt sein über ungläubige Leute?«

94 Und Wir haben keinen Propheten in eine Stadt gesandt, ohne
daß Wir ihre Bewohner durch Not und Drangsal heimgesucht
hätten, auf daß sie sich vielleicht demütigen. 95 Dann tauschten
Wir anstelle des Schlimmen Gutes ein, bis sie sich vermehrten*
und sagten: »Auch unsere Väter haben Drangsal und Erfreuliches erfahren.« So ergriffen Wir sie plötzlich, ohne daß sie es
merkten. 96 Hätten die Bewohner der Städte geglaubt und wären
sie gottesfürchtig gewesen, hätten Wir ihnen die Segnungen vom
Himmel und von der Erde aufgetan. Aber sie erklärten (die
Botschaft) für Lüge, so ergriffen Wir sie für das, was sie erworben haben. 97 Wähnen sich denn die Bewohner der Städte in
Sicherheit davor, daß unsere Schlagkraft nachts über sie kommt,
während sie schlafen? 98 Oder wähnen sich die Bewohner der
Städte in Sicherheit davor, daß unsere Schlagkraft am hellichten

95: Das ist die einmütige traditionelle Deutung des arabischen Wortes. Einige bevorzugen die Deutung »ausradieren«, d. h. die heilsame Erinnerung an die schlimmen Folgen der Vergangenheit verschwinden lassen.

Tag über sie kommt, während sie sich dem Spiel hingeben? 99
Wähnen sie sich in Sicherheit vor den Ränken Gottes? In Sicher-
heit vor den Ränken Gottes wähnen sich nur die Leute, die
Verlierer sind. 100 Ist denen, die die Erde nach ihren Bewohnern
erben, nicht deutlich geworden, daß, wenn Wir es wollten, Wir
sie für ihre Sünden treffen? Und Wir versiegeln ihre Herzen, so
daß sie nicht hören. 101 Über diese Städte erzählen Wir dir
einiges von ihren Berichten. Ihre Gesandten kamen zu ihnen mit
den deutlichen Zeichen, sie vermochten aber nicht an das zu
glauben, was sie früher für Lüge erklärt hatten. So versiegelt
Gott die Herzen der Ungläubigen. 102 Und bei den meisten von
ihnen haben Wir keine Vertragstreue gefunden. Und Wir haben
gefunden, daß die meisten von ihnen Frevler sind.

103 Dann entsandten Wir nach ihnen Mose mit unseren Zeichen
zu Pharao und seinen Vornehmen. Sie handelten an ihnen*
ungerecht. So schau, wie das Ende der Unheilstifter war. 104
Und Mose sagte: »O Pharao, ich bin ein Gesandter vom Herrn
der Welten, 105 verpflichtet und darauf bedacht, über Gott nur
die Wahrheit zu sagen. Ich bin zu euch mit einem deutlichen
Zeichen von eurem Herrn gekommen. So schick die Kinder
Israels mit mir weg.« 106 Er sagte: »Wenn du mit einem Zeichen
gekommen bist, dann bring es her, so du zu denen gehörst, die
die Wahrheit sagen.« 107 Er warf seinen Stab, und da war er eine
offenkundige Schlange. 108 Und er zog seine Hand heraus, da
war sie weiß für die Zuschauer. 109 Die Vornehmen aus dem
Volk Pharaos sagten: »Dieser ist ja ein erfahrener Zauberer, 110
der euch aus eurem Land vertreiben will. Was befehlt ihr nun?«
111 Sie sagten: »Stell ihn und seinen Bruder zurück, und schick
zu den Städten Leute, die sie versammeln, 112 damit sie dir jeden
erfahrenen Zauberer herbringen.« 113 Und die Zauberer kamen
zu Pharao. Sie sagten: »Wir bekommen wohl eine Belohnung,
wenn wir es sind, die siegen?« 114 Er sagte: »Ja. Und ihr werdet
auch zu denen gehören, die in (meine) Nähe zugelassen werden.«
115 Sie sagten: »O Mose, entweder wirfst du, oder wir sind es,
die (zuerst) werfen.« 116 Er sagte: »Werft ihr (zuerst).« Als sie

103: an den Zeichen.

nun warfen, bezauberten sie die Augen der Menschen und jagten
ihnen Angst ein, und sie brachten einen gewaltigen Zauber vor.
*117 Und Wir gaben dem Mose ein: »Wirf deinen Stab.« Da fing [17¼]
er an zu verschlingen, was sie vorgaukelten. 118 So bestätigte
sich die Wahrheit, und das, was sie machten, erwies sich als
falsch. 119 Sie wurden dort besiegt und kehrten als Erniedrigte
zurück. 120 Und die Zauberer wurden in Anbetung zu Boden
geworfen. 121 Sie sagten: »Wir glauben an den Herrn der
Welten, 122 den Herrn von Mose und Aaron.« 123 Pharao sagte:
»Ihr glaubt an ihn*, bevor ich es euch erlaube? Das sind ja Ränke,
die ihr in der Stadt geschmiedet habt, um ihre Bewohner aus ihr
zu vertreiben. Aber ihr werdet es zu wissen bekommen. 124 Ich
werde eure Hände und eure Füße wechselseitig abhacken, und
dann werde ich euch allesamt kreuzigen lassen.« 125 Sie sagten:
»Wir kehren zu unserem Herrn zurück. 126 Nichts anderes läßt
dich uns grollen, als daß wir an die Zeichen unseres Herrn
glaubten, als sie zu uns kamen. Unser Herr, gieße Geduld über
uns aus und berufe uns als Gottergebene ab.« 127 Die Vorneh-
men aus dem Volk Pharaos sagten: »Willst du zulassen, daß
Mose und sein Volk auf der Erde Unheil stiften und daß er dich
und deine Götter verläßt?« Er sagte: »Wir werden ihre Söhne
ermorden und nur ihre Frauen am Leben lassen. Wir sind ja
Zwingherrscher über sie.« 128 Mose sagte zu seinem Volk:
»Sucht Hilfe bei Gott, und seid geduldig. Die Erde gehört Gott,
Er gibt sie zum Erbe, wem von seinen Dienern Er will. Und das
(gute) Ende gehört den Gottesfürchtigen.« 129 Sie sagten: »Uns
ist Leid zugefügt worden, bevor du zu uns kamst und nachdem
du zu uns gekommen bist.« Er sagte: »Möge euer Herr euren
Feind verderben lassen und euch zu Nachfolgern auf der Erde
einsetzen und dann sehen, wie ihr handelt.« 130 Und Wir ließen
über die Leute des Pharao Dürrejahre und Mangel an Früchten
kommen, auf daß sie es bedenken. 131 Wenn ihnen dann etwas
Gutes zufiel, sagten sie: »Wir haben es verdient«; und wenn sie
etwas Übles traf, sahen sie ein böses Omen in Mose und denen,
die mit ihm waren. Aber ihr Omen ist bei Gott, jedoch wissen die

123: Mose. Oder: an Ihn, den Herrn von Mose.

meisten von ihnen nicht Bescheid. 132 Und sie sagten: »Welches Zeichen du auch vorbringen magst, um uns damit zu bezaubern, wir werden dir nicht glauben.« 133 So schickten Wir über sie die Flut, die Heuschrecken, die Läuse, die Frösche und das Blut als einzeln vorgebrachte Zeichen*. Da verhielten sie sich hochmütig und waren Leute, die Übeltäter waren. 134 Als nun das Zorngericht sie überfiel, sagten sie: »O Mose, rufe für uns deinen Herrn an aufgrund seines Bundes mit dir. Wenn du das Zorngericht von uns aufhebst, dann werden wir dir glauben und die Kinder Israels mit dir wegschicken.« 135 Als Wir dann das Zorngericht von ihnen aufhoben auf eine Frist, die sie ja erreichen sollten, brachen sie gleich ihr Wort. 136 Da rächten Wir uns an ihnen und ließen sie im Meer ertrinken dafür, daß sie unsere Zeichen für Lüge erklärten und sie unbeachtet ließen. 137 Und Wir gaben den Leuten, die wie Schwache behandelt wurden, zum Erbe die östlichen und die westlichen Gegenden der Erde, die Wir mit Segen bedacht haben. Und das schönste Wort deines Herrn erfüllte sich an den Kindern Israels dafür, daß sie geduldig waren. Und Wir zerstörten, was Pharao und sein Volk zu machen und was sie aufzurichten pflegten.

138 Und Wir ließen die Kinder Israels das Meer überqueren. Sie trafen auf Leute, die sich dem Dienst an ihren Götzen widmeten. Sie sagten: »O Mose, mache uns einen Gott, wie sie ja Götter haben.« Er sagte: »Ihr seid Leute, die töricht sind. 139 Was die da vollziehen, wird dem Verderben anheimfallen, und zunichte wird, was sie zu tun pflegten.« 140 Er sagte: »Sollte ich euch einen anderen Gott wünschen als Gott, wo Er euch doch vor den Weltenbewohnern bevorzugt hat?«

141 Und als Wir euch vor den Leuten Pharaos retteten, als sie euch eine schlimme Pein zufügten, indem sie eure Söhne ermordeten und nur eure Frauen am Leben ließen. Darin war für euch eine gewaltige Prüfung von eurem Herrn.

[17½] *142 Und wir verabredeten uns mit Mose* dreißig Nächte lang und ergänzten sie mit weiteren zehn. So vervollständigte sich der

133: Vgl. Bibel: Exodus 7,14–11,10.
142: Vgl. Bibel: Exodus 34,28.

Termin seines Herrn auf vierzig Nächte. Und Mose sagte zu seinem Bruder Aaron: »Sei mein Nachfolger bei meinem Volk, sorge für Ordnung und folge nicht dem Weg der Unheilstifter.«
143* Als Mose zu unserem Termin kam und sein Herr zu ihm sprach, sagte er: »Mein Herr, zeige (Dich) mir, daß ich zu Dir schaue.« Er sprach: »Du wirst Mich nicht sehen. Aber schau zu dem Berg. Wenn er an seiner Stelle festbleibt, wirst du Mich sehen.« Als sein Herr sich vor dem Berg enthüllte, machte Er ihn zu Staub, und Mose fiel zu Boden wie vom Blitz getroffen. Als er aufwachte, sagte er: »Preis sei Dir! Ich wende mich Dir zu, und ich bin der erste der Gläubigen.« 144 Er sprach: »O Mose, Ich habe dich durch meine Botschaften und mein Gespräch (mit dir) vor den Menschen auserwählt. So nimm, was Ich dir zukommen lasse, und sei einer der Dankbaren.« 145 Und Wir schrieben ihm auf den Tafeln über alle Dinge, eine Ermahnung und eine ins einzelne gehende Darlegung aller Dinge. »So nimm sie mit voller Kraft und befiehl deinem Volk, sich an das Schönste in ihnen zu halten. Ich werde euch die Wohnstätte der Frevler zeigen.«
146 Abweisen werde Ich von meinen Zeichen diejenigen, die sich auf der Erde zu Unrecht hochmütig verhalten. Wenn sie auch jedes Zeichen sehen, glauben sie nicht daran. Und wenn sie den Weg des richtigen Wandels sehen, nehmen sie ihn sich nicht zum Weg. Wenn sie den Weg der Verirrung sehen, nehmen sie ihn sich zum Weg. Dies, weil sie unsere Zeichen für Lüge erklären und sie unbeachtet lassen. 147 Diejenigen, die unsere Zeichen und die Begegnung mit dem Jenseits für Lüge erklären, deren Werke sind wertlos. Wird ihnen denn für etwas anderes vergolten als für das, was sie taten?
148* Und die Leute des Mose machten sich, nachdem er weggegangen war*, aus ihren Schmucksachen ein Kalb als Leib, der blökte. Sahen sie denn nicht, daß es nicht zu ihnen sprechen und sie nicht den Weg führen konnte? Sie machten es sich und taten Unrecht. 149 Und als sich bei ihnen die Reue einstellte und sie

143: Vgl. Bibel: Exodus 33,18–23.
148–156: Vgl. Bibel: Exodus 32.
148: Wörtlich: nach ihm.

einsahen, daß sie irregegangen waren, sagten sie: »Wenn unser Herr sich nicht unser erbarmt und uns vergibt, werden wir sicher zu den Verlierern gehören.« 150 Als Mose zornig und voller Bedauern zu seinem Volk zurückkam, sagte er: »Schlimm ist das, was ihr, nachdem ich weggegangen war*, begangen habt. Wolltet ihr den Befehl eures Herrn beschleunigen?« Er warf die Tafeln nieder und packte den Kopf seines Bruders und zog ihn an sich. Dieser sagte: »Sohn meiner Mutter, die Leute behandelten mich wie einen Schwachen und hätten mich beinahe getötet. So laß nicht die Feinde Schadenfreude über mich haben und stelle mich nicht zu den Leuten, die Unrecht tun.« 151 Er sagte: »Mein Herr, vergib mir und meinem Bruder, und laß uns in deine Barmherzigkeit eingehen. Du bist der Barmherzigste der Barmherzigen.« 152 Diejenigen, die sich das Kalb nahmen, wird Zorn von ihrem Herrn und Erniedrigung im diesseitigen Leben treffen. So vergelten Wir denen, die Lügen erdichten. 153 Diejenigen, die die bösen Taten begehen, aber danach umkehren und glauben – siehe, dein Herr ist danach voller Vergebung und barmherzig. 154 Und als sich der Zorn in Mose beruhigt hatte, nahm er die Tafeln. In ihrer Abschrift* ist Rechtleitung und Barmherzigkeit für die, die vor ihrem Herrn Ehrfurcht haben. 155* Und Mose wählte zu unserem Termin aus seinem Volk siebzig Männer. Als nun das Beben sie ergriff, sagte er: »Mein Herr, wenn Du gewollt hättest, hättest Du sie vorher verderben lassen, und mich auch. Willst Du uns verderben lassen für das, was die Toren unter uns getan haben? Es ist doch deine Versuchung, mit der Du irreführst, wen Du willst, und rechtleitest, wen Du willst. Du bist unser Freund, so vergib uns und erbarm
[17¾] dich unser. Du bist der Beste derer, die vergeben. *156 Und bestimme für uns im Diesseits Gutes, und auch im Jenseits. Wir sind zu Dir reumütig zurückgekehrt.« Er sprach: »Mit meiner Pein treffe Ich, wen Ich will. Und meine Barmherzigkeit umfaßt

150: Wörtlich: nach mir.

154: D. h. in ihrem Text und in dem, was von ihnen übernommen und geschrieben wird.

155: Vgl. Bibel: Numeri 11,16; 16,31–35; Exodus 32,30–35.

alle Dinge. Ich werde sie für die bestimmen, die gottesfürchtig sind und die Abgabe entrichten, und die an unsere Zeichen
glauben«, 157 die dem Gesandten, dem ungelehrten Propheten,
folgen, den sie bei sich in der Tora und im Evangelium verzeichnet finden. Er befiehlt ihnen das Rechte und verbietet ihnen das Verwerfliche, er erlaubt ihnen die köstlichen Dinge und verbietet ihnen die schlechten, und er nimmt ihnen ihre Last und die Fesseln, die auf ihnen lagen, ab. Diejenigen nun, die an ihn glauben, ihm beistehen, ihn unterstützen und dem Licht, das mit ihm herabgesandt worden ist, folgen, das sind die, denen es wohl ergeht.

158 Sprich: O Menschen, ich bin an euch alle der Gesandte Gottes, dem die Königsherrschaft der Himmel und der Erde gehört. Es gibt keinen Gott außer Ihm. Er macht lebendig und läßt sterben. So glaubt an Gott und seinen Gesandten, den ungelehrten Propheten, der an Gott und seine Worte glaubt, und folgt ihm, auf daß ihr die Rechtleitung findet.

159 Und unter dem Volk Moses ist eine Gemeinschaft, die nach der Wahrheit leitet und nach ihr gerecht handelt.

160* Und Wir zerteilten sie in zwölf Stämme und Gemeinschaften. Und Wir gaben dem Mose, als sein Volk ihn um Wasser zu trinken bat, ein: »Schlag mit deinem Stab auf den Stein.« Da brachen aus ihm zwölf Quellen hervor, und jede Menschengruppe wußte nun, wo ihre Trinkstelle war. Und Wir ließen die Wolken sie überschatten und sandten auf sie das Manna und die Wachteln hinab: »Eßt von den köstlichen Dingen, die Wir euch beschert haben.« Und nicht Uns taten sie Unrecht, sondern sich
selbst haben sie Unrecht getan. 161 Und als zu ihnen gesagt
wurde: »Bewohnet diese Stadt und eßt davon, wo ihr wollt. Und sagt: Entlastung!, und betretet das Tor in der Haltung der Niederwerfung, dann vergeben Wir euch eure Verfehlungen.
Und Wir werden den Rechtschaffenen noch mehr geben. 162 Da
vertauschten es diejenigen von ihnen, die Unrecht taten, mit einem Ausspruch, der anders war als das, was ihnen gesagt

160–162: Vgl. 2,57–60.

worden war. Da sandten Wir über sie ein Zorngericht vom
Himmel herab dafür, daß sie Unrecht taten.
163 Und frag sie nach der Stadt, die am Meer lag, als sie am
Sabbat Übertretungen begingen, wie ihre Fische zu ihnen
sichtbar geschwommen kamen am Tag, an dem sie Sabbat hat-
ten, und wie sie am Tag, an dem sie den Sabbat nicht hielten,
zu ihnen nicht kamen. So prüften Wir sie dafür, daß sie fre-
velten. 164 Und als eine Gemeinschaft von ihnen sagte:
»Warum ermahnt ihr Leute, die Gott verderben oder mit einer
schmerzhaften Pein peinigen wird?« Sie sagten: »Um eine Ent-
schuldigung bei eurem Herrn zu haben, und auf daß sie viel-
leicht gottesfürchtig werden.« 165 Und als sie vergessen hat-
ten, womit sie ermahnt worden waren, retteten Wir diejeni-
gen, die das Böse verboten, und ergriffen diejenigen, die
Unrecht taten, mit einer schlimmen Pein dafür, daß sie frevel-
ten. 166 Als sie sich rebellisch weigerten, das zu unterlassen,
was ihnen verboten war, sprachen Wir zu ihnen: »Werdet zu
verabscheuten Affen.«
167 Und als dein Herr ankündigte, Er werde gegen sie bis zum
Tag der Auferstehung Leute schicken, die ihnen eine schlimme
Pein zufügen. Dein Herr ist schnell im Bestrafen, und Er ist
voller Vergebung und barmherzig. 168 Und Wir zerteilten sie
auf der Erde in Gemeinschaften. Unter ihnen gab es Rechtschaf-
fene und solche, die es nicht waren. Und Wir prüften sie mit
Gutem und Bösem, auf daß sie umkehren. 169 Auf sie folgten
Nachfolger, die das Buch erbten. Sie greifen nach den Gütern des
Diesseits und sagen: »Es wird uns vergeben.« Und wenn sich
ihnen gleiche Güter bieten, greifen sie danach. Wurde nicht von
ihnen die Verpflichtung des Buches entgegengenommen, sie
sollen über Gott nur die Wahrheit sagen? Sie haben doch das,
was darin steht, erforscht. Und die jenseitige Wohnstätte ist
gewiß besser für die, die gottesfürchtig sind. Habt ihr denn
keinen Verstand? 170 Und diejenigen, die am Buch festhalten
und das Gebet verrichten – siehe, Wir lassen den Lohn derer, die
[18] Besserung zeigen, nicht verlorengehen. *171 Und als Wir über
sie den Berg emporhoben, als wäre er eine schattenspendende
Hülle, und sie meinten, er würde auf sie fallen: »Nehmt, was

Wir euch zukommen ließen, mit aller Kraft und gedenket dessen, was darin steht, auf daß ihr gottesfürchtig werdet.«

172 Und als dein Herr aus den Lenden der Kinder Adams ihre Nachkommenschaft nahm und gegen sich selbst zeugen ließ: »Bin Ich nicht euer Herr?« Sie sagten: »Jawohl, wir bezeugen es.« (Dies,) damit ihr nicht am Tag der Auferstehung sagt: »Wir ahnten nichts davon«, 173 oder auch nicht sagt: »Unsere Väter waren doch zuvor Polytheisten, und wir sind nur eine Nachkommenschaft nach ihnen. Willst Du uns denn verderben für die Taten derer, die Falsches tun*?« 174 So legen Wir die Zeichen im einzelnen dar, auf daß sie umkehren.

175 Und verlies ihnen den Bericht über den, dem Wir unsere Zeichen zukommen ließen und der sich dann ihrer entledigte. Da holte ihn der Satan ein, und er wurde einer von denen, die irregegangen sind. 176 Und wenn Wir gewollt hätten, hätten Wir ihn durch sie erhöht. Aber er wandte sich der Erde zu und folgte seiner Neigung. So ist es mit ihm wie mit einem Hund: Gehst du auf ihn los, hängt er die Zunge heraus; läßt du ihn in Ruhe, hängt er auch die Zunge heraus. So ist es mit den Leuten, die unsere Zeichen für Lüge erklären. Erzähle also, was es zu erzählen gibt, auf daß sie nachdenken.

177 Schlimm ist es mit den Leuten, die unsere Zeichen für Lüge erklären und sich selbst Unrecht tun. 178 Wen Gott rechtleitet, der ist es, der der Rechtleitung folgt. Und die, die Er irreführt, das sind die Verlierer. 179 Wir haben für die Hölle viele von den Djinn und den Menschen geschaffen. Sie haben Herzen, mit denen sie nicht begreifen; sie haben Augen, mit denen sie nicht sehen; und sie haben Ohren, mit denen sie nicht hören. Sie sind wie das Vieh, ja sie irren noch mehr ab. Das sind die, die (alles) unbeachtet lassen.

180 Gott gehören die schönsten Namen. So ruft Ihn damit an und laßt die stehen, die über seine Namen abwegig denken. Ihnen wird vergolten für das, was sie taten. 181 Und unter denen, die Wir erschaffen haben, ist eine Gemeinschaft (von Menschen), die nach der Wahrheit leiten und nach ihr gerecht

173: Oder: alles für falsch erklären.

handeln. 182 Und diejenigen, die unsere Zeichen für Lüge erklären,
werden Wir Schritt für Schritt (dem Verderben) näherbringen,
von wo sie es nicht wissen. 183 Und Ich gewähre ihnen Aufschub.
Meine List ist fest. 184 Denken sie denn nicht darüber nach? Ihr
Gefährte leidet doch nicht an Besessenheit; er ist nur ein deutli-
cher Warner. 185 Haben sie denn nicht das Reich der Himmel und
der Erde und all das, was Gott erschaffen hat, betrachtet, und auch
daß ihre Frist vielleicht nahegekommen ist? An welche Botschaft
nach dieser wollen sie denn sonst glauben? 186 Wen Gott
irreführt, der hat niemanden, der ihn rechtleiten könnte; und Er
läßt sie im Übermaß ihres Frevels blind umherirren.
187 Sie fragen dich nach der Stunde, wann sie feststehen wird.
Sprich: Nur mein Herr weiß über sie Bescheid. Nur Er wird sie
zu ihrer Zeit erscheinen lassen. Schwer lastet sie in den Himmeln
und auf der Erde. Sie wird euch plötzlich überkommen. Sie
fragen dich, als ob du eindringlich um Auskunft über sie bittest*.
Sprich: Nur Gott weiß über sie Bescheid. Aber die meisten
Menschen wissen nicht Bescheid. 188 Sprich: Ich kann mir selbst
weder Nutzen noch Schaden bringen, außer was Gott will. Wenn
ich über das Unsichtbare Bescheid wüßte, würde ich mir selbst
viel Gutes verschaffen, und das Böse würde mich nicht berühren.
Ich bin nur ein Warner und ein Freudenbote für Leute, die
glauben.
[18¼] *189 Er ist es, der euch aus einem einzigen Wesen erschaffen
hat, und Er hat aus ihm seine Gattin gemacht, damit er bei ihr
wohne. Und als er sie beschlafen hatte, trug sie dann eine leichte
Leibesfrucht und verbrachte damit eine Zeit. Als sie schwer zu
tragen hatte, riefen die beiden Gott, ihren Herrn, an: »Wenn Du
uns ein gesundes Kind schenkst, werden wir gewiß zu den
Dankbaren gehören.« 190 Als Er ihnen dann ein gesundes Kind
schenkte, stellten sie Ihm Gefährten zur Seite, die an dem
teilhaben sollten, was Er ihnen geschenkt hatte. Aber Gott ist
erhaben über das, was sie* (Ihm) beigesellen. 191 Wollen sie

187: Oder: Sie fragen dich nach ihr, als ob du ihnen große Ehre angedeihen ließest.

190: D. h. allgemein die Polytheisten unter den Menschen.

(Ihm) denn solche beigesellen, die nichts erschaffen, aber selbst erschaffen sind, 192 und die ihnen keine Unterstützung gewähren, noch sich selbst helfen können? 193 Und wenn ihr sie zur Rechtleitung ruft, folgen sie euch nicht. Es ist für euch gleich, ob ihr sie ruft oder ob ihr schweigt. 194 Diejenigen, die ihr anstelle Gottes anruft, sind nur Diener wie ihr selbst. So ruft sie doch an, daß sie euch erhören, so ihr die Wahrheit sagt. 195 Haben sie denn (überhaupt) Füße, mit denen sie gehen, oder haben sie Hände, mit denen sie gewaltig zugreifen, oder haben sie Augen, mit denen sie sehen, oder haben sie Ohren, mit denen sie hören? Sprich: Ruft eure Teilhaber an, und dann geht gegen mich mit eurer List vor und gewährt mir keinen Aufschub. 196 Mein Freund ist Gott, der das Buch herabgesandt hat, und Er schenkt seine Freundschaft den Rechtschaffenen. 197 Diejenigen, die ihr anstelle Gottes anruft, können euch keine Unterstützung gewähren, noch können sie sich selbst helfen. 198 Und wenn ihr sie zur Rechtleitung ruft, hören sie nicht. Du siehst, wie sie dich anschauen, aber sie sehen nicht.

199 Nimm das Gute und Leichte*, gebiete das Rechte und wende dich von den Törichten ab. 200 Und wenn dich vom Satan her ein Stachel aufstachelt, dann suche Zuflucht bei Gott. Er hört und weiß alles. 201 Diejenigen, die gottesfürchtig sind, wenn sie eine Heimsuchung vom Satan her trifft, erinnern sich*, und sogleich werden sie einsichtig. 202 Ihre Brüder aber bestärken sie im Irrtum, und dann lassen sie darin nicht nach*. 203 Und wenn du ihnen kein Zeichen vorbringst, sagen sie: »Hättest du es dir doch selbst ausgesucht!« Sprich: Ich folge nur dem, was mir von meinem Herrn offenbart wird. Dies sind einsichtbringende Zeichen von eurem Herrn und eine Rechtleitung und eine Barmher-

199: Oder: Nimm (als Abgabe) das Entbehrliche (vgl. 2,219); oder: Übe Nachsicht.

201: Oder: wenden das Gedenken (Gottes) an. – Sie erinnern sich an die Gebote Gottes und lassen sich dadurch ermahnen.

202: Die Satane bestärken ihre Brüder, d. h. ihresgleichen und ihre Anhänger, im Irrtum, und dann lassen sie auch darin nicht nach – oder: diese Brüder lassen dann darin nicht nach.

zigkeit für Leute, die glauben. 204 Und wenn der Koran verlesen
wird, dann hört zu und seid still, auf daß ihr Erbarmen findet.
205 Und gedenke deines Herrn in deinem Inneren in Demut und
Furcht und ohne lautes Aussprechen, am Morgen und am Abend.
Und sei nicht einer von denen, die (dies) unbeachtet lassen. 206
Diejenigen, die bei deinem Herrn sind, weigern sich nicht hoch-
mütig, Ihm zu dienen. Sie preisen Ihn und werfen sich vor Ihm
nieder.

Sure 8

Die Beute (al-Anfāl)

zu Medina, 75 Verse

Im Namen Gottes, des Erbarmers, des Barmherzigen.

[18½] 1 Sie fragen dich nach der Beute. Sprich: Die Beute gehört Gott
und dem Gesandten. So fürchtet Gott und stiftet Aussöhnung
untereinander, und gehorchet Gott und seinem Gesandten, so ihr
gläubig seid. 2 Die Gläubigen, das sind diejenigen, deren Herzen
sich ängstigen, wenn Gottes gedacht wird, und die, wenn ihnen
seine Zeichen verlesen werden, dadurch in ihrem Glauben
bestärkt werden und die auf ihren Herrn vertrauen, 3 die das
Gebet verrichten und von dem spenden, was Wir ihnen beschert
haben. 4 Das sind die wahren Gläubigen. Bestimmt sind für sie
bei ihrem Herrn Rangstufen und Vergebung und trefflicher
Unterhalt.

5 So wie dein Herr* dich aus deinem Haus ausziehen ließ der
richtigen Entscheidung gemäß, während es einem Teil der Gläu-
bigen zuwider war. 6 Sie stritten ja mit dir über das Richtige,
nachdem es deutlich geworden war, als würden sie in den Tod
getrieben, während sie zuschauen. 7 Und als Gott euch ver-

5: D. h., Gott entscheidet über die Beute, wie Er auch das veranlaßt hat, was im Vers erwähnt wird.

sprach*, daß die eine der beiden Gruppen für euch bestimmt sei,
ihr aber wünschtet, daß diejenige ohne Wehrkraft für euch
bestimmt sei. Jedoch wollte Gott mit seinen Worten die Wahr-
heit bestätigen und den letzten Rest der Ungläubigen ausmerzen,
8 um die Wahrheit zu bestätigen und das Falsche nichtig zu
machen, auch wenn es den Übeltätern zuwider war.
9 Als ihr euren Herrn um Rettung batet, und Er euch erhörte:
»Ich werde euch mit tausend hintereinander reitenden Engeln
beistehen.« 10 Und Gott machte es nur deswegen, damit es eine
Frohbotschaft sei und damit eure Herzen dadurch Ruhe finden.
Der Sieg kommt ja nur von Gott. Gott ist mächtig und weise. 11
Als Er Schläfrigkeit euch überkommen ließ als Sicherheit von
Ihm her und Wasser vom Himmel auf euch herabsandte, um
euch damit rein zu machen und die Unreinheit des Satans von
euch zu entfernen, und um eure Herzen zu stärken und eure
Schritte damit zu festigen. 12 Als dein Herr den Engeln eingab:
»Ich bin mit euch. Festigt diejenigen, die glauben. Ich werde den
Herzen derer, die ungläubig sind, Schrecken einjagen. So schlagt
auf die Nacken und schlagt auf jeden Finger von ihnen.« 13 Dies
dafür, daß sie sich Gott und seinem Gesandten widersetzten. Und
wenn jemand sich Gott und seinem Gesandten widersetzt, so
verhängt Gott eine harte Strafe. 14 Das ist sie, so kostet sie. Und
wißt: Bestimmt ist für die Ungläubigen die Pein des Feuers.
15 O ihr, die ihr glaubt, wenn ihr auf die, die ungläubig sind,
trefft, während sie zur Schlacht anrücken, dann kehret ihnen
nicht den Rücken. 16 Wer ihnen an jenem Tag den Rücken kehrt
– es sei denn, er setzt sich ab zum Kampf, oder er stößt zu einer
anderen Schar –, zieht sich den Zorn Gottes zu. Seine Heim-
stätte ist die Hölle – welch schlimmes Ende! 17 Nicht ihr habt sie
getötet, sondern Gott hat sie getötet. Und nicht du hast gewor-
fen, als du geworfen hast, sondern Gott hat geworfen. Und Er
wollte die Gläubigen einer schönen Prüfung unterziehen. Gott
hört und weiß alles. 18 Das ist es. Und so wollte Gott die List der
Ungläubigen wirkungslos machen. 19 Wenn ihr einen Richter-

7ff.: Es geht hier um die Schlacht bei Badr (624), die mit einem Sieg der Muslime endete.

spruch verlangt, so ist der Richterspruch zu euch gekommen.
Und wenn ihr aufhört, so ist es besser für euch. Und wenn ihr
(dazu) zurückkehrt, kehren Wir (auch) zurück. Und eure Schar
wird nichts von euch abwenden können, auch wenn sie zahlreich
sein sollte. Und siehe, Gott ist mit den Gläubigen.

20 O ihr, die ihr glaubt, gehorchet Gott und seinem Gesandten,
und kehrt euch nicht von ihm ab, wo ihr doch hört. 21 Und seid
nicht wie diejenigen, die sagen: »Wir hören«, wo sie doch nicht
[18¾] hören. *22 Die schlimmsten Tiere bei Gott sind die tauben und
stummen, die keinen Verstand haben. 23 Hätte Gott bei ihnen
etwas Gutes festgestellt, hätte Er sie hören lassen. Und wenn Er
sie hätte hören lassen, so hätten sie sich (dennoch) abgekehrt und
abgewandt. 24 O ihr, die ihr glaubt, erhört Gott und den
Gesandten, wenn er euch zu dem aufruft, was euch Leben gibt.
Und wißt, daß Gott zwischen dem Menschen und seinem Herzen
trennt, und daß ihr zu Ihm versammelt werdet. 25 Und hütet
euch vor einer Versuchung, die gewiß nicht ausschließlich dieje-
nigen von euch treffen wird, die Unrecht tun. Und wißt, Gott
verhängt eine harte Strafe. 26 Und gedenket, als ihr auf der Erde
waret und als Schwache behandelt wurdet und fürchtetet, daß
euch die Menschen hinwegraffen würden. Da hat Er euch unter-
gebracht und euch mit seiner Unterstützung gestärkt und euch
(einiges) von den köstlichen Dingen beschert, auf daß ihr dankbar
seid.

27 O ihr, die ihr glaubt, seid nicht treulos gegenüber Gott und
dem Gesandten, und seid nicht treulos in bezug auf die euch
anvertrauten Dinge, wo ihr es wißt. 28 Und wißt, daß euer
Vermögen und eure Kinder eine Versuchung sind und daß Gott
einen großartigen Lohn bereithält. 29 O ihr, die ihr glaubt, wenn
ihr Gott fürchtet, bestellt Er euch eine Unterscheidungsnorm,
sühnt euch eure Missetaten und vergibt euch. Und Gott besitzt
große Huld.

30 Und als diejenigen, die ungläubig sind, gegen dich Ränke
schmiedeten, um dich festzunehmen oder zu töten oder zu
vertreiben*. Sie schmiedeten Ränke, und Gott schmiedete

30: Erinnerung an die Zeit der Bedrängnis in Mekka.

Ränke. Gott ist der Beste derer, die Ränke schmieden. 31 Und
wenn ihnen unsere Zeichen verlesen werden, sagen sie: »Wir
haben es gehört. Wenn wir wollten, könnten auch wir etwas
Derartiges sagen. Das sind nichts als Fabeln der Früheren.« 32
Und als sie sagten: »O unser Gott, wenn dies die Wahrheit von
Dir ist, so laß auf uns Steine vom Himmel regnen, oder bring
über uns eine schmerzhafte Pein.« 33 Aber Gott konnte sie wohl
unmöglich peinigen, während du noch in ihrer Mitte warst; und
Er konnte sie wohl unmöglich peinigen, während sie um Verge-
bung baten. 34 Und warum sollte Gott sie nicht peinigen, wo sie
(euch) von der heiligen Moschee abweisen und sie nicht seine
Freunde sind*? Seine Freunde sind ja nur die Gottesfürchtigen.
Aber die meisten von ihnen wissen nicht Bescheid. 35 Und ihr
Gebet beim Haus ist nur Pfeifen und Klatschen. So kostet die
Pein dafür, daß ihr ungläubig waret.
36 Diejenigen, die ungläubig sind, spenden ihr Vermögen, um
vom Weg Gottes abzuweisen. Sie werden es spenden, und dann
wird es ein Bedauern für sie sein. Dann werden sie besiegt
werden. Und diejenigen, die ungläubig sind, werden zur Hölle
versammelt werden, 37 damit Gott das Schlechte vom Guten
unterscheide und das Schlechte übereinander tue, es allesamt
zusammenhäufe und in die Hölle stelle. Das sind die Verlierer.
38 Sprich zu denen, die ungläubig sind: Wenn sie aufhören, wird
ihnen vergeben, was vorher geschah. Wenn sie (dazu) zurück-
kehren, so steht fest, wie an den Früheren gehandelt wurde*. 39
Und kämpft gegen sie, bis es keine Verführung mehr gibt und bis
die Religion gänzlich nur noch Gott gehört. Wenn sie aufhören,
so sieht Gott wohl, was sie tun. 40 Und wenn sie sich abkehren,
so wißt, daß Gott euer Schutzherr ist: Welch vorzüglicher
Schutzherr und welch vorzüglicher Helfer!
41 Und wißt: Wenn ihr etwas erbeutet, so gehört ein Fünftel 10. Teil
davon Gott und dem Gesandten, und den Verwandten, den [19]
Waisen, den Bedürftigen, dem Reisenden, so ihr an Gott glaubt

34: Hier geht es wieder um die gegenwärtige Lage.
38: So wird auch an ihnen gehandelt.
41ff.: Es geht hier um die Schlacht bei Badr (624).

und an das, was Wir auf unseren Diener am Tag der Unterscheidung hinabgesandt haben, am Tag, da die beiden Scharen aufeinandertrafen. Und Gott hat Macht zu allen Dingen. 42 Als ihr auf der näheren Talseite waret, sie auf der ferneren Talseite und die Reittiere unterhalb von euch. Und wenn ihr euch verabredet hättet, wäret ihr über die Verabredung nicht einig geworden, aber Gott wollte eine Angelegenheit entscheiden, die zur Ausführung kommen sollte, damit diejenigen, die umkamen, aufgrund eines deutlichen Zeichens umkämen, und diejenigen, die am Leben blieben, aufgrund eines deutlichen Zeichens am Leben blieben*. Und Gott hört und weiß alles. 43 Als Gott dich in deinem Traum sie als wenige sehen ließ. Hätte Er dich sie als viele sehen lassen, ihr wäret verzagt und hättet miteinander über die Angelegenheit gestritten. Aber Gott hat euch (davor) bewahrt. Er weiß über das innere Geheimnis Bescheid. 44 Und als Er sie, als ihr aufeinandertraft, in euren Augen als wenige erscheinen ließ, und (auch) euch in ihren Augen weniger machte, damit Gott eine Angelegenheit entscheide, die zur Ausführung kommen sollte. Und zu Gott werden alle Angelegenheiten zurückgebracht.

45 O ihr, die ihr glaubt, wenn ihr auf eine Schar trefft, so steht fest und gedenket Gottes viel, auf daß es euch wohl ergehe. 46 Und gehorchet Gott und seinem Gesandten, und streitet nicht miteinander, sonst würdet ihr verzagen, und eure Durchsetzungskraft* würde auch schwinden. Und seid standhaft. Gott ist mit den Standhaften. 47* Und seid nicht wie diejenigen, die aus ihren Wohnstätten auszogen, aus Übermut und um von den Menschen gesehen zu werden, und die vom Weg Gottes abweisen. Gott umfaßt, was sie tun. 48 Und als der Satan ihnen ihre

42: D. h. die Muslime und ihre Gegner aus Mekka. Gott wollte, daß der Kampf stattfinde, um die Niederlage und den Tod der Ungläubigen sowie den Sieg des Islams und das Überleben der Gläubigen eindeutig feststellbar zu machen.

46: Wörtlich: Wind. Der Wind treibt die Segel und bringt das Ziel näher.

47–48: Die Mekkaner vor der Schlacht bei Badr (624).

Taten verlockend machte und sagte: »Es gibt niemanden unter den Menschen, der euch heute besiegen könnte. Und ich bin euch ein (hilfsbereiter) Nachbar.« Als aber die beiden Scharen einander sahen, machte er auf seinen Fersen kehrt und sagte: »Ich bin euer ledig. Ich sehe, was ihr nicht seht. Ich fürchte Gott. Gott verhängt eine harte Strafe.«

49* Als die Heuchler und die, in deren Herzen Krankheit ist, sagten: »Betört hat diese da ihre Religion.« Wenn einer aber auf Gott vertraut, so ist Gott mächtig und weise. 50 Und wenn du nur zuschauen könntest, wenn die Engel diejenigen abberufen, die ungläubig sind: Sie schlagen sie ins Gesicht und auf das Hinterteil: »Kostet die Pein des Feuerbrandes. 51 Dies für das, was eure Hände vorausgeschickt haben, und weil Gott den Dienern kein Unrecht tut.« 52 Es ist wie mit den Leuten des Pharao und denen, die vor ihnen lebten. Sie verleugneten die Zeichen Gottes, so suchte sie Gott wegen ihrer Sünden heim. Gott ist stark und verhängt eine harte Strafe. 53 Dies, weil Gott niemals seine Gnade, mit der Er ein Volk begnadet hat, ändert, bis sie selbst das ändern, was in ihrem Innern ist, und weil Gott alles hört und weiß. 54 Es ist wie mit den Leuten des Pharao und denen, die vor ihnen lebten: Sie erklärten die Zeichen ihres Herrn für Lüge, so ließen Wir sie für ihre Sünden verderben, und Wir ließen die Leute des Pharao ertrinken. Sie waren ja alle Leute, die Unrecht taten.

55* Die schlimmsten Tiere bei Gott sind die, die ungläubig sind und weiterhin nicht glauben, 56 mit denen du einen Vertrag geschlossen hast, die aber dann ihren Vertrag jedesmal brechen und nicht gottesfürchtig sind. 57 Und wenn du sie im Krieg triffst, dann verscheuche mit ihnen diejenigen, die hinter ihnen stehen, auf daß sie es bedenken. 58 Und wenn du von bestimmten Leuten Verrat fürchtest, so kündige ihnen (den Vertrag) so eindeutig auf, daß Gleichheit* zwischen euch besteht. Gott liebt ja die Verräter nicht. 59 Und diejenigen, die ungläubig sind,

49: Hier geht es um den Grabenkrieg zu Medina (627).
55ff.: Gemeint sind hier die Juden von Medina.
58: Gleichheit im Wissen um die Aufkündigung des Vertrags.

sollen nicht meinen, sie seien (euch) voraus. Sie werden nichts
vereiteln können. 60 Und rüstet gegen sie, was ihr an Kraft und
an einsatzbereiten Pferden haben könnt, um damit den Feinden
Gottes und euren Feinden Angst zu machen, sowie anderen
außer ihnen, die ihr nicht kennt; Gott aber kennt sie. Und was
ihr auch auf dem Weg Gottes spendet, wird euch voll zurücker-
[19¼] stattet, und euch wird nicht Unrecht getan. *61 Und wenn sie
sich dem Frieden zuneigen, dann neige auch du dich ihm zu und
vertrau auf Gott*. Er ist der, der alles hört und weiß. 62 Und
wenn sie dich betrügen wollen, so genügt dir Gott. Er ist es, der
dich mit seiner Unterstützung und mit den Gläubigen gestärkt 63
und zwischen ihren Herzen Vertrautheit gestiftet hat. Wenn du
alles, was auf Erden ist, (dafür) ausgegeben hättest, hättest du
nicht zwischen ihren Herzen Vertrautheit stiften können. Aber
Gott hat zwischen ihnen Vertrautheit gestiftet. Er ist mächtig
und weise. 64 O Prophet, Gott genügt dir und auch denen* von
den Gläubigen, die dir folgen. 65 O Prophet, sporne die Gläubi-
gen zum Kampf an. Wenn es unter euch auch nur zwanzig gibt,
die standhaft sind, werden sie zweihundert besiegen. Und wenn
es unter euch hundert gibt, werden sie tausend von denen, die
ungläubig sind, besiegen. Dies dafür, daß sie Leute sind, die nicht
begreifen. 66 Jetzt hat Gott euch Erleichterung gewährt. Er weiß,
daß in euren Reihen Schwachheit vorkommt. Wenn es unter
euch hundert Standhafte gibt, werden sie zweihundert besiegen,
und wenn es unter euch tausend gibt, werden sie zweitausend
besiegen, mit Gottes Erlaubnis. Und Gott ist mit den Stand-
haften.

67 Es steht einem Propheten nicht zu, Gefangene zu haben, bis er auf der Erde stark gewütet hat. Ihr wollt die Güter des Diesseits, und Gott will das Jenseits. Gott ist mächtig und weise. 68 Gäbe es nicht eine früher ergangene Bestimmung von Gott, so hätte euch für das, was ihr genommen habt, eine gewaltige Pein ergriffen. 69 Eßt nun von dem, was ihr erbeutet habt, so es erlaubt und köstlich ist, und fürchtet Gott. Gott ist voller Vergebung und

61: Vgl. 4,90.
64: Oder: auch die ...

barmherzig. 70 O Prophet, sprich zu denen von den Gefangenen, die sich in eurer Gewalt befinden: »Wenn Gott in euren Herzen etwas Gutes feststellt, läßt Er euch etwas Besseres zukommen als das, was euch genommen worden ist, und vergibt euch. Und Gott ist voller Vergebung und barmherzig.« 71 Und wenn sie dich verraten wollen, so haben sie zuvor Gott verraten, und Er hat sie dann (eurer) Gewalt preisgegeben. Und Gott weiß Bescheid und ist weise.

72 Diejenigen, die glaubten und ausgewandert sind und sich mit ihrem Vermögen und mit ihrer eigenen Person auf dem Weg Gottes eingesetzt haben, und diejenigen, die (jene) untergebracht und unterstützt haben, sind untereinander Freunde. Mit denen aber, die glauben und nicht ausgewandert sind, habt ihr keine Freundschaft zu pflegen, bis sie auswandern. Wenn sie euch jedoch um Unterstützung wegen der (euch gemeinsamen) Religion bitten, so habt ihr die Pflicht zur Unterstützung, außer gegen Leute, zwischen denen und euch eine Vertragspflicht besteht. Und Gott sieht wohl, was ihr tut. 73 Und diejenigen, die ungläubig sind, sind untereinander Freunde. Wenn ihr es nicht tut*, wird es im Land Verführung und großes Unheil geben. 74 Und diejenigen, die glauben und ausgewandert sind und sich auf dem Weg Gottes eingesetzt haben, und diejenigen, die (jene) untergebracht und unterstützt haben, das sind die wahren Gläubigen. Bestimmt ist für sie Vergebung und ein trefflicher Unterhalt. 75 Und diejenigen, die danach geglaubt haben und ausgewandert sind und sich mit euch eingesetzt haben, sie gehören zu euch. Aber die Blutsverwandten haben eher Anspruch aufeinander*; dies steht im Buch Gottes. Gott weiß über alle Dinge Bescheid.

73: Gemeint ist die gegenseitige Unterstützung der Gläubigen und die Weigerung der Freundschaft mit den Ungläubigen.

75: auf gegenseitige Freundschaft und Unterstützung, und auch auf ein eventuell anfallendes Erbe; vgl. 33,6.

Sure 9

Die Umkehr (al-Tauba)*

zu Medina, 129 Verse

[19½] 1 Aufkündigung* von seiten Gottes und seines Gesandten an
diejenigen unter den Polytheisten, mit denen ihr einen Vertrag
abgeschlossen habt. 2 Nun zieht im Land vier Monate umher und
wißt, daß ihr Gottes Willen nicht vereiteln könnt, und daß Gott
die Ungläubigen zuschanden macht.
3 Und Bekanntmachung von seiten Gottes und seines Gesandten
an die Menschen am Tag der großen Wallfahrt: Gott ist der
Polytheisten ledig, und auch sein Gesandter. Wenn ihr umkehrt,
ist es besser für euch. Wenn ihr abkehrt, so wißt, daß ihr Gottes
Willen nicht vereiteln könnt. Und verkünde denen, die ungläubig
sind, eine schmerzhafte Pein. 4 Mit Ausnahme derer von den
Polytheisten, mit denen ihr einen Vertrag geschlossen habt und
die euch in nichts fehlen lassen und niemandem gegen euch
beigestanden haben. So erfüllt ihnen gegenüber ihren Vertrag bis
zu der ihnen eingeräumten Frist. Gott liebt die Gottesfürchtigen.
5 Wenn die heiligen Monate abgelaufen sind, dann tötet die
Polytheisten, wo immer ihr sie findet, greift sie, belagert sie und
lauert ihnen auf jedem Weg auf. Wenn sie umkehren, das Gebet
verrichten und die Abgabe entrichten, dann laßt sie ihres Weges
ziehen: Gott ist voller Vergebung und barmherzig.
6 Und wenn einer von den Polytheisten dich* um Schutz bittet,
so gewähre ihm Schutz, bis er das Wort Gottes hört. Danach laß
ihn den Ort erreichen, in dem er in Sicherheit ist. Dies, weil sie
Leute sind, die nicht Bescheid wissen. 7 Wie sollten die Polythe-

* Das ist die einzige Sure, die nicht mit der üblichen Formel (basmala) beginnt: Im Namen Gottes, des Erbarmers, des Barmherzigen.

1: Aufkündigung des Friedensvertrags von Ḥudaybiyya (628) mit den Mekkanern; oder: Schutzerklärung zugunsten derer unter den Polytheisten, mit denen …

6: Muḥammad.

isten Gott und seinem Gesandten gegenüber einen Vertrag geltend machen, ausgenommen die, mit denen ihr bei der heiligen Moschee einen Vertrag abgeschlossen habt? Solange sie sich euch gegenüber recht verhalten, verhaltet auch ihr euch ihnen gegenüber recht. Gott liebt die Gottesfürchtigen. 8 Wie sollten sie dies tun, wo sie doch, wenn sie die Oberhand über euch bekommen, euch gegenüber weder Verwandtschaft noch Schutzbund beachten? Sie stellen euch zufrieden mit ihrem Munde, aber ihre Herzen sind voller Ablehnung. Und die meisten von ihnen sind Frevler. 9 Sie haben die Zeichen Gottes gegen einen geringen Preis vertauscht und so die Menschen von seinem Weg abgewiesen. Schlimm ist, was sie immer wieder getan haben. 10 Sie beachten einem Gläubigen gegenüber weder Verwandtschaft noch Schutzbund. Das sind die, die Übertretungen begehen. 11 Wenn sie umkehren, das Gebet verrichten und die Abgabe entrichten, dann sind sie eure Brüder in der Religion. Wir legen die Zeichen im einzelnen dar für Leute, die Bescheid wissen. 12 Wenn sie aber nach Vertragsabschluß ihre Eide brechen und eure Religion angreifen, dann kämpft gegen die Anführer des Unglaubens. Für sie gibt es ja keine Eide. Vielleicht werden sie aufhören. 13 Wollt ihr nicht gegen Leute kämpfen, die ihre Eide gebrochen haben und im Begriff gewesen sind, den Gesandten zu vertreiben, wobei sie zuerst gegen euch vorgegangen sind? Fürchtet ihr sie? Gott hat eher darauf Anspruch, daß ihr Ihn fürchtet, so ihr gläubig seid. 14 Kämpft gegen sie, so wird Gott sie durch eure Hände peinigen, sie zuschanden machen und euch gegen sie unterstützen, die Brust gläubiger Leute wieder heil machen 15 und den Groll ihrer Herzen entfernen. Und Gott wendet sich, wem Er will, wieder zu. Und Gott weiß Bescheid und ist weise. 16 Oder meint ihr, daß ihr in Ruhe gelassen werdet, bevor Gott in Erfahrung gebracht hat, wer von euch sich eingesetzt und sich außer Gott, seinem Gesandten und den Gläubigen keinen Freund genommen hat? Und Gott hat Kenntnis von dem, was ihr tut.

17 Es steht den Polytheisten nicht zu, in den Moscheen Gottes zu verweilen und Dienst zu tun, wo sie gegen sich selbst bezeugen, ungläubig zu sein. Deren Werke sind wertlos, und sie werden im Feuer ewig weilen. 18 In den Moscheen Gottes verweilen und

Dienst tun dürfen nur die, die an Gott und den Jüngsten Tag
glauben, das Gebet verrichten, die Abgabe entrichten und nie-
manden fürchten außer Gott. Mögen diese zu denen gehören, die
[19¾] der Rechtleitung folgen! *19 Wollt ihr etwa die Tränkung der
Pilger und den Dienst in der heiligen Moschee so bewerten, wie
(die Werke dessen), der an Gott und den Jüngsten Tag glaubt und
sich auf dem Weg Gottes einsetzt? Sie sind bei Gott nicht gleich.
Und Gott leitet die ungerechten Leute nicht recht. 20 Diejenigen,
die glauben und ausgewandert sind und sich auf dem Weg Gottes
mit ihrem Vermögen und mit ihrer eigenen Person eingesetzt
haben, haben eine höhere Rangstufe bei Gott. Das sind die
Erfolgreichen. 21 Ihr Herr verkündet ihnen eine Barmherzigkeit
von sich und Wohlgefallen und Gärten, in denen sie beständige
Wonne haben; 22 darin werden sie auf immer ewig weilen. Bei
Gott steht ein großartiger Lohn bereit.

23 O ihr, die ihr glaubt, nehmt euch nicht eure Väter und eure
Brüder zu Freunden, wenn sie den Unglauben dem Glauben
vorziehen. Diejenigen von euch, die sie zu Freunden nehmen, das
sind die, die Unrecht tun. 24 Sprich: Wenn eure Väter, eure
Söhne, eure Brüder, eure Gattinnen und eure Verwandten, ein
Vermögen, das ihr erworben habt, eine Handelsware, die ihr
fürchtet nicht loszuwerden, und Wohnungen, die euch gefallen,
euch lieber sind als Gott und sein Gesandter und der Einsatz auf
seinem Weg, dann wartet ab, bis Gott mit seinem Befehl kommt.
Gott leitet die frevlerischen Leute nicht recht. 25 Gott hat euch
an vielen Orten unterstützt, und auch am Tag von Ḥunayn*, als
eure große Zahl euch gefiel, von euch aber nichts abwenden
konnte. Die Erde wurde euch eng trotz ihrer Weite. Daraufhin
kehrtet ihr den Rücken. 26 Dann sandte Gott seine ruhespen-
dende Gegenwart auf seinen Gesandten und auf die Gläubigen
herab. Und Er sandte Truppen, die ihr nicht sehen konntet, herab
und peinigte diejenigen, die ungläubig waren. Das ist die Vergel-
tung für die Ungläubigen. 27 Und Gott wendet sich danach
gnädig zu, wem Er will. Und Gott ist voller Vergebung und
barmherzig.

25: Die Schlacht von Ḥunayn, einem Ort zwischen Mekka und Ṭā'if, erfolgte kurz nach der Einnahme von Mekka, im Januar 630.

28 O ihr, die ihr glaubt, die Polytheisten sind unrein, so sollen sie
nach diesem ihrem Jahr sich der heiligen Moschee nicht mehr
nähern. Und wenn ihr fürchtet, (deswegen) arm zu werden*, so
wird Gott euch von seiner Huld reich machen, wenn Er will. Gott
weiß Bescheid und ist weise.
29 Kämpft gegen diejenigen, die nicht an Gott und nicht an den
Jüngsten Tag glauben und nicht verbieten, was Gott und sein
Gesandter verboten haben, und nicht der Religion der Wahrheit
angehören – von denen, denen das Buch zugekommen ist, bis sie
von dem, was ihre Hand besitzt, Tribut entrichten als Ernied-
rigte. 30 Die Juden sagen: »`Uzayr ist Gottes Sohn.« Und die
Christen sagen: »Christus ist Gottes Sohn.« Das ist ihre Rede aus
ihrem eigenen Munde. Damit reden sie wie die, die vorher
ungläubig waren. Gott bekämpfe sie! Wie leicht lassen sie sich
doch abwenden! 31 Sie nahmen sich ihre Gelehrten und ihre
Mönche zu Herren neben Gott, sowie auch Christus, den Sohn
Marias. Dabei wurde ihnen doch nur befohlen, einem einzigen
Gott zu dienen. Es gibt keinen Gott außer Ihm. Preis sei Ihm!
Erhaben ist Er über das, was sie (Ihm) beigesellen. 32 Sie wollen
das Licht Gottes mit ihrem Mund auslöschen. Aber Gott besteht
darauf, sein Licht zu vollenden, auch wenn es den Ungläubigen
zuwider ist. 33 Er ist es, der seinen Gesandten mit der Rechtlei-
tung und der Religion der Wahrheit gesandt hat, um ihr die
Oberhand zu verleihen über alle Religion, auch wenn es den
Polytheisten zuwider ist. *34 O ihr, die ihr glaubt, viele von den [20]
Gelehrten und den Mönchen verzehren das Vermögen der Men-
schen durch Betrug und weisen (sie) vom Weg Gottes ab.
Denjenigen, die Gold und Silber horten und es nicht auf dem
Weg Gottes spenden, verkünde eine schmerzhafte Pein, 35 am
Tag, da im Feuer der Hölle darüber* angeheizt wird und damit
ihre Stirn, ihre Seiten und ihr Rücken gebrandmarkt werden.
Dies ist, was ihr für euch selbst gehortet habt. So kostet, was ihr
immer wieder gehortet habt.

28: durch den Verdienstausfall, der durch das Ausbleiben der heidnischen Pilger bedingt ist.

35: über Gold und Silber.

36 Die Zahl der Monate bei Gott ist zwölf Monate, im Buch Gottes festgestellt am Tag, da Er die Himmel und die Erde erschaffen hat. Vier davon sind heilig*. Das ist die richtige Religion. So tut euch selbst in ihnen kein Unrecht. Und kämpft gegen die Polytheisten allesamt, wie sie gegen euch allesamt kämpfen. Und wißt, Gott ist mit den Gottesfürchtigen. 37 Der Brauch des verschobenen Monats zeugt von mehr Unglauben*. Damit werden diejenigen, die ungläubig sind, irregeführt, so daß sie ihn in einem Jahr für profan und in einem (anderen) Jahr für heilig erklären, um die Zahl dessen, was Gott für heilig erklärt hat, auszugleichen; so erklären sie für profan, was Gott für heilig erklärt hat. Ihr schlechtes Tun ist ihnen verlockend gemacht worden. Gott leitet die ungläubigen Leute nicht recht.
38 O ihr, die ihr glaubt, was ist mit euch, daß ihr, wenn zu euch gesagt wird: »Rückt aus auf dem Weg Gottes«, euch schwer bis zur Erde neigt? Gefällt euch das diesseitige Leben mehr als das jenseitige? Aber die Nutznießung des diesseitigen Lebens ist im (Vergleich mit dem) Jenseits nur gering(zuschätzen). 39 Wenn ihr nicht ausrückt, peinigt Er euch mit einer schmerzhaften Pein und nimmt an eurer Stelle ein anderes Volk, und ihr könnt Ihm keinen Schaden zufügen. Gott hat Macht zu allen Dingen. 40 Wenn ihr ihn* nicht unterstützt, so hat Gott ihn (schon damals) unterstützt, als diejenigen, die ungläubig sind, ihn zusammen mit einem zweiten Mann* vertrieben haben. Sie waren beide in der Höhle, und er sagte zu seinem Gefährten: »Sei nicht traurig. Gott ist mit uns.« Da sandte Gott seine Ruhe spendende Gegenwart auf ihn herab und stärkte ihn mit Truppen, die ihr nicht sehen konntet. Und Er machte das Wort derer, die ungläubig

36: Das sind Muḥarram (der erste des Mondkalenders), Radjab (der 7.), Dhū l-qa`da (der 11.) und Dhū l-ḥidjja (der 12.).

37: Der erste Monat des Jahres, Muḥarram, galt als heilig. Die Araber pflegten jedoch, um die Zeit der heiligen Monate (11., 12. und 1.: drei Monate hintereinander) zu unterbrechen, ab und zu den Muḥarram für profan zu erklären und die heilige Zeit auf Ṣafar zu verschieben, um dadurch wieder einen Ausgleich zu erzielen.

40: ihn: Muḥammad. – Dieser Mann ist Abū Bakr, der später der erste Khalif wurde (632–634).

sind, unterlegen. Siehe, Gottes Wort ist überlegen. Und Gott ist mächtig und weise. 41 Rückt aus, ob leicht oder schwer, und setzt euch mit eurem Vermögen und mit eurer eigenen Person auf dem Weg Gottes ein. Das ist besser für euch, so ihr Bescheid wißt.

42 Ginge es um nahe Güter oder eine mäßige Reise*, würden sie dir folgen. Aber die Entfernung ist ihnen zu weit. Und sie werden bei Gott schwören: »Wenn wir es könnten, würden wir mit euch hinausziehen.« Sie stürzen sich dabei selbst ins Verderben. Und Gott weiß, daß sie ja lügen. 43 Gott verzeihe dir! Warum hast du sie befreit? (Hättest du nur gewartet), bis dir deutlich geworden war, wer die Wahrheit sagt, und du die Lügner in Erfahrung gebracht hast! 44 Diejenigen, die an Gott und den Jüngsten Tag glauben, bitten dich nicht um Befreiung davon, sich mit ihrem Vermögen und mit ihrer eigenen Person einzusetzen. Und Gott weiß über die Gottesfürchtigen Bescheid.
45 Um Befreiung bitten dich nur diejenigen, die an Gott und den
Jüngsten Tag nicht glauben und deren Herzen zweifeln; und in
ihrem Zweifel zögern sie. *46 Hätten sie wirklich ausziehen [20¼]
wollen, hätten sie sich dafür gerüstet. Aber ihr Ausmarsch war Gott zuwider, so hielt Er sie zurück. Und es wurde gesagt: »Sitzt daheim mit denen, die daheim sitzen.« 47 Würden sie mit euch ausziehen, würden sie euch nur noch Verschlechterung bringen und unter euch schnell umherlaufen im Trachten danach, (euch) der Versuchung auszusetzen. Dennoch gibt es unter euch welche, die nur auf sie hören. Und Gott weiß über die Bescheid, die Unrecht tun. 48 Sie haben schon früher danach getrachtet, euch der Versuchung auszusetzen, und gegen dich Intrigen getrieben, bis die Wahrheit kam und der Befehl Gottes erschien, obwohl es ihnen zuwider war. 49 Unter ihnen gibt es welche, die sagen: »Befreie mich und führe mich nicht in Versuchung.« In Versuchung sind sie doch gefallen. Und die Hölle umfaßt die Ungläubigen. 50 Wenn dich Gutes trifft, tut es ihnen leid; und wenn dich ein Unglück trifft, sagen sie: »Wir haben unsere

42: Es geht um den Feldzug gegen byzantinische Provinzen im Norden (Ende des Sommers 630).

Angelegenheit schon vorher selbst übernommen.« Und sie keh-
ren sich erfreut ab. 51 Sprich: Uns wird nur das treffen, was Gott
uns bestimmt hat. Er ist unser Schutzherr. Auf Gott sollen die
Gläubigen vertrauen. 52 Sprich: Erwartet ihr für uns etwas
anderes als eine der beiden schönsten Sachen*? Wir erwarten für
euch, daß Gott euch trifft mit einer Pein von Ihm oder durch
unsere Hände. So wartet nur ab, wir warten mit euch ab.

53 Sprich: Ihr mögt freiwillig oder widerwillig spenden, es wird
von euch doch nicht angenommen werden. Ihr seid ja frevleri-
sche Leute. 54 Und nichts anderes verhindert, daß ihre Spenden
von ihnen angenommen werden, als daß sie Gott und seinen
Gesandten verleugnen, nur nachlässig zum Gebet hingehen und
nur widerwillig spenden. 55 Nicht sollen dir ihr Vermögen und
ihre Kinder gefallen. Gott will sie ja im diesseitigen Leben damit
peinigen, und daß ihre Seele (im Tod) dahinschwindet, während
sie ungläubig sind. 56 Und sie schwören bei Gott, daß sie zu euch
gehören. Sie gehören aber nicht zu euch, sondern sie sind Leute,
die ängstlich sind. 57 Würden sie einen Zufluchtsort oder Höhlen
oder einen Schlupfgang finden, sie würden schnellstens dorthin
flüchten.

58 Und unter ihnen gibt es welche, die gegen dich wegen der
Almosen nörgeln. Wenn ihnen etwas davon gegeben wird, sind
sie zufrieden. Wenn ihnen nichts davon gegeben wird, geraten
sie gleich in Groll. 59 Wären sie doch mit dem zufrieden, was
Gott und sein Gesandter ihnen zukommen ließen, und würden
sie doch sagen: »Gott genügt uns. Gott wird uns etwas von seiner
Huld zukommen lassen, und auch sein Gesandter. Auf Gott
[20½] richten wir unsere Wünsche«! *60 Die Almosen sind bestimmt
für die Armen, die Bedürftigen, die, die damit befaßt sind, die,
deren Herzen vertraut gemacht werden sollen*, die Gefange-
nen*, die Verschuldeten, für den Einsatz auf dem Weg Gottes
und für den Reisenden. Es ist eine Rechtspflicht von seiten
Gottes. Und Gott weiß Bescheid und ist weise.

52: Das sind der diesseitige Sieg und der jenseitige Lohn.

60: mit dem Islam vertraut gemacht und für die Sache der Gläubigen gewonnen werden sollen. – die Gefangenen: Wörtlich: die Nacken.

61 Und unter ihnen gibt es welche, die dem Propheten Leid zufügen und sagen: »Er ist (nur) Ohr*.« Sprich: Ein Ohr zum Guten für euch. Er glaubt an Gott und glaubt den Gläubigen, und (er ist) eine Barmherzigkeit für die von euch, die gläubig sind. Für diejenigen aber, die dem Gesandten Gottes Leid zufügen, ist eine schmerzhafte Pein bestimmt. 62 Sie schwören euch bei Gott, um euch zufriedenzustellen. Aber Gott – und (auch) sein Gesandter – hat eher darauf Anspruch, daß sie Ihn zufriedenstellen, so sie gläubig sind. 63 Wissen sie denn nicht, daß für den, der sich Gott und seinem Gesandten widersetzt, das Feuer der Hölle bestimmt ist, in dem er ewig weilen wird? Das ist die gewaltige Schande.

64 Die Heuchler befürchten, daß eine Sure auf sie herabgesandt wird, die ihnen das kundtut, was in ihren Herzen ist. Sprich: Spottet nur! Gott wird ans Licht bringen, was ihr befürchtet. 65 Und wenn du sie fragst, sagen sie sicherlich: »Wir hielten ausschweifende Reden und trieben nur unser Spiel.« Sprich: Wolltet ihr denn über Gott und seine Zeichen und seinen Gesandten spotten? 66 Entschuldigt euch nicht! Ihr seid ungläubig geworden, nachdem ihr geglaubt hattet. Wenn Wir auch einer Gruppe von euch verzeihen, so peinigen Wir eine andere Gruppe dafür, daß sie Übeltäter waren.

67 Die Heuchler und die Heuchlerinnen stammen voneinander. Sie gebieten das Verwerfliche und verbieten das Rechte und halten ihre Hände geschlossen. Vergessen haben sie Gott, und so hat Er sie vergessen. Die Heuchler sind die wahren Frevler. 68 Versprochen hat Gott den Heuchlern und den Heuchlerinnen und den Ungläubigen das Feuer der Hölle, darin werden sie ewig weilen. Es ist ihr Genüge. Und Gott hat sie verflucht, und bestimmt ist für sie eine beständige Pein. 69 Es ist wie mit denen, die vor euch lebten. Sie hatten eine stärkere Kraft als ihr und mehr Vermögen und Kinder. Sie nützten ihren Anteil aus, dann habt ihr euren Anteil ausgenützt, wie die, die vor euch lebten, ihren Anteil ausgenützt haben. Und ihr habt ausschweifende Reden gehalten wie die Reden, die sie gehalten haben. Deren

61: D. h., er glaubt wohl alles, was er hört.

Werke sind wertlos im Diesseits und Jenseits. Das sind die
Verlierer. 70 Ist denn der Bericht über die, die vor ihnen lebten,
nicht zu ihnen gelangt, das Volk Noachs, die `Ād und Thamūd,
das Volk Abrahams und die Gefährten von Madyan und die
verschwundenen Städte? Ihre Gesandten kamen zu ihnen mit
den deutlichen Zeichen. Und es ist bestimmt nicht Gott, der
ihnen Unrecht getan hat, sondern sie haben sich selbst Unrecht
getan.

71 Die gläubigen Männer und Frauen sind untereinander
Freunde. Sie gebieten das Rechte und verbieten das Verwerfliche,
verrichten das Gebet und entrichten die Abgabe und gehorchen
Gott und seinem Gesandten. Siehe, Gott wird sich ihrer erbar-
men. Gott ist mächtig und weise. 72 Gott hat den gläubigen
Männern und Frauen Gärten versprochen, unter denen Bäche
fließen und in denen sie ewig weilen werden, und gute Wohnun-
gen in den Gärten von Eden. Ein Wohlgefallen von Gott ist aber
größer. Das ist der großartige Erfolg.

73 O Prophet, setz dich gegen die Ungläubigen und die Heuchler
ein und faß sie hart an. Ihre Heimstätte ist die Hölle – welch
schlimmes Ende! 74 Sie schwören bei Gott, sie hätten es nicht
gesagt*. Aber sie haben wohl das Wort des Unglaubens gesagt
und sind, nachdem sie den Islam angenommen hatten, ungläubig
geworden. Sie waren im Begriff, das auszuführen, was sie (doch)
nicht erreicht haben. Und nichts ließ sie grollen, als daß Gott es
war – und (auch) sein Gesandter –, der sie von seiner Huld reich
gemacht hat. Wenn sie aber umkehren, ist es besser für sie. Und
wenn sie sich abkehren, wird Gott sie mit einer schmerzhaften
Pein peinigen im Diesseits und Jenseits. Und sie werden auf der
[20¾] Erde weder Freund noch Helfer haben. *75 Unter ihnen gibt es
welche, die ein bindendes Versprechen mit Gott eingegangen
waren: »Wenn Er uns etwas von seiner Huld zukommen läßt,
dann werden wir Almosen geben und zu den Rechtschaffenen
gehören.« 76 Als Er ihnen nun etwas von seiner Huld hatte
zukommen lassen, geizten sie damit, und sie machten kehrt und
wandten sich ab. 77 Als Folge davon setzte Er in ihre Herzen

74: Es ist nicht auszumachen, welches Ereignis hier angesprochen wird.

Heuchelei bis zum Tag, an dem sie Ihm begegnen werden. Dies
dafür, daß sie Gott gegenüber brachen, was sie Ihm versprochen
hatten, und daß sie logen. 78 Wissen sie denn nicht, daß Gott
über ihre Geheimnisse und ihre vertraulichen Gespräche
Bescheid weiß, und daß Gott die unsichtbaren Dinge alle weiß?
79 Diejenigen, die gegen die Freiwilligen unter den Gläubigen
wegen der Almosen nörgeln und auch gegen die, die nichts als
ihren Einsatz zu leisten vermögen, mäkeln und sie verhöhnen
– Gott verhöhnt sie, und bestimmt ist für sie eine schmerzhafte
Pein. 80 Bitte um Vergebung für sie, oder bitte nicht um
Vergebung für sie. Wenn du auch siebzigmal um Vergebung für
sie bittest, Gott wird ihnen niemals vergeben. Dies, weil sie Gott
und seinen Gesandten verleugneten. Und Gott leitet die frevlerischen Leute nicht recht.

81 Es freuen sich die Zurückgelassenen darüber, daß sie im
Gegensatz zum Gesandten Gottes daheim geblieben sind, und es
ist ihnen zuwider, sich mit ihrem Vermögen und mit ihrer eigenen
Person auf dem Weg Gottes einzusetzen. Und sie sagen: »Rückt
nicht in der Hitze aus.« Sprich: Das Feuer der Hölle ist noch
heißer; wenn sie es doch begreifen könnten! 82 Sie sollen ein
wenig lachen, und sie sollen viel weinen zur Vergeltung für das,
was sie erworben haben. 83 Wenn Gott dich zu einer Gruppe von
ihnen zurückkehren läßt und sie dich um Erlaubnis bitten hinauszuziehen, dann sprich: Niemals werdet ihr mit mir ausziehen, und
nie werdet ihr mit mir gegen einen Feind kämpfen. Ihr habt das
erste Mal daran Gefallen gefunden, daheim zu sitzen. So sitzet
daheim mit den Zurückgebliebenen. 84 Und bete niemals über
einen von ihnen, der gestorben ist, und stehe nicht bei seinem
Grab. Sie haben Gott und seinen Gesandten verleugnet, und sie
starben als Frevler. 85 Nicht sollen ihr Vermögen und ihre Kinder
dir gefallen. Gott will sie ja im Diesseits damit peinigen, und auch
daß ihre Seele (im Tod) dahinschwindet, während sie ungläubig
sind. 86 Und wenn eine Sure herabgesandt wird: »Glaubt an Gott
und setzt euch mit seinem Gesandten ein«, dann bitten dich die
Wohlhabenden unter ihnen um Befreiung und sagen: »Laß uns
mit denen bleiben, die daheim sitzen.« 87 Sie finden daran
Gefallen, mit den Zurückgebliebenen zu sein, und versiegelt

wurden ihre Herzen, so daß sie nicht begreifen. 88 Aber der
Gesandte und diejenigen, die mit ihm glauben, setzen sich mit
ihrem Vermögen und mit ihrer eigenen Person ein. Für sie sind die
guten Dinge bestimmt, und das sind die, denen es wohl ergeht. 89
Bereitet hat Gott für sie Gärten, unter denen Bäche fließen; darin
werden sie ewig weilen. Das ist der großartige Erfolg.

90 Und diejenigen von den arabischen Beduinen, die sich ent-
schuldigen wollen, kommen her, um Befreiung zu erbitten. Und
daheim sitzen diejenigen, die Gott und seinen Gesandten belü-
gen. Treffen wird diejenigen unter ihnen, die ungläubig sind,
eine schmerzhafte Pein.

91 Für die Schwachen, die Kranken und für diejenigen, die nichts
zum Spenden haben, ist es kein Grund zur Bedrängnis, wenn sie
sich gegenüber Gott und seinem Gesandten aufrichtig verhalten.
Die Rechtschaffenen können nicht belangt werden – Gott ist
voller Vergebung und barmherzig –, 92 und auch nicht diejeni-
gen, die, wenn sie zu dir kommen, damit du sie mitreiten läßt,
und du sagst: »Ich finde keine Tiere, daß ich euch mitreiten
lassen kann«, sich abkehren, während ihre Augen von Tränen
überfließen aus Traurigkeit darüber, daß sie nichts zum Spenden
11. Teil haben. *93 Belangt werden diejenigen, die dich um Befreiung
[21] bitten, obwohl sie reich sind. Sie finden daran Gefallen, mit den
Zurückgebliebenen zu sein. Gott hat ihre Herzen versiegelt, so
daß sie nicht Bescheid wissen. 94 Sie entschuldigen sich bei euch,
wenn ihr zu ihnen zurückkommt. Sprich: Entschuldigt euch
nicht. Wir glauben es euch doch nicht. Gott hat uns etwas von
den Berichten über euch kundgetan. Und Gott wird euer Tun
sehen, und auch sein Gesandter. Dann werdet ihr zu dem, der
über das Unsichtbare und das Offenbare Bescheid weiß, zurück-
gebracht, und Er wird euch kundtun, was ihr zu tun pflegtet. 95
Sie werden euch bei Gott schwören, wenn ihr zu ihnen zurück-
kehrt, damit ihr euch von ihnen abwendet. So wendet euch von
ihnen ab, sie sind ein Greuel. Ihre Heimstätte ist die Hölle zur
Vergeltung für das, was sie erworben haben. 96 Sie schwören
euch, damit ihr mit ihnen zufrieden seid. Auch wenn ihr mit
ihnen zufrieden seid, so ist Gott nicht zufrieden mit den frevleri-
schen Leuten.

97 Die arabischen Beduinen sind stärker dem Unglauben und der
Heuchelei verfallen, und es paßt eher zu ihnen, daß sie die
Bestimmungen dessen, was Gott auf seinen Gesandten herabge-
sandt hat, nicht kennen. Und Gott weiß Bescheid und ist weise.
98 Und unter den arabischen Beduinen gibt es welche, die das,
was sie spenden, als erzwungene Zahlung ansehen und für euch
die Schicksalswendungen erwarten. Über sie wird die Schicksals-
wendung des Unheils kommen. Und Gott hört und weiß alles. 99
Und unter den arabischen Beduinen gibt es welche, die an Gott
und den Jüngsten Tag glauben und das, was sie spenden, als
Mittel ansehen, Gott näherzukommen und die Gebete des
Gesandten zu erhalten. Es ist sicher für sie ein Mittel, (Gott)
näherzukommen. Gott wird sie in seine Barmherzigkeit eingehen
lassen. Gott ist voller Vergebung und barmherzig.
100 Mit den Allerersten der Auswanderer und der Helfer* und
denjenigen, die ihnen in Rechtschaffenheit gefolgt sind, ist Gott
zufrieden, und sie sind mit Ihm zufrieden. Und Er hat für sie
Gärten bereitet, unter denen Bäche fließen; darin werden sie auf
immer ewig weilen. Das ist der großartige Erfolg.
101 Und unter den arabischen Beduinen in eurer Umgebung und
auch unter den Bewohnern von Medina gibt es Heuchler, die in
der Heuchelei geübt sind. Du kennst sie nicht, aber Wir kennen
sie. Wir werden sie zweimal peinigen*, dann werden sie einer
gewaltigen Pein zugeführt werden. 102 Andere bekennen ihre
Sünden, sie vermischen eine gute mit einer anderen schlechten
Tat. Möge Gott sich ihnen gnädig zuwenden! Gott ist voller
Vergebung und barmherzig. 103 Nimm von ihrem Vermögen
ein Almosen, mit dem du sie rein machst und läuterst, und bitte
um Segen für sie. Dein Gebet ist für sie eine Beruhigung. Und
Gott hört und weiß alles. 104 Wissen sie denn nicht, daß es Gott
ist, der die Umkehr von seinen Dienern annimmt und die
Almosen nimmt, und daß Gott der ist, der sich gnädig zuwendet,

100: Die Auswanderer kamen aus Mekka, die Helfer aus Medina.

101: Die Pein des Gewissens und der öffentlichen Bloßstellung, und die Pein des Todes als Ungläubige. – Oder einfach: eine in ihrer Intensität doppelte Pein erleiden lassen.

und der Barmherzige? 105 Und sprich: Handelt doch. Gott wird
euer Tun sehen, und auch sein Gesandter und die Gläubigen.
Und ihr werdet zu dem, der über das Unsichtbare und das
Offenbare Bescheid weiß, zurückgebracht, und Er wird euch
kundtun, was ihr zu tun pflegtet. 106 Andere werden zurückge-
stellt, bis der Befehl Gottes eintrifft. Entweder peinigt Er sie,
oder Er wendet sich ihnen gnädig zu. Und Gott weiß Bescheid
und ist weise.

107 (Es gibt auch) diejenigen, die sich eine (eigene) Moschee
genommen haben aus Schadenslust und Unglauben, zum Anstif-
ten von Zwietracht zwischen den Gläubigen und als Beobach-
tungsort für den, der zuvor gegen Gott und seinen Gesandten
Krieg geführt hat. Sie werden sicher schwören: »Wir haben nur
das Beste gewollt.« Aber Gott bezeugt, daß sie ja nur Lügner
sind. 108 Stell dich niemals in ihr zum Gebet hin. Eine Moschee,
die vom ersten Tag an auf die Gottesfurcht gegründet worden ist,
hat eher darauf Anspruch, daß du dich in ihr hinstellst. In ihr
sind Männer, die es lieben, sich zu reinigen. Und Gott liebt die,
die sich reinigen. 109 Ist der, der seinen Bau auf die Furcht
Gottes und sein Wohlgefallen gegründet hat, besser oder der, der
seinen Bau auf den Rand eines brüchigen Hanges gegründet hat,
worauf er mit ihm ins Feuer der Hölle abstürzt? Und Gott leitet
die ungerechten Leute nicht recht. 110 Ihr Bau, den sie gebaut
haben, wird unablässig Zweifel in ihren Herzen hervorrufen, bis
ihre Herzen zerreißen. Und Gott weiß Bescheid und ist weise.
[21¼] *111 Gott hat von den Gläubigen ihre eigene Person und ihr
Vermögen dafür erkauft, daß ihnen das Paradies gehört, insofern
sie auf dem Weg Gottes kämpfen und so töten oder getötet
werden. Das ist ein Ihm obliegendes Versprechen in Wahrheit in
der Tora und im Evangelium und im Koran. Und wer hält seine
Abmachung treuer ein als Gott? So seid froh über das Kaufge-
schäft, das ihr abgeschlossen habt. Und das ist der großartige
Erfolg. 112 Diejenigen, die umkehren, (Gott) dienen, loben,
umherziehen*, sich verneigen, sich niederwerfen, das Rechte

112: Oder: wie Wandermönche asketisch leben; vgl. 66,5.

gebieten und das Verwerfliche verbieten, die Bestimmungen
Gottes einhalten ... Und verkünde den Gläubigen eine Frohbot-
schaft.
113 Der Prophet und diejenigen, die glauben, haben nicht für die
Polytheisten um Vergebung zu bitten, auch wenn es Verwandte
wären, nachdem es ihnen deutlich geworden ist, daß sie Gefähr-
ten der Hölle sind. 114 Die Bitte Abrahams um Vergebung für
seinen Vater erfolgte nur aufgrund eines Versprechens, das er
ihm gegeben hatte. Als es ihm aber deutlich wurde, daß er ein
Feind Gottes war, sagte er sich von ihm los*. Abraham war voller
Trauer und langmütig.
115 Gott kann unmöglich Leute irreführen, nachdem Er sie recht
geleitet hat, bis Er ihnen deutlich macht, wovor sie sich hüten
sollen. Gott weiß über alle Dinge Bescheid. 116 Gott gehört die
Königsherrschaft der Himmel und der Erde. Er macht lebendig
und läßt sterben. Ihr habt außer Gott weder Freund noch Helfer.
117 Gott hat sich dem Propheten, den Auswanderern und den
Helfern zugewandt, die ihm in der Stunde der Bedrängnis gefolgt
sind, nachdem die Herzen einer Gruppe von ihnen fast abgewi-
chen wären. Ihnen hat Er sich dann zugewandt – Er hat Mitleid
mit ihnen und ist barmherzig –, 118 und auch den dreien*, die
zurückgelassen wurden, bis die Erde ihnen trotz ihrer Weite eng
wurde und ihre Seelen sich beengt fühlten und sie begriffen, daß
es vor Gott keine andere Zuflucht gibt als zu Ihm. Darauf wandte
Er sich ihnen zu, damit sie umkehren. Gott ist der, der sich
zuwendet, der Barmherzige. 119 O ihr, die ihr glaubt, fürchtet
Gott und seid mit denen, die die Wahrheit sagen.
120 Die Bewohner von Medina und die arabischen Beduinen in
ihrer Umgebung dürfen nicht hinter dem Gesandten Gottes
zurückbleiben und sich selbst ihm vorziehen. Dies, weil sie weder
auf dem Weg Gottes Durst oder Mühsal oder Hunger erleiden
noch einen Schritt unternehmen, der die Ungläubigen in Groll
versetzt, noch einem Feind etwas zufügen, ohne daß dadurch ein

114: Vgl. 14,41; 19,47; 26,86; 60,4.
118: die am Feldzug gegen die Byzantiner (Ende des Sommers 630), der bei Tabūk endete, nicht teilnehmen wollten.

gutes Werk für sie aufgezeichnet würde. Gott läßt den Lohn der
Rechtschaffenen nicht verlorengehen. 121 Und sie geben keine
Spende, ob klein oder groß, und sie überqueren kein Tal, ohne
daß es für sie aufgezeichnet würde, damit Gott ihnen das Beste
vergelte von dem, was sie getan haben.

[21½] *122 Die Gläubigen dürfen nicht allesamt ausrücken. Möge doch
von jeder Abteilung von ihnen eine Gruppe ausrücken, so daß sie
selbst sich in der Religion belehren lassen und ihre Leute, wenn
sie zu ihnen zurückkehren, warnen, auf daß sie auf der Hut
seien*. 123 O ihr, die ihr glaubt, kämpft gegen diejenigen von
den Ungläubigen, die in eurer Nähe sind. Sie sollen von eurer
Seite Härte spüren. Und wißt, daß Gott mit den Gottesfürchtigen
ist.

124 Wenn eine Sure herabgesandt wird, dann gibt es unter ihnen
welche, die sagen: »Wen von euch hat denn diese (Sure) im
Glauben bestärkt?« Im Glauben bestärkt hat diese wohl diejeni-
gen, die glauben, und sie sind froh. 125 Aber diejenigen, in deren
Herzen Krankheit ist, macht sie zu einem noch größeren Greuel,
als sie es schon sind. Und sie sterben als Ungläubige. 126 Sehen
sie denn nicht, daß sie jedes Jahr einmal oder zweimal der
Versuchung ausgesetzt werden? Aber dann kehren sie nicht um,
und sie bedenken es nicht. 127 Und wenn eine Sure herabgesandt
wird, schauen sie einander an: »Sieht euch jemand?«, dann
entfernen sie sich. Möge Gott ihre Herzen (von der Rechtleitung)
fernhalten, weil sie ja Leute sind, die nicht begreifen! 128 Zu
euch ist nun ein Gesandter aus eurer Mitte gekommen. Er leidet,
wenn ihr in Bedrängnis seid, er sorgt sich um euch, er hat Mitleid
mit den Gläubigen und ist barmherzig. 129 Wenn sie sich
abkehren, dann sprich: Mir genügt Gott. Es gibt keinen Gott
außer Ihm. Auf Ihn vertraue ich. Und Er ist der Herr des
majestätischen Thrones.

122: Der Einsatz für den Islam ist die Pflicht der Gemeinschaft als solcher, die durch das Ausrücken einer Gruppe erfüllt wird. Die übrigen können sich in der Religion belehren lassen und ihre Leute, die ausgerückt sind, wenn sie dann vom Einsatz zurückkehren, ermahnen und warnen.

Sure 10

Jonas (Yūnus)

zu Mekka, 109 Verse

Im Namen Gottes, des Erbarmers, des Barmherzigen.
1 Alif Lām Rā*. Dies sind die Zeichen des weisen Buches.
2 Scheint es denn den Menschen verwunderlich, daß Wir einem Mann aus ihrer Mitte offenbart haben: »Warne die Menschen und verkünde denen, die glauben, daß sie bei ihrem Herrn einen wahrhaftigen Vorrang* haben«? Die Ungläubigen sagen: »Das ist nur eine offenkundige Zauberei.«
3 Euer Herr ist Gott, der die Himmel und die Erde in sechs Tagen erschuf und sich dann auf dem Thron zurechtsetzte, um die Angelegenheit zu regeln. Es gibt keinen Fürsprecher außer nach seiner Erlaubnis. So ist Gott, euer Herr. Dienet Ihm. Wollt ihr es
denn nicht bedenken? 4 Zu Ihm kommt ihr alle zurück. Das ist das Versprechen Gottes in Wahrheit. Er macht die Schöpfung am Anfang, und Er wiederholt sie, um diejenigen, die glauben und die guten Werke tun, in Gerechtigkeit zu entlohnen. Für die, die ungläubig sind, sind ein Getränk aus heißem Wasser und eine
schmerzhafte Pein bestimmt dafür, daß sie ungläubig waren. 5 Er
ist es, der die Sonne zur Leuchte und den Mond zum Licht gemacht und ihm Stationen zugemessen hat, damit ihr die Zahl der Jahre und die Zeitrechnung wißt. Gott hat ja dies nur in Wahrheit erschaffen. Er legt die Zeichen im einzelnen dar für
Leute, die Bescheid wissen. 6 Im Aufeinanderfolgen von Nacht
und Tag und in dem, was Gott in den Himmeln und auf der Erde erschaffen hat, sind gewiß Zeichen für Leute, die gottesfürchtig sind.
7 Diejenigen, die nicht erwarten, Uns zu begegnen, die mit dem diesseitigen Leben zufrieden sind und sich darin wohl fühlen,
und die unsere Zeichen unbeachtet lassen, 8 diese haben das

1: Die Bedeutung dieser Buchstaben ist noch nicht geklärt.
2: Oder: einen guten Stand, einen festen Rang.

Feuer zur Heimstätte für das, was sie erworben haben. 9 Diejeni-
gen, die glauben und die guten Werke tun, leitet ihr Herr wegen
ihres Glaubens recht. Unter ihnen werden Bäche fließen in den
Gärten der Wonne. 10 Ihr Rufen darin wird sein: »Preis sei Dir,
unser Gott!«, und ihre Begrüßung darin: »Friede!« Ihr abschlie-
ßender Ruf: »Lob sei Gott, dem Herrn der Welten!«
[21¾] *11 Würde Gott den Menschen das Böse so beschleunigen, wie
sie das Gute zu beschleunigen wünschen, wäre für sie die Frist
erfüllt. Aber Wir lassen diejenigen, die nicht erwarten, Uns zu
begegnen, im Übermaß ihres Frevels umherirren. 12 Und wenn
ein Schaden den Menschen trifft, ruft er (Uns) an auf der Seite
(liegend), im Sitzen oder Stehen. Wenn Wir ihm seinen Schaden
behoben haben, geht er vorbei, als hätte er Uns nicht gegen einen
Schaden, der ihn getroffen hat, angerufen. So wird den Maßlosen
verlockend gemacht, was sie tun. 13 Wir haben viele Generatio-
nen vor euch verderben lassen, als sie Unrecht taten, da ihre
Gesandten mit den deutlichen Zeichen zu ihnen kamen, und sie
nicht glauben mochten. So vergelten Wir Leuten, die Übeltäter
sind. 14 Dann haben Wir euch nach ihnen zu Nachfolgern auf
der Erde eingesetzt, um zu sehen, wie ihr handeln würdet.
15 Wenn ihnen unsere Zeichen als deutliche Beweise verlesen
werden, sagen diejenigen, die nicht erwarten, Uns zu begegnen:
»Bring einen anderen Koran als diesen, oder ändere ihn ab.«
Sprich: Es steht mir nicht zu, ihn von mir aus abzuändern. Ich
folge nur dem, was mir offenbart wird. Ich fürchte, wenn ich
gegen meinen Herrn ungehorsam bin, die Pein eines gewaltigen
Tages. 16 Sprich: Wenn Gott wollte, würde ich ihn euch nicht
verlesen, und Er würde euch nicht davon Kenntnis geben. Ich
habe doch davor ein Leben lang unter euch verweilt. Habt ihr
denn keinen Verstand? 17 Wer ist denn ungerechter, als wer
gegen Gott eine Lüge erdichtet oder seine Zeichen für Lüge
erklärt? Den Übeltätern wird es gewiß nicht wohl ergehen. 18 Sie
verehren anstelle Gottes, was ihnen weder schadet noch nützt,
und sagen: »Das sind unsere Fürsprecher bei Gott.« Sprich:
Wollt ihr denn Gott etwas kundtun, was Er nicht kennt, weder in
den Himmeln noch auf der Erde? Preis sei Ihm, und erhaben ist
Er über das, was sie (Ihm) beigesellen.

19 Die Menschen waren nur eine einzige Gemeinschaft. Dann wurden sie uneins. Und gäbe es nicht einen früher ergangenen Spruch von deinem Herrn, so wäre zwischen ihnen entschieden über das, worüber sie uneins sind. 20 Und sie sagen: »Wenn doch auf ihn ein Zeichen von seinem Herrn herabgesandt würde!« Sprich: Das Unsichtbare gehört Gott. So wartet ab. Ich bin mit euch einer von denen, die abwarten.

21 Wenn Wir die Menschen nach einer Drangsal, die sie traf, Barmherzigkeit kosten lassen, schmieden sie gleich Ränke gegen unsere Zeichen. Sprich: Gott kann noch schneller Ränke schmieden. Unsere Boten* schreiben auf, was ihr an Ränken schmiedet.
22 Er ist es, der euch auf dem Festland und auf dem Meer reisen läßt. Wenn ihr dann auf den Schiffen seid und diese mit ihnen bei einem guten Wind dahinfahren und sie sich darüber freuen, dann kommt über sie ein stürmischer Wind, die Wellen kommen über sie von überall her, und sie meinen, daß sie rings umschlossen werden. Da rufen sie Gott an, wobei sie Ihm gegenüber aufrichtig in der Religion sind: »Wenn Du uns hieraus rettest, werden wir zu den Dankbaren zählen.« 23 Aber wenn Er sie gerettet hat, fangen sie gleich an, zu Unrecht gewalttätig auf der Erde zu handeln. O ihr Menschen, eure Gewalttätigkeit gereicht doch euch selbst zum Schaden. (Es ist doch nur) Nutznießung des diesseitigen Lebens. Dann wird eure Rückkehr zu Uns sein, da werden Wir euch kundtun, was ihr zu tun pflegtet. 24 Mit dem diesseitigen Leben ist es wie mit dem Wasser, das Wir vom Himmel herabkommen lassen, worauf die Pflanzen der Erde, wie sie die Menschen und das Vieh verzehren, sich damit vermengen. Wenn dann die Erde ihren Prunk angenommen und sich geschmückt hat und ihre Bewohner meinen, sie verfügen nun über sie, kommt unser Befehl über sie in der Nacht oder am Tag, und Wir machen sie zum abgemähten Land, als ob sie am Tag zuvor nicht in Blüte gestanden hätte. So legen Wir die Zeichen im einzelnen dar für Leute, die nachdenken. 25 Gott ruft zur Wohnstätte des Friedens, und Er leitet, wen Er will, zu einem geraden Weg.

21: die Engel.

[22] *26 Diejenigen, die rechtschaffen sind, erhalten das Beste und
noch mehr. Ihre Gesichter werden weder Ruß noch Erniedri-
gung bedecken. Das sind die Gefährten des Paradieses; darin
werden sie ewig weilen. 27 Diejenigen, die die bösen Taten
erwerben, erhalten zur Vergeltung für eine (jede) schlechte Tat
das ihr Entsprechende, und Erniedrigung wird schwer auf ihnen
lasten – sie haben niemanden, der sie vor Gott schützen könn-
te –, als wären ihre Gesichter von Fetzen einer finsteren Nacht
bedeckt. Das sind die Gefährten des Feuers; darin werden sie
ewig weilen.
28 Und am Tag, da Wir sie alle versammeln. Dann sprechen Wir
zu denen, die Polytheisten waren: »Bleibt an eurem Platz stehen,
ihr und eure Teilhaber.« Wir scheiden sie dann voneinander.
Ihre Teilhaber sagen: »Nicht uns habt ihr verehrt. 29 Gott
genügt als Zeuge zwischen uns und euch. Wir haben eure
Verehrung unbeachtet gelassen.« 30 Dort wird jede Seele erfah-
ren, was sie früher getan hat. Und sie werden zu Gott, ihrem
wahren Herrscher, zurückgebracht, und entschwunden ist ihnen
dann, was sie zu erdichten pflegten.
31 Sprich: Wer versorgt euch vom Himmel und von der Erde,
oder wer verfügt über Gehör und Augenlicht? Und wer bringt
das Lebendige aus dem Toten und bringt das Tote aus dem
Lebendigen hervor? Und wer regelt die Angelegenheit? Sie wer-
den sagen: »Gott.« Sprich: Wollt ihr denn nicht gottesfürchtig
sein? 32 Das ist eben Gott, euer wahrer Herr. Was gibt es denn
jenseits der Wahrheit als den Irrtum? Wie leicht laßt ihr euch
doch abbringen! 33 So ist der Spruch deines Herrn zu Recht
gegen die, die freveln, fällig geworden, nämlich daß sie nicht
glauben. 34 Sprich: Gibt es unter euren Teilhabern einen, der die
Schöpfung am Anfang macht und sie dann wiederholt? Sprich:
Gott macht die Schöpfung am Anfang und wiederholt sie dann.
Wie leicht laßt ihr euch doch abwenden! 35 Sprich: Gibt es unter
euren Teilhabern einen, der zur Wahrheit rechtleitet? Sprich:
Gott leitet zur Wahrheit recht. Hat der, der zur Wahrheit
rechtleitet, eher Anspruch auf Gefolgschaft, oder der, der nur
dann die Rechtleitung findet, wenn er selbst rechtgeleitet wird?
Was ist mit euch? Wie urteilt ihr denn? 36 Und die meisten von

ihnen folgen ja nur einer Vermutung. Die Vermutung aber nützt
in bezug auf die Wahrheit nichts. Gott weiß, was sie tun.
37 Dieser Koran kann unmöglich ohne Gott erdichtet werden. Er
ist vielmehr die Bestätigung dessen, was vor ihm vorhanden war,
und die ins einzelne gehende Darlegung des Buches. Kein Zweifel
an ihm ist möglich; er ist vom Herrn der Welten. 38 Oder sagen
sie: »Er hat ihn erdichtet«? Sprich: Dann bringt eine Sure, die
ihm gleich ist, bei und ruft, wen ihr könnt, anstelle Gottes an, so
ihr die Wahrheit sagt. 39 Nein, sie erklären für Lüge das, wovon
sie kein umfassendes Wissen haben, und bevor seine Deutung zu
ihnen gekommen ist. So haben es auch diejenigen, die vor ihnen
lebten, für Lüge erklärt. So schau, wie das Ende derer war, die
Unrecht taten. 40 Und unter ihnen sind welche, die an ihn
glauben, und unter ihnen sind welche, die an ihn nicht glauben.
Und dein Herr weiß besser über die Unheilstifter Bescheid. 41
Und wenn sie dich der Lüge zeihen, dann sprich: Mir kommt
mein Tun zu und euch euer Tun. Ihr seid unschuldig an dem, was
ich tue; und ich bin unschuldig an dem, was ihr tut. 42 Und unter
ihnen sind welche, die dir zuhören. Bist du es etwa, der die
Tauben hören läßt, auch wenn sie keinen Verstand haben? 43
Und unter ihnen sind welche, die zu dir hinschauen. Bist du es
etwa, der die Blinden rechtleitet, auch wenn sie nicht sehen? 44
Gott tut den Menschen kein Unrecht. Vielmehr tun die Menschen sich selbst Unrecht.
45 Und am Tag, da Er sie versammelt, als hätten sie nur eine
Stunde vom Tag verweilt, um einander kennenzulernen. Den
Verlust haben diejenigen, die die Begegnung mit Gott für Lüge
erklärt haben und der Rechtleitung nicht gefolgt sind. 46 Ob Wir
dich einen Teil dessen, was Wir ihnen androhen, sehen lassen
oder dich abberufen, zu Uns wird ihre Rückkehr sein. Dann ist
Gott Zeuge über das, was sie tun. 47 Und jede Gemeinschaft hat
einen Gesandten. Wenn ihr Gesandter zu ihnen kommt, wird
zwischen ihnen in Gerechtigkeit entschieden, und ihnen wird
nicht Unrecht getan.
48 Und sie sagen: »Wann wird diese Androhung eintreten, so ihr
die Wahrheit sagt?« 49 Sprich: Ich kann mir selbst weder Nutzen
noch Schaden bringen, außer was Gott will. Für jede Gemein-

schaft ist eine Frist festgesetzt. Und wenn ihre Frist kommt,
können sie nicht einmal eine Stunde zurückbleiben oder voraus-
gehen. 50 Sprich: Was meint ihr? Wenn seine Pein bei Nacht
oder bei Tag über euch kommt, was werden die Übeltäter davon
zu beschleunigen wünschen? 51 Werdet ihr, wenn sie herein-
bricht, dann daran glauben? Wie? Erst jetzt*? Und dabei habt ihr
sie doch zu beschleunigen gewünscht. 52 Dann wird zu denen,
die Unrecht getan haben, gesprochen: »Kostet die ewige Pein.
Wird euch denn für etwas anderes vergolten als für das, was ihr
[22¼] erworben habt?« *53 Und sie erkundigen sich bei dir: »Ist es
wahr?« Sprich: Ja, bei meinem Herrn, es ist bestimmt wahr, und
ihr könnt es nicht vereiteln. 54 Und würde jeder, der Unrecht
getan hat, das besitzen, was auf der Erde ist, er würde sich damit
loskaufen. Sie empfinden insgeheim Reue, wenn sie die Pein
sehen. Und zwischen ihnen wird in Gerechtigkeit entschieden,
und ihnen wird nicht Unrecht getan. 55 Siehe, Gott gehört, was
in den Himmeln und auf der Erde ist. Siehe, das Versprechen
Gottes ist wahr. Aber die meisten von ihnen wissen nicht
Bescheid. 56 Er macht lebendig und läßt sterben. Und zu Ihm
werdet ihr zurückgebracht.
57 O ihr Menschen, zu euch ist nunmehr eine Ermahnung von
eurem Herrn gekommen und eine Heilung für euer Inneres, eine
Rechtleitung und Barmherzigkeit für die Gläubigen. 58 Sprich:
Über die Huld Gottes und über seine Barmherzigkeit, ja darüber
sollen sie sich freuen. Das ist besser als das, was sie zusammen-
tragen. 59 Sprich: Was meint ihr? Das, was Gott für euch an
Lebensunterhalt herabgesandt hat und was ihr in Verbotenes und
Erlaubtes eingeteilt habt, – sprich: Hat Gott es euch erlaubt,
oder erdichtet ihr etwas gegen Gott? 60 Was wird die Meinung
derer, die gegen Gott Lügen erdichten, am Tag der Auferstehung
sein? Gott ist voller Huld gegen die Menschen. Aber die meisten
von ihnen sind nicht dankbar.
61 Du befaßt dich mit keiner Angelegenheit, und du verliest
darüber keinen Koran, und ihr vollzieht keine Handlung, ohne
daß Wir Zeugen über euch sind, wenn ihr euch ausgiebig damit

51: D. h., ihr kommt zu spät zum Glauben.

beschäftigt. Und es entgeht deinem Herrn nicht das Gewicht
eines Stäubchens, weder auf der Erde noch im Himmel. Und es
gibt nichts, was kleiner ist als dies oder größer, das nicht in einem
deutlichen Buch stünde. 62 Siehe, die Freunde Gottes haben
nichts zu befürchten, und sie werden nicht traurig sein, 63 sie,
die glauben und gottesfürchtig sind. 64 Ihnen gilt die frohe
Botschaft im diesseitigen Leben und im Jenseits. Unabänderlich
sind die Worte Gottes. Das ist der großartige Erfolg. 65 Das, was
sie sagen, soll dich nicht betrüben. Alle Macht gehört Gott. Er ist
es, der alles hört und weiß. 66 Siehe, Gott gehört, wer in den
Himmeln und wer auf der Erde ist. Gewiß folgen diejenigen, die
anstelle Gottes Teilhaber anrufen, ja sie folgen nur Vermutun-
gen, und sie stellen nur Schätzungen an. 67 Er ist es, der euch die
Nacht gemacht hat, damit ihr in ihr ruht, und den Tag, an dem
man sehen kann. Darin sind Zeichen für Leute, die hören. 68 Sie
sagen: »Gott hat sich ein Kind genommen.« Preis sei Ihm! Er ist
auf niemanden angewiesen. Ihm gehört, was in den Himmeln
und was auf der Erde ist. Ihr habt dafür keine Ermächtigung.
Wollt ihr denn über Gott sagen, was ihr nicht wißt? 69 Sprich:
Denen, die gegen Gott Lügen erdichten, wird es nicht wohl
ergehen. 70 (Sie haben) auf der Erde eine Nutznießung, dann
wird ihre Rückkehr zu Uns sein. Dann lassen Wir sie die harte
Pein kosten dafür, daß sie ungläubig waren.

*71 Und verlies ihnen den Bericht über Noach, als er zu seinem [22½]
Volk sagte: »O mein Volk, wenn ihr schwer ertragen könnt, daß
ich mich hinstelle und euch mit den Zeichen Gottes ermahne, so
vertraue ich auf Gott. Einigt euch über eure Angelegenheit, ihr
und eure Teilhaber, und euer Entschluß soll für euch nicht unklar
sein; dann führt ihn an mir aus und gewährt mir keinen Auf-
schub. 72 Wenn ihr euch abkehrt, so habe ich von euch keinen
Lohn verlangt. Mein Lohn obliegt Gott allein. Und mir ist
befohlen worden, einer der Gottergebenen zu sein.« 73 Sie
ziehen ihn aber der Lüge. Da erretteten Wir ihn und diejenigen,
die mit ihm waren, im Schiff. Und Wir machten sie zu aufeinan-
derfolgenden Generationen und ließen die, die unsere Zeichen
für Lüge erklärten, ertrinken. So schau, wie das Ende derer war,
die gewarnt worden sind.

74 Dann schickten Wir nach ihm Gesandte zu ihrem (jeweiligen)
Volk; sie kamen mit den deutlichen Zeichen zu ihnen. Aber sie
vermochten nicht, an das zu glauben, was sie früher für Lüge
erklärt hatten. So versiegeln Wir die Herzen derer, die Übertre-
tungen begehen. 75 Dann schickten Wir nach ihnen Mose und
Aaron mit unseren Zeichen zu Pharao und seinen Vornehmen.
Sie verhielten sich hochmütig und waren Übeltäter. 76 Als nun
die Wahrheit von Uns zu ihnen kam, sagten sie: »Das ist ja eine
offenkundige Zauberei.« 77 Mose sagte: »Wie könnt ihr denn
(das) von der Wahrheit sagen, nachdem sie zu euch gekommen
ist? Ist das etwa Zauberei? Den Zauberern wird es nicht wohl
ergehen.« 78 Sie sagten: »Bist du zu uns gekommen, um uns von
dem abzubringen, was wir bei unseren Vätern vorgefunden
haben, und damit die Oberhoheit auf der Erde euch zufalle? Wir
werden euch gewiß nicht glauben.« 79 Und der Pharao sagte:
»Bringt mir jeden erfahrenen Zauberer.« 80 Als die Zauberer
kamen, sagte Mose zu ihnen: »Werft, was ihr werfen wollt.« 81
Als sie geworfen hatten, sagte Mose: »Was ihr vorgebracht habt,
ist Zauberei. Gott wird sie zunichte machen. Gott läßt das Tun
der Unheilstifter nicht als gut gelten. 82 Und Gott bestätigt die
Wahrheit mit seinen Worten, auch wenn es den Übeltätern
zuwider ist.« 83 Und dem Mose glaubten nur junge Leute aus
seinem Volk, dabei hatten sie Angst vor dem Pharao und ihren
Vornehmen*, daß er sie der Versuchung aussetzen würde. Der
Pharao hatte ja hohe Gewalt im Land und war einer der Maßlo-
sen. 84 Und Mose sagte: »O mein Volk, wenn ihr an Gott glaubt,
dann vertraut auf Ihn, so ihr gottergeben seid.« 85 Sie sagten:
»Auf Gott vertrauen wir. Unser Herr, mach uns nicht zu einer
Versuchung für die Leute, die Unrecht tun, 86 und errette uns in
deiner Barmherzigkeit von den ungläubigen Leuten.« 87 Und
Wir offenbarten dem Mose und seinem Bruder: »Weiset eurem
Volk in Ägypten Häuser zu und macht, daß eure Häuser einan-
der gegenüberstehen, und verrichtet das Gebet. Und verkünde
den Gläubigen eine frohe Botschaft.« 88 Und Mose sagte: »Unser
Herr, du hast Pharao und seinen Vornehmen im diesseitigen

83: der Ägypter.

Leben Pracht und Vermögen zukommen lassen, unser Herr, damit sie (die Leute) von deinem Weg abirren lassen. Unser Herr, wisch ihr Vermögen aus und schnüre ihre Herzen fest, so daß sie nicht glauben, bis sie die schmerzhafte Pein sehen.«
89 Er sprach: »Eure Bitte ist erhört. So verhaltet euch recht und folgt nicht dem Weg derer, die nicht Bescheid wissen.«
*90 Und Wir [22¾]
ließen die Kinder Israels das Meer überqueren. Da verfolgten sie der Pharao und seine Truppen in Auflehnung und Übertretung. Als er am Ertrinken war, sagte er: »Ich glaube, daß es keinen Gott gibt außer dem, an den die Kinder Israels glauben. Und ich gehöre nun zu den Gottergebenen.«
91 »Wie? Erst jetzt, wo du zuvor ungehorsam warst und zu den Unheilstiftern gehörtest?
92 Heute wollen Wir dich mit deinem Leib erretten, damit du für die, die nach dir kommen, ein Zeichen seist.« Und viele von den Menschen lassen unsere Zeichen unbeachtet.
93 Und Wir haben den Kindern Israels einen wahrhaftigen Aufenthaltsort zugewiesen und ihnen von den köstlichen Dingen beschert. Sie sind aber erst uneins geworden, nachdem das Wissen zu ihnen gekommen war. Dein Herr wird am Tag der Auferstehung zwischen ihnen über das entscheiden, worüber sie uneins waren.

94 Wenn du über das, was Wir zu dir hinabgesandt haben, im Zweifel bist, dann frag diejenigen, die (bereits) vor dir das Buch lesen. Wahrlich, zu dir ist die Wahrheit von deinem Herrn gekommen, so sei nicht einer von den Zweiflern,
95 und sei nicht einer von denen, die die Zeichen Gottes für Lüge erklärt haben, sonst wirst du zu den Verlierern gehören.
96 Diejenigen, gegen die der Spruch deines Herrn fällig geworden ist, glauben nicht,
97 auch wenn jedes Zeichen zu ihnen käme, bis sie die schmerzhafte Pein sehen.
98 Wenn doch (irgend)eine Stadt geglaubt hätte, so daß ihr Glaube ihr genützt hätte! (Keine tat es), außer dem Volk des Jonas. Als diese geglaubt haben, haben Wir die Pein der Schande im diesseitigen Leben von ihnen aufgehoben und ihnen eine Nutznießung für eine Weile gewährt.
99 Wenn dein Herr wollte, würden die, die auf der Erde sind, alle zusammen gläubig werden. Bist du es etwa, der die Menschen zwingen kann, gläubig zu werden?
100 Niemand kann glauben, es sei denn mit der Erlaubnis Gottes. Und Er legt Greuel auf diejenigen, die

keinen Verstand haben. 101 Sprich: Schaut, was in den Himmeln und auf der Erde ist. Aber die Zeichen und die Warnungen nützen den Leuten, die nicht glauben, nicht. 102 Erwarten sie denn etwas anderes, als was den Tagen* derer gleicht, die vor ihnen dahingegangen sind? Sprich: Wartet nur ab, ich bin mit euch einer von denen, die abwarten. 103 Dann erretten Wir unsere Gesandten und die, die glauben. Ebenso – es ist eine Uns obliegende Pflicht – erretten Wir die Gläubigen.

104 Sprich: O ihr Menschen, wenn ihr über meine Religion im Zweifel seid, so diene ich nicht denen, denen ihr anstelle Gottes dient, sondern ich diene Gott, der euch abberuft. Und mir wurde befohlen, einer der Gläubigen zu sein. 105 Und: Richte dein Gesicht auf die Religion als Anhänger des reinen Glaubens, und sei nicht einer der Polytheisten. 106 Und rufe nicht anstelle Gottes an, was dir weder nützt noch schadet. Wenn du es tust, dann gehörst du zu denen, die Unrecht tun.

107 Wenn Gott dich mit einem Schaden trifft, dann kann niemand ihn beheben, außer Ihm. Und wenn Er für dich etwas Gutes will, dann kann niemand seine Huld zurückweisen. Er trifft damit, wen von seinen Dienern Er will. Und Er ist voller Vergebung und barmherzig.

108 Sprich: O ihr Menschen, zu euch ist die Wahrheit von eurem Herrn gekommen. Wer der Rechtleitung folgt, folgt ihr zu seinem eigenen Vorteil. Und wer irregeht, geht irre zu seinem eigenen Schaden. Und ich bin nicht euer Sachwalter. 109 Und folge dem, was dir offenbart wird, und sei geduldig, bis Gott sein Urteil fällt. Er ist der Beste derer, die Urteile fällen.

102: D. h. den Strafgerichten.

Sure 11

Hūd

zu Mekka, 123 Verse

Im Namen Gottes, des Erbarmers, des Barmherzigen.
1 Alif Lām Rā*. (Dies ist) ein Buch, dessen Zeichen eindeutig festgefügt und dann im einzelnen dargelegt sind von einem Weisen und Kundigen: 2 »Ihr sollt Gott allein dienen« – ich bin euch von Ihm her ein Warner und Freudenbote –, 3 und: »Bittet euren Herrn um Vergebung, dann wendet euch Ihm zu, so wird Er euch eine schöne Nutznießung auf eine bestimmte Frist geben, und Er wird jedem, der ein Verdienst (erworben) hat, sein Verdienst zukommen lassen.« Wenn ihr euch abkehrt, so fürchte ich für euch die Pein eines schweren Tages. 4 Zu Gott wird eure Rückkehr sein, und Er hat Macht zu allen Dingen. 5 Aber siehe, sie falten ihre Brust zusammen, um sich vor Ihm zu verstecken. Siehe, wenn sie sich (auch) mit ihren Gewändern überdecken, Er weiß doch, was sie geheimhalten und was sie offenlegen. Er weiß über das innere Geheimnis Bescheid.
*6 Und es gibt kein Tier auf der Erde, ohne daß Gott für seinen 12. Teil
Unterhalt sorgen und seinen Aufenthaltsort und seinen Aufbe- [23]
wahrungsort* kennen würde. Alles steht in einem deutlichen Buch. 7 Er ist es, der die Himmel und die Erde in sechs Tagen erschaffen hat, während sein Thron auf dem Wasser war, um euch zu prüfen (und festzustellen), wer von euch am besten handelt. Und wenn du sagst: »Ihr werdet nach dem Tod auferweckt werden«, sagen diejenigen, die ungläubig sind, bestimmt: »Das ist ja offenkundige Zauberei.« 8 Und wenn Wir ihnen die Pein für eine bestimmte Weile zurückstellen, sagen sie wohl: »Was hält sie zurück?« Siehe, am Tag, da sie über sie kommt, kann sie nicht von ihnen abgewehrt werden, und es wird sie das umschließen, worüber sie spotteten.

1: Die Bedeutung dieser Buchstaben ist noch nicht geklärt.
6: D. h. Grab; vgl. 6,98.

9 Und wenn Wir den Menschen von uns her Barmherzigkeit kosten
lassen und sie ihm dann wegnehmen, ist er sehr verzweifelt und
undankbar. 10 Und wenn Wir ihn nach einer Drangsal, die ihn
erfaßt hat, Angenehmes kosten lassen, sagt er gewiß: »Das Übel ist
von mir gewichen.« Und er ist froh und prahlerisch, 11 mit
Ausnahme derer, die geduldig sind und die guten Werke tun; für sie
ist Vergebung und ein großer Lohn bestimmt.
12 Vielleicht möchtest du einen Teil von dem, was dir offenbart
wird, auslassen und fühlst dadurch deine Brust beklommen, und
dies, weil sie sagen: »Wäre doch ein Schatz auf ihn herabgesandt
worden oder ein Engel mit ihm gekommen!« Du aber bist nur ein
Warner. Und Gott ist Sachwalter über alle Dinge. 13 Oder sagen
sie: »Er hat ihn erdichtet«? Sprich: Dann bringt zehn Suren bei,
die ihm gleich wären und die erdichtet sind, und ruft an, wen ihr
könnt, anstelle Gottes, so ihr die Wahrheit sagt.« 14 Wenn sie
euch* nicht erhören, dann wißt, daß es mit Gottes Wissen
herabgesandt worden ist und daß es keinen Gott gibt außer ihm.
Werdet ihr nun Gottergebene sein? 15 Denen, die das diesseitige
Leben und seinen Schmuck begehren, erstatten Wir in ihm* ihre
Taten voll, und ihnen wird in ihm nichts abgezogen. 16 Das sind
die, für die im Jenseits nichts bestimmt ist als das Feuer. Wertlos
ist, was sie in ihm* vollbracht haben, und nichtig ist, was sie zu
tun pflegten. 17 Ist denn der, der von seinem Herrn einen
deutlichen Beweis hat, auf den auch ein Zeuge von Ihm folgt und
dem das Buch des Mose vorausging als Vorbild und Barmherzig-
keit* ... (den anderen gleich)? Diese glauben daran. Wer aber
von den Parteien* ihn verleugnet, dessen Verabredungsort ist das

14: Wenn die, die ihr (die Ungläubigen) anstelle Gottes anruft, euch ...; oder, wenn auch schwach: Wenn die herausgeforderten Ungläubigen euch, d. h. Muḥammad und die Muslime ...

15: im diesseitigen Leben.

16: im diesseitigen Leben.

17: D. h.: Das darauffolgende Zeugnis von Gott her und das vorausgegangene Buch des Mose bestätigen die Wahrheit des Korans. Es gibt auch andere, sehr verschiedene Interpretationen dieses Verses. – die Parteien: die unter den Mekkanern, die sich zusammengetan

Feuer. So sei nicht über ihn im Zweifel, er ist die Wahrheit von deinem Herrn. Aber die meisten Menschen glauben nicht. 18
Und wer ist ungerechter als der, der gegen Gott eine Lüge erdichtet? Jene werden ihrem Herrn vorgeführt, und die Zeugen werden sagen: »Das sind die, die gegen ihren Herrn gelogen haben.« Möge der Fluch Gottes über die kommen, die Unrecht
tun, 19 die vom Weg Gottes abweisen und sich ihn krumm
wünschen, und die ja das Jenseits verleugnen! 20 Jene konnten
(Gottes Willen) auf der Erde nicht vereiteln, und sie haben außer Gott keine Freunde. Die Pein wird ihnen verdoppelt. Sie vermochten nicht zu hören, und sie konnten nicht sehen. 21 Das
sind die, die sich selbst verloren haben, und es ist ihnen entschwunden, was sie erdichteten. 22 Zweifellos sind sie im Jenseits
die größten Verlierer. 23 Diejenigen, die glauben und die guten Werke tun und sich vor ihrem Herrn demütigen, das sind die Gefährten des Paradieses; darin werden sie ewig weilen. *24 Es [23¼]
ist mit den beiden Gruppen wie mit dem Blinden und dem Tauben und dem, der sehen, und dem, der hören kann. Sind die beiden etwa einander gleichzusetzen? Wollt ihr es nicht bedenken?

25 Und Wir sandten Noach zu seinem Volk: »Ich bin euch ein
deutlicher Warner: 26 Ihr sollt Gott allein dienen. Ich fürchte für
euch die Pein eines schmerzvollen Tages.« 27 Die Vornehmen
aus seinem Volk, die ungläubig waren, sagten: »Wir sehen, daß du nur ein Mensch bist wie wir. Und wir sehen, daß nur die dir folgen, die unsere Niedrigsten sind, und zwar ohne reifliche Überlegung. Und wir sehen bei euch keinen Vorzug über uns. Vielmehr meinen wir, daß ihr lügt.« 28 Er sagte: »O mein Volk,
was meint ihr? Wenn ich einen deutlichen Beweis von meinem Herrn habe und Er mir eine Barmherzigkeit von sich hat zukommen lassen, die eurem Blick entzogen wurde, könnten wir sie euch da aufzwingen, wo sie euch zuwider ist? 29 Und, o mein
Volk, ich verlange von euch dafür kein Geld. Mein Lohn obliegt Gott allein. Und ich werde nicht diejenigen, die glauben, versto-

haben, um den Koran abzulehnen und gegen die Muslime vorzugehen.

ßen; sie werden ihrem Herrn begegnen. Aber ich sehe, daß ihr Leute seid, die töricht sind.
30 Und, o mein Volk, wer wird mir denn vor Gott Unterstützung gewähren, wenn ich sie verstoßen sollte? Wollt ihr es nicht bedenken?
31 Und ich sage euch nicht, ich hätte die Vorratskammern Gottes, und ich kenne auch nicht das Unsichtbare. Und ich sage nicht, ich sei ein Engel. Und ich sage nicht (von denen), die eure Augen verachten, Gott werde ihnen niemals etwas Gutes zukommen lassen – Gott weiß besser, was in ihrem Inneren ist –, sonst würde ich zu denen gehören, die Unrecht tun.«
32 Sie sagten: »O Noach, du hast mit uns gestritten und den Streit mit uns lange geführt. So bring uns doch her, was du uns androhst, so du zu denen gehörst, die die Wahrheit sagen.«
33 Er sagte: »Bringen wird es euch Gott, wenn Er will, und ihr könnt es nicht vereiteln.
34 Und nicht nützt euch mein Rat, so ich euch raten will, wenn Gott euch abirren lassen will. Er ist euer Herr, und zu Ihm werdet ihr zurückgebracht.«
35 Oder sagen sie wohl: »Er hat ihn erdichtet«? Sprich: Wenn ich ihn erdichtet habe, so lastet meine Übeltat auf mir, und ich bin unschuldig an dem, was ihr verübt.
36 Und dem Noach wurde offenbart: »Niemand aus deinem Volk wird glauben außer denen, die bereits geglaubt haben. So fühle dich nicht elend wegen dessen, was sie taten.
37 Und verfertige das Schiff vor unseren Augen und nach unserer Offenbarung. Und sprich Mich nicht an zugunsten derer, die Unrecht getan haben. Sie werden sicher ertränkt werden.«
38 Er ging daran, das Schiff zu verfertigen. Und sooft Vornehme aus seinem Volk an ihm vorbeikamen, verhöhnten sie ihn. Er sagte: »Wenn ihr uns jetzt verhöhnt, werden auch wir euch verhöhnen, so wie ihr (uns jetzt) verhöhnt.
39 Und ihr werdet zu wissen bekommen, über wen eine Pein kommen wird, die ihn zuschanden macht, und (über wen) eine beständige Pein hereinbricht.«
40 Als nun unser Befehl kam und der Ofen brodelte*, sprachen Wir: »Lade darin ein Paar von jeder Art und deine Angehörigen außer dem, gegen den der Spruch vorher erging, und diejenigen, die glauben.« Mit

40: Wörtlich: der Ofen überkochte, als Beschreibung der brodelnden Fluten.

ihm glaubten aber nur wenige. *41 Und er sagte: »Steigt hinein. [23½]
Im Namen Gottes erfolge seine Fahrt und seine Landung. Mein
Herr ist voller Vergebung und barmherzig.« 42 Es fuhr mit
ihnen dahin auf Wogen wie Berge. Noach rief seinem Sohn zu,
der abseits stand: »O mein Sohn, steig ein mit uns und sei nicht
mit den Ungläubigen.« 43 Er sagte: »Ich werde Unterkunft
finden auf einem Berg, der mich vor dem Wasser schützt.« Er
sagte: »Es gibt heute niemanden, der vor dem Befehl Gottes
schützen könnte, außer für den, dessen Er sich erbarmt.« Die
Woge trennte sie beide, und so war er einer von denen, die
ertränkt wurden.

44 Und es wurde gesprochen: »O Erde, verschlinge dein Wasser.
O Himmel, halt ein.« Das Wasser nahm ab, und die Angelegen-
heit war entschieden. Es hielt auf dem Djūdī* an. Und es wurde
gesprochen: »Weg mit den Leuten, die Unrecht tun!« 45 Und
Noach rief seinen Herrn an und sagte: »Mein Herr, mein Sohn
gehört zu meinen Angehörigen, und dein Versprechen ist die
Wahrheit, und du bist der Weiseste derer, die Urteile fällen.« 46
Er sprach: »O Noach, er gehört nicht zu deinen Angehörigen. Es
ist eine Tat, die nicht gut ist. So bitte Mich nicht um etwas,
wovon du kein Wissen hast. Ich ermahne dich, nicht einer der
Törichten zu sein.« 47 Er sagte: »O mein Herr, ich suche
Zuflucht bei Dir davor, daß ich Dich um etwas bitte, wovon ich
kein Wissen habe. Wenn Du mir nicht vergibst und dich meiner
(nicht) erbarmst, werde ich zu den Verlierern gehören.« 48 Es
wurde gesprochen: »O Noach, steig hinunter in unserem Frieden
und mit unseren Segnungen über dich und über Gemeinschaften
von denen, die mit dir sind. Es gibt Gemeinschaften, denen Wir
eine Nutznießung geben werden, dann wird sie eine schmerz-
hafte Pein von Uns erfassen.« 49 Dies gehört zu den Berichten
über das Unsichtbare, die Wir dir offenbaren. Du wußtest sie
vorher nicht, weder du noch dein Volk. Sei nun geduldig. Das
Ende gehört den Gottesfürchtigen.

50 Und (Wir sandten) zu `Ād ihren Bruder Hūd. Er sagte: »O
mein Volk, dienet Gott. Ihr habt keinen Gott außer Ihm. Ihr

44: Name eines Berges.

erdichtet ja nur Lügen. 51 O mein Volk, ich verlange von euch keinen Lohn. Mein Lohn obliegt dem, der mich geschaffen hat. Habt ihr denn keinen Verstand? 52 Und, o mein Volk, bittet euren Herrn um Vergebung, dann wendet euch Ihm zu, so wird Er den Himmel über euch ergiebig regnen lassen und euch zu eurer Kraft noch mehr Kraft hinzu verleihen. Und kehrt euch nicht als Übeltäter ab.« 53 Sie sagten: »O Hūd, du hast uns keinen deutlichen Beweis gebracht. Wir werden nicht unsere Götter auf dein Wort hin verlassen, und wir werden dir nicht glauben. 54 Wir können nur sagen, daß einer unserer Götter dir etwas Böses zugefügt hat.« Er sagte: »Ich nehme Gott zum Zeugen, und auch ihr sollt bezeugen, daß ich unschuldig bin an dem, was ihr (Ihm) beigesellt 55 (und) neben Ihn (stellt). Geht gegen mich allesamt mit eurer List vor und gewährt mir keinen Aufschub. 56 Ich vertraue auf Gott, meinen Herrn und euren Herrn. Es gibt kein Tier, das Er nicht an seinem Schopf halten würde. Mein Herr befindet sich auf einem geraden Weg. 57 Wenn ihr euch abkehrt, so habe ich euch das ausgerichtet, womit ich zu euch gesandt worden bin. Mein Herr wird ein anderes Volk nach euch folgen lassen, und ihr könnt Ihm nichts schaden. Mein Herr ist Hüter über alle Dinge.« 58 Als nun unser Befehl eintraf, erretteten Wir Hūd und diejenigen, die mit ihm glaubten, aus Barmherzigkeit von Uns, und Wir erretteten sie vor einer schweren Pein. 59 Das waren die ʿĀd. Sie leugneten die Zeichen ihres Herrn und waren gegen seine Gesandten ungehorsam und folgten dem Befehl eines jeden widerspenstigen Gewaltherrschers. 60 Aber der Fluch verfolgte sie im Diesseits und (so auch) am Tag der Auferstehung. Die ʿĀd waren undankbar gegen ihren Herrn. Ja, weg mit ʿĀd, dem Volk von Hūd!

[23¾] *61 Und (Wir sandten) zu Thamūd ihren Bruder Ṣāliḥ. Er sagte: »O mein Volk, dienet Gott. Ihr habt keinen Gott außer Ihm. Er hat euch aus der Erde entstehen lassen und sie euch zu bebauen und zu bestellen gegeben. So bittet Ihn um Vergebung, dann wendet euch Ihm zu. Mein Herr ist nahe und bereit zu erhören.« 62 Sie sagten: »O Ṣāliḥ, du warst vorher in unserer Mitte einer, auf den man Hoffnung setzte. Willst du uns denn verbieten, zu verehren, was unsere Väter immer verehrt haben? Wir hegen über das, wozu du uns aufrufst, einen starken Zweifel.« 63 Er sagte: »O mein Volk, was meint ihr? Wenn ich einen deutlichen Beweis von meinem Herrn habe und Er mir eine Barmherzigkeit von sich hat zukommen lassen, wer wird mir vor Gott Unterstützung gewähren, wenn ich gegen Ihn ungehorsam bin? Ihr bringt mir nur noch einen größeren Verlust. 64 Und, o mein Volk, dies ist die Kamelstute Gottes, euch zum Zeichen. Laßt sie auf Gottes Erde weiden und rührt sie nicht mit etwas Bösem an. Sonst ergreift euch eine baldige Pein.« 65 Sie schnitten ihr die Flechsen durch und stachen sie. Da sagte er: »Genießt (euer Leben) in eurer Wohnstätte noch drei Tage lang. Dies ist eine Androhung, die nicht erlogen ist.« 66 Als nun unser Befehl eintraf, erretteten Wir Ṣāliḥ und diejenigen, die mit ihm glaubten, aus Barmherzigkeit von Uns, auch vor der Schande jenes Tages. Dein Herr ist ja der Starke, der Mächtige. 67 Da ergriff diejenigen, die Unrecht taten, der Schrei, und am Morgen lagen sie in ihren Wohnstätten auf ihren Gesichtern, 68 als hätten sie nicht lange darin gewohnt. Die Thamūd waren undankbar gegen ihren Herrn. Ja, weg mit Thamūd!

69 Unsere Boten* kamen zu Abraham mit der frohen Botschaft. Sie sagten: »Frieden!« Er sagte: »Frieden!« Es dauerte nicht lange, da brachte er ein geschmortes Kalb herbei. 70 Und als er sah, daß ihre Hände nicht hinlangten, fand er es von ihnen befremdlich, und er empfand Angst vor ihnen. Sie sagten: »Hab keine Angst. Wir sind zu dem Volk von Lot gesandt.« 71 Seine Frau stand da. Da lachte sie. Da verkündeten Wir ihr Isaak, und nach Isaak Jakob. 72 Sie sagte: »O wehe mir, soll ich noch gebären, wo ich doch alt bin und dieser da mein Mann ist, ein Greis? Das ist doch eine verwunderliche Sache.« 73 Sie sagten: »Bist du verwundert über den Befehl Gottes? Die Barmherzigkeit Gottes und seine Segnungen kommen auf euch, ihr Leute des Hauses*! Er ist des Lobes und der Ehre würdig.« 74 Als der

69: eine Gruppe von Engeln.

73: Angehörige der Sippen, die mit Prophetie und göttlicher Sendung ausgezeichnet wurden, darunter vornehmlich Abraham und Muḥammad (vgl. 33,33).

Schrecken von Abraham gewichen und die frohe Botschaft zu ihm gekommen war, begann er mit Uns über das Volk von Lot zu streiten. 75 Abraham war ja langmütig, voller Trauer und bereit, sich Gott reumütig zuzuwenden. 76 »O Abraham, laß davon ab. Der Befehl deines Herrn ist eingetroffen. Über sie kommt eine Pein, die unabwendbar ist.«

77 Und als unsere Boten zu Lot kamen, geriet er ihretwegen in eine böse Lage und wußte daraus keinen Ausweg. Er sagte: »Das ist ein drangsalvoller Tag.« 78 Seine Leute kamen zu ihm geeilt. Zuvor pflegten sie Missetaten zu verüben. Er sagte: »O mein Volk, da sind meine Töchter, sie sind reiner für euch. So fürchtet Gott und bringt nicht Schande über mich in Zusammenhang mit meinen Gästen. Gibt es denn unter euch keinen vernünftigen Mann?« 79 Sie sagten: »Du weißt genau, daß wir kein Recht auf deine Töchter haben, und du weißt wohl, was wir wollen.« 80 Er sagte: »Hätte ich doch Kraft genug, um euch zu widerstehen, oder könnte ich nur auf einem starken Stützpunkt Unterkunft finden!« 81 Sie sagten: »O Lot, wir sind die Boten deines Herrn. Sie werden nicht zu dir gelangen. So zieh mit deinen Angehörigen in einem Teil der Nacht fort, und keiner von euch soll sich umdrehen. Ausgenommen deine Frau; treffen wird sie das, was ihnen zustoßen wird. Ihre* Verabredungszeit ist der Morgen. Ist nicht der Morgen schon nahe?« 82 Als nun unser Befehl eintraf, kehrten Wir in ihrer Stadt das Oberste zuunterst und ließen auf sie Backsteine aus übereinandergeschichtetem Ton regnen, 83 bei deinem Herrn gekennzeichnete (Steine). Und sie liegt denen, die Unrecht tun, gewiß nicht fern*.

[24] *84 Und (Wir sandten) zu Madyan ihren Bruder Shu`ayb. Er sagte: »O mein Volk, dienet Gott. Ihr habt keinen Gott außer Ihm. Laßt an Maß und Gewicht nichts fehlen. Ich sehe, es geht euch gut. Ich fürchte aber für euch die Pein eines umgreifenden Tages. 85 Und, o mein Volk, gebt volles Maß und Gewicht nach Gerechtigkeit und zieht den Menschen nichts ab, was ihnen

81: der frevlerischen Leute.

83: Zum Schlußsatz vgl. 11,89: eine Drohung an die Adresse der hartnäckigen Ungläubigen.

gehört, und stiftet nicht Unheil auf der Erde. 86 Was bei Gott bleibt, ist besser für euch, so ihr gläubig seid. Und ich bin nicht Hüter über euch.« 87 Sie sagten: »O Shu`ayb, befehlen dir denn deine Gebete, daß wir das verlassen, was unsere Väter verehrt haben, oder davon abstehen, mit unserem Vermögen zu tun, was wir wollen? Du bist ja wohl der Langmütige, der Vernünftige!« 88 Er sagte: »O mein Volk, was meint ihr, wenn ich einen deutlichen Beweis von meinem Herrn habe und Er mir einen schönen Lebensunterhalt beschert hat? Ich will auch nicht (einfach) euch widersprechen im Hinblick auf das, was ich euch verbiete. Ich will nur Ordnung schaffen, soweit ich es vermag. Durch Gott allein wird mir das Gelingen beschieden. Auf Ihn vertraue ich, und Ihm wende ich mich reumütig zu. 89 Und, o mein Volk, mein Zerwürfnis (mit euch) soll euch nicht dazu führen, daß euch das trifft, was früher das Volk von Noach oder das Volk von Hūd oder das Volk von Ṣāliḥ getroffen hat. Und das Volk von Lot liegt nicht fernab von euch. 90 Und bittet euren Herrn um Vergebung und dann wendet euch Ihm zu. Mein Herr ist barmherzig und liebevoll.« 91 Sie sagten: »O Shu`ayb, wir begreifen nicht viel von dem, was du sagst. Und wir sehen, daß du in unserer Mitte schwach bist. Wenn dein Anhang nicht wäre, hätten wir dich gesteinigt. Vor dir haben wir ja keinen Respekt.« 92 Er sagte: »O mein Volk, habt ihr vor meinem Anhang eher Respekt als vor Gott, und habt ihr Ihn hinter eurem Rücken zurückgelassen? Mein Herr umfaßt, was ihr tut. 93 Und, o mein Volk, handelt nach eurem Standpunkt, ich werde auch so handeln. Ihr werdet zu wissen bekommen, über wen eine Pein kommen wird, die ihn zuschanden macht, und wer ein Lügner ist. Und wartet ab, ich warte mit euch ab.« 94 Als nun unser Befehl eintraf, erretteten Wir Shu`ayb und diejenigen, die mit ihm glaubten, aus Barmherzigkeit von Uns. Da ergriff diejenigen, die Unrecht taten, der Schrei, und am Morgen lagen sie in ihren Wohnstätten auf ihren Gesichtern, 95 als hätten sie nicht lange darin gewohnt. Ja, weg mit Madyan, wie auch die Thamūd weggerafft wurden!

96 Und Wir sandten Mose mit unseren Zeichen und einer offenkundigen Ermächtigung 97 zu Pharao und seinen Vorneh-

men. Diese folgten dem Befehl des Pharao; der Befehl des Pharao
war aber nicht richtig. 98 Er wird seinem Volk am Tag der
Auferstehung vorangehen. Er führt sie wie zur Tränke ins Feuer
hinab – welch schlimme Tränke, zu der sie hinabgeführt wer-
den! 99 Und der Fluch verfolgte sie im Diesseits und (so auch) am
Tag der Auferstehung – welch schlimmes Geschenk, das ihnen
geschenkt wird! 100 Dies gehört zu den Berichten über die
Städte; Wir erzählen es dir. Einige von ihnen stehen noch,
andere sind abgemäht. 101 Nicht Wir haben ihnen Unrecht
getan, sondern sie haben sich selbst Unrecht getan. Ihre Götter,
die sie anstelle Gottes anrufen, haben ihnen nichts genützt, als
der Befehl deines Herrn eintraf, und sie brachten ihnen nur noch
ein größeres Verderben. 102 So ist die Art deines Herrn heimzu-
suchen, wenn Er die Städte heimsucht, während sie Unrecht tun.
Seine Heimsuchung ist schmerzhaft und hart. 103 Darin ist ein
Zeichen für den, der die Pein des Jenseits fürchtet. Das ist ein
Tag, auf den die Menschen versammelt werden. Das ist ein Tag,
den sie alle erleben werden. 104 Und Wir stellen ihn nur für eine
bestimmte Frist zurück. 105 Am Tag, da er eintrifft, wird
niemand sprechen, außer mit seiner Erlaubnis. Einige von ihnen
werden dann unglücklich und andere selig sein. 106 Diejenigen,
die unglücklich sind, werden dann im Feuer sein; darin werden
sie seufzen und schluchzen, 107 und sie werden darin ewig
weilen, solange die Himmel und die Erde währen, außer was dein
[24¼] Herr will. Dein Herr tut ja, was Er will. *108 Diejenigen, die
selig sind, werden im Paradies sein; darin werden sie ewig
weilen, solange die Himmel und die Erde währen, außer was dein
Herr will, als Gabe, die nicht verringert wird*. 109 So sei nicht
über das, was diese da verehren, im Zweifel. Sie verehren nur,
wie ihre Väter zuvor verehrt haben. Und Wir werden ihnen
ihren Anteil unverkürzt erstatten.

110 Und Wir ließen dem Mose das Buch zukommen. Da wurden
sie darüber uneins. Und gäbe es nicht einen früher ergangenen
Spruch von deinem Herrn, so wäre zwischen ihnen entschieden
worden. Und sie sind darüber in einem starken Zweifel. 111 Und

108: Oder: unterbrochen, abgebrochen. Wörtlich: abgeschnitten.

allen wird dein Herr bestimmt ihre Taten voll vergelten. Er hat Kenntnis von dem, was sie tun.
112 So verhalte dich recht, wie dir befohlen wurde, du und diejenigen, die mit dir umkehren, und zeigt kein Übermaß an Frevel. Er sieht wohl, was ihr tut.
113 Und sucht nicht eine Stütze bei denen, die Unrecht tun, sonst erfaßt euch das Feuer. Dann werdet ihr keine Freunde haben außer Gott, und dann werdet ihr keine Unterstützung erfahren.
114 Und verrichte das Gebet an beiden Enden des Tages und zu Nachtzeiten. Die guten Taten vertreiben die Missetaten. Das ist eine Erinnerung für die, die (Gottes) gedenken.
115 Und sei geduldig. Gott läßt den Lohn der Rechtschaffenen nicht verlorengehen.
116 Wenn es doch unter den Generationen vor euch einen tugendhaften Rest von Leuten gäbe, die verbieten, auf der Erde Unheil zu stiften – abgesehen von einigen wenigen von ihnen, die Wir gerettet haben! Diejenigen, die Unrecht taten, folgten dem ihnen verliehenen üppigen Leben und wurden Übeltäter.
117 Und dein Herr hätte unmöglich Städte zu Unrecht dem Verderben preisgegeben, während ihre Bewohner Besserung zeigten.
118 Und wenn dein Herr gewollt hätte, hätte Er die Menschen zu einer einzigen Gemeinschaft gemacht. Aber sie sind immer noch uneins,
119 außer denen, derer sich dein Herrn erbarmt hat. Dazu hat Er sie erschaffen. Und so erfüllt sich der Spruch deines Herrn: »Ich werde die Hölle mit den Djinn und den Menschen allen füllen.«

120 Alles erzählen Wir dir von den Berichten über die Gesandten, um dein Herz damit zu festigen. Darin ist die Wahrheit zu dir gekommen, und eine Ermahnung und Erinnerung für die Gläubigen.
121 Und sprich zu denen, die nicht glauben: Handelt nach eurem Standpunkt, wir werden (auch so) handeln.
122 Und wartet ab, wir warten auch ab.
123 Und Gott gehört das Unsichtbare der Himmel und der Erde, und zu Ihm wird die ganze Angelegenheit zurückgebracht. So diene Ihm und vertraue auf Ihn. Und dein Herr läßt nicht unbeachtet, was ihr tut.

Sure 12

Josef (Yūsuf)

zu Mekka, 111 Verse

Im Namen Gottes, des Erbarmers, des Barmherzigen.
1 Alif Lām Rā*. Dies sind die Zeichen des deutlichen Buches.
2 Wir haben es als einen arabischen Koran hinabgesandt, auf daß
ihr verständig werdet. 3 Wir erzählen dir die schönste Erzählung
dadurch, daß Wir dir diesen Koran offenbart haben. Du warst
vordem einer von denen, die (davon) keine Ahnung hatten.
4 Als Josef zu seinem Vater sagte: »O mein Vater, ich sah elf
Sterne und die Sonne und den Mond, ich sah sie vor mir
niederfallen.« 5 Er sagte: »O mein Sohn, erzähle von deinem
Traumgesicht nicht deinen Brüdern, sonst werden sie eine List
gegen dich ausführen. Der Satan ist den Menschen ein offenkun-
diger Feind. 6 Und so wird dein Herr dich erwählen und dich
etwas von der Deutung der Geschichten lehren und seine Gnade
an dir und an der Sippe Jakobs vollenden, wie Er sie vorher an
seinen beiden Vätern Abraham und Isaak vollendet hat. Dein
Herr weiß Bescheid und ist weise.«
[24½] *7 Siehe, in Josef und seinen Brüdern sind Zeichen für die, die
(nach der Wahrheit) fragen. 8 Als sie sagten: »Josef und sein
Bruder sind unserem Vater bestimmt lieber als wir, obwohl wir
eine (beachtliche) Gruppe sind. Unser Vater befindet sich in
einem offenkundigen Irrtum. 9 Tötet Josef oder werft ihn ins
Land hinaus, so wird das Gesicht eures Vaters nur noch auf euch
schauen, und danach werdet ihr Leute sein, die rechtschaffen
sind.« 10 Ein Sprecher unter ihnen sagte: »Tötet Josef nicht,
werft ihn (lieber) in die verborgene Tiefe der Zisterne, dann wird
ihn schon der eine oder andere Reisende aufnehmen, wenn ihr
doch etwas tun wollt.« 11 Sie sagten: »O unser Vater, warum
vertraust du uns Josef nicht an? Wir werden ihm sicher gut
raten. 12 Schick ihn morgen mit uns, daß er sich frei bewege und

1: Die Bedeutung dieser Buchstaben ist noch nicht geklärt.

spiele. Wir werden ihn sicher behüten.« 13 Er sagte: »Es macht mich traurig, daß ihr ihn mitnehmen wollt. Und ich fürchte, daß ihn der Wolf frißt, während ihr nicht auf ihn achtgebt.« 14 Sie sagten: »Sollte ihn der Wolf fressen, wo wir doch eine (beachtliche) Gruppe sind, dann werden wir gewiß Verlust davon tragen.« 15 Als sie ihn mitnahmen und übereinkamen, ihn in die verborgene Tiefe der Zisterne hinunterzulassen ... – Und Wir offenbarten ihm: »Du wirst ihnen noch das, was sie hier getan haben, kundtun, ohne daß sie es merken.« 16 Und am Abend kamen sie weinend zu ihrem Vater. 17 Sie sagten: »O unser Vater, wir gingen, um einen Wettlauf zu machen, und ließen Josef bei unseren Sachen zurück. Da fraß ihn der Wolf. Du glaubst uns wohl nicht, auch wenn wir die Wahrheit sagen.« 18 Sie trugen auf sein Hemd falsches Blut auf. Er sagte: »Nein, eure Seele hat euch etwas eingeredet. (Es gilt) schöne Geduld (zu üben). Gott ist der, der um Hilfe gebeten wird gegen das, was ihr beschreibt.« 19 Reisende kamen vorbei. Sie schickten ihren Wasserschöpfer, und er ließ seinen Eimer hinunter. Er sagte: »O gute Nachricht! Da ist ein Junge.« Sie versteckten ihn als Ware. Und Gott wußte wohl, was sie taten. 20 Und sie verkauften ihn für einen zu niedrigen Preis, einige gezählte Drachmen. Und sie übten Verzicht in bezug auf ihn*. 21 Und derjenige aus Ägypten, der ihn gekauft hatte, sagte zu seiner Frau: »Bereite ihm eine freundliche Bleibe. Möge er uns Nutzen bringen, oder vielleicht nehmen wir ihn als Kind an.« Und Wir gaben dem Josef eine angesehene Stellung im Land. Und Wir wollten ihn die Deutung der Geschichten lehren. Und Gott ist in seiner Angelegenheit überlegen. Aber die meisten Menschen wissen nicht Bescheid.

22 Als er seine Vollkraft erreicht hatte, ließen Wir ihm Urteilskraft und Wissen zukommen. So entlohnen Wir die Rechtschaffenen. 23 Und die, in deren Haus er war, versuchte, ihn zu verführen. Sie schloß die Türen ab und sagte: »Komm her.« Er sagte: »Gott behüte! Er, mein Besitzer, hat mir eine schöne

20: Für nur einige Drachmen haben sie ihn weggegeben, denn sie wollten ihn loswerden.

Bleibe bereitet. Denen, die Unrecht tun, wird es nicht wohl ergehen.« 24 Sie hätte sich beinahe mit ihm eingelassen, und er hätte sich beinahe mit ihr eingelassen, hätte er nicht den Beweis seines Herrn gesehen. Dies (geschah), damit Wir das Böse und das Schändliche von ihm abwehrten. Er gehört ja zu unseren auserwählten Dienern. 25 Sie suchten beide als erster die Tür zu erreichen. Sie zerriß ihm von hinten das Hemd. Und sie trafen auf ihren* Herrn bei der Tür. Sie sagte: »Der Lohn dessen, der deiner Familie Böses antun wollte, ist ja wohl das Gefängnis oder eine schmerzhafte Pein.« 26 Er sagte: »Sie war es, die versucht hat, mich zu verführen.« Und ein Zeuge aus ihrer Familie bezeugte: »Wenn sein Hemd vorn zerrissen ist, hat sie die Wahrheit gesagt, und er ist einer von denen, die lügen. 27 Und wenn sein Hemd hinten zerrissen ist, hat sie gelogen, und er ist einer von denen, die die Wahrheit sagen.« 28 Als er nun sah, daß sein Hemd hinten zerrissen war, sagte er: »Das ist eine List von euch. Eure List ist gewaltig. 29 Josef, wende dich davon ab. Und (du), bitte um Vergebung für deine Schuld. Du gehörst ja zu
[24¾] denen, die sich versündigt haben.« *30 Nun sagten Frauen in der Stadt: »Die Gemahlin des Hochmögenden versucht, ihren Knecht zu verführen. Er hat sie in leidenschaftliche Liebe versetzt. Wir sehen, sie befindet sich in einem offenkundigen Irrtum.« 31 Als sie von ihren Ränken hörte, schickte sie zu ihnen und bereitete ihnen ein Gelage. Sie ließ einer jeden von ihnen ein Messer geben und sagte (zu Josef): »Komm zu ihnen heraus.« Als sie ihn sahen, fanden sie ihn außerordentlich, und sie schnitten sich in die Hände und sagten: »Gott bewahre! Das ist nicht ein Mensch. Das ist nur ein edler Engel.« 32 Sie sagte: »Das ist der, dessentwegen ihr mich getadelt habt. Ich habe versucht, ihn zu verführen. Er aber hielt an seiner Unschuld fest. Und wenn er nicht tut, was ich ihm befehle, wird er bestimmt ins Gefängnis geworfen werden, und er wird zu denen gehören, die erniedrigt werden.« 33 Er sagte: »Mein Herr, mir ist das Gefängnis lieber als das, wozu sie mich auffordern. Und wenn du ihre List von mir nicht abwehrst, werde ich mich zu ihnen hingezogen fühlen und

25: der Frau.

einer der Törichten sein.« 34 Sein Herr erhörte ihn und wehrte
ihre List von ihm ab. Er ist es, der alles hört und weiß.
35 Dann, nachdem sie die Zeichen* gesehen hatten, schien es
ihnen angebracht, ihn eine Zeitlang ins Gefängnis zu werfen. 36
Mit ihm kamen zwei Knechte ins Gefängnis. Der eine von ihnen
sagte: »Ich sah mich Wein keltern.« Der andere sagte: »Ich sah
mich auf dem Kopf Brot tragen, von dem die Vögel fraßen. So tu
uns kund, wie dies zu deuten ist. Wir sehen es, du gehörst zu den
Rechtschaffenen.« 37 Er sagte: »Es wird euch das Essen, mit dem
ihr versorgt werdet, nicht gebracht, ohne daß ich euch kundgetan
habe, wie es zu deuten ist, bevor es euch gebracht wird. Das ist
etwas von dem, was mich mein Herr gelehrt hat. Verlassen habe
ich die Glaubensrichtung von Leuten, die nicht an Gott glauben
und die das Jenseits verleugnen, 38 und ich bin der Glaubensrich-
tung meiner Väter Abraham, Isaak und Jakob gefolgt. Wir
dürfen Gott nichts beigesellen. Das ist etwas von der Huld Gottes
zu uns und zu den Menschen. Aber die meisten Menschen sind
nicht dankbar. 39 O ihr beiden Insassen des Gefängnisses! Sind
verschiedene Herren besser, oder der eine Gott, der bezwingende
Macht besitzt? 40 Ihr dient außer Ihm nur Namen, die ihr
genannt habt, ihr und eure Väter, für die aber Gott keine
Ermächtigung herabgesandt hat. Das Urteil gehört Gott allein. Er
hat befohlen, daß ihr nur Ihm dienen sollt. Das ist die richtige
Religion. Aber die meisten Menschen wissen nicht Bescheid. 41
O ihr beiden Insassen des Gefängnisses! Der eine von euch wird
seinem Herrn Wein zu trinken geben. Der andere aber wird
gekreuzigt, und die Vögel werden von seinem Kopf fressen.
Entschieden ist die Angelegenheit, über die ihr um Auskunft
fragt.« 42 Und er sagte zu dem von ihnen, mit dessen Rettung er
rechnete: »Gedenke meiner bei deinem Herrn.« Aber der Satan
ließ ihn vergessen, ihn bei seinem Herrn zu erwähnen. So blieb
er* noch einige Jahre im Gefängnis.
43 Und der König sagte: »Ich sah sieben fette Kühe, die von

35: die ungewöhnliche Qualität und die Andersartigkeit des Verhaltens Josefs.

42: Josef.

sieben mageren gefressen wurden, und sieben grüne Ähren und
(sieben) andere, die verdorrt waren. O ihr Vornehmen, gebt mir
Auskunft über mein Traumgesicht, so ihr das Traumgesicht
auslegen könnt.« 44 Sie sagten: »Wirres Bündel von Träumen.
Wir wissen über die Deutung der Träume nicht Bescheid.« 45
Derjenige von ihnen, der gerettet wurde und sich nach einer
Weile erinnerte, sagte: »Ich werde euch seine Deutung kundtun.
Schickt mich los.« 46 »Josef, du Wahrhaftiger, gib uns Auskunft
über sieben fette Kühe, die von sieben mageren gefressen wer-
den, und von sieben grünen Ähren und (sieben) anderen, die
verdorrt sind. So mag ich zu den Menschen zurückkehren, auf
daß sie Bescheid wissen.« 47 Er sagte: »Ihr werdet sieben Jahre
wie gewohnt säen. Was ihr aber erntet, das laßt in seinen Ähren,
bis auf einen geringen Teil von dem, was ihr verzehrt. 48 Danach
werden dann sieben harte (Jahre) kommen, die das verzehren
werden, was ihr für sie vorher eingebracht habt, bis auf einen
geringen Teil von dem, was ihr aufbewahrt. 49 Danach wird dann
ein Jahr kommen, in dem die Menschen Regen haben und in dem
sie keltern werden.« 50 Der König sagte: »Bringt ihn zu mir.«
Als der Bote zu ihm kam, sagte er: »Kehr zu deinem Herrn
zurück und frag ihn, wie es mit den Frauen steht, die sich in ihre
Hände geschnitten haben. Mein Herr weiß doch über ihre List
Bescheid.« 51 Er sagte: »Was war da mit euch, als ihr versucht
habt, Josef zu verführen?« Sie sagten: »Gott bewahre! Wir
wissen gegen ihn nichts Böses (anzugeben).« Die Frau des Hoch-
mögenden sagte: »Jetzt ist die Wahrheit offenbar geworden. Ich
habe versucht, ihn zu verführen. Und er gehört zu denen, die die
Wahrheit sagen.« 52 (Josef sagte:) »Dies ist, damit er weiß, daß
ich ihn nicht in seiner Abwesenheit verraten habe und daß Gott
13. Teil die List der Verräter nicht gelingen läßt. *53 Und ich erkläre
[25] mich nicht selbst für unschuldig. Die Seele gebietet ja mit
Nachdruck das Böse, es sei denn, mein Herr erbarmt sich. Mein
Herr ist voller Vergebung und barmherzig.« 54 Und der König
sagte: »Bringt ihn zu mir. Ich will ihn ausschließlich für mich
haben.« Als er mit ihm gesprochen hatte, sagte er: »Heute bist
du bei uns in angesehener Stellung und genießt unser Ver-
trauen.« 55 Er sagte: »Setze mich über die Vorratskammern des

Landes ein. Ich bin ein (guter) Hüter und weiß Bescheid*.« 56 So haben Wir dem Josef eine angesehene Stellung im Land gegeben, so daß er darin sich aufhalten konnte, wo er wollte. Wir treffen mit unserer Barmherzigkeit, wen Wir wollen, und Wir lassen den Lohn der Rechtschaffenen nicht verlorengehen. 57 Und wahrlich, der Lohn des Jenseits ist besser für die, die glauben und gottesfürchtig sind.

58 Und die Brüder Josefs kamen und traten bei ihm ein. Er erkannte sie, während sie ihn für einen Unbekannten hielten. 59 Als er sie nun mit ihrem Bedarf ausgestattet hatte, sagte er: »Bringt mir einen Bruder von euch, (einen) von eurem Vater. Seht ihr nicht, daß ich das Maß voll erstatte und daß ich der beste der Gastgeber bin? 60 Wenn ihr ihn mir nicht bringt, so bekommt ihr bei mir kein Maß mehr, und ihr sollt nicht in meine Nähe treten.« 61 Sie sagten: »Wir werden versuchen, seinen Vater in bezug auf ihn zu überreden, und wir werden es bestimmt tun.« 62 Und er sagte zu seinen Knechten: »Steckt auch ihre Tauschware in ihr Gepäck, daß sie sie (wieder) erkennen, wenn sie zu ihren Angehörigen heimgekehrt sind. Vielleicht werden sie dann auch zurückkommen.« 63 Als sie zu ihrem Vater zurückkamen, sagten sie: »O unser Vater, die (nächste) Zuteilung wurde uns verwehrt. So schick unseren Bruder mit uns, damit wir eine Zuteilung zugemessen bekommen. Und wir werden ihn bestimmt behüten.« 64 Er sagte: »Kann ich ihn euch etwa anders anvertrauen, als ich euch zuvor seinen Bruder anvertraut habe? Gott ist der beste Hüter, und Er ist der Barmherzigste der Barmherzigen.« 65 Und als sie ihre Sachen öffneten, fanden sie, daß ihre Tauschware ihnen zurückgegeben worden war. Sie sagten: »O unser Vater, was wünschen wir mehr? Das ist unsere Tauschware, sie ist uns zurückgegeben worden. Wir werden Vorrat für unsere Angehörigen bringen, unseren Bruder behüten und die Last eines Kamels mehr zugemessen bekommen. Das ist ein leicht zu erhaltendes Maß.« 66 Er sagte: »Ich werde ihn nicht mit euch schicken, bis ihr mir ein verbindliches Versprechen vor Gott gebt, daß ihr ihn mir zurückbringt, es

55: Oder: Ich bin ein kluger, oder: erfahrener Hüter.

sei denn, ihr werdet umringt.« Als sie ihm ihr verbindliches
Versprechen gegeben hatten, sagte er: »Gott ist Sachwalter über
das, was wir (hier) sagen.« 67 Und er sagte: »O meine Söhne,
geht nicht durch ein einziges Tor hinein. Geht durch verschie-
dene Tore hinein. Ich kann euch vor Gott nichts nützen. Das
Urteil gehört Gott allein. Auf Ihn vertraue ich. Auf Ihn sollen die
vertrauen, die (überhaupt auf jemanden) vertrauen.« 68 Als sie
hineingingen, wie ihr Vater ihnen befohlen hatte, hat es ihnen
vor Gott nichts genützt. Es war nur ein Bedürfnis in der Seele
Jakobs, das er (damit) erfüllte. Und er besaß Wissen, weil Wir es
ihn gelehrt hatten. Aber die meisten Menschen wissen nicht
Bescheid. 69 Als sie bei Josef eintraten, zog er seinen Bruder zu
sich. Er sagte: »Ich, ich bin dein Bruder. So sei nicht betrübt
wegen dessen, was sie taten.« 70 Als er sie nun mit ihrem Bedarf
ausgestattet hatte, tat er das Trinkgefäß in das Gepäck seines
Bruders. Dann rief ein Rufer aus: »Ihr da von der Karawane, ihr
seid ja Diebe.« 71 Sie sagten, während sie auf sie zugingen: »Was
vermißt ihr?« 72 Sie sagten: »Wir vermissen den Pokal des
Königs. Wer ihn zurückbringt, erhält die Last eines Kamels, und
dafür bin ich Bürge.« 73 Sie sagten: »Bei Gott, ihr wißt es, wir
sind nicht gekommen, um im Land Unheil zu stiften, und wir
sind keine Diebe.« 74 Sie sagten: »Was ist die Vergeltung dafür,
wenn ihr lügt?« 75 Sie sagten: »Die Vergeltung dafür ist, daß
der, in dessen Gepäck er gefunden wird, selbst als Entgelt dafür
dienen soll. So vergelten wir denen, die Unrecht tun.« 76 Er
begann (zu suchen) in ihren Behältern vor dem Behälter seines
Bruders. Dann holte er ihn aus dem Behälter seines Bruders. So
führten Wir für Josef eine List aus. Nach der Religion des Königs
hätte er unmöglich seinen Bruder (als Sklaven) nehmen können,
es sei denn, daß es Gott wollte. Wir erhöhen, wen Wir wollen,
um Rangstufen. Und über jedem, der Wissen besitzt, steht einer,
[25¼] der (noch mehr) weiß. *77 Sie sagten: »Wenn er stiehlt, so hat
auch ein Bruder von ihm zuvor gestohlen.« Josef hielt es in
seinem Inneren geheim und zeigte es ihnen nicht offen. Er sagte:
»Ihr seid noch schlimmer daran. Und Gott weiß besser, was ihr
beschreibt.« 78 Sie sagten: »O Hochmögender, er hat einen
Vater, einen hochbetagten Greis. So nimm einen von uns an

seiner Stelle. Wir sehen, daß du einer der Rechtschaffenen bist.«
79 Er sagte: »Gott behüte, daß wir einen anderen nehmen als den, bei dem wir unsere Sachen gefunden haben! Sonst würden wir zu denen gehören, die Unrecht tun.« 80 Als sie an ihm jede Hoffnung verloren hatten, gingen sie zu einem vertraulichen Gespräch unter sich. Der Älteste von ihnen sagte: »Wißt ihr nicht, daß euer Vater von euch ein verbindliches Versprechen vor Gott entgegengenommen hat, und daß ihr zuvor eure Pflicht in bezug auf Josef nicht erfüllt habt? Ich werde das Land nicht verlassen, bis mein Vater es mir erlaubt oder Gott ein Urteil für mich fällt, und Er ist der Beste derer, die Urteile fällen. 81 Kehrt zu eurem Vater zurück und sagt: ›O unser Vater, dein Sohn hat gestohlen, und wir bezeugen nur das, was wir wissen, und wir können nicht Hüter sein über das, was verborgen ist. 82 Und frag die Stadt, in der wir waren, und die Karawane, mit der wir gekommen sind. Wir sagen ja die Wahrheit.‹« 83 Er sagte: »Eure Seele hat euch etwas eingeredet. (Es gilt) schöne Geduld (zu üben). Möge Gott sie mir alle zurückbringen! Er ist der, der alles weiß und weise ist.« 84 Und er kehrte sich von ihnen ab und sagte: »O wie voller Gram bin ich um Josef!« Und seine Augen wurden weiß* vor Trauer, und er unterdrückte (seinen Groll). 85 Sie sagten: »Bei Gott, du hörst nicht auf, des Josef zu gedenken, bis du bald zusammenbrichst oder zu denen gehörst, die zugrunde gehen.« 86 Er sagte: »Ich klage ja meinen Kummer und meine Trauer Gott allein, und ich weiß von Gott, was ihr nicht wißt. 87 O meine Söhne, geht und erkundigt euch über Josef und seinen Bruder. Und verliert nicht die Hoffnung, daß Gott Aufatmen verschafft. Die Hoffnung, daß Gott Aufatmen verschafft, verlieren nur die ungläubigen Leute.«

88 Als sie (wieder) bei ihm* eintraten, sagten sie: »O Hochmögender, Not hat uns und unsere Angehörigen erfaßt. Und wir haben (nur) eine zusammengewürfelte Ware gebracht. So erstatte uns (dennoch) volles Maß und gib es uns als Almosen. Gott vergilt denen, die Almosen geben.« 89 Er sagte: »Wißt ihr

84: blind.
88: bei Josef.

(noch), was ihr Josef und seinem Bruder angetan habt, als ihr töricht gehandelt habt?« 90 Sie sagten: »Bist du denn wirklich Josef?« Er sagte: »Ich bin Josef, und das ist mein Bruder. Gott hat uns eine Wohltat erwiesen. Wahrlich, wenn einer gottesfürchtig und geduldig ist, so läßt Gott den Lohn der Rechtschaffenen nicht verlorengehen.« 91 Sie sagten: »Bei Gott, Gott hat dich vor uns bevorzugt. Und wir haben bestimmt gesündigt.« 92 Er sagte: »Keine Schelte soll heute über euch kommen. Gott vergibt euch, Er ist ja der Barmherzigste der Barmherzigen. 93 Nehmt dieses mein Hemd mit und legt es auf das Gesicht meines Vaters, dann wird er wieder sehen können. Und bringt alle eure Angehörigen zu mir.« 94 Als nun die Karawane aufbrach, sagte ihr Vater: »Wahrlich, ich spüre Josefs Geruch. Wenn ihr nur nicht (meine Worte) als dummes Gerede zurückweisen würdet!« 95 Sie sagten: »Bei Gott, du befindest dich in deinem alten Irrtum.« 96 Als nun der Freudenbote kam, legte er es* auf sein Gesicht, und er konnte wieder sehen. Er sagte: »Habe ich euch nicht gesagt, daß ich von Gott weiß, was ihr nicht wißt?« 97 Sie sagten: »O unser Vater, bitte für uns um Vergebung unserer Sünden. Wir haben ja gesündigt.« 98 Er sagte: »Ich werde meinen Herrn um Vergebung für euch bitten. Er ist der, der voller Vergebung und barmherzig ist.« 99 Als sie nun bei Josef eintraten, zog er seine Eltern an sich und sagte: »Betretet Ägypten, so Gott will, in Sicherheit.« 100 Und er erhob seine Eltern auf den Thron. Und sie warfen sich vor ihm nieder. Er sagte: »O mein Vater, das ist die Deutung meines Traumgesichts von früher. Mein Herr hat es wahrgemacht. Und Er hat mir Gutes erwiesen, als Er mich aus dem Gefängnis herauskommen ließ und euch aus der Steppe hierherbrachte, nachdem der Satan zwischen mir und meinen Brüdern (zu Zwietracht) aufgestachelt hatte. Mein Herr weiß zu erreichen, was Er will. Er ist der, der alles weiß und weise ist.
[25½] *101 Mein Herr, du hast mir etwas von der Königsherrschaft zukommen lassen und mich etwas von der Deutung der Geschichten gelehrt. Du Schöpfer der Himmel und der Erde, du

96: das Hemd Josefs.

bist mein Freund im Diesseits und Jenseits. Berufe mich als
gottergeben ab und stelle mich zu den Rechtschaffenen.«
102 Dies gehört zu den Berichten über das Unsichtbare, das Wir
dir offenbaren. Du warst nicht bei ihnen, als sie sich verbanden
und Ränke schmiedeten. 103 Und die meisten Menschen sind
nicht gläubig, du magst dich noch so sehr bemühen. 104 Und du
verlangst von ihnen keinen Lohn dafür. Es ist nur eine Ermah-
nung für die Weltenbewohner. 105 Wie viele Zeichen gibt es in
den Himmeln und auf der Erde, an denen sie vorbeigehen, indem
sie sich von ihnen abwenden? 106 Und die meisten von ihnen
glauben nicht an Gott, ohne (Ihm andere) beizugesellen. 107
Wähnen sie sich denn in Sicherheit davor, daß eine überdeckende
(Strafe) von der Pein Gottes über sie kommt, oder daß plötzlich
die Stunde über sie kommt, ohne daß sie es merken? 108 Sprich:
Das ist mein Weg. Ich rufe zu Gott aufgrund eines einsichtbrin-
genden Beweises, ich und diejenigen, die mir folgen. Preis sei
Gott! Und ich gehöre nicht zu den Polytheisten. 109 Und Wir
haben vor dir von den Bewohnern der Städte nur Männer
gesandt, denen Wir Offenbarungen eingegeben haben. Sind sie
denn nicht auf der Erde umhergegangen und haben geschaut, wie
das Ende derer war, die vor ihnen lebten? Wahrlich, die Wohn-
stätte des Jenseits ist besser für die, die gottesfürchtig sind. Habt
ihr denn keinen Verstand? 110 Als dann die Gesandten die
Hoffnung verloren hatten und sie* meinten, sie seien belogen
worden, kam unsere Unterstützung zu ihnen*. Und so wird
errettet, wen Wir wollen. Und niemand kann unsere Schlagkraft
von den Leuten zurückhalten, die Übeltäter sind. 111 Wahrlich,
in der Erzählung über sie ist eine Lehre für die Einsichtigen. Es
ist keine Geschichte, die erdichtet wird, sondern die Bestätigung
dessen, was vor ihm vorhanden war, und eine ins einzelne
gehende Darlegung aller Dinge, und eine Rechtleitung und
Barmherzigkeit für Leute, die glauben.

110: die Leute. – zu ihnen: zu den Gesandten.

Sure 13

Der Donner (Al-Ra`d)

zu Medina, 43 Verse

Im Namen Gottes, des Erbarmers, des Barmherzigen.
1 Alif Lām Mīm Rā*. Dies sind die Zeichen des Buches. Und was
zu dir von deinem Herrn herabgesandt worden ist, ist die Wahr-
heit. Aber die meisten Menschen glauben nicht. 2 Gott ist es, der
die Himmel ohne Stützen, die ihr sehen könntet, emporgehoben
und sich dann auf dem Thron zurechtgesetzt hat. Er hat die
Sonne und den Mond dienstbar gemacht – jedes läuft auf eine
festgesetzte Frist. Er regelt die Angelegenheit. Er legt die Zeichen
im einzelnen dar, auf daß ihr über die Begegnung mit eurem
Herrn Gewißheit heget. 3 Und Er ist es, der die Erde ausgebreitet
und auf ihr festgegründete Berge und Flüsse gemacht hat. Und
von allen Früchten hat Er auf ihr ein Paar gemacht. Er läßt die
Nacht den Tag überdecken. Darin sind Zeichen für Leute, die
nachdenken. 4 Und auf der Erde sind nebeneinanderliegende
Landstrecken und Gärten mit Weinstöcken, und Getreide und
Palmen mit mehreren und mit einzelnen Stämmen aus der einen
Wurzel, welche (alle) mit ein und demselben Wasser bewässert
werden. Wir lassen die einen von ihnen die anderen im Ernteer-
trag übertreffen. Darin sind Zeichen für Leute, die Verstand
haben.
[25¾] *5 Und wenn du dich schon verwunderst, so ist ihre Rede
verwunderlich: »Sollen wir, wenn wir zu Staub geworden sind,
wirklich neu erschaffen werden?« Das sind die, die ihren Herrn
verleugnen; das sind die, die Fesseln an ihrem Hals haben; das
sind die Gefährten des Feuers, darin werden sie ewig weilen.
6 Sie wünschen von dir, daß ihnen das Schlechte vor dem Guten
beschleunigt wird, obwohl doch vor ihnen beispielhafte Strafen
verhängt wurden. Und dein Herr hält den Menschen, auch wenn
sie Unrecht tun, Vergebung bereit. Und dein Herr verhängt eine

1: Die Bedeutung dieser Buchstaben ist noch nicht geklärt.

harte Strafe. 7 Und diejenigen, die ungläubig sind, sagen: »Wenn
doch ein Zeichen von seinem Herrn auf ihn herabgesandt
würde!« Du bist aber nur ein Warner. Und jedes Volk hat einen,
der es rechtleitet.
8 Gott weiß, was jedes Weib trägt und um wieviel der Mutter-
schoß die Tragzeit verkürzt und um wieviel er sie verlängert*.
Und jedes Ding hat bei Ihm ein Maß. 9 Er ist der, der über das
Unsichtbare und das Offenbare Bescheid weiß, der Große, der
Erhabene. 10 Es ist gleich, ob einer von euch seine Worte im
geheimen spricht oder laut äußert, und ob einer sich in der Nacht
versteckt oder am Tag hinausgeht. 11 Vor sich und hinter sich
hat er Begleiter, die ihn auf Gottes Befehl behüten. Gott verän-
dert nicht den Zustand eines Volkes, bis sie selbst ihren eigenen
Zustand verändern. Und wenn Gott einem Volk Böses will, so
kann es nicht zurückgewiesen werden. Und sie haben außer Ihm
keinen Schutzherrn. 12 Er ist es, der euch den Blitz als Grund zur
Angst und zum Begehren sehen und die schweren Wolken
entstehen läßt. 13 Und der Donner singt sein Lob, und auch die
Engel aus Furcht vor Ihm. Und Er schickt die Donnerschläge und
trifft damit, wen Er will. Aber (nein), sie streiten über Gott, und
Er kann (dem Gegner) im Streit stark zusetzen. 14 Ihm gebührt
die wahre Anrufung. Diejenigen, die sie an seiner Stelle anrufen,
erhören sie in keinem Anliegen. Es ist nur wie mit einem, der
seine Hände nach Wasser ausstreckt, damit es seinen Mund
erreicht, aber es erreicht ihn nicht. Und das Rufen der Ungläubi-
gen geht gewiß in die Irre. 15 Und vor Gott wirft sich, wer in den
Himmeln und auf der Erde ist, nieder, ob freiwillig oder wider-
willig, und auch ihre Schatten, am Morgen und am Abend.
16 Sprich: Wer ist der Herr der Himmel und der Erde? Sprich:
Gott. Sprich: Nehmt ihr euch denn außer Ihm Freunde, die sich
selbst weder Nutzen noch Schaden bringen können? Sprich: Sind
etwa der Blinde und der Sehende gleich? Oder sind etwa die
Finsternisse und das Licht gleich? Oder haben sie Gott solche
Teilhaber (zur Seite) gestellt, die erschaffen haben, wie Er

8: Oder: wie der Mutterschoß abnimmt und wie er zunimmt – oder: was der Mutterschoß aufnimmt und wie er zunimmt.

erschaffen hat, so daß ihnen die Schöpfung gleichartig erscheint*? Sprich: Gott ist der Schöpfer aller Dinge, und Er ist der Eine, der bezwingende Macht besitzt. 17 Er sendet vom Himmel Wasser herab, und da fließen Täler nach ihrem Maß, und die Flut trägt Schaum an der Oberfläche. Ein ähnlicher Schaum tritt aus dem aus, worüber man das Feuer brennen läßt, um Schmuck oder Gerät anzufertigen. So führt Gott (im Gleichnis) das Wahre und das Falsche an. Was den Schaum betrifft, so vergeht er nutzlos. Was aber den Menschen nützt, bleibt in der Erde. So führt Gott die Gleichnisse an. 18 Diejenigen, die auf ihren Herrn hören, erhalten das Beste. Diejenigen, die nicht auf ihn hören, würden wohl, wenn sie alles, was auf der Erde ist, besäßen und noch einmal soviel dazu, sich damit loskaufen wollen. Sie erwartet eine böse Abrechnung, und ihre Heimstätte ist die Hölle – welch schlimme Lagerstätte!

[26] *19 Ist etwa derjenige, der weiß, daß das, was zu dir von deinem Herrn herabgesandt worden ist, die Wahrheit ist, wie der, der blind ist? Jedoch bedenken es nur die Einsichtigen.

20 Diejenigen, die den Bund Gottes halten und die Verpflichtung nicht brechen, 21 und die verbinden, was Gott zu verbinden befohlen hat, ihren Herrn fürchten und Angst vor einer bösen Abrechnung haben, 22 und die geduldig sind in der Suche nach dem Antlitz ihres Herrn, das Gebet verrichten und von dem, was Wir ihnen beschert haben, geheim und offen spenden, und das Böse mit dem Guten abwehren, diese werden die jenseitige Wohnstätte erhalten, 23 die Gärten von Eden, in die sie eingehen werden, sie und diejenigen von ihren Vätern, ihren Gattinnen und ihrer Nachkommenschaft, die Gutes getan haben. Und die Engel treten zu ihnen ein durch alle Tore: 24 »Friede sei über euch dafür, daß ihr geduldig waret!« Welch vorzügliche jenseitige Wohnstätte! 25 Diejenigen, die den Bund Gottes, nachdem er geschlossen worden ist, brechen, und das zerschneiden, was Gott befohlen hat zu verbinden, und auf der Erde Unheil stiften, die werden den Fluch Gottes und eine schlimme Wohnstätte erhalten.

16: so daß man kaum noch unterscheiden könnte, ob sie das Werk Gottes oder das Werk der vermeintlichen Teilhaber sei.

26 Gott teilt den Lebensunterhalt großzügig, wem Er will, und auch bemessen zu. Und sie freuen sich über das diesseitige Leben; das diesseitige Leben ist aber im Vergleich mit dem Jenseits nur Nutznießung*. 27 Und diejenigen, die ungläubig sind, sagen: »Wenn doch ein Zeichen von seinem Herrn auf ihn herabgesandt würde!« Sprich: Gott führt irre, wen Er will, und leitet zu sich, wer sich Ihm reumütig zuwendet. 28 Diejenigen, die glauben und deren Herzen im Gedenken Gottes Ruhe finden – ja, im Gedenken Gottes finden die Herzen Ruhe –, 29 diejenigen, die glauben und die guten Werke tun – selig sind sie, und sie werden eine schöne Heimstatt erhalten.

30 So haben Wir dich in eine Gemeinschaft gesandt, vor der Gemeinschaften dahingegangen sind, damit du ihnen verliest, was Wir dir offenbart haben. Aber sie verleugnen den Erbarmer. Sprich: Er ist mein Herr. Es gibt keinen Gott außer Ihm. Auf Ihn vertraue ich, und Ihm wende ich mich zu. 31 Auch wenn ein Koran käme, mit dem die Berge versetzt oder die Erde zerstückelt oder zu den Toten gesprochen werden könnte ... Nein, bei der ganzen Angelegenheit hat Gott allein zu entscheiden. Wissen denn diejenigen, die glauben, nicht, daß Gott, wenn Er wollte, die Menschen alle rechtleiten würde? Diejenigen, die ungläubig sind, wird immer eine Katastrophe treffen für das, was sie gemacht haben, oder sie wird in der Nähe ihrer Wohnstätten niedergehen, bis das Versprechen Gottes eintrifft. Und Gott bricht das Versprechen nicht. 32 Gespottet wurde schon vor dir über Gesandte. Da gewährte Ich denen, die ungläubig waren, Aufschub, dann ergriff Ich sie. Und wie war dann meine Strafe!

33 Ist denn der, der über jede Seele Macht ausübt, um ihr zu vergelten für das, was sie getan hat, (den Götzen gleich)? Sie stellen Gott Teilhaber (zur Seite). Sprich: Nennt sie. Oder wollt ihr Ihm etwas kundtun, das Er auf der Erde nicht wüßte, oder etwas, das eine offenkundige Rede ist*? Nein, denen, die ungläubig sind, sind ihre Ränke verlockend gemacht worden, und sie sind vom Weg abgewiesen worden. Wen Gott irreführt, der hat

26: die keinen Bestand hat.
33: Oder: oder etwas, was ein leeres Gerede ist.

niemanden, der ihn rechtleiten könnte. 34 Für sie ist bestimmt
eine Pein im diesseitigen Leben. Die Pein des Jenseits ist jedoch
härter. Und sie haben niemanden, der sie vor Gott schützen
[26¼] könnte. *35 Mit dem Paradies, das den Gottesfürchtigen ver-
sprochen ist, ist es wie folgt: Unter ihm fließen Bäche, und es hat
ständigen Ernteertrag und Schatten. Das ist das, was im Jenseits
für die Gottesfürchtigen folgt. Und was im Jenseits für die
Ungläubigen folgt, ist das Feuer.

36 Diejenigen, denen Wir das Buch zukommen ließen, freuen
sich über das, was zu dir herabgesandt worden ist. Unter den
Parteien gibt es welche, die einen Teil davon verwerfen. Sprich:
Mir ist befohlen worden, Gott zu dienen und Ihm nicht (andere)
beizugesellen. Zu Ihm rufe ich, und zu Ihm ist meine Rückkehr.
37 Und so haben Wir ihn als eine Urteilsnorm in arabischer
Sprache hinabgesandt. Wenn du ihren Neigungen folgst nach
dem, was dir an Wissen zugekommen ist, so hast du vor Gott
weder Freund noch Beschützer. 38 Und Wir haben vor dir
Gesandte entsandt, und Wir haben ihnen Gattinnen und Nach-
kommenschaft gegeben. Kein Gesandter kann ein Zeichen brin-
gen außer mit der Erlaubnis Gottes. Jede Frist steht fest in einem
Buch. 39 Gott löscht aus, und Er bestätigt, was Er will. Bei Ihm
steht die Urnorm des Buches. 40 Ob Wir dich einen Teil dessen,
was Wir ihnen androhen, sehen lassen oder dich abberufen, dir
obliegt nur die Ausrichtung (der Botschaft). Und Uns obliegt die
Abrechnung. 41 Haben sie denn nicht gesehen, daß Wir über das
Land kommen und es an seinen Enden kürzen? Gott (allein)
urteilt, und niemand kann danach sein Urteil rückgängig
machen. Und Er ist schnell im Abrechnen. 42 Ränke haben schon
diejenigen, die vor ihnen lebten, geschmiedet. Aber Gott schmie-
det die (wirksamen) Ränke alle. Er weiß, was jede Seele erwirbt.
Und die Ungläubigen werden zu wissen bekommen, für wen die
jenseitige Wohnstätte bestimmt ist. 43 Diejenigen, die ungläubig
sind, sagen: »Du bist kein Gesandter.« Sprich: Gott genügt als
Zeuge zwischen mir und euch, und auch diejenigen, die das
Wissen des Buches besitzen.

Sure 14
Abraham (Ibrāhīm)
zu Mekka, 52 Verse

Im Namen Gottes, des Erbarmes, des Barmherzigen.
1 Alif Lām, Rā*. Dies ist ein Buch, das Wir zu dir hinabgesandt
haben, damit du die Menschen mit der Erlaubnis ihres Herrn aus
den Finsternissen ins Licht hinausführst, zum Weg dessen, der
mächtig und des Lobes würdig ist, 2 (zum Weg) Gottes, dem
gehört, was in den Himmeln und was auf der Erde ist. Wehe den
Ungläubigen vor einer harten Pein! 3 Diejenigen, die das diessei-
tige Leben mehr lieben als das Jenseits und vom Weg Gottes
abweisen und sich ihn krumm wünschen, die sind weit abgeirrt.
4 Und Wir haben keinen Gesandten entsandt, außer (mit einer
Botschaft) in der Sprache seines Volkes, damit er (sie) ihnen
deutlich macht. Gott führt dann irre, wen Er will, und Er leitet
recht, wen Er will. Und Er ist der Mächtige, der Weise. 5 Und
Wir haben Mose mit unseren Zeichen gesandt: »Führe dein Volk
aus den Finsternissen ins Licht hinaus, und erinnere sie an die
Tage Gottes.« Darin sind Zeichen für jeden, der sehr standhaft
und sehr dankbar ist. 6 Und als Mose zu seinem Volk sagte:
»Gedenket der Gnade Gottes zu euch, als Er euch vor den Leuten
des Pharao rettete, die euch schlimme Pein zufügten, eure Söhne
abschlachteten und nur eure Frauen am Leben ließen – darin war
für euch eine gewaltige Prüfung von eurem Herrn. 7 Und als
euer Herr ankündigte: ›Wenn ihr dankbar seid, werde Ich euch
noch mehr Gnade erweisen. Und wenn ihr undankbar seid, so ist
meine Pein hart.‹« 8 Und Mose sagte: »Wenn ihr undankbar
seid, ihr und alle, die auf der Erde sind, so ist Gott auf niemanden
angewiesen und des Lobes würdig.«
9 Ist denn nicht der Bericht über die, die vor euch lebten, zu euch
gelangt, das Volk Noachs, die ʿĀd und Thamūd und die, die nach
ihnen lebten, und die nur Gott kennt? Ihre Gesandten kamen zu

1: Die Bedeutung dieser Buchstaben ist noch nicht geklärt.

ihnen mit den deutlichen Zeichen. Sie aber steckten ihre Hände
in den Mund und sagten: »Wir verleugnen das, womit ihr
gesandt seid, und wir hegen über das, wozu ihr uns aufruft, einen
[26½] starken Zweifel.« *10 Ihre Gesandten sagten: »Ist denn ein
Zweifel möglich über Gott, den Schöpfer der Himmel und der
Erde? Er ruft euch, um euch etwas von euren Sünden zu verge-
ben und euch für eine bestimmte Frist zurückzustellen.« Sie
sagten: »Ihr seid nur Menschen wie wir. Ihr wollt uns von dem
abbringen, was unsere Väter verehrten. So bringt uns eine
offenkundige Ermächtigung.« 11 Ihre Gesandten sagten zu
ihnen: »Wir sind zwar nur Menschen wie ihr. Aber Gott erweist
seine Wohltaten, wem von seinen Dienern Er will. Und wir
können euch keine Ermächtigung bringen außer mit der Erlaub-
nis Gottes. Auf Gott sollen die Gläubigen vertrauen. 12 Warum
sollten wir nicht auf Gott vertrauen, wo Er uns unsere Wege
geführt hat? Wir werden das Leid, das ihr uns zufügt, geduldig
ertragen, und auf Gott sollen die vertrauen, die (überhaupt auf
jemanden) vertrauen.« 13 Diejenigen, die ungläubig waren, sag-
ten zu ihren Gesandten: »Wir werden euch bestimmt aus unse-
rem Land vertreiben, oder ihr kehrt zu unserer Glaubensrichtung
zurück.« Da offenbarte ihnen ihr Herr: »Verderben werden Wir
die, die Unrecht tun. 14 Und Wir werden euch nach ihnen das
Land bewohnen lassen. Dies gilt für den, der meinen Stand
fürchtet und meine Androhung fürchtet.« 15 Und sie baten um
einen Richterspruch. Und enttäuscht wurde jeder widerspenstige
Gewaltherrscher. 16 Hintendrein steht für ihn die Hölle bereit,
und er bekommt eitriges Wasser zu trinken, 17 das er schluckt,
aber kaum hinunterbringt. Und der Tod kommt zu ihm von
überall her, aber er stirbt nicht. Und danach steht eine schwere
Pein. 18 Mit denen, die ihren Herrn verleugnen, ist es so: Ihre
Werke sind wie die Asche, auf die der Wind an einem stürmi-
schen Tag heftig bläst. Sie verfügen über nichts von dem, was sie
erworben haben. Das ist der tiefe Irrtum. 19 Siehst du denn
nicht, daß Gott die Himmel und die Erde in Wahrheit erschaffen
hat? Wenn Er will, läßt Er euch fortgehen und bringt eine neue
Schöpfung hervor. 20 Dies fällt Gott sicher nicht schwer.
21 Und sie treten vor Gott allesamt. Da sagen die Schwachen zu

denen, die sich hochmütig verhielten: »Wir waren doch eure
Gefolgsleute. Könnt ihr uns vor Gottes Pein etwas nützen?« Sie
sagen: »Wenn Gott uns rechtgeleitet hätte, hätten (auch) wir
euch rechtgeleitet. Es ist für uns gleich, ob wir uns mutlos oder
geduldig zeigen; für uns gibt es kein Entrinnen.« 22 Und der
Satan sagt, nachdem die Angelegenheit entschieden ist: »Gott
hat euch ein wahres Versprechen gegeben. Auch ich habe euch
(etwas versprochen), es aber dann nicht gehalten. Und ich hatte
keine Macht über euch; ich habe euch nur gerufen, und ihr habt
auf mich gehört. So tadelt mich nicht, tadelt euch selbst. Ich kann
euch nicht helfen, und ihr könnt mir nicht helfen. Ich weise es
zurück, daß ihr mich zuvor (Gott) beigesellt habt.« Für die, die
Unrecht tun, ist eine schmerzhafte Pein bestimmt. 23 Aber
diejenigen, die glauben und die guten Werke tun, werden in
Gärten geführt, unter denen Bäche fließen; darin werden sie
ewig weilen, mit der Erlaubnis ihres Herrn. Ihre Begrüßung
darin wird sein: »Frieden!«

24 Hast du nicht gesehen, wie Gott ein Gleichnis von einem
gefälligen Wort anführt? Es ist wie ein guter Baum, dessen
Wurzel fest ist und dessen Zweige in den Himmel reichen. 25 Er
bringt seinen Ernteertrag zu jeder Zeit, mit der Erlaubnis seines
Herrn. Und Gott führt für die Menschen Gleichnisse an, auf daß
sie es bedenken. 26 Mit einem schlechten Wort ist es wie mit
einem schlechten Baum, der über der Erde herausgerissen wurde
und keinen festen Grund mehr hat. 27 Gott festigt diejenigen, die
glauben, durch die feste Aussage* im diesseitigen Leben und im
Jenseits. Und Gott führt die, die Unrecht tun, in die Irre. Gott
tut, was Er will. *28 Hast du nicht auf jene geschaut, die die [26¾]
Gnade Gottes gegen den Unglauben eingetauscht und ihr Volk in
die Wohnstätte des Verderbens versetzt haben, 29 in die Hölle, in
der sie brennen? – Welch schlimmer Aufenthalt! 30 Und sie
haben Gott andere als Gegenpart zur Seite gestellt, um (die

27: die feste Aussage der Gläubigen, die ihre Treue und ihren Glauben zum Ausdruck bringt – oder: den festen Spruch Gottes, der seine Verheißung bestätigt.

Menschen) von seinem Weg abirren zu lassen. Sprich: Genießet
nur, ihr treibt ja ins Feuer.
31 Sag zu meinen Dienern, die glauben, sie sollen das Gebet
verrichten und von dem, was Wir ihnen beschert haben, geheim
und offen spenden, bevor ein Tag kommt, an dem es weder
Handel noch Freundschaft gibt. 32 Gott ist es, der die Himmel
und die Erde erschuf und vom Himmel Wasser herabkommen
ließ und dadurch von den Früchten einen Lebensunterhalt für
euch hervorbrachte. Und Er stellte in euren Dienst die Schiffe,
damit sie auf dem Meer auf seinen Befehl fahren. Und Er stellte
in euren Dienst die Flüsse. 33 Er stellte in euren Dienst die Sonne
und den Mond in unablässigem Lauf. Und Er stellte in euren
Dienst die Nacht und den Tag. 34 Und Er ließ euch etwas
zukommen von allem, worum ihr batet. Wenn ihr die Gnade
Gottes aufzählen wolltet, könntet ihr sie nicht erfassen. Wahr-
lich, der Mensch neigt sehr zum Unrecht und ist sehr un-
dankbar.
35 Als Abraham sagte: »Mein Herr, mache dieses Gebiet sicher,
und laß mich und meine Söhne es meiden, den Götzen zu dienen.
36 Mein Herr, sie haben viele Menschen irregeführt. Wer mir
nun folgt, gehört zu mir, und wenn einer gegen mich ungehor-
sam ist, so bist Du voller Vergebung und barmherzig. 37 Unser
Herr, ich habe einige aus meiner Nachkommenschaft in einem
Tal ohne Saat bei deinem heiligen Haus wohnen lassen, unser
Herr, damit sie das Gebet verrichten. So laß die Herzen einiger
Menschen sich ihnen zuneigen und beschere ihnen etwas von den
Früchten, auf daß sie dankbar seien. 38 Unser Herr, Du weißt,
was wir verbergen und was wir offenlegen, und vor Gott ist
nichts verborgen, weder auf der Erde noch im Himmel. 39 Lob
sei Gott, der mir trotz meines Alters Ismael und Isaak geschenkt
hat! Mein Herr erhört das Rufen. 40 Mein Herr, laß mich und
die aus meiner Nachkommenschaft das Gebet verrichten, unser
Herr, und nimm unser Rufen an. 41 Unser Herr, vergib mir und
meinen Eltern und den Gläubigen am Tag, da die Abrechnung
heraufkommen wird.«
42 Und du darfst nicht meinen, daß Gott das, was die Ungerech-
ten tun, unbeachtet läßt. Er stellt sie nur zurück bis zu einem

Tag, an dem die Blicke starr werden, 43 mit gerecktem Hals und erhobenem Haupt; ihr Blick kehrt nicht zu ihnen zurück, und ihre Herzen sind leer. 44 Und warne die Menschen vor dem Tag, an dem die Pein über sie kommt. Da werden diejenigen, die Unrecht taten, sagen: »Unser Herr, stelle uns auf eine kurze Frist zurück, so werden wir auf deinen Ruf hören und den Gesandten folgen.« – »Hattet ihr denn nicht vorher geschworen, ihr würdet nicht vergehen? 45 Ihr habt noch in den Wohnungen derer gewohnt, die sich selbst Unrecht getan haben, und es ist euch deutlich geworden, wie Wir an ihnen gehandelt haben. Wir haben euch doch Beispiele gegeben.« 46 Und sie haben ihre Ränke geschmiedet, aber über ihre Ränke hat Gott allein zu entscheiden, auch wenn ihre Ränke derart sind, daß davor die Berge vergehen. 47 So darfst du nicht meinen, daß Gott sein Versprechen an die Gesandten bricht. Gott ist mächtig und übt Rache. 48 Am Tag, da die Erde gegen eine andere Erde eingetauscht wird, und auch die Himmel, und da sie vor Gott treten, den Einen, der bezwingende Macht besitzt. 49 An jenem Tag siehst du die Übeltäter in Ketten aneinandergebunden. 50 Ihre Kleider sind aus Pech, und das Feuer überdeckt ihre Gesichter, 51 damit Gott einem jeden vergelte, was er erworben hat. Gott ist schnell im Abrechnen. 52 Das ist eine Botschaft an die Menschen, damit sie dadurch gewarnt werden und damit sie wissen, daß Er ein einziger Gott ist, und damit es die Einsichtigen bedenken.

Sure 15

Ḥidjr (al-Ḥidjr)

zu Mekka, 99 Verse

Im Namen Gottes, des Erbarmers, des Barmherzigen.
14. Teil 1 Alif Lām Rā*. Dies sind die Zeichen des Buches und eines
[27] deutlichen Korans. 2 Vielleicht werden diejenigen, die ungläubig
sind, wünschen, sie wären Muslime gewesen. 3 Laß sie nur essen
und genießen und sich durch die Hoffnung ablenken lassen. Sie
werden es noch zu wissen bekommen. 4 Und Wir haben keine
Stadt verderben lassen, ohne daß sie eine festgelegte Vorherbe-
stimmung gehabt hätte. 5 Keine Gemeinschaft kann ihrer Frist
vorausgehen, noch kann sie hinter ihr zurückbleiben. 6 Und sie
sagen: »O du, auf den die Ermahnung herabgesandt worden sein
soll, du bist ja besessen. 7 Würdest du uns doch die Engel
bringen, so du zu denen gehörst, die die Wahrheit sagen!« 8 Wir
senden die Engel nur mit der Wahrheit hinab. Dann wird ihnen
kein Aufschub gewährt. 9 Wir sind es, die die Ermahnung
hinabgesandt haben, und Wir sind es, die sie bewahren. 10 Wir
haben vor dir zu den Parteien der Früheren entsandt. 11 Und
kein Gesandter kam zu ihnen, ohne daß sie ihn verspottet hätten.
12 So lassen Wir ihn* in die Herzen der Übeltäter eingehen. 13
Sie glauben nicht daran, und es wird (an ihnen) nach dem
Beispiel der Früheren verfahren. 14 Auch wenn Wir ihnen ein
Tor vom Himmel öffneten und sie ständig dadurch emporstiegen,
15 würden sie sagen: »Unsere Blicke sind ja verschlossen. Nein,
wir sind Leute, die einem Zauber verfallen sind.«
16 Und Wir haben im Himmel Sternzeichen gesetzt und ihn für
die Zuschauer geschmückt, 17 und Wir haben ihn vor jedem

1: Die Bedeutung dieser Buchstaben ist noch nicht geklärt.

12: den Koran. Nach einigen Kommentatoren soll es heißen: So lassen Wir es: d. h. die schlechte Gewohnheit, die Gesandten zu verspotten.

gesteinigten Satan bewahrt, 18 außer dem, der wie ein Dieb horcht, worauf ihn eine deutlich erkennbare Sternschnuppe verfolgt. 19 Auch die Erde haben Wir ausgebreitet und auf ihr festgegründete Berge angebracht. Und Wir haben auf ihr allerlei Dinge im rechten Maß wachsen lassen. 20 Und Wir haben auf ihr für euch Unterhaltsmöglichkeiten bereitet, und (auch) für diejenigen, die ihr nicht versorgt. 21 Und es gibt nichts, von dem Wir nicht einen Vorrat angelegt hätten. Und Wir senden es nur in festgelegtem Maß hinab. 22 Und Wir haben die befruchtenden Winde gesandt. Und Wir haben dann vom Himmel Wasser hinabkommen lassen und es euch zu trinken gegeben. Ihr aber hättet davon keinen Vorrat anlegen können. 23 Und Wir sind es, die lebendig machen und sterben lassen, und Wir sind es, die (alles) erben. 24 Und Wir kennen diejenigen unter euch, die vorausgehen, und Wir kennen die, die zurückbleiben. 25 Und siehe, dein Herr wird sie versammeln. Er ist weise und weiß Bescheid.

26 Und Wir haben den Menschen aus einer Trockenmasse, aus einem gestaltbaren schwarzen Schlamm erschaffen. 27 Und die Djinn haben Wir vorher aus dem Feuer des glühenden Windes erschaffen. 28 Und als dein Herr zu den Engeln sprach: »Ich werde einen Menschen aus einer Trockenmasse, aus einem gestaltbaren schwarzen Schlamm erschaffen. 29 Wenn Ich ihn geformt und ihm von meinem Geist eingeblasen habe, dann fallt und werft euch vor ihm nieder.« 30 Da warfen sich die Engel alle zusammen nieder, 31 außer Iblīs; er weigerte sich, zu denen zu gehören, die sich niederwarfen. 32 Er sprach: »O Iblīs, was ist mit dir, daß du nicht zu denen gehörst, die sich niederwarfen?« 33 Er sagte: »Ich kann mich unmöglich vor einem Menschen niederwerfen, den Du aus einer Trockenmasse, aus einem gestaltbaren schwarzen Schlamm erschaffen hast.« 34 Er sprach: »Dann geh aus ihm* hinaus. Du bist ja der Steinigung würdig. 35 Und auf dir liegt der Fluch bis zum Tag des Gerichtes.« 36 Er sagte: »Mein Herr, gewähre mir Aufschub bis zu dem Tag, da sie auferweckt werden.« 37 Er sprach: »Siehe, du gehörst zu denen,

34: dem Paradies.

denen Aufschub gewährt wird 38 bis zu dem Tag der festgelegten
Zeit.« 39 Er sagte: »Mein Herr, weil Du mich irregeführt hast,
werde ich, ich schwöre es, ihnen auf der Erde Verlockungen
bereiten und sie allesamt abirren lassen, 40 außer deinen auser-
wählten Dienern unter ihnen.« 41 Er sprach: »Das ist ein gerader
Weg, der mir obliegt. 42 Was meine Diener betrifft, so hast du
über sie keine Macht, außer denen unter den Abgeirrten, die dir
folgen.« 43 Und die Hölle ist der Verabredungsort für sie alle. 44
Sie hat sieben Tore, und jedem Tor wird ein Teil von ihnen
zugewiesen. 45 Die Gottesfürchtigen aber werden in Gärten und
an Quellen sein: 46 »Geht hinein in Frieden und Sicherheit.« 47
Und Wir nehmen weg, was in ihrer Brust an Groll dasein mag, so
daß sie wie Brüder auf Liegen ruhen, einander gegenüber. 48
Darin erfaßt sie keine Mühsal, und sie werden nicht daraus
vertrieben.

[27¼] *49 Tu meinen Dienern kund, daß Ich der bin, der voller
Vergebung und barmherzig ist, 50 und daß meine Pein die
schmerzhafte Pein ist.

51 Und berichte ihnen von den Gästen Abrahams. 52 Als sie bei
ihm eintraten und sagten: »Frieden!« Er sagte: »Wir haben
Angst vor euch.« 53 Sie sagten: »Hab keine Angst. Wir verkün-
den dir einen klugen Knaben.« 54 Er sagte: »Ihr verkündet (es)
mir, obwohl mich das Alter erfaßt hat! Was verkündet ihr mir
denn?« 55 Sie sagten: »Wir verkünden (es) dir in Wahrheit. So
sei nicht einer von denen, die die Hoffnung aufgeben.« 56 Er
sagte: »Nur die Abgeirrten geben die Hoffnung auf die Barmher-
zigkeit ihres Herrn auf.« 57 Er sagte: »Was ist euer Anliegen, ihr
Boten?« 58 Sie sagten: »Wir sind zu Leuten gesandt, die Übeltä-
ter sind, 59 ausgenommen die Sippe Lots. Diese werden Wir
sicher alle erretten, 60 außer seiner Frau. Wir haben (es so)
bestimmt, sie gehört zu denen, die zurückbleiben und dem
Verderben anheimfallen.« 61 Als nun die Boten zu der Sippe Lots
kamen, 62 sagte er: »Ihr seid unbekannte Leute.« 63 Sie sagten:
»Nein, wir kommen zu dir mit dem, was sie immer wieder
bezweifelt haben. 64 Und wir kommen zu dir mit der Wahrheit.
Und wir sagen, was wahr ist. 65 So zieh mit deinen Angehörigen
in einem Teil der Nacht fort, und folge du hinterdrein. Und

keiner von euch soll sich umdrehen. Und geht, wohin euch befohlen wird.« 66 Und Wir haben ihm diesen Befehl mitgeteilt, daß der letzte Rest dieser Leute am Morgen ausgemerzt werde. 67 Und die Bewohner der Stadt kamen frohlockend. 68 Er sagte: »Diese sind meine Gäste, so stellt mich nicht bloß. 69 Und fürchtet Gott und bringt keine Schande über mich.« 70 Sie sagten: »Haben wir dir nicht verboten, mit den Weltenbewohnern Umgang zu pflegen?« 71 Er sagte: »Da sind meine Töchter, so ihr etwas tun wollt.« 72 Bei deinem Leben, sie irrten in ihrer Trunkenheit umher. 73 So ergriff sie der Schrei bei Sonnenaufgang, 74 und Wir kehrten in ihrer Stadt* das Oberste zuunterst und ließen auf sie Steine aus Ton herabregnen. 75 Darin sind wahrlich Zeichen für die Betrachtenden. 76 Und sie liegt an einem noch bestehenden Weg. 77 Darin ist wahrlich ein Zeichen für die Gläubigen.

78 Und die Gefährten des Waldes* taten Unrecht, 79 so rächten Wir uns an ihnen. Beide liegen an einem offenkundigen Wegweiser. 80 Und die Gefährten von al-Ḥidjr* ziehen die Gesandten der Lüge. 81 Wir ließen ihnen unsere Zeichen zukommen, aber sie wandten sich von ihnen ab. 82 Und sie hauten aus den Bergen Häuser aus, um in Sicherheit zu leben. 83 Da ergriff sie der Schrei am Morgen, 84 und so nützte ihnen, was sie zu erwerben pflegten, nicht.

85 Siehe, Wir haben die Himmel und die Erde, und was dazwischen ist, in Wahrheit erschaffen. Und die Stunde wird sicher eintreffen. So übe schöne Nachsicht. 86 Dein Herr ist es, der alles erschafft und Bescheid weiß. 87 Und Wir haben dir sieben aus den sich wiederholenden Versen* zukommen lassen, und auch den gewaltigen Koran. 88 Richte nicht gierig deine Augen auf das, was Wir einigen von ihnen zur Nutznießung verliehen

74: Wörtlich: ihr
78: Das sind die Gefährten des Propheten Shu`ayb (vgl. 26,177), auch Madyan genannt. Vgl. 7,85–93.
80: Sind es die Thamūd? Vgl. 7,73–79.
87: Es sollen die sieben Verse der Eröffnungssure sein, oder sieben Erzählungen unter den häufigsten Berichten über die Strafgerichte Gottes. Es gibt auch andere Deutungen.

haben. Und sei nicht betrübt über sie. Und senke deinen Flügel
für die Gläubigen, 89 und sprich: Ich bin ja der deutliche Warner.
90 Wie Wir auf die hinabgesandt haben, die aufteilen, 91 die den
Koran zergliedert haben*. 92 Bei deinem Herrn! Wir werden sie
alle zur Verantwortung ziehen 93 über das, was sie taten. 94 Und
verkünde laut, was dir befohlen wird, und wende dich von den
Polytheisten ab. 95 Wir schützen dich vor den Spöttern, 96 die
Gott einen anderen Gott zur Seite stellen. Sie werden es noch zu
wissen bekommen. 97 Wir wissen ja, daß deine Brust beklom-
men ist wegen dessen, was sie sagen. 98 Aber sing das Lob deines
Herrn und sei einer von denen, die sich niederwerfen, 99 und
diene deinem Herrn, bis das sichere Los dich ereilt.

Sure 16

Die Bienen (al-Naḥl)

zu Mekka, 128 Verse

Im Namen Gottes, des Erbarmers, des Barmherzigen.
[27½] 1 Der Befehl Gottes ist eingetroffen, so wünscht nicht, ihn zu
beschleunigen. Preis sei Ihm, und erhaben ist Er über das, was sie
(Ihm) beigesellen. 2 Er sendet die Engel mit dem Geist von
seinem Befehl herab, auf wen von seinen Dienern Er will:
»Warnt (und verkündet), daß es keinen Gott gibt außer Mir. Ihr
sollt Mich (allein) fürchten.« 3 Er hat die Himmel und die Erde in
Wahrheit erschaffen. Erhaben ist Er über das, was sie (Ihm)

91: Vielleicht handelt es sich hier um Ungläubige aus Mekka, welche den Koran zerteilten, um seine Teile verschieden zu beurteilen (Zauberei, erdichtet, Fabeln der früheren Generationen) und die Offenbarung zurückzuweisen. Oder es sind die Juden und die Christen, die den Koran zu Teilen gemacht haben und sagen: An den einen Teil glauben wir, an den anderen glauben wir nicht.

beigesellen. 4 Den Menschen hat Er aus einem Tropfen erschaffen. Und doch ist er gleich offenkundig streitsüchtig. 5 Auch hat Er die Herdentiere erschaffen. An ihnen habt ihr Wärme und allerlei Nutzen; und ihr könnt davon essen. 6 Und ihr habt an ihnen Schönes, wenn ihr (sie) abends eintreibt und wenn ihr (sie) morgens austreibt. 7 Und sie tragen eure Lasten in ein Land, das ihr (sonst) nur mit größter Mühe hättet erreichen können. Euer Herr hat ja Mitleid und ist barmherzig. 8 Und (erschaffen hat Er) die Pferde, die Maultiere und die Esel, damit ihr auf ihnen reitet, und auch (euch) zur Zierde. Und Er erschafft, was ihr nicht wißt. 9 Gott obliegt es, den richtigen Weg zu weisen. Es gibt ja welche*, die abweichen. Wenn Er gewollt hätte, hätte Er euch allesamt rechtgeleitet. 10 Er ist es, der vom Himmel Wasser hat herabkommen lassen. Davon habt ihr etwas zu trinken, und davon wachsen Sträucher, in denen ihr weiden lassen könnt. 11 Er läßt euch dadurch Getreide sprießen, und Ölbäume, Palmen, Weinstöcke und allerlei Früchte. Darin ist ein Zeichen für Leute, die nachdenken. 12 Und Er hat euch die Nacht und den Tag, die Sonne und den Mond dienstbar gemacht. Auch die Sterne sind durch seinen Befehl dienstbar gemacht worden. Darin sind Zeichen für Leute, die verständig sind. 13 Und (da ist) auch, was Er euch auf der Erde in verschiedenen Arten geschaffen hat. Darin ist ein Zeichen für Leute, die es bedenken. 14 Und Er ist es, der euch das Meer dienstbar gemacht hat, damit ihr frisches Fleisch daraus eßt und Schmuck aus ihm herausholt, um ihn anzulegen. Und du siehst die Schiffe es durchspalten, ja, damit ihr nach etwas von seiner Huld strebt, auf daß ihr dankbar werdet. 15 Und Er hat auf der Erde festgegründete Berge gelegt, daß sie nicht mit euch schwanke, und Flüsse und Wege – auf daß ihr der Rechtleitung folget – 16 und Wegzeichen. Und mit Hilfe der Sterne finden sie die Richtung. 17 Ist denn der, der erschafft, wie der, der nicht erschafft? Wollt ihr es nicht bedenken? 18 Und wenn ihr die Gnade Gottes aufzählen wolltet, könntet ihr sie nicht erfassen. Wahrlich, Gott ist voller Vergebung und barmherzig. 19 Und Gott weiß, was ihr geheimhaltet und was ihr offenlegt.

9: Wege.

20 Und diejenigen, die sie anstelle Gottes anrufen, erschaffen
nichts; sie werden aber selbst erschaffen. 21 Tot sind sie, nicht
lebendig, und sie merken nicht, wann sie erweckt werden.
22 Euer Gott ist ein einziger Gott. Diejenigen, die nicht an das
Jenseits glauben, weisen es in ihren Herzen ab und zeigen sich
hochmütig. 23 Wahrlich, Gott weiß, was sie geheimhalten und
was sie offenlegen. Er liebt die nicht, die sich hochmütig zeigen.
24 Und wenn zu ihnen gesagt wird: »Was hat euer Herr herabge-
sandt?«, sagen sie: »Die Fabeln der Früheren.« 25 So sollen sie
am Tag der Auferstehung ihre Lasten vollständig tragen, und
auch einen Teil der Lasten derer, die sie ohne (richtiges) Wissen
irreleiten. O schlimm ist, was auf ihnen lastet! 26 Ränke haben
diejenigen, die vor ihnen lebten, geschmiedet. Da erfaßte Gott
ihren Bau an den Grundmauern, und die Decke über ihnen
stürzte auf sie herab, und die Pein kam über sie, von wo sie es
nicht merkten. 27 Dann am Tag der Auferstehung wird Er sie
zuschanden machen und sagen: »Wo sind meine Teilhaber,
derentwegen ihr euch widersetztet?« Diejenigen, denen das Wis-
sen zugekommen ist, sagen: »Schande und Unheil kommen
heute über die Ungläubigen«, 28 die von den Engeln abberufen
werden, während sie sich selbst Unrecht getan haben. Sie bieten
den Frieden an: »Wir pflegten nichts Böses zu tun.« – »Doch,
Gott weiß Bescheid über das, was ihr zu tun pflegtet. 29 Betretet
nun die Tore der Hölle; darin werdet ihr ewig weilen. Schlimm
[27¾] ist ja die Bleibe der Hochmütigen.« *30 Zu denen, die gottes-
fürchtig sind, wird gesagt: »Was hat euer Herr herabgesandt?«
Sie sagen: »Gutes.« Diejenigen, die rechtschaffen sind, erhalten
hier im Diesseits Gutes. Aber die Wohnstätte des Jenseits ist
gewiß besser. Vorzüglich ist die Wohnstätte der Gottesfürchti-
gen: 31 die Gärten von Eden, in die sie eingehen, unter denen
Bäche fließen und in denen sie (alles) haben, was sie wollen. So
entlohnt Gott die Gottesfürchtigen, 32 die die Engel abberufen,
während sie gute (Menschen) gewesen sind. Sie sagen: »Friede
sei über euch! Geht ins Paradies ein für das, was ihr zu tun
pflegtet.«
33 Erwarten Sie denn etwas anderes, als daß die Engel zu ihnen
kommen, oder daß der Befehl deines Herrn eintrifft? So handel-

ten auch diejenigen, die vor ihnen lebten. Und nicht Gott hat ihnen Unrecht getan, sondern sie haben sich selbst Unrecht getan.
34 Getroffen haben sie (schließlich) die bösen Taten, die sie begangen haben, und umschlossen hat sie das, worüber sie spotteten.

35 Diejenigen, die Polytheisten sind, sagen: »Wenn Gott gewollt hätte, hätten wir nichts an seiner Stelle verehrt, weder wir noch unsere Väter, und wir hätten nichts an seiner Stelle verboten.« So handelten auch diejenigen, die vor ihnen lebten. Obliegt denn dem Gesandten etwas anderes als die deutliche Ausrichtung (der
Botschaft)? 36 Und Wir haben aus der Mitte jeder Gemeinschaft einen Gesandten erstehen lassen: »Dienet Gott und meidet die Götzen.« Unter ihnen sind welche, die Gott rechtgeleitet hat, und unter ihnen sind welche, über die der Irrtum zu Recht fällig geworden ist. Geht auf der Erde umher und schaut, wie das Ende
derer war, die (die Gesandten) der Lüge geziehen haben. 37 Du
magst dich noch so sehr bemühen, sie rechtzuleiten, Gott leitet nicht recht, wen Er (nun) irreführt. Und sie werden keinen
Helfer haben. 38 Sie schwören bei Gott ihren eifrigsten Eid, Gott werde die nicht auferwecken, die sterben. Doch, das ist ein Ihm obliegendes Versprechen in Wahrheit – aber die meisten Men-
schen wissen nicht Bescheid –, 39 damit Er ihnen das deutlich macht, worüber sie uneins sind, und damit diejenigen, die
ungläubig sind, wissen, daß sie Lügner waren. 40 Unsere Rede zu einer Sache, wenn Wir sie wollen, ist, zu ihr zu sprechen: Sei!, und sie ist.

41 Und die, die um Gottes willen ausgewandert sind, nachdem ihnen Unrecht getan wurde, werden Wir gewiß im Diesseits in einen schönen Stand einweisen. Aber der Lohn des Jenseits ist
gewiß größer, wenn sie es nur wüßten! 42 (Sie), die geduldig sind und auf ihren Herrn vertrauen.

43 Und Wir haben vor dir nur Männer gesandt, denen Wir Offenbarungen eingegeben haben. So fragt die Besitzer der
Ermahnung*, wenn ihr nicht Bescheid wißt. 44 (Wir haben sie
gesandt) mit den deutlichen Zeichen und den Schriften. Und Wir

43: der früheren Offenbarungen.

haben zu dir die Ermahnung herabgesandt, damit du den Men-
schen deutlich machst, was zu ihnen herabgesandt worden ist,
und damit sie vielleicht nachdenken. 45 Wähnen sich denn
diejenigen, die böse Ränke schmieden, in Sicherheit davor, daß
Gott die Erde mit ihnen versinken läßt, oder daß die Pein über sie
kommt, von wo sie es nicht merken, 46 oder daß Er sie in ihrem
Umherziehen ergreift – und sie können es nicht vereiteln –, 47
oder daß Er sie ergreift, während sie Angst haben? Euer Herr hat
Mitleid und ist barmherzig. 48 Haben sie nicht auf die Dinge
geschaut, die Gott erschaffen hat? Ihre Schatten wenden sich
rechts und links, und sie werfen sich demütig vor Gott nieder. 49
Vor Gott wirft sich nieder, was in den Himmeln und was auf der
Erde ist, ob Tiere oder Engel, und sie verhalten sich nicht
hochmütig. 50 Sie fürchten ihren Herrn, der über ihnen steht,
und sie tun, was ihnen befohlen wird.

[28] *51 Und Gott hat gesprochen: Nehmt euch nicht zwei Götter. Er
ist nur ein einziger Gott. Vor Mir sollt ihr Ehrfurcht haben. 52
Ihm gehört, was in den Himmeln und auf der Erde ist. Und Ihm
gehört die religiöse Verehrung in ständiger Weise. Wollt ihr
denn einen anderen als Gott fürchten? 53 Was ihr an Gnade
erfahrt, ist von Gott. Wenn euch dann ein Schaden trifft, so
schreit ihr zu Ihm um Hilfe. 54 Wenn Er dann euch den Schaden
behoben hat, da ist gleich ein Teil von euch dabei, ihrem Herrn
(andere) beizugesellen, 55 um undankbar zu sein für das, was
Wir ihnen zukommen ließen. So genießet nur. Ihr werdet es
noch zu wissen bekommen.

56 Und sie bestimmen für das, von dem sie kein Wissen haben*,
einen Anteil von dem, was Wir ihnen beschert haben. Bei Gott,
ihr werdet zu verantworten haben, was ihr zu erdichten pflegtet.
57 Und sie geben Gott Töchter – Preis sei Ihm! – und sich
selbst, was sie begehren. 58 Wenn einer von ihnen von der
Geburt eines Mädchens benachrichtigt wird, bleibt sein Gesicht
finster, und er unterdrückt (seinen Groll). 59 Er verbirgt sich vor
den Leuten wegen der schlimmen Nachricht. Solle er es nun trotz
der Schmach behalten oder es im Boden verscharren. Übel ist,

56: für die Götzen.

wie sie da urteilen. 60 Diejenigen, die an das Jenseits nicht glauben, besitzen die Eigenschaft des Bösen. Gott besitzt die höchste Eigenschaft, und er ist der Mächtige, der Weise. 61 Wenn Gott die Menschen für ihre Ungerechtigkeit belangen wollte, würde Er auf ihr* kein Tier übriglassen. Aber Er stellt sie auf eine festgesetzte Frist zurück. Und wenn ihre Frist eintrifft, können sie nicht einmal eine Stunde zurückbleiben oder vorausgehen. 62 Und sie geben Gott, was sie verabscheuen. Und ihre Zungen behaupten lügnerisch, daß für sie das Beste bestimmt ist. Kein Zweifel, daß für sie das Feuer bestimmt ist und daß sie zuerst hineingestürzt werden.

63 Bei Gott, Wir haben (Propheten) zu Gemeinschaften vor dir gesandt. Da machte ihnen der Satan ihre Taten verlockend. So ist er heute ihr Freund, und bestimmt ist für sie eine schmerzhafte Pein. 64 Und Wir haben auf dich das Buch nur deswegen hinabgesandt, damit du ihnen das deutlich machst, worüber sie uneins waren, und als Rechtleitung und Barmherzigkeit für Leute, die glauben.

65 Und Gott hat vom Himmel Wasser herabkommen lassen und mit ihm die Erde nach ihrem Absterben wieder belebt. Darin ist ein Zeichen für Leute, die hören können. 66 Einen Grund zum Nachdenken habt ihr in den Herdentieren. Wir geben euch von dem, was in ihrem Leib zwischen Kot und Blut ist, zu trinken, reine Milch, bekömmlich für die, die (sie) trinken. 67 Und (Wir geben euch) von den Früchten der Palmen und der Weinstöcke, woraus ihr euch Rauschgetränk und einen schönen Lebensunterhalt nehmt. Darin ist ein Zeichen für Leute, die verständig sind.
68 Und dein Herr hat der Biene eingegeben: »Nimm dir Häuser in den Bergen, in den Bäumen und in den Spalieren. 69 Dann iß von allen Früchten, wandle auf den Wegen deines Herrn, die (dir) leicht gemacht sind.« Aus ihren Leibern kommt ein Trank von verschiedenen Arten, in dem Heilung für die Menschen ist. Darin ist ein Zeichen für Leute, die nachdenken. 70 Und Gott hat euch erschaffen, dann beruft Er euch ab. Und manch einer von euch wird in das schlimmste Alter gebracht, so daß er nach

61: auf der Erde.

(vorherigem) Wissen nun nichts (mehr) weiß. Gott weiß
Bescheid und ist mächtig. 71 Und Gott hat einige von euch im
Lebensunterhalt vor den anderen bevorzugt. Doch geben diejeni-
gen, die bevorzugt werden, ihren Lebensunterhalt nicht an die
zurück, die ihre rechte Hand besitzt, so daß sie alle darin gleich
werden. Wollen sie denn die Gnade Gottes leugnen? 72 Und Gott
hat euch aus euch selbst Gattinnen gemacht, und von euren
Gattinnen Söhne und Enkel gemacht. Und Er hat euch (einiges)
von den köstlichen Dingen beschert. Wollen sie denn an das
Falsche glauben und die Gnade Gottes verleugnen, 73 und denen
anstelle Gottes dienen, die ihnen keinen Lebensunterhalt in den
Himmeln und auf der Erde bescheren können und (sonst) nichts
vermögen? 74 So führt für Gott keine Gleichnisse an. Gott weiß,
[28¼] ihr aber wißt nicht Bescheid. *75 Gott führt als Gleichnis einen
leibeigenen Sklaven an, der über nichts Gewalt hat, und einen,
dem Wir von uns her einen schönen Lebensunterhalt beschert
haben, so daß er davon geheim und offen spendet. Sind sie etwa
gleich? Lob sei Gott! Aber die meisten von ihnen wissen nicht
Bescheid. 76 Und Gott führt als Gleichnis zwei Männer an. Der
eine ist stumm und hat über nichts Gewalt; er ist seinem Herrn
eine Last; wo er ihn auch hinschickt, bringt er nichts Gutes. Ist er
etwa dem gleich, der die Gerechtigkeit gebietet, wobei er einem
geraden Weg folgt?

77 Und Gott gehört das Unsichtbare der Himmel und der Erde.
Und die Angelegenheit der Stunde ist nur wie ein Augenblick,
oder sie ist noch näher. Gott hat Macht zu allen Dingen. 78 Und
Gott hat euch aus dem Leib eurer Mütter hervorgebracht, wäh-
rend ihr nichts wußtet. Und Er hat euch Gehör, Augenlicht und
Herz gegeben, auf daß ihr dankbar seid. 79 Haben sie nicht auf
die Vögel geschaut, die im Luftraum des Himmels dienstbar
gemacht worden sind? Nur Gott hält sie oben. Darin sind
Zeichen für Leute, die glauben. 80 Und Gott hat euch aus euren
Häusern eine Ruhestätte gemacht, und Er hat euch aus den
Häuten des Viehs Behausungen gemacht, die ihr am Tag eures
Aufbrechens und am Tag eures Aufenthaltes leicht benutzen
könnt, und aus ihrer Wolle, ihren Fellhärchen und ihrem Haar
Ausstattung und Nutznießung für eine Weile. 81 Und Gott hat

euch aus dem, was Er erschaffen hat, schattenspendende Dinge
gemacht. Und Er hat euch aus den Bergen Verstecke gemacht.
Und Er hat euch Gewänder gemacht, die euch vor der Hitze
schützen, und Gewänder, die euch vor eurer Schlagkraft (gegen-
einander) schützen. So vollendet Er seine Gnade an euch, auf daß
ihr gottergeben seid. 82 Wenn sie sich abkehren, so obliegt dir
nur die deutliche Ausrichtung (der Botschaft). 83 Sie kennen die
Gnade Gottes, und dann verwerfen sie sie. Die meisten von ihnen
sind ja Ungläubige.
84 Und am Tag, da Wir von jeder Gemeinschaft einen Zeugen
erwecken. Dann wird denen, die ungläubig sind, keine Erlaubnis
gegeben, und es wird von ihnen keine entschuldigende Umkehr
(mehr) angenommen. 85 Und wenn diejenigen, die Unrecht
taten, die Pein sehen, dann wird ihnen weder Erleichterung noch
Aufschub gewährt. 86 Und wenn diejenigen, die Polytheisten
waren, ihre Teilhaber sehen, sagen sie: »Unser Herr, das sind
unsere Teilhaber, die wir an deiner Stelle anzurufen pflegten.«
Sie aber richteten an sie das Wort: »Ihr seid ja Lügner.« 87 Sie
bieten Gott an jenem Tag Ergebenheit an, und entschwunden ist
ihnen, was sie zu erdichten pflegten. 88 Diejenigen, die ungläu-
big sind und vom Weg Gottes abweisen, lassen Wir eine noch
größere Pein über ihre Pein erleiden dafür, daß sie Unheil
stifteten. 89 Und am Tag, da Wir in jeder Gemeinschaft aus ihren
eigenen Reihen einen Zeugen über sie erwecken. Dich bringen
Wir zum Zeugen über diese da. Und Wir haben das Buch auf dich
hinabgesandt, um alles deutlich zu machen, und als Rechtleitung,
Barmherzigkeit und Frohbotschaft für die Gottergebenen.
*90 Gott gebietet, Gerechtigkeit zu üben, Gutes zu tun und die [28½]
Verwandten zu beschenken. Er verbietet das Schändliche, das
Verwerfliche und die Gewalttätigkeit. Er ermahnt euch, auf daß
ihr es bedenket. 91 Und haltet den Bund Gottes, wenn ihr einen
Bund geschlossen habt, und brecht nicht die Eide nach ihrer
Bekräftigung, wo ihr Gott zum Bürgen über euch gemacht habt.
Gott weiß, was ihr tut. 92 Und seid nicht wie jene, die ihr Garn,
nachdem es fest gesponnen war, wieder in aufgelöste Strähnen
bricht, indem ihr eure Eide untereinander als Mittel des Betrugs
nehmt, weil ja eine Gemeinschaft zahlreicher ist als eine andere

Gemeinschaft. Gott prüft euch damit. Und Er wird euch am Tag
der Auferstehung gewiß das deutlich machen, worüber ihr uneins
waret. 93 Und wenn Gott gewollt hätte, hätte Er euch zu einer
einzigen Gemeinschaft gemacht. Aber Er führt irre, wen Er will,
und Er leitet recht, wen Er will, und ihr werdet das zu verantwor-
ten haben, was ihr zu tun pflegtet. 94 Und nehmt euch nicht eure
Eide als Mittel des Betrugs untereinander, sonst könnte der eine
Fuß, nachdem er fest gestanden hat, straucheln, und ihr würdet
Böses erleiden dafür, daß ihr vom Weg Gottes abgewiesen habt.
Bestimmt ist dann für euch eine gewaltige Pein. 95 Und verkauft
den Bund Gottes nicht gegen einen geringen Preis. Was bei Gott
ist, ist besser für euch, wenn ihr Bescheid wißt. 96 Was bei euch
ist, geht zu Ende; was bei Gott ist, hat Bestand. Wir werden be-
stimmt denen, die geduldig sind, mit ihrem Lohn vergelten für das
Beste von dem, was sie taten. 97 Wer Gutes tut, ob Mann oder
Weib, und dabei gläubig ist, den werden Wir bestimmt ein an-
genehmes Leben leben lassen. Und Wir werden ihnen bestimmt
mit ihrem Lohn vergelten für das Beste von dem, was sie taten.
98 Und so du den Koran verliest, suche Zuflucht bei Gott vor dem
gesteinigten Satan. 99 Er hat keine Macht über diejenigen, die
glauben und auf ihren Herrn vertrauen. 100 Er hat Macht nur
über diejenigen, die ihn zum Freund nehmen und die Ihm
(andere) beigesellen. 101 Und wenn Wir ein Zeichen anstelle
eines (anderen) Zeichens eintauschen – und Gott weiß besser,
was Er herabsendet –, sagen sie: »(Das) erdichtest du nur.« Aber
nein, die meisten von ihnen wissen nicht Bescheid. 102 Sprich:
Herabgesandt hat ihn der Geist der Heiligkeit von deinem Herrn
mit der Wahrheit, um diejenigen, die glauben, zu festigen, und
als Rechtleitung und Frohbotschaft für die Gottergebenen. 103
Und wir wissen ja doch, daß sie sagen: »Es lehrt ihn gewiß ein
Mensch.« Die Sprache dessen, auf den sie hinweisen, ist eine
fremde, und dies hier ist eine deutliche arabische Sprache. 104
Diejenigen, die nicht an die Zeichen Gottes glauben, leitet Gott
nicht recht, und bestimmt ist für sie eine schmerzhafte Pein. 105
Lügen erdichten nur diejenigen, die nicht an die Zeichen Gottes
glauben. Das sind die (wahren) Lügner.
106 Wer Gott verleugnet, nachdem er gläubig war – außer dem,

der gezwungen wird, während sein Herz im Glauben Ruhe
gefunden hat –, nein, diejenigen, die ihre Brust dem Unglauben
öffnen, über die kommt ein Zorn von Gott, und bestimmt ist für
sie eine gewaltige Pein. 107 Dies, weil sie das diesseitige Leben
mehr lieben als das Jenseits und weil Gott die ungläubigen Leute
nicht rechtleitet. 108 Das sind diejenigen, deren Herz, Gehör und
Augenlicht Gott versiegelt hat. Und das sind die, die alles unbeach-
tet lassen. 109 Zweifellos sind sie im Jenseits die Verlierer.
110 Dein Herr ist zu denen, die (doch) ausgewandert sind,
nachdem sie der Versuchung ausgesetzt wurden, und sich dann
eingesetzt haben und standhaft gewesen sind – ja, dein Herr ist
nach diesem (zu ihnen) voller Vergebung und barmherzig. *111 [28¾]
Am Tag, da jede Seele kommt, um für sich selbst zu streiten, und
da jeder Seele voll erstattet wird, was sie getan hat. Und ihnen
wird kein Unrecht getan.
112 Gott führt als Gleichnis eine Stadt an, die in Sicherheit und
Ruhe lebte. Ihr Lebensunterhalt kam zu ihr reichlich von überall
her. Da wurde sie gegenüber den Wohltaten Gottes undankbar.
So ließ sie Gott das Kleid des Hungers und der Angst erleiden für
das, was sie machten. 113 Ein Gesandter aus ihrer Mitte kam
doch zu ihnen. Sie ziehen ihn der Lüge. So ergriff sie die Pein,
während sie Unrecht taten.
114 Eßt nun von dem, was Gott euch beschert hat, so es erlaubt
und köstlich ist. Und seid dankbar für die Gnade Gottes, so ihr
wirklich Ihm dient. 115 Verboten hat Er euch Verendetes, Blut,
Schweinefleisch und das, worüber ein anderer als Gott angerufen
worden ist. Wenn aber einer gezwungen wird, wobei er weder
Auflehnung noch Übertretung begeht, so ist Gott voller Verge-
bung und barmherzig. 116 Und sagt nicht von dem, was eure
Zungen lügnerisch behaupten: »Dies ist erlaubt, und dies ist
verboten«, um gegen Gott Lügen zu erdichten. Denen, die gegen
Gott Lügen erdichten, wird es nicht wohl ergehen. 117 Es ist nur
eine geringe Nutznießung. Und bestimmt ist für sie eine
schmerzhafte Pein. 118 Und denen, die Juden sind, haben Wir
das verboten, worüber Wir dir zuvor berichtet haben*. Und nicht

118: Siehe 6,146.

Wir taten ihnen Unrecht, sondern sie selbst haben sich Unrecht
getan. 119 Dein Herr ist zu denen, die aus Unwissenheit Böses
tun, aber danach umkehren und Besserung zeigen – ja, dein
Herr ist danach (zu ihnen) voller Vergebung und barmherzig.
120 Abraham war ein Vorbild, Gott demütig ergeben und
Anhänger des reinen Glaubens, und er gehörte nicht zu den
Polytheisten; 121 dankbar (war er) für seine Wohltaten. Er hat
ihn erwählt und zu einem geraden Weg geleitet. 122 Und Wir
haben ihm im Diesseits Gutes zukommen lassen. Und im Jenseits
gehört er gewiß zu den Rechtschaffenen. 123 Und Wir haben dir
offenbart: »Folge der Glaubensrichtung Abrahams, als Anhänger
des reinen Glaubens, und er gehörte nicht zu den Polytheisten.«
124 Und der Sabbat ist denen auferlegt worden, die über ihn
uneins waren. Dein Herr wird bestimmt am Tag der Auferstehung zwischen ihnen über das urteilen, worüber sie uneins
waren.
125 Ruf zum Weg deines Herrn mit Wahrheit und schöner
Ermahnung, und streite mit ihnen auf die beste Art. Dein Herr
weiß besser, wer von seinem Weg abirrt, und Er weiß besser, wer
die sind, die der Rechtleitung folgten. 126 Und wenn ihr bestraft,
so bestraft im gleichen Maße, wie ihr bestraft wurdet. Und wenn
ihr euch geduldig zeigt, so ist es besser für die Geduldigen. 127
Sei geduldig. Deine Geduld ist nur durch Gott möglich. Sei nicht
betrübt über sie, und sei nicht in Bedrängnis wegen der Ränke,
die sie schmieden. 128 Und Gott ist mit denen, die (Ihn) fürchten
und die rechtschaffen sind.

Sure 17

Die Nachtreise (al-Isrā')*

zu Mekka, 111 Verse

Im Namen Gottes, des Erbarmers, des Barmherzigen.
1 Preis sei dem, der seinen Diener bei Nacht von der heiligen 15. Teil
Moschee zur fernsten Moschee*, die Wir ringsum gesegnet [29]
haben, reisen ließ, damit Wir ihm etwas von unseren Zeichen
zeigen. Er ist der, der alles hört und sieht.
2 Und Wir ließen dem Mose das Buch zukommen und machten
es zu einer Rechtleitung für die Kinder Israels: »Nehmt euch
außer Mir keinen Sachwalter, 3 ihr, die Nachkommenschaft
derer, die Wir mit Noach getragen haben. Er war ein dankbarer
Diener.« 4 Und Wir haben für die Kinder Israels im Buch
bestimmt: »Wahrlich, ihr werdet zweimal auf der Erde Unheil
stiften, und ihr werdet große Macht erringen. 5 Wenn nun die
Drohung vom ersten Mal eintrifft*, schicken Wir gegen euch
Diener von Uns, die eine starke Schlagkraft besitzen. Sie dringen
durch die Wohnstätten ein. Und dies ist eine Drohung, die
ausgeführt sein wird. 6 Dann geben Wir euch wieder die Ober-
hand über sie, und Wir stehen euch bei mit Vermögen und
Söhnen und machen euch zu einer zahlreicheren Schar. 7 Wenn
ihr Gutes tut, tut ihr Gutes für euch selbst. Wenn ihr Böses tut,
ist es auch für euch selbst. – Wenn dann die Drohung vom
letzten Mal* eintrifft, (kommen sie), um euch schlimm ins
Gesicht zu treffen und die Moschee zu betreten, wie sie sie beim
ersten Mal betraten, und das, worüber sie Macht errungen
haben, dem völligen Verderben preiszugeben. 8 Möge euer Herr

* Oder: Die Kinder Israels (Banī Isrā'īl).

1: von der heiligen Moschee zu Mekka zur fernsten Moschee zu Jerusalem.

5: Anspielung auf die Eroberung Jerusalems durch Nebukadnezzar im Jahr 586 vor Christus.

7: Hier geht es wohl um die Einnahme Jerusalems durch die Römer im Jahr 70 nach Christus.

sich euer erbarmen! Und wenn ihr (dazu) zurückkehrt, kehren Wir (auch) zurück. Und Wir haben die Hölle zum Gefängnis für die Ungläubigen gemacht.«

9 Dieser Koran leitet zu dem, was richtiger ist, und verkündet den Gläubigen, die die guten Werke tun, daß für sie ein großer Lohn bestimmt ist, 10 und daß Wir denen, die an das Jenseits nicht glauben, eine schmerzhafte Pein bereitet haben. 11 Der Mensch erbittet das Böse, wie er das Gute erbittet. Der Mensch ist ja eilfertig.

12 Und Wir haben die Nacht und den Tag zu zwei Zeichen gemacht. Das Zeichen der Nacht haben Wir gelöscht, und Wir haben das Zeichen des Tages so gemacht, daß man (an ihm) sehen kann, damit ihr nach einer Huld von eurem Herrn strebt, und damit ihr die Zahl der Jahre und die Zeitrechnung wißt. Jedes Ding haben Wir im einzelnen dargelegt. 13 Und jedem Menschen haben Wir sein Omen an seinem Hals befestigt. Und am Tag der Auferstehung holen Wir ihm ein Buch heraus, das er aufgeschlagen vorfindet: 14 »Lies dein Buch. Du selbst genügst heute, um mit dir selbst abzurechnen.«

15 Wer der Rechtleitung folgt, folgt ihr zu seinem eigenen Vorteil. Und wer irregeht, der geht irre zu seinem eigenen Schaden. Und keine lasttragende (Seele) trägt die Last einer anderen. Und Wir peinigen nicht, ehe Wir einen Gesandten haben erstehen lassen. 16 Und wenn Wir eine Stadt verderben wollen, befehlen Wir denen, die in ihr üppig leben, (zu freveln), und sie freveln in ihr. Somit wird der Spruch zu Recht gegen sie fällig, und Wir zerstören sie vollständig. 17 Und wie viele Generationen nach Noach haben Wir verderben lassen! Dein Herr kennt und sieht die Sünden seiner Diener zur Genüge.

18 Wer das schnell Eintreffende* will, dem gewähren Wir darin schnell, was Wir wollen – dem, den Wir wollen. Dann bestimmen Wir für ihn die Hölle; darin wird er brennen, gescholten und verstoßen. 19 Denen, die das Jenseits wollen und sich entsprechend darum bemühen, wobei sie gläubig sind, denen wird für ihr Mühen gedankt. 20 Ihnen allen, diesen und jenen,

18: das Diesseits.

stehen Wir bei mit etwas von der Gabe deines Herrn. Die Gabe
deines Herrn wird nicht verwehrt. 21 Schau, wie Wir die einen
von ihnen vor den anderen bevorzugen. Im Jenseits gibt es sicher
höhere Rangstufen und größere Auszeichnungen.
22* Setze Gott keinen anderen Gott zur Seite, sonst wirst du
dasitzen, gescholten und im Stich gelassen. *23 Und dein Herr [29¼]
hat bestimmt, daß ihr nur Ihm dienen sollt, und daß man die
Eltern gut behandeln soll. Wenn eines von ihnen oder beide bei
dir ein hohes Alter erreichen, so sag nicht zu ihnen: »Pfui!«, und
fahre sie nicht an, sondern sprich zu ihnen ehrerbietige Worte.
24 Und senke für sie aus Barmherzigkeit den Flügel der Unterge-
benheit und sag: »Mein Herr, erbarme dich ihrer, wie sich mich
aufgezogen haben, als ich klein war.« 25 Euer Herr weiß besser,
was in eurem Inneren ist. Wenn ihr rechtschaffen seid, so ist Er
für die, die immer wieder umkehren, voller Vergebung. 26 Und
laß dem Verwandten sein Recht zukommen, ebenso dem Bedürf-
tigen und dem Reisenden, aber handle nicht ganz verschwende-
risch. 27 Diejenigen, die verschwenderisch sind, sind Brüder der
Satane; und der Satan ist gegenüber seinem Herrn sehr undank-
bar. 28 Und falls du dich von ihnen abwendest im Streben nach
einer von dir erhofften Barmherzigkeit von deinem Herrn, so
sprich zu ihnen milde Worte. 29 Und laß deine Hand nicht an
deinem Hals gefesselt sein, aber strecke sie auch nicht vollständig
aus. Sonst würdest du getadelt und verarmt dasitzen. 30 Dein
Herr teilt den Lebensunterhalt großzügig, wem Er will, und auch
bemessen zu. Er hat Kenntnis von seinen Dienern, und Er sieht
sie wohl. 31 Und tötet nicht eure Kinder aus Furcht vor Verar-
mung. Ihnen und euch bescheren Wir doch den Lebensunterhalt.
Sie töten ist eine große Sünde. 32 Und nähert euch nicht der
Unzucht. Sie ist etwas Schändliches, und sie ist ein übler Weg. 33
Und tötet nicht den Menschen, den Gott für unantastbar erklärt
hat, es sei denn bei vorliegender Berechtigung. Wird jemand
ungerechterweise getötet, so geben Wir seinem nächsten Ver-
wandten Vollmacht (ihn zu rächen). Nur soll er nicht maßlos im

22–39: Diese Verse können zu den Zehn Geboten der Bibel parallel gesetzt werden: Exodus 20,1–21; Evangelium: Lukas 18,20.

Töten sein; siehe, er wird Beistand finden. 34 Und nähert euch
nicht dem Vermögen des Waisenkindes, es sei denn auf die beste
Art, bis es seine Vollkraft erreicht hat. Und erfüllt eingegangene
Verpflichtungen. Über die Verpflichtungen wird Rechenschaft
gefordert. 35 Und gebt volles Maß, wenn ihr meßt. Und wägt mit
der richtigen Waage. Das ist besser und führt zu einem schöne-
ren Abschluß. 36 Und verfolge nicht das, wovon du kein Wissen
hast. Über Gehör, Augenlicht und Herz, über all das wird
Rechenschaft gefordert. 37 Und schreite nicht unbekümmert auf
der Erde einher. Du wirst ja die Erde nicht durchbohren und die
Berge an Höhe nicht erreichen können. 38 Das schlechte Verhal-
ten in alledem ist bei deinem Herrn verpönt. 39 Das ist etwas von
dem, was dir dein Herr an Weisheit offenbart hat. Und setze Gott
keinen anderen Gott zur Seite, sonst wirst du in die Hölle
geworfen, getadelt und verstoßen.

40 Hat denn euer Herr für euch die Söhne erwählt und sich selbst
aus den Reihen der Engel Töchter genommen? Ihr sagt da etwas
Ungeheuerliches.

41 Wir haben in diesem Koran (die Botschaft) auf verschiedene
Weise dargestellt, damit sie es bedenken. Aber das mehrt in
ihnen nur die Abneigung.

42 Sprich: Gäbe es neben Ihm noch (andere) Götter, wie sie
sagen, dann würden sie nach einem Weg suchen, zum Herrn des
Thrones zu gelangen. 43 Preis sei Ihm, und überaus hoch
erhaben ist Er über das, was sie sagen. 44 Ihn preisen die sieben
Himmel und die Erde, und wer in ihnen ist. Es gibt nichts, was
nicht sein Lob singen würde. Aber ihr begreift ihren Preisgesang
nicht. Er ist langmütig und voller Vergebung. 45 Und wenn du
den Koran verliest, stellen Wir zwischen dich und die, die an das
Jenseits nicht glauben, einen unsichtbaren Vorhang. 46 Und Wir
legen auf ihre Herzen Hüllen, so daß sie ihn nicht begreifen, und
in ihre Ohren Schwerhörigkeit. Und wenn du im Koran allein
deinen Herrn erwähnst, kehren sie aus Abneigung den Rücken.
47 Wir wissen besser, womit sie zuhören, wenn sie dir zuhören,
und (auch) wenn sie sich in vertraulichem Gespräch befinden, da
die, die Unrecht tun, sagen: »Ihr folgt doch nur einem Mann, der
einem Zauber verfallen ist.« 48 Schau, wie sie dir Gleichnisse

anführen, und so abgeirrt sind, daß sie keinen Weg mehr finden.
49 Und sie sagen: »Sollen wir, wenn wir (bereits) Knochen
geworden und auseinandergefallen sind, wirklich wieder als neue
Schöpfung erweckt werden?« *50 Sprich: »(Ja), ob ihr nun [29½]
Steine oder Eisen seid, 51 oder etwas Erschaffenes von der Art,
die in eurer Vorstellung kaum möglich wäre.« Sie werden sagen:
»Wer wird uns (ins Leben) zurückbringen?« Sprich: »Der, der
euch das erste Mal erschaffen hat.« Dann werden sie vor dir den
Kopf schütteln und sagen: »Wann wird das sein?« Sprich: »Viel-
leicht wird es bald sein. 52 Am Tag, da Er euch rufen wird, und
da ihr mit seinem Lob antworten und meinen werdet, ihr hättet
nur ein wenig verweilt.«
53 Und sag meinen Dienern, sie sollen die besten Worte spre-
chen. Der Satan stachelt zwischen ihnen auf. Der Satan ist dem
Menschen ein offenkundiger Feind. 54 Euer Herr weiß besser
über euch Bescheid. Wenn Er will, erbarmt Er sich euer, und
wenn Er will, peinigt Er euch. Und Wir haben dich nicht als
Sachwalter über sie gesandt. 55 Und dein Herr weiß besser über
die Bescheid, die in den Himmeln und auf der Erde sind. Und Wir
haben einige der Propheten vor den anderen bevorzugt. Und Wir
haben David eine Schrift* zukommen lassen.
56 Sprich: Ruft die, die ihr anstelle Gottes angebt, an. Sie
vermögen doch von euch den Schaden weder zu beheben noch
abzuwenden. 57 Jene, die sie anrufen, suchen selbst ein Mittel,
zu ihrem Herrn zu gelangen, (und wetteifern), wer von ihnen am
nächsten sei; und sie hoffen auf seine Barmherzigkeit und haben
Angst vor seiner Pein. Die Pein deines Herrn ist etwas, wovor
man auf der Hut sein muß.
58 Und es gibt keine Stadt, die Wir nicht vor dem Tag der
Auferstehung verderben oder mit einer harten Pein peinigen
würden. Dies steht im Buch zeilenweise niedergeschrieben. 59
Und nichts anderes hinderte Uns daran, (Propheten) mit den
Zeichen zu senden, als daß die Früheren sie für Lüge erklärten.
Und Wir ließen den Thamūd die Kamelstute als sichtbares
Zeichen zukommen. Sie aber handelten an ihr ungerecht. Und

55: einen Psalter.

Wir senden (die Propheten) mit den Zeichen nur zur Abschrek-
kung. 60 Und als Wir zu dir sprachen: »Dein Herr umfängt die
Menschen.« Und Wir haben das Traumgesicht, das Wir dich
sehen ließen, nur zu einer Versuchung für die Menschen
gemacht, ebenso den verfluchten Baum* im Koran. Wir machen
ihnen angst, aber es steigert bei ihnen nur um so mehr das
Übermaß ihres Frevels.
61 Und als Wir zu den Engeln sprachen: »Werft euch vor Adam
nieder.« Da warfen sie sich nieder, außer Iblīs. Er sagte: »Soll ich
mich vor dem niederwerfen, den Du aus Ton erschaffen hast?« 62
Er sagte: »Was meinst Du von diesem, dem Du mehr Ehre
verliehen hast als mir? Wenn du mir bis zum Tag der Auferste-
hung Aufschub gewährst, werde ich seiner Nachkommenschaft
die Zügel anlegen, bis auf wenige.« 63 Er sprach: »Geh weg.
Wenn einer von ihnen dir folgt, so ist die Hölle euer Lohn, ein
reichlicher Lohn. 64 Und schrecke mit deiner Stimme auf, wen
von ihnen du vermagst, und biete gegen sie deine Pferde und dein
Fußvolk auf, und nimm von ihnen einen Anteil an Vermögen
und Kindern, und mach ihnen Versprechungen.« – Der Satan
verspricht ihnen nur Betörung. – 65 »Über meine Diener hast
du keine Macht.« Und dein Herr genügt als Sachwalter.
66 Euer Herr ist es, der für euch die Schiffe auf dem Meer treibt,
damit ihr nach etwas von seiner Huld strebt. Er ist ja zu euch
barmherzig. 67 Wenn euch auf dem Meer ein Schaden trifft, da
irren die, die ihr außer Ihm anruft, (weit) weg. Hat Er euch dann
ans Land errettet, wendet ihr euch ab. Der Mensch ist eben
undankbar. 68 Wähnt ihr euch denn in Sicherheit davor, daß Er
eine Ecke des Festlandes mit euch versinken läßt oder einen
Sandsturm gegen euch schickt, und daß ihr dann für euch keinen
Sachwalter findet? 69 Oder wähnt ihr euch in Sicherheit davor,
daß Er euch ein anderes Mal aufs Meer* zurückbringt und einen
verheerenden Wind gegen euch schickt und euch ertrinken läßt,
weil ihr ungläubig seid, und daß ihr dann für euch niemanden
[29¾] findet, der Uns deswegen belangen könnte? *70 Und Wir haben

60: Es soll der Zaqqūm-Baum der Hölle sein.
69: Wörtlich: darauf.

den Kindern Adams Ehre erwiesen; Wir haben sie auf dem Festland und auf dem Meer getragen und ihnen (einiges) von den köstlichen Dingen beschert, und Wir haben sie vor vielen von denen, die Wir erschaffen haben, eindeutig bevorzugt.
71 Am Tag, da Wir jede Menschengruppe mit ihrem Vorsteher rufen werden. Diejenigen, denen dann ihr Buch in ihre Rechte gereicht wird, werden ihr Buch lesen, und ihnen wird nicht ein
Dattelfädchen Unrecht getan. 72 Und wer in diesem (Leben) blind
ist, der ist (auch) im Jenseits blind und irrt noch mehr vom Weg ab.
73 Fast hätten sie dich verführt (und) von dem (abgebracht), was Wir dir offenbart haben, damit du gegen Uns etwas anderes
erdichtest. Dann hätten sie dich zum Vertrauten genommen. 74
Hätten Wir dich nicht gefestigt, du hättest wohl bei ihnen ein
wenig Stütze gesucht. 75 Dann hätten Wir dich doppeltes Leben
und doppelten Tod erleiden lassen, und dann würdest du für dich
keinen Helfer gegen Uns finden. 76 Und fast hätten sie dich aus
dem Land aufgeschreckt, um dich daraus zu vertreiben. Dann
würden sie nach dir nur ein wenig verweilen können. 77 Nach
diesem Beispiel wurde verfahren mit denen von unseren Gesandten, die Wir vor dir gesandt haben. Und du wirst keine Veränderungen bei unserem Verfahren finden.
78 Verrichte das Gebet beim Neigen der Sonne bis zum Dunkel der Nacht, und (auch) die Koranlesung bei Tagesanbruch. Der
Koranlesung bei Tagesanbruch soll man beiwohnen. 79 Und
wache einen Teil der Nacht damit, als zusätzliche Tat für dich. Dein Herr möge dich zu einer lobenswerten Rangstellung erwekken. 80 Und sprich: Mein Herr, gewähre mir einen wahrhaftigen Eingang und gewähre mir einen wahrhaftigen Ausgang, und
schaffe mir von Dir her eine unterstützende Macht. 81 Und
sprich: Die Wahrheit ist gekommen, und das Falsche schwindet dahin. Das Falsche schwindet ja schnell dahin.
82 Und Wir senden vom Koran hinab, was den Gläubigen Heilung und Barmherzigkeit bringt; denen aber, die Unrecht
tun, bringt es nur noch mehr Verlust. 83 Wenn Wir dem
Menschen Gnade erweisen, wendet er sich ab und entfernt sich beiseite. Und wenn ihn das Böse trifft, ist er sehr verzweifelt.

84 Sprich: Jeder handelt nach seiner Weise. Euer Herr weiß
besser, wer dem richtigeren Weg folgt.
85 Und sie fragen dich nach dem Geist. Sprich: Der Geist ist vom
Befehl meines Herrn. Und euch ist vom Wissen nur wenig
zugekommen. 86 Und wenn Wir wollten, würden Wir sicherlich
wegnehmen, was Wir dir offenbart haben. Du könntest dann für
dich in dieser Sache keinen Sachwalter gegen Uns finden. 87 Es
ist nichts als Barmherzigkeit von deinem Herrn. Seine Huld zu
dir ist ja groß. 88 Sprich: Wenn die Menschen und die Djinn
zusammenkämen, um etwas beizubringen, was diesem Koran
gleich wäre, sie brächten nicht seinesgleichen bei, auch wenn sie
einander helfen würden. 89 Und Wir haben den Menschen in
diesem Koran verschiedene Gleichnisse dargelegt. Doch bestehen
die meisten Menschen auf dem Unglauben. 90 Und sie sagen:
»Wir werden dir nicht glauben, bis du uns aus der Erde eine
Quelle hervorbrechen läßt, 91 oder bis du einen Garten von
Palmen und Weinstöcken hast und durch ihn Bäche ausgiebig
hervorbrechen läßt, 92 oder bis du den Himmel auf uns in
Stücken herabfallen läßt, wie du behauptet hast, oder Gott und
die Engel vor unsere Augen bringst, 93 oder bis du ein Haus aus
Gold besitzt oder in den Himmel hochsteigst. Und wir werden
nicht glauben, daß du hochgestiegen bist, bis du auf uns ein Buch
herabsendest, das wir lesen können.« Sprich: Preis sei meinem
Herrn! Bin ich etwas anderes als ein Mensch und ein Gesandter?
94 Und was die Menschen daran hinderte, als die Rechtleitung zu
ihnen kam, zu glauben, ist nichts anderes, als daß sie sagten:
»Hat denn Gott einen Menschen als Gesandten erstehen lassen?«
95 Sprich: Wenn es auf der Erde Engel gäbe, die da in Ruhe
umhergingen, dann hätten Wir ihnen vom Himmel ja einen
Engel als Gesandten hinabgeschickt*. 96 Sprich: Gott genügt als
Zeuge zwischen mir und euch. Er hat Kenntnis von seinen
Dienern, und Er sieht sie wohl. 97 Wen Gott rechtleitet, der ist
es, der der Rechtleitung folgt. Und für die, die Er irreführt, wirst
du außer Ihm keine Freunde finden. Und Wir werden sie am Tag
der Auferstehung versammeln, (sie wandeln) vor sich hin, blind,

95: Vgl. 6,8; 15,7; 25,21.

stumm, taub. Ihre Heimstätte ist die Hölle. Sooft sie schwächer
wird, mehren Wir ihnen den Feuerbrand. 98 Das ist ihr Lohn
dafür, daß sie unsere Zeichen verleugnet und gesagt haben:
»Sollen wir, wenn wir (bereits) Knochen geworden und ausein-
andergefallen sind, wirklich wieder als neue Schöpfung aufer-
weckt werden?« *99 Haben sie denn nicht gesehen, daß Gott, der [30]
die Himmel und die Erde erschaffen hat, die Macht hat, ihresglei-
chen zu erschaffen? Und Er hat ihnen eine Frist gesetzt, an der
kein Zweifel möglich ist. Doch bestehen die, die Unrecht tun, auf
dem Unglauben.
100 Sprich: Würdet ihr über die Vorratskammern der Barmher-
zigkeit meines Herrn verfügen, ihr würdet aus Furcht vor dem
Ausgeben zurückhaltend sein. Der Mensch ist ja geizig.
101 Und Wir haben dem Mose neun deutliche Zeichen zukom-
men lassen. So frag die Kinder Israels. Als er zu ihnen kam, sagte
Pharao zu ihm: »Ich bin der Meinung, o Mose, daß du einem
Zauber verfallen bist.« 102 Er sagte: »Du weißt, niemand ande-
res als der Herr der Himmel und der Erde hat diese als Einsicht
bringende Zeichen herabgesandt. Und ich bin der Meinung,
o Pharao, daß du dem Verderben verfallen bist.« 103 Da wollte er
sie aus dem Land aufschrecken. Wir aber ließen ihn ertrinken,
und auch alle, die mit ihm waren. 104 Und nach seinem Able-
ben* sprachen Wir zu den Kindern Israels: »Bewohnt das Land.
Wenn dann das Versprechen des Jenseits eintrifft, bringen Wir
euch als gebündelte Schar herbei.«
105 Mit der Wahrheit haben Wir ihn* hinabgesandt, und mit der
Wahrheit ist er hinabgekommen. Und Wir haben dich nur als
Freudenboten und Warner gesandt. 106 Und Wir haben ihn als
Koran in Abschnitte geteilt, damit du ihn den Menschen ohne
Hast verliest. Und Wir haben ihn nach und nach hinabgesandt.
107 Sprich: Glaubt daran oder glaubt eben nicht. Diejenigen,
denen vor ihm das Wissen zugekommen ist, wenn er ihnen
verlesen wird, fallen in Anbetung auf ihr Kinn nieder 108 und
sagen: »Preis sei unserem Herrn! Das Versprechen unseres

104: Wörtlich: nach ihm.
105: den Koran.

Herrn ist ausgeführt.« 109 Und sie werfen sich auf ihr Kinn weinend nieder, und es mehrt in ihnen die Demut.
110 Sprich: Ruft Gott oder ruft den Erbarmer an. Welchen ihr auch anruft, Ihm gehören die schönsten Namen. Und sei nicht laut beim Gebet, und auch nicht leise dabei. Suche einen Weg dazwischen. 111 Und sprich: Lob sei Gott, der sich kein Kind genommen hat, und der keinen Teilhaber an der Königsherrschaft hat und keinen Freund als Helfer aus der Erniedrigung! Und rühme mit Nachdruck seine Größe.

Sure 18

Die Höhle (al-Kahf)

zu Mekka, 110 Verse

Im Namen Gottes, des Erbarmers, des Barmherzigen.
1 Lob sei Gott, der das Buch auf seinen Diener herabgesandt und daran nichts Krummes gemacht hat, 2 (ein Buch,) das richtig ist, damit er vor einem harten Schlag von Ihm her warne und den Gläubigen, die die guten Werke tun, verkünde, daß für sie ein schöner Lohn bestimmt ist – 3 darin werden sie ewig verbleiben –, 4 und damit er diejenigen warne, die sagen: »Gott hat sich ein Kind genommen.« 5 Sie haben kein (richtiges) Wissen davon, und auch nicht (früher) ihre Väter. Es ist ein ungeheuerliches Wort, das aus ihrem Munde herauskommt. Nichts als Lüge sagen sie da. 6 Vielleicht magst du, wenn sie an diese Botschaft nicht glauben, aus Gram noch dich selbst umbringen, nachdem sie sich abgewandt haben. 7 Wir haben das, was auf der Erde ist, zu einem Schmuck für sie* gemacht, um sie zu prüfen (und festzustellen), wer von ihnen am besten handelt. 8 Und Wir werden gewiß das, was auf ihr ist, zu einem dürren Boden machen.
9 Oder meinst du, daß die Leute der Höhle und der Inschrift* ein (besonderes) Wunder unter unseren Zeichen sind? 10 Als die

7: die Erde.
9: Vielleicht, weil ihre Namen auf Tafeln aufgeschrieben waren.

Jünglinge in der Höhle Unterkunft suchten und sagten: »Unser
Herr, laß uns Barmherzigkeit von Dir zukommen und bereite
uns aus unserer Angelegenheit einen guten Ausweg.« 11 Da
schlugen Wir in der Höhle auf ihre Ohren für eine Anzahl von
Jahren. 12 Dann erweckten Wir sie, um zu erfahren, welche von
den beiden Parteien die Dauer ihres Verbleibens am richtigsten
erfaßt hat. 13 Wir erzählen dir ihre Geschichte in Wahrheit. Sie
waren Jünglinge, die an ihren Herrn glaubten und denen Wir
noch mehr Rechtleitung schenkten. 14 Und Wir festigten ihre
Herzen, als sie aufstanden und sagten: »Unser Herr ist der Herr
der Himmel und der Erde. Wir werden niemals außer Ihm einen
(anderen) Gott anrufen, sonst würden wir etwas Abwegiges
sagen. 15 Diese unsere Volksgenossen haben sich an seiner Stelle
Götter genommen. Würden sie doch für sie eine offenkundige
Ermächtigung bringen! Wer ist denn ungerechter als der, der
gegen Gott eine Lüge erdichtet? 16 Und so ihr euch von ihnen
und von dem, was sie außer Gott anbeten, absetzt, dann sucht
Unterkunft in der Höhle, so wird euer Herr über euch einiges
von seiner Barmherzigkeit ausbreiten und euch in eurer Angele-
genheit eine milde Behandlung bereiten.« *17 Und du siehst die [30¼]
Sonne, wenn sie aufgeht, sich von ihrer Höhle zur Rechten
wegneigen, und wenn sie untergeht, an ihnen zur Linken vorbei-
gehen, während sie sich darin in einem Raum befinden. Das
gehört zu den Zeichen Gottes. Wen Gott rechtleitet, der ist es,
der der Rechtleitung folgt, und wen Er irreführt, für den wirst du
keinen Freund finden, der ihn den rechten Weg weisen könnte.
18 Und du meinst, sie seien wach, obwohl sie schlafen. Und Wir
drehen sie nach rechts und nach links um. Und ihr Hund streckt
seine Vorderbeine im Vorraum aus. Würdest du sie erblicken, du
würdest vor ihnen zur Flucht kehrtmachen und du würdest vor
ihnen mit Schrecken erfüllt sein. 19 Und so erweckten Wir sie,
damit sie sich untereinander fragten. Ein Sprecher unter ihnen
sagte: »Wie lange habt ihr verweilt?« Sie sagten: »Verweilt
haben wir einen Tag oder einen Teil von einem Tag.« Sie sagten:
»Euer Herr weiß besser, wie lange ihr verweilt habt. So schickt
einen von euch mit diesen euren Silbermünzen in die Stadt; er
soll sehen, welche ihrer Speisen am reinsten ist, und euch davon

eine Versorgung bringen. Er soll behutsam sein und niemanden
etwas von euch merken lassen. 20 Denn wenn sie von euch
erfahren*, werden sie euch steinigen oder euch zur Rückkehr zu
ihrer Glaubensrichtung zwingen; dann wird es euch nie mehr
wohl ergehen.«
21 Auf diese Weise ließen Wir (die Menschen) sie doch entdek-
ken, damit sie wissen, daß das Versprechen Gottes wahr ist und
daß an der Stunde kein Zweifel möglich ist. Als sie untereinander
über ihre Angelegenheit stritten, da sagten sie: »Baut über ihnen
ein Gebäude.« Ihr Herr weiß besser über sie Bescheid. Diejeni-
gen, die in ihrer Angelegenheit überlegen waren, sagten: »Wir
werden uns über ihnen eine Anbetungsstätte einrichten.« 22
Manche werden sagen: »Es sind drei, und ihr Hund ist der vierte
von ihnen.« Und manche sagen: »Fünf sind sie, und der sechste
von ihnen ist ihr Hund.« – Ein Herumraten in bezug auf das
Unsichtbare. Und manche sagen: »Sieben, und der achte von
ihnen ist ihr Hund.« Sprich: Mein Herr weiß besser über ihre
Zahl Bescheid. Und nur wenige wissen über sie Bescheid. Darum
streite über sie nur aufgrund eines offensichtlichen Beweises,
und frage niemanden von ihnen um Auskunft über sie.
23 Und sag nicht von einer Sache: »Ich werde dies morgen tun«,
24 es sei denn (du fügst hinzu): »So Gott will.« Und gedenke
deines Herrn, wenn du es vergessen hast, und sag: »Mein Herr
möge mich zu etwas rechtleiten, was der richtigen Handlungs-
weise eher entspricht als dies!«
25 Und sie verweilten in ihrer Höhle dreihundert Jahre und noch
neun dazu. 26 Sprich: Gott weiß besser, wie lange sie verweilt
haben. Ihm gehört das Unsichtbare der Himmel und der Erde.
Wie vorzüglich sieht Er, und wie vorzüglich hört Er! Sie haben
außer Ihm keinen Freund. Und Er beteiligt niemanden an seiner
Urteilsgewalt.
27 Und verlies, was dir vom Buch deines Herrn offenbart worden
ist. Niemand wird seine Worte abändern können. Und du wirst
außer Ihm keine Zuflucht finden. 28 Und halte dich geduldig
zurück zusammen mit denen, die morgens und abends ihren

20: Oder: die Oberhand über euch bekommen; vgl. 24,31.

Herrn anrufen, in der Suche nach seinem Antlitz. Und deine Augen sollen nicht über sie hinwegsehen, indem du nach dem Schmuck des diesseitigen Lebens trachtest. Und gehorche nicht dem, dessen Herz Wir unserem Gedenken gegenüber achtlos gemacht haben, der seiner Neigung folgt und dessen Angelegenheit sich durch Maßlosigkeit auszeichnet. 29 Und sprich: Es ist die Wahrheit von eurem Herrn. Wer nun will, möge glauben, und wer will, möge ungläubig sein. Wir haben denen, die Unrecht tun, ein Feuer bereitet, dessen Zeltdecke sie umschließt. Und wenn sie um Hilfe rufen, wird ihnen mit Wasser gleich geschmolzenem Erz geholfen, das die Gesichter verbrennt. Welch schlimmer Trank und welch schlechter Lagerplatz! 30 Diejenigen, die glauben und die guten Werke tun – siehe, Wir lassen den Lohn derer, die in ihrem Handeln rechtschaffen sind, nicht verlorengehen. 31 Jene sind es, für die die Gärten von Eden bestimmt sind. Unter ihnen fließen Bäche. Geschmückt sind sie darin mit Armringen aus Gold, und sie tragen grüne Gewänder aus Seide und Brokat, indem sie sich darin auf Liegen lehnen. Wie vorzüglich ist der Lohn und wie schön der Lagerplatz!

*32 Und führe ihnen als Gleichnis zwei Männer an. Dem einen [30½] von ihnen gaben Wir zwei Gärten mit Weinstöcken, und Wir umgaben sie mit Palmen und legten dazwischen Saatfelder an. 33 Beide Gärten brachten ihren Ernteertrag und ließen nichts davon fehlen. Und dazwischen ließen Wir einen Bach hervorbrechen. 34 Er erhielt (daraus) Früchte. Da sagte er zu seinem Gefährten, während er sich mit ihm unterhielt: »Ich habe mehr Vermögen als du und auch eine stärkere Schar.« 35 Und er betrat seinen Garten, indem er sich selbst Unrecht tat. Er sagte: »Ich glaube nicht, daß dieser (Garten) jemals verschwinden wird, 36 und ich glaube nicht, daß die Stunde heraufkommen wird. Und wenn ich zu meinem Herrn zurückgebracht werde, werde ich sicher als Rückzugsort etwas Besseres als ihn finden.« 37 Sein Gefährte sagte zu ihm, während er sich mit ihm unterhielt: »Willst du denn den verleugnen, der dich aus Erde, dann aus einem Tropfen erschaffen und dann dich zu einem Mann gebildet hat? 38 Aber, was mich betrifft: Er, Gott, ist mein Herr, und ich geselle meinem Herrn niemanden bei. 39 Hättest du doch, als du deinen

Garten betreten hast, gesagt: ›(Es ist), was Gott will; es gibt keine Kraft außer durch Gott‹! Wenn du auch siehst, daß ich weniger Vermögen und Kinder habe als du, 40 so möge mein Herr mir etwas Besseres als deinen Garten geben und über ihn aufeinanderfolgende Pfeile vom Himmel schicken, so daß er zu einem schlüpfrigen Boden wird, 41 oder daß sein Wasser versiegt, so daß du es nicht mehr wirst finden könen.« 42 Seine Früchte wurden ringsum erfaßt. Da begann er, seine Handflächen umzudrehen* über das, was er für ihn ausgegeben hatte, während er bis zu den Wipfeln verödet war, und zu sagen: »O hätte ich doch meinem Herrn niemanden beigesellt!« 43 Und er hatte keine Schar, die ihn anstelle Gottes unterstützte, und er fand auch selbst keine Unterstützung. 44 In dem Fall gehört allein dem wahren Gott die Möglichkeit, Freundschaft zu gewähren. Er ist der Beste im Belohnen, und Er verschafft den besten Ausgang.

45 Und führe ihnen das Gleichnis vom diesseitigen Leben an. Es ist wie Wasser, das Wir vom Himmel herabkommen lassen, worauf sich die Pflanzen der Erde damit vermengen. Dann werden sie zu dürrem Zeug, das die Winde verwehen. Und Gott hat ja Macht zu allen Dingen. 46 Das Vermögen und die Söhne sind der Schmuck des diesseitigen Lebens. Was aber bleibt, die guten Werke – sie bringen bei deinem Herrn einen besseren Lohn und begründen eine bessere Hoffnung.

47 Und an dem Tag, da Wir die Berge versetzen und du die Erde herauskommen siehst und Wir sie versammeln, ohne jemanden von ihnen auszulassen, 48 und da sie deinem Herrn in einer Reihe vorgeführt werden: »Ihr seid zu Uns gekommen, so wie Wir euch das erste Mal erschaffen haben. Ihr aber habt behauptet, Wir würden für euch keine Verabredung festlegen.« 49 Und das Buch wird hingelegt. Da siehst du die Übeltäter erschrocken vor dem, was darin steht. Und sie sagen: »O wehe uns! Was ist mit diesem Buch, daß es nichts, weder klein noch groß, ausläßt, ohne es zu erfassen?« Und sie finden (alles), was sie taten, vorliegen. Und dein Herr tut niemandem Unrecht.

50 Und als Wir zu den Engeln sprachen: »Werft euch vor Adam

42: als Zeichen des Bedauerns.

nieder.« Da warfen sie sich nieder, außer Iblīs. Er gehörte zu den
Djinn. So frevelte er gegen den Befehl seines Herrn. Wollt ihr
denn ihn und seine Nachkommenschaft euch zu Freunden an
meiner Stelle nehmen, wo sie euch doch feind sind? Welch
schlimmer Tausch für die, die Unrecht tun! *51 Ich habe sie der [30¾]
Erschaffung der Himmel und der Erde nicht beiwohnen lassen,
und auch nicht ihrer eigenen Erschaffung. Ich nehme mir nie-
mals die Irreführenden als Beistand.
52 Und an dem Tag, da Er spricht: »Ruft meine Teilhaber, die ihr
angegeben habt, an.« Sie rufen sie an, aber sie erhören sie nicht.
Und Wir setzen zwischen sie einen Abgrund. 53 Und die Übeltä-
ter sehen das Feuer und erwarten, daß sie hineinfallen, und
finden kein Mittel, ihm zu entrinnen.
54 Und Wir haben den Menschen in diesem Koran verschiedene
Gleichnisse dargelegt. Von allen Wesen ist aber der Mensch am
streitsüchtigsten. 55 Und was die Menschen daran hinderte, zu
glauben und ihren Herrn um Vergebung zu bitten, als die
Rechtleitung zu ihnen kam, ist nichts anderes als (die anmaßende
Forderung), daß an ihnen nach dem Beispiel der Früheren verfah-
ren werde, oder daß die Pein über sie komme vor ihren Augen.
56 Wir senden die Gesandten nur als Freudenboten und Warner.
Diejenigen, die nicht glauben, streiten mit dem Falschen, um
damit die Wahrheit zu widerlegen. Und sie nehmen meine
Zeichen und das, womit sie gewarnt wurden, zum Gegenstand
des Spottes. 57 Wer ist denn ungerechter als der, der mit den
Zeichen seines Herrn ermahnt wird und sich dann von ihnen
abwendet und vergißt, was seine Hände vorausgeschickt haben.
Wir haben auf ihre Herzen Hüllen gelegt, so daß sie ihn nicht
begreifen, und in ihre Ohren Schwerhörigkeit. Auch wenn du sie
zur Rechtleitung rufst, werden sie niemals der Rechtleitung
folgen. 58 Und dein Herr ist voller Vergebung, und Er besitzt die
Barmherzigkeit. Würde Er sie für das belangen, was sie erworben
haben, würde Er für sie die Pein beschleunigen. Aber sie haben
eine Verabredung, vor der sie keine Zuflucht finden werden. 59
Das sind die Städte, die Wir verderben ließen, als sie Unrecht
taten. Und Wir haben für ihr Verderben eine Verabredung
festgelegt.

60 Und als Mose zu seinem Knecht sagte: »Ich werde nicht
ablassen, bis ich den Zusammenfluß der beiden Meere erreicht
habe, und sollte ich lange Zeit unterwegs sein.« 61 Als sie deren
Zusammenfluß erreicht hatten, vergaßen sie ihren Fisch, so
nahm er seinen Weg ins Meer wie einen Tauchpfad. 62 Als sie
vorbeigegangen waren, sagte er zu seinem Knecht: »Bring uns
unser Mittagessen. Wir haben ja auf dieser unserer Reise
(viel) Mühsal erlitten.« 63 Er sagte: »Was meinst du? Als wir
beim Felsen Rast gemacht haben, da habe ich den Fisch
vergessen. Vergessen ließ mich ihn nur der Satan, so daß ich
nicht mehr an ihn dachte. Und er nahm seinen Weg ins Meer
auf wunderbare Weise.« 64 Er sagte: »Das ist es, was wir such-
ten.« Da kehrten sie beide zurück und folgten ihren eigenen
Spuren.

65 Sie trafen einen von unseren Dienern, dem Wir Barmherzig-
keit von Uns hatten zukommen lassen und den Wir Wissen von
Uns gelehrt hatten. 66 Mose sagte zu ihm: »Darf ich dir folgen,
auf daß du mich von dem lehrst, was du über den rechten Weg
belehrt worden bist?« 67 Er sagte: »Nimmer wirst du bei mir
aushalten können. 68 Wie willst du das aushalten, wovon du
keine umfassende Kenntnis hast?« 69 Er sagte: »Du wirst finden,
so Gott will, daß ich standhaft bin, und ich werde gegen keinen
Befehl von dir ungehorsam sein.« 70 Er sagte: »Wenn du mir
folgst, dann frage mich nach nichts, bis ich selbst mit dir zuerst
darüber rede.« 71 Da zogen sie beide weiter. Als sie nun das
Schiff bestiegen, schlug er darin ein Loch. Er sagte: »Wie
konntest du ein Loch darin schlagen, um seine Besatzung ertrin-
ken zu lassen? Du hast da eine grauenhafte Sache begangen.« 72
Er sagte: »Habe ich nicht gesagt, daß du nimmer bei mir wirst
aushalten können?« 73 Er sagte: »Belange mich nicht dafür, daß
ich vergessen habe, und bedrücke mich in meiner Angelegenheit
nicht mit einer schweren Last.« 74 Da zogen sie beide weiter. Als
sie dann einen Jungen trafen, tötete er ihn. Er sagte: »Wie
konntest du einen unschuldigen Menschen töten, und zwar nicht
als Wiedervergeltung für einen (anderen) Menschen? Du hast da
16. Teil eine verwerfliche Sache begangen.« *75 Er sagte: »Habe ich
[31] nicht zu dir gesagt, daß du nimmer bei mir wirst aushalten

können?« 76 Er sagte: »Wenn ich dich nach diesem noch einmal nach irgend etwas frage, dann laß mich dich nicht mehr begleiten. Du hast dann von mir aus bereits eine Entschuldigung erhalten.« 77 Da zogen sie beide weiter. Als sie dann zu den Bewohnern einer Stadt kamen, baten sie ihre Bewohner um etwas zu essen. Sie weigerten sich, sie zu bewirten. Da fanden sie in ihr eine Mauer, die einzustürzen drohte. Er richtete sie auf. Er sagte: »Wenn du gewollt hättest, hättest du dafür einen Lohn nehmen können.« 78 Er sagte: »Jetzt ist die Trennung zwischen mir und dir fällig. Ich werde dir die Deutung dessen kundgeben, was du nicht aushalten konntest. 79 Was das Schiff betrifft, so gehörte es armen Leuten, die auf dem Meer arbeiteten. Ich wollte es schadhaft machen, denn ein König war hinter ihnen her, der jedes Schiff mit Gewalt nahm. 80 Was den Jungen betrifft, so waren seine Eltern gläubige (Menschen). Da fürchteten wir, er würde sie durch das Übermaß seines Frevels und durch seinen Unglauben bedrücken. 81 So wollten wir, daß ihr Herr ihnen einen zum Tausch gebe, der besser wäre als er in der Lauterkeit und anhänglicher in der Pietät. 82 Und was die Mauer betrifft, so gehörte sie zwei Waisenjungen in der Stadt. Unter ihr befand sich ein Schatz, der ihnen gehörte. Ihr Vater war rechtschaffen. Da wollte dein Herr, daß sie (erst) ihre Vollkraft erreichen und ihren Schatz herausholen, aus Barmherzigkeit von deinem Herrn. Ich tat es ja nicht aus eigenem Entschluß. Das ist die Deutung dessen, was du nicht aushalten konntest.«

83 Und sie fragen dich nach dem mit den zwei Hörnern*. Sprich: Ich werde euch eine Geschichte über ihn verlesen. 84 Wir gaben ihm auf der Erde eine angesehene Stellung und eröffneten ihm in jedem Bereich einen Weg. 85 Da folgte er einem Weg. 86 Als er nun den Ort des Sonnenuntergangs erreichte, fand er, daß sie in einer verschlammten Quelle unterging. Und er fand bei ihr ein Volk. Wir sprachen: »O du mit den zwei Hörnern, entweder peinigst du (sie), oder du entscheidest dich für Güte gegen sie.« 87 Er sagte: »Was den, der Unrecht tut, betrifft, so werden wir ihn peinigen, dann wird er zu seinem Herrn zurückgebracht, und

83: Die arabische Bezeichnung: Dhū l-Qarnayn.

Er wird ihn eine entsetzliche Pein erleiden lassen. 88 Wer aber
glaubt und Gutes tut, für den ist das Beste als Lohn bestimmt,
und Wir werden ihm aus unserem Gebot etwas sagen, was
Erleichterung bringt*.« 89 Dann folgte er einem Weg. 90 Als er
nun den Ort des Sonnenaufgangs erreichte, fand er, daß sie über
Leuten aufgeht, denen Wir keine Bedeckung vor ihr geschaffen
hatten. 91 So war es. Und Wir haben eine umfassende Kenntnis
von dem, was ihn betrifft. 92 Dann folgte er einem Weg. 93 Als
er nun den Ort zwischen den beiden Sperrmauern erreichte, fand
er neben ihnen Leute, die kaum ein Wort verstehen konnten. 94
Sie sagten: »O du mit den zwei Hörnern, Gog und Magog stiften
Unheil auf der Erde. Sollen wir dir einen Tribut aussetzen, daß
du zwischen uns und ihnen eine Sperrmauer errichtest?« 95 Er
sagte: »Die angesehene Macht, die mir mein Herr verliehen hat,
ist besser. Nun helft mir mit Kraft, so errichte ich zwischen euch
und ihnen einen aufgeschütteten Wall. 96 Bringt mir die Eisen-
stücke.« Als er nun zwischen den beiden Berghängen gleich hoch
aufgeschüttet hatte, sagte er: »Blast (jetzt).« Als er es zum
Glühen gebracht hatte, sagte er: »Bringt mir (geschmolzenes)
Kupfer, daß ich es darüber gieße.« 97 So konnten sie ihn nicht
überwinden, und sie konnten auch nicht darin eine Bresche
schlagen. 98 Er sagte: »Das ist eine Barmherzigkeit von meinem
Herrn. Wenn dann das Versprechen meines Herrn eintrifft,
macht Er ihn zu Staub. Und das Versprechen meines Herrn ist
wahr.«

[31¼] *99 Und Wir lassen sie an jenem Tag durcheinander in Wallung
geraten. Es wird in die Trompete geblasen. Dann versammeln
Wir sie alle. 100 Und Wir führen den Ungläubigen an jenem Tag
die Hölle nachdrücklich vor, 101 (ihnen), deren Augen vor
meiner Ermahnung bedeckt waren, und die auch nicht hören
konnten.

102 Meinen denn diejenigen, die ungläubig sind, daß sie sich
meine Diener an meiner Stelle zu Freunden nehmen können?
Wir haben den Ungläubigen die Hölle als Herberge bereitet.

88: Oder: Wir werden ihm etwas sagen, was in bezug auf unser Gebot Erleichterung bringt.

103 Sprich: Sollen Wir euch die bekanntgeben, die an ihren Werken am meisten verlieren, 104 deren Mühen im diesseitigen Leben fehlgeht, während sie meinen, sie würden rechtschaffen handeln? 105 Das sind diejenigen, die die Zeichen ihres Herrn und die Begegnung mit Ihm verleugnen. Ihre Werke sind wertlos, und Wir werden ihnen am Tag der Auferstehung kein Gewicht beimessen. 106 Das ist ihr Lohn, die Hölle, dafür, daß sie ungläubig waren und meine Zeichen und meine Gesandten zum Gegenstand des Spottes genommen haben. 107 Diejenigen, die glauben und die guten Werke tun, werden die Gärten des Paradieses zur Herberge haben, 108 sie werden darin ewig weilen und sich nicht wünschen, davon wegzugehen.
109 Sprich: Wenn das Meer Tinte für die Worte meines Herrn wäre, würde das Meer zu Ende gehen, bevor die Worte meines Herrn zu Ende gehen, auch wenn Wir noch einmal soviel hinzubrächten. 110 Sprich: Ich bin ja nur ein Mensch wie ihr; mir wird offenbart, daß euer Gott ein einziger Gott ist. Wer nun auf die Begegnung mit seinem Herrn hofft, der soll gute Werke tun und bei der Anbetung seines Herrn (Ihm) niemanden beigesellen.

Sure 19

Maria (Maryam)

zu Mekka, 98 Verse

Im Namen Gottes, des Erbarmers, des Barmherzigen.
1 Kāf Hā Yā ʿAyn Ṣād*. 2* Zum Gedenken an die Barmherzigkeit deines Herrn zu seinem Diener Zakaria. 3 Als er seinen Herrn im Verborgenen anrief. 4 Er sagte: »Mein Herr, schwach ist mir das Gebein geworden und altersgrau das Haupt. Und ich war gewiß

1: Die Bedeutung dieser Buchstaben ist noch nicht geklärt.
2–11: Vgl. 3,38–41; Evangelium: Lukas 1,5–25.

im Rufen zu Dir, mein Herr, nicht unglücklich. 5 Ich fürchte die
Verwandten nach mir, und meine Frau ist unfruchtbar. So
schenke mir von Dir einen nahen Verwandten, 6 der mich beerbt
und von der Sippe Jakobs erbt, und mach ihn, mein Herr, (Dir)
wohlgefällig.« 7 »O Zakaria, Wir verkünden dir einen Knaben,
sein Name ist Yaḥyā*, wie Wir zuvor noch niemanden gleich
ihm genannt haben.« 8 Er sagte: »Mein Herr, wie soll ich einen
Knaben haben, wo meine Frau unfruchtbar ist und ich vom
hohen Alter einen Dürrezustand erreicht habe?« 9 Er sprach: »So
wird es sein. Dein Herr spricht: Das ist Mir ein leichtes. Auch
dich habe Ich vorher erschaffen, als du noch nichts warst.« 10 Er
sagte: »Mein Herr, setze mir ein Zeichen.« Er sprach: »Dein
Zeichen ist, daß du, obwohl gesund, drei Nächte lang nicht zu
den Menschen sprechen wirst.« 11 Er kam zu seinen Leuten aus
dem Tempel heraus und bedeutete ihnen: »Preiset morgens und
abends.« 12 »O Yaḥyā, nimm das Buch mit aller Kraft.« Und Wir
ließen ihm noch als Kind die Urteilskraft zukommen, 13 und
Mitgefühl von Uns und Lauterkeit. Er war gottesfürchtig 14 und
pietätvoll gegen seine Eltern, er war aber nicht ein widerspensti-
ger Gewaltherrscher. 15 Und Friede sei über ihm am Tag, da er
geboren wurde, und am Tag, da er stirbt, und am Tag, da er
wieder zum Leben erweckt wird.

16 Und gedenke im Buch der Maria, als sie sich von ihren
Angehörigen an einen östlichen Ort zurückzog. 17 Sie nahm sich
einen Vorhang vor ihnen. Da sandten Wir unseren Geist zu ihr.
Er erschien ihr im Bildnis eines wohlgestalteten Menschen. 18
Sie sagte: »Ich suche beim Erbarmer Zuflucht vor dir, so du
gottesfürchtig bist.« 19 Er sagte: »Ich bin der Bote deines Herrn,
um dir einen lauteren Knaben zu schenken.« 20 Sie sagte: »Wie
soll ich einen Knaben bekommen? Es hat mich doch kein Mensch
berührt, und ich bin keine Hure.« 21 Er sagte: »So wird es sein.
Dein Herr spricht: Das ist Mir ein leichtes. Wir wollen ihn zu
einem Zeichen für die Menschen und zu einer Barmherzigkeit
[31½] von Uns machen. Und es ist eine beschlossene Sache.« *22 So
empfing sie ihn. Und sie zog sich mit ihm zu einem entlegenen

7: Johannes der Täufer.

Ort zurück. 23 Die Wehen ließen sie zum Stamm der Palme gehen. Sie sagte: »O wäre ich doch vorher gestorben und ganz und gar in Vergessenheit geraten!« 24 Da rief er ihr von unten her zu: »Sei nicht betrübt. Dein Herr hat unter dir Wasser fließen lassen. 25 Und schüttle den Stamm der Palme gegen dich, so läßt sie frische, reife Datteln auf dich herunterfallen. 26 Dann iß und trink und sei frohen Mutes. Und wenn du jemanden von den Menschen siehst, dann sag: Ich habe dem Erbarmer ein Fasten gelobt, so werde ich heute mit keinem Menschen reden.« 27 Dann kam sie mit ihm zu ihrem Volk, indem sie ihn trug. Sie sagten: »O Maria, du hast eine unerhörte Sache begangen. 28 O Schwester Aarons, nicht war dein Vater ein schlechter Mann, und nicht war deine Mutter eine Hure.« 29 Sie zeigte auf ihn. Sie sagten: »Wie können wir mit dem reden, der noch ein Kind in der Wiege ist?« 30 Er sagte: »Ich bin der Diener Gottes. Er ließ mir das Buch zukommen und machte mich zu einem Propheten. 31 Und Er machte mich gesegnet, wo immer ich bin. Und Er trug mir auf, das Gebet und die Abgabe (zu erfüllen), solange ich lebe, 32 und pietätvoll gegen meine Mutter zu sein. Und Er machte mich nicht zu einem unglückseligen Gewaltherrscher. 33 Und Friede sei über mir am Tag, da ich geboren wurde, und am Tag, da ich sterbe, und am Tag, da ich wieder zum Leben erweckt werde.« 34 Das ist Jesus, der Sohn Marias. Es ist das Wort der Wahrheit, woran sie zweifeln. 35 Es steht Gott nicht an, sich ein Kind zu nehmen. Preis sei Ihm! Wenn Er eine Sache beschlossen hat, sagt Er zu ihr: Sei!, und sie ist. 36* »Und Gott ist mein Herr und euer Herr; so dient Ihm. Das ist ein gerader Weg.« 37 Dann wurden die Parteien untereinander uneins. Wehe denen, die nicht glauben, vor dem Erleben eines gewaltigen Tages! 38 O wie gut werden sie hören und schauen am Tag, an dem sie zu Uns kommen werden! Aber die, die Unrecht tun, befinden sich heute in einem offenkundigen Irrtum. 39 Warne sie vor dem Tag des Bedauerns, wenn die Angelegenheit entschieden sein wird, während sie alles unbeachtet lassen, und während sie (noch) ungläu-

36: Jesus spricht.

big sind. 40 Wir werden gewiß die Erde und alle, die auf ihr sind,
erben. Und zu Uns werden sie zurückgebracht.

41 Und gedenke im Buch des Abraham. Er war ein Wahrhaftiger
und ein Prophet. 42 Als er zu seinem Vater sagte: »O mein
Vater, warum verehrst du das, was nicht hört und nicht sieht und
dir nichts nützt? 43 O mein Vater, zu mir ist vom Wissen
gekommen, was nicht zu dir gekommen ist. So folge mir, dann
führe ich dich einen ebenen Weg. 44 O mein Vater, diene nicht
dem Satan. Der Satan ist gegen den Erbarmer widerspenstig. 45
O mein Vater, ich fürchte, daß dich vom Erbarmer eine Pein
erfaßt, und daß du so zum Freund des Satans wirst.« 46 Er sagte:
»Verschmähst du meine Götter, o Abraham? Wenn du nicht
aufhörst, werde ich dich bestimmt steinigen. Und entferne dich
von mir auf lange Zeit.« 47 Er sagte: »Friede sei über dir. Ich
werde meinen Herrn für dich um Vergebung bitten. Er ist zu mir
sehr entgegenkommend. 48 Ich sondere mich von euch ab und
von dem, was ihr anstelle Gottes anruft. Ich rufe meinen Herrn
an. Möge ich im Rufen zu meinem Herrn nicht unglücklich
werden!« 49 Als er sich von ihnen und von dem, was sie anstelle
Gottes verehrten, abgesondert hatte, schenkten Wir ihm Isaak
und Jakob; und beide machten Wir zu Propheten. 50 Und Wir
schenkten ihnen etwas von unserer Barmherzigkeit, und Wir
gaben ihnen einen hohen wahrhaftigen Ruf.

51 Und gedenke im Buch des Mose. Er war auserwählt, und er
war ein Gesandter und Prophet. 52 Und Wir riefen ihn von der
rechten Seite des Berges und ließen ihn zu vertraulichem
Gespräch nähertreten. 53 Und Wir schenkten ihm in unserer
Barmherzigkeit seinen Bruder Aaron als Propheten.

54 Und gedenke im Buch des Ismael. Er war treu zu seinem
Versprechen, und er war ein Gesandter und Prophet. 55 Und er
befahl seinen Angehörigen das Gebet und die Abgabe, und er war
seinem Herrn wohlgefällig.

56 Und gedenke im Buch des Idrīs. Er war ein Gesandter und
Prophet. 57 Und Wir erhoben ihn an einen hohen Ort.

58 Das sind die unter den Propheten, die Gott begnadet hat, aus
der Nachkommenschaft Adams und von denen, die Wir mit
Noach getragen haben, und aus der Nachkommenschaft Abra-

hams und Israels, und von denen, die Wir rechtgeleitet und
erwählt haben. Wenn ihnen die Zeichen des Erbarmers verlesen
werden, fallen sie anbetend und weinend nieder. *59 Es folgten [31¾]
dann nach ihnen Nachfolger, die das Gebet vernachlässigten und
den Begierden nachgingen. So werden sie den Untergang finden,
60 außer denen, die umkehren und glauben und Gutes tun. Diese
gehen ins Paradies ein – und ihnen wird in nichts Unrecht
getan –, 61 in die Gärten von Eden, die der Erbarmer seinen
Dienern im Bereich des Unsichtbaren versprochen hat. Sein
Versprechen wird bestimmt herbeigeführt. 62 Sie hören darin
keine unbedachte Rede, sondern nur: »Frieden!« Und sie haben
darin ihren Unterhalt morgens und abends. 63 Das ist das
Paradies, das Wir denen von unseren Dienern zum Erbe geben,
die gottesfürchtig sind.

64 Und wir* kommen nur auf Befehl deines Herrn herab. Ihm
gehört, was vor uns und was hinter uns und was dazwischen
liegt. Und dein Herr ist gewiß nicht vergeßlich, 65 (Er), der Herr
der Himmel und der Erde und dessen, was zwischen ihnen ist. So
diene Ihm und sei beharrlich in seinem Dienst. Weißt du etwa
einen, der Ihm namensgleich wäre?

66 Der Mensch sagt: »Werde ich, wenn ich gestorben bin,
(wirklich) lebendig hervorgebracht werden?« 67 Bedenkt der
Mensch denn nicht, daß Wir ihn zuvor erschaffen haben, da er
nichts war? 68 Bei deinem Herrn, Wir werden sie samt den
Satanen versammeln. Dann werden Wir sie rings um die Hölle
auf den Knien vortreten lassen. 69 Dann werden Wir aus jeder
Partei die herausgreifen, die gegen den Erbarmer am heftigsten
rebelliert haben. 70 Dann wissen gerade Wir am besten über die
Bescheid, die es am ehesten verdienen, darin zu brennen. 71 Und
es gibt keinen unter euch, der nicht dahin wie zur Tränke gehen
würde? Dies obliegt deinem Herrn als eine unabwendbare
beschlossene Sache. 72 Dann erretten Wir diejenigen, die gottes-
fürchtig waren, und lassen die, die Unrecht tun, in ihr auf den
Knien zurück.

73 Und wenn ihnen unsere Zeichen als deutliche Beweise verle-

64: die Engel.

sen werden, sagen diejenigen, die ungläubig sind, zu denen, die
glauben: »Welche von den beiden Gruppen hat eine bessere
Stellung und eine schönere Gesellschaft?« 74 Wie viele Genera-
tionen haben Wir vor ihnen verderben lassen, die sie in Ausstat-
tung und Aussehen übertrafen! 75 Sprich: Den, der sich im
Irrtum befindet, möge der Erbarmer lange darin gewähren las-
sen! Wenn sie schließlich das sehen, was ihnen angedroht ist, die
Pein oder die Stunde, da werden sie wissen, wer die schlimmere
Stätte und die schwächere Heerschar hat. 76 Und Gott läßt
diejenigen, die der Rechtleitung folgen, in der Rechtleitung
zunehmen. Was bleibt, die guten Werke – sie bringen bei
deinem Herrn einen besseren Lohn und sichern einen besseren
Ort der Rückkehr.

77 Hast du den gesehen, der unsere Zeichen verleugnet und sagt:
»Mir werden gewiß Vermögen und Kinder zuteil«? 78 Hat er
denn Kenntnis vom Unsichtbaren erworben, oder hat er vom
Erbarmer ein verbindliches Versprechen erhalten? 79 Nein, Wir
werden aufschreiben, was er sagt, und ihm die Pein noch verlän-
gern. 80 Und Wir erben von ihm das, wovon er spricht. Und
allein kommt er zu Uns.

81 Und sie haben sich anstelle Gottes Götter genommen, damit
sie ihnen zum Stolz gereichen. 82 Nein, sie werden deren
Verehrung verleugnen und werden ihnen Widersacher sein. 83
Hast du nicht gesehen, daß Wir die Satane gegen die Ungläubi-
gen gesandt haben, damit sie sie heftig aufstacheln? 84 Nichts
sollst du gegen sie zu beschleunigen wünschen. Wir zählen ihnen
schon (die Tage) ab. 85 Am Tag, da Wir die Gottesfürchtigen wie
eine Reiterabordnung zum Erbarmer versammeln, 86 und die
Übeltäter zur Hölle wie eine Herde zur Tränke treiben, 87
verfügen sie über keine Fürsprache, außer dem, der vom Erbar-
mer ein verbindliches Versprechen erhalten hat. 88 Und sie
sagen: »Der Erbarmer hat sich ein Kind genommen.« 89 Ihr habt
da eine ungeheuerliche Sache begangen. 90 Die Himmel brechen
bald auseinander, und die Erde spaltet sich, und die Berge stürzen
in Trümmern darüber, 91 daß sie dem Erbarmer ein Kind
zuschreiben. 92 Es ziemt doch dem Erbarmer nicht, sich ein Kind
zu nehmen. 93 Niemand in den Himmeln und auf der Erde wird

zum Erbarmer anders denn als Diener kommen können. 94 Er
hat sie erfaßt und genau aufgezählt. 95 Und sie alle werden zu
Ihm am Tag der Auferstehung allein kommen. 96 Denen, die
glauben und die guten Werke tun, wird der Erbarmer Liebe
bereiten.
97 Wir haben ihn* leicht gemacht in deiner Sprache, damit du
durch ihn den Gottesfürchtigen frohe Botschaft verkündest und
durch ihn streitsüchtige Leute warnst. 98 Und wie viele Genera-
tionen haben Wir vor ihnen verderben lassen! Nimmst du noch
irgendeinen von ihnen wahr, oder hörst du von ihnen noch den
geringsten Laut?

Sure 20

Ṭā Hā

zu Mekka, 135 Verse

Im Namen Gottes, des Erbarmers, des Barmherzigen.
1 Ṭā Hā*. 2 Wir haben den Koran nicht auf dich hinabgesandt, [32]
damit du unglücklich bist, 3 sondern als Erinnerung für den, der
gottesfürchtig ist, 4 herabgesandt von dem, der die Erde und die
erhabenen Himmel erschaffen hat. 5 Der Erbarmer hat sich auf
dem Thron zurechtgesetzt. 6 Ihm gehört, was in den Himmeln
und was auf der Erde ist, und was zwischen ihnen und was unter
dem Erdboden ist. 7 Und wenn du deine Worte laut äußerst, so
weiß Er ja das Geheimnis, und was noch verborgener ist. 8 Gott,
es gibt keinen Gott außer Ihm. Ihm gehören die schönsten
Namen.
9 Ist denn die Geschichte von Mose zu dir gelangt? 10 Als er ein
Feuer sah und zu seinen Angehörigen sagte: »Bleibt hier. Ich

97: den Koran.

1: Die Bedeutung dieser Buchstaben ist noch nicht geklärt.

habe ein Feuer wahrgenommen, vielleicht kann ich euch davon eine Fackel bringen oder beim Feuer eine Wegweisung finden.«
11 Als er dort ankam, wurde ihm zugerufen: »O Mose! 12 Siehe, Ich bin dein Herr, so ziehe deine Sandalen aus. Du befindest dich ja im heiligen Tal Ṭuwā. 13 Ja, Ich habe dich erwählt. So höre auf das, was offenbart wird. 14 Siehe, Ich bin Gott. Es gibt keinen Gott außer Mir. So diene Mir und verrichte das Gebet zu meinem Gedächtnis. 15 Wahrlich, die Stunde kommt – Ich halte sie fast verborgen –, damit jeder Seele vergolten wird für das, worum sie sich bemüht. 16 So laß nicht den, der nicht an sie glaubt und seiner Neigung folgt, dich von ihr abweisen, sonst würdest du zugrunde gehen. 17* Und was ist das da in deiner Rechten, o Mose?« 18 Er sagte: »Das ist mein Stab. Darauf stütze ich mich, und damit schlage ich für meine Schafe Blätter ab, und ich gebrauche ihn auch sonst zu anderen Zwecken.« 19 Er sprach: »Wirf ihn hin, o Mose!« 20 Er warf ihn hin, da war er eine Schlange, die lief. 21 Er sprach: »Nimm sie, und hab keine Angst. Wir werden sie zu ihrem ursprünglichen Zustand zurückbringen. 22 Und lege deine Hand dicht an deine Seite, so kommt sie weiß, jedoch nicht von Übel befallen, heraus. (Dies) als weiteres Zeichen, 23 auf das Wir dich etwas von unseren größten Zeichen sehen lassen. 24 Geh zu Pharao, er zeigt ein Übermaß an Frevel.« 25* Er sagte: »Mein Herr, weite mir meine Brust, 26 und mach mir meine Angelegenheit leicht. 27 Und löse einen Knoten von meiner Zunge, 28 so daß sie meine Worte begreifen.
29 Und bestelle mir aus den Reihen meiner Angehörigen einen, der (die Last) mitträgt, 30 Aaron, meinen Bruder. 31 Festige durch ihn meine Kraft, 32 und laß ihn an meiner Angelegenheit teilhaben, 33 damit wir Dich viel preisen 34 und Deiner viel gedenken. 35 Du siehst uns ja wohl.« 36 Er sprach: »Deine Bitte ist dir gewährt, o Mose! 37 Und Wir haben dir (bereits) ein anderes Mal eine Wohltat erwiesen, 38 als Wir deiner Mutter eingegeben haben, was eingegeben werden sollte: 39 ›Leg ihn in den Kasten und wirf ihn ins Meer, und das Meer soll ihn ans Ufer

17–23: Vgl. Bibel: Exodus 4,1–7.
25–32: Vgl. Bibel: Exodus 4,10–16.

legen, so daß ihn ein Feind von Mir und Feind von ihm auf-
nimmt.‹ Und Ich habe über dich eine Liebe von Mir gelegt, ja, auf
daß du vor meinem Auge aufgezogen wirst. 40* Als deine
Schwester herging und sagte: ›Soll ich euch auf jemanden hin-
weisen, der ihn betreuen würde?‹ So haben Wir dich zu deiner
Mutter zurückkehren lassen, damit sie frohen Mutes und nicht
betrübt sei. Und du tötetest einen Menschen. Da erretteten Wir
dich aus dem Kummer, und Wir unterzogen dich einer harten
Versuchung. So verweiltest du jahrelang unter den Leuten von
Madyan. Dann kamst du, o Mose, zu einer vorausbestimmten
Zeit. 41 Und Ich habe dich für Mich aufgezogen. 42 Geh du und
dein Bruder mit meinen Zeichen, und seid nicht nachlässig in
meinem Gedenken. 43 Geht zu Pharao, er zeigt ja ein Übermaß
an Frevel. 44 So sprecht zu ihm in sanfter Rede, vielleicht
bedenkt er es, oder er fürchtet sich.« 45 Sie sagten: »Unser Herr,
wir fürchten, daß er übereilig gegen uns vorgeht oder daß er ein
Übermaß an Frevel zeigt.« 46 Er sprach: »Fürchtet euch nicht.
Ich bin mit euch und höre und sehe, (was geschieht). 47 So geht
zu ihm und sagt: ›Wir sind Gesandte deines Herrn. Schick die
Kinder Israels mit uns weg, und peinige sie nicht. Wir sind zu dir
mit einem Zeichen von deinem Herrn gekommen. Und Friede sei
auf dem, der der Rechtleitung folgt. 48 Uns ist ja offenbart
worden, daß die Pein den überkommt, der (die Botschaft) für
Lüge erklärt und sich abkehrt.‹« 49 Er sagte: »Wer ist denn euer
Herr, o Mose?« 50 Er sagte: »Unser Herr ist der, der jedem Ding
seine Natur gegeben und dann die Rechtleitung gebracht hat.« 51
Er sagte: »Wie steht es denn mit den früheren Generationen?«
52 Er sagte: »Über sie weiß mein Herr Bescheid, es steht in
einem Buch. Mein Herr irrt nicht, und Er vergißt nicht.« 53 Er,
der euch die Erde zu einer Lagerstätte gemacht und euch auf ihr
Wege geebnet hat und Wasser vom Himmel hat herabkommen
lassen. So haben Wir dadurch Arten verschiedener Pflanzen
hervorgebracht. 54 Eßt und weidet euer Vieh. Darin sind Zeichen
für Leute, die Vernunft haben. *55 Aus ihr haben Wir euch [32¼]

40: Vgl. Bibel: Exodus 2,11–22.

erschaffen, und in sie lassen Wir euch zurückkehren, und aus ihr bringen Wir euch ein anderes Mal hervor.
56 Und Wir ließen ihn all unsere Zeichen schauen, aber er erklärte (sie) für Lüge und weigerte sich. 57 Er sagte: »Bist du zu uns gekommen, um uns mit deiner Zauberei aus unserem Land zu vertreiben, o Mose? 58 Wir werden dir gewiß mit einer gleichen Zauberei kommen. So setze zwischen uns und dir eine Verabredungszeit fest, die weder wir noch du versäumen werden, an einem Ort, der (uns allen) gleichermaßen recht ist.« 59 Er sagte: »Eure Verabredungszeit soll am Tag des Schmuckfestes sein, und die Menschen sollen am späten Vormittag versammelt sein.« 60 Pharao kehrte sich ab. Da nahm er seine ganze List zusammen, und dann kam er. 61 Mose sagte zu ihnen: »Wehe euch! Erdichtet gegen Gott keine Lüge, daß Er euch nicht durch eine Pein vertilgt. Enttäuscht wird ja, wer Lügen erdichtet.« 62 Da stritten sie untereinander über ihre Angelegenheit und führten insgeheim vertrauliche Gespräche. 63 Sie sagten: »Diese beiden sind gewiß Zauberer, die euch mit ihrem Zauber aus eurem Land vertreiben und euren vorbildlichen Weg beseitigen wollen. 64 So nehmt einmütig eure ganze List zusammen, dann kommt in einer Reihe. Heute wird es dem wohl ergehen, der überlegen ist.« 65 Sie sagten: »O Mose, entweder wirfst du, oder wir sind es, die zuerst werfen.« 66 Er sagte: »Nein, werft ihr (zuerst).« Und siehe da, ihre Stricke und Stäbe – es kam ihm ja durch ihre Zauberei vor, als ob sie liefen. 67 Und er, Mose, empfand in seiner Seele Furcht. 68 Wir sprachen: »Fürchte dich nicht. Du, ja du wirst überlegen sein. 69 Wirf, was in deiner Rechten ist, so verschlingt es das, was sie gemacht haben. Was sie gemacht haben, ist nur die List eines Zauberers, und dem Zauberer ergeht es nicht wohl, woher er auch kommen mag.« 70 Und die Zauberer wurden in Anbetung zu Boden geworfen. Sie sagten: »Wir glauben an den Herrn Aarons und Moses.« 71 Er* sagte: »Ihr glaubt an ihn, bevor ich es euch erlaube? Er ist bestimmt euer Ranghöchster, der euch die Zauberei gelehrt hat. Ich werde eure Hände und Füße wechselseitig abhacken, und ich

71: Pharao.

werde euch an Palmstämmen kreuzigen lassen. Und ihr werdet
sicher erfahren, wer von uns eine härtere und nachhaltigere Pein
verhängt.« 72 Sie sagten: »Wir werden dir nicht den Vorzug
geben vor dem, was an deutlichen Zeichen zu uns gekommen ist,
und (vor) dem, der uns erschaffen hat. So entscheide, was du
entscheiden magst. Du entscheidest nur über dieses irdische
Leben. 73 Wir glauben an unseren Herrn, damit Er uns unsere
Verfehlungen vergebe und auch die Zauberei, zu der du uns
gezwungen hast. Gott ist besser und hat eher Bestand.« 74 Siehe,
wer als Übeltäter zu seinem Herrn kommt, erhält die Hölle;
darin wird er weder sterben noch leben. 75 Diejenigen, die zu
Ihm als Gläubige kommen, welche die guten Werke getan haben,
erhalten die höchsten Rangstufen, 76 die Gärten von Eden, unter
denen die Bäche fließen; darin werden sie ewig weilen. Das ist
der Lohn derer, die sich läutern.

77 Und Wir haben dem Mose offenbart: »Zieh bei Nacht mit
meinen Dienern fort und schlag ihnen einen trockenen Weg
durch das Meer, so daß du nicht Angst davor haben mußt,
eingeholt zu werden, und du nichts zu befürchten brauchst.« 78
Pharao verfolgte sie mit seinen Truppen, und es überdeckte sie
vom Meer, was sie überdeckte. 79 Pharao hat sein Volk irrege-
führt und nicht rechtgeleitet.

80 O Kinder Israels, Wir retteten euch vor eurem Feind, Wir
verabredeten Uns mit euch auf der rechten Seite des Berges, und
Wir sandten das Manna und die Wachteln auf euch hinab: 81
»Eßt von den köstlichen Dingen dessen, was Wir euch beschert
haben, und zeigt nicht darin ein Übermaß an Frevel, sonst läßt
sich mein Zorn auf euch nieder. Der, auf den sich mein Zorn
niederläßt, wird stürzen. 82 Doch siehe, Ich bin voller Vergebung
für den, der umkehrt und glaubt und Gutes tut und dann der
Rechtleitung folgt.«

83 »Und was veranlaßt dich, von deinem Volk fortzueilen, [32½]
o Mose?« 84 Er sagte: »Siehe, sie folgen mir auf der Spur. Und
ich bin zu dir geeilt, mein Herr, damit Du (an mir) Wohlgefallen
hast.« 85 Er sprach: »Wir haben dein Volk, nachdem du wegge-

83–98: Vgl. 7,148–156; Bibel: Exodus 32.

gangen warst, einer Versuchung ausgesetzt, und der Sāmirī* hat sie irregeführt.« 86 Da kam Mose zu seinem Volk zornig und voller Bedauern. Er sagte: »O mein Volk, hat euch euer Herr nicht ein schönes Versprechen gegeben? Hat es euch mit dem Bund zu lange gedauert, oder wolltet ihr, daß sich ein Zorn von eurem Herrn auf euch niederläßt, daß ihr die Vereinbarung mit mir gebrochen habt?« 87 Sie sagten: »Nicht aus freier Entscheidung haben wir die Vereinbarung mit dir gebrochen, sondern wir hatten ganze Lasten von den Schmucksachen der Leute zu tragen. Da haben wir sie hineingeworfen. Ebenso hat (sie) der Sāmirī hineingelegt. 88 So brachte er ihnen ein Kalb hervor als Leib, der blökte. Sie sagten: ›Das ist euer Gott und der Gott Moses. Aber er hat vergessen.‹«* 89 Sehen sie denn nicht, daß er ihnen kein Wort erwidert und ihnen weder Schaden noch Nutzen bringen kann? 90 Aaron hatte ihnen doch vorher gesagt: »O mein Volk, ihr seid damit einer Versuchung ausgesetzt worden. Und euer Herr ist der Erbarmer. So folgt mir und gehorcht meinem Befehl.« 91 Sie sagten: »Wir werden nicht aufhören, ihn zu verehren, bis Mose zu uns zurückkehrt.« 92 Er* sagte: »O Aaron, was hat dich, als du sie irregehen sahst, daran gehindert, 93 mir zu folgen? Bist du denn gegen meinen Befehl ungehorsam gewesen?« 94 Er sagte: »O Sohn meiner Mutter, pack mich nicht am Bart und nicht am Kopf. Ich fürchtete, du würdest sagen: Du hast unter den Kindern Israels Zwietracht gestiftet und du hast mein Wort nicht beachtet.« 95 Er sagte: »Und was ist mit dir, o Sāmirī?« 96 Er sagte: »Ich habe erblickt, was sie nicht erblickt haben. So habe ich eine Handvoll Erde von der Spur des Gesandten gefaßt und sie dann hingeworfen. Auf diese Weise hat es mir meine Seele eingeredet.« 97 Er sagte: »Geh weg. Dein Los im Leben ist, zu sagen: ›Ihr dürft mich nicht berühren.‹ Und du hast eine Verabredung, die man dir sicher nicht brechen wird. Und schau zu deinem Gott, den du mit Beharrlichkeit verehrt hast.

85: Die Identität des Sāmirī ist nicht klar.

88: Er, Mose, hat diesen seinen Gott vergessen und sucht ihn jetzt auf dem Berg. Oder: Er, der Sāmirī, hat seinen wahren Gott vergessen und begeht nun diesen Frevel.

92: Mose.

Wir werden ihn wahrlich verbrennen, und dann werden wir ihn
wahrlich ins Meer streuen. 98 Euer Gott ist allein Gott, außer
dem es keinen Gott gibt. Er umfaßt alle Dinge in seinem
Wissen.«
99 Auf diese Weise erzählen Wir dir etwas von den Berichten
dessen, was früher geschah. Und Wir haben dir eine Ermahnung
von Uns zukommen lassen. 100 Wer sich dann abwendet, wird am
Tag der Auferstehung eine Last tragen. 101 Darin werden sie ewig
weilen. Schlimm wird für sie am Tag der Auferstehung das sein,
was sie tragen. 102 Am Tag, da in die Trompete geblasen wird. An
jenem Tag versammeln Wir die Übeltäter wie Leute mit blauen*
Augen. 103 Sie werden zueinander leise sprechen: »Ihr habt nur
zehn (Nächte) verweilt.« 104 Wir wissen besser, was sie sagen,
wenn derjenige, der von ihnen der Vorbildlichste in seinem
Verhalten ist, sagt: »Ihr habt ja nur einen Tag verweilt.«
105 Und sie fragen dich nach den Bergen. Sag: Mein Herr wird
sie in den Wind streuen 106 und sie als ebenen Grund zurücklas-
sen, 107 so daß du in ihnen keine Krümmungen und keine
Erhebungen mehr siehst. 108 An jenem Tag folgen sie dem
Rufer, bei dem nichts Krummes ist; die Stimmen wenden sich in
demütiger Andacht zum Erbarmer, und du hörst nichts als
Flüstern. 109 An jenem Tag nützt die Fürsprache nicht, außer
dem, dem es der Erbarmer erlaubt und dessen Worte Ihm
wohlgefallen. 110 Er weiß, was vor ihnen und was hinter ihnen
liegt, sie aber umfassen es nicht mit ihrem Wissen. *111 Die [32¾]
Gesichter werden sich demütig senken vor dem Lebendigen, dem
Beständigen. Und enttäuscht wird der, dessen Last Unrecht ist.
112 Wer etwas von den guten Werken tut und dabei gläubig ist,
der wird kein Unrecht und keine Lohnminderung befürchten.
113 Und so haben Wir ihn als einen arabischen Koran hinabge-
sandt. Und Wir haben darin verschiedene Drohungen dargelegt,
auf daß sie gottesfürchtig werden oder er ihnen eine Ermahnung
bringe. 114 Erhaben ist Gott, der wahre König. Und übereile dich
nicht mit dem Koran, bevor er dir zu Ende offenbart worden ist.
Und sprich: Mein Herr, gib mir mehr Wissen.

102: D. h.: blind; vgl. 12,84; seine Augen wurden weiß, d. h. blind.

115 Und Wir hatten früher Adam (eine Verpflichtung) auferlegt.
Aber er vergaß (sie). Und wir fanden bei ihm keine Entschlossen-
heit. 116 Und als Wir zu den Engeln sprachen: »Werft euch vor
Adam nieder.« Sie warfen sich nieder, außer Iblīs. Er weigerte
sich. 117 Wir sprachen: »O Adam, dieser (da) ist dir und deiner
Gattin ein Feind. Daß er euch nicht aus dem Paradies vertreibt!
Sonst wirst du unglücklich sein. 118 Es ist dir gewährt, daß du
darin nicht hungerst und nicht nackt bist, 119 und daß du darin
nicht dürstest und nicht unter der Sonnenhitze leidest.« 120 Da
flüsterte ihm der Satan ein, er sagte: »O Adam, soll ich dich auf
den Baum der Ewigkeit hinweisen und auf eine Königsherrschaft,
die nicht vergeht?« 121 Sie aßen beide davon, da wurde ihnen
ihre Blöße offenbar, und sie begannen, Blätter des Paradieses
über sich zusammenzuheften. Adam war gegen seinen Herrn
ungehorsam, und so irrte er ab. 122 Dann erwählte ihn sein
Herr, und Er wandte sich ihm zu und leitete (ihn) recht. 123 Er
sprach: »Geht von ihm hinunter. Die einen von euch sind Feinde
der anderen. Wenn dann von Mir eine Rechtleitung zu euch
kommt, dann wird der, der meiner Rechtleitung folgt, nicht
irregehen und nicht unglücklich sein. 124 Und der, der sich von
meiner Ermahnung abwendet, wird ein beengtes Leben führen.
Und am Tag der Auferstehung versammeln Wir ihn blind (zu
den anderen). 125 Er sagt: »Mein Herr, warum hast du mich
blind (zu den anderen) versammelt, wo ich doch sehen konnte?«
126 Er spricht: »Zu dir sind doch unsere Zeichen gekommen, und
du hast sie vergessen. Ebenso wirst du heute vergessen.« 127 So
vergelten Wir dem, der maßlos ist und nicht an die Zeichen
seines Herrn glaubt. Die Pein des Jenseits ist ja härter und
nachhaltiger.

128 Ist es ihnen nicht aufgegangen, wie viele Generationen, in
deren Wohnungen sie nun schreiten, Wir vor ihnen haben
verderben lassen? Darin sind Zeichen für Leute, die Vernunft
haben. 129 Und gäbe es nicht einen früher ergangenen Spruch
deines Herrn und eine festgesetzte Frist, wäre dieses Los (auch
jetzt) unabwendbar.

130 So ertrage mit Geduld, was sie sagen. Und singe das Lob
deines Herrn vor dem Aufgang der Sonne und vor ihrem Unter-

gang. Und preise (Ihn) zu (verschiedenen) Nachtzeiten und an
den Enden des Tages, auf daß du zufrieden bist. 131 Und richte
nicht gierig deine Augen auf das, was Wir einigen von ihnen zur
Nutznießung verliehen haben – das ist der Glanz des diesseiti-
gen Lebens –, um sie darin der Versuchung auszusetzen. Der
Lebensunterhalt, den dein Herr beschert, ist besser und hat eher
Bestand. 132 Und befiehl deinen Angehörigen, das Gebet (zu
verrichten). Und harre du darin aus. Wir fordern keinen Lebens-
unterhalt von dir. Wir bescheren dir doch den Lebensunterhalt.
Und das (gute) Ende gehört der Frömmigkeit.
133 Und sie sagen: »Wenn er doch ein Zeichen von seinem Herrn
bringen würde!« Ist nicht zu ihnen der deutliche Beweis dessen
gekommen, was in den früheren Blättern steht? 134 Hätten Wir
sie vor ihm durch eine Pein verderben lassen, hätten sie gesagt:
»Unser Herr, hättest Du doch einen Gesandten zu uns geschickt,
so daß wir deinen Zeichen hätten folgen können, bevor wir
Erniedrigung und Schande erlitten!« 135 Sprich: Jeder wartet ab.
So wartet auch ihr ab. Ihr werdet erfahren, wer die Leute des
ebenen Weges sind und wer der Rechtleitung folgt.

Sure 21

Die Propheten (al-Anbiyā')

zu Mekka, 112 Verse

Im Namen Gottes, des Erbarmers, des Barmherzigen.
1 Nahegerückt ist den Menschen ihre Abrechnung, während sie 17. Teil
sich in Achtlosigkeit abwenden. 2 Keine neue Ermahnung [33]
kommt von ihrem Herrn zu ihnen, ohne daß sie sie hören,
während sie sich dem Spiel hingeben 3 und ihre Herzen zerstreut
sind. Und sie äußern insgeheim im vertraulichen Gespräch – sie,
die Unrecht tun: »Ist dieser etwas anderes als ein Mensch wie
ihr? Wollt ihr euch denn sehenden Auges der Zauberei hinge-
ben?« 4 Sprich: Mein Herr weiß, was im Himmel und auf der

Erde gesagt wird. Er ist der, der alles hört und weiß. 5 Aber nein,
sie sagen: »Wirres Bündel von Träumen. Nein, er hat ihn
erdichtet. Nein, er ist ja ein Dichter. Er soll uns ein Zeichen
bringen, so wie die Früheren gesandt worden sind.« 6 Nie hat vor
ihnen eine Stadt, die Wir verderben ließen, geglaubt. Werden
gerade sie nun glauben? 7 Und Wir haben vor dir nur Männer
gesandt, denen Wir Offenbarungen eingegeben haben. So fragt
die Besitzer der Ermahnung, wenn ihr nicht Bescheid wißt. 8 Wir
haben sie nicht zu Körpern gemacht, die keine Speise essen, und
sie waren nicht ewig. 9 Dann haben Wir ihnen das Versprechen
wahr gemacht. So haben Wir sie und die, die Wir wollen, gerettet
und die Maßlosen vernichtet. 10 Wir haben ein Buch zu euch
hinabgesandt, in dem eure Ermahnung steht. Habt ihr denn
keinen Verstand? 11 Wie manche Stadt, die Unrecht tat, haben
Wir zerstört und haben nach ihr ein anderes Volk entstehen
lassen! 12 Und als sie unsere Schlagkraft spürten, da fingen sie
an, davor wegzulaufen. 13 »Lauft nicht weg und kehrt zu dem
euch verliehenen üppigen Leben und zu euren Wohnungen
zurück. Vielleicht werdet ihr zur Verantwortung gezogen.« 14
Sie sagten: »Wehe uns! Wir haben ja Unrecht getan.« 15 Das
war ständig ihr Ruf, bis Wir sie zum abgemähten Land machten
und sie ausgelöscht dalagen.
16 Und Wir haben den Himmel und die Erde, und was zwischen
ihnen ist, nicht zum Zeitvertreib erschaffen. 17 Hätten Wir uns
eine Zerstreuung nehmen wollen, dann hätten Wir sie von Uns
aus genommen – wenn Wir das überhaupt hätten tun wollen. 18
Nein, Wir schleudern die Wahrheit gegen das Falsche, und sie
zerschmettert ihm das Haupt, und siehe da, es schwindet dahin.
Und wehe euch wegen dessen, was ihr da schildert! 19 Ihm
gehört, wer in den Himmeln und auf der Erde ist. Diejenigen, die
bei Ihm sind, weigern sich nicht hochmütig, Ihm zu dienen, und
werden darin nicht müde. 20 Sie preisen (Ihn) Nacht und Tag,
und sie lassen nicht nach. 21 Oder haben sie sich Götter aus der
Erde genommen, die auferstehen lassen können? 22 Gäbe es in
ihnen beiden* andere Götter als Gott, würden sie (beide) verder-

22: Himmel und Erde.

ben. Preis sei Gott, dem Herrn des Thrones! (Er ist erhaben) über
das, was sie schildern. 23 Er wird nicht zur Verantwortung
gezogen für das, was Er tut; sie aber werden zur Verantwortung
gezogen. 24 Oder haben sie sich außer Ihm Götter genommen?
Sprich: Bringt her euren Beweis. Das ist die Ermahnung derer,
die mit mir sind, und die Ermahnung derer, die vor mir lebten.
Aber die meisten von ihnen kennen die Wahrheit nicht, so
wenden sie sich ab. 25 Und Wir haben keinen Gesandten vor dir
geschickt, dem Wir nicht offenbart hätten: »Es gibt keinen Gott
außer Mir, so dienet Mir.«

26 Und sie sagen: »Der Erbarmer hat sich ein Kind genommen.«
Preis sei Ihm! Nein, es sind nur Diener, denen Ehre erwiesen
worden ist. 27 Sie kommen Ihm im Sprechen nicht zuvor, und
nach seinem Befehl handeln sie. 28 Er weiß, was vor ihnen und
was hinter ihnen liegt, und sie legen Fürsprache nur für den ein,
der Ihm genehm ist. Und sie erschrecken aus Furcht vor Ihm.
*29 Und wer von ihnen sagen sollte: »Ich bin Gott neben Ihm«, [33¼]
dem vergelten Wir mit der Hölle. So vergelten Wir denen, die
Unrecht tun.

30 Haben denn diejenigen, die ungläubig sind, nicht gesehen, daß
die Himmel und die Erde eine einzige Masse waren? Da haben
Wir sie getrennt und alles Lebendige aus dem Wasser gemacht.
Wollen sie denn nicht glauben? 31 Und Wir haben auf der Erde
festgegründete Berge gemacht, daß sie nicht mit ihnen schwanke.
Und Wir haben auf ihr breite Durchgänge als Wege gemacht, auf
daß sie der Rechtleitung folgen. 32 Und Wir haben den Himmel
zu einer wohlbehüteten Decke gemacht. Aber sie wenden sich
von seinen* Zeichen ab. 33 Und Er ist es, der die Nacht und den
Tag, die Sonne und den Mond erschaffen hat; jedes Gestirn
nimmt seinen Lauf* in einer (eigenen) Sphäre.

34 Und Wir haben für keinen Menschen vor dir bestimmt, ewig
zu leben. Wenn du nun stirbst, sollten sie dann ewig leben? 35
Jeder wird den Tod erleiden. Und Wir prüfen euch mit Bösem
und Gutem und setzen euch damit der Versuchung aus. Und zu

32: des Himmels.
33: Wörtlich: schwimmt.

Uns werdet ihr zurückgebracht. 36 Und wenn diejenigen, die
ungläubig sind, dich sehen, nehmen sie dich nur zum Gegenstand
des Spottes: »Ist das der, der über eure Götter spricht?« Und sie,
sie glauben nicht an die Ermahnung des Erbarmers. 37 Der
Mensch ist aus Eilfertigkeit erschaffen worden. Ich werde euch
schon meine Zeichen sehen lassen; so wünscht nicht von Mir, es
zu beschleunigen. 38 Und sie sagen: »Wann wird diese Andro-
hung eintreten, so ihr die Wahrheit sagt?« 39 Wenn diejenigen,
die ungläubig sind, es nur wüßten, wenn sie das Feuer weder von
ihren Gesichtern noch von ihren Rücken abhalten können und
auch keine Unterstützung erfahren! 40 Nein, es* wird sie plötz-
lich überkommen und sie überraschen. Sie werden es nicht
abwehren können, und es wird ihnen kein Aufschub gewährt. 41
Gespottet wurde schon vor dir über Gesandte. Da umschloß die-
jenigen, die sie verhöhnt hatten, das, worüber sie spotteten.
42 Sprich: Wer behütet euch bei Nacht und bei Tag vor dem
Erbarmer? Aber nein, sie wenden sich von der Ermahnung ihres
Herrn ab. 43 Oder haben sie etwa Götter, die sie vor Uns
schützen können? Sie können doch sich selbst nicht helfen, und
sie werden keinen Beistand gegen Uns erhalten. 44 Nein, Wir
haben diese da und ihre Väter genießen lassen, bis sie ein hohes
Alter erreicht haben. Haben sie denn nicht gesehen, daß Wir
über das Land kommen und es an seinen Enden kürzen? Werden
nun sie die Sieger sein? 45 Sprich: Ich warne euch nur mit der
Offenbarung. Aber Taube hören nicht den Ruf, wenn sie gewarnt
werden. 46 Und wenn ein Hauch von der Pein deines Herrn sie
berührt, sagen sie gewiß: »O wehe uns! Wir haben ja Unrecht
getan.« 47 Und Wir stellen die gerechten Waagen für den Tag
der Auferstehung auf. So wird keiner Seele in irgend etwas
Unrecht getan. Und wäre es auch das Gewicht eines Senfkornes,
Wir bringen es bei. Und Wir genügen für die Abrechnung.
48 Und Wir haben Mose und Aaron die Unterscheidungsnorm
zukommen lassen, und ein Licht und eine Ermahnung für die
Gottesfürchtigen, 49 die ihren Herrn im Verborgenen fürchten
und vor der Stunde erschrecken. 50 Und dies ist eine gesegnete

40: das Feuer.

Ermahnung, die Wir hinabgesandt haben. Wollt ihr sie denn
verwerfen?
*51 Und Wir haben zuvor Abraham zu seinem rechten Verhal- [33½]
ten geleitet. Und Wir wußten über ihn Bescheid. 52 Als er zu
seinem Vater und seinem Volk sagte: »Was sind das für Bild-
werke, die ihr verehrt?« 53 Sie sagten: »Wir fanden, daß bereits
unsere Väter ihnen dienten.« 54 Er sagte: »Ihr und eure Väter
befindet euch in einem offenkundigen Irrtum.« 55 Sie sagten:
»Bringst du uns die Wahrheit, oder gehörst du zu denen, die ihr
Spiel treiben?« 56 Er sagte: »Nein, euer Herr ist der Herr der
Himmel und der Erde, der sie erschaffen hat. Und ich bin einer
von denen, die euch das bezeugen. 57 Und bei Gott, ich werde
gegen eure Götter mit einer List vorgehen, nachdem ihr den
Rücken gekehrt habt.« 58 Da schlug er sie in Stücke, außer einem
großen unter ihnen, auf daß sie sich zu ihm wandten. 59 Sie
sagten: »Wer hat dies mit unseren Göttern getan? Wahrlich, er
gehört zu denen, die Unrecht tun.« 60 Sie sagten: »Wir hörten
einen Jüngling von ihnen sprechen; man nennt ihn Abraham.«
61 Sie sagten: »Bringt ihn her vor den Augen der Menschen.
Vielleicht bezeugen sie es.« 62 Sie sagten: »Hast du dies mit
unseren Göttern getan, o Abraham?« 63 Er sagte: »Nein, getan
hat das dieser da, der Größte unter ihnen. Fragt sie, so sie reden
können.« 64 Sie kamen wieder zu sich und sagten: »Ihr seid ja
die, die Unrecht tun.« 65 Dann machten sie eine Kehrtwende:
»Du weißt doch, daß diese nicht reden können.« 66 Er sagte:
»Wie könnt ihr anstelle Gottes das verehren, was euch nichts
nützen und nichts schaden kann? 67 Pfui über euch und über das,
was ihr anstelle Gottes verehrt! Habt ihr denn keinen Verstand?«
68 Sie sagten: »Verbrennt ihn und helft euren Göttern, so ihr
etwas tun wollt.« 69 Wir sprachen: »O Feuer, sei kühl und
harmlos für Abraham.« 70 Sie wollten mit einer List gegen ihn
vorgehen. Da machten Wir, daß sie die waren, die den größten
Verlust hatten. 71 Und Wir erretteten ihn und Lot in das Land,
das Wir für die Weltenbewohner gesegnet haben. 72 Und Wir
schenkten ihm Isaak und Jakob dazu. Und jeden machten Wir
rechtschaffen. 73 Und Wir machten sie zu Vorbildern, die (die
Menschen) nach unserem Befehl leiteten. Und Wir offenbarten

ihnen, die guten Werke zu tun, das Gebet zu verrichten und die Abgabe zu entrichten. Und Uns haben sie gedient.
74 Und dem Lot ließen Wir Urteilskraft und Wissen zukommen. Und Wir erretteten ihn aus der Stadt, die die schlechten Taten zu begehen pflegte. Sie waren ja böse Leute und Frevler. 75 Und Wir ließen ihn in unsere Barmherzigkeit eingehen. Wahrlich, er gehört zu den Rechtschaffenen.
76 Und (erwähne) Noach, als er zuvor rief. Da erhörten Wir ihn und erretteten ihn und seine Angehörigen aus der großen Drangsal. 77 Und Wir unterstützten ihn gegen die Leute, die unsere Zeichen für Lüge erklärten. Sie waren ja böse Leute. So ließen Wir sie allesamt ertrinken.
78 Und (erwähne) David und Salomo, als sie über das Saatfeld urteilten. Darin waren die Schafe der Leute nachts eingebrochen und hatten sich ausgebreitet. Und Wir waren bei ihrem Urteil zugegen. 79 Und Wir ließen Salomo die Sache begreifen. Und jedem ließen Wir Urteilskraft und Wissen zukommen. Und Wir machten dem David die Berge dienstbar, daß sie (Uns) preisen, und (auch) die Vögel. Ja, Wir haben es getan. 80 Und Wir lehrten ihn die Herstellung von Panzerkleidung für euch, damit sie euch vor eurer (gegenseitigen) Schlagkraft schütze. Wollt ihr denn nicht dankbar sein? 81 Und dem Salomo (machten Wir dienstbar) den Wind als Sturm, daß er nach seinem Befehl zum Land eile, das Wir gesegnet haben – und Wir wußten über alle Dinge Bescheid –, 82 und auch unter den Satanen welche, die für ihn tauchten und noch andere Arbeiten verrichteten; und Wir überwachten sie.
[33¾] *83 Und (erwähne) Ijob, als er zu seinem Herrn rief: »Mich hat Schaden getroffen, und Du bist der Barmherzigste der Barmherzigen.« 84 Da erhörten Wir ihn und behoben den Schaden, den er erlitten hatte. Und Wir gaben ihm seine Angehörigen (wieder) und noch einmal die gleiche Zahl dazu, aus Barmherzigkeit von Uns und als Ermahnung für die, die (Uns) dienen.
85 Und (erwähne) Ismael und Idrīs und Dhū l-Kifl. Jeder (von ihnen) gehörte zu den Geduldigen. 86 Und Wir ließen sie in unsere Barmherzigkeit eingehen. Wahrlich, sie gehören zu den Rechtschaffenen.

87 Und (erwähne) den Mann mit dem Fisch*. Als er erzürnt wegging und meinte, Wir könnten ihn nicht überwältigen. Und er rief in den Finsternissen: »Es gibt keinen Gott außer Dir. Preis sei Dir! Ich war einer von denen, die Unrecht tun.« 88 Da erhörten Wir ihn und erretteten ihn aus der Trübsal. So retten Wir die Gläubigen.

89 Und (erwähne) Zakaria, als er zu seinem Herrn rief: »Mein Herr, laß mich nicht kinderlos bleiben. Und Du bist der beste der Erben.« 90 Da erhörten Wir ihn und schenkten ihm Yaḥyā* und machten ihm seine Gattin wieder fruchtbar. Sie eilten zu den guten Dingen um die Wette und riefen zu Uns in Verlangen und Ehrfurcht, und sie waren vor Uns demütig.

91 Und (erwähne) die, die ihre Scham unter Schutz stellte*. Da bliesen Wir in sie von unserem Geist, und Wir machten sie und ihren Sohn zu einem Zeichen für die Weltenbewohner. 92 »Diese eure Gemeinschaft ist eine einzige Gemeinschaft. Und ich bin euer Herr, so dienet Mir.« 93 Aber sie spalteten sich in ihrer Angelegenheit untereinander. Doch sie werden alle zu Uns zurückkehren. 94 Wer etwas von den guten Werken tut und dabei gläubig ist, der wird für sein Mühen nicht Undank ernten; Wir schreiben es ihm gut.

95 Und ein Verbot liegt über einer Stadt, die Wir verderben ließen: Sie kehren nicht zurück, 96 bis der (Damm von) Gog und Magog* eröffnet wird, sie von allen Anhöhen herbeieilen 97 und die wahrhaftige Drohung naherückt. Dann werden die Blicke derer, die ungläubig sind, starr werden: »O wehe uns! Wir ließen es unbeachtet. Ja, wir haben Unrecht getan.« 98 »Ihr und das, was ihr anstelle Gottes verehrt, seid Brennstoff der Hölle. Ihr werdet dahin wie zur Tränke gehen. 99 Wären diese da Götter, wären sie nicht darin wie zur Tränke gegangen.« Und alle werden darin ewig weilen. 100 Sie werden darin seufzen, aber selbst darin nichts hören. 101 Diejenigen, für die das Beste von Uns her

87: Jonas.
90: Johannes den Täufer.
91: Maria, die Mutter Jesu.
96: Vgl. 18,94.

vorausbestimmt ist, werden von ihr ferngehalten, 102 sie hören nicht (einmal) ihr leisestes Geräusch. Und sie werden in dem, was ihre Seelen begehrt haben, ewig weilen. 103 Der große Schrecken macht sie nicht traurig, und die Engel empfangen sie: »Das ist euer Tag, der euch versprochen wurde.« 104 Am Tag, an dem Wir den Himmel zusammenfalten, wie das Urkundenbuch* die Schriftstücke zusammenfaltet. Wie Wir eine erste Schöpfung am Anfang gemacht haben, wiederholen Wir sie. Das ist ein Uns obliegendes Versprechen. Ja, Wir werden es tun. 105 Und Wir haben in der Schrift* nach der Ermahnung geschrieben, daß meine rechtschaffenen Diener das Land erben werden.

106 In diesem* ist eine Botschaft an Leute, die (Uns) dienen. 107 Und Wir haben dich nur als eine Barmherzigkeit für die Weltenbewohner gesandt. 108 Sprich: Mir wird wahrlich offenbart, daß euer Gott ein einziger Gott ist. Wollt ihr denn nicht gottergeben sein? 109 Wenn sie sich abkehren, dann sprich: Ich habe es euch so angekündigt, daß zwischen uns Gleichheit besteht. Und ich weiß nicht, ob das, was euch angedroht wird, nahe ist oder fernliegt. 110 Er weiß, was an Worten laut geäußert wird, und Er weiß, was ihr verschweigt. 111 Und ich weiß nicht, ob es vielleicht nur eine Versuchung für euch ist und eine Nutznießung für eine Weile. 112 Er* sprach: Mein Herr, urteile nach der Wahrheit. Und unser Herr ist der Erbarmer, der um Hilfe gebeten wird gegen das, was ihr schildert.

104: Oder: der Urkundenschreiber.
105: im Psalter.
106: im Koran.
112: Muḥammad.

Sure 22

Die Wallfahrt (al-Ḥadjj)

zu Medina, 78 Verse

Im Namen Gottes, des Erbarmers, des Barmherzigen.
1 O ihr Menschen, fürchtet euren Herrn. Das Beben der Stunde [34]
ist eine gewaltige Sache. 2 Am Tag, da ihr es seht, wird jede
Stillende aus Entsetzen übersehen, was sie eben gestillt hat, und
jede Schwangere wird mit dem niederkommen, was sie trägt.
Und du siehst die Menschen trunken, obwohl sie nicht betrunken
sind. Aber die Pein Gottes ist hart.
3 Und unter den Menschen ist manch einer, der über Gott ohne
(richtiges) Wissen streitet und jedem rebellischen Satan folgt,
4 gegen den* geschrieben steht, daß er den, der ihn zum Freund
nimmt, irreführen und zur Pein des Höllenbrandes leiten wird.
5 O ihr Menschen, wenn ihr über die Auferstehung im Zweifel
seid, so bedenket, daß Wir euch aus Erde erschaffen haben, dann
aus einem Tropfen, dann aus einem Embryo, dann aus einem
Fötus, gestaltet und nicht gestaltet, um es euch deutlich zu
machen. Und Wir lassen, was Wir wollen, im Mutterleib auf eine
festgesetzte Frist ruhen. Dann lassen Wir euch als Kind heraus-
kommen. Dann (sorgen Wir für euch), damit ihr eure Vollkraft
erreicht. Und manch einer von euch wird abberufen, und manch
einer von euch wird in das schlimmste Alter gebracht, so daß er,
nachdem er vorher Wissen besessen hat, nichts (mehr) weiß.
Und du siehst die Erde regungslos. Wenn Wir aber Wasser auf
sie herabkommen lassen, regt sie sich, wächst zu und läßt
verschiedene erfreuliche Pflanzenarten sprießen. 6 Dies, weil
Gott die Wahrheit ist, und weil Er die Toten lebendig macht und
weil Er Macht hat zu allen Dingen, 7 und weil die Stunde kommt
– an ihr ist kein Zweifel möglich –, und weil Gott (all) die
erwecken wird, die in den Gräbern sind. 8 Und unter den
Menschen gibt es manch einen, der über Gott streitet ohne

4: den Satan.

(richtiges) Wissen, ohne Rechtleitung und ohne erleuchtendes Buch; 9 er wendet sich zur Seite, um (die Menschen) vom Wege Gottes abirren zu lassen. Bestimmt ist für ihn Schande im Diesseits, und Wir lassen ihn am Tag der Auferstehung die Pein des Höllenbrandes kosten. 10 »Dies für das, was deine Hände vorausgeschickt haben, und weil Gott den Dienern kein Unrecht tut.«

11 Und unter den Menschen gibt es manch einen, der Gott nur beiläufig dient. Wenn ihn etwas Gutes trifft, fühlt er sich wohl darin. Und wenn ihn eine Versuchung trifft, macht er eine Kehrtwende*. Er verliert das Diesseits und das Jenseits. Das ist der offenkundige Verlust. 12 Er ruft anstelle Gottes das an, was ihm weder schaden noch nützen kann. Das ist der tiefe Irrtum. 13 Er ruft den an, von dem eher Schaden zu erwarten ist als Nutzen. Welch schlimmer Schutzherr und welch schlimmer Gefährte!

14 Gott läßt diejenigen, die glauben und die guten Werke tun, in Gärten eingehen, unter denen Bäche fließen. Gott tut, was Er will.

15 Wer meint, daß Gott ihn* im Diesseits und Jenseits niemals unterstützen werde, der strecke doch ein Seil zum Himmel, dann schneide er es ab. So schaue er, ob seine List das entfernt, was (seinen) Groll hervorruft.

16 Und so haben Wir ihn* als deutliche Zeichen hinabgesandt. (Es ist so,) daß Gott rechtleitet, wen Er will. 17 Diejenigen, die glauben, und diejenigen, die Juden sind, und die Ṣābier und die Christen und die Magier und diejenigen, die Polytheisten sind – siehe, Gott wird am Tag der Auferstehung zwischen ihnen entscheiden. Gott ist ja Zeuge über alle Dinge.

18 Hast du nicht gesehen, daß sich vor Gott niederwirft, wer in den Himmeln und wer auf der Erde ist, und (auch) die Sonne, der Mond und die Sterne, die Berge, die Bäume und die Tiere, und

11: Wörtlich: macht er kehrt auf seinem Gesicht; d. h., er ändert seine Richtung und seine Lebensweise.
15: Muḥammad.
16: den Koran.

viele von den Menschen? Und gegen viele ist die Pein zu Recht fällig geworden. Und wen Gott der Schmach aussetzt, dem kann niemand Ehre erweisen. Wahrlich, Gott tut, was Er will.
*19 Das sind zwei Streitparteien, die miteinander über ihren [34¼]
Herrn streiten. Für diejenigen, die ungläubig sind, sind Gewänder aus Feuer zugeschnitten; über ihre Köpfe wird heißes Wasser gegossen. 20 Dadurch wird zum Schmelzen gebracht, was sie in ihrem Bauch haben, und ebenso die Haut. 21 Und für sie sind Keulen aus Eisen bestimmt. 22 Sooft sie vor Kummer aus ihm* herauskommen wollen, werden sie zu ihm zurückgebracht, und (es wird zu ihnen gesagt): »Kostet die Pein des Höllenbrandes.«
23 Gott läßt diejenigen, die glauben und die guten Werke tun, in Gärten eingehen, unter denen Bäche fließen. Geschmückt werden sie darin mit Armringen aus Gold und mit Perlen, und ihre Kleidung darin ist aus Seide. 24 Rechtgeleitet sind sie zu den Worten, die gut sind; und rechtgeleitet sind sie zum Weg dessen, der des Lobes würdig ist.
25 Diejenigen, die ungläubig sind und vom Wege Gottes abweisen und auch von der heiligen Moschee, die Wir für die Menschen bestimmt haben, gleich ob sie dort oder in der Wüste wohnen ... Wer sucht, darin etwas Krummes zu Unrecht zu verüben, den werden Wir eine schmerzhafte Pein kosten lassen.
26 Und als Wir den Abraham in die Stätte des Hauses eingewiesen haben: »Geselle mir nichts bei. Und reinige mein Haus für diejenigen, die den Umlauf vollziehen, und für die, die aufrecht stehen, sich verneigen und niederwerfen. 27 Und ruf unter den Menschen zur Wallfahrt auf, so werden sie zu dir kommen zu Fuß und auf vielen hageren Kamelen, die aus jedem tiefen Paßweg daherkommen, 28 damit sie allerlei Nutzen für sich erfahren und den Namen Gottes an den bekannten Tagen über dem erwähnen, was Er ihnen an Herdenvieh beschert hat. – Eßt davon und gebt dem Notleidenden und Armen zu essen. 29 Dann sollen sie ihre Ungepflegtheit beenden, ihre Gelübde erfüllen und zum Umlauf um das altehrwürdige Haus geführt werden.« 30 So ist es. Und wenn einer die heiligen Dinge Gottes hochhält, ist es

22: aus dem Feuer.

besser für ihn bei seinem Herrn. Erlaubt ist euch das Vieh, außer
dem, was euch bekanntgemacht wird. So meidet den Greuel der
Götzen, und meidet die falsche Aussage, 31 als Anhänger des
rechten Glaubens gegenüber Gott, die Ihm nichts beigesellen.
Und wenn einer Gott (etwas) beigesellt, es ist, als würde er vom
Himmel herunterfallen, von den Vögeln weggeschnappt oder
vom Wind an einen fernen Ort hinabgestürzt werden. 32 So ist
es. Und wenn einer die Opfertiere Gottes hochhält, ist es ein
Ausdruck der Frömmigkeit der Herzen. 33 In ihnen habt ihr
allerlei Nutzen auf eine bestimmte Frist, dann liegt ihr erlaubter
Schlachtort beim altehrwürdigen Haus.

34 Und für jede Gemeinschaft haben Wir einen Ritus festgelegt,
damit sie den Namen Gottes über dem erwähnen, was er ihnen
an Herdenvieh beschert hat. Und euer Gott ist ein einziger Gott,
Ihm müßt ihr ergeben sein. Und verkünde frohe Botschaft
denen, die sich demütigen, 35 deren Herzen sich ängstigen, wenn
Gottes gedacht wird, die das, was sie trifft, geduldig ertragen, das
Gebet verrichten und von dem, was Wir ihnen beschert haben,
spenden. 36 Und die Opferkamele haben wir euch zu Kultzeichen
Gottes gemacht. An ihnen habt ihr etwas Gutes. So erwähnt den
Namen Gottes über ihnen, wenn sie mit gebundenen Beinen
dastehen. Und wenn sie auf die Seite umgefallen sind, dann eßt
davon und gebt dem bescheidenen und dem fordernden (Armen)
zu essen. So haben Wir sie euch dienstbar gemacht, auf daß ihr
dankbar seid. 37 Weder ihr Fleisch noch ihr Blut erreicht Gott,
aber Ihn erreicht eure Frömmigkeit. So haben Wir sie euch
dienstbar gemacht, damit ihr Gott hochpreiset, daß Er euch
rechtgeleitet hat. Und verkünde denen, die Gutes tun, frohe
Botschaft.

[34½] *38 Gott verteidigt diejenigen, die glauben. Gott liebt keinen
undankbaren Treulosen. 39 Erlaubnis (zum Kampf) ist denen
gegeben, die bekämpft werden, weil ihnen ja Unrecht getan
wurde – und Gott hat gewiß die Macht, sie zu unterstützen –,
40 (ihnen), die zu Unrecht aus ihren Wohnstätten vertrieben
wurden, nur weil sie sagen: Unser Herr ist Gott. Und hätte Gott
nicht die einen Menschen durch die anderen abgewehrt, so wären
gewiß Mönchsklausen, Kirchen, Gebetsstätten und Moscheen

zerstört worden, in denen des Namens Gottes viel gedacht wird. – Und Gott wird bestimmt die unterstützen, die Ihn unterstützen. Gott ist stark und mächtig. 41 (Ihnen), die, wenn Wir ihnen eine angesehene Stellung auf der Erde geben, das Gebet verrichten und die Abgabe entrichten, das Rechte gebieten und das Verwerfliche verbieten. Und Gott gehört das Ende der Angelegenheiten.

42 Wenn sie dich der Lüge zeihen, so haben auch vor ihnen das Volk Noachs, die `Ād und die Thamūd (ihre Gesandten) der Lüge geziehen*, 43 und auch das Volk Abrahams und das Volk Lots*, 44 und die Bewohner von Madyan. Auch Mose wurde der Lüge geziehen*. Da gewährte Ich den Ungläubigen Aufschub, dann ergriff Ich sie. Und wie war dann meine Mißbilligung! 45 Wie so manche Stadt, die Unrecht tat, haben Wir verderben lassen, so daß sie bis zu den Dächern verödet war, und wie manchen (nun) verlassenen Brunnen und manches aufgerichtete Schloß! 46 Sind sie denn nicht auf der Erde umhergegangen, daß sie Herzen bekommen, mit denen sie verstehen, oder Ohren, mit denen sie hören? Nicht die Blicke sind blind, blind sind die Herzen, die in der Brust sind. 47 Und sie wünschen von dir, die Pein zu beschleunigen. Gott wird sein Versprechen nicht brechen. Und siehe, ein Tag bei deinem Herrn ist wie tausend Jahre nach eurer Berechnung. 48 Und wie mancher Stadt, die Unrecht tat, habe Ich Aufschub gewährt! Dann habe Ich sie ergriffen. Und zu Mir führt der Lebensweg. 49 Sprich: O ihr Menschen, ich bin euch nur ein deutlicher Warner. 50 Für diejenigen nun, die glauben und die guten Werke tun, sind Vergebung und trefflicher Unterhalt bestimmt. 51 Und diejenigen, die eifrig gegen unsere Zeichen vorgehen und ihnen Machtlosigkeit nachweisen wollen, das sind die Gefährten der Hölle.

52 Und Wir haben vor dir keinen Gesandten oder Propheten geschickt, ohne daß ihm, wenn er etwas wünschte, der Satan in seinen Wunsch etwas dazwischen geworfen hätte. Aber Gott

42: Vgl. zu Noach: 7,59–64; zu `Ād: 7,65–72; zu Thamūd: 7,73–79.
43: Vgl. zu Abraham: 6,74–84; zu Lot: 7,80–84.
44: Vgl. zu Madyan: 7,85–93; zu Mose: 7,103–137.

hebt auf, was der Satan dazwischenwirft. Dann legt Gott seine
Zeichen eindeutig fest. Und Gott weiß Bescheid und ist weise. 53
(Das ist so), damit Er das, was der Satan dazwischenwirft, zu
einer Versuchung für diejenigen macht, in deren Herzen Krank-
heit ist und deren Herzen verhärtet sind – wahrlich, die Unrecht
tun, befinden sich in weitgehendem Widerstreit –, 54 und damit
diejenigen, denen das Wissen zugekommen ist, wissen, daß es die
Wahrheit von deinem Herrn ist, so daß sie daran glauben und
ihre Herzen sich vor Ihm demütigen. Und wahrlich, Gott führt
diejenigen, die glauben, zu einem geraden Weg. 55 Und diejeni-
gen, die ungläubig sind, beharren auf ihrem Zweifel daran, bis
die Stunde sie plötzlich überkommt oder bis die Pein eines
unfruchtbaren Tages über sie kommt. 56 An jenem Tag gehört
die Königsherrschaft Gott (allein). Er wird zwischen ihnen urtei-
len. Dann werden diejenigen, die glauben und die guten Werke
tun, in den Gärten der Wonne sein. 57 Diejenigen aber, die
ungläubig sind und unsere Zeichen für Lüge erklären, erhalten
eine schmähliche Pein.

58 Denen, die auf dem Weg Gottes ausgewandert sind, dann
getötet werden oder sterben, wird Gott bestimmt einen schönen
Unterhalt bescheren. Gott ist ja der beste der Versorger. 59 Er
wird sie bestimmt in einen Ort eingehen lassen, der ihnen
[34¾] genehm ist. Und Gott weiß Bescheid und ist langmütig. *60 So
ist es. Und wer im gleichen Maße bestraft, wie er bestraft wurde,
dann aber wieder Gegenstand von Übergriffen wird, den wird
Gott sicher unterstützen. Gott ist voller Verzeihung und Verge-
bung.

61 Dies, weil Gott die Nacht in den Tag übergehen und den Tag
in die Nacht übergehen läßt, und weil Gott alles hört und sieht.
62 Dies, weil Gott die Wahrheit ist und weil das, was sie an seiner
Stelle anrufen, das Falsche ist, und weil Gott der Erhabene und
der Große ist. 63 Hast du denn nicht gesehen, daß Gott Wasser
vom Himmel herabkommen läßt, so daß die Erde grün wird?
Gott ist feinfühlig* und hat Kenntnis von allem. 64 Ihm gehört,
was in den Himmeln und was auf der Erde ist. Gott ist der, der

63: Oder: Gott weiß zu erreichen, was Er will.

auf niemanden angewiesen und des Lobes würdig ist. 65 Hast du denn nicht gesehen, daß Gott euch das, was auf der Erde ist, dienstbar gemacht hat, ebenso die Schiffe, die nach seinem Befehl auf dem Meer fahren? Und Er hält den Himmel, daß er nicht auf die Erde fällt, außer mit seiner Erlaubnis. Siehe, Gott hat Mitleid mit den Menschen und ist barmherzig. 66 Und Er ist es, der euch lebendig gemacht hat. Dann läßt Er euch sterben, dann macht Er euch wieder lebendig. Wahrlich, der Mensch ist undankbar.

67 Für jede Gemeinschaft haben Wir einen Ritus festgelegt, den sie zu vollziehen haben. So sollen sie nicht mit dir über die Angelegenheit Streit führen. Und rufe zu deinem Herrn. Siehe, du folgst einer geraden Rechtleitung. 68 Und wenn sie doch mit dir streiten, dann sprich: Gott weiß besser, was ihr tut. 69 Gott wird am Tag der Auferstehung zwischen euch über das urteilen, worüber ihr uneins wart. 70 Weißt du denn nicht, daß Gott weiß, was im Himmel und auf der Erde ist? Das steht in einem Buch. Das ist Gott ein leichtes. 71 Und sie verehren anstelle Gottes das, wofür Er keine Ermächtigung herabgesandt hat und wovon sie kein Wissen haben. Für die, die Unrecht tun, gibt es keinen Helfer. 72 Und wenn ihnen unsere Zeichen als deutliche Beweise verlesen werden, dann erkennst du im Gesicht derer, die ungläubig sind, die Mißbilligung. Am liebsten würden sie über die herfallen, die ihnen unsere Zeichen verlesen. Sprich: Soll ich euch kundtun, was schlimmer ist als dies? Es ist das Feuer, das Gott denen angedroht hat, die ungläubig sind – welch schlimmes Ende!

73 O ihr Menschen, ein Gleichnis wird (euch) vorgetragen, so hört darauf. Diejenigen, die ihr anstelle Gottes anruft, können niemals auch nur eine Fliege erschaffen, auch wenn sie sich dafür zusammentun. Und wenn die Fliege ihnen etwas raubte, könnten sie es ihr nicht entreißen. Schwach ist (hier) der, der sucht, und das, was gesucht wird. 74 Sie haben Gott nicht so eingeschätzt, wie Er eingeschätzt werden soll. Wahrlich, Gott ist stark und mächtig. 75 Gott erwählt sich aus den Engeln Boten, und (auch) aus den Menschen. Gott hört und sieht alles. 76 Er weiß, was vor ihnen und was hinter ihnen liegt. Und zu Gott werden die Angelegenheiten zurückgebracht.

77 O ihr, die ihr glaubt, verneigt euch, werft euch nieder und
dient eurem Herrn, und tut das Gute, auf daß es euch wohl
ergehe. 78 Und setzt euch für Gott ein, wie der richtige Einsatz
für Ihn sein soll. Er hat euch erwählt. Und Er hat euch in der
Religion keine Bedrängnis auferlegt; so ist die Glaubensrichtung
eures Vaters Abraham. Er hat euch Muslime genannt, früher
und (nunmehr) in diesem (Buch), auf daß der Gesandte Zeuge
über euch sei und ihr Zeugen über die Menschen seid. So
verrichtet das Gebet, entrichtet die Abgabe und haltet an Gott
fest. Er ist euer Schutzherr. Welch vorzüglicher Schutzherr und
welch vorzüglicher Helfer!

Sure 23

Die Gläubigen (al-Mu'minūn)

zu Mekka, 118 Verse

Im Namen Gottes, des Erbarmers, des Barmherzigen.
18. Teil 1 Wohl ergeht es den Gläubigen, 2 die in ihrem Gebet demütig
[35] sind, 3 und die sich von unbedachter Rede abwenden, 4 und die
die Abgabe entrichten, 5 und die ihre Scham bewahren, 6 außer
gegenüber ihren Gattinnen, oder was ihre rechte Hand (an
Sklavinnen) besitzt, dann sind sie nicht zu tadeln 7 – diejenigen
aber, die darüber hinaus (andere) begehren, das sind die, die
Übertretungen begehen –, 8 und die auf das ihnen Anvertraute
und ihre Verpflichtungen achtgeben, 9 und die ihr Gebet einhal-
ten. 10 Das sind die Erben, 11 die das Paradies erben werden;
darin werden sie ewig weilen.
12 Und wahrlich, Wir schufen den Menschen aus einem entnom-
menen Ton. 13 Dann machten Wir ihn zu einem Tropfen in
einem festen Aufenthaltsort. 14 Dann schufen Wir den Tropfen
zu einem Embryo, und Wir schufen den Embryo zu einem Fötus,
und Wir schufen den Fötus zu Knochen. Und Wir bekleideten die
Knochen mit Fleisch. Dann ließen Wir ihn als eine weitere

Schöpfung entstehen. Gott sei gesegnet, der beste Schöpfer! 15
Dann werdet ihr nach all diesem sterben. 16 Dann werdet ihr am
Tag der Auferstehung auferweckt werden. 17 Und Wir schufen
über euch sieben Bahnen, und Wir lassen die Schöpfung nicht
unbeachtet. 18 Und Wir ließen vom Himmel Wasser in einem
bestimmten Maß herabkommen und ließen es sich in der Erde
aufhalten. Und Wir vermögen wohl, es wieder wegzunehmen. 19
Und Wir ließen euch dadurch Gärten mit Palmen und Weinstök-
ken entstehen, in denen ihr viele Früchte habt und von denen ihr
essen könnt, 20 und einen Baum, der aus dem Berg Sinai
herauskommt, und der Fett hervorbringt und auch Tunke für die,
die essen. 21 Und ihr habt in den Herdentieren einen Grund zum
Nachdenken. Wir geben euch von dem, was in ihrem Leib ist, zu
trinken. Ihr habt an ihnen allerlei Nutzen, und ihr könnt davon
essen. 22 Und auf ihnen und (ebenso) auf den Schiffen werdet ihr
getragen.

23 Und Wir sandten Noach zu seinem Volk. Er sagte: »O mein
Volk, dienet Gott. Ihr habt keinen Gott außer Ihm. Wollt ihr
nicht gottesfürchtig sein?« 24 Da sagten die Vornehmen aus
seinem Volk, die ungläubig waren: »Dieser ist nur ein Mensch
wie ihr, der einen Vorzug euch gegenüber haben will. Und wenn
Gott gewollt hätte, hätte Er Engel herabgesandt. Wir haben bei
unseren Vorvätern so etwas nicht gehört. 25 Er ist nur ein Mann,
der an Besessenheit leidet. So wartet mit ihm eine Weile ab.« 26
Er sagte: »Mein Herr, unterstütze mich, wo sie mich der Lüge
zeihen.« 27 Da offenbarten Wir ihm: »Verfertige das Schiff vor
unseren Augen und nach unserer Offenbarung. Und wenn unser
Befehl kommt und der Ofen brodelt, so laß ein Paar von jeder Art
und deine Familie hineingehen, außer dem, gegen den der Spruch
vorher erging. Und sprich Mich nicht wegen derer an, die
Unrecht tun; sie werden sicher ertränkt werden. 28 Und wenn du
dich auf dem Schiff gut eingerichtet hast, du und diejenigen, die
mit dir sind, dann sag: Lob sei Gott, der uns von den Leuten
errettet hat, die Unrecht tun! 29 Und sag: Mein Herr, gewähre
mir einen gesegnete Unterkunft. Du bist der Beste derer, die
Unterkunft gewähren.« 30 Darin sind Zeichen. Wir haben (sie)
damit der Prüfung ausgesetzt.

31 Dann ließen Wir nach ihnen eine andere Generation entste-
hen. 32 Und Wir schickten unter sie einen Gesandten aus ihrer
Mitte: »Dienet Gott. Ihr habt keinen Gott außer Ihm. Wollt ihr
nicht gottesfürchtig sein?« 33 Und die Vornehmen aus seinem
Volk, die ungläubig waren, die die Begegnung mit dem Jenseits
für Lüge erklärten und denen Wir im diesseitigen Leben üppigen
Wohlstand geschenkt hatten, sagten: »Dieser ist nur ein Mensch
wie ihr. Er ißt von dem, was ihr eßt, und trinkt von dem, was ihr
trinkt. 34 Und wenn ihr einem Menschen euresgleichen
gehorcht, dann werdet ihr gewiß Verlierer sein. 35 Verspricht er
euch wirklich, daß ihr, wenn ihr gestorben und zu Staub und
[35¼] Knochen geworden seid, wieder hervorgebracht werdet? *36
Weit, weit gefehlt ist das, was euch versprochen wird. 37 Es gibt
nur unser diesseitiges Leben: Wir sterben, und wir leben (hier),
und wir werden nicht auferweckt. 38 Er ist nur ein Mann, der
eine Lüge gegen Gott erdichtet hat. Und wir glauben ihm nicht.«
39 Er sagte: »Mein Herr, unterstütze mich, wo sie mich der Lüge
zeihen.« 40 Er sprach: »Über ein kleines werden sie es bereuen.«
41 Da ergriff sie zu Recht der Schrei, und Wir machten sie zur
Spreu. Weg mit den Leuten, die Unrecht tun!
42 Dann ließen Wir nach ihnen eine andere Generation entste-
hen. 43 Keine Gemeinschaft geht ihrer Frist voraus, noch bleibt
sie zurück. 44 Dann schickten Wir unsere Gesandten, einen nach
dem anderen. Jedesmal, wenn zu einer Gemeinschaft ihr Gesand-
ter kam, ziehen sie ihn der Lüge. So ließen Wir die einen von
ihnen auf die anderen folgen und machten sie zum Gegenstand
von Geschichten. Weg mit Leuten, die nicht glauben!
45 Dann sandten Wir Mose und seinen Bruder Aaron mit
unseren Zeichen und einer offenkundigen Ermächtigung 46 zu
Pharao und seinen Vornehmen. Sie aber verhielten sich hochmü-
tig. Sie waren Leute mit hoher Gewalt. 47 Sie sagten: »Sollen
wir denn zwei Menschen unseresgleichen glauben, wo ihr Volk
in unserem Dienst steht?« 48 Und sie ziehen sie der Lüge. So
gehörten sie zu denen, die ins Verderben gestürzt wurden.
49 Und Wir ließen Mose das Buch zukommen, auf daß sie der
Rechtleitung folgen. 50 Und Wir machten den Sohn Marias und
seine Mutter zu einem Zeichen. Und Wir gaben ihnen Unter-

kunft auf einer Anhöhe mit Grund und Quellwasser. 51 »O ihr
Gesandten, eßt von den köstlichen Dingen und tut Gutes. Ich
weiß Bescheid über das, was ihr tut. 52 Diese eure Gemeinschaft
ist eine einzige Gemeinschaft. Und Ich bin euer Herr, so fürchtet
Mich.« 53 Aber sie spalteten sich in ihrer Angelegenheit unter-
einander nach verschiedenen Büchern, und jede Partei war froh
über das, was sie besaß.
54 Laß sie für eine Weile in ihrem Abgrund. 55 Meinen sie, daß
Wir, wenn Wir ihnen mit Vermögen und Söhnen beistehen, 56
wetteifern, ihnen gute Dinge zu bescheren? Aber sie merken (es)
nicht. 57 Diejenigen, die aus Furcht vor ihrem Herrn erschrek-
ken, 58 und die an die Zeichen ihres Herrn glauben, 59 und die
ihrem Herrn nicht (andere) beigesellen, 60 und die spenden, was
sie spenden, während ihre Herzen sich (davor) ängstigen, daß sie
zu ihrem Herrn zurückkehren werden, 61 diese eilen zu den
guten Dingen um die Wette und werden darin die Allerersten
sein. 62 Und Wir fordern von niemandem mehr, als er vermag.
Und bei Uns ist ein Buch, das die Wahrheit redet. Und ihnen
wird nicht Unrecht getan. 63 Nein, ihre Herzen befinden sich
davor in abgründiger Achtlosigkeit. Und da gibt es bei ihnen
Werke, die anders sind als diese*, und die sie vollbringen. 64
Wenn Wir dann diejenigen von ihnen, die üppig leben, mit der
Pein ergreifen, schreien sie um Hilfe. 65 »Schreit nicht um Hilfe
heute. Ihr werdet von Uns keine Unterstützung erfahren. 66
Meine Zeichen wurden euch verlesen. Aber ihr pflegtet auf euren
Fersen kehrtzumachen, 67 indem ihr euch hochmütig verhieltet
und über ihn wie Nachtplauderer faseltet.« 68 Haben sie denn
nicht die Aussage betrachtet, oder ist zu ihnen gekommen, was
nicht zu ihren Vorvätern kam? 69 Oder haben sie nicht ihren
Gesandten erkannt, so daß sie ihn (nun) verwerfen? 70 Oder
sagen sie: »Er leidet an Besessenheit?« Nein, er kam zu ihnen mit
der Wahrheit, aber die meisten von ihnen verabscheuen die
Wahrheit. 71 Würde die Wahrheit ihren Neigungen folgen,
verderben würden die Himmel und die Erde, und wer in ihnen
ist. Nein, Wir kamen zu ihnen mit ihrer Ermahnung, sie aber

63: die Handlungen der Gläubigen.

wenden sich von ihrer Ermahnung ab. 72 Oder verlangst du von
ihnen einen Lohn? Der Lohn deines Herrn ist besser. Er ist der
beste Versorger. 73 Und wahrlich, du rufst sie zu einem geraden
Weg. 74 Jene, die an das Jenseits nicht glauben, weichen vom
[35½] Weg ab. *75 Würden Wir uns ihrer erbarmen und den Schaden,
den sie erleiden, beheben, sie würden im Übermaß ihres Frevels
verharren und blind umherirren. 76 Und Wir haben sie mit der
Pein ergriffen. Sie aber gaben ihrem Herrn nicht nach, und sie
demütigten sich nicht. 77 Wenn Wir ihnen dann ein Tor zu einer
harten Pein öffnen, sind sie darüber ganz verzweifelt.

78 Er ist es, der euch Gehör, Augenlicht und Herz entstehen ließ.
Ihr aber seid wenig dankbar. 79 Und Er ist es, der euch auf der
Erde schuf und vermehrte. Und zu Ihm werdet ihr versammelt
werden. 80 Und Er ist es, der lebendig macht und sterben läßt.
Und in seiner Macht steht das Aufeinanderfolgen von Nacht und
Tag. Habt ihr denn keinen Verstand? 81 Aber nein, sie sagen das
gleiche, was die Früheren gesagt haben. 82 Sie sagen: »Sollen
wir, wenn wir gestorben und zu Staub und Knochen geworden
sind, auferweckt werden? 83 Dies ist uns und zuvor unseren
Vätern versprochen worden. Das sind nichts als die Fabeln der
Früheren.« 84 Sprich: Wem gehört die Erde, und wer auf ihr ist,
so ihr es wißt? 85 Sie werden sagen: »Gott.« Sprich: Wollt ihr es
nicht bedenken? 86 Sprich: Wer ist der Herr der sieben Himmel
und der Herr des majestätischen Thrones? 87 Sie werden sagen:
»(Alles) gehört Gott.« Sprich: Wollt ihr nicht gottesfürchtig sein?
88 Sprich: In wessen Hand ist die Herrschaft über alle Dinge, der
Schutz gewährt und gegen den kein Schutz gewährt werden kann,
so ihr es wißt? 89 Sie werden sagen: »(Alles) gehört Gott.« Sprich:
Wieso seid ihr einem Zauber verfallen? 90 Nein, Wir sind zu ihnen
mit der Wahrheit gekommen. Sie aber lügen.

91 Gott hat sich kein Kind genommen. Und es gibt keinen Gott
neben Ihm, sonst würde jeder Gott das wegnehmen, was Er
geschaffen hat, und die einen von ihnen würden sich den anderen
gegenüber überheblich zeigen. Preis sei Gott, (der erhaben ist)
über das, was sie da schildern, 92 der über das Unsichtbare und
das Offenbare Bescheid weiß! Erhaben ist Er über das, was sie
(Ihm) beigesellen.

93 Sprich: Mein Herr, wenn Du mich sehen läßt, was ihnen angedroht wird, 94 mein Herr, dann stelle mich nicht unter die Leute, die Unrecht tun. 95 Wahrlich, Wir haben die Macht dazu, dich sehen zu lassen, was Wir ihnen androhen. 96 Wehre die schlechte Tat ab mit einer Tat, die besser ist. Wir wissen besser, was sie da schildern. 97 Und sprich: Mein Herr, ich suche bei Dir Zuflucht vor den Aufstachelungen der Satane. 98 Und ich suche bei Dir, mein Herr, Zuflucht davor, daß sie mich aufsuchen.
99 Wenn dann der Tod zu einem von ihnen kommt, sagt er: »Mein Herr, bringt mich zurück, 100 vielleicht tue ich Gutes in dem, was ich hinterlassen habe.« Nein, das ist nur ein Wort, das er (so) sagt. Hinter ihnen ist eine Schranke bis zu dem Tag, da sie auferweckt werden. 101 Und wenn in die Trompete geblasen wird, dann gibt es an jenem Tag zwischen ihnen keine Verwandtschaft mehr, und sie befragen nicht mehr einander. 102 Diejenigen, deren Waagschalen schwer sind, das sind die, denen es wohl ergeht. 103 Und diejenigen, deren Waagschalen leicht sind, das sind die, die sich selbst verloren haben; in der Hölle werden sie ewig weilen. 104 Das Feuer schlägt auf ihre Gesichter, und sie fletschen die Zähne. 105 »Wurden euch nicht meine Zeichen verlesen, ihr aber pflegtet sie für Lüge zu erklären?« 106 Sie sagen: »Unser Herr, unser Unglück hat uns besiegt, und wir waren abgeirrte Leute. 107 Unser Herr, bring uns aus ihr* heraus. Wenn wir rückfällig werden, dann sind wir (wirklich) Leute, die Unrecht tun.« 108 Er spricht: »Seid darin verabscheut, und sprecht Mich nicht an. 109 Eine Gruppe von meinen Dienern pflegte zu sagen: ›Unser Herr, wir glauben, so vergib uns und erbarme dich unser. Du bist der Beste derer, die sich erbarmen.‹ 110 Ihr aber nahmt sie zum Gegenstand des Spottes, bis ihr ihretwegen meine Ermahnung* vergaßet, und ihr lachtet über sie. 111 Ich habe sie heute dafür, daß sie geduldig waren, damit entlohnt, daß sie die Erfolgreichen sind.« 112 Er spricht: »Wie viele Jahre habt ihr in der Erde verweilt?« 113 Sie sagen:

107: aus der Hölle.
110: Oder: mein Gedenken, d. h. bis ihr ihretwegen vergaßt, Meiner zu gedenken.

»Verweilt haben wir einen Tag oder einen Teil von einem Tag. Frag die, die rechnen können.« 114 Er spricht: »Ihr habt nur kurz verweilt, wenn ihr es nur wüßtet! 115 Meint ihr denn, Wir hätten euch zum sinnlosen Spiel erschaffen und ihr würdet nicht zu Uns zurückgebracht?«

116 Erhaben ist Gott, der wahre König. Es gibt keinen Gott außer Ihm, dem Herrn des ehrwürdigen Thrones. 117 Und wer neben Gott einen anderen Gott anruft, für den er keinen Beweis hat, der wird bei seinem Herrn Rechenschaft ablegen. Den Ungläubigen wird es nicht wohl ergehen. 118 Und sprich: Mein Herr, vergib und erbarme dich. Und Du bist der Beste derer, die sich erbarmen.

Sure 24

Das Licht (al-Nūr)

zu Medina, 64 Verse

Im Namen Gottes, des Erbarmers, des Barmherzigen.

[35¾] 1 Das ist eine Sure, die Wir hinabgesandt und verpflichtend gemacht haben. Und Wir haben darin deutliche Zeichen hinabgesandt, auf daß ihr es bedenket.

2 Wenn eine Frau und ein Mann Unzucht begehen, dann geißelt jeden von ihnen mit hundert Hieben. Habt kein Mitleid mit ihnen angesichts (der Rechtsbestimmungen) der Religion Gottes, so ihr an Gott und den Jüngsten Tag glaubt. Und bei der Vollstreckung der Pein an ihnen soll eine Gruppe von den Gläubigen zugegen sein. 3 Der Mann, der Unzucht begangen hat, darf nur eine Frau, die Unzucht begangen hat, oder eine Polytheistin heiraten. Die Frau, die Unzucht begangen hat, darf nur ein Mann, der Unzucht begangen hat, oder ein Polytheist heiraten. Den Gläubigen ist dies verboten. 4 Diejenigen, die den unter Schutz gestellten Frauen* Untreue vorwerfen und hierauf nicht

4: Das sind die ehrbaren Ehefrauen.

vier Zeugen beibringen, die sollt ihr mit achtzig Hieben geißeln. Nehmt von ihnen nie mehr eine Zeugenaussage an – das sind die (wahren) Frevler –, 5 mit Ausnahme derer, die danach umkehren und Besserung zeigen. Denn Gott ist voller Vergebung und barmherzig. 6 Im Falle derer, die ihren Gattinnen Untreue vorwerfen, aber keine Zeugen haben außer sich selbst, besteht die Zeugenaussage eines solchen Mannes darin, daß er viermal bei Gott bezeugt, er gehöre zu denen, die die Wahrheit sagen, 7 und zum fünften Mal (bezeugt), der Fluch Gottes komme über ihn, wenn er ein Lügner sein sollte. 8 Von ihr* wehrt es die Pein ab, daß sie viermal bei Gott bezeugt, er sei ein Lügner, 9 und zum fünften Mal (bezeugt), der Fluch Gottes komme über sie, wenn er zu denen gehören sollte, die die Wahrheit sagen. 10 Und ohne die Huld Gottes gegen euch und seine Barmherzigkeit, und wäre Gott nicht der, der sich zuwendet und weise ist …

11 Diejenigen, die die Lüge* vorgebracht haben, sind eine gewisse Gruppe von euch. Betrachtet es nicht als ein Übel für euch; nein, es ist etwas Gutes für euch. Einem jeden von ihnen wird zuteil, was er an Schuld erworben hat. Und für den, der den Hauptanteil daran auf sich genommen hat, ist eine gewaltige Pein bestimmt. 12 Hätten doch, als ihr es hörtet, die gläubigen Männer und Frauen eine gute Meinung voneinander gehabt und gesagt: »Es ist doch eine offenkundige Lüge«! 13 Hätten sie doch darüber vier Zeugen beigebracht! Da sie aber die Zeugen nicht beigebracht haben, sind sie eben bei Gott die, die lügen. 14 Und ohne die Huld Gottes gegen euch und seine Barmherzigkeit im Diesseits und Jenseits würde euch für das, was ihr so breit beredet habt, eine gewaltige Pein erfassen. 15 Als ihr es mit eurer Zunge aufgegriffen habt und ihr mit eurem Munde das gesagt habt, wovon ihr kein Wissen hattet, und es als eine leichte Sache betrachtet habt, während es bei Gott eine ungeheuerliche Sache ist. 16 Hättet ihr doch, als ihr es hörtet, gesagt: »Es steht uns

8: der Frau.

11: Über ʿĀʾisha, Frau des Propheten Muḥammad, die auf dem Rückweg von einer Militärexpedition (Dezember 626/Januar 627) versehentlich im Lager zurückgelassen und erst später von einem nicht verwandten muslimischen Kämpfer zur Truppe gebracht wurde.

nicht zu, darüber zu reden. Preis sei Dir! Das ist doch eine gewaltige Verleumdung«! 17 Gott ermahnt euch, nie wieder so etwas zu tun, so ihr gläubig seid. 18 Und Gott macht euch die Zeichen deutlich. Und Gott weiß Bescheid und ist weise. 19 Für diejenigen, die es gern möchten, daß sich das Schändliche unter den Gläubigen verbreitet, ist eine schmerzhafte Pein bestimmt im Diesseits und Jenseits. Und Gott weiß, ihr aber wißt nicht Bescheid. 20 Und ohne die Huld Gottes gegen euch und seine Barmherzigkeit, und hätte Gott nicht Mitleid und wäre Er nicht barmherzig …

[36] *21 O ihr, die ihr glaubt, folgt nicht den Fußstapfen des Satans. Wer den Fußstapfen des Satans folgt, der gebietet das Schändliche und Verwerfliche. Und ohne die Huld Gottes gegen euch und seine Barmherzigkeit würde keiner von euch jemals geläutert sein. Aber Gott läutert, wen Er will. Und Gott hört und weiß alles. 22 Und diejenigen, die Überfluß und beachtliches Vermögen besitzen, sollen nicht schwören, sie würden den Verwandten, den Bedürftigen und denen, die auf dem Weg Gottes ausgewandert sind, nichts zukommen lassen. Sie sollen verzeihen und nachlassen. Liebt ihr es selbst nicht, daß Gott euch vergibt? Gott ist voller Vergebung und barmherzig. 23 Diejenigen, die den unter Schutz gestellten, nichts ahnenden gläubigen Frauen Untreue vorwerfen, sind verflucht im Diesseits und Jenseits. Bestimmt ist für sie eine gewaltige Pein, 24 am Tag, da ihre Zungen und ihre Hände und ihre Füße gegen sie Zeugnis ablegen werden über das, was sie zu tun pflegten. 25 An jenem Tag wird Gott es ihnen entsprechend dem gegen sie ergangenen wahren Gerichtsurteil voll erstatten. Und sie werden zu wissen bekommen, daß Gott die offenkundige Wahrheit ist. 26 Schlechte Frauen gehören zu schlechten Männern, und schlechte Männer gehören zu schlechten Frauen. Gute Frauen gehören zu guten Männern, und gute Männer gehören zu guten Frauen. Diese werden freigesprochen von dem, was man (über sie) redet. Bestimmt ist für sie Vergebung und trefflicher Unterhalt.

27 O ihr, die ihr glaubt, betretet nicht Häuser, die nicht eure (eigenen) Häuser sind, bis ihr euch bemerkbar gemacht und ihre Bewohner begrüßt habt. Das ist besser für euch, auf daß ihr es

bedenket. 28 Wenn ihr niemanden darin findet, dann tretet nicht ein, bis man es euch erlaubt. Und wenn man zu euch sagt: »Kehrt um«, dann sollt ihr umkehren. Das ist lauterer für euch. Und Gott weiß, was ihr tut. 29 Es ist für euch kein Vergehen, unbewohnte Häuser zu betreten, in denen sich eine Nutznießung für euch befindet. Und Gott weiß, was ihr offenlegt und was ihr verschweigt. 30 Sprich zu den gläubigen Männern, sie sollen ihre Blicke senken und ihre Scham bewahren. Das ist lauterer für sie. Gott hat Kenntnis von dem, was sie machen. 31 Und sprich zu den gläubigen Frauen, sie sollen ihre Blicke senken und ihre Scham bewahren, ihren Schmuck* nicht offen zeigen, mit Ausnahme dessen, was sonst sichtbar ist. Sie sollen ihren Schleier auf den Kleiderausschnitt schlagen und ihren Schmuck nicht offen zeigen, es sei denn ihren Ehegatten, ihren Vätern, den Vätern ihrer Ehegatten, ihren Söhnen, den Söhnen ihrer Ehegatten, ihren Brüdern, den Söhnen ihrer Brüder und den Söhnen ihrer Schwestern, ihren Frauen, denen, die ihre rechte Hand besitzt, den männlichen Gefolgsleuten, die keinen Trieb mehr haben, den Kindern, die die Blöße der Frauen nicht beachten. Sie sollen ihre Füße nicht aneinanderschlagen, damit man gewahr wird, was für einen Schmuck sie verborgen tragen. Bekehrt euch allesamt zu Gott, ihr Gläubigen, auf daß es euch wohl ergehe. 32 Und verheiratet die noch ledigen Frauen unter euch und die Rechtschaffenen von euren Sklaven und euren Sklavinnen. Wenn sie arm sind, wird Gott sie durch seine Huld reich machen. Und Gott umfaßt und weiß alles. 33 Diejenigen, die keine Möglichkeit zum Heiraten finden, sollen keusch bleiben, bis Gott sie durch seine Huld reich macht. Und denjenigen aus der Reihe derer, die eure rechte Hand besitzt, die einen Freibrief zu erhalten suchen, sollt ihr einen Freibrief ausstellen, falls ihr etwas Gutes an ihnen feststellt. Und gebt ihnen etwas vom Vermögen Gottes, das Er euch gegeben hat. Und zwingt nicht eure Sklavinnen, wenn sie sich unter Schutz stellen wollen, zur Hurerei im Trachten nach den Gütern des diesseitigen Lebens. Und wenn einer sie dazu

31: D. h. die Körperteile, an denen sie Schmuck tragen.

zwingt, so ist Gott, nachdem sie gezwungen worden sind, voller
Vergebung und barmherzig.
34 Und Wir haben zu euch Zeichen hinabgesandt, die (alles)
deutlich machen, und ein Beispiel aus den Berichten über die, die
vor euch dahingegangen sind, und eine Ermahnung für die
Gottesfürchtigen.
[36¼] *35 Gott ist das Licht der Himmel und der Erde. Sein Licht ist
einer Nische vergleichbar, in der eine Lampe ist. Die Lampe ist in
einem Glas. Das Glas ist, als wäre es ein funkelnder Stern. Es
wird angezündet von einem gesegneten Baum, einem Ölbaum,
weder östlich noch westlich, dessen Öl fast schon leuchtet, auch
ohne daß das Feuer es berührt hätte. Licht über Licht. Gott führt
zu seinem Licht, wen Er will, und Gott führt den Menschen die
Gleichnisse an. Und Gott weiß über alle Dinge Bescheid. 36 (Das
steht) in Häusern, für die Gott erlaubt hat, daß sie errichtet
werden und daß darin seines Namens gedacht wird. Ihn preisen
darin, am Morgen und am Abend, 37 Männer, die weder Handel
noch Kaufgeschäft ablenken vom Gedenken Gottes, von der
Verrichtung des Gebets und der Entrichtung der Abgabe, die
einen Tag fürchten, an dem Herzen und Augenlicht umgekehrt
werden, 38 damit Gott ihnen das Beste vergelte von dem, was sie
getan haben, und ihnen von seiner Huld noch mehr gebe. Und
Gott beschert den Lebensunterhalt, wem Er will, ohne (viel) zu
rechnen. 39 Die Werke derer, die ungläubig sind, sind wie eine
Luftspiegelung in einer Ebene. Der Durstige hält sie für Wasser.
Kommt er aber dorthin, findet er, daß es nichts ist. Er findet aber
Gott da. Und Er erstattet ihm seine Rechnung voll. Gott ist
schnell im Abrechnen. 40 Oder (sie sind) wie Finsternisse in
einem tiefen Meer, das von einer Woge überdeckt ist, über der
eine Woge liegt, über der wiederum eine Wolke liegt: Finster-
nisse, eine über der anderen. Wenn er seine Hand ausstreckt,
kann er sie kaum sehen. Und wem Gott kein Licht verschafft, für
den gibt es kein Licht.
41 Hast du nicht gesehen, daß (alle) Gott preisen, die in den
Himmeln und auf der Erde sind, und die Vögel mit ausgebreite-
ten Flügeln? Jeder kennt sein Gebet und seinen Lobpreis. Und
Gott weiß, was sie tun. 42 Und Gott gehört die Königsherrschaft

der Himmel und der Erde. Und zu Gott führt der Lebensweg. 43
Hast du nicht gesehen, daß Gott die Wolken dahertreibt, sie dann
zusammenfügt und dann zu einem Haufen macht? Da siehst du
den Platzregen dazwischen herauskommen. Und Er sendet vom
Himmel Wolkenberge herab, mit Hagel darin; damit trifft Er,
wen Er will, und Er wehrt ihn ab, von wem Er will. Das
Aufleuchten seiner Blitze nimmt beinahe das Augenlicht fort. 44
Gott läßt Nacht und Tag sich abwechseln. Darin ist eine Lehre
für Leute, die Einsicht haben. 45 Und Gott hat jedes Getier aus
Wasser geschaffen. Es gibt unter ihnen solche, die auf ihrem
Bauch gehen, und solche, die auf zwei Beinen gehen, und wieder
solche, die auf vieren gehen. Gott erschafft, was Er will. Gott hat
Macht zu allen Dingen. 46 Wir haben Zeichen hinabgesandt, die
(alles) deutlich machen. Und Gott führt, wen Er will, zu einem
geraden Weg.

47 Und sie sagen: »Wir glauben an Gott und an den Gesandten,
und wir gehorchen.« Dann, nach diesem (Wort), kehrt sich ein
Teil von ihnen ab. Das sind ja keine Gläubigen. 48 Und wenn sie
zu Gott und seinem Gesandten gerufen werden, damit er zwi-
schen ihnen urteile, wendet sich gleich ein Teil von ihnen ab. 49
Wenn aber das Recht auf ihrer Seite ist, dann kommen sie zu
ihm, bereit, sich zu unterwerfen. 50 Ist in ihren Herzen Krank-
heit, oder haben sie Zweifel, oder fürchten sie, daß Gott gegen sie
ungerecht sein könnte, und auch sein Gesandter? Nein, sie sind
eben die, die Unrecht tun. 51 Die Rede der Gläubigen, wenn sie
zu Gott und seinem Gesandten gerufen werden, damit er zwi-
schen ihnen urteile, besteht darin, daß sie sagen: »Wir hören,
und wir gehorchen.« Das sind die, denen es wohl ergeht. 52
Diejenigen, die Gott und seinem Gesandten gehorchen, Gott
fürchten und sich vor Ihm hüten, das sind die Erfolgreichen.

*53 Und sie haben bei Gott ihren eifrigsten Eid geschworen, sie [36½]
würden, wenn du es ihnen befiehlst, hinausziehen. Sprich:
Schwört nicht, (leistet lieber) einen geziemenden Gehorsam.
Gott hat Kenntnis von dem, was ihr tut. 54 Sprich: Gehorchet
Gott und gehorchet dem Gesandten. Wenn ihr euch abkehrt,
dann obliegt ihm nur das, was ihm auferlegt ist, und euch obliegt,
was euch auferlegt ist. Wenn ihr ihm gehorcht, folgt ihr der

Rechtleitung. Und dem Gesandten obliegt nur die deutliche Ausrichtung (der Botschaft).
55 Gott hat denen von euch, die glauben und die guten Werke tun, versprochen, daß Er sie zu Nachfolgern auf der Erde bestellen wird, wie Er diejenigen, die vor ihnen lebten, zu Nachfolgern bestellt hat; daß Er ihnen ihrer Religion, die Er mit Gefallen für sie festgelegt hat, zu einer angesehenen Stellung verhelfen wird; und daß Er ihnen, nachdem sie in Angst gelebt haben, statt dessen Sicherheit gewähren wird. Sie dienen Mir und gesellen Mir nichts bei. Diejenigen, die hernach ungläubig sind, das sind
die (wahren) Frevler. 56 Und verrichtet das Gebet und entrichtet
die Abgabe, und gehorchet dem Gesandten, auf daß ihr Erbarmen
findet. 57 Und du sollst nicht meinen, daß diejenigen, die
ungläubig sind, auf der Erde etwas vereiteln können. Ihre Heimstätte ist das Feuer – welch schlimmes Ende!
58 O ihr, die ihr glaubt, diejenigen, die eure rechte Hand besitzt, und diejenigen von euch, die noch nicht das Unterscheidungsalter erreicht haben, sollen euch zu drei Zeiten um Erlaubnis bitten: vor dem Gebet am Frühmorgen, wenn ihr zur Mittagszeit eure Kleider ablegt, und nach dem Abendgebet. Das sind drei Blößen von euch. Es ist nach diesen (Zeiten) für euch und für sie kein Vergehen. Sie gehen ja oft unter euch umher*, und das tut ihr untereinander. So macht Gott euch die Zeichen deutlich. Und
Gott weiß Bescheid und ist weise. 59 Und wenn die Kinder unter
euch das Unterscheidungsalter erreicht haben, dann sollen sie euch um Erlaubnis bitten, wie diejenigen um Erlaubnis gebeten haben, die vor ihnen lebten. So macht Gott euch seine Zeichen
deutlich. Und Gott weiß Bescheid und ist weise. 60 Und für die
unter den Frauen, die sich zur Ruhe gesetzt haben und nicht mehr zu heiraten hoffen, ist es kein Vergehen, wenn sie ihre Kleider ablegen, ohne daß sie jedoch ihren Schmuck zur Schau stellen. Und besser für sie wäre, daß sie sich dessen enthalten.
Und Gott hört und sieht alles. 61 Es ist für den Blinden kein
Grund zur Bedrängnis, es ist für den Krüppel kein Grund zur

58: Daher brauchen sie nicht jedesmal um Erlaubnis zu bitten, zu euch ins Haus einzutreten.

Bedrängnis, es ist für den Kranken kein Grund zur Bedrängnis, es ist auch für euch kein Grund zur Bedrängnis, wenn ihr in euren Häusern eßt, in den Häusern eurer Väter oder in den Häusern eurer Mütter, in den Häusern eurer Brüder oder in den Häusern eurer Schwestern, in den Häusern eurer Onkel väterlicherseits oder in den Häusern eurer Tanten väterlicherseits, in den Häusern eurer Onkel mütterlicherseits oder in den Häusern eurer Tanten mütterlicherseits, in einem Haus, dessen Schlüssel in eurem Besitz ist, oder (im Haus) eines Freundes. Es ist für euch kein Vergehen, gemeinsam oder getrennt zu essen. Wenn ihr nun Häuser betretet, so grüßt einander mit einem gesegneten, guten Gruß, der von Gott kommt. So macht Gott euch die Zeichen deutlich, auf daß ihr verständig werdet.
62 Die Gläubigen, das sind diejenigen, die an Gott und seinen Gesandten glauben und, wenn sie in einer gemeinsamen Angelegenheit bei ihm sind, nicht weggehen, ohne ihn um Erlaubnis zu bitten. Diejenigen, die dich um Erlaubnis bitten, das sind die, die an Gott und seinen Gesandten glauben. Wenn sie dich nun wegen eines ihrer Anliegen um Erlaubnis bitten, so gib, wem von ihnen du willst, Erlaubnis. Und bitte um Vergebung für sie. Gott
ist voller Vergebung und barmherzig. 63 Ihr sollt unter euch den
Aufruf des Gesandten nicht wie den Aufruf eines von euch an die anderen bewerten. Gott kennt wohl diejenigen von euch, die sich unbemerkt davonstehlen, indem sie sich verstecken. Diejenigen, die seinem Befehl zuwiderhandeln, sollen sich in acht nehmen, daß nicht eine Versuchung sie trifft, oder eine schmerzhafte Pein
sie trifft. 64 Seht, Gott gehört, was in den Himmeln und auf der
Erde ist. Er weiß, in welchem Zustand ihr euch befindet. Und am Tag, da sie zu Ihm zurückgebracht werden, wird Er ihnen kundtun, was sie getan haben. Und Gott weiß über alle Dinge Bescheid.

Sure 25

Die Unterscheidungsnorm (al-Furqān)

zu Mekka, 77 Verse

Im Namen Gottes, des Erbarmers, des Barmherzigen.
[36¾] 1 Gesegnet sei der, der auf seinen Diener die Unterscheidungs-
norm herabgesandt hat, damit er den Weltenbewohnern ein
Warner sei, 2 Er, dem die Königsherrschaft der Himmel und der
Erde gehört, der sich kein Kind genommen hat und der keinen
Teilhaber an der Königsherrschaft hat und jedes Ding erschaffen
und ihm sein Maß gegeben hat. 3 Und sie haben sich an seiner
Stelle Götter genommen, die nichts erschaffen, aber selbst
erschaffen werden, und die sich selbst weder Schaden noch
Nutzen bringen können, und die weder über Tod noch über
Leben, noch über Auferweckung verfügen. 4 Und diejenigen, die
ungläubig sind, sagen: »Das ist ja nichts als eine Lüge, die er
erdichtet hat und bei der andere Leute ihm geholfen haben.« Sie
begehen da Ungerechtigkeit und Falschaussage. 5 Und sie sagen:
»Es sind die Fabeln der Früheren, die er sich aufgeschrieben hat.
Sie werden ihm doch morgens und abends diktiert.« 6 Sprich:
Herabgesandt hat ihn der, der weiß, was in den Himmeln und auf
der Erde geheim ist. Er ist voller Vergebung und barmherzig.
7 Und sie sagen: »Was ist mit diesem Gesandten, daß er Speise
ißt und auf den Märkten umhergeht? Wäre doch zu ihm ein
Engel herabgesandt worden, daß er mit ihm ein Warner sei!
8 Oder wäre doch ihm ein Schatz überbracht worden, oder hätte
er doch einen Garten, von dem er essen könnte!« Und die, die
Unrecht tun, sagen: »Ihr folgt doch nur einem Mann, der einem
Zauber verfallen ist.« 9 Schau, wie sie dir Gleichnisse anführen.
Dabei sind sie abgeirrt und können keinen Weg mehr finden.
10 Gesegnet sei der, der dir, wenn Er will, etwas Besseres als dies
zuteilen kann: Gärten, unter denen Bäche fließen, und der dir
Schlösser zuteilen kann. 11 Nein, sie erklären die Stunde für
Lüge. Und Wir haben für die, die die Stunde für Lüge erklären,
einen Feuerbrand bereitet. 12 Wenn er sie aus der Ferne sieht,

hören sie bereits sein Grollen und Aufheulen. 13 Und wenn sie
aneinandergebunden da in einen engen Ort geworfen werden,
rufen sie dort: O weh, was für ein Verderben! 14 »Ruft heute
nicht nur einmal: O weh, was für ein Verderben!, sondern ruft
vielmal: O weh, was für ein Verderben!« 15 Sprich: Ist das
besser oder der Garten der Ewigkeit, der den Gottesfürchtigen
versprochen ist, und der für sie Belohnung und Reiseziel ist? 16
Sie haben darin, was sie wollen, und sie werden darin ewig
weilen. Das ist ein Versprechen, das deinem Herrn obliegt und
eingefordert werden kann.
17 Und am Tag, da Er sie und das, was sie anstelle Gottes
verehren, versammelt und Er spricht: »Seid ihr es gewesen, die
diese meine Diener irregeführt haben, oder sind sie selbst vom
Weg abgeirrt?« 18 Sie sagen: »Preis sei Dir! Es ziemte uns nicht,
uns an deiner Stelle andere Freunde zu nehmen. Aber Du hast sie
und ihre Väter genießen lassen, so daß sie die Ermahnung
vergessen haben und ein verlorenes Volk geworden sind.«
19 – »Nun haben sie euch in dem, was ihr sagt, der Lüge
geziehen. Da könnt ihr weder etwas abwenden noch Unterstüt-
zung erfahren. Und wer von euch Unrecht tut, den lassen Wir
eine große Pein kosten.«
20 Und Wir haben vor dir keine Gesandten geschickt mit einem
anderen Verhalten, als daß sie Speise gegessen haben und auf den
Märkten umhergegangen sind. Und Wir haben die einen von
euch zur Versuchung für die anderen gemacht, (um festzustel-
len), ob ihr geduldig seid. Und dein Herr sieht alles. *21 Und 19. Teil
diejenigen, die nicht erwarten, Uns zu begegnen, sagen: »Wären [37]
doch die Engel auf uns herabgesandt worden, oder könnten wir
doch unseren Herrn sehen!« Sie sind hochmütig in bezug auf
sich selbst, und sie erheben sich in großer Rebellion. 22 Am Tag,
da sie die Engel sehen, an dem Tag gibt es für die Übeltäter keine
frohe Botschaft, und sie sagen: »Tabu, das sei verwehrt!« 23 Und
Wir wenden uns den Werken, die sie getan haben, zu, und
machen sie zu verwehtem Staub. 24 Die Gefährten des Paradieses
haben an jenem Tag einen besseren Aufenthalt und einen schö-
neren Ruheplatz. 25 Und am Tag, da sich der Himmel durch die
Wolken hindurch spaltet und die Engel eindrucksvoll herabge-

sandt werden, 26 an dem Tag gehört die wahre Königsherrschaft
dem Erbarmer. Es ist für die Ungläubigen ein schwerer Tag. 27
Und am Tag, da derjenige, der Unrecht tut, sich in die Hände
beißt und sagt: »O hätte ich doch den Weg mit dem Gesandten
eingeschlagen! 28 O weh mir! Hätte ich mir doch nicht den
Soundso zum Vertrauten genommen! 29 Er hat mich ja von der
Ermahnung abirren lassen, nachdem sie zu mir gekommen war.«
Und der Satan läßt den Menschen im Stich.

30 Und der Gesandte sagt: »O mein Herr, mein Volk hält diesen
Koran für etwas, was gemieden werden soll.« 31 So haben Wir für
jeden Propheten einen Feind aus den Reihen der Übeltäter bestellt.
Und dein Herr genügt als Führer und Helfer. 32 Und diejenigen, die
ungläubig sind, sagen: »Wäre doch der Koran auf ihn als Ganzes
herabgesandt worden!« So (geschieht es aber), damit Wir dein Herz
mit ihm festigen. Und Wir haben ihn Abschnitt für Abschnitt
vorgetragen. 33 Und sie kommen zu dir mit keinem beschriebenen
Fall, ohne daß Wir dir die Wahrheit und eine schönere Erläuterung
brächten. 34 Diejenigen, die auf ihren Gesichtern zur Hölle
versammelt werden, befinden sich in einer schlimmeren Lage und
sind vom (rechten) Weg weiter abgeirrt.

35* Und Wir ließen Mose das Buch zukommen und bestellten
ihm seinen Bruder Aaron, (die Last) mitzutragen. 36 Da sprachen
Wir: »Geht zu den Leuten, die unsere Zeichen für Lüge erklärt
haben.« Und Wir zerstörten sie völlig. 37 Und auch die Leute des
Noach*, als sie die Gesandten der Lüge ziehen, ließen Wir
ertrinken und machten sie zu einem Zeichen für die Menschen.
Und Wir haben denen, die Unrecht tun, eine schmerzhafte Pein
bereitet. 38 Desgleichen auch die `Ād, die Thamūd*, die Leute
des Brunnens und viele Generationen dazwischen. 39 Einem
jeden Volk führten Wir Gleichnisse an, und Wir gaben jedes (von
ihnen) dem völligen Verderben preis. 40 Sie kamen doch an der
Stadt vorbei, auf die der Unheilsregen niederging*. Haben sie sie
denn nicht gesehen? Nein, sie erwarten keine Auferweckung.

35–36: Vgl. 7,103–137.
37: Vgl. zu Noach: 7,59–64.
38: Vgl. zu `Ād: 7,65–72; zu Thamūd: 7,73–79.
40: Vgl. zum Strafgericht über die Stadt des Lot: 7,80–84.

41 Und wenn sie dich sehen, nehmen sie dich nur zum Gegen-
stand des Spottes: »Ist das der, den Gott zum Gesandten hat
erstehen lassen? 42 Beinahe hätte er uns von unseren Göttern
abirren lassen, wenn wir nicht beharrlich an ihnen festgehalten
hätten.« Sie werden, wenn sie die Pein sehen, zu wissen bekom-
men, wer weiter vom Weg abgeirrt ist. 43 Hast du den gesehen,
der sich seine Neigung zu seinem Gott nimmt? Willst du denn
ein Sachwalter über ihn sein? 44 Oder meinst du, daß die meisten
von ihnen hören oder Verstand haben? Sie sind doch nur wie das
Vieh, nein, sie irren noch weiter vom Weg ab.

45 Hast du denn nicht zu deinem Herrn geschaut, wie Er den
Schatten lang werden läßt? Wenn Er gewollt hätte, hätte Er ihn
stillstehen lassen. Alsdann machen Wir die Sonne zu einem
Hinweis auf ihn. 46 Dann ziehen Wir ihn zu Uns in einem
geringen Maß ein. 47 Und Er ist es, der euch die Nacht zur
Kleidung und den Schlaf zum Ausruhen macht, und der den Tag
zum Aufstehen macht. 48 Und Er ist es, der die Winde als frohe
Kunde seiner Barmherzigkeit vorausschickt*. Und Wir lassen
vom Himmel ein reines Wasser herabkommen, 49 um damit eine
abgestorbene Ortschaft zu beleben und um es vielen von dem,
was Wir erschaffen haben, Vieh und Menschen, zu trinken zu
geben. 50 Und Wir haben es unter ihnen auf verschiedene Weise
dargestellt, damit sie es bedenken. Doch bestehen die meisten
Menschen auf dem Unglauben. 51 Und wenn Wir gewollt hätten,
hätten Wir in jeder Stadt einen Warner erstehen lassen. 52 So
gehorche nicht den Ungläubigen und setze dich damit* gegen sie
ein mit großem Einsatz.

*53 Und Er ist es, der die beiden Meere zugleich hat entstehen [37¼]
lassen: das eine süß und erfrischend, das andere salzig und bitter.
Und Er hat zwischen ihnen beiden eine Schranke und eine
verwehrte Absperrung errichtet. 54 Und Er ist es, der aus Wasser
einen Menschen erschaffen und ihn zu einer Sippe von Verwand-
ten und Schwägern gemacht hat. Und dein Herr ist allmächtig.

48: D. h.: Die Winde schickt Er seiner Barmherzigkeit voraus; vgl. 7,57.

52: mit dem Koran.

55 Und sie verehren anstelle Gottes, was ihnen weder nützt noch
schadet. Und der Ungläubige leistet Beistand gegen seinen
Herrn. 56 Und Wir haben dich nur als Freudenboten und Warner
gesandt. 57 Sprich: Ich verlange von euch keinen Lohn dafür, es
sei denn, einer will einen Weg zu seinem Herrn einschlagen. 58
Und vertraue auf den Lebendigen, der nicht stirbt, und singe sein
Lob. Er genügt als der, der Kenntnis von den Sünden seiner
Diener hat, 59 der die Himmel und die Erde, und was dazwischen
ist, in sechs Tagen erschaffen und sich dann auf dem Thron
zurechtgesetzt hat, Er, der Erbarmer. So frag einen, der von Ihm
Kenntnis hat. 60 Und wenn zu ihnen gesagt wird: »Werft euch
vor dem Erbarmer nieder«, sagen sie: »Was ist denn der Erbar-
mer? Sollen wir uns (einfach) vor dem niederwerfen, was du uns
befiehlst?« Und das mehrt in ihnen nur die Abneigung.

61 Gesegnet sei der, der im Himmel Sternzeichen gesetzt und
darin eine Leuchte und einen hellen Mond gesetzt hat! 62 Und Er
ist es, der die Nacht und den Tag gemacht hat, so daß sie
aufeinanderfolgen, für den, der es bedenken oder Dankbarkeit
zeigen will.

63 Und die Diener des Erbarmers sind die, die demütig auf der
Erde umhergehen und, wenn die Törichten sie anreden, sagen:
»Frieden!« 64 Und die, welche die Nacht vor ihrem Herrn
verbringen, indem sie sich niederwerfen und aufrecht stehen. 65
Und die, die sagen: »Unser Herr, wende ab von uns die Pein der
Hölle.« – Ihre Pein lastet ja unabwendbar; 66 sie ist schlimm als
Aufenthalt und Bleibe. 67 Und die, die, wenn sie spenden, weder
verschwenderisch noch zurückhaltend sind, sondern die Mitte
dazwischen halten. 68 Und die, die neben Gott keinen anderen
Gott anrufen und den Menschen nicht töten, den Gott für
unantastbar erklärt hat, es sei denn bei vorliegender Berechti-
gung, und die keine Unzucht begehen. – Wer das tut, hat die
Folge der Sünde zu erleiden; 69 die Pein wird ihm am Tag der
Auferstehung verdoppelt, darin wird er in Schmach ewig weilen,
70 außer dem, der umkehrt, glaubt und gute Werke tut; Gott
wird ihnen ihre schlechten Taten gegen gute eintauschen; und
Gott ist voller Vergebung und barmherzig. 71 Und wer umkehrt
und Gutes tut, der wendet sich in wahrhaftiger Umkehr Gott zu.

72 Und (auch) die, die das Falsche nicht bezeugen und, wenn sie
unbedachte Rede im Vorbeigehen hören, würdevoll weitergehen.
73 Und die, die, wenn sie mit den Zeichen ihres Herrn ermahnt
werden, ihnen gegenüber nicht taub und blind niederfallen. 74
Und die, die sagen: »Unser Herr, schenke uns an unseren
Gattinnen und unseren Nachkommenschaften Grund zur Freude,
und mache uns zu einem Vorbild für die Rechtschaffenen.« 75
All diese werden mit dem Obergemach dafür belohnt werden,
daß sie geduldig waren; und ihnen wird Gruß und Friede entge-
gengebracht; 76 darin werden sie ewig weilen. Schön ist es als
Aufenthalt und Bleibe.
77 Sprich: Mein Herr würde sich nicht um euch kümmern,
würdet ihr nicht (zu Ihm) rufen. Ihr habt doch (alles) für Lüge
erklärt, und nun wird es unabwendbar.

Sure 26

Die Dichter (al-Shu`arā')

zu Mekka, 227 Verse

Im Namen Gottes, des Erbarmers, des Barmherzigen.
1 Ṭā Sīn Mīm*. 2 Dies sind die Zeichen des deutlichen Buches. [37½]
3 Du magst dich noch selbst umbringen, weil sie nicht gläubig
sind. 4 Wenn Wir wollten, könnten Wir vom Himmel ein
Zeichen auf sie hinabsenden, so daß sich ihre Nacken davor
unterwerfen würden. 5 Keine neue Ermahnung kommt vom
Erbarmer zu ihnen, ohne daß sie sich davon abwenden. 6 Sie
haben (sie) ja für Lüge erklärt. So wird zu ihnen die Kunde
kommen von dem, worüber sie immer wieder gespottet haben.
7 Haben sie nicht auf die Erde geschaut, wie viele treffliche Arten
Wir auf ihr haben wachsen lassen? 8 Darin ist wahrlich ein

1: Die Bedeutung dieser Buchstaben ist noch nicht geklärt.

Zeichen. Aber die meisten von ihnen sind nicht gläubig. 9 Und dein Herr ist der Mächtige, der Barmherzige.
10* Als dein Herr Mose rief: »Geh zum Volk, das Unrecht tut, 11
zum Volk Pharaos, ob sie nicht gottesfürchtig sein wollen.« 12*
Er sagte: »Mein Herr, ich fürchte, daß sie mich der Lüge zeihen.
13 Und meine Brust ist eng, und meine Zunge ist nicht gelöst. So
schicke Aaron. 14 Auch haben sie gegen mich eine Sünde geltend
zu machen; so fürchte ich, daß sie mich töten.« 15 Er sprach:
»Nein. Geht beide hin mit unseren Zeichen. Wir sind mit euch
und hören zu. 16 Geht zu Pharao und sagt: ›Wir sind der
Gesandte des Herrn der Welten, 17 du sollst die Kinder Israels
mit uns wegschicken.‹« 18 Er* sagte: »Haben wir dich nicht als
Kind unter uns aufgezogen, und hast du nicht viele Jahre deines
Lebens unter uns verbracht? 19 Und du hast deine Tat, die du
(damals) getan hast, verübt und bist einer der Undankbaren
geworden.« 20 Er sagte: »Ich habe sie da verübt, als ich (noch)
einer der Irrenden war. 21 So bin ich vor euch geflohen, als ich
Angst vor euch bekommen hatte. Da hat mir mein Herr Urteils-
kraft geschenkt und mich zu einem der Gesandten gemacht. 22
Ist es denn eine Gnade, die nun du mir erweisest, daß du die
Kinder Israels zu Sklaven gemacht hast?«* 23 Pharao sagte:
»Was ist denn der Herr der Welten?« 24 Er sagte: »Der Herr der
Himmel und der Erde und dessen, was dazwischen ist, so ihr
Gewißheit hegt.« 25 Er sagte zu denen, die um ihn waren: »Hört
ihr nicht zu?« 26 Er sagte: »Er ist euer Herr und der Herr eurer
Vorväter.« 27 Er sagte: »Euer Gesandter, der zu euch gesandt
worden ist, ist ja besessen.« 28 Er sagte: »Er ist der Herr des
Ostens und des Westens und dessen, was dazwischen ist, so ihr
Verstand habt.« 29 Er sagte: »Wenn du dir einen anderen Gott
als mich nimmst, werde ich dich sicher zu einem der Gefangenen
machen.« 30 Er sagte: »Was aber, wenn ich dir eine offenkundige
Sache bringe?« 31 Er sagte: »Dann bring sie her, so du zu denen

10–68: Vgl. 7,103–137.
12 f.: Vgl. 20,25–32; Bibel: Exodus 4,10–16.
18: Pharao.
22: Oder: Ist dies denn eine Gnade ..., wo du die Kinder ...

gehörst, die die Wahrheit sagen.« 32* Er warf seinen Stab, da
war er eine offenkundige Schlange. 33 Und er zog seine Hand
heraus, da war sie weiß für die Zuschauer. 34 Er sagte zu den
Vornehmen um ihn: »Dieser ist ja ein erfahrener Zauberer, 35
der euch mit seiner Zauberei aus eurem Land vertreiben will.
Was befehlt ihr nun?« 36 Sie sagten: »Stell ihn und seinen
Bruder zurück und schick zu den Städten Leute, die sie versam-
meln, 37 damit sie dir jeden erfahrenen Zauberer herbringen.«
38 So wurden die Zauberer auf den Termin eines bestimmten
Tages zusammengeführt. 39 Und es wurde zu den Menschen
gesagt: »Werdet ihr euch auch versammeln? 40 So könnten wir
den Zauberern folgen, wenn sie die Sieger sind.« 41 Als die
Zauberer kamen, sagten sie zu Pharao: »Wir bekommen wohl
eine Belohnung, wenn wir es sind, die siegen?« 42 Er sagte: »Ja.
Und ihr werdet auch zu denen gehören, die in (meine) Nähe
zugelassen werden.« 43 Mose sagte zu ihnen: »Werft, was ihr
werfen wollt.« 44 Sie warfen ihre Stricke und Stäbe und sagten:
»Bei der Macht Pharaos, wir werden gewiß die Sieger sein.« 45
Mose warf seinen Stab, da fing er an zu verschlingen, was sie
vorgaukelten. 46 So wurden die Zauberer in Anbetung zu Boden
geworfen. 47 Sie sagten: »Wir glauben an den Herrn der Welten,
48 den Herrn von Mose und Aaron.« 49 Er sagte: »Ihr glaubt
ihm, bevor ich es euch erlaube? Er ist bestimmt euer Ranghöch-
ster, der euch die Zauberei gelehrt hat. Ihr werdet es zu wissen
bekommen. Ich werde eure Hände und eure Füße wechselseitig
abhacken, und ich werde euch allesamt kreuzigen lassen.« 50 Sie
sagten: »So schlimm ist es nicht, wir kehren zu unserem Herrn
zurück. 51 Wir erhoffen, daß unser Herr uns unsere Verfehlun-
gen vergebe dafür, daß wir (nun) die ersten der Gläubigen sind.«
*52 Und Wir haben dem Mose offenbart: »Zieh bei Nacht mit [37¾]
meinen Dienern fort; ihr werdet da verfolgt werden.« 53 Da
schickte Pharao zu den Städten Leute, die sie versammelten: 54
»Diese sind ein kleiner Rest; 55 dennoch versetzen sie uns in
Groll. 56 Aber wir sind eine zusammenrückende Gruppe auf der
Hut.« 57 So ließen Wir sie fortziehen von Gärten und Quellen,

32 f.: Vgl. 7,107 f.; Bibel: Exodus 4,1–7.

58 von Schätzen und von trefflicher Stätte. 59 So war es. Und
Wir gaben sie den Kindern Israels zum Erbe. 60 Sie verfolgten sie
also bei Sonnenaufgang. 61 Als die beiden Scharen einander
sahen, sagten die Gefährten des Mose: »Wir werden eingeholt.«
62 Er sagte: »Nein. Mit mir ist mein Herr. Er wird mich
rechtleiten.« 63 Da offenbarten Wir dem Mose: »Schlag mit
deinem Stab das Meer.« So spaltete es sich, und jeder Teil war
wie ein gewaltiger Berg. 64 Und Wir ließen die anderen dort
herankommen. 65 Und Wir retteten Mose und die, die mit ihm
waren, alle. 66 Dann ließen Wir die anderen ertrinken. 67 Darin
ist wahrlich ein Zeichen. Aber die meisten von ihnen sind nicht
gläubig. 68 Und dein Herr ist der Mächtige, der Barmherzige.

69* Und verlies ihnen den Bericht über Abraham. 70 Als er zu
seinem Vater und seinem Volk sagte: »Was betet ihr denn an?«
71 Sie sagten: »Wir beten Götzen an, und wir verehren sie
beharrlich.« 72 Er sagte: »Hören sie denn euch, wenn ihr ruft?
73 Oder können sie euch nützen oder schaden?« 74 Sie sagten:
»Aber wir fanden, daß bereits unsere Väter so handelten.« 75 Er
sagte: »Seht ihr wohl das, was ihr anzubeten pflegtet, 76 ihr und
eure Vorväter? 77 Feind sind sie mir (alle), nicht so der Herr der
Welten, 78 der mich erschaffen hat und mich nun rechtleitet, 79
und der mir zu essen und zu trinken gibt 80 und, wenn ich krank
bin, mich heilt, 81 und der mich sterben läßt und dann wieder
lebendig macht, 82 und von dem ich erhoffe, daß Er mir am Tag
des Gerichtes meine Verfehlung vergebe. 83 Mein Herr, schenke
mir Urteilskraft, und stelle mich zu denen, die Gutes tun. 84 Und
gib mir einen wahrhaftigen Ruf unter den späteren (Generatio-
nen). 85 Und mach mich zu einem der Erben des Gartens der
Wonne. 86 Und vergib meinem Vater, er gehört ja zu den
Irrenden. 87 Und mach mich nicht zuschanden am Tag, da sie
erweckt werden, 88 am Tag, da weder Vermögen noch Söhne
nützen, 89 sondern nur, wenn einer mit einem gesunden Herzen
zu Gott kommt.«

90 Und das Paradies wird an die Gottesfürchtigen herangebracht.
91 Und sichtbar gemacht wird die Hölle denen, die irregegangen

69–89: Vgl. 6,74–84.

sind. 92 Und es wird zu ihnen gesagt: »Wo ist denn das, was ihr
anzubeten pflegtet 93 anstelle Gottes? Können sie euch unter-
stützen oder sich selbst unterstützen?« 94 Dann werden sie
hineingestürzt, sie und die, die irregegangen sind, 95 und die
Truppen des Iblīs allesamt. 96 Sie sagen, während sie darin
miteinander streiten: 97 »Bei Gott, wir befanden uns in einem
offenkundigen Irrtum, 98 als wir euch dem Herrn der Welten
gleichsetzten. 99 Es waren nur die Übeltäter, die uns irregeführt
haben. 100 So haben wir nun keine Fürsprecher, 101 und auch
keinen warmherzigen Freund. 102 Hätten wir doch eine Mög-
lichkeit zur Rückkehr, damit wir zu den Gläubigen gehörten!«
103 Darin ist wahrlich ein Zeichen. Aber die meisten von ihnen
sind nicht gläubig. 104 Und dein Herr ist der Mächtige, der
Barmherzige.

105* Das Volk Noachs zieh die Gesandten der Lüge. 106 Als ihr
Bruder Noach zu ihnen sagte: »Wollt ihr denn nicht gottesfürch-
tig sein? 107 Ich bin für euch ein treuer Gesandter. 108 So
fürchtet Gott und gehorcht mir. 109 Ich verlange von euch dafür
keinen Lohn. Mein Lohn obliegt nur dem Herrn der Welten. 110
So fürchtet Gott und gehorcht mir.« *111 Sie sagten: »Sollen [38]
wir dir glauben, wo dir (nur) die Niedrigsten folgen?« 112 Er
sagte: »Was bedeutet es denn, wenn ich weiß, was sie zu tun
pflegten? 113 Mit ihnen abzurechnen obliegt nur meinem Herrn,
wenn ihr es doch merken würdet! 114 Und ich werde die
Gläubigen nicht verstoßen. 115 Ich bin nur ein offenkundiger
Warner.« 116 Sie sagten: »Wenn du nicht aufhörst, o Noach,
wirst du bestimmt zu denen gehören, die gesteinigt werden.« 117
Er sagte: »Mein Herr, mein Volk hat mich der Lüge geziehen.
118 So richte zwischen mir und ihnen und errette mich und die
von den Gläubigen, die mit mir sind.« 119 Da retteten Wir ihn
und die, die mit ihm waren, im voll beladenen Schiff. 120 Dann
ließen Wir hiernach die übrigen ertrinken. 121 Darin ist wahrlich
ein Zeichen. Aber die meisten von ihnen sind nicht gläubig. 122
Und dein Herr ist der Mächtige, der Barmherzige.

105–122: Vgl. 7,59–64.

123* Die `Ād ziehen die Gesandten der Lüge. 124 Als ihr Bruder
Hūd zu ihnen sagte: »Wollt ihr denn nicht gottesfürchtig sein?
125 Ich bin für euch ein treuer Gesandter. 126 So fürchtet Gott
und gehorcht mir. 127 Ich verlange von euch dafür keinen Lohn.
Mein Lohn obliegt nur dem Herrn der Welten. 128 Wollt ihr
denn weiter auf jeder Anhöhe ein Wahrzeichen bauen und ein
sinnloses Spiel treiben 129 und euch Bauwerke nehmen in der
Hoffnung, daß ihr ewig weilen würdet? 130 Und, wenn ihr
zugreift, greift ihr gewalttätig zu. 131 So fürchtet Gott und
gehorcht mir. 132 Und fürchtet den, der euch beigestanden hat
mit dem, was ihr wißt, 133 der euch beigestanden hat mit Vieh
und Söhnen, 134 und Gärten und Quellen. 135 Ich fürchte für
euch die Pein eines gewaltigen Tages.« 136 Sie sagten: »Es ist uns
gleich, ob du ermahnst oder ob du nicht zu denen gehörst, die
ermahnen. 137 Das hier ist nichts als die Sitte der Früheren. 138
Und wir werden bestimmt nicht gepeinigt werden.« 139 So ziehen
sie ihn der Lüge. Da ließen Wir sie verderben. Darin ist wahrlich ein
Zeichen. Aber die meisten von ihnen sind nicht gläubig. 140 Und
dein Herr ist der Mächtige, der Barmherzige.
141* Die Thamūd ziehen die Gesandten der Lüge. 142 Als ihr
Bruder Ṣāliḥ zu ihnen sagte: »Wollt ihr denn nicht gottesfürchtig
sein? 143 Ich bin für euch ein treuer Gesandter. 144 So fürchtet
Gott und gehorcht mir. 145 Ich verlange von euch keinen Lohn.
Mein Lohn obliegt nur dem Herrn der Welten. 146 Werdet ihr
etwa in dem, was hier ist, in Sicherheit gelassen, 147 in Gärten
und an Quellen, 148 in Getreidefeldern und Palmen, deren
Blütenscheiden zart sind? 149 Und werdet ihr weiter geschickt
aus den Bergen Häuser meißeln? 150 So fürchtet Gott und
gehorcht mir. 151 Und gehorcht nicht dem Befehl der Maßlosen,
152 die Unheil auf der Erde stiften und keine Besserung brin-
gen.« 153 Sie sagten: »Du bist ja einer von denen, die einem
Zauber verfallen sind. 154 Du bist nur ein Mensch wie wir. So
bring ein Zeichen her, so du zu denen gehörst, die die Wahrheit
sagen.« 155 Er sagte: »Dies ist eine Kamelstute; sie hat eine

123–140: Vgl. 7,65–72.
141–159: Vgl. 7,73–79.

Trinkzeit, und ihr habt eine Trinkzeit an einem bestimmten Tag.
156 Und rührt sie nicht mit etwas Bösem an, sonst ergreift euch
die Pein eines gewaltigen Tages.« 157 Und sie schnitten ihr die
Flechsen durch und stachen sie. So wurden sie zu Leuten, die
(ihre Tat) bereuen. 158 Da ergriff sie die Pein. Darin ist wahrlich
ein Zeichen. Aber die meisten von ihnen sind nicht gläubig. 159
Und dein Herr ist der Mächtige, der Barmherzige.
160* Das Volk Lots zieh die Gesandten der Lüge. 161 Als ihr
Bruder Lot zu ihnen sagte: »Wollt ihr denn nicht gottesfürchtig
sein? 162 Ich bin für euch ein treuer Gesandter. 163 So fürchtet
Gott und gehorcht mir. 164 Ich verlange von euch dafür keinen
Lohn. Mein Lohn obliegt nur dem Herrn der Welten. 165 Wie
könnt ihr denn zu den Männern unter den Weltenbewohnern
gehen 166 und, was euch euer Herr an Gattinnen erschaffen hat,
liegen lassen? Nein, ihr seid Leute, die Übertretungen begehen.«
167 Sie sagten: »Wenn du nicht aufhörst, o Lot, wirst du zu
denen gehören, die vertrieben werden.« 168 Er sagte: »Ich
verabscheue eure Tat. 169 Mein Herr, errette mich und meine
Angehörigen von dem, was sie tun.« 170 Da erretteten Wir ihn
und seine Angehörigen alle, 171 bis auf eine alte Frau unter
denen, die zurückblieben und dem Verderben anheimfielen. 172
Dann zerstörten Wir die anderen. 173 Und Wir ließen einen
Regen auf sie niedergehen. Schlimm war der Regen, der die
Gewarnten traf. 174 Darin ist wahrlich ein Zeichen. Aber die
meisten von ihnen sind nicht gläubig. 175 Und dein Herr ist der
Mächtige, der Barmherzige.
176* Die Gefährten des Waldes ziehen die Gesandten der Lüge.
177 Als Shu`ayb zu ihnen sagte: »Wollt ihr denn nicht gottes-
fürchtig sein? 178 Ich bin für euch ein treuer Gesandter. 179 So
fürchtet Gott und gehorcht mir. 180 Ich verlange von euch dafür
keinen Lohn. Mein Lohn obliegt nur dem Herrn der Welten.
*181 Gebt volles Maß und seid nicht solche, die Verlust verursa- [38¼]
chen. 182 Und wägt mit der richtigen Waage. 183 Und zieht den
Menschen nicht ab, was ihnen gehört, und stiftet nicht Unheil

160–175: Vgl. 7,80–84.
176–191: Vgl. 7,85–93.

auf der Erde. 184 Und fürchtet den, der euch und die früheren
Geschöpfe erschaffen hat.« 185 Sie sagten: »Du bist ja einer von
denen, die einem Zauber verfallen sind. 186 Du bist nur ein
Mensch wie wir. Wir meinen, daß du zu den Lügnern gehörst.
187 Laß doch Stücke vom Himmel auf uns herabfallen, so du zu
denen gehörst, die die Wahrheit sagen.« 188 Er sagte: »Mein
Herr weiß besser, was ihr tut.« 189 Sie ziehen ihn der Lüge. Da
ergriff sie die Pein des Tages der Überschattung. Es war die Pein
eines gewaltigen Tages. 190 Darin ist wahrlich ein Zeichen. Aber
die meisten von ihnen sind nicht gläubig. 191 Und dein Herr ist
der Mächtige, der Barmherzige.

192 Und er* ist eine Herabsendung des Herrn der Welten; 193
mit ihm ist der treue Geist herabgestiegen 194 auf dein Herz,
damit du einer der Warner seist, 195 in deutlicher arabischer
Sprache. 196 Und er ist in den Schriften der Früheren (erwähnt).
197 War es ihnen denn nicht ein Zeichen, daß die Gelehrten der
Kinder Israels über ihn Bescheid wissen? 198 Wenn Wir ihn auf
einen der Nichtaraber hinabgesandt hätten 199 und er ihn ihnen
vorgelesen hätte, hätten sie nicht an ihn geglaubt. 200 So haben
Wir ihn in die Herzen der Übeltäter eingehen lassen. 201 Sie
glauben nicht daran, bis sie die schmerzhafte Pein sehen, 202 bis
diese über sie plötzlich kommt, ohne daß sie es merken, 203 und
bis sie sagen: »Wird uns Aufschub gewährt?« 204 Wünschen sie
denn unsere Pein zu beschleunigen? 205 Was meinst du? Wenn
Wir sie auf Jahre genießen lassen, 206 wenn dann zu ihnen
kommt, was ihnen angedroht wurde, 207 dann wird ihnen nicht
nützen, was ihnen an Nutznießung gewährt wurde. 208 Und Wir
haben keine Stadt verderben lassen, ohne daß sie Warner gehabt
hätte, 209 dies als Ermahnung. Und Wir tun kein Unrecht.

210 Nicht die Satane sind mit ihm* herabgestiegen; 211 es ziemt
ihnen nicht, und sie vermögen es nicht. 212 Sie sind vom Hören
ausgeschlossen. 213 So rufe neben Gott keinen anderen Gott an,
sonst wirst du zu den Gepeinigten gehören. 214 Und warne deine
nächsten Sippenmitglieder. 215 Und senke deinen Flügel für die

192: der Koran.
210: mit dem Koran.

unter den Gläubigen, die dir folgen. 216 Wenn sie gegen dich ungehorsam sind, dann sprich: »Ich bin unschuldig an dem, was ihr tut.« 217 Und vertrau auf den Mächtigen, den Barmherzigen, 218 der dich sieht, wenn du aufrecht stehst*, 219 und auch wie du dich hin und her wendest unter denen, die sich niederwerfen. 220 Er ist der, der alles hört und weiß.

221 Soll ich euch kundtun, auf wen die Satane herabsteigen? 222 Sie steigen auf jeden Lügner und Sünder herab. 223 Sie hören hin, aber die meisten von ihnen sind Lügner. 224 Und den Dichtern folgen die Abgeirrten. 225 Hast du nicht gesehen, daß sie in jedem Tal richtungslos wandern, 226 und daß sie sagen, was sie nicht tun? 227 Nicht so diejenigen, die glauben, die guten Werke tun und Gottes viel gedenken, und (erst) sich selbst helfen, nachdem ihnen Unrecht getan wurde. Und diejenigen, die Unrecht tun, werden erfahren, was für eine Rückkehr sie haben werden.

Sure 27

Die Ameisen (al-Naml)

zu Mekka, 93 Verse

Im Namen Gottes, des Erbarmers, des Barmherzigen.
1 Ṭa Sin*. Dies sind die Zeichen des Korans und eines deutlichen [38½]
Buches, 2 Rechtleitung und Frohbotschaft für die Gläubigen,
3 die das Gebet verrichten und die Abgabe entrichten, und die
über das Jenseits Gewißheit hegen. 4 Denjenigen, die nicht an das
Jenseits glauben, haben Wir ihre Werke verlockend gemacht, so
daß sie blind umherirren. 5 Das sind die, für die eine schlimme
Pein bestimmt ist, und im Jenseits sind sie die größten Verlierer.

218: im Gebet.

1: Die Bedeutung dieser Buchstaben ist noch nicht geklärt.

6 Und wahrlich, dir wird der Koran zum Empfang überbracht von
seiten eines Weisen und Allwissenden.
7* Als Mose zu seinen Angehörigen sagte: »Ich habe ein Feuer
wahrgenommen. Ich werde euch davon eine Nachricht bringen,
oder ich bringe euch eine brennende Fackel, auf daß ihr euch
(daran) wärmen könnt.« 8 Als er dort ankam, wurde ihm zugeru-
fen: »Gesegnet sei der, der im Feuer und der in seiner Umgebung
ist, und Preis sei Gott, dem Herrn der Welten! 9 O Mose, Ich bin,
ja Ich bin Gott, der Mächtige, der Weise. 10 Und wirf deinen
Stab.« Als er nun sah, daß er sich schüttelte, als wäre er eine
flinke Schlange, kehrte er den Rücken und wandte sich nicht
mehr um. »O Mose, hab keine Angst. Ja, bei Mir brauchen die
Gesandten keine Angst zu haben, 11 außer wenn einer Unrecht
tut. Tauscht er dann aber nach der bösen Tat etwas Gutes ein,
dann bin Ich voller Vergebung und barmherzig. 12 Und stecke
deine Hand in deinen Hemdausschnitt, so kommt sie weiß,
jedoch nicht von Übel befallen, heraus. Dies zählt zu neun
Zeichen, gerichtet an Pharao und sein Volk. Sie sind ja ein
frevlerisches Volk.« 13 Als unsere Zeichen deutlich sichtbar zu
ihnen kamen, sagten sie: »Das ist eine offenkundige Zauberei.«
14 Und sie verleugneten sie, obwohl ihr Inneres darüber Gewiß-
heit hegte, aus Ungerechtigkeit und Überheblichkeit. So schau,
wie das Ende der Unheilstifter war.
15 Und Wir ließen David und Salomo Wissen zukommen. Und
sie sagten: »Lob sei Gott, der uns vor vielen seiner gläubigen
Diener bevorzugt hat!« 16 Und Salomo beerbte David. Und er
sagte: »O ihr Menschen, uns ist die Sprache der Vögel gelehrt
worden, und uns wurde von allen Dingen zugeteilt. Das ist
wahrlich die offenkundige Huld (Gottes).«
17 Und zusammengeführt wurden zu Salomo seine Truppen
– Djinn, Menschen und Vögel –, und sie wurden in Abteilun-
gen aufgestellt. 18 Als sie dann zum Ameisental kamen, sagte
eine Ameise: »O ihr Ameisen, geht in eure Wohnungen hinein,
daß euch nicht Salomo und seine Truppen zermalmen, ohne es zu
merken.« 19 Da lächelte er erheitert über ihre Rede und sagte:

7–14: Vgl. 7,103–137.

»Mein Herr, gib mir ein, für deine Gnade zu danken, mit der Du
mich und meine Eltern begnadet hast, und etwas Gutes zu tun,
das Dir wohlgefällt. Und laß mich durch deine Barmherzigkeit
eingehen in die Reihen deiner rechtschaffenen Diener.« 20 Und
er schaute bei den Vögeln nach Vermißten. Da sagte er: »Wie
kommt es, daß ich den Wiedehopf nicht sehe? Befindet er sich
etwa unter den Abwesenden? 21 Wahrlich, ich werde ihn mit
einer harten Pein peinigen. Oder ich werde ihn wahrlich schlach-
ten, es sei denn, er bringt mir eine offenkundige Ermächtigung.«
22 Er blieb nicht lange. Da sagte er: »Ich habe erfaßt, was du
nicht erfaßt hast. Und ich bringe dir aus Saba' eine sichere
Nachricht. 23 Ich habe herausgefunden, daß eine Frau über sie
herrscht, daß ihr von allen Dingen zugeteilt worden ist, und daß
sie einen gewaltigen Thron hat. 24 Und ich habe herausgefun-
den, daß sie und ihr Volk vor der Sonne niederfallen, statt vor
Gott. Und der Satan hat ihnen ihre Werke verlockend gemacht
und sie vom Weg abgewiesen, so daß sie der Rechtleitung nicht
folgen, 25 (dies), damit* sie nicht vor Gott niederfallen, der das
Verborgene in den Himmeln und auf der Erde herausbringt und
weiß, was ihr verbergt, und was ihr offenlegt. 26 Gott, es gibt
keinen Gott außer Ihm, dem Herrn des majestätischen Thrones.«
*27 Er sagte: »Wir werden schauen, ob du die Wahrheit sagst [38¾]
oder ob du zu den Lügnern gehörst. 28 Geh mit diesem meinem
Schreiben und überbring es ihnen. Dann kehr dich von ihnen ab
und schau, was sie erwidern.« 29 Sie sagte: »O ihr Vornehmen,
mir ist ein edles Schreiben überbracht worden. 30 Es ist von
Salomo. Und es lautet: ›Im Namen Gottes, des Erbarmers, des
Barmherzigen. 31 Seid mir gegenüber nicht überheblich und
kommt ergeben zu mir.‹« 32 Sie sagte: »O ihr Vornehmen, gebt
mir Auskunft über meine Angelegenheit. Ich entscheide ja keine
Angelegenheit, es sei denn in eurer Gegenwart.« 33 Sie sagten:
»Wir besitzen eine Streitmacht und besitzen eine starke Schlag-
kraft. Aber dir gehört es, zu befehlen. So sieh zu, was du
befehlen willst.« 34 Sie sagte: »Wenn Könige eine Stadt betre-
ten, stürzen sie sie ins Unheil und machen die Mächtigen unter

25: Oder: auf daß ...

ihren Bewohnern zu gedemütigten (Menschen). Ja, so handeln
sie. 35 Ich werde (Leute) zu ihnen schicken mit einem Geschenk,
und dann werde ich abwarten, was die Boten (für eine Antwort)
zurückbringen.« 36 Als er* zu Salomo kam, sagte dieser*: »Ihr
wollt mir mit Geld beistehen? Aber das, was mir Gott zukommen
ließ, ist besser als das, was Er euch zukommen ließ. Nein, ihr seid
es, die ihr euch über euer Geschenk freut. 37 Kehr zu ihnen
zurück. Wahrlich, wir werden zu ihnen mit Truppen kommen,
denen sie nichts entgegenzusetzen haben. Und wahrlich, wir
werden sie aus ihrer Stadt vertreiben als Gedemütigte und
Erniedrigte.« 38 Er sagte: »O ihr Vornehmen, wer von euch
bringt mir ihren Thron, bevor sie ergeben zu mir kommen?« 39
Ein listiger Kraftprotz unter den Djinn sagte: »Ich bringe ihn dir,
bevor du dich von deiner Stelle erhebst. Und ich habe gewiß die
Stärke dazu, und ich bin vertrauenswürdig.« 40 Der, der Wissen
aus dem Buch besaß, sagte: »Ich bringe ihn dir, bevor dein Blick
zu dir zurückkehrt.« Als er ihn da bei sich stehen sah, sagte er:
»Dies ist von der Huld meines Herrn, damit Er mich prüft, ob ich
dankbar oder undankbar bin. Und wer dankbar ist, ist dankbar zu
seinem eigenen Vorteil. Und wenn einer undankbar ist, so ist
mein Herr auf niemanden angewiesen und freigebig.« 41 Er
sagte: »Macht ihr ihren Thron unkenntlich, wir wollen schauen,
ob sie der Rechtleitung folgt oder ob sie zu denen gehört, die der
Rechtleitung nicht folgen.« 42 Als sie kam, wurde (zu ihr)
gesagt: »War dein Thron so?« Sie sagte: »Es ist so, als wäre er es.
Und uns wurde schon vor dem* das Wissen zuteil, und wir waren
gottergeben.« 43 Und abgewiesen hat sie, was sie anstelle Gottes
verehrte. Sie gehörte ja zu ungläubigen Leuten. 44 Es wurde zu
ihr gesagt: »Tritt in den offenen Hochbau ein.« Als sie ihn sah,
hielt sie ihn für ein tiefes Wasser und entblößte ihre Beine. Er
sagte: »Es ist ein mit Glas ausgelegter Hochbau.« Sie sagte:
»Mein Herr, ich habe mir selbst Unrecht getan. Und ich ergebe
mich, zusammen mit Salomo, Gott, dem Herrn der Welten.«

36: ihr Bote. – Wörtlich: er, d. h. Salomo.
42: vor diesem Zeichen.

45* Und Wir haben zu Thamūd ihren Bruder Ṣāliḥ gesandt:
»Dienet Gott.« Da waren es plötzlich zwei Gruppen, die mitein-
ander stritten. 46 Er sagte: »O mein Volk, warum wünscht ihr,
das Schlechte vor dem Guten zu beschleunigen? Könntet ihr doch
Gott um Vergebung bitten, auf daß ihr Erbarmen findet!« 47 Sie
sagten: »Wir sehen ein böses Omen in dir und in denen, die mit
dir sind.« Er sagte: »Euer Omen ist bei Gott. Aber ihr seid ja
Leute, die der Versuchung ausgesetzt sind.« 48 Nun befanden
sich in der Stadt neun Mitglieder einer Bande, die auf der Erde
Unheil stifteten und keine Besserung brachten. 49 Sie sagten:
»Schwört voreinander bei Gott: Wir werden ihn und seine
Angehörigen nachts überfallen, dann werden wir zu seinem
nächsten Verwandten sagen: ›Wir waren bei der Vernichtung
seiner Angehörigen nicht zugegen, und wir sagen (hier) die
Wahrheit.‹« 50 Sie schmiedeten Ränke, und Wir schmiedeten
Ränke, ohne daß sie es merkten. 51 Schau, wie die Folge ihrer
Ränke war: Wir zerstörten sie und ihr Volk allesamt. 52 Da sind
ihre Häuser verödet dafür, daß sie Unrecht taten. Darin ist ein
Zeichen für Leute, die Bescheid wissen. 53 Und Wir retteten
diejenigen, die glaubten und gottesfürchig waren.
54* Und (gesandt haben Wir) Lot. Als er zu seinem Volk sagte:
»Wollt ihr denn das Schändliche begehen, wo ihr es doch seht? 55
Wollt ihr denn in Begierde zu den Männern gehen statt zu den
Frauen? Nein, ihr seid Leute, die töricht sind.« *56 Die Antwort 20. Teil
seines Volkes war nur, daß sie sagten: »Vertreibt die Sippe Lots [39]
aus eurer Stadt. Das sind Menschen, die sich rein stellen.« 57 Da
retteten Wir ihn und seine Angehörigen, außer seiner Frau. Wir
bestimmten, daß sie zu denen gehörte, die zurückblieben und dem
Verderben anheimfielen. 58 Und Wir ließen einen Regen auf sie
niedergehen. Schlimm ist der Regen, der die Gewarnten traf.
59 Sprich: Lob sei Gott! Und Friede sei über seinen Dienern, die
Er sich erwählt hat! Ist Gott besser oder das, was sie (Ihm)
beigesellen? 60 Oder wer hat die Himmel und die Erde erschaffen
und euch vom Himmel Wasser herabkommen lassen? Dadurch

45–53: Vgl. 7,73–79.
54–58: Vgl. 7,80–84.

haben Wir Gärten wachsen lassen, die Freude bereiten. Ihr hättet unmöglich deren Bäume wachsen lassen können. Gibt es denn einen (anderen) Gott neben Gott? Nein, ihr seid ja Leute, die (Gott andere) gleichsetzen. 61 Oder wer hat die Erde zu einem festen Grund gemacht und Flüsse durch sie gemacht und auf ihr festgegründete Berge gemacht und zwischen den beiden Meeren eine Schranke gemacht? Gibt es denn einen (anderen) Gott neben Gott? Nein, die meisten von ihnen wissen nicht Bescheid. 62 Oder wer erhört den Bedrängten, wenn er zu Ihm ruft, und behebt das Böse und macht euch zu Nachfolgern auf der Erde? Gibt es denn einen (anderen) Gott neben Gott? Aber ihr bedenkt es wenig. 63 Oder wer führt euch in den Finsternissen des Festlandes und des Meeres (den rechten Weg)? Und wer schickt seiner Barmherzigkeit die Winde als frohe Botschaft voraus? Gibt es denn einen (anderen) Gott neben Gott? Erhaben ist Gott über das, was sie (Ihm) beigesellen. 64 Und wer macht die Schöpfung am Anfang und wiederholt sie? Und wer versorgt euch vom Himmel und von der Erde? Gibt es denn einen (anderen) Gott neben Gott? Sprich: Bringt her euren Beweis, so ihr die Wahrheit sagt.

65 Sprich: Diejenigen, die in den Himmeln und auf der Erde sind, wissen über das Unsichtbare nicht Bescheid, außer Gott. Und sie merken nicht, wann sie auferweckt werden. 66 Nein, ihr Wissen über das Jenseits ist da erschöpft. Mehr noch, sie hegen darüber Zweifel. Mehr noch, sie sind ihm gegenüber blind.

67 Und diejenigen, die ungläubig sind, sagen: »Wenn wir und unsere Väter zu Staub geworden sind, sollen wir dann wirklich wieder hervorgebracht werden? 68 Dies ist uns und zuvor unseren Vätern versprochen worden. Das sind (doch) nichts als die Fabeln der Früheren.« 69 Sprich: Geht auf der Erde umher und schaut, wie das Ende der Übeltäter war. 70 Und sei nicht betrübt über sie, und sei nicht in Bedrängnis wegen der Ränke, die sie schmieden.

71 Und sie sagen: »Wann wird diese Androhung eintreten, so ihr die Wahrheit sagt?« 72 Sprich: Vielleicht ist einiges von dem, was ihr zu beschleunigen wünscht, dicht hinter euch. 73 Und dein Herr ist voller Huld gegen die Menschen. Aber die meisten

von ihnen sind nicht dankbar. 74 Und dein Herr weiß gewiß, was
ihre Brust verhüllt und was sie offenlegen. 75 Und es gibt nichts
Unsichtbares im Himmel und auf der Erde, was nicht in einem
deutlichen Buch stünde.
76 Dieser Koran erzählt den Kindern Israels das meiste von dem,
worüber sie uneins sind. 77 Und es ist eine Rechtleitung und
Barmherzigkeit für die Gläubigen. 78 Dein Herr richtet zwischen
ihnen durch sein Urteil. Und Er ist der Mächtige, der alles weiß.
79 So vertrau auf Gott. Du folgst der offenkundigen Wahrheit.
80 Du kannst nicht die Toten hören lassen und auch nicht die
Tauben den Zuruf hören lassen, wenn sie den Rücken kehren.
81 Und du kannst nicht die Blinden aus ihrem Irrtum herausfüh-
ren. Hören lassen kannst du nur die, die an unsere Zeichen
glauben und somit gottergeben sind. *82 Und wenn der Spruch [39¼]
über sie fällig wird, bringen Wir ihnen ein Tier* aus der Erde
hervor, das zu ihnen spricht; (dies), weil die Menschen über
unsere Zeichen keine Gewißheit hegen. 83 Und am Tag, da Wir
aus jeder Gemeinschaft eine Schar von denen versammeln, die
unsere Zeichen für Lüge erklären, und sie dann in Abteilungen
aufgestellt werden. 84 Wenn sie dann kommen, spricht Er:
»Habt ihr denn meine Zeichen für Lüge erklärt, obwohl ihr
davon kein umfassendes Wissen hattet, oder was habt ihr denn
getan?« 85 Und der Spruch wird über sie fällig dafür, daß sie
Unrecht taten, so daß sie nicht reden werden.
86 Haben sie nicht gesehen, daß Wir die Nacht gemacht haben,
damit sie in ihr ruhen, und den Tag, an dem man sehen kann?
Darin sind Zeichen für Leute, die glauben.
87 Und am Tag, da in die Trompete geblasen wird und die
erschrecken, die in den Himmeln und die auf der Erde sind, außer
denen, die Gott will. Und alle kommen demütig zu Ihm. 88 Und
du siehst die Berge: Du meinst, sie stünden fest, während sie wie
Wolken vorbeiziehen. (Es ist) das Werk Gottes, der alles sorgfäl-
tig gemacht hat. Er hat Kenntnis von dem, was ihr tut. 89
Diejenigen, die mit einer guten Tat kommen, erhalten etwas
Besseres als sie. Und sie sind an jenem Tag vor dem Schrecken in

82: ein Tier der Endzeit.

Sicherheit. 90 Und diejenigen, die mit einer schlechten Tat kommen, werden auf ihren Gesichtern ins Feuer gestürzt: »Wird euch denn für etwas anderes vergolten als das, was ihr zu tun pflegtet?«
91 Wahrlich, mir ist befohlen worden, dem Herrn dieser Ortschaft* zu dienen, der sie für heilig erklärt hat und dem alles gehört. Und mir ist befohlen worden, einer der Gottergebenen zu sein, 92 und den Koran zu verlesen. Wer der Rechtleitung folgt, folgt ihr zu seinem eigenen Vorteil. Und wenn einer irregeht, dann sprich: Ich bin ja nur einer der Warner. 93 Und sprich: Lob sei Gott! Er wird euch seine Zeichen sehen lassen, so werdet ihr sie erkennen. Und Gott läßt nicht unbeachtet, was ihr tut.

Sure 28

Die Geschichte (al-Qaṣaṣ)

zu Mekka, 88 Verse

Im Namen Gottes, des Erbarmers, des Barmherzigen.
1 Ṭā Sīn Mīm*. 2 Dies sind die Zeichen des deutlichen Buches. 3*
Wir verlesen dir aus dem Bericht über Mose und Pharao der Wahrheit entsprechend, für Leute, die glauben. 4 Pharao hatte hohe Gewalt im Land und machte seine Bewohner zu Parteien, von denen er eine Gruppe wie Schwache behandelte, indem er ihre Söhne abschlachtete und nur ihre Frauen am Leben ließ. Er gehörte zu den Unheilstiftern. 5 Wir aber wollten denen, die im Land wie Schwache behandelt wurden, eine Wohltat erweisen und sie zu Vorbildern machen und zu Erben machen, 6 ihnen

91: Mekka mit dem Heiligtum der Kaʿba.

1: Die Bedeutung dieser Buchstaben ist noch nicht geklärt.
3–42: Vgl. 7,103–137.

eine angesehene Stellung im Land geben und durch sie Pharao,
Hāmān und deren Truppen das erfahren lassen, was sie befürch-
teten*.
7 Und Wir gaben der Mutter des Mose ein: »Stille ihn. Und falls
du Angst um ihn hast, so leg ihn ins Meer. Hab keine Angst und
sei nicht betrübt. Wir werden ihn dir zurückbringen und ihn zu
einem der Gesandten machen.« 8 Da lasen ihn die Angehörigen
Pharaos auf, damit er ihnen ein Feind und Grund zum Kummer
sei. Pharao, Hāmān und deren Truppen handelten verfehlt. 9 Die
Frau Pharaos sagte: »Er wird für mich und dich ein Grund zur
Freude sein. Tötet ihn nicht. Möge er Nutzen bringen, oder
vielleicht nehmen wir ihn als Kind an.« Dabei merkten sie nicht
(was das ihnen bringen würde). 10 Und das Herz der Mutter des
Mose war leer*. Fast hätte sie ihn offen bekanntgegeben, wenn
Wir nicht ihr Herz gefestigt hätten, damit sie zu den Gläubigen
gehöre. 11 Und sie sagte zu seiner Schwester: »Folge seiner
Spur.« Sie beobachtete ihn beiläufig, ohne daß sie es merkten.
*12 Nun hatten Wir ihm zuvor Ammenbrüste verwehrt. Da [39½]
sagte sie: »Soll ich euch auf Hausleute hinweisen, die ihn für
euch betreuen und ihm wohlgesinnt sein würden?« 13 So brach-
ten Wir ihn zu seiner Mutter zurück, damit sie durch ihn frohen
Mutes und nicht betrübt sei, und sie sollte wissen, daß das
Versprechen Gottes wahr ist. Aber die meisten von ihnen wissen
nicht Bescheid.
14 Und als er seine Vollkraft und seine volle Gestalt erreicht
hatte, ließen Wir ihm Urteilskraft und Wissen zukommen. So
entlohnen Wir die Rechtschaffenen. 15 Und er trat in die Stadt
ein zu einer Zeit, da ihre Bewohner darauf nicht achteten. Da
fand er darin zwei Männer, die miteinander kämpften, der eine
war von seiner eigenen Partei, der andere von seinen Feinden.
Der, der von seiner Partei war, rief ihn zu Hilfe gegen den, der
von den Feinden war. Mose schlug ihn und brachte ihn so um. Er
sagte: »Das gehört zum Werk Satans. Er ist ja ein offenkundiger

6: daß sie Land und Vermögen verlieren.
10: aus Trauer und Verzweiflung – oder: war erleichtert, da sie somit ihr Kind retten konnte.

Feind, der irreführt.« 16 Er sagte: »Mein Herr, ich habe mir selbst Unrecht getan. So vergib mir.« Da vergab Er ihm. Er ist ja der, der voller Vergebung und barmherzig ist. 17 Er sagte: »Mein Herr, weil Du mich begnadet hast, werde ich nie den Übeltätern Beistand leisten.« 18 Am Morgen war er in der Stadt voller Angst und sah sich immer wieder um. Und siehe, der ihn am Tag zuvor um Unterstützung gebeten hatte, schrie zu ihm um Hilfe. Mose sagte zu ihm: »Du bist offenkundig stark abgeirrt.« 19 Als er nun mit Gewalt den greifen wollte, der ihrer beider Feind war, sagte dieser: »O Mose, willst du denn mich töten, wie du gestern einen Menschen getötet hast? Du willst nichts anderes, als ein Gewalttäter im Land zu sein, und du willst nicht zu denen gehören, die Besserung bringen.« 20 Ein Mann kam vom äußersten Ende der Stadt gelaufen. Er sagte: »O Mose, die Vornehmen beraten über dich, um dich zu töten. So geh fort, ich gehöre zu denen, die dir gut raten.« 21 Er ging aus ihr fort voller Angst und sah sich immer wieder um. Er sagte: »Mein Herr, errette mich von den Leuten, die Unrecht tun.«

22 Und als er sich in Richtung Madyan begab, sagte er: »Möge mein Herr mich den rechten Weg führen!« 23 Als er nun zum Wasser von Madyan kam, fand er dort eine (ganze) Gemeinschaft von Menschen, die (ihr Vieh) tränkten. Und er fand außer ihnen zwei Frauen, die (ihre Tiere) zurückhielten. Er sagte: »Was ist mit euch?« Sie sagten: »Wir tränken (unsere Tiere) nicht, bis die Hirten (ihr Vieh) zurückgetrieben haben. Und unser Vater ist (auch) ein hochbetagter Greis.« 24 Da tränkte er ihnen (ihre Tiere). Dann zog er sich zurück in den Schatten und sagte: »Mein Herr, ich bin dessen bedürftig, was Du auch immer an Gutem zu mir herabsendest.« 25 Die eine von den beiden kam zu ihm, sie ging verschämt. Sie sagte: »Mein Vater ruft dich, um dir den Lohn dafür zu geben, daß du uns (die Tiere) getränkt hast.« Als er zu ihm kam und ihm die Geschichte erzählte, sagte er: »Hab keine Angst. Du bist den Leuten entkommen, die Unrecht tun.« 26 Die eine von den beiden sagte: »O mein Vater, dinge ihn. Der Beste, den du dingen kannst, ist der, der stark und vertrauenswürdig ist.« 27 Er sagte: »Ich will dir eine dieser meiner beiden Töchter zur Frau geben unter der Bedingung, daß

du acht Jahre in meinen Dienst trittst. Wenn du sie aber auf zehn
vollmachst, so ist das deine Entscheidung. Ich will gegen dich
keine Härte zeigen. Du wirst, so Gott will, finden, daß ich zu den
Rechtschaffenen gehöre.« 28 Er sagte: »Dies sei zwischen mir
und dir abgemacht. Welche der beiden Fristen ich auch erfülle, es
darf keine Übertretung gegen mich geben. Und Gott ist Sachwal-
ter über das, was wir sagen.«

*29 Als Mose die Frist erfüllte und mit seinen Angehörigen [39¾]
fortzog, nahm er auf der Seite des Berges ein Feuer wahr. Er
sagte zu seinen Angehörigen: »Bleibt hier. Ich habe ein Feuer
wahrgenommen. Vielleicht kann ich euch davon eine Nachricht
oder einen Scheit aus dem Feuer bringen, so daß ihr euch
wärmen könnt.« 30 Als er dort ankam, wurde ihm vom rechten
Ufer des Tals im gesegneten Land aus dem Baum zugerufen: »O
Mose, wahrlich, Ich bin Gott, der Herr der Welten. 31 Und wirf
deinen Stab.« Als er nun sah, daß er sich schüttelte, als wäre er
eine flinke Schlange, kehrte er den Rücken und wandte sich nicht
mehr um. – »O Mose, komm her und hab keine Angst. Du sollst
zu denen gehören, die in Sicherheit sind. 32 Und stecke deine
Hand in deinen Hemdausschnitt, so kommt sie weiß, jedoch nicht
von Übel befallen, heraus. Und zieh deinen Arm an dich aus
Erschrecken*. Das sind zwei Beweise von deinem Herrn, gerich-
tet an Pharao und seine Vornehmen. Sie sind ja ein frevlerisches
Volk. 33 Er sagte: »Mein Herr, ich habe einen von ihnen getötet.
So fürchte ich, daß sie mich töten. 34 Auch hat mein Bruder
Aaron eine redegewandtere Zunge. So sende ihn mit mir zur
Unterstützung, daß er mich bestätige. Ich fürchte, daß sie mich
der Lüge zeihen.« 35 Er sprach: »Wir werden deinen Arm durch
deinen Bruder festigen, und Wir erteilen euch beiden eine
Ermächtigung, so daß sie nicht zu euch gelangen können. (Geht
also) mit unseren Zeichen. Ihr und diejenigen, die euch folgen,
werden die Sieger sein.« 36 Als nun Mose mit unseren Zeichen

32: aus Erschrecken vor dem Zeichen an seiner Hand – oder vor seinem in eine Schlange verwandelten Stab. – Andere Übersetzung: aus Entschlossenheit und zur Überwindung deiner Angst; oder: aus Erschauern vor Gottes Macht und Größe.

als deutlichen Beweisen kam, sagten sie: »Das ist nichts anderes als eine erdichtete Zauberei. Und wir haben bei unseren Vorvätern so etwas nicht gehört.« 37 Mose sagte: »Mein Herr weiß besser, wer von Ihm her die Rechtleitung bringt und wem die jenseitige Wohnstätte gehört. Wahrlich, denen, die Unrecht tun, wird es nicht wohl ergehen.« 38 Und Pharao sagte: »O ihr Vornehmen, ich weiß euch keinen anderen Gott als mich. So entfache mir, o Hāmān, einen Brand auf Lehm, und mache mir einen offenen Hochbau, auf daß ich zum Gott des Mose emporsteige. Siehe, ich meine, daß er zu den Lügnern gehört.« 39 Er und seine Truppen zeigten sich auf der Erde zu Unrecht hochmütig, und sie meinten, daß sie nicht zu Uns zurückgebracht werden. 40 Da ergriffen Wir ihn und seine Truppen und warfen sie ins Meer. So schau, wie das Ende derer war, die Unrecht tun. 41 Und Wir machten sie zu Anführern, die zum Feuer rufen. Und am Tag der Auferstehung werden sie keine Unterstützung erfahren. 42 Und Wir ließen ihnen einen Fluch im Diesseits folgen, und am Tag der Auferstehung gehören sie zu den Verabscheuten.

43 Und Wir ließen Mose das Buch zukommen, nachdem Wir die früheren Generationen haben verderben lassen, als einsichtbringende Zeichen für die Menschen und als eine Rechtleitung und Barmherzigkeit, auf daß sie es bedenken. 44 Und du warst nicht auf der Seite des westlichen Ortes, als Wir Mose die Angelegenheit auftrugen, und du gehörtest nicht zu den Zeugen. 45 Wir aber ließen Generationen entstehen, und sie erreichten ein hohes Alter. Und du hattest dich nicht unter den Leuten von Madyan niedergelassen, um ihnen unsere Zeichen zu verlesen. Wir aber entsandten (die Propheten). 46 Und du warst nicht auf der Seite des Berges, als Wir zuriefen. Aber (es geschah) als Barmherzigkeit von deinem Herrn, damit du Leute warnst, zu denen vor dir noch kein Warner gekommen ist, auf daß sie es bedenken. 47 (Wir hätten es auch nicht getan), würden sie nicht, wenn sie ein Unglück trifft wegen dessen, was ihre Hände vorausgeschickt haben, sagen: »Unser Herr, wenn Du doch einen Gesandten zu uns geschickt hättest, so daß wir deinen Zeichen hätten folgen können und zu den Gläubigen gehört hätten!« 48 Als nun von

Uns her die Wahrheit zu ihnen kam, sagten sie: »Wäre ihm doch
das gleiche zugekommen, was Mose zugekommen ist!« Haben
sie denn nicht das verleugnet, was zuvor Mose zugekommen ist?
Sie sagten: »Zwei Zauberwerke, die einander beistehen.« Und sie
sagten: »Wir verleugnen sie alle beide.« 49 Sprich: Dann bringt
ein Buch von Gott bei, das eine bessere Rechtleitung enthält als
diese beiden, so will ich ihm folgen, wenn ihr die Wahrheit sagt.
50 Wenn sie dich nicht erhören, dann sollst du wissen, daß sie
nur ihren Neigungen folgen. Und wer ist weiter abgeirrt als der,
der seiner Neigung folgt ohne eine Rechtleitung von Gott. Gott
leitet die ungerechten Leute nicht recht. *51 Und Wir haben [40]
ihnen das Wort Stück für Stück übermittelt, auf daß sie es
bedenken.
52 Diejenigen, denen Wir vor ihm* das Buch zukommen ließen,
sie glauben an ihn. 53 Und wenn er ihnen verlesen wird, sagen
sie: »Wir glauben an ihn. Es ist die Wahrheit von unserem
Herrn. Wir waren schon vor ihm gottergeben.« 54 Diese erhal-
ten ihren Lohn zweifach dafür, daß sie geduldig waren. Und sie
wehren das Böse mit dem Guten ab und spenden von dem, was
Wir ihnen beschert haben. 55 Und wenn sie unbedachte Rede
hören, wenden sie sich davon ab und sagen: »Wir haben unsere
Werke und ihr habt eure Werke (zu verantworten). Friede sei
über euch! Wir suchen nicht den Umgang mit den Törichten.«
56 Du kannst nicht rechtleiten, wen du gern möchtest. Gott ist
es, der rechtleitet, wen Er will. Er weiß besser, wer der Rechtlei-
tung folgt. 57 Und sie sagen: »Wenn wir mit dir der Rechtleitung
folgen, werden wir von unserem Land weggerafft.« Haben Wir
ihnen denn nicht als feste Stätte einen sicheren heiligen Bezirk
gegeben, zu dem die verschiedenartigen Früchte zusammengetra-
gen werden als Versorgung von Uns her? Aber die meisten von
ihnen wissen nicht Bescheid.
58 Und wie manche Stadt, die sich maßlos ihres Lebensunterhal-
tes erfreute, haben Wir verderben lassen! Da sind nun ihre
Wohnungen, sie wurden nach ihnen nicht mehr bewohnt, bis auf
einige wenige. Und Wir sind es, die (alles) geerbt haben. 59 Und

52: dem Koran.

dein Herr hätte unmöglich die Städte verderben lassen, ohne in ihrer Hauptstadt einen Gesandten erstehen zu lassen, der ihnen unsere Zeichen verliest. Und Wir hätten die Städte nie verderben lassen, wenn ihre Bewohner nicht Unrecht getan hätten.
60 Und was immer euch zuteil geworden ist, ist Nutznießung
und Schmuck des diesseitigen Lebens. Was aber bei Gott ist, ist
besser und beständiger. Habt ihr denn keinen Verstand? 61 Ist
denn der, dem Wir ein schönes Versprechen gegeben haben und
der es auch vorfinden wird, dem gleich, den Wir die Nutznießung
des diesseitigen Lebens genießen lassen, der aber am Tag der
Auferstehung zu denen gehören wird, die vorgeführt werden*?
62 Und am Tag, da Er sie ruft und spricht: »Wo sind meine
Teilhaber, die ihr immer wieder angegeben habt?« 63 Diejenigen,
gegen die der Spruch zu Recht fällig geworden ist, sagen: »Unser
Herr, diese, die wir haben abirren lassen, haben wir abirren
lassen, wie wir selbst abgeirrt waren. (Von ihnen) sagen wir uns
vor Dir los. Nicht uns verehrten sie ja.« 64 Und es wird
gesprochen: »Ruft eure Teilhaber.« Sie rufen sie an, aber sie
erhören sie nicht. Und sie sehen die Pein. Wären sie doch der
Rechtleitung gefolgt!
65 Und am Tag, da Er sie ruft und spricht: »Was habt ihr den
Gesandten geantwortet?« 66 An jenem Tag ist ihnen entschwun-
den, was sie zu berichten haben, und sie befragen (auch) nicht
einander. 67 Wer aber umkehrt und glaubt und Gutes tut, der
möge zu denen gehören, denen es wohl ergeht.
68 Und dein Herr erschafft und wählt, was Er will. Sie aber haben
nicht die Möglichkeit zu wählen. Preis sei Gott! Und erhaben ist
Er über das, was sie (Ihm) beigesellen. 69 Und dein Herr weiß,
was ihre Brust verhüllt und was sie offenlegen. 70 Und Er ist
Gott. Es gibt keinen Gott außer Ihm. Lob sei Ihm in der
diesseitigen und der jenseitigen Welt! Ihm gehört das Urteil, und
zu Ihm werdet ihr zurückgebracht.
71 Sprich: Was meint ihr? Würde Gott auf euch die Nacht als
Dauerzustand legen bis zum Tag der Auferstehung, welcher Gott
außer Gott würde euch Licht bringen? Wollt ihr denn nicht

61: zum Gericht.

hören? 72 Sprich: Was meint ihr? Würde Gott auf euch den Tag als Dauerzustand legen bis zum Tag der Auferstehung, welcher Gott außer Gott würde euch eine Nacht bringen, in der ihr ruhen könnt? Wollt ihr denn nicht einsichtig sein? 73 In seiner Barmherzigkeit hat Er euch die Nacht und den Tag gemacht, damit ihr darin ruht und auch nach etwas von seiner Huld strebt, auf daß ihr dankbar seid. 74 Und am Tag, da Er sie ruft und spricht: »Wo sind denn meine Teilhaber, die ihr immer wieder angegeben habt?« 75 Und Wir ziehen aus jeder Gemeinschaft einen Zeugen heraus. Da sprechen Wir: »Bringt her euren Beweis.« So wissen sie, daß die Wahrheit Gott gehört. Und entschwunden ist ihnen, was sie zu erdichten pflegten.

76 Qārūn gehörte zum Volk des Mose. Er behandelte sie mit [40¼]
ungerechter Gewalt. Und Wir ließen ihm solche Schätze zukommen, daß deren Schlüssel eine schwere Last für eine Schar kräftiger Männer gewesen wären. Als seine Leute zu ihm sagten: »Sei nicht so froh, Gott liebt die nicht, die zu sehr froh sind. 77 Und strebe mit dem, was Gott dir zukommen ließ, nach der jenseitigen Wohnstätte, und vergiß auch nicht deinen Anteil am Diesseits. Und tu Gutes, so wie Gott dir Gutes getan hat. Und suche nicht das Unheil auf der Erde, Gott liebt ja nicht die Unheilstifter.« 78 Er sagte: »Es ist mir zugekommen aufgrund von Wissen, das ich besitze.« Wußte er denn nicht, daß Gott vor ihm solche Generationen hat verderben lassen, die eine stärkere Kraft besaßen und mehr Reichtum gesammelt hatten? Und die Übeltäter werden nicht nach ihren (einzelnen) Sünden gefragt. 79 Und er kam zu seinem Volk in seinem Schmuck heraus. Diejenigen, die das diesseitige Leben begehrten, sagten: »O hätten doch auch wir das gleiche wie das, was Qārūn zugekommen ist! Er hat großes Glück.« 80 Und diejenigen, denen das Wissen zugekommen war, sagten: »Wehe euch! Der Lohn Gottes ist besser für den, der glaubt und Gutes tut. Und es* wird nur den Geduldigen dargeboten. 81 Da ließen Wir die Erde mit ihm und mit seiner Wohnstätte versinken. Und da hatte er keine

76: der Korach der Bibel; vgl. Numeri 16,1–17,28.
80: das Paradies.

Schar, die ihn anstelle Gottes unterstützte, und er erfuhr auch selber keine Unterstützung.
82 Und diejenigen, die sich am Tag zuvor seine Stelle gewünscht hatten, fingen schon am Morgen an zu sagen: »O weh, Gott teilt ja den Lebensunterhalt großzügig, wem von seinen Dienern Er will, und auch bemessen zu. Hätte Gott uns nicht eine Wohltat erwiesen, so hätte Er uns versinken lassen. O weh, den Ungläubigen ergeht es ja nicht wohl.« 83 Das ist die jenseitige Wohnstätte. Wir bestimmen sie für diejenigen, die nicht hohe Macht auf der Erde und nicht Unheil suchen. Und das Ende gehört den Gottesfürchtigen. 84 Wer mit einer guten Tat kommt, erhält etwas Besseres als sie. Wenn aber einer mit einer schlechten Tat kommt, so wird denen, die bösen Taten begehen, nur das vergolten, was sie zu tun pflegten.
85 Der dir den Koran verpflichtend gemacht hat, wird dich zu einem Ort der Wiederkehr zurückkehren lassen. Sprich: Mein Herr weiß besser, wer die Rechtleitung bringt und wer sich in einem offenkundigen Irrtum befindet. 86 Und du hattest nicht erwartet, daß das Buch dir überbracht würde. Es ist nur aus Barmherzigkeit von deinem Herrn. So leiste den Ungläubigen keinen Beistand. 87 Und sie sollen dich von den Zeichen Gottes nicht abweisen, nachdem sie nun zu dir herabgesandt worden sind. Und ruf zu deinem Herrn, und sei nicht einer der Polytheisten. 88 Und rufe neben Gott keinen anderen Gott an. Es gibt keinen Gott außer Ihm. Alle Dinge werden untergehen, nur sein Antlitz nicht. Ihm gehört das Urteil, und zu Ihm werdet ihr zurückgebracht.

Sure 29

Die Spinne (al-`Ankabūt)

zu Mekka, 69 Verse

Im Namen Gottes, des Erbarmers, des Barmherzigen.
1 Alif Lām Mīm*. 2 Meinen die Menschen, daß sie in Ruhe [40½]
gelassen werden, nur weil sie sagen: »Wir glauben«, ohne daß sie
der Versuchung ausgesetzt werden? 3 Wir haben schon diejeni-
gen, die vor ihnen lebten, der Versuchung ausgesetzt. Gott wird
gewiß in Erfahrung bringen, wer die Wahrheit sagt, und er wird
gewiß in Erfahrung bringen, wer die Lügner sind. 4 Oder meinen
diejenigen, die schlechte Taten begehen, sie seien uns voraus?
Schlecht ist ihr Urteil. 5 Wenn einer die Begegnung mit Gott
erwartet, so wird die Frist Gottes sicher eintreffen. Und Er ist
der, der alles hört und weiß. 6 Und wer sich einsetzt, setzt sich
ein zu seinem eigenen Vorteil. Gott ist ja auf die Weltenbewoh-
ner nicht angewiesen. 7 Denjenigen, die glauben und die guten
Werke tun, werden Wir ihre Missetaten sühnen, und Wir wer-
den ihnen das Beste vergelten von dem, was sie taten. 8 Und Wir
haben dem Menschen aufgetragen, seine Eltern gut zu behan-
deln. Wenn sie dich aber bedrängen, Mir das beizugesellen,
wovon du kein Wissen hast, dann gehorche ihnen nicht. Zu Mir
wird eure Rückkehr sein, da werde Ich euch kundtun, was ihr zu
tun pflegtet. 9 Diejenigen, die glauben und die guten Werke tun,
lassen Wir in die Reihe der Rechtschaffenen eingehen.
10 Und unter den Menschen ist manch einer, der sagt: »Wir
glauben an Gott.« Wenn er aber um Gottes willen etwas erleidet,
setzt er die Anfechtung durch die Menschen der Pein Gottes
gleich. Wenn jedoch von deinem Herrn eine Unterstützung
kommt, sagen sie bestimmt: »Wir sind doch mit euch gewesen.«
Weiß Gott denn nicht besser Bescheid über das, was im Inneren
der Weltenbewohner steckt? 11 Und Gott wird gewiß in Erfah-
rung bringen, wer glaubt, und Er wird gewiß in Erfahrung

1: Die Bedeutung dieser Buchstaben ist noch nicht geklärt.

bringen, wer die Heuchler sind. 12 Und diejenigen, die ungläubig
sind, sagen zu denen, die glauben: »Folgt unserem Weg. Laßt
uns eure Verfehlungen tragen.« Tragen werden sie aber nichts
von ihren Verfehlungen. Sie sind ja Lügner. 13 Tragen werden
sie ihre (eigenen) Lasten, und auch (weitere) Lasten zu ihren
eigenen Lasten hinzu. Und sie werden am Tag der Auferstehung
zu verantworten haben, was sie zu erdichten pflegten.
14 Und Wir sandten Noach zu seinem Volk*. Er verweilte unter
ihnen tausend Jahre weniger fünfzig Jahre. Da ergriff sie die Flut,
während sie Unrecht taten. 15 Und Wir retteten ihn und die
Insassen des Schiffes, und Wir machten es zu einem Zeichen für
die Weltenbewohner.
16 Und (Wir sandten) Abraham*. Als er zu seinem Volk sagte:
»Dienet Gott und fürchtet Ihn. Das ist besser für euch, so ihr
Bescheid wißt. 17 Ihr dient anstelle Gottes Götzen und schafft
(dabei) nur Lüge. Die, denen ihr anstelle Gottes dient, können
euch keinen Lebensunterhalt bringen. So sucht den Lebensunter-
halt bei Gott und dienet Ihm und danket Ihm. Zu Ihm werdet ihr
zurückgebracht. 18 Und wenn ihr (die Botschaft) für Lüge
erklärt, so haben vor euch (manche) Gemeinschaften (sie) für
Lüge erklärt. Und dem Gesandten obliegt nur die deutliche
Ausrichtung (der Botschaft).« 19 Haben sie denn nicht gesehen,
wie Gott die Schöpfung am Anfang macht und sie dann wieder-
holt? Dies ist für Gott ein leichtes. 20 Sprich: Geht auf der Erde
umher und schaut, wie Er die Schöpfung am Anfang gemacht
hat. Dann läßt Gott die letzte Schöpfung entstehen. Gott hat
Macht zu allen Dingen. 21 Er peinigt, wen Er will, und Er
erbarmt sich, wessen Er will. Und zu Ihm werdet ihr zurückge-
bracht. 22 Und ihr könnt weder auf der Erde noch im Himmel
etwas vereiteln. Und ihr habt außer Gott weder Freund noch
Helfer. 23 Und diejenigen, die die Zeichen Gottes und die
Begegnung mit Ihm verleugnen, diese haben die Hoffnung auf
meine Barmherzigkeit verloren, und für sie ist eine schmerzhafte

14: Vgl. 7,59–64.
16: Vgl. 6,74–84.

Pein bestimmt. 24 Die Antwort seines* Volkes war nur, daß sie sagten: »Tötet ihn oder verbrennt ihn.« Da rettete ihn Gott aus dem Feuer. Darin sind Zeichen für Leute, die glauben. 25 Und er sagte: »Ihr habt euch ja anstelle Gottes Götzen genommen aus Liebe zueinander im diesseitigen Leben. Aber dann, am Tag der Auferstehung verleugnet ihr einander und verflucht ihr einander. Eure Heimstätte ist das Feuer, und ihr werdet keine Helfer haben.« *26 Da glaubte Lot ihm und sagte: »Ich wandere zu [40¾] meinem Herrn aus. Er ist der Mächtige, der Weise.« 27 Und Wir schenkten ihm* Isaak und Jakob und ließen in seiner Nachkommenschaft die Prophetie und das Buch auftreten, und Wir ließen ihm seinen Lohn im Diesseits zukommen. Und im Jenseits gehört er zu den Rechtschaffenen.

28 Und (Wir sandten) Lot*. Als er zu seinem Volk sagte: »Ihr begeht das Schändliche, wie es vor euch keiner von den Weltenbewohnern getan hat. 29 Wollt ihr denn zu den Männern gehen, den Weg zu Raubzwecken abschneiden und in eurer Versammlung das Verwerfliche begehen?« Die Antwort seines Volkes war nur, daß sie sagten: »Bring uns doch die Pein Gottes her, so du einer von denen bist, die die Wahrheit sagen.« 30 Er sagte: »Mein Herr, unterstütze mich gegen die Leute, die Unheil stiften.« 31 Und als unsere Boten zu Abraham mit der frohen Botschaft kamen, sagten sie: »Wir werden die Bewohner dieser Stadt verderben lassen. Ihre Bewohner tun ja Unrecht.« 32 Er sagte: »Aber Lot befindet sich in ihr.« Sie sagten: »Wir wissen besser, wer sich in ihr befindet. Wir werden ihn gewiß erretten, ihn und seine Angehörigen, außer seiner Frau. Sie gehört zu denen, die zurückbleiben und dem Verderben anheimfallen.« 33 Und als unsere Boten zu Lot kamen, geriet er ihretwegen in eine böse Lage und wußte daraus keinen Ausweg. Sie sagten: »Hab keine Angst und sei nicht betrübt. Wir werden dich erretten, dich und deine Angehörigen, außer deiner Frau. Sie gehört zu denen, die zurückbleiben und dem Verderben anheimfallen. 34 Wir

24: des Abraham.
27: Abraham.
28: Vgl. 7,80–84.

werden über die Bewohner dieser Stadt ein Zorngericht vom
Himmel herabsenden dafür, daß sie gefrevelt haben.« 35 Und
Wir ließen von ihr ein offenkundiges Zeichen zurück für Leute,
die Verstand haben.

36 Und (Wir sandten) zu Madyan ihren Bruder Shu`ayb*. Er sagte:
»O mein Volk, dienet Gott, erwartet den Jüngsten Tag und stiftet
nicht Unheil auf der Erde.« 37 Aber sie ziehen ihn der Lüge. Da
ergriff sie das Beben, und am Morgen lagen sie in ihrer Wohnstätte
nieder. 38 Und (erwähne auch) die `Ād und die Thamūd*. (Ihr Los)
ist euch deutlich geworden an ihren Wohnungen. Der Satan machte
ihnen ihre Werke verlockend und wies sie so vom Weg ab, obwohl
sie Einsicht besaßen. 39 Und Qārūn* und Pharao und Hāmān. Mose
kam zu ihnen mit den deutlichen Zeichen. Sie verhielten sich
hochmütig auf der Erde; sie konnten (Uns) aber nicht vorauseilen.
40 Einen jeden ergriffen Wir wegen seiner Sünde. So schickten Wir
gegen einige von ihnen einen Sandsturm, andere ergriff der Schrei,
mit anderen ließen Wir die Erde versinken, andere ließen Wir
ertrinken. Bestimmt nicht Gott hat ihnen Unrecht getan, sondern
sie haben sich selbst Unrecht getan.

41 Mit denen, die sich anstelle Gottes Freunde nehmen, ist es wie
mit der Spinne, die sich ein Haus genommen hat. Das schwächste
Haus ist ja das Haus der Spinne, wenn sie es doch wüßten! 42
Gott weiß all das, was sie an seiner Stelle anrufen. Und Er ist der
Mächtige, der Weise. 43 Diese Gleichnisse führen Wir den
Menschen an. Aber nur die verstehen sie, die Wissen besitzen.
44 Gott hat die Himmel und die Erde in Wahrheit erschaffen.
Darin ist ein Zeichen für die Gläubigen.

45 Verlies, was dir vom Buch offenbart wird, und verrichte das
Gebet. Das Gebet verbietet das Schändliche und das Verwerfli-
che. Und wahrlich, das Gedenken Gottes ist größer. Und Gott
21. Teil weiß, was ihr macht. *46 Und streitet mit den Leuten des Buches
[41] nur auf die beste Art, mit Ausnahme derer von ihnen, die

36: Vgl. 7,85–93.
38: zu `Ād vgl. 7,65–72; zu Thamūd vgl. 7,73–79.
39: Qārūn: der Korach der Bibel: Numeri 16,1–17,28; vgl. Koran
28,76–94.

Unrecht tun. Und sagt: »Wir glauben an das, was zu uns herabgesandt und zu euch herabgesandt wurde. Unser Gott und euer Gott ist einer. Und wir sind Ihm ergeben.« 47 Und so haben Wir das Buch zu dir hinabgesandt. Diejenigen, denen Wir das Buch haben zukommen lassen, glauben daran. Und auch unter diesen da gibt es welche, die daran glauben. Und nur die Ungläubigen verleugnen unsere Zeichen. 48 Und du hast vordem kein Buch verlesen und es auch nicht mit deiner rechten Hand geschrieben. Sonst würden die zweifeln, die (es) für falsch erklären. 49 Nein, es enthält deutliche Zeichen in der Brust derer, denen das Wissen zugekommen ist. Und nur die, die Unrecht tun, verleugnen unsere Zeichen.

50 Und sie sagen: »Wenn doch Zeichen von seinem Herrn auf ihn herabgesandt würden!« Sprich: Über die Zeichen verfügt Gott. Ich aber bin nur ein deutlicher Warner. 51 Genügt es ihnen denn nicht, daß Wir das Buch auf dich hinabgesandt haben, das ihnen verlesen wird? Darin ist eine Barmherzigkeit und eine Ermahnung für Leute, die glauben. 52 Sprich: Gott genügt als Zeuge zwischen mir und euch. Er weiß, was in den Himmeln und auf Erden ist. Und diejenigen, die an das Falsche glauben und Gott verleugnen, das sind die Verlierer.

53 Und sie wünschen von dir, die Pein zu beschleunigen. Gäbe es nicht eine festgesetzte Frist, wäre die Pein zu ihnen gekommen. Wahrlich, sie wird plötzlich über sie kommen, ohne daß sie es merken. 54 Sie wünschen von dir, die Pein zu beschleunigen. Wahrlich, die Hölle umfaßt die Ungläubigen. 55 Am Tag, da die Pein sie überdeckt von oben und von unter ihren Füßen her, und Er spricht: »Kostet, was ihr zu tun pflegtet.« 56 O ihr meine Diener, die ihr glaubt, meine Erde ist weit. Mir, ja Mir sollt ihr dienen. 57 Jeder wird den Tod erleiden. Und dann werdet ihr zu Uns zurückgebracht. 58 Diejenigen, die glauben und die guten Werke tun, werden Wir im Paradies in Obergemächer einweisen, unter denen Bäche fließen; darin werden sie ewig weilen. Vorzüglich ist der Lohn derer, die (gut) handeln, 59 die geduldig sind und auf ihren Herrn vertrauen.

60 Und wie viele Tiere gibt es, die nicht ihren eigenen Unterhalt herbeitragen. Gott beschert ihnen und euch den Unterhalt. Und

Er ist der, der alles hört und weiß.
61 Und wenn du sie fragst, wer die Himmel und die Erde erschaffen und die Sonne und den Mond dienstbar gemacht hat, sagen sie bestimmt: »Gott.« Wie leicht lassen sie sich doch abwenden!
62 Gott teilt den Lebensunterhalt großzügig, wem von seinen Dienern Er will, und teilt ihm auch bemessen zu. Gott weiß über alle Dinge Bescheid.
63 Und wenn du sie fragst, wer Wasser vom Himmel herabkommen läßt und die Erde damit nach ihrem Absterben belebt, sagen sie bestimmt: »Gott.« Sprich: Lob sei Gott! Aber die meisten von ihnen haben keinen Verstand.
64 Das diesseitige Leben ist nur Zerstreuung und Spiel. Die jenseitige Wohnstätte ist wahrlich das (eigentliche) Leben, wenn sie es nur wüßten!
65 Wenn sie in ein Schiff einsteigen, rufen sie Gott an, wobei sie Ihm gegenüber aufrichtig in der Religion sind. Kaum hat Er sie ans Land errettet, da gesellen sie (Ihm wieder andere) bei,
66 um sich undankbar zu zeigen für das, was Wir ihnen haben zukommen lassen, und um zu genießen. Sie werden es noch zu wissen bekommen.
67 Haben sie denn nicht gesehen, daß Wir einen sicheren heiligen Bezirk* gemacht haben, während um ihn die Menschen weggerafft werden? Wollen sie denn an das Falsche glauben und die Gnade Gottes verleugnen?
68 Und wer ist ungerechter als der, der gegen Gott eine Lüge erdichtet oder die Wahrheit, als sie zu ihm kam, für Lüge erklärt? Ist nicht in der Hölle eine Bleibe für die Ungläubigen?
69 Und diejenigen, die sich um Unseretwillen einsetzen, werden Wir gewiß unsere Wege führen. Und Gott ist mit denen, die Gutes tun.

67: zu Mekka.

Sure 30

Die Byzantiner (al-Rūm)

zu Mekka, 60 Verse

Im Namen Gottes, des Erbarmers, des Barmherzigen.
1 Alif Lām Mīm*. 2 Die Byzantiner sind besiegt worden 3 im [41¼]
nächstliegenden Land. Aber sie werden nach ihrer Niederlage
selbst siegen, 4 in einigen Jahren*. Gott gehört der Befehl vorher
und nachher. An jenem Tag werden die Gläubigen sich freuen
5 über die Unterstützung Gottes. Gott unterstützt, wen Er will.
Und Er ist der Mächtige, der Barmherzige.
6 Das ist ein Versprechen Gottes. Gott bricht sein Versprechen
nicht. Aber die meisten Menschen wissen nicht Bescheid. 7 Sie
wissen nur das Äußere vom diesseitigen Leben. Das Jenseits aber
lassen sie unbeachtet. 8 Denken sie denn in ihrem Inneren nicht
darüber nach? Gott hat die Himmel und die Erde, und was
dazwischen ist, nur in Wahrheit und auf eine festgesetzte Frist
erschaffen. Aber viele von den Menschen verleugnen die Begeg-
nung mit ihrem Herrn. 9 Sind sie nicht auf der Erde umherge-
gangen und haben geschaut, wie das Ende derer war, die vor
ihnen lebten? Sie hatten eine stärkere Kraft als sie, pflügten und
bebauten das Land noch mehr, als sie es bebauten. Und ihre
Gesandten kamen zu ihnen mit den deutlichen Zeichen. Nicht
Gott hat ihnen Unrecht getan, sondern sie haben sich selbst
Unrecht getan. 10 Dann war das Ende derer, die Böses getan
haben, das Schlechteste dafür, daß sie die Zeichen Gottes für
Lüge erklärt hatten und über sie zu spotten pflegten. 11 Gott
macht die Schöpfung am Anfang, und dann wiederholt Er sie.
Dann werdet ihr zu Ihm zurückgebracht. 12 Und am Tag, da die

1: Die Bedeutung dieser Buchstaben ist noch nicht geklärt.

4: Die Byzantiner wurden von den Persern geschlagen und verloren Damaskus (613) und Jerusalem (614). Aber Heraklius führte einen Feldzug gegen die Perser (622–627), der mit einem großen Sieg bei Ninive endete (627).

Stunde heraufkommt, werden die Übeltäter ganz verzweifelt
sein. 13 Sie haben dann an ihren Teilhabern keine Fürsprecher,
und sie verleugnen ihre Teilhaber. 14 Am Tag, da die Stunde
heraufkommt, an jenem Tag werden sie sich in Gruppen teilen.
15 Was nun diejenigen betrifft, die geglaubt und die guten Werke
getan haben, so wird ihnen in einem Garten Freude bereitet. 16
Diejenigen aber, die ungläubig waren und unsere Zeichen und die
Begegnung mit dem Jenseits für Lüge erklärt haben, sie werden
(zur Pein) vorgeführt.

17 Preis sei Gott, wenn ihr den Abend und wenn ihr den Morgen
erreicht! 18 Und Lob sei Ihm in den Himmeln und auf der Erde,
am Abend, und wenn ihr den Mittag erreicht! 19 Er bringt das
Lebendige aus dem Toten, und Er bringt das Tote aus dem
Lebendigen hervor. Und Er belebt die Erde nach ihrem Absterben. Und so werdet auch ihr hervorgebracht. 20 Und es gehört zu
seinen Zeichen, daß Er euch aus Erde erschaffen hat, da waret ihr
Menschen, die sich ausbreiten. 21 Und es gehört zu seinen
Zeichen, daß Er euch aus euch selbst Gattinnen erschaffen hat, damit ihr bei ihnen wohnet. Und Er hat Liebe und Barmherzigkeit zwischen euch gemacht. Darin sind Zeichen für Leute, die
nachdenken. 22 Zu seinen Zeichen gehört die Erschaffung der
Himmel und der Erde, und auch die Verschiedenheit eurer
Sprachen und Arten. Darin sind Zeichen für die Wissenden. 23
Und zu seinen Zeichen gehört euer Schlaf, und auch euer Streben
nach etwas von seiner Huld, und (dies) in der Nacht und am Tag.
Darin sind Zeichen für Leute, die hören. 24 Und es gehört zu
seinen Zeichen, daß Er euch den Blitz als Grund zur Angst und
zum Begehren* sehen läßt, und daß Er Wasser vom Himmel
herabkommen läßt und damit die Erde nach ihrem Absterben
belebt. Darin sind Zeichen für Leute, die Verstand haben. 25 Und
es gehört zu seinen Zeichen, daß der Himmel und die Erde durch
seinen Befehl bestehen. Dann, wenn Er euch mit einem Ruf aus
der Erde ruft, da kommt ihr hervor.

26 Ihm gehört, wer in den Himmeln und auf der Erde ist. Alle
sind Ihm demütig ergeben. 27 Er ist es, der die Schöpfung am

24: Verlangen nach dem belebenden Regen.

Anfang macht und sie dann wiederholt. Und das ist für Ihn noch leichter. Er besitzt die höchste Eigenschaft in den Himmeln und auf der Erde, und Er ist der Mächtige, der Weise.
28 Er führt euch aus eurem Lebensbereich ein Gleichnis an. Habt ihr denn aus den Reihen derer, die eure rechte Hand besitzt*, welche, die an dem teilhaben, was Wir euch beschert haben, daß ihr darin gleich wäret und ihr sie fürchten müßtet, wie ihr einander fürchtet? So legen Wir die Zeichen dar für Leute, die Verstand haben.
29 Nein, diejenigen, die Unrecht tun, folgen ihren Neigungen ohne (rechtiges) Wissen. Wer kann den rechtleiten, den Gott irreführt? Und sie haben keine Helfer.

30 Und richte dein Gesicht auf die Religion als Anhänger des reinen Glaubens. Das ist die Schöpfung Gottes, die Er für die Menschen festgelegt hat. Die Schöpfung Gottes kann nicht abgeändert werden. Das ist die richtige Religion. Aber die meisten Menschen wissen nicht Bescheid.
*31 (Haltet daran fest), indem [41½]
ihr euch Ihm reumütig zuwendet, und fürchtet Ihn und verrichtet das Gebet. Und ihr sollt nicht zu den Polytheisten gehören,
32 zu denen, die ihre Religion spalteten und zu Parteien wurden, wobei jede Partei froh ist über das, was sie hat.

33 Und wenn ein Schaden die Menschen erfaßt, rufen sie zu ihrem Herrn, indem sie sich Ihm reumütig zuwenden. Wenn Er sie dann eine Barmherzigkeit von sich kosten läßt, da ist gleich ein Teil von ihnen dabei, ihrem Herrn (andere) beizugesellen,
34 um undankbar zu sein für das, was Wir ihnen haben zukommen lassen. – Genießt nur, ihr werdet es noch zu wissen bekommen.

35 Oder haben Wir etwa auf sie eine Ermächtigung hinabgesandt, die über das geredet hätte, was sie Ihm beigesellen?
36 Und wenn Wir die Menschen Barmherzigkeit kosten lassen, freuen sie sich darüber. Wenn sie aber etwas Böses trifft für das, was ihre Hände vorausgeschickt haben, geben sie gleich die Hoffnung auf.

37 Haben sie denn nicht gesehen, daß Gott den Lebensunterhalt großzügig zuteilt, wem Er will, und auch bemessen? Darin sind Zeichen für Leute, die glauben.

38 Laß dem Verwandten sein Recht zukommen, ebenso dem

28: eure Sklaven.

Bedürftigen und dem Reisenden. Das ist besser für die, die das
Antlitz Gottes suchen. Das sind die, denen es wohl ergeht. 39
Und was ihr auf Zins ausleiht, damit es sich aus dem Vermögen
der Menschen vermehre, es vermehrt sich bei Gott nicht. Und
was ihr an Almosen gebt in der Suche nach dem Antlitz Got-
tes … – das sind die, die das Doppelte* erzielen. 40 Gott ist es,
der euch erschafft und dann versorgt. Dann läßt Er euch sterben,
dann macht Er euch wieder lebendig. Gibt es unter euren Teilha-
bern einen, der überhaupt etwas von alledem tun kann? Preis sei
Ihm, und erhaben ist Er über das, was sie (Ihm) beigesellen. 41
Unheil ist auf dem Festland und auf dem Meer erschienen
aufgrund dessen, was die Hände der Menschen erworben haben.
Er will sie damit einiges kosten lassen von dem, was sie getan
haben, auf daß sie (dann) umkehren. 42 Sprich: Geht auf der
Erde umher und schaut, wie das Ende derer war, die früher
lebten. Die meisten von ihnen waren Polytheisten.

43 Richte nun dein Gesicht auf die richtige Religion, bevor ein
Tag kommt, der von Gott nicht zurückgewiesen wird. An jenem
Tag werden sie sich (in Gruppen) spalten. 44 Wer ungläubig ist,
dessen Unglaube lastet auf ihm. Und diejenigen, die Gutes tun,
bereiten sich selbst die Lagerstätte vor, 45 daß Er denen, die
glauben und die guten Werke tun, aus seiner Huld vergelte. Er
liebt nicht die Ungläubigen.

46 Und es gehört zu seinen Zeichen, daß Er die Winde als Freudenboten schickt, damit Er euch etwas von seiner Barmherzigkeit kosten läßt, und damit die Schiffe auf seinen Befehl fahren, und damit ihr nach etwas von seiner Huld strebt, auf daß ihr dankbar seid.

47 Und Wir haben schon vor dir Gesandte an ihr (jeweiliges) Volk geschickt. Sie kamen zu ihnen mit den deutlichen Zeichen. Da rächten Wir uns an denen, die Übeltäter waren. Und es war für Uns eine Verpflichtung, die Gläubigen zu unterstützen.

48 Gott ist es, der die Winde schickt, und sie wühlen die Wolken auf. Dann breitet Er sie im Himmel aus, wie Er will, und macht sie zu Stücken. Da siehst du den Platzregen dazwischen heraus-

39: Oder: das Vielfache.

kommen. Wenn Er damit die von seinen Dienern, die Er will,
trifft, da sind sie froh, 49 obwohl sie vorher, bevor auf sie
herabgesandt wurde, ganz verzweifelt waren. 50 Schau auf die
Spuren der Barmherzigkeit Gottes, wie Er die Erde nach ihrem
Absterben wieder belebt. Ein solcher (Gott) kann wahrlich (auch)
die Toten wieder lebendig machen. Und Er hat Macht zu allen
Dingen. 51 Und wenn Wir einen Wind schickten und sie dann
alles gelb werden sähen, sie blieben trotzdem danach ungläubig.
52 Du kannst nicht die Toten hören lassen, und auch nicht die
Tauben den Zuruf hören lassen, wenn sie den Rücken kehren. 53
Und du kannst nicht die Blinden aus ihrem Irrtum herausführen.
Hören lassen kannst du nur die, die an unsere Zeichen glauben
und somit gottergeben sind.

*54 Gott ist es, der euch (zuerst) schwach erschafft. Dann bringt [41¾]
Er nach der Schwäche Kraft. Dann bringt Er nach der Kraft
Schwäche und graues Haar. Er erschafft, was Er will. Und Er ist
der, der alles weiß und allmächtig ist.

55 Und am Tag, da die Stunde heraufkommt, schwören die
Übeltäter, sie hätten nur eine Stunde verweilt. So lassen sie sich
immer wieder täuschen. 56 Und diejenigen, denen Wissen und
Glauben zugekommen sind, sagen: »Nach dem Buch Gottes habt
ihr bis zum Tag der Auferweckung verweilt. Und das ist der Tag
der Auferweckung. Aber ihr wußtet es ja nicht.« 57 An jenem
Tag nützt denen, die Unrecht taten, ihre Entschuldigung nicht,
und es wird von ihnen keine entschuldigende Umkehr (mehr)
angenommen.

58 Und Wir haben den Menschen in diesem Koran verschiedene
Gleichnisse angeführt. Und wenn du zu ihnen mit einem Zeichen
kommst, sagen diejenigen, die ungläubig sind, bestimmt: »Ihr
bringt nur Falsches.« 59 So versiegelt Gott die Herzen derer, die
nicht Bescheid wissen. 60 Sei nun geduldig. Das Versprechen
Gottes ist wahr. Und diejenigen, die keine Gewißheit hegen,
sollen dich nicht abirren lassen.

Sure 31

Luqmān

zu Mekka, 34 Verse

Im Namen Gottes, des Erbarmers, des Barmherzigen.
1 Alif Lām Mīm*. 2 Dies sind die Zeichen des weisen Buches,
3 eine Rechtleitung und Barmherzigkeit für die Rechtschaffenen,
4 die das Gebet verrichten und die Abgabe entrichten, und die
über das Jenseits Gewißheit hegen. 5 Diese folgen einer Rechtlei-
tung von ihrem Herrn, und das sind die, denen es wohl ergeht.
6 Unter den Menschen gibt es manch einen, der ergötzende
Unterhaltung einhandelt, um (die Menschen) vom Weg Gottes
ohne (rechtes) Wissen abirren zu lassen und ihn zum Gegenstand
des Spottes zu nehmen. Für solche ist eine schmähliche Pein
bestimmt. 7 Und wenn ihm unsere Zeichen verlesen werden,
kehrt er sich hochmütig ab, als hätte er sie nicht gehört, als wäre
eine Schwerhörigkeit in seinen Ohren. So verkünde ihm eine
schmerzhafte Pein. 8 Für diejenigen, die glauben und die guten
Werke tun, sind die Gärten der Wonne bestimmt; 9 darin werden
sie ewig weilen. Dies ist das Versprechen Gottes in Wahrheit.
Und Er ist der Mächtige, der Weise. 10 Er hat die Himmel
erschaffen ohne Stützen, die ihr sehen könntet. Und Er hat auf
der Erde festgegründete Berge gelegt, daß sie nicht mit euch
schwanke. Und Er hat auf ihr allerlei Getier sich ausbreiten
lassen. Und Wir haben Wasser vom Himmel herabkommen und
damit viele treffliche Arten auf ihr wachsen lassen. 11 Das ist die
Schöpfung Gottes. Zeigt mir nun, was die geschaffen haben, die
es außer Ihm geben soll. Nein, diejenigen, die Unrecht tun,
befinden sich in einem offenkundigen Irrtum.
12 Und Wir ließen den Luqmān Weisheit zukommen: »Du sollst
gegen Gott dankbar sein.« Und wer dankbar ist, ist dankbar zu
seinem eigenen Vorteil. Und wenn einer undankbar ist, so ist
Gott auf niemanden angewiesen und des Lobes würdig. 13 Und

1: Die Bedeutung dieser Buchstaben ist noch nicht geklärt.

als Luqmān zu seinem Sohn sagte, indem er ihn ermahnte: »O
mein lieber Sohn, geselle Gott nichts bei. Die Beigesellung ist ein
gewaltiges Unrecht.«
14 Und Wir haben dem Menschen aufgetragen, seine Eltern gut
zu behandeln. Seine Mutter hat ihn ja unter wiederholter Schwä-
che getragen. Und seine Entwöhnung erfolgt binnen zwei Jahren.
– »Sei dankbar Mir und deinen Eltern. Zu Mir führt der
Lebensweg. 15 Wenn sie dich bedrängen, Mir das beizugesellen,
wovon du kein Wissen hast, dann gehorche ihnen nicht. Und geh
mit ihnen im Diesseits in rechtlicher Weise um. Und folge dem
Weg derer, die sich Mir reumütig zuwenden. Zu Mir wird dann
eure Rückkehr sein, da werde Ich euch kundtun, was ihr zu tun
pflegtet. 16 O mein lieber Sohn, wäre es auch das Gewicht eines
Senfkornes und befände es sich in einem Felsen oder in den
Himmeln oder auf der Erde, Gott bringt es bei. Gott ist feinfüh-
lig* und hat Kenntnis von allem. 17 O mein lieber Sohn,
verrichte das Gebet, gebiete das Rechte und verbiete das Verwerf-
liche, ertrage geduldig, was dich trifft. Das gehört zur Entschlos-
senheit in den Anliegen. 18 Und zeige den Menschen nicht
hochnäsig die Wange, und schreite nicht unbekümmert auf der
Erde umher. Gott liebt niemanden, der eingebildet und prahle-
risch ist. 19 Halte das rechte Maß in deinem Gang. Und dämpfe
deine Stimme. Die widerlichste unter den Stimmen ist die
Stimme der Esel.«
20 Habt ihr nicht gesehen, daß Gott euch das, was in den
Himmeln und auf der Erde ist, dienstbar gemacht hat, und daß Er
über euch seine Gnade ausgegossen hat äußerlich und innerlich?
Und unter den Menschen gibt es welche, die über Gott streiten
ohne (richtiges) Wissen, ohne Rechtleitung und ohne erleuchten-
des Buch. 21 Und wenn zu ihnen gesagt wird: »Folgt dem, was
Gott herabgesandt hat«, sagen sie: »Wir folgen lieber dem, was
wir bei unseren Vätern vorgefunden haben.« Was denn, auch
wenn der Satan sie zur Pein des Feuerbrandes ruft? *22 Wer sich [42]
Gott völlig hingibt und dabei rechtschaffen ist, der hält sich an
der festesten Handhabe. Und zu Gott führt das Ende der Angele-

16: Oder: Gott weiß zu erreichen, was Er will.

genheiten. 23 Und wer ungläubig ist, dessen Unglaube soll dich
nicht betrüben. Zu Uns wird ihre Rückkehr sein, da werden Wir
ihnen kundtun, was sie taten. Gott weiß über das innere Geheim-
nis Bescheid. 24 Wir lassen sie ein wenig genießen, alsdann
zwingen Wir sie in eine schwere Pein.

25 Und wenn du sie fragst, wer die Himmel und die Erde
erschaffen hat, sagen sie bestimmt: »Gott.« Sprich: Lob sei Gott!
Aber die meisten von ihnen wissen nicht Bescheid. 26 Gott
gehört, was in den Himmeln und auf der Erde ist. Gott ist der,
der auf niemanden angewiesen und des Lobes würdig ist. 27 Und
wenn das, was es auf der Erde an Bäumen gibt, Schreibrohre
wären, und das Meer (als Tinte) bereits einmal leer gemacht wäre
und noch sieben weitere Meere dazu erhielte, würden die Worte
Gottes nicht zu Ende gehen. Wahrlich, Gott ist mächtig und
weise. 28 Euch (alle) erschaffen und auferwecken ist nur so wie
bei einem einzigen Menschen. Gott hört und sieht alles. 29 Hast
du nicht gesehen, daß Gott die Nacht in den Tag übergehen und
den Tag in die Nacht übergehen läßt und die Sonne und den
Mond dienstbar gemacht hat, so daß jedes seinen Lauf zu einer
festgelegten Frist nimmt, und daß Gott Kenntnis hat von dem,
was ihr tut? 30 Dies, weil Gott die Wahrheit ist und weil das, was
sie an seiner Stelle anrufen, das Falsche ist, und weil Gott der
Erhabene und Große ist. 31 Hast du nicht gesehen, daß die
Schiffe durch die Gnade Gottes auf dem Meer fahren, damit Er
euch etwas von seinen Zeichen sehen läßt? Darin sind wahrlich
Zeichen für jeden, der sehr geduldig und sehr dankbar ist. 32 Und
wenn Wellen wie überschattende Hüllen sie überdecken, rufen
sie zu Gott, wobei sie Ihm gegenüber aufrichtig in der Religion
sind. Wenn Er sie ans Land errettet, zeigen nur einige von ihnen
einen maßvollen Wandel. Und nur der verleugnet unsere Zei-
chen, der ganz treulos und sehr undankbar ist.

33 O ihr Menschen, fürchtet euren Herrn und habt Angst vor
einem Tag, an dem weder der Vater etwas für sein Kind beglei-
chen kann, noch das Kind für seinen Vater etwas begleichen
kann. Das Versprechen Gottes ist wahr. So soll euch das diessei-
tige Leben nicht betören. Und nicht betören soll euch in bezug
auf Gott der Betörer. 34 Gott (allein) weiß über die Stunde

Bescheid. Er läßt den Regen herabkommen. Und Er weiß, was im Mutterschoß ist. Niemand weiß, was er morgen erwerben wird, und niemand weiß, in welchem Land er sterben wird. Gott weiß Bescheid und hat Kenntnis von allem.

Sure 32

Die Anbetung (al-Sadjda)

zu Mekka, 30 Verse

Im Namen Gottes, des Erbarmers, des Barmherzigen.
1 Alif Lām Mīm*. 2 Die Herabsendung des Buches – an ihm ist
kein Zweifel möglich – ist vom Herrn der Welten. 3 Oder sagen
sie: »Er hat es erdichtet«? Nein, es ist die Wahrheit vor deinem
Herrn, damit du Leute warnst, zu denen vor dir noch kein
Warner gekommen ist, auf daß sie der Rechtleitung folgen.
4 Gott ist es, der die Himmel und die Erde und das, was
dazwischen ist, in sechs Tagen erschaffen und sich dann auf dem
Thron zurechtgesetzt hat. Ihr habt außer Ihm weder Freund noch
Fürsprecher. Wollt ihr es denn nicht bedenken? 5 Er regelt die
Angelegenheit vom Himmel bis zur Erde. Dann steigt sie zu Ihm
empor an einem Tag, dessen Ausmaß nach eurer Berechnung
tausend Jahre sind. 6 Jener ist der, der über das Unsichtbare und
das Offenbare Bescheid weiß, der Mächtige, der Barmherzige,
7 der alles, was Er erschaffen hat, gut gemacht hat. Zuerst
erschuf Er den Menschen aus Ton, 8 dann machte Er seine
Nachkommenschaft aus dem Erguß eines verächtlichen Wassers.
9 Dann formte Er ihn und blies ihm von seinem Geist ein. Und Er
machte euch Gehör, Augenlicht und Herz. Ihr seid aber wenig
dankbar.
10 Und sie sagen: »Sollen wir, wenn wir uns in der Erde verirrt
haben, wirklich wieder neu erschaffen werden?« Nein, sie ver-

1: Die Bedeutung dieser Buchstaben ist noch nicht geklärt.

[42¼] leugnen die Begegnung mit ihrem Herrn. *11 Sprich: Abberufen wird euch der Engel des Todes, der mit euch betraut ist. Dann werdet ihr zu eurem Herrn zurückgebracht. 12 Könntest du nur sehen, wenn die Übeltäter vor ihrem Herrn die Köpfe hängenlassen: »Unser Herr, jetzt haben wir gesehen und gehört. Bring uns zurück, so wollen wir Gutes tun. Wir hegen nun Gewißheit«! 13 Und wenn Wir gewollt hätten, hätten Wir jedem Menschen seine Rechtleitung zukommen lassen. Aber der Spruch von Mir ist zu Recht fällig geworden: »Füllen werde Ich die Hölle mit den Djinn und den Menschen allen.« 14 So kostet es dafür, daß ihr die Begegnung mit diesem eurem Tag vergessen habt. Wir haben euch (auch) vergessen. Kostet die Pein der Ewigkeit für das, was ihr zu tun pflegtet.

15 Nur die glauben an unsere Zeichen, die, wenn sie damit ermahnt werden, in Anbetung niederfallen und das Lob ihres Herrn singen, und die nicht hochmütig sind. 16 Ihre Seiten halten sich fern von den Schlafstätten. Sie rufen ihren Herrn in Furcht und Begehren an und spenden von dem, was Wir ihnen beschert haben. 17 Und niemand weiß, welche Freuden für sie im Verborgenen bestimmt sind als Lohn für das, was sie zu tun pflegten. 18 Ist denn derjenige, der gläubig ist, wie der, der ein Frevler ist? Sie sind eben nicht gleich. 19 Diejenigen, die glauben und die guten Werke tun, erhalten die Gärten der Heimstätte als Herberge für das, was sie zu tun pflegten. 20 Denjenigen aber, die freveln, dient das Feuer zur Heimstätte. Sooft sie aus ihm herauskommen wollen, werden sie zu ihm zurückgebracht, und es wird zu ihnen gesagt: »Kostet die Pein des Feuers, die ihr immer wieder für Lüge erklärt habt.« 21 Und Wir werden sie vor der größeren Pein* etwas von der diesseitigen Pein kosten lassen, auf daß sie dann umkehren. 22 Und wer ist ungerechter als der, der mit den Zeichen seines Herrn ermahnt wird und sich dann von ihnen abwendet? Wir werden uns an den Übeltätern rächen. 23 Und Wir haben Mose das Buch zukommen lassen. So sei nicht im Zweifel über die Begegnung mit Ihm*. Und Wir haben es zu

21: des jenseitigen Feuers.

23: Oder: mit ihm, d. h. mit Mose – oder mit dem Buch. Es gibt noch andere Deutungen.

einer Rechtleitung für die Kinder Israels gemacht. 24 Und Wir
haben aus ihren Reihen Vorbilder bestellt, die (sie) nach unserem
Befehl leiteten, als sie sich geduldig gezeigt hatten und über
unsere Zeichen Gewißheit hegten. 25 Wahrlich, dein Herr wird
am Tag der Auferstehung zwischen ihnen über das entscheiden,
worüber sie uneins waren.
26 Ist es ihnen nicht aufgegangen, wie viele Generationen, in
deren Wohnungen sie nun schreiten, Wir vor ihnen haben
verderben lassen? Darin sind Zeichen. Wollen sie denn nicht
hören? 27 Haben sie nicht gesehen, daß Wir das Wasser zum
dürren Land treiben und dadurch Getreide hervorbringen, das ihr
Vieh und sie selbst verzehren? Wollen sie denn nicht einsichtig
sein? 28 Und sie sagen: »Wann wird dieser Richterspruch eintre-
ten, so ihr die Wahrheit sagt?« 29 Sprich: Am Tag des Richter-
spruchs wird denen, die ungläubig waren, ihr Glaube nicht
(mehr) nützen. Und ihnen wird kein Aufschub gewährt. 30 So
wende dich ab von ihnen und warte ab. Sie warten auch selbst ab.

Sure 33

Die Parteien (al-Aḥzāb)

zu Medina, 73 Verse

Im Namen Gottes, des Erbarmers, des Barmherzigen.
1 O Prophet, fürchte Gott und gehorche nicht den Ungläubigen [42½]
und den Heuchlern. Gott weiß Bescheid und ist weise. 2 Und
folge dem, was dir von deinem Herrn offenbart wird. Gott hat
Kenntnis von dem, was ihr tut. 3 Und vertrau auf Gott. Gott
genügt als Sachwalter. 4 Gott hat keinem Mann zwei Herzen in
seinem Inneren gemacht. Und Er hat eure Gattinnen, von denen
ihr euch durch den Rückenspruch* trennt, nicht (wirklich) zu

4: Diese Formel der Scheidung lautet: »Du sollst mir wie der Rücken

euren Müttern gemacht. Und Er hat eure Adoptivsöhne nicht
(wirklich) zu euren Söhnen gemacht. Das ist eure Rede aus
eurem Munde. Aber Gott sagt die Wahrheit, und Er führt den
(rechten) Weg. 5 Nennt sie nach ihren Vätern. Das ist gerechter
in den Augen Gottes. Wenn ihr ihre Väter nicht kennt, dann
gelten sie als eure Brüder in der Religion und eure Schützlinge.
Und es wird euch nicht als Vergehen angerechnet, was ihr hier
gefehlt habt, sondern was eure Herzen vorsätzlich anstreben.
Und Gott ist voller Vergebung und barmherzig.
6 Der Prophet hat eher Anspruch auf die Gläubigen als sie selbst.
Und seine Gattinnen sind ihre Mütter. Und die Blutsverwandten
haben nach dem Buch Gottes eher Anspruch auf gegenseitige
Freundschaft als die Gläubigen und Ausgewanderten, es sei denn,
ihr möchtet euren Freunden Gutes tun. Dies ist im Buch Gottes
zeilenweise niedergeschrieben.
7 Und als Wir von den Propheten ihre Verpflichtung entgegen-
nahmen, und auch von dir und von Noach, Abraham, Mose und
Jesus, dem Sohn Marias. Wir nahmen von ihnen eine schwere
Verpflichtung entgegen. 8 Damit Er ja die Wahrhaftigen nach
ihrem wahrhaftigen Wandel frage. Und Er hat für die Ungläubi-
gen eine schmerzhafte Pein bereitet.
9 O ihr, die ihr glaubt, gedenket der Gnade Gottes zu euch, als
Truppen zu euch kamen*. Da sandten Wir gegen sie einen Wind
und auch Truppen, die ihr nicht sehen konntet. Und Gott sieht
wohl, was ihr tut. 10 Als sie von oben und von unten her zu euch
kamen, und als die Blicke wichen und die Herzen die Kehle
erreichten* und ihr von Gott verschiedene Meinungen hattet. 11
Dort wurden die Gläubigen geprüft, und sie wurden heftig hin
und her geschüttelt. 12 Als die Heuchler und die, in deren
Herzen Krankheit ist, sagten: »Gott und sein Gesandter haben
uns nur Trügerisches versprochen.« 13 Und als eine Gruppe von

meiner Mutter sein«, d. h. verwehrt, und so soll zwischen uns keine eheliche Gemeinschaft mehr bestehen. Vgl. 58,2.

9: In den Versen 9–27 wird an den Grabenkrieg um Medina und an die Vernichtung des jüdischen Stammes Qurayẓa (im Jahr 627) erinnert.

10: vor Angst.

ihnen sagte: »O ihr Leute von Yathrib*, ihr könnt euch (hier) nicht aufhalten. Kehrt zurück.« Und ein Teil von ihnen bat den Propheten um Erlaubnis; sie sagten: »Unsere Häuser sind ohne Schutz.« Dabei waren sie nicht ohne Schutz, sie wollten nur fliehen. 14 Wäre man darin von ihren verschiedenen Bezirken her zu ihnen eingedrungen, und wären sie dann aufgefordert worden, der Versuchung nachzugeben*, sie hätten es begangen, und sie hätten dabei nur kurze Zeit gezögert. 15 Dabei hatten sie sich vorher Gott gegenüber verpflichtet, sie würden nicht den Rücken kehren. Über die Verpflichtung Gott gegenüber wird Rechenschaft gefordert. 16 Sprich: Die Flucht wird euch nicht nützen, wenn ihr davor flieht, zu sterben oder getötet zu werden. Und dann wird euch nur noch ein wenig Nutznießung gewährt. 17 Sprich: Wer ist es denn, der euch vor Gott schützen könnte, wenn Er euch Böses will oder wenn Er euch Barmherzigkeit (erweisen) will? Und sie werden für sich außer Gott weder Freund noch Helfer finden. *18 Gott kennt wohl diejenigen von [42¾]
euch, die (die anderen) behindern und die zu ihren Brüdern sagen: »Kommt her zu uns.« Und sie lassen sich nur wenig auf den Kampf ein 19 und sind dabei geizig euch gegenüber. Wenn aber die Angst sich einstellt, siehst du, wie sie zu dir mit kreisenden Augen blicken wie einer, der vor dem Tod ohnmächtig wird. Ist dann die Angst vorüber, verbrühen sie euch mit scharfen Zungen aus Gier nach dem (erbeuteten) Gut. Das sind keine Gläubigen. Gott macht ihre Werke wertlos. Und dies ist Gott ein leichtes. 20 Sie meinen, die Parteien* seien nicht weggegangen. Und sollten die Parteien (wieder)kommen, möchten sie gerne, sie wären in der Wüste unter den arabischen Beduinen und würden sich über euch erkundigen. Und wenn sie in eurer Mitte wären, würden sie nur wenig kämpfen. 21 Ihr habt im Gesandten Gottes ein schönes Vorbild, (und zwar) für jeden, der auf Gott und den Jüngsten Tag hofft und Gottes viel gedenkt. 22 Und als die Gläubigen die Parteien sahen, sagten sie: »Das ist,

13: Das ist die Stadt Medina.
14: den Islam aufzugeben.
20: die Mekkaner und ihre Verbündeten.

was Gott und sein Gesandter uns versprochen haben. Gott und
sein Gesandter sagen die Wahrheit.« Und es hat ihren Glauben
und ihre Ergebenheit nur vermehrt.
23 Unter den Gläubigen gibt es Männer, die das wahr gemacht
haben, wozu sie sich Gott gegenüber verpflichtet haben. Unter
ihnen sind welche, die ihre Lebensaufgabe erfüllt haben*; und
unter ihnen sind welche, die noch warten müssen. Und sie haben
keine Änderung vorgenommen; 24 auf daß Gott die Wahrhafti-
gen für ihre Wahrhaftigkeit entlohne und die Heuchler peinige,
wenn Er will, oder sich ihnen (gnädig) zuwende. Gott ist voller
Vergebung und barmherzig.
25 Und Gott wies diejenigen, die ungläubig sind, mit ihrem Groll
zurück, ohne daß sie etwas Gutes erlangt hätten. Und Gott
befreite die Gläubigen vom Kampf. Gott ist stark und mächtig.
26 Und Er ließ diejenigen von den Leuten des Buches, die ihnen*
Beistand geleistet hatten, aus ihren Burgen heruntersteigen. Und
Er jagte ihren Herzen Schrecken ein, so daß ihr einen Teil (von
ihnen) getötet und einen Teil gefangengenommen habt. 27 Und
Er gab euch zum Erbe ihr Land, ihre Wohnstätten und ihren
Besitz, und auch ein Land, das ihr (vorher) nicht betreten hattet.
Und Gott hat Macht zu allen Dingen.
28 O Prophet, sprich zu deinen Gattinnen: Wenn ihr das diessei-
tige Leben und seinen Schmuck begehrt, dann kommt her, ich
werde euch eine Versorgung sichern und euch auf eine schöne
Weise freilassen. 29 Und wenn ihr Gott und seinen Gesandten
und die jenseitige Wohnstätte begehrt, so hat Gott für die
Rechtschaffenen von euch einen großartigen Lohn bereitet. 30
O ihr Frauen des Propheten, wenn eine von euch eine eindeutige
Schandtat begeht, wird ihr die Pein verdoppelt. Und das ist Gott
22. Teil ein leichtes. *31 Und wenn eine von euch Gott und seinem
[43] Gesandten ergeben ist und Gutes tut, lassen Wir ihr ihren Lohn
zweimal zukommen. Und Wir haben für sie einen trefflichen
Unterhalt bereitet. 32 O ihr Frauen des Propheten, ihr seid nicht
wie irgendeine von den Frauen. Wenn ihr gottesfürchtig seid,

23: und gestorben sind.
26: den Ungläubigen.

dann seid nicht unterwürfig im Reden, damit nicht derjenige, in dessen Herzen Krankheit ist, sich Hoffnungen macht. Und sprecht geziemende Worte. 33 Haltet euch in euren Häusern auf. Und stellt nicht euren Schmuck zur Schau wie in der Zeit der früheren Unwissenheit. Verrichtet das Gebet und entrichtet die Abgabe und gehorcht Gott und seinem Gesandten. Gott will die Unreinheit von euch entfernen, ihr Leute des Hauses, und euch völlig rein machen. 34 Und gedenkt dessen, was von den Zeichen Gottes und von der Weisheit in euren Häusern verlesen wird. Gott ist feinfühlig und hat Kenntnis von allem.

35 Für die muslimischen Männer und Frauen, Männer und Frauen, die gläubig, ergeben, wahrhaftig, geduldig, demütig sind, die Almosen geben, fasten, ihre Scham bewahren und Gottes viel gedenken – für sie hat Gott Vergebung und einen großartigen Lohn bereitet. 36 Ein Gläubiger oder eine Gläubige darf, wenn Gott und sein Gesandter eine Angelegenheit entschieden haben, nicht die Möglichkeit haben, in ihrer Angelegenheit frei zu wählen. Und wer gegen Gott und seinen Gesandten ungehorsam ist, der befindet sich in einem offenkundigen Irrtum. 37 Und als du zu dem, dem Gott Gnade erwiesen hatte und dem auch du Gnade erwiesen hattest*, sagtest: »Behalte deine Gattin für dich und fürchte Gott«, und in deinem Inneren geheimhieltest, was Gott doch offenlegt, und die Menschen fürchtetest, während Gott eher darauf Anspruch hat, daß du Ihn fürchtest. Als dann Zayd seinen Wunsch an ihr erfüllt hatte, gaben Wir sie dir zur Gattin, damit für die Gläubigen kein Grund zur Bedrängnis bestehe in bezug auf die Gattinnen ihrer Adoptivsöhne, wenn diese ihren Wunsch an ihnen erfüllt haben. Und der Befehl Gottes wird ausgeführt. 38 Es besteht für den Propheten kein Grund zur Bedrängnis in dem, was Gott für ihn festgelegt hat. So war das beispielhafte Verhalten Gottes mit denen, die vorher dahingegangen sind – und der Befehl Gottes ist ein fest gefaßter Beschluß –, 39 die die Botschaft Gottes ausrichten, Ihn fürchten und niemanden fürchten außer Gott. Und Gott genügt als der, der abrechnet. 40 Muḥammad ist nicht der Vater irgendeines von

37: Zayd, den Muḥammad freigelassen hatte.

euren Männern, sondern der Gesandte Gottes und das Siegel der Propheten. Und Gott weiß über alle Dinge Bescheid.
41 O ihr, die ihr glaubt, gedenket Gottes in häufigem Gedenken
42 und preiset Ihn morgens und abends. 43 Er ist es, der über euch den Segen spricht – und auch seine Engel –, damit Er euch aus den Finsternissen ins Licht hinausführt. Und Er ist barmherzig zu den Gläubigen. 44 Ihre Begrüßung am Tag, da sie Ihm begegnen, wird sein: »Friede!« Und Er hat für sie einen trefflichen Lohn bereitet.
45 O Prophet, Wir haben dich gesandt als Zeugen, als Freudenboten und als Warner, 46 und als einen, der zu Gott mit seiner Erlaubnis ruft, und als eine helle Leuchte. 47 Und verkünde den Gläubigen, daß für sie von Gott eine große Huld bestimmt ist. 48
Und gehorche nicht den Ungläubigen und den Heuchlern. Kümmere dich nicht um das Leid, das sie dir zufügen, und vertrau auf Gott. Und Gott genügt als Sachwalter.
49 O ihr, die ihr glaubt, wenn ihr gläubige Frauen heiratet und sie hierauf entlaßt, bevor ihr sie berührt habt, dann dürft ihr ihnen nicht eine von euch berechnete Wartezeit auferlegen. Sichert ihnen eine Versorgung und laßt sie auf eine schöne Weise frei.
50 O Prophet, Wir haben dir für erlaubt erklärt zu heiraten: deine Gattinnen, denen du ihren Lohn hast zukommen lassen; das, was deine rechte Hand besitzt von dem, was Gott dir als Beute zugeteilt hat; die Töchter deines Onkels und die Töchter deiner Tanten väterlicherseits, die Töchter deines Onkels und die Töchter deiner Tanten mütterlicherseits, welche mit dir ausgewandert sind; auch jede gläubige Frau, wenn sie sich dem Propheten (ohne Gegenforderung) schenkt und falls der Prophet sie heiraten will: Dies ist dir vorbehalten im Unterschied von den Gläubigen – Wir wissen wohl, was Wir ihnen in bezug auf ihre Gattinnen und auf das, was ihre rechte Hand besitzt, verpflichtend gemacht haben –, damit für dich kein Grund zur Bedräng-
[43¼] nis bestehe. Und Gott ist voller Vergebung und barmherzig. *51
Du darfst zurückstellen, wen von ihnen du willst, und du darfst bei dir aufnehmen, wen du willst. Und wenn du doch eine von denen haben möchtest, die du abgewiesen hast, dann ist das für

dich kein Vergehen. Das bewirkt eher, daß sie frohen Mutes, nicht betrübt und alle mit dem zufrieden sind, was du ihnen zukommen läßt. Gott weiß, was in euren Herzen ist. Gott weiß Bescheid und ist langmütig. 52 Es ist dir danach nicht mehr erlaubt, Frauen zu heiraten und sie gegen (andere) Gattinnen einzutauschen, auch wenn ihre Schönheit dir gefallen sollte, mit Ausnahme dessen, was deine rechte Hand besitzt. Und Gott ist Wächter über alle Dinge.

53 O ihr, die ihr glaubt, tretet nicht in die Häuser des Propheten ein – es sei denn, das wird euch erlaubt – zur Teilnahme an einem Essen, ohne auf die Essenszeit zu warten. Wenn ihr dann hereingerufen werdet, dann tretet ein, und, wenn ihr gegessen habt, dann geht auseinander, und (dies) ohne euch einer Unterhaltung hinzugeben. Damit fügt ihr dem Propheten Leid zu, aber er schämt sich vor euch. Gott aber schämt sich nicht vor der Wahrheit. Und wenn ihr sie* um einen Gegenstand bittet, so bittet sie von hinter einem Vorhang. Das ist reiner für eure Herzen und ihre Herzen. Und es steht euch nicht zu, dem Gesandten Gottes Leid zuzufügen, und auch nicht jemals seine Gattinnen nach ihm zu heiraten. Das wäre bei Gott etwas Ungeheuerliches. 54 Ob ihr etwas offenlegt oder geheimhaltet, Gott weiß über alle Dinge Bescheid. 55 Es besteht für sie kein Vergehen in bezug auf ihre Väter, ihre Söhne, ihre Brüder, die Söhne ihrer Brüder, die Söhne ihrer Schwestern, ihre Frauen und die, die ihre rechte Hand besitzt. Und fürchtet Gott*. Gott ist Zeuge über alle Dinge. 56 Gott und seine Engel sprechen den Segen über den Propheten. O ihr, die ihr glaubt, sprecht den Segen über ihn und grüßt ihn mit gehörigem Gruß. 57 Diejenigen, die Gott und seinem Gesandten Leid zufügen, verflucht Gott im Diesseits und Jenseits, und für sie hat Er eine schmähliche Pein bereitet. 58 Und diejenigen, die den gläubigen Männern und Frauen Leid zufügen für etwas, was sie nicht begangen haben, laden auf sich eine Verleumdung und eine offenkundige Schuld.
59 O Prophet, sag deinen Gattinnen und deinen Töchtern und

53: die Frauen des Propheten.

55: Der Satz richtet sich an die Frauen des Propheten.

den Frauen der Gläubigen, sie sollen etwas von ihrem Überwurf über sich herunterziehen. Das bewirkt eher, daß sie erkannt werden und daß sie nicht belästigt werden. Und Gott ist voller Vergebung und barmherzig.

[43½] *60 Wenn die Heuchler und diejenigen, in deren Herzen Krankheit ist, und diejenigen, die beunruhigende Falschmeldungen in der Stadt verbreiten, (damit) nicht aufhören, werden Wir dich bestimmt gegen sie antreiben. Dann werden sie nur noch kurze Zeit in deiner Nachbarschaft darin wohnen. 61 Verflucht sind sie. Wo immer man sie trifft, wird man sie ergreifen und unerbittlich töten. 62 So war das beispielhafte Verfahren Gottes mit denen, die vorher dahingegangen sind. Und du wirst im Verfahren Gottes keine Veränderung finden.

63 Die Menschen fragen dich nach der Stunde. Sprich: Nur Gott weiß über sie Bescheid. Woher willst du es wissen? Vielleicht steht die Stunde nahe bevor. 64 Gott hat die Ungläubigen verflucht, und Er hat für sie einen Feuerbrand bereitet; 65 darin werden sie auf immer ewig weilen; und sie werden weder Freund noch Helfer finden. 66 Am Tag, da ihre Gesichter im Feuer gewendet werden, sagen sie: »O hätten wir doch Gott gehorcht und hätten wir doch dem Gesandten gehorcht!« 67 Und sie sagen: »Unser Herr, wir haben unseren Herrschern und den Großen unter uns gehorcht, da haben sie uns vom Weg abirren lassen. 68 Unser Herr, laß ihnen ein Doppelmaß an Pein zukommen, und verfluche sie mit einem großen Fluch.«

69 O ihr, die ihr glaubt, seid nicht wie diejenigen, die Mose Leid zugefügt haben*, worauf Gott ihn freisprach von dem, was sie (über ihn) sagten. Er war bei Gott angesehen. 70 O ihr, die ihr glaubt, fürchtet Gott und sprecht zutreffende Worte, 71 dann läßt Er eure Werke als gut gelten und vergibt euch eure Sünden. Und wer Gott und seinem Gesandten gehorcht, der erringt einen großartigen Erfolg.

72 Wir haben das Vertrauenspfand* den Himmeln und der Erde und den Bergen angeboten, sie aber weigerten sich, es zu tragen,

69: Siehe vielleicht Bibel: Numeri 12.

72: Ist es die Rechtschaffenheit, das Gesetz oder einfach das Leben?

sie waren erschrocken davor. Der Mensch trug es – er tut
wirklich Unrecht und ist sehr töricht. 73 So wird Gott nun die
Heuchler, Männer und Frauen, und die Polytheisten, Männer
und Frauen, peinigen, und so wird Gott sich den Gläubigen,
Männern und Frauen, zuwenden. Gott ist voller Vergebung und
barmherzig.

Sure 34

Saba'

zu Mekka, 54 Verse

Im Namen Gottes, des Erbarmers, des Barmherzigen.
1 Lob sei Gott, dem gehört, was in den Himmeln und was auf der
Erde ist, und Lob sei Ihm im Jenseits! Er ist der, der weise ist und
Kenntnis von allem hat. 2 Er weiß, was in die Erde eingeht und
was aus ihr herauskommt, was vom Himmel herabkommt und
was darin emporsteigt. Und Er ist der, der barmherzig und voller
Vergebung ist.
3 Diejenigen, die ungläubig sind, sagen: »Die Stunde kommt
nicht über uns.« Sprich: Doch, sie kommt bestimmt über euch,
bei meinem Herrn, der das Unsichtbare weiß! Es entgeht Ihm
nicht das Gewicht eines Stäubchens, weder in den Himmeln noch
auf der Erde. Und es gibt nichts, was kleiner ist als dies oder
größer, das nicht in einem deutlichen Buch stünde, 4 damit Er
diejenigen, die glauben und die guten Werke tun, entlohne.
Bestimmt sind für diese Vergebung und ein trefflicher Unterhalt.
5 Für diejenigen, die eifrig gegen unsere Zeichen vorgehen und
ihnen Machtlosigkeit nachweisen wollen, für die ist eine Pein
durch ein schmerzhaftes Zorngericht bestimmt. 6 Und diejeni-
gen, denen das Wissen zugekommen ist, sehen, daß das, was zu
dir von deinem Herrn herabgesandt worden ist, die Wahrheit ist
und zum Weg dessen führt, der mächtig und des Lobes würdig
ist.

7 Und diejenigen, die ungläubig sind, sagen: »Sollen wir euch auf
einen Mann hinweisen, der euch kundtut, daß ihr, wenn ihr in
Stücke gerissen worden seid, doch neu erschaffen werdet? 8 Hat
er gegen Gott eine Lüge erdichtet, oder leidet er an Besessen-
heit?« Aber nein, diejenigen, die an das Jenseits nicht glauben,
stecken in der Pein und befinden sich im tiefen Irrtum. 9 Haben
sie denn nicht auf das geschaut, was vom Himmel und von der
Erde vor ihnen und was hinter ihnen ist? Wenn Wir wollen,
lassen Wir die Erde mit ihnen versinken oder Stücke vom
Himmel auf sie herabfallen. Darin ist ein Zeichen für jeden
Diener, der sich (Gott) reumütig zuwendet.
[43¾] *10 Und Wir ließen David eine Huld von Uns zukommen.
– »Ihr Berge, singt Kehrverse mit ihm, und auch ihr Vögel.«
Und Wir machten für ihn das Eisen geschmeidig. 11 – »Fertige
Panzergewänder an und webe im richtigen Maß die Panzerma-
schen aneinander. Und tut Gutes. Ich sehe wohl, was ihr tut.« 12
Und dem Salomo (machten Wir) den Wind (dienstbar), dessen
Morgenlauf einen Monat und dessen Abendlauf einen Monat
dauert. Und Wir ließen die Quelle des geschmolzenen Erzes für
ihn fließen. Und unter den Djinn gab es welche, die mit der
Erlaubnis seines Herrn vor ihm tätig waren. Wer von ihnen von
unserem Befehl abweicht, den lassen Wir etwas von der Pein des
Feuerbrandes kosten. 13 Sie machten ihm, was er wollte an
Heiligtümern, Bildwerken, Schüsseln wie Trögen und feststе-
henden Kesseln. – »Verrichtet, ihr Sippe Davids, eure Arbeit in
Dankbarkeit.« Ja, nur wenige von meinen Dienern sind dankbar.
14 Und als Wir für ihn* den Tod bestimmt hatten, hat sie* auf
sein Ableben nur das Kriechtier der Erde hingewiesen, das seinen
Stab fraß. Als er nun zu Boden fiel, wurde den Djinn deutlich,
daß sie, wenn sie das Unsichtbare gewußt hätten, nicht (weiter)
in der schmählichen Pein* geblieben wären.
15 Die Saba' hatten in ihrem Wohngebiet ein Zeichen: zwei
Gärten zur Rechten und zur Linken. – »Eßt von dem, was euer
Herr beschert hat, und danket Ihm. Eine gute Ortschaft (ist es),

14: für Salomo. – sie: die Menschen. – Pein: Gemeint ist hier der Dienst, zu dem sie gezwungen waren.

und ein Herr voller Vergebung.« 16 Aber sie wandten sich ab. Da sandten Wir gegen sie die Flut des Staudammes, und Wir vertauschten ihnen ihre zwei Gärten gegen zwei Gärten mit bitterem Ernteertrag und Tamarisken und einigen wenigen Zizyphusbäumen. 17 Das haben Wir ihnen vergolten dafür, daß sie undankbar waren. Vergelten Wir denn sonst jemandem anderem als dem Undankbaren? 18 Und Wir legten zwischen ihnen und den Städten, die Wir gesegnet haben, sichtbare Städte an. Und Wir legten das Maß der Reise zwischen ihnen fest: »Zieht in ihnen Nächte und Tage in Sicherheit umher.« 19 Sie aber sagten: »Unser Herr, lege größere Entfernungen zwischen unsere Reisen.« Sie taten sich selbst Unrecht. So machten Wir sie zum Gegenstand von Geschichten. Und Wir zerrissen sie in Stücke. Darin sind Zeichen für jeden, der sehr geduldig und sehr dankbar ist.

20 Wahrlich, Iblīs fand seine Meinung von ihnen bestätigt. Sie folgten ihm, mit Ausnahme eines Teils der Gläubigen. 21 Und er hatte keine Macht über sie. Es geschah nur, damit Wir feststellen, wer an das Jenseits glaubt, und (ihn unterscheiden) von dem, der darüber Zweifel hegt. Dein Herr ist Hüter aller Dinge. 22 Sprich: Ruft die an, die ihr anstelle Gottes angebt. Sie verfügen nicht einmal über das Gewicht eines Stäubchens weder in den Himmeln noch auf der Erde. Und sie haben an ihnen beiden keinen Anteil. Und Er hat unter ihnen keinen, der Ihm Beistand leisten könnte. 23 Auch nützt bei Ihm die Fürsprache nicht, außer wenn Er es jemandem erlaubt. Wenn dann die Angst von ihren Herzen entfernt worden ist, sagen sie: »Was hat euer Herr gesagt?« Sie sagen: »Die Wahrheit.« Und Er ist der Erhabene, der Große.

*24 Sprich: Wer versorgt euch von den Himmeln und der Erde? [44]
Sprich: Gott. Entweder wir folgen einer Rechtleitung oder ihr, oder wir befinden uns in einem offenkundigen Irrtum oder ihr. 25 Sprich: Ihr habt nicht zu verantworten, was wir verübt haben, und wir haben nicht zu verantworten, was ihr tut. 26 Sprich: Zusammenbringen wird uns unser Herr. Dann richtet Er zwischen uns nach der Wahrheit. Er ist der, der wahrhaft richtet und Bescheid weiß. 27 Sprich: Laßt mich die sehen, die ihr Ihm als

Teilhaber beigegeben habt. Nein, Er ist Gott, der Mächtige, der Weise. 28 Und Wir haben dich für die Menschen allesamt nur als Freudenboten und Warner gesandt. Aber die meisten Menschen wissen nicht Bescheid.

29 Und sie sagen: »Wann wird diese Androhung eintreten, so ihr die Wahrheit sagt?« 30 Sprich: Euch ist eine Verabredung auf einen Tag festgelegt, hinter dem ihr nicht einmal eine Stunde zurückbleiben noch ihm vorausgehen könnt.

31 Und diejenigen, die ungläubig sind, sagen: »Nie werden wir an diesen Koran glauben, und auch nicht an das, was vor ihm vorhanden war.« Könntest du nur sehen, wenn die, die Unrecht tun, vor ihren Herrn gestellt werden und untereinander die Worte wechseln! Diejenigen, die wie Schwache behandelt wurden, sagen zu denen, die sich hochmütig verhielten: »Wenn ihr nicht gewesen wäret, so wären wir gläubig gewesen.« 32 Diejenigen, die sich hochmütig verhielten, sagen zu denen, die wie Schwache behandelt wurden: »Sind wir es gewesen, die euch von der Rechtleitung abgewiesen haben, nachdem sie zu euch gekommen war? Nein, ihr wart Übeltäter.« 33 Diejenigen, die wie Schwache behandelt wurden, sagen zu denen, die sich hochmütig verhielten: »Es waren eher eure Ränke bei Nacht und bei Tag, da ihr uns befohlen habt, Gott zu verleugnen und Ihm andere als Gegenpart zur Seite zu stellen.« Und sie hegen insgeheim Reue, wenn sie die Pein sehen. Und Wir bringen die Fesseln an den Hals derer an, die ungläubig waren. Wird ihnen denn etwas anderes vergolten als das, was sie zu tun pflegten?

34 Und Wir haben in keine Stadt einen Warner gesandt, ohne daß die, die in ihr üppig lebten, gesagt hätten: »Das, womit ihr gesandt seid, das verleugnen wir.« 35 Und sie sagen: »Wir haben mehr Vermögen und Kinder. Und wir werden gewiß nicht gepeinigt werden.« 36 Sprich: Mein Herr teilt den Lebensunterhalt großzügig, wem Er will, und auch bemessen zu. Aber die meisten Menschen wissen nicht Bescheid. 37 Es ist nicht euer Vermögen, und es sind auch nicht eure Kinder, die euch Zutritt in unsere Nähe verschaffen, mit Ausnahme derer, die glauben und Gutes tun. Diese erhalten einen doppelten Lohn für das, was sie getan haben, und sie werden in den Obergemächern in

Sicherheit sein. 38 Diejenigen aber, die eifrig gegen unsere
Zeichen vorgehen und ihnen Machtlosigkeit nachweisen wollen,
werden zur Pein vorgeführt. 39 Sprich: Mein Herr teilt den
Lebensunterhalt großzügig, wem von seinen Dienern Er will,
und auch bemessen zu. Und was ihr auch immer spendet, Er wird
es euch ersetzen. Er ist der beste der Versorger.
40 Und am Tag, da Er sie alle versammelt. Dann spricht Er zu
den Engeln: »Diese da, pflegten sie euch zu verehren?« 41 Sie
sagen: »Preis sei Dir! Du bist unser Freund, nicht sie. Nein, sie
verehrten die Djinn. Die meisten von ihnen glauben an sie.« 42
»Heute könnt ihr einander weder Nutzen noch Schaden brin-
gen.« Und Wir sprechen zu denen, die Unrecht getan haben:
»Kostet die Pein des Feuers, das ihr immer wieder für Lüge
erklärt habt.«
43 Und wenn ihnen unsere Zeichen als deutliche Beweise verle-
sen werden, sagen sie: »Dieser ist nur ein Mann, der euch von
dem abbringen will, was eure Väter verehrten.« Und sie sagen:
»Das ist nichts als eine erdichtete Lüge.« Und diejenigen, die
ungläubig sind, sagen von der Wahrheit, als sie zu ihnen kam:
»Das ist nichts als eine offenkundige Zauberei.« 44 Und Wir
haben ihnen keine Bücher zukommen lassen, die sie hätten
erforschen können. Und Wir haben vor dir keinen Warner zu
ihnen gesandt. 45 Für Lüge haben es (auch) die erklärt, die vor
ihnen lebten, wobei diese nicht einmal das Zehntel dessen
erreicht haben, was Wir jenen zukommen ließen. Sie haben
meine Gesandten der Lüge geziehen. Wie war aber dann meine
Mißbilligung! *46 Sprich: Ich ermahne euch, eines (zu beach- [44¼]
ten): daß ihr euch zu zweit und einzeln vor Gott hinstellt und
dann nachdenkt. Euer Gefährte leidet nicht an Besessenheit. Er
ist euch nur ein Warner vor dem Eintreten einer harten Pein. 47
Was ich auch immer an Lohn hätte verlangen können, das gehört
euch. Mein Lohn obliegt Gott allein. Und er ist Zeuge über alle
Dinge. 48 Sprich: Mein Herr läßt die Wahrheit überbringen, Er,
der die unsichtbaren Dinge alle weiß. 49 Sprich: Die Wahrheit ist
gekommen. Das Falsche kann weder etwas neu erschaffen noch
es wiederholen. 50 Sprich: Wenn ich irregehe, gehe ich irre zu
meinem eigenen Schaden. Und wenn ich der Rechtleitung folge,

so ist es durch das, was mir mein Herr offenbart. Er hört alles
und ist nahe.
51 Könntest du nur sehen, wenn sie erschrecken! Da gibt es kein
Entrinnen, und sie werden aus einem nahen Ort weggerafft. 52
Und sie sagen: »Wir glauben daran.« Aber wie sollte es ihnen
gelingen, ihn* aus einem fernen Ort* zu erlangen, 53 wo sie ihn
doch vorher verleugnet haben? Und sie raten in bezug auf das
Unsichtbare herum aus einem fernen Ort*. 54 Und es wird eine
Trennung vorgenommen zwischen ihnen und dem, was sie
begehren, so wie es vorher mit ihresgleichen gemacht wurde. Sie
waren ja in einem starken Zweifel.

Sure 35

Schöpfer (Fāṭir)

zu Mekka, 45 Verse

Im Namen Gottes, des Erbarmers, des Barmherzigen.
1 Lob sei Gott, dem Schöpfer der Himmel und der Erde, der die
Engel zu Boten gemacht hat mit Flügeln, je zwei, drei und vier!
Er fügt der Schöpfung hinzu, was Er will. Gott hat Macht zu
allen Dingen. 2 Was Gott den Menschen an Barmherzigkeit
eröffnet, kann niemand zurückhalten. Und was Er zurückhält,
kann niemand nach Ihm zur Verfügung stellen. Und Er ist der
Mächtige, der Weise. 3 O ihr Menschen, gedenket der Gnade
Gottes zu euch. Gibt es denn einen anderen Schöpfer als Gott,
der euch vom Himmel und von der Erde versorgt? Es gibt keinen
Gott außer Ihm. Wie leicht laßt ihr euch doch abwenden!
4 Wenn sie dich der Lüge zeihen, so wurden vor dir Gesandte der

52: ihn: den Glauben. – hier: aus dem Jenseits, wo sie sich nun befinden.

53: Hier ist der ferne Ort in bezug auf das Unsichtbare das Diesseits.

Lüge geziehen. Und zu Gott werden die Angelegenheiten zu-
rückgebracht.
5 O ihr Menschen, das Versprechen Gottes ist wahr. So soll euch
das diesseitige Leben nicht betören. Und nicht betören soll euch
in bezug auf Gott der Betörer. 6 Der Satan ist euch ein Feind. So
nehmt auch ihr ihn euch zum Feind. Er ruft ja seine Anhänger
dazu, zu den Gefährten des Feuerbrandes zu gehören. 7 Be-
stimmt ist für diejenigen, die ungläubig sind, eine harte Pein,
und für diejenigen, die glauben und die guten Werke tun,
Vergebung und ein großer Lohn. 8 Soll der, dem sein böses Tun
verlockend gemacht worden ist und der es dann auch schön
findet, (rechtgeleitet sein)? Gott führt irre, wen Er will, und Er
leitet recht, wen Er will. So soll deine Seele nicht über sie in
Bedauern zergehen. Gott weiß, was sie machen.
9 Und Gott ist es, der die Winde schickt, und sie wühlen die
Wolken auf. Dann treiben Wir sie zu einem abgestorbenen Land
und beleben damit die Erde nach ihrem Absterben wieder. So ist
es auch mit der Auferstehung. 10 Wenn einer die Macht sucht,
so gehört alle Macht Gott. Zu Ihm steigt das gefällige Wort, und
die gute Tat läßt Er (zu sich) aufsteigen. Und für die, die böse
Ränke schmieden, ist eine harte Pein bestimmt. Und ihre Ränke
werden dem Verderben anheimfallen.
11 Und Gott hat euch aus Erde, dann aus einem Tropfen erschaf-
fen und euch dann zu Paaren gemacht. Kein Weib wird schwan-
ger oder kommt nieder, es sei denn mit seinem Wissen. Und
keinem, der alt wird, wird das Altwerden oder eine Verkürzung
seiner Lebenszeit zuteil, ohne daß es in einem Buch stünde. Dies
ist Gott ein leichtes. 12 Die zwei Meere sind nicht gleich. Das
eine ist süß, erfrischend und bekömmlich zu trinken; das andere
ist salzig und bitter. Und aus beiden eßt ihr frisches Fleisch und
holt Schmuck heraus, den ihr anlegt. Und du siehst die Schiffe es
durchspalten, damit ihr nach etwas von seiner Huld strebt und
auf daß ihr dankbar werdet. 13 Er läßt die Nacht in den Tag
übergehen, und den Tag in die Nacht. Und Er hat die Sonne und
den Mond dienstbar gemacht, so daß jedes seinen Lauf auf eine
bestimmte Frist nimmt. So ist Gott, euer Herr. Ihm gehört die
Königsherrschaft. Die aber, die ihr an seiner Stelle anruft, verfü-

gen nicht einmal über das Häutchen eines Dattelkernes. 14 Wenn
ihr sie anruft, hören sie euer Rufen nicht. Und würden sie (es)
doch hören, sie würden euch nicht erhören. Und am Tag der
Auferstehung verleugnen sie eure Beigesellung. Und niemand
kann dir Kunde geben wie Einer, der Kenntnis von allem hat.
[44½] *15 O ihr Menschen, ihr seid es, die Gottes bedürftig sind. Und
Gott ist der, der auf niemanden angewiesen und des Lobes würdig
ist. 16 Wenn Er will, läßt Er euch fortgehen und eine neue
Schöpfung kommen. 17 Und dies fällt Gott nicht schwer.

18 Und keine lasttragende Seele trägt die Last einer anderen. Und
wenn eine Schwerbeladene (zum Mittragen) ihrer Last aufruft,
wird nichts davon (für sie) getragen, und ginge es auch dabei um
einen Verwandten. Du kannst nur die warnen, die ihren Herrn
im Verborgenen fürchten und das Gebet verrichten. Und wer
sich läutert, läutert sich zu seinem eigenen Vorteil. Und zu Gott
führt der Lebensweg. 19 Nicht gleich sind der Blinde und der
Sehende, 20 noch die Finsternisse und das Licht, 21 noch der
Schatten und die Sommerhitze. 22 Und nicht gleich sind auch die
Lebenden und die Toten. Gott läßt hören, wen Er will. Du bist es
nicht, der die hören läßt, die in den Gräbern sind. 23 Du bist nur
ein Warner. 24 Wir haben dich mit der Wahrheit gesandt als
Freudenboten und als Warner. Und es gibt keine Gemeinschaft,
bei der nicht früher ein Warner aufgetreten wäre. 25 Und wenn
sie dich der Lüge zeihen, so haben auch diejenigen, die vor ihnen
lebten, (die Gesandten) der Lüge geziehen. Ihre Gesandten
kamen zu ihnen mit den deutlichen Zeichen und mit den Schrif-
ten und dem erleuchtenden Buch. 26 Dann ergriff Ich die, die
ungläubig waren. Und wie war meine Mißbilligung!

27 Hast du nicht gesehen, daß Gott vom Himmel Wasser herab-
kommen läßt? Dann bringen Wir dadurch Früchte von verschie-
denen Arten hervor. Und bei den Bergen gibt es Züge von
verschiedenen Farben, weiße und rote und rabenschwarze. 28
Und bei den Menschen und den Tieren und dem Vieh gibt es
Arten von verschiedener Farbe. So ist es. Wahrlich, Gott fürch-
ten unter seinen Dienern eben die Gelehrten. Gott ist mächtig
und voller Vergebung. 29 Diejenigen, die das Buch Gottes verle-
sen, das Gebet verrichten und von dem, was Wir ihnen beschert

haben, geheim und offen spenden, hoffen auf einen Handel, der
niemals dem Verderben anheimfallen wird, 30 damit Er ihnen
ihren Lohn voll erstatte und ihnen von seiner Huld noch mehr
gebe. Er ist voller Vergebung und zeigt sich erkenntlich.
31 Und was Wir dir vom Buch offenbart haben, ist die Wahrheit
als Bestätigung dessen, was vor ihm vorhanden war. Gott hat
Kenntnis von seinen Dienern, und Er sieht sie wohl. 32 Dann
haben Wir das Buch denen von unseren Dienern, die Wir
auserwählt haben, zum Erbe gegeben. Manch einer von ihnen tut
sich selbst Unrecht, manch anderer von ihnen zeigt einen maß-
vollen Wandel, und manch anderer von ihnen ist (sogar) im
Wettlauf nach den guten Dingen (den anderen) voraus mit der
Erlaubnis Gottes. Das ist die große Huld: 33 die Gärten von
Eden, in die sie eingehen. Geschmückt werden sie mit Armringen
aus Gold und mit Perlen, und ihre Kleidung darin ist aus Seide.
34 Und sie sagen: »Lob sei Gott, der die Betrübtheit von uns
weggenommen hat! Unser Herr ist wahrlich voller Vergebung
und zeigt sich erkenntlich. 35 Er, der uns durch seine Huld in die
Wohnstätte des (ewigen) Aufenthaltes versetzt hat, in der uns
keine Ermüdung befällt, und in der uns keine Ermattung befällt.«
36 Für diejenigen, die ungläubig sind, ist das Feuer der Hölle
bestimmt. Darin wird mit ihnen kein Ende gemacht, so daß sie
sterben, und es wird ihnen auch seine Pein nicht erleichtert. So
vergelten Wir jedem, der sehr ungläubig ist. 37 Und sie schreien
darin: »Unser Herr, laß uns herauskommen, so werden wir
Gutes tun und nicht das, was wir zu tun pflegten.« – »Haben
Wir euch nicht so alt werden lassen, daß jeder, der es hätte
bedenken wollen, es hätte bedenken können? Und ist nicht der
Warner zu euch gekommen? So kostet (es) nun. Die, die Unrecht
tun, haben keinen Helfer.«
38 Gott ist der, der das Unsichtbare der Himmel und der Erde
weiß. Er weiß über das innere Geheimnis Bescheid. 39 Er ist es,
der euch zu aufeinanderfolgenden Generationen auf der Erde
gemacht hat. Wer nun ungläubig ist, dessen Unglaube lastet auf
ihm. Und den Ungläubigen bringt ihr Unglaube bei ihrem Herrn
nur noch mehr Abscheu. Und den Ungläubigen bringt ihr
Unglaube nur noch mehr Verlust. 40 Sprich: Habt ihr eure

Teilhaber gesehen, die ihr anstelle Gottes anruft? Zeigt mir doch,
was sie von der Erde erschaffen haben. Oder haben sie etwa einen
Anteil an den Himmeln? Oder haben Wir ihnen (sonst) ein Buch
zukommen lassen, so daß sie von daher einen deutlichen Beweis
hätten? Nein, die, die Unrecht tun, versprechen einander nur
[44¾] Betörung. *41 Gott hält die Himmel und die Erde, daß sie nicht
vergehen. Würden sie vergehen, so könnte niemand nach Ihm sie
festhalten. Er ist langmütig und voller Vergebung.
42 Und sie haben bei Gott ihren eifrigsten Eid geschworen, sie
würden, wenn ein Warner zu ihnen käme, treuer der Rechtlei-
tung folgen als irgendeine von den Gemeinschaften. Als dann
aber ein Warner zu ihnen kam, mehrte es in ihnen nur noch die
Abneigung, 43 da sie sich auf der Erde hochmütig verhielten und
böse Ränke schmiedeten. Aber die bösen Ränke umschließen nur
ihre Urheber. Erwarten sie denn (für sich) etwas anderes als die
Art, wie mit den Früheren verfahren wurde? Du wirst bei dem
Verfahren Gottes keine Veränderung finden, und du wirst bei
dem Verfahren Gottes keine Verwandlung finden. 44 Sind sie
denn nicht auf der Erde umhergezogen und haben geschaut, wie
das Ende derer war, die vor ihnen lebten? Sie hatten eine stärkere
Kraft als sie. Und Gottes Wille wird durch nichts vereitelt weder
in den Himmeln noch auf der Erde. Er weiß Bescheid und ist
mächtig. 45 Und wenn Gott die Menschen für das, was sie
erworben haben, belangen wollte, würde Er auf ihrer Oberfläche
kein Tier übriglassen. Aber Er stellt sie zu einer bestimmten Frist
zurück. Und wenn ihre Frist kommt – wahrlich, Gott sieht wohl
seine Diener.

Sure 36

Yā Sīn

zu Mekka, 83 Verse

Im Namen Gottes, des Erbarmers, des Barmherzigen.
1 Yā Sīn*. 2 Beim weisen Koran, 3 du bist einer der Gesandten
4 auf einem geraden Weg. 5 Er ist die Herabsendung des
Mächtigen, des Barmherzigen, 6 damit du Leute warnst, deren
Väter nicht gewarnt wurden, so daß sie (alles) unbeachtet lassen.
7 Der Spruch ist über die meisten von ihnen fällig geworden, so
glauben sie nicht. 8 Wir haben an ihren Hals Fesseln angebracht,
die bis zum Kinn reichen, so daß sie den Kopf hochhalten
müssen. 9 Und Wir haben vor ihnen eine Sperrmauer und hinter
ihnen eine Sperrmauer gemacht und sie umhüllt, so daß sie nicht
sehen können. 10 Und es ist ihnen gleich, ob du sie warnst oder
ob du sie nicht warnst; sie glauben nicht. 11 Du kannst nur den
warnen, der der Ermahnung folgt und den Erbarmer im Verbor-
genen fürchtet. So verkünde ihm Vergebung und trefflichen
Lohn. 12 Wir, ja Wir machen die Toten wieder lebendig. Und
Wir schreiben auf, was sie vorausgeschickt haben und auch ihre
Spuren. Alle Dinge haben Wir in einer deutlichen Anzeigeschrift
erfaßt.

13 Und führe ihnen als Gleichnis die Leute der Stadt an, als die
Gesandten zu ihr kamen. 14 Als Wir zwei zu ihnen sandten, da
ziehen sie beide der Lüge. Wir brachten durch einen dritten
Verstärkung. Sie sagten: »Wir sind zu euch gesandt.« 15 Sie
sagten: »Ihr seid nur Menschen wie wir. Der Erbarmer hat nichts
herabgesandt. Ihr lügt nur.« 16 Sie sagten: »Unser Herr weiß es,
wir sind wirklich zu euch gesandt. 17 Und uns obliegt nur die
deutliche Ausrichtung (der Botschaft).« 18 Sie sagten: »Wir
sehen in euch ein böses Omen. Wenn ihr nicht aufhört, werden
wir euch bestimmt steinigen, und euch wird bestimmt eine
schmerzhafte Pein von uns treffen.« 19 Sie sagten: »Euer Omen

1: Die Bedeutung dieser Buchstaben ist noch nicht geklärt.

ist bei euch selbst. (Redet ihr denn so,) wenn ihr ermahnt
werdet? Nein, ihr seid eher maßlose Leute.« 20 Und vom äußer-
sten Ende der Stadt kam ein Mann gelaufen. Er sagte: »O mein
Volk, folgt den Gesandten. 21 Folgt denen, die von euch keinen
Lohn verlangen und der Rechtleitung folgen. 22 Und warum
sollte ich dem nicht dienen, der mich erschaffen hat, und zu dem
ihr zurückgebracht werdet? 23 Soll ich mir etwa an seiner Stelle
andere Götter nehmen, deren Fürbitte, falls der Erbarmer mir
Schaden zufügen will, mir nichts nützt, und die mich nicht retten
können? 24 Ich würde mich in einem offenkundigen Irrtum
befinden. 25 Ich glaube an euren Herrn, so hört auf mich.« 26 Es
wurde (zu ihm) gesprochen: »Geh ins Paradies ein.« Er sagte: »O
wüßte doch mein Volk davon, 27 daß mein Herr mir vergeben
und mich zu denen gestellt hat, die ehrenvoll behandelt werden!«
23. Teil *28 Nach ihm sandten Wir kein Heer vom Himmel gegen sein
[45] Volk herab; ja Wir sandten auch sonst nichts (gegen sie) herab.
29 Es genügte ein einziger Schrei, da waren sie plötzlich ausge-
löscht. 30 Schade um die Diener! Kein Gesandter kommt zu
ihnen, ohne daß sie ihn verspotten würden. 31 Haben sie denn
nicht gesehen, wie viele Generationen Wir vor ihnen haben
verderben lassen, und daß sie zu ihnen nicht zurückkehren? 32
Und sie werden unausweichlich alle insgesamt bei Uns vorge-
führt.

33 Und ein Zeichen ist für sie die abgestorbene Erde. Wir haben
sie belebt und aus ihr Körner hervorgebracht, von denen sie
essen. 34 Und Wir haben auf ihr Gärten von Palmen und
Weinstöcken gelegt und durch sie Quellen hervorbrechen lassen,
35 damit sie von ihren Früchten essen können. Nicht ihre Hände
haben sie geschaffen. Wollen sie denn nicht dankbar sein? 36
Preis sei dem, der die Paare alle erschaffen hat: bei dem, was die
Erde wachsen läßt, bei ihnen selbst und bei dem, was sie nicht
wissen! 37 Und ein Zeichen ist für sie die Nacht. Wir ziehen von
ihr den Tag weg, und schon befinden sie sich im Dunkeln. 38
Und die Sonne läuft zu einem für sie bestimmten Aufenthaltsort.
Das ist das Dekret dessen, der mächtig ist und Bescheid weiß. 39
Und den Mond haben Wir in Stationen gemessen, bis er
abnimmt und wie ein alter Palmstiel wird. 40 Weder darf die

Sonne den Mond einholen, noch kommt die Nacht dem Tag
zuvor. Und jedes Gestirn nimmt seinen Lauf in einer (eigenen)
Sphäre. 41 Und ein Zeichen ist es für sie, daß Wir ihre Nachkom-
menschaft auf dem vollbeladenen Schiff getragen haben. 42 Und
Wir haben ihnen etwas Gleiches geschaffen, was sie besteigen. 43
Und wenn Wir wollen, lassen Wir sie ertrinken, dann gibt es
niemanden, zu dem sie um Hilfe schreien könnten, und sie
werden nicht gerettet, 44 es sei denn aus Barmherzigkeit von Uns
und zur Nutznießung für eine Weile. 45 Und wenn zu ihnen
gesagt wird: »Hütet euch vor dem, was vor euch, und dem, was
hinter euch ist, auf daß ihr Erbarmen findet.« ... 46 Kein Zeichen
von den Zeichen ihres Herrn kommt zu ihnen, ohne daß sie sich
davon abwenden. 47 Und wenn zu ihnen gesagt wird: »Spendet
von dem, was Gott euch beschert hat«, sagen diejenigen, die
ungläubig sind, zu denen, die glauben: »Sollen wir den ernähren,
den Gott, wenn Er wollte, ernähren würde? Ihr befindet euch in
einem offenkundigen Irrtum.«

48 Und sie sagen: »Wann wird diese Androhung eintreten, so ihr
die Wahrheit sagt?« 49 Sie warten wohl nur auf einen einzigen
Schrei, der sie ergreift, während sie noch miteinander streiten. 50
Da werden sie kein Testament machen und auch nicht zu ihren
Angehörigen zurückkehren können. 51 Es wird in die Trompete
geblasen, und gleich eilen sie aus den Gräbern zu ihrem Herrn
herbei. 52 Sie sagen: »O wehe uns! Wer hat uns von unserer
Schlafstätte erweckt? Das ist, was der Erbarmer versprochen hat,
und die Gesandten haben die Wahrheit gesagt.« 53 Es genügt nur
ein einziger Schrei, da werden sie allesamt bei Uns vorgeführt. 54
»Heute wird niemandem irgendein Unrecht getan. Und euch
wird nur das vergolten, was ihr zu tun pflegtet.« 55 Die Gefähr-
ten des Paradieses finden heute Beschäftigung und Wohlbeha-
gen. 56 Sie und ihre Gattinnen befinden sich im Schatten und
lehnen sich auf Liegen. 57 Sie haben darin Früchte, und sie
haben, was sie für sich wünschen. 58 »Friede!«, als Anrede von
einem barmherzigen Herrn. 59 »Scheidet euch heute (von den
Gottesfürchtigen), ihr Übeltäter. *60 Habe Ich euch, o ihr Kinder [45¼]
Adams, nicht auferlegt, ihr sollt nicht dem Satan dienen – er ist
euch ja ein offenkundiger Feind –, 61 ihr sollt Mir dienen – das

ist ein gerader Weg? 62 Er hat doch viele Geschöpfe aus euren Reihen irregeführt. Hattet ihr denn keinen Verstand? 63 Das ist die Hölle, die euch immer wieder angedroht wurde. 64 Ihr sollt heute darin brennen dafür, daß ihr ungläubig waret.« 65 Heute versiegeln Wir ihnen den Mund. Ihre Hände werden zu Uns sprechen, und ihre Füße Zeugnis ablegen über das, was sie erworben haben. 66 Und wenn Wir wollten, würden Wir ihre Augen auswischen. Und sie eilen dann zum Weg um die Wette, aber wie könnten sie da sehen? 67 Wenn Wir wollten, würden Wir sie an ihrem Ort verwandeln, so daß sie nicht mehr vorangehen können, und auch nicht zurückkehren. 68 Wen Wir alt werden lassen, den lassen Wir in seiner körperlichen Verfassung eine Kehrtwende machen. Haben sie denn keinen Verstand?

69 Und Wir haben ihn nicht das Dichten gelehrt, und es ziemt ihm nicht. Das ist doch nur eine Ermahnung und ein deutlicher Koran, 70 damit er diejenigen warne, die (da) leben, und der Spruch fällig werde gegen die Ungläubigen.

71 Haben sie denn nicht gesehen, daß Wir ihnen unter dem, was unsere Hände gemacht haben, Herdentiere erschaffen haben, über die sie verfügen? 72 Und Wir haben sie ihnen unterworfen. Einige von ihnen dienen ihnen als Reittiere, von anderen können sie essen. 73 Und sie haben an ihnen allerlei Nutzen und etwas zu trinken. Wollen sie denn nicht dankbar sein? 74 Und sie haben sich anstelle Gottes Götter genommen, in der Hoffnung, Unterstützung zu finden. 75 Sie können doch ihnen keine Unterstützung gewähren, und sie sind für sie Truppen, die selbst vorgeführt werden. 76 Ihre Worte sollen dich nicht betrüben. Wir wissen ja, was sie geheimhalten und was sie offenlegen.

77 Hat denn der Mensch nicht gesehen, daß Wir ihn aus einem Tropfen erschaffen haben, und doch ist er ein offenkundiger Widerstreiter. 78 Er führt Uns ein Gleichnis an und vergißt, daß er erschaffen ist. Er sagt: »Wer macht diese Gebeine wieder lebendig, wenn sie auseinandergefallen sind?« 79 Sprich: Wieder lebendig macht sie der, der sie das erste Mal hat entstehen lassen. Und Er weiß über alle Geschöpfe Bescheid. 80 Er, der euch aus grünen Bäumen Feuer gemacht hat, so daß ihr gleich damit anzünden könnt. 81 Hat nicht der, der die Himmel und die Erde

erschaffen hat, auch Macht, ihresgleichen zu erschaffen? Ja doch.
Und Er ist der, der alles erschafft und Bescheid weiß. 82 Sein
Befehl, wenn Er etwas will, ist, dazu nur zu sagen: Sei!, und es
ist. 83 Preis sei dem, in dessen Hand die Herrschaft über alle
Dinge ist und zu dem ihr zurückgebracht werdet!

Sure 37

Die sich reihen (al-Ṣāffāt)

zu Mekka, 182 Verse

Im Namen Gottes, des Erbarmers, des Barmherzigen.
1 Bei denen, die reihenweise sich reihen, 2 und denen, die einen
Schelteschrei ausstoßen, 3 und denen, die eine Ermahnung verle-
sen! 4 Euer Gott ist ein Einziger, 5 der Herr der Himmel und der
Erde und dessen, was dazwischen ist, und der Herr der östlichen
Gegenden. 6 Wir haben den untersten Himmel mit einem
Schmuck geziert: mit den Sternen. 7 Und dies zum Schutz vor
jedem rebellischen Satan. 8 So können sie* der obersten Ratsver-
sammlung nicht lauschen, und sie werden von allen Seiten
beworfen, 9 damit sie zurückgestoßen werden – und für sie ist
eine ständige Pein bestimmt –, 10 außer dem, der etwas auf-
schnappt und den dann eine leuchtende Sternschnuppe verfolgt.
11 Frag sie doch um ihre Meinung: Ist es etwa schwerer, sie zu
erschaffen als die, die Wir (sonst) erschaffen haben? Wir haben
sie ja aus haftendem Ton erschaffen. 12 Nein, du wunderst dich*,
sie aber höhnen. 13 Und wenn sie ermahnt werden, bedenken sie
es nicht. 14 Und wenn sie ein Zeichen sehen, verhöhnen sie es
miteinander. 15 Und sie sagen: »Das ist nur eine offenkundige
Zauberei. 16 Wenn wir gestorben und Staub und Knochen

8: die Satane.
12: wie verstockt sie sind.

geworden sind, sollen wir dann wirklich auferweckt werden? 17
Und auch unsere Vorväter?« 18 Sprich: Ja, und ihr werdet euch
demütig verhalten. 19 Es genügt ein einziger Schelteschrei, da
schauen sie schon hin. 20 Und sie sagen: »O weh uns! Das ist der
Tag des Gerichtes!« 21 – »Das ist der Tag der Scheidung, den ihr
[45½] für Lüge zu erklären pflegtet. *22 – Versammelt nun diejeni-
gen, die Unrecht getan haben, ihre Partner und das, was sie
verehrten 23 anstelle Gottes. Dann führt sie zum Weg der Hölle
24 und stellt sie auf, sie werden zur Verantwortung gezogen. 25
– Was ist mit euch, daß ihr nicht einander unterstützt?« 26
Nein, heute ergeben sie sich. 27 Und sie gehen aufeinander zu,
um sich gegenseitig zu befragen. 28 Sie sagen: »Ihr kamt doch
von rechts her* zu uns.« 29 Sie sagen: »Nein, ihr waret ja nicht
gläubig. 30 Wir aber hatten keine Macht über euch, sondern ihr
waret Leute, die ein Übermaß an Frevel zeigten. 31 So ist der
Spruch unseres Herrn gegen uns zu Recht fällig geworden. Wir
werden bestimmt (die Pein) kosten. 32 Und so haben wir euch
abirren lassen. Wir waren ja selbst abgeirrt.« 33 An jenem Tag
werden sie an derselben Pein teilhaben.

34 So verfahren Wir mit den Übeltätern. 35 Wenn zu ihnen
gesagt wurde: »Es gibt keinen Gott außer Gott«, verhielten sie
sich hochmütig 36 und sagten: »Sollen wir denn unsere Götter
verlassen wegen eines besessenen Dichters?« 37 Aber nein, er ist
mit der Wahrheit gekommen und hat die Gesandten bestätigt. 38
Ihr werdet bestimmt die schmerzhafte Pein kosten, 39 und euch
wird nur für vergolten, was ihr zu tun pflegtet, 40 ausgenommen
den auserwählten Dienern Gottes. 41 Für diese ist ein festgeleg-
ter Unterhalt bestimmt: 42 Früchte, und sie werden ehrenvoll
behandelt 43 in den Gärten der Wonne 44 auf Liegen, einander
gegenüber. 45 Dabei wird ihnen ein Becher aus einem Quell
herumgereicht, 46 weiß, genußvoll für die, die (daraus) trinken.
47 Darin steckt keine heimtückische Beeinträchtigung, und
dadurch werden sie nicht berauscht. 48 Und bei ihnen sind
(Ḥūrī), die ihre Blicke zurückhalten und schöne, große Augen
haben, 49 als ob sie wohlverwahrte Eier wären. 50 Und sie gehen

28: D. h.: von der guten Seite, die nichts Böses ahnen läßt.

aufeinander zu, um sich gegenseitig zu befragen. 51 Ein Sprecher unter ihnen sagt: »Ich hatte einen Gesellen, 52 der sagte: ›Gehörst du wirklich zu denen, die es für wahr halten? 53 Sollen wir, wenn wir gestorben und Staub und Knochen geworden sind, dann wirklich gerichtet werden?‹« 54 Er sagt (weiter): »Wollt ihr denn hinabschauen?« 55 Er schaut selbst hinab und sieht ihn* mitten in der Hölle. 56 Er sagt: »Bei Gott, beinahe hättest du mich ins Verderben gestürzt. 57 Und ohne die Gnade meines Herrn würde ich nun zu denen gehören, die vorgeführt werden. 58 Ist es nicht wirklich so, daß wir sterben 59 nur durch unseren ersten Tod, und daß wir nicht gepeinigt werden? 60 Das ist doch der großartige Erfolg! 61 Für ein solches Ziel sollen diejenigen, die handeln, (ihre Werke) tun.«

62 Ist dies als Herberge* besser oder der Zaqqūm-Baum? 63 Den haben Wir zu einer Versuchung für die gemacht, die Unrecht tun. 64 Es ist ein Baum, der aus dem Grund der Hölle herauskommt 65 und dessen Fruchtscheide so ist, als wären es Köpfe von Satanen. 66 Sie essen davon und füllen sich die Bäuche. 67 Dann erhalten sie darauf eine Mischung von heißem Wasser. 68 Dann kehren sie zur Hölle zurück. 69 Sie haben ihre Väter im Irrtum vorgefunden, 70 da werden sie auf ihren Spuren eilig getrieben. 71 Vor ihnen sind bereits die meisten unter den Früheren abgeirrt, 72 und Wir haben unter sie Warner gesandt. 73 So schau, wie das Ende der Gewarnten war, 74 ausgenommen der auserwählten Diener Gottes.

75 Und wahrlich, Noach* rief Uns an – welch vorzüglicher Erhörer sind Wir! 76 Und Wir erretteten ihn und seine Angehörigen aus der großen Drangsal 77 und machten seine Nachkommenschaft zu den (einzig) Überlebenden. 78 Und Wir ließen seinen Ruf unter den späteren Generationen fortbestehen. 79 Friede sei über Noach unter den Weltenbewohnern! 80 So vergelten Wir den Rechtschaffenen. 81 Er gehört zu unseren gläubigen Dienern. 82 Dann ließen Wir die anderen ertrinken.

55: seinen Gesellen.
62: Oder: als Bewirtung.
75–82: Vgl. 7,59–64.

[45¾] *83 Zu seiner Gemeinde gehört Abraham*. 84 Als er mit
gesundem Herzen zu seinem Herrn kam. 85 Als er zu seinem
Vater und seinem Volk sagte: »Was verehrt ihr da? 86 Sucht ihr
eine Lüge: Götter anstelle Gottes? 87 Welche Meinung habt ihr
denn vom Herrn der Welten?« 88 Und er warf einen Blick zu den
Sternen 89 und sagte: »Ich bin krank.« 90 Da kehrten sie ihm
den Rücken. 91 Nun schlich er sich zu ihren Göttern und sagte:
»Wollt ihr nicht essen? 92 Was ist mit euch, daß ihr nicht redet?«
93 Und er wandte sich und schlug auf sie mit der Rechten ein. 94
Da kamen sie auf ihn zu geeilt. 95 Er sagte: »Wie könnt ihr denn
das verehren, was ihr selbst meißelt, 96 wo doch Gott euch und
das, was ihr tut, erschaffen hat?« 97 Sie sagten: »Baut für ihn
einen Bau und werft ihn in die Hölle.« 98 Sie wollten gegen ihn
mit einer List vorgehen. Da machten Wir sie zu den Unterlege-
nen. 99 Er sagte: »Ich gehe zu meinem Herrn, Er wird mich
rechtleiten. 100 O mein Herr, schenk mir einen von den Rechts-
chaffenen.« 101 Da verkündeten Wir ihm einen langmütigen
Knaben. 102 Als dieser das Alter erreichte, daß er mit ihm laufen
konnte, sagte er: »Mein lieber Sohn, ich sehe im Schlaf, daß ich
dich schlachte. Schau jetzt, was du meinst.« Er sagte: »O mein
Vater, tu, was dir befohlen wird. Du wirst finden, so Gott will,
daß ich zu den Standhaften gehöre.« 103 Als sie sich beide
ergeben gezeigt hatten und er ihn auf die Stirn niedergeworfen
hatte, 104 da riefen Wir ihm zu: »O Abraham, 105 du hast das
Traumgesicht wahr gemacht.« So vergelten Wir den Rechtschaf-
fenen. 106 Das ist die offenkundige Prüfung. 107 Und Wir lösten
ihn* mit einem großen Schlachtopfer aus. 108 Und Wir ließen
seinen Ruf unter den späteren Generationen fortbestehen. 109
Friede sei über Abraham! 110 So vergelten Wir den Rechtschaf-
fenen. 111 Er gehört zu unseren gläubigen Dienern. 112 Und
Wir verkündeten ihm Isaak als einen Propheten von den Recht-
schaffenen. 113 Und Wir segneten ihn und Isaak. Unter ihren
Nachkommen gibt es welche, die rechtschaffen sind, und welche,
die sich selbst offenkundig Unrecht tun.

83–113: Vgl. 6,74–84; 2,124–141.
107: seinen Sohn.

114 Und Wir erwiesen Mose und Aaron eine Wohltat* 115 und
erretteten sie beide und ihr Volk aus der großen Drangsal. 116
Und Wir unterstützten sie, da waren sie es, die die Sieger
wurden. 117 Und Wir ließen ihnen beiden das deutliche Buch
zukommen 118 und führten sie den geraden Weg. 119 Und Wir
ließen ihren Ruf unter den späteren Generationen fortbestehen.
120 Friede sei über Mose und Aaron! 121 So vergelten Wir den
Rechtschaffenen. 122 Sie beide gehören zu unseren gläubigen
Dienern.

123 Auch Elias war einer der Gesandten. 124 Als er zu seinem
Volk sagte: »Wollt ihr nicht gottesfürchtig sein? 125 Wie könnt
ihr den Baal anrufen und den Besten der Schöpfer verlassen, 126
Gott, euren Herrn und den Herrn eurer Vorväter?« 127 Da
ziehen sie ihn der Lüge. So werden sie gewiß vorgeführt werden,
128 ausgenommen die auserwählten Diener Gottes. 129 Und Wir
ließen seinen Ruf unter den späteren Generationen fortbestehen.
130 Friede sei über Elias! 131 So vergelten Wir den Rechtschaffe-
nen. 132 Er gehört zu unseren gläubigen Dienern.

133 Auch Lot* war einer der Gesandten. 134 Als Wir ihn und alle
seine Angehörigen erretteten, 135 außer einer alten Frau unter
denen, die zurückblieben und dem Verderben anheimfielen. 136
Dann zerstörten Wir die anderen. 137 Ihr kommt ja an ihnen
vorbei, am Morgen 138 und in der Nacht. Habt ihr denn keinen
Verstand?

139 Auch Jonas war einer der Gesandten. 140 Als er zum
vollbeladenen Schiff davonlief. 141 Er warf Lose und wurde einer
der Unterlegenen. 142 Der Fisch verschlang ihn, der sich Tadel
zugezogen hatte. 143 Und wäre er nicht einer von denen gewor-
den, die (Gott) preisen, 144 wäre er in seinem Bauch geblieben
bis zu dem Tag, an dem sie auferweckt werden. *145 Da warfen [46]
Wir ihn auf das kahle Land; dabei war er krank. 146 Und Wir
ließen eine Kürbisstaude über ihm wachsen. 147 Und Wir sand-
ten ihn zu Hunderttausend oder gar mehr. 148 Da glaubten sie.
Und Wir gewährten ihnen Nutznießung für eine Weile.

114–122: Vgl. 7,103–137.
133–138: Vgl. 7,80–84.

149 Frag sie um ihre Meinung: Gehören deinem Herrn etwa die
Töchter, und ihnen die Söhne? 150 Oder haben Wir die Engel als
weibliche Wesen erschaffen, während sie zugegen waren? 151 Es
ist aus Lügenhaftigkeit, daß sie sagen: 152 »Gott hat gezeugt.«
Wahrlich, sie sind Lügner. 153 Hat Er sich denn die Töchter vor
den Söhnen auserwählt? 154 Was ist mit euch? Wie urteilt ihr
nur? 155 Wollt ihr es nicht bedenken? 156 Oder habt ihr eine
offenkundige Ermächtigung? 157 Dann bringt euer Buch herbei,
so ihr die Wahrheit sagt. 158 Und sie stellen zwischen Ihm und
den Djinn eine Verwandtschaft her. Aber die Djinn wissen, daß
sie vorgeführt werden – 159 Preis sei Gott! (Er ist erhaben) über
das, was sie da schildern –, 160 ausgenommen die auserwählten
Diener Gottes.
161 Ihr und das, was ihr verehrt, 162 könnt niemanden gegen Ihn
verführen, 163 außer dem, der in der Hölle brennen wird. 164
Und es gibt niemanden von uns*, der nicht einen gekennzeichne-
ten Rang hätte. 165 Wahrlich, wir sind es, die reihenweise sich
reihen, 166 und wahrlich, wir sind es, die lobpreisen.
167 Und sie* pflegten zu sagen: 168 »Wenn wir nur eine
Ermahnung gleich der der Früheren hätten, 169 dann wären wir
die auserwählten Diener Gottes.« 170 Und doch verleugnen sie
Ihn. Aber sie werden es zu wissen bekommen. 171 Schon früher
ist unser Spruch an unsere gesandten Diener ergangen: 172 Sie
sind es, die Unterstützung erfahren werden. 173 Und unsere
Heerscharen werden die Sieger sein. 174 So kehre dich für eine
Weile von ihnen ab 175 und schau auf sie. Auch sie werden es
schauen. 176 Wünschen sie denn unsere Pein zu beschleunigen?
177 Wenn sie sich aber in ihrem Gebiet niederläßt, dann wird der
Morgen der Gewarnten schlimm sein. 178 Und kehre dich für
eine Weile von ihnen ab 179 und schau zu. Auch sie werden es
schauen. 180 Preis sei deinem Herrn, dem Herrn der Macht! (Er
ist erhaben) über das, was sie schildern. 181 Und Friede sei über
den Gesandten! 182 Und Lob sei Gott, dem Herrn der Welten!

164: den Engeln.
167: die Ungläubigen.

Sure 38

Ṣād

zu Mekka, 88 Verse

Im Namen Gottes, des Erbarmers, des Barmherzigen.
1 Ṣād*. Beim Koran, der die Ermahnung enthält! 2 Nein, diejenigen, die ungläubig sind, zeigen Stolz und befinden sich im Widerstreit. 3 Wie manche Generation haben Wir vor ihnen verderben lassen. Sie riefen, da es doch keine Zeit mehr zum Entrinnen war. 4 Sie wundern sich darüber, daß ein Warner aus ihrer Mitte zu ihnen gekommen ist. Die Ungläubigen sagen: »Dies ist ein Zauberer, der lügt. 5 Will er denn die Götter zu einem einzigen Gott machen? Das ist eine verwunderliche Sache.« 6 Und die Vornehmen unter ihnen gingen fort: »Geht hin und haltet an euren Göttern beharrlich fest. Das ist eine Sache, die gefordert wird. 7 Wir haben nicht gehört, daß es bei der vorherigen Religionsgemeinschaft so etwas gegeben hat. Das ist nur eine Erfindung. 8 Ist die Ermahnung wirklich gerade auf ihn aus unserer Mitte herabgesandt worden?« Nein, sie hegen über meine Ermahnung Zweifel. Nein, sie haben eben meine Pein noch nicht gekostet. 9 Oder besitzen sie etwa die Vorratskammern der Barmherzigkeit deines Herrn, des Mächtigen, des Freigebigen? 10 Oder gehört etwa ihnen die Königsherrschaft der Himmel und der Erde und dessen, was dazwischen ist? So sollen sie doch in den Gängen emporsteigen. 11 Solch eine Heerschar von den Parteien*, die da geschlagen steht! 12 Der Lüge ziehen (ihre Gesandten) schon vor ihnen das Volk Noachs, die `Ād und Pharao*, der Besitzer der Pfähle, 13 und die Thamūd, das Volk Lots und die Leute des Waldes*. Das sind die Parteien. 14 Alle

1: Die Bedeutung dieses Buchstabens ist noch nicht geklärt.
11: Es sind all diejenigen, die wie die Gegner des Islams die Botschaft ihres jeweiligen Gesandten abgelehnt haben.
12: Vgl. zu Noach 7,59–64; zu `Ād 7,65–72; zu Pharao 7,103–137.
13: Vgl. zu Thamūd 7,73–79; zu Lot 7,80–84; zu den Leuten des Waldes (Madyan) 7,85–93.

ausnahmslos ziehen die Propheten der Lüge, so wurde meine Strafe zu Recht fällig. 15 Diese warten wohl nur auf einen einzigen Schrei, der keinen Aufschub duldet.

16 Und sie sagen: »Unser Herr, laß unseren Anteil uns ereilen noch vor dem Tag der Abrechnung.« 17 Ertrag mit Geduld, was sie sagen. Und gedenke unseres Dieners David, des Kraftvollen. Er war bereit zur Umkehr. 18 Und Wir machten die Berge dienstbar, daß sie zusammen mit ihm am Abend und bei Sonnenaufgang lobpreisen, 19 und auch die Vögel in Scharen. Alle waren bereit, zu Ihm umzukehren. 20 Und Wir festigten seine Königsherrschaft und ließen ihm die Weisheit und die Fähigkeit zu entscheidendem Spruch zukommen.

[46¼] *21 Ist der Bericht über die Streitigkeiten zu dir gelangt*? Als sie über die Mauern in die Räume einstiegen. 22 Als sie bei David eintraten. Da hatte er Angst vor ihnen. Sie sagten: »Fürchte dich nicht. Wir sind zwei Streitparteien, von denen die eine gegen die andere Übergriffe begangen hat. So urteile zwischen uns nach der Wahrheit, handle nicht ungerecht und führe uns zum rechten Weg. 23 Dieser mein Bruder besitzt neunundneunzig Schafe, ich aber ein einziges Schaf. Nun sagte er: ›Vertraue es mir an‹, und er setzte mich in der Rede unter Druck.« 24 Er sagte: »Er hat dir Unrecht getan, daß er dein Schaf zu seinen Schafen hinzu verlangte. Viele von den Partnern begehen gegeneinander Übergriffe, ausgenommen diejenigen, die glauben und die guten Werke tun – und das sind nur wenige.« Und David verstand, daß Wir ihn der Versuchung ausgesetzt hatten. Da bat er seinen Herrn um Vergebung und warf sich in Verneigung nieder und wandte sich (Ihm) reumütig zu. 25 Da vergaben Wir ihm dies. Bestimmt ist für ihn der Zutritt in unsere Nähe und eine schöne Heimstatt.

26 O David, Wir haben dich zum Nachfolger auf der Erde bestellt. So urteile zwischen den Menschen nach der Wahrheit und folge nicht der (eigenen) Neigung, daß sie dich nicht vom Weg Gottes abirren läßt. Für diejenigen, die vom Weg Gottes abirren, ist eine harte Pein bestimmt dafür, daß sie den Tag der

21: Vgl. Bibel: 2. Samuel 12,1–4.

Abrechnung vergessen haben. 27 Und Wir haben den Himmel und die Erde und das, was dazwischen ist, nicht umsonst erschaffen. Das ist die Meinung derer, die ungläubig sind. Wehe aber denen, die ungläubig sind, vor dem Feuer! 28 Oder sollen Wir etwa diejenigen, die glauben und die guten Werke tun, den Unheilstiftern auf Erden gleichstellen, oder die Gottesfürchtigen denen, die voller Laster sind?

29 Dies ist ein gesegnetes Buch, das Wir zu dir hinabgesandt haben, damit sie seine Zeichen betrachten und damit die Einsichtigen es bedenken.

30 Und Wir schenkten David den Salomo. Welch trefflicher Diener! Er war immer bereit zur Umkehr. 31 Als ihm zur Abendzeit die auf drei Füßen stehenden, schnellen Pferde vorgeführt wurden. 32 Da sagte er: »Ich habe mich der Liebe der (irdischen) Güter hingegeben und darüber übersehen, meines Herrn zu gedenken, bis sie* hinter dem Vorhang verschwand. 33 Bringt sie mir her.« Da begann er, ihnen über Beine und Hals zu streichen*.

34 Und Wir unterwarfen Salomo der Versuchung und setzten ein leibhaftiges Wesen auf seinen Stuhl. Dann bekehrte er sich. 35 Er sagte: »Mein Herr, vergib mir und schenke mir eine Königsherrschaft, wie sie keinem nach mir geziemt. Du bist ja der Freigebige.« 36 Da machten Wir ihm den Wind dienstbar, daß er nach seinem Befehl sanft eilte, wohin er es für treffend hielt; 37 und auch die Satane, jeden Bauarbeiter und Taucher, 38 und andere, in Ketten aneinandergebunden. 39 »Das ist unsere Gabe. So sei wohltätig oder zurückhaltend, und dies, ohne zu rechnen. 40 Bestimmt ist für ihn der Zutritt in unsere Nähe und eine schöne Heimstatt.

41 Und gedenke unseres Dieners Ijob. Als er zu seinem Herrn rief: »Mich hat der Satan mit Mühsal und Pein berührt.« 42 – »Stampfe mit dem Fuß. Das ist kühles Wasser zum Waschen und zum Trinken.« 43 Und Wir schenkten ihm seine Angehörigen (wieder) und noch einmal die gleiche Zahl dazu, aus Barm-

32: die Sonne.
33: Oder: ihnen Beine und Hals zu zerhauen.

herzigkeit von Uns und als Ermahnung für die Einsichtigen. 44
Und: »Nimm in deine Hand ein Bündel (Zweige) und schlag
damit zu und sei nicht eidbrüchig.« Wir fanden ihn geduldig.
Welch trefflicher Diener! Er war immer bereit zur Umkehr.
45 Und gedenke unserer Diener Abraham, Isaak und Jakob, die
Kraft und Einsicht besaßen. 46 Wir haben sie mit einer besonde-
ren Erwählung ausgezeichnet, mit dem Gedenken an die (jensei-
tige) Wohnstätte. 47 Sie gehören bei Uns zu den Auserwählten
und Guten. 48 Und gedenke Ismaels, Elischas und des Dhū l-Kifl.
Alle gehören zu den Guten.
49 Dies ist eine Ermahnung. Für die Gottesfürchtigen ist eine
schöne Heimstatt bestimmt, 50 die Gärten von Eden, deren Tore
ihnen geöffnet stehen. 51 Sie lehnen sich darin, und sie rufen
[46½] darin nach vielen Früchten und nach Getränk. *52 Und bei ihnen
sind gleichaltrige (Ḥūrī), die ihre Blicke zurückhalten. 53 Das ist,
was euch für den Tag der Abrechnung verheißen ist. 54 Das ist
unsere Versorgung; sie geht nicht zu Ende. 55 So ist es. Für die,
die ein Übermaß an Frevel zeigen, ist eine böse Heimstätte
bestimmt, 56 die Hölle, in der sie brennen. Welch schlimme
Lagerstätte! 57 Das ist – sie sollen es kosten – heißes Wasser
und stinkender Eiter 58 und anderes dergleichen in verschiede-
nen Arten.
59 – »Da ist eine Schar, die sich mit euch hineinstürzt.« – »Sie
sind nicht willkommen. Sie werden im Feuer brennen.« 60 Sie
sagen: »Nein, ihr seid es, die ihr nicht willkommen seid. Das
habt ihr uns doch verursacht – ein schlimmer Aufenthalt.« 61
Sie sagen: »Unser Herr, mehre dem, der uns dies verursacht hat,
die Pein, eine doppelte (Pein) im Feuer.« 62 Und sie sagen:
»Warum sehen wir nicht gewisse Männer, die wir zu den Bösen
zählten? 63 Haben wir sie (etwa zu Unrecht) zum Gegenstand des
Spottes genommen? Oder sind die Blicke von ihnen gewichen?«
64 Das ist wahr, so streiten die Bewohner des Feuers mitein-
ander.
65 Sprich: Ich bin nur ein Warner. Und es gibt keinen Gott außer
Gott, dem Einen, der bezwingende Macht besitzt, 66 dem Herrn
der Himmel und der Erde und dessen, was dazwischen ist, dem
Mächtigen, der voller Vergebung ist.

67 Sprich: Das ist ein gewaltiger Bericht, 68 von dem ihr euch
abwendet. 69 Ich hatte kein Wissen über die oberste Ratsver-
sammlung*, als sie miteinander stritten. 70 Mir wird nur offen-
bart, daß ich ja ein offenkundiger Warner bin.
71* Als dein Herr zu den Engeln sprach: »Ich werde einen
Menschen aus Ton erschaffen. 72 Wenn Ich ihn geformt und ihm
von meinem Geist eingeblasen habe, dann fallt und werft euch
vor ihm nieder.« 73 Da warfen sich die Engel alle zusammen
nieder, 74 außer Iblīs; er verhielt sich hochmütig und war einer
der Ungläubigen. 75 Er sprach: »O Iblīs, was hat dich daran
gehindert, dich vor dem niederzuwerfen, was Ich mit meinen
Händen erschaffen habe? Verhältst du dich (jetzt) hochmütig,
oder gehörst du etwa zu den Ranghohen?« 76 Er sagte: »Ich bin
besser als er. Mich hast Du aus Feuer erschaffen, ihn hast Du
(nur) aus Ton erschaffen.« 77 Er sprach: »Dann geh aus ihm*
hinaus. Du bist der Steinigung würdig, 78 und auf dir liegt mein
Fluch bis zum Tag des Gerichtes.« 79 Er sagte: »Mein Herr,
gewähre mir Aufschub bis zu dem Tag, da sie auferweckt wer-
den.« 80 Er sprach: »Siehe, du gehörst nun zu denen, denen
Aufschub gewährt wird, 81 bis zum Tag der bestimmten Zeit.«
82 Er sagte: »Bei deiner Macht, ich werde sie allesamt abirren
lassen, 83 außer deinen auserwählten Dienern unter ihnen.« 84
Er sprach: »Es ist die Wahrheit – und Ich sage ja die Wahrheit;
85 Ich werde die Hölle füllen mit dir und mit all denen von ihnen,
die dir folgen.«
86 Sprich: Ich verlange von euch keinen Lohn dafür. Und ich
gehöre nicht zu denen, die unbefugt handeln*. 87 Es ist nur eine
Ermahnung für die Weltenbewohner. 88 Und ihr werdet den
Bericht darüber nach einer Weile erfahren.

69: der Engel.
71–85: Vgl. 15,26–43.
77: aus dem Paradies.
86: die auf sich nehmen, was ihnen sonst nicht zusteht.

Sure 39

Die Scharen (al-Zumar)

zu Mekka, 75 Verse

Im Namen Gottes, des Erbarmers, des Barmherzigen.
1 Herabsendung des Buches von Gott, dem Mächtigen, dem
Weisen. 2 Wir haben das Buch mit der Wahrheit zu dir hinabge-
sandt. So diene Gott und sei Ihm gegenüber aufrichtig in der
Religion. 3 Wahrlich, Gott gehört die aufrichtige Religion. Und
zwischen denen, die sich an seiner Stelle Freunde nehmen
– »Wir dienen ihnen nur«, (sagen sie), »damit sie uns Zutritt in
die Nähe Gottes verschaffen« –, wird Gott urteilen über das,
worüber sie uneins sind. Gott leitet den nicht recht, der ein
Lügner und sehr ungläubig ist. 4 Hätte Gott sich ein Kind
nehmen wollen, hätte Er aus dem, was Er erschaffen hat, sich
auserwählt, was Er will. Preis sei Ihm! Er ist Gott, der Eine, der
bezwingende Macht besitzt. 5 Er hat die Himmel und die Erde in
Wahrheit erschaffen. Er legt die Nacht über den Tag, und Er legt
den Tag über die Nacht. Und Er hat die Sonne und den Mond
dienstbar gemacht – jedes läuft auf eine bestimmte Frist. Siehe,
Er ist der Mächtige, der voller Vergebung ist. 6 Er hat euch aus
einem einzigen Wesen erschaffen, dann machte Er aus ihm seine
Gattin. Und Er hat für euch an Vieh acht (Tiere) in Paaren*
herabgesandt. Er erschafft euch im Schoß eurer Mütter, eine
Schöpfung nach der anderen in dreifacher Finsternis. Das ist eben
Gott, euer Herr. Ihm gehört die Königsherrschaft. Es gibt keinen
Gott außer Ihm. Wie leicht laßt ihr euch doch abbringen!
7 Wenn ihr ungläubig seid, so ist Gott nicht auf euch angewie-
sen. Er findet kein Gefallen am Unglauben für seine Diener.
Wenn ihr dankbar seid, so findet Er daran Gefallen für euch. Und
keine lasttragende (Seele) trägt die Last einer anderen. Alsdann
wird eure Rückkehr zu eurem Herrn sein. Dann wird Er euch
kundtun, was ihr zu tun pflegtet. Er weiß wohl über das innere
Geheimnis Bescheid.

6: Das sind jeweils ein Paar Kamele, Rinder, Schafe und Ziegen.

*8 Und wenn ein Schaden den Menschen trifft, ruft er zu seinem [46¾]
Herrn, indem er sich Ihm reumütig zuwendet. Wenn Er ihm
Gnade von sich gewährt, vergißt er, wofür er vorher gebetet hat,
und er stellt Gott andere als Gegenpart zur Seite, um (die
Menschen) von seinem Weg abirren zu lassen. Sprich: Genieße
deinen Unglauben ein wenig; du gehörst zu den Gefährten des
Feuers. 9 Ist etwa einer, der sich zu (verschiedenen) Nachtzeiten
in demütiger Andacht befindet, ob er sich niederwirft oder
aufrecht steht, der sich vor dem Jenseits in acht nimmt und die
Barmherzigkeit seines Herrn erhofft ...? – Sprich: Sind etwa
diejenigen, die wissen, und diejenigen, die nicht wissen, gleich?
Doch bedenken es nur die Einsichtigen. 10 Sprich: O meine
Diener, die ihr gläubig seid, fürchtet euren Herrn. Diejenigen,
die rechtschaffen sind, erhalten hier im Diesseits Gutes. Und
Gottes Erde ist weit. Den Geduldigen wird ihr Lohn voll erstattet,
ohne daß es (viel) gerechnet wird.
11 Sprich: Mir wurde befohlen, Gott zu dienen und dabei Ihm
gegenüber aufrichtig in der Religion zu sein. 12 Und mir wurde
befohlen, der erste der Gottergebenen zu sein. 13 Sprich: Ich
fürchte, wenn ich gegen meinen Herrn ungehorsam bin, die Pein
eines gewaltigen Tages. 14 Sprich: Gott (allein) diene ich, und ich
bin dabei Ihm gegenüber aufrichtig in meiner Religion. 15 Ihr
mögt auch an seiner Stelle verehren, was ihr wollt. Sprich: Die
(wahren) Verlierer sind die, die am Tag der Auferstehung sich
selbst und ihre Angehörigen verlieren. Ja, das ist der offenkun-
dige Verlust. 16 Sie haben über sich schattenspendende Hüllen
von Feuer und unter sich (ebensolche) schattenspendende Hül-
len. Damit macht Gott seinen Dienern angst: »O meine Diener,
fürchtet Mich also.«
17 Und denen, die die Götter meiden, um ihnen nicht zu dienen,
und sich Gott reumütig zuwenden, gilt die frohe Botschaft. So
verkünde die frohe Botschaft meinen Dienern, 18 die auf das
Wort hören und dem Besten davon folgen. Das sind die, die Gott
rechtleitet, und das sind die Einsichtigen. 19 Denjenigen, gegen
den der Spruch der Pein zu Recht fällig geworden ist ... – Willst
du etwa den retten, der im Feuer ist? 20 Aber für die, die ihren
Herrn fürchten, sind Obergemächer bestimmt, über denen

(andere) Obergemächer aufgebaut sind, unter denen Bäche fließen. Das ist das Versprechen Gottes. Gott bricht das Versprechen nicht.
21 Hast du denn nicht gesehen, daß Gott vom Himmel Wasser herabkommen und es als Quellen in der Erde seine Bahn nehmen läßt? Dann bringt Er dadurch Getreide verschiedener Art hervor. Dann verdorrt es, und du siehst es gelb werden. Dann macht Er es zu zermalmtem Zeug. Darin ist eine Ermahnung für die
Einsichtigen. 22 Ist denn der, dem Gott die Brust für den Islam weitet, so daß er in einem Licht von seinem Herrn wandert, (einem Irrenden gleich)? So wehe denen, deren Herzen gegen die Ermahnung Gottes verhärtet sind! Sie befinden sich in einem offenkundigen Irrtum.
23 Gott hat die beste Botschaft herabgesandt, ein Buch mit gleichartigen, sich wiederholenden Versen, vor dem die Haut derer, die ihren Herrn fürchten, erschauert. Dann werden ihre Haut und ihr Herz weich und neigen sich dem Gedenken Gottes zu. Das ist die Rechtleitung Gottes. Er leitet damit recht, wen Er will. Und wen Gott irreführt, der hat niemanden, der ihn rechtleiten könnte.
24 Ist denn einer, der sich mit seinem Gesicht vor der schlimmen Pein am Tag der Auferstehung hütet, ... (einem Unbekümmerten gleich)? Und es wird zu denen, die Unrecht tun, gesprochen: »Kostet, was ihr erworben habt.«
25 Für Lüge haben es diejenigen erklärt, die vor ihnen lebten. Da kam die Pein über sie, von wo sie es nicht merkten.
26 Und Gott ließ sie im diesseitigen Leben die Schande erleiden. Aber die Pein des Jenseits ist größer, wenn sie es nur wüßten!
27 Und Wir haben den Menschen in diesem Koran allerlei Gleichnisse angeführt – auf daß sie es bedenken –,
28 als einem arabischen Koran, an dem nichts Krummes ist, auf daß sie gottesfürchtig werden.
29 Gott führt als Gleichnis einen Mann an, der Herren gehört, welche miteinander in Zank liegen, und einen Mann, der nur einem Herrn* gehört. Sind die beiden im Gleichnis etwa gleich? Lob sei Gott! Aber die meisten von ihnen wissen nicht Bescheid.

29: Wörtlich: einem Mann.

30 Du wirst gewiß sterben, auch sie werden sterben. 31 Dann
werdet ihr am Tag der Auferstehung bei eurem Herrn miteinan-
der streiten. *32 Wer ist denn ungerechter als der, der gegen 24. Teil
Gott lügt und die Wahrheit, als sie zu ihm kam, für Lüge erklärt? [47]
Ist nicht in der Hölle eine Bleibe für die Ungläubigen? 33
Diejenigen aber, die mit der Wahrheit kommen und sie für wahr
halten, das sind die Gottesfürchtigen. 34 Sie haben bei ihrem
Herrn, was sie wollen. Das ist der Lohn der Rechtschaffenen, 35
auf daß Gott ihnen das Schlechteste von dem, was sie getan
haben, sühne und ihnen ihren Lohn vergelte für das Beste von
dem, was sie taten. 36 Genügt Gott seinem Diener nicht? Und sie
wollen dir mit denen, die es außer Ihm geben soll, angst machen.
Wen Gott irreführt, der hat niemanden, der ihn rechtleiten
könnte. 37 Und wen Gott rechtleitet, den kann niemand irreführ-
ren. Ist nicht Gott mächtig, und übt Er nicht Rache?
38 Und wenn du sie fragst, wer die Himmel und die Erde
erschaffen hat, sagen sie bestimmt: »Gott.« Sprich: Habt ihr
denn das, was ihr anstelle Gottes anruft, betrachtet? Wenn Gott
für mich Schaden will, können sie denn seinen Schaden beheben?
Oder wenn Er für mich Barmherzigkeit will, könnten sie seine
Barmherzigkeit zurückhalten? Sprich: Mir genügt Gott. Auf Ihn
vertrauen die, die (überhaupt auf jemanden) vertrauen. 39
Sprich: O mein Volk, handelt nach eurem Standpunkt, ich werde
auch so handeln. Ihr werdet erfahren, 40 über wen eine Pein, die
ihn zuschanden macht, kommen und auf den eine beständige
Pein niedergehen wird. 41 Wir haben für die Menschen das Buch
mit der Wahrheit auf dich hinabgesandt. Wer der Rechtleitung
folgt, tut das zu seinem eigenen Vorteil. Wer irregeht, geht irre
zu seinem eigenen Schaden. Und du bist nicht ihr Sachwalter.
42 Gott beruft die Seelen zur Zeit ihres Todes ab, und auch die,
die nicht gestorben sind, während ihres Schlafs. Er hält die eine,
für die Er den Tod beschlossen hat, zurück, und Er läßt die andere
auf eine bestimmte Frist laufen. Darin sind Zeichen für Leute, die
nachdenken.
43 Oder haben sie sich anstelle Gottes Fürsprecher genommen?
Sprich: Was denn, auch wenn sie über nichts verfügen und
keinen Verstand haben? 44 Sprich: Alle Fürsprache gehört Gott

allein. Ihm gehört die Königsherrschaft der Himmel und der
Erde. Dann werdet ihr zu Ihm zurückgebracht. 45 Und wenn
Gott allein erwähnt wird, empfinden die Herzen derer, die nicht
an das Jenseits glauben, Abneigung. Und wenn die erwähnt
werden, die es außer Ihm geben soll, da sind sie plötzlich froh. 46
Sprich: O mein Gott, Schöpfer der Himmel und der Erde, der
über das Unsichtbare und das Offenbare Bescheid weiß. Du wirst
zwischen deinen Dienern urteilen über das, worüber sie uneins
waren.
47 Wenn diejenigen, die Unrecht tun, alles hätten, was auf der
Erde ist, und noch einmal das gleiche dazu, sie würden sich damit
von der schlimmen Pein am Tag der Auferstehung loskaufen.
Ihnen wird dann nämlich von Gott her klar, womit sie nicht
gerechnet haben. 48 Und ihnen werden die Missetaten, die sie
erworben haben, klar, und es umschließt sie das, worüber sie
spotteten.
49 Wenn ein Schaden den Menschen berührt, ruft er zu Uns.
Wenn Wir ihm dann Gnade von Uns gewähren, sagt er: »Es ist
mir aufgrund von Wissen zugekommen.« Nein, es ist eine
Versuchung. Aber die meisten von ihnen wissen nicht Bescheid.
50 Das haben schon diejenigen, die vor ihnen lebten, gesagt.
Aber nicht nützte ihnen, was sie zu erwerben pflegten. 51 Und
die Missetaten, die sie erworben hatten, trafen sie. Und auch
diejenigen unter diesen da, die Unrecht tun, werden die Misseta-
ten, die sie erworben haben, treffen. Und sie können es nicht
vereiteln. 52 Wissen sie denn nicht, daß Gott den Lebensunter-
halt großzügig zuteilt, wem Er will, und auch bemessen? Darin
sind Zeichen für Leute, die glauben.
[47¼] *53 Sprich: O meine Diener, die ihr gegen euch selbst Übertre-
tungen begangen habt, gebt die Hoffnung auf die Barmherzigkeit
Gottes nicht auf. Gott vergibt die Sünden alle. Er ist ja der, der
voller Vergebung und barmherzig ist. 54 Und wendet euch
eurem Herrn reumütig zu und seid Ihm ergeben, bevor die Pein
über euch kommt. Dann werdet ihr keine Unterstützung erfah-
ren. 55 Und folgt dem Besten von dem, was zu euch von eurem
Herrn herabgesandt worden ist, bevor die Pein plötzlich über
euch kommt, ohne daß ihr es merkt. 56 Sonst würde einer sagen:

»Was für ein Grund zum Bedauern ist es für mich, daß ich Gott
wenig Beachtung schenkte. Ich gehörte ja zu den Spöttern.« 57
Oder er könnte sagen: »Hätte Gott mich rechtgeleitet, wäre ich
bestimmt einer der Gottesfürchtigen.« 58 Oder auch könnte er,
wenn er die Pein sieht, sagen: »Hätte ich doch eine Möglichkeit
zur Rückkehr, damit ich zu den Rechtschaffenen gehörte!« 59
– »Aber meine Zeichen sind doch zu dir gekommen. Da hast du
sie für Lüge erklärt und dich hochmütig gezeigt, und du bist einer
der Ungläubigen gewesen.«
60 Und am Tag der Auferstehung siehst du die Gesichter derer, die
gegen Gott gelogen haben, schwarz werden. Ist nicht in der Hölle
eine Bleibe für die Hochmütigen? 61 Und Gott errettet diejenigen,
die gottesfürchtig waren, indem Er sie entrinnen läßt. Das Böse
wird sie nicht berühren, und sie werden nicht traurig sein.
62 Gott ist der Schöpfer aller Dinge. Und Er ist der Sachwalter
über alle Dinge. 63 Er hat die Schlüssel der Himmel und der
Erde. Diejenigen, die die Zeichen Gottes verleugnen, das sind die
Verlierer. 64 Sprich: Wollt ihr mir wirklich befehlen, einem
anderen als Gott zu dienen, ihr Törichten? 65 Dir und denen, die
vor dir lebten, ist es offenbart worden: »Wenn du (Gott andere)
beigesellst, ist dein Werk wertlos und du gehörst zu den Verlie-
rern. 66 Nein, Gott allein sollst du dienen und zu den Dankbaren
gehören.«
67 Und sie haben Gott nicht eingeschätzt, wie Er eingeschätzt
werden soll. Die ganze Erde wird am Tag der Auferstehung in
seiner Hand gehalten, und auch die Himmel zusammengefaltet
in seiner Rechten. Preis sei Ihm, und erhaben ist Er über das, was
sie (Ihm) beigesellen. 68 Und es wird in die Trompete geblasen,
und da stürzt, wie vom Blitz getroffen, wer in den Himmeln und
wer auf der Erde ist, außer denen, die Gott will. Dann wird ein
zweites Mal hineingeblasen, und da stehen sie schon auf und
schauen hin. 69 Und die Erde erstrahlt im Lichte ihres Herrn.
Das Buch wird hingelegt. Die Propheten und die Zeugen werden
herbeigebracht. Und es wird zwischen ihnen nach der Wahrheit
entschieden, und ihnen wird kein Unrecht getan. 70 Und jeder
Seele wird voll zurückerstattet, was sie getan hat. Und Er weiß
besser Bescheid über das, was sie tun.

71 Und diejenigen, die ungläubig waren, werden in Scharen zur
Hölle getrieben. Und wenn sie dort ankommen, werden ihre Tore
geöffnet. Und ihre Wärter sagen zu ihnen: »Sind nicht Gesandte
aus eurer Mitte zu euch gekommen, um euch die Zeichen eures
Herrn zu verlesen und euch die Begegnung mit diesem eurem
Tag warnend zu verkünden?« Sie sagen: »Ja doch. Aber der
Spruch der Pein ist gegen die Ungläubigen zu Recht fällig
geworden.« 72 Es wird gesprochen: »Betretet die Tore der Hölle,
darin werdet ihr ewig weilen. Wie schlimm ist die Bleibe der
Hochmütigen!« 73 Und diejenigen, die ihren Herrn fürchteten,
werden in Scharen ins Paradies geführt*. Und wenn sie dort
ankommen, und seine Tore geöffnet werden und seine Wärter zu
ihnen sagen: »Friede sei über euch! Gut wart ihr, so betretet es;
darin werdet ihr ewig weilen.« ... 74 Und sie sagen: »Lob sei
Gott, der sein Versprechen an uns wahr gemacht und uns die
Erde zum Erbe gegeben hat, so daß wir uns im Paradies aufhalten
können, wo wir wollen! Wie trefflich ist der Lohn derer, die (gut)
handeln! 75 Und du siehst die Engel sich um den Thron hinstel-
len und das Lob ihres Herrn singen. Und es ist zwischen ihnen*
nach der Wahrheit entschieden. Und es wird gesagt: »Lob sei
Gott, dem Herrn der Welten!«

72: Wörtlich: getrieben.
75: den Menschen.

Sure 40

Der vergibt (Ghāfir)*

zu Mekka, 85 Verse

Im Namen Gottes, des Erbarmers, des Barmherzigen.
1 Ḥā Mīm*. 2 Herabsendung des Buches von Gott, dem Mächti- [47½]
gen, der Bescheid weiß, 3 der die Sünde vergibt und die Reue
annimmt, der strenge Strafe verhängt und dauernde Gnade
besitzt. Es gibt keinen Gott außer Ihm. Zu Ihm führt der
Lebensweg.
4 Über die Zeichen Gottes streiten nur diejenigen, die ungläubig
sind. Laß dich durch ihr Umherziehen in den Landstrichen nicht
betören. 5 Schon vor ihnen haben das Volk Noachs und nach
diesen die Parteien* (ihre Gesandten) der Lüge geziehen. Jede
Gemeinschaft war schon dabei, gegen ihren Gesandten vorzuge-
hen, um ihn zu ergreifen. Und sie stritten mit dem Falschen, um
damit die Wahrheit zu widerlegen. Da habe Ich sie ergriffen. Wie
war da meine Strafe! 6 Und so wurde der Spruch deines Herrn
gegen diejenigen, die ungläubig sind, zu Recht fällig, nämlich daß
sie Gefährten des Feuers sind.
7 Diejenigen, die den Thron tragen, und diejenigen, die um ihn
stehen*, singen das Lob ihres Herrn und glauben an Ihn. Sie
bitten um Vergebung für die, die glauben: »Unser Herr, Du
umschließt alle Dinge in deiner Barmherzigkeit und deinem
Wissen. So vergib denen, die sich bekehrt haben und deinem
Weg gefolgt sind, und bewahre sie vor der Pein der Hölle.
8 Unser Herr, laß sie in die Gärten Edens, die Du ihnen verhei-
ßen hast, eingehen, ebenso die Rechtschaffenen von ihren
Vätern, ihren Gattinnen und ihren Nachkommen, Du bist der

*: Oder: Der Gläubige (al-Mu'min).
1: Die Bedeutung dieser Buchstaben ist noch nicht geklärt.
5: Nach 38,11–13 sind es die Völker der früheren Zeit: die ʿĀd, Pharao, die Thamūd, die Leute des Waldes (Madyan).
7: das sind die Engel.

Mächtige, der Weise. 9 Und bewahre sie vor den Missetaten. An jenem Tag, wen Du vor den Missetaten bewahrst, dessen hast Du dich erbarmt, und das ist der großartige Erfolg.«
10 Denen, die ungläubig waren, wird zugerufen: »Der Abscheu Gottes ist gewiß größer als euer Abscheu vor euch selbst, da ihr zum Glauben aufgerufen worden, aber ungläubig geblieben seid.« 11 Sie sagen: »Unser Herr, Du hast uns zweimal sterben lassen und zweimal lebendig gemacht*. So bekennen wir unsere Sünden. Gibt es denn einen Weg, hier herauszukommen?« 12 »Dies ist so, weil ihr, wenn immer Gott allein angerufen wurde, ungläubig geblieben seid, ihr aber, wenn Ihm (andere) beigesellt wurden, geglaubt habt. Das Urteil gehört Gott, dem Erhabenen, dem Großen.« 13 Er ist es, der euch seine Zeichen sehen läßt und euch vom Himmel einen Lebensunterhalt herabsendet. Und doch bedenkt es nur der, der zur Umkehr bereit ist. 14 So ruft Gott an, indem ihr Ihm gegenüber aufrichtig in der Religion seid, auch wenn es den Ungläubigen zuwider ist. 15 Er hat hohe Rangstufen und ist Herr des Thrones. Er legt den Geist von seinem Befehl, auf wen von seinen Dienern Er will, damit er vor dem Tag der Begegnung warne, 16 dem Tag, an dem sie vortreten, wobei nichts von ihnen vor Gott verborgen bleibt. – »Wem gehört heute die Königsherrschaft?« – Gott, dem Einen, der bezwingende Macht besitzt. 17 Heute wird jeder Seele vergolten für das, was sie erworben hat. Heute geschieht kein Unrecht. Gott ist schnell im Abrechnen. 18 Und warne sie vor dem Tag der bevorstehenden Auferstehung, da die Herzen voller Gram die Kehle erreichen. Die, die Unrecht tun, haben dann keinen warmherzigen Freund und keinen Fürsprecher, dem man gehorchen würde.
19 Er weiß, was sich hinter den Augen an Verrat versteckt und was die Brust verbirgt. 20 Und Gott entscheidet nach der Wahr-

11: Unter den zahlreichen Deutungen seien hier nur zwei erwähnt: Gemeint seien der erste Tod nach dem diesseitigen Leben und das Leben danach in einem Übergangszustand, dann das Ende dieses Übergangszustandes (der zweite Tod) und das endgültige Leben im Jenseits. – Gemeint seien der Zustand vor dem diesseitigen Leben (erster Tod) und das diesseitige Leben, dann der Tod und das Leben im Jenseits.

heit. Diejenigen aber, die sie an seiner Stelle anrufen, entscheiden ohne jede Grundlage. Gott ist der, der alles hört und sieht.
*21 Sind sie denn nicht auf der Erde umhergegangen und haben [47¾]
geschaut, wie das Ende derer war, die vor ihnen lebten? Sie
hatten eine stärkere Kraft und hinterließen mehr Spuren auf der
Erde als sie. Da ergriff sie Gott wegen ihrer Sünden. Und es gab
für sie niemanden, der sie vor Gott hätte schützen können. 22
Dies, weil ihre Gesandten immer wieder mit den deutlichen
Zeichen zu ihnen kamen, sie aber ungläubig blieben. So ergriff
sie Gott. Er ist stark und verhängt eine harte Strafe.
23* Und Wir haben Mose gesandt mit unseren Zeichen und mit
einer offenkundigen Ermächtigung 24 zu Pharao und Hāmān und
Qārūn*. Sie aber sagten: »Ein Zauberer, der lügt.« 25 Als er zu
ihnen mit der Wahrheit von Uns kam, sagten sie: »Tötet die
Söhne derer, die mit ihm glauben, und laßt ihre Frauen am
Leben.« Aber die List der Ungläubigen geht gewiß ins Leere. 26
Pharao sagte: »Laßt mich Mose töten. Er soll seinen Herrn
anrufen. Ich fürchte, er wird sonst eure Religion abändern oder
Unheil im Land hervorrufen.« 27 Und Mose sagte: »Ich suche
Zuflucht bei meinem Herrn und eurem Herrn vor jedem Hochmütigen, der nicht an den Tag der Abrechnung glaubt.«
28 Ein gläubiger Mann von den Leuten des Pharao, der seinen
Glauben verschwieg, sagte: »Wollt ihr denn einen Mann töten,
weil er sagt: ›Mein Herr ist Gott‹, wo er doch mit den deutlichen
Zeichen von eurem Herrn zu euch gekommen ist? Wenn er lügt,
so gereicht ihm sein Lügen zum Schaden. Wenn er aber die
Wahrheit sagt, wird euch etwas von dem, was er euch androht,
treffen. Gott leitet den nicht recht, der maßlos und ein Lügner
ist. 29 O mein Volk, zwar gehört euch heute die Herrschaft, und
ihr habt die Oberhand im Land. Wer wird uns aber gegen die
Schlagkraft Gottes unterstützen, wenn sie über uns kommt?«
Pharao sagte: »Ich zeige euch nur, was ich sehe, und ich weise
euch nur den Weg des rechten Wandels.« 30 Der, der glaubte,
sagte: »O mein Volk, ich fürchte für euch etwas Ähnliches wie

23–46: Vgl. 7,103–137.
24: Vgl. 28,76–84; die Bibel: Numeri 16,1–17,28.

den Tag der Parteien, 31 etwas Ähnliches wie das, was dem Volk
Noachs, den `Ād, den Thamūd und denen, die nach ihnen lebten,
widerfuhr. Und Gott will den Dienern kein Unrecht tun. 32
O mein Volk, ich fürchte für euch den Tag des gegenseitigen
Zurufens, 33 den Tag, an dem ihr den Rücken kehren werdet.
Dabei werdet ihr niemanden haben, der euch vor Gott schützen
könnte. Und wen Gott irreführt, der hat niemanden, der ihn
rechtleiten könnte. 34 Früher kam Joseph zu euch mit den
deutlichen Zeichen. Ihr aber verharrtet in eurem Zweifel über
das, was er euch gebracht hatte. Als er dann starb, sagtet ihr:
›Gott wird nach ihm keinen Gesandten mehr erstehen lassen.‹ So
führt Gott in die Irre den, der maßlos und voller Zweifel ist.« 35
Diejenigen, die über die Zeichen Gottes streiten, ohne eine
Ermächtigung erhalten zu haben, erregen damit großen Abscheu
bei Gott und bei denen, die gläubig sind. So versiegelt Gott das
Herz eines jeden, der hochmütig und gewalttätig ist.

36 Und Pharao sagte: »O Hāmān, errichte mir einen offenen
Hochbau, vielleicht kann ich die Gänge erreichen, 37 die Gänge
der Himmel, daß ich zum Gott des Mose emporsteige. Ich halte
ihn ja für einen Lügner.« So wurde dem Pharao sein böses Tun
verlockend gemacht, und er wurde vom (rechten) Weg abgewie-
sen. Die List Pharaos ist dem Verderben erlegen.

38 Derjenige, der gläubig war, sagte: »O mein Volk, folgt mir,
dann weise ich euch den Weg des rechten Wandels. 39 O mein
Volk, dieses irdische Leben ist nur Nutznießung. Das Jenseits
aber ist die Wohnstätte zum Bleiben. 40 Wer etwas Schlechtes
tut, dem wird gleichviel vergolten. Und diejenigen, die Gutes
tun, ob Mann oder Weib, und dabei gläubig sind, werden ins
Paradies eingehen, wo ihnen Unterhalt beschert wird ohne
[48] Abrechnung. *41 O mein Volk, wie kommt es, daß ich euch zur
Rettung rufe, ihr aber mich zum Feuer ruft? 42 Ihr ruft mich
dazu auf, Gott zu verleugnen und Ihm das beizugesellen, wovon
ich kein Wissen habe. Ich aber rufe euch zum Mächtigen, der
voller Vergebung ist. 43 Wahrlich, es steht dem, zu dem ihr mich
ruft, keine Anrufung zu, weder im Diesseits noch im Jenseits. Zu
Gott werden wir ja zurückgebracht. Die Maßlosen sind die
Gefährten des Feuers. 44 Ihr werdet euch an das erinnern, was

ich euch sage. Ich überlasse Gott meine Angelegenheit. Gott sieht wohl die Diener.« 45 So bewahrte ihn Gott vor ihrer bösen Arglist, und die Leute Pharaos umschloß die böse Pein, 46 das Feuer, dem sie morgens und abends vorgeführt werden. Und am Tag, da die Stunde heraufkommt (heißt es): »Laßt die Leute Pharaos in die härteste Pein eingehen.«

47 Wenn sie* nun im Feuer miteinander streiten. Dann sagen die Schwachen zu denen, die sich hochmütig verhielten: »Wir waren doch eure Gefolgsleute. Könnt ihr nun einen Teil des Feuers von uns fernhalten?« 48 Diejenigen, die sich hochmütig verhielten, sagen: »Wir befinden uns doch alle darin. Gott hat nun zwischen den Dienern geurteilt.« 49 Diejenigen, die sich im Feuer befinden, sagen zu den Wärtern der Hölle: »Ruft zu eurem Herrn, daß Er uns einen Tag der Erleichterung von der Pein gewähre.« 50 Sie sagen: »Sind nicht eure Gesandten immer wieder mit den deutlichen Zeichen zu euch gekommen?« Sie sagen: »Doch.« Sie sagen: »So ruft ihr selbst.« Aber das Rufen der Ungläubigen geht gewiß ins Leere.

51 Wahrlich, Wir unterstützen unsere Gesandten und diejenigen, die glauben, im diesseitigen Leben und am Tag, da die Zeugen auftreten, 52 am Tag, da denen, die Unrecht tun, ihre Entschuldigung nicht nützt. Sie werden den Fluch und sie werden eine schlimme Wohnstätte erhalten. 53 Wir haben Mose die Rechtleitung zukommen und die Kinder Israels das Buch erben lassen 54 als Rechtleitung und Ermahnung für die Einsichtigen.

55 So sei geduldig. Das Versprechen Gottes ist wahr. Und bitte um Vergebung für deine Sünde. Und sing das Lob deines Herrn am Abend und am frühen Morgen.

56 Diejenigen, die über die Zeichen Gottes streiten, ohne daß sie eine Ermächtigung erhalten hätten, haben in ihrer Brust nichts als Überheblichkeit. Sie werden sie nicht befriedigen können. So suche Zuflucht bei Gott. Er ist der, der alles hört und sieht. 57 Die Erschaffung der Himmel und der Erde ist wahrlich größer als die Erschaffung der Menschen. Aber die meisten Menschen wissen nicht Bescheid. 58 Nicht gleich sind der Blinde und der Sehende, und auch nicht diejenigen, die glauben und die guten

47: die Verdammten.

Werke tun, und der Missetäter. Aber ihr bedenkt es wenig. 59
Die Stunde kommt bestimmt, an ihr ist kein Zweifel möglich.
Aber die meisten Menschen glauben nicht. 60 Euer Herr spricht:
»Ruft zu Mir, so erhöre Ich euch. Diejenigen, die sich aus
Hochmut weigern, Mir zu dienen, werden in die Hölle als
Gedemütigte eingehen.« 61 Gott ist es, der euch die Nacht
gemacht hat, damit ihr in ihr ruht, und den Tag, an dem man
sehen kann. Gott ist voller Huld gegen die Menschen. Aber die
meisten Menschen sind nicht dankbar. 62 So ist Gott, euer Herr,
der Schöpfer aller Dinge. Es gibt keinen Gott außer Ihm. Wie
leicht laßt ihr euch doch abwenden! 63 Auf diese Weise lassen
sich abwenden, die die Zeichen Gottes zu verleugnen pflegen. 64
Gott ist es, der euch die Erde zu einem festen Grund und den
Himmel zu einem Bau gemacht, euch gestaltet und eure Gestal-
ten schön geformt und euch von den köstlichen Dingen beschert
hat. So ist Gott, euer Herr. Gesegnet sei Gott, der Herr der
Welten! 65 Er ist der Lebendige. Es gibt keinen Gott außer Ihm.
So ruft zu Ihm, indem ihr Ihm gegenüber aufrichtig in der
[48¼] Religion seid. Lob sei Gott, dem Herrn der Welten! *66 Sprich:
Mir wurde, als die deutlichen Zeichen von meinem Herrn zu mir
kamen, verboten, denen zu dienen, die ihr anstelle Gottes anruft.
Und mir wurde befohlen, mich dem Herrn der Welten zu
ergeben. 67 Er ist es, der euch aus Erde erschaffen hat, dann aus
einem Tropfen, dann aus einem Embryo. Dann läßt Er euch als
Kind herauskommen. Dann (sorgt Er für euch), damit ihr eure
Vollkraft erreicht und damit ihr dann Greise werdet – unter
euch sind (allerdings) einige, die Er vorher abberuft – und damit
ihr eine bestimmte Frist erreicht, auf daß ihr verständig werdet.
68 Er ist es, der lebendig macht und sterben läßt. Und wenn Er
eine Sache beschlossen hat, sagt Er zu ihr nur: »Sei!«, und sie ist.
69 Hast du nicht auf jene geschaut, die über die Zeichen Gottes
streiten? Wie leicht lassen sie sich doch abbringen! 70 Sie, die das
Buch und das, womit Wir unsere Gesandten geschickt haben, für
Lüge erklären. Sie werden es zu wissen bekommen, 71 wenn die
Fesseln und die Ketten an ihrem Hals angebracht werden und sie
hineingezerrt werden 72 ins heiße Wasser und dann ins Feuer als
Brennstoff geworfen werden. 73 Dann wird zu ihnen gesagt:

»Wo ist das, was ihr (Gott) beigesellt habt (und verehrt habt) 74
anstelle Gottes?« Sie sagen: »Sie sind uns entschwunden. Nein,
wir riefen früher nichts an.« So führt Gott die Ungläubigen in die
Irre. 75 Dies, weil ihr euch auf der Erde zu Unrecht der Freude
hinzugeben und unbekümmert zu leben pflegtet. 76 Betretet nun
die Tore der Hölle, darin werdet ihr ewig weilen. Schlimm ist die
Bleibe der Hochmütigen.
77 So sei geduldig. Das Versprechen Gottes ist wahr. Ob Wir
dich einen Teil dessen, was Wir ihnen androhen, sehen lassen
oder dich abberufen, zu Uns werden sie (auf jeden Fall) zurückge-
bracht. 78 Und Wir haben schon vor dir Gesandte geschickt.
Unter ihnen sind manche, von denen Wir dir erzählt haben, und
unter ihnen sind manche, von denen Wir dir nicht erzählt haben.
Und kein Gesandter kann ein Zeichen bringen, außer mit der
Erlaubnis Gottes. Wenn der Befehl Gottes eintrifft, wird nach der
Wahrheit entschieden, und dann haben diejenigen den Verlust,
die (die Botschaft) für falsch erklären.
79 Gott ist es, der für euch die Herdentiere bestellt hat, damit ihr
auf ihnen reiten könnt; und ihr könnt auch von ihnen essen. 80
An ihnen habt ihr sonst allerlei Nutzen. Und damit ihr, auf ihnen
reitend, etwas, was ihr in eurer Brust hegt und anstrebt, errei-
chen könnt. (Endlich) werdet ihr auf ihnen und auf den Schiffen
getragen. 81 Und Er zeigt euch seine Zeichen. Welches von den
Zeichen Gottes wollt ihr nun verleugnen?
82 Sind sie denn nicht auf der Erde umhergegangen und haben
geschaut, wie das Ende derer war, die vor ihnen lebten? Sie waren
zahlreicher als sie, hatten eine stärkere Kraft und hinterließen
mehr Spuren auf der Erde. Und nicht nützte ihnen, was sie zu
erwerben pflegten. 83 Als nun ihre Gesandten mit den deutlichen
Zeichen zu ihnen kamen, freuten sie sich über das Wissen, das sie
besaßen. Und es umschloß sie das, worüber sie spotteten. 84 Als
sie dann unsere Schlagkraft sahen, sagten sie: »Wir glauben an
Gott allein und verleugnen das, was wir Ihm beigesellten.« 85
Aber ihr Glaube konnte ihnen nicht nützen, als sie unsere
Schlagkraft sahen – so ist Gott mit seinen Dienern in der
Vergangenheit verfahren. Den Verlust hatten da die Ungläu-
bigen.

Sure 41

Im einzelnen dargelegt (Fuṣṣilat)*

zu Mekka, 54 Verse

Im Namen Gottes, des Erbarmers, des Barmherzigen.
1 Ḥā Mīm*. 2 Herabsendung von dem Erbarmer, dem Barmher-
zigen, 3 ein Buch, dessen Zeichen im einzelnen dargelegt sind, als
arabischer Koran, für Leute, die Bescheid wissen, 4 als Freuden-
bote und Warner. Aber die meisten von ihnen wenden sich ab, so
daß sie nicht hören. 5 Sie sagen: »Unsere Herzen liegen vor dem,
wozu du uns aufrufst, in Hüllen, und in unseren Ohren ist
Schwerhörigkeit, und zwischen uns und dir ist ein Vorhang.
Handle also (wie du magst), wir werden auch ebenfalls handeln.«
6 Sprich: Ich bin nur ein Mensch wie ihr; mir wird offenbart, daß
euer Gott ein einziger Gott ist. So verhaltet euch Ihm gegenüber
recht und bittet Ihn um Vergebung. Und wehe den Polytheisten,
7 die die Abgabe nicht entrichten und das Jenseits verleugnen!
8 Für die, die glauben und die guten Werke tun, ist ein Lohn
bestimmt, der nicht aufhört.
[48½] *9 Sprich: Wollt ihr wirklich den verleugnen, der die Erde in
zwei Tagen erschaffen hat, und Ihm andere als Gegenpart zur
Seite stellen? Das ist doch der Herr der Welten. 10 Er hat auf ihr
festgegründete Berge gemacht, die über ihr aufragen, und Er hat
sie gesegnet und in ihr Nahrung nach Maß festgelegt – in vier
Tagen – gleichmäßig für die, die danach verlangen. 11 Dann
richtete Er sich zum Himmel auf, welcher noch aus Rauch
bestand, und sprach zu ihm und zur Erde: »Kommt her, freiwillig
oder widerwillig.« Sie sagten: »Wir kommen freiwillig.« 12 So
gestaltete Er sie nach seiner Entscheidung zu sieben Himmeln in
zwei Tagen und wies jedem Himmel seine Aufgabe zu. Und Wir
schmückten den untersten Himmel mit Leuchten, (die auch) zum

*: Oder: Ḥa Mīm Sich niederwerfen (Ḥā Mīm al-Sadjda)
1: Die Bedeutung dieser Buchstaben ist noch nicht geklärt.

Schutz (dienen). Das ist die Bestimmung dessen, der mächtig ist und Bescheid weiß. 13 Wenn sie sich also abwenden, dann sprich: Ich warne euch vor einem Donnerschlag gleich dem Donnerschlag der ʿĀd und der Thamūd*. 14 Als die Gesandten zu ihnen kamen von vorn und von hinten: »Dienet Gott allein«, sagten sie: »Wenn unser Herr gewollt hätte, hätte Er Engel herabgesandt. So verleugnen wir das, womit ihr gesandt worden seid.« 15 Was die ʿĀd betrifft, so verhielten sie sich auf der Erde zu Unrecht hochmütig und sagten: »Wer hat eine stärkere Kraft als wir?« Haben sie denn nicht gesehen, daß Gott, der sie erschaffen hat, eine stärkere Kraft hat als sie? Aber sie verleugneten dauernd unsere Zeichen. 16 Da sandten Wir gegen sie an unheilvollen Tagen einen eiskalten Wind, um sie die Pein der Schande im diesseitigen Leben kosten zu lassen. Aber die Pein des Jenseits ist noch schändlicher. Und sie werden keine Unterstützung erfahren. 17 Und was die Thamūd betrifft, so wollten Wir sie rechtleiten, sie aber zogen die Blindheit der Rechtleitung vor. Da ergriff sie der Donnerschlag der schändlichen Pein wegen dessen, was sie zu erwerben pflegten. 18 Und Wir erretteten diejenigen, die glaubten und gottesfürchtig waren.

19 Und am Tag, da die Feinde Gottes zum Feuer versammelt und in Abteilungen aufgestellt werden. 20 Wenn sie dann dort angekommen sind, legen ihr Gehör, ihre Augen und ihre Häute gegen sie Zeugnis ab über das, was sie zu tun pflegten. 21 Sie sagen zu ihren Häuten: »Warum habt ihr gegen uns Zeugnis abgelegt?« Sie sagen: »Gott, der alle Dinge reden läßt, hat uns reden lassen. Er ist es, der euch das erste Mal erschaffen hat, und zu Ihm werdet ihr zurückgebracht. 22 Und ihr pflegtet euch nicht so zu verdecken, daß nicht euer Gehör, eure Augen und eure Häute Zeugnis wegen euch ablegten. Aber ihr meintet, daß Gott nicht viel wisse von dem, was ihr tut. 23 Und diese eure Meinung, die ihr von eurem Herrn hattet, hat euch ins Verderben gestürzt, so daß ihr jetzt zu den Verlierern gehört.« 24 Wenn sie Geduld zeigen, so ist doch das Feuer ihre Bleibe. Und wenn sie eine entschuldigende Umkehr zeigen, so werden sie doch nicht zu

13: Vgl. 7,65–72 (ʿĀd); 7,73–79 (Thamūd).

denen gehören, deren entschuldigende Umkehr angenommen
[48¾] wird. *25 Und Wir haben für sie Gesellen abgestellt, die ihnen
verlockend machten, was vor ihnen und was hinter ihnen lag.
Und fällig wurde der Spruch gegen sie, wie gegen Gemeinschaf-
ten von Djinn und Menschen, die vor ihnen dahingegangen
waren. Sie waren ja Verlierer.
26 Diejenigen, die ungläubig sind, sagen: »Hört nicht auf diesen
Koran, und führt dazwischen unbedachte Reden, auf daß ihr
siegt.« 27 Wir werden diejenigen, die ungläubig sind, bestimmt
eine harte Pein kosten lassen, und Wir werden ihnen vergelten
das Schlimmste von dem, was sie zu tun pflegten. 28 Das ist der
Lohn der Feinde Gottes: das Feuer, in dem sie eine ewige
Wohnstätte haben, als Vergeltung dafür, daß sie unsere Zeichen
immer wieder verleugnet haben.
29 Und diejenigen, die ungläubig sind, sagen: »Unser Herr, laß
uns die zwei Gruppen – von den Djinn und den Menschen
– sehen, die uns irregeführt haben, daß wir sie unter unsere
Füße legen, damit sie zu den Unterlegenen gehören.«
30 Auf diejenigen, die sagen: »Unser Herr ist Gott«, und sich
dann recht verhalten, kommen die Engel herab: »Fürchtet euch
nicht, seid nicht traurig und freut euch auf das Paradies, das euch
immer wieder versprochen wurde. 31 Wir sind eure Freunde im
diesseitigen Leben und im Jenseits. Ihr habt darin, was eure Seele
begehrt, und ihr habt darin, was ihr beansprucht, 32 – eine
Herberge von einem, der voller Vergebung und barmherzig ist.«
33 Und wer spricht bessere Worte als der, der zu Gott ruft, Gutes
tut und sagt: »Ich gehöre zu den Gottergebenen«? 34 Nicht
gleich sind die gute und die schlechte Tat. Wehre mit einer Tat,
die besser ist, da wird der, zwischen dem und dir eine Feindschaft
besteht, so, als wäre er ein warmherziger Freund. 35 Aber dies*
wird nur denen verliehen, die geduldig sind, ja es wird nur dem
verliehen, der ein gewaltiges Glück hat. 36 Und wenn dich vom
Satan ein Stachel aufstachelt, dann suche Zuflucht bei Gott. Er ist
der, der alles hört und weiß.
37 Und zu seinen Zeichen gehören die Nacht und der Tag, die

35: die Kraft zu dieser Haltung.

Sonne und der Mond. Werft euch weder vor der Sonne noch vor
dem Mond nieder. Werft euch nieder vor Gott, der sie erschaffen
hat, so ihr Ihm dienen wollt. 38 Wenn sie sich hochmütig
weigern – diejenigen, die bei deinem Herrn sind, preisen Ihn
doch Nacht und Tag, ohne Überdruß zu empfinden. 39 Zu seinen
Zeichen gehört es, daß du die Erde regungslos siehst. Wenn Wir
aber Wasser auf sie herabkommen lassen, regt sie sich und
wächst zu. Der sie wieder belebt, wird die Toten wieder lebendig
machen. Er hat Macht zu allen Dingen. 40 Diejenigen, die über
unsere Zeichen abwegig denken, sind Uns nicht verborgen. Ist
der, der ins Feuer geworfen wird, besser oder der, der am Tag der
Auferstehung in Sicherheit herantritt. Tut, was ihr wollt; Er
sieht wohl, was ihr tut.

41 Diejenigen, die die Ermahnung verleugnen, nachdem sie zu
ihnen gekommen ist ... Es ist ein hehres Buch, 42 an das das
Falsche weder von vorn noch von hinten herankommt, eine
Herabsendung von einem, der weise und des Lobes würdig ist. 43
Es wird dir nur das gesagt, was schon den Gesandten vor dir
gesagt wurde. Dein Herr schenkt Vergebung und verhängt eine
schmerzhafte Strafe. 44 Hätten Wir ihn zu einem fremdsprachi-
gen Koran gemacht, hätten sie gesagt: »Wären doch seine Zei-
chen im einzelnen dargelegt worden! Wie, ein fremdsprachiger
(Koran) und ein Araber!« Sprich: Er ist für diejenigen, die
glauben, eine Rechtleitung und eine Heilung. Diejenigen, die
nicht glauben, haben Schwerhörigkeit in ihren Ohren, und er ist
ihrem Blick entzogen. Diese sind, als würde ihnen aus einem
fernen Ort zugerufen.

45 Und Wir ließen dem Mose das Buch zukommen. Da wurde
man darüber uneins. Und gäbe es nicht einen früher ergangenen
Spruch von deinem Herrn, so wäre zwischen ihnen entschieden
worden. Und sie sind darüber in einem starken Zweifel.

46 Wer Gutes tut, tut es zu seinem eigenen Vorteil. Und wer
Böses tut, tut es zu seinem eigenen Schaden. Und dein Herr tut
den Dienern kein Unrecht. *47 Ihm ist das Wissen um die 25. Teil
Stunde (des Gerichtes) anheimgestellt. Keine Früchte kommen [49]
aus ihren Hüllen hervor und kein Weib empfängt und kommt
nieder, es sei denn mit seinem Wissen. Und am Tag, da Er ihnen

zuruft: »Wo sind denn meine Teilhaber?«, sagen sie: »Wir geben
Dir bekannt, es gibt keinen unter uns, der davon zeugen würde.«
48 Und ihnen ist entschwunden, was sie früher anzurufen pfleg-
ten, und sie erwarten, daß es für sie kein Entrinnen gibt.
49 Der Mensch wird nicht überdrüssig, um das Gute zu bitten.
Wenn das Böse ihn berührt, dann ist er verzweifelt und gibt die
Hoffnung auf. 50 Und wenn Wir ihn eine Barmherzigkeit von
Uns kosten lassen, nachdem ihn ein Schaden berührt hat, sagt er
bestimmt: »Das steht mir zu. Und ich glaube nicht, daß die
Stunde heraufkommen wird. Und wenn ich zu meinem Herrn
zurückgebracht werde, werde ich sicher das Beste bei Ihm erhal-
ten.« Doch Wir werden denen, die ungläubig sind, kundtun, was
sie getan haben, und sie eine schwere Pein kosten lassen. 51 Und
wenn Wir dem Menschen Gnade erweisen, wendet er sich ab und
entfernt sich beiseite. Und wenn das Böse ihn berührt, ergeht er
sich in ausführlichem Beten.
52 Sprich: Was meint ihr, wenn er doch von Gott stammt und ihr
dann ihn doch verleugnet? Wer ist weiter abgeirrt als der, der
sich in einem tiefen Widerstreit befindet? 53 Wir werden sie an
den Horizonten und in ihnen selbst* unsere Zeichen sehen
lassen, bis es ihnen deutlich wird, daß es die Wahrheit ist.
Genügt es denn nicht, daß dein Herr Zeuge ist über alle Dinge?
54 Aber siehe, sie hegen Zweifel über die Begegnung mit ihrem
Herrn. Siehe, Er umfaßt doch alle Dinge.

53: Oder: unter ihnen selbst.

Sure 42

Die Beratung (al-Shūrā)

zu Mekka, 53 Verse

Im Namen Gottes, des Erbarmers, des Barmherzigen.
1 Ḥā Mīm. 2 `Ayn Sīn Qāf*. 3 So offenbart Gott dir, so wie
(früher) denjenigen, die vor dir lebten, (Er), der Mächtige, der
Weise. 4 Ihm gehört, was in den Himmeln und was auf der Erde
ist, und Er ist der Erhabene, der Majestätische. 5 Die Himmel
brechen bald auseinander von oben her. Und die Engel singen das
Lob ihres Herrn und bitten Ihn um Vergebung für die, die auf der
Erde sind. Ja, Gott ist der, der voller Vergebung und barmherzig
ist. 6 Über diejenigen, die sich an seiner Stelle Freunde nehmen,
ist Gott Hüter, und nicht bist du ihr Sachwalter. 7 Und so haben
Wir dir einen arabischen Koran offenbart, damit du die Mutter
der Städte* und die Menschen in ihrer Umgebung warnest, und
damit du vor dem Tag der Versammlung warnest; an ihm ist kein
Zweifel möglich. Ein Teil wird im Paradies sein und ein Teil im
Feuerbrand. 8 Und wenn Gott gewollt hätte, hätte Er sie zu einer
einzigen Gemeinschaft gemacht. Aber Er läßt in seine Barmher-
zigkeit eingehen, wen Er will. Und die, die Unrecht tun, haben
weder Freund noch Helfer. 9 Oder haben sie sich an seiner Stelle
Freunde genommen? Gott (allein) ist doch der Freund. Er macht
die Toten wieder lebendig, und Er hat Macht zu allen Dingen.
10 Und worüber ihr auch uneins seid, das Urteil darüber steht
Gott (allein) zu. Das ist eben Gott, mein Herr. Auf Ihn vertraue
ich, und zu Ihm wende ich mich reumütig. 11 (Er ist) der
Schöpfer der Himmel und der Erde. Er hat euch aus euch selbst
Gattinnen gemacht, und auch aus den Tieren Paare, so daß Er
euch dadurch vermehrt. Nichts ist Ihm gleich. Er ist der, der alles
hört und sieht. 12 Er hat die Schlüssel der Himmel und der Erde.
Er teilt den Lebensunterhalt großzügig, wem Er will, und auch

1–2: Die Bedeutung dieser Buchstaben ist noch nicht geklärt.
7: Mekka.

[49¼] bemessen zu. Siehe, Er weiß über alle Dinge Bescheid. *13 Er hat euch von der Religion verordnet, was Er Noach aufgetragen hat, und was Wir dir offenbart haben, und was Wir Abraham, Mose und Jesus aufgetragen haben: Haltet die (Bestimmungen der) Religion ein und bringt keine Spaltungen hinein. Den Polytheisten fällt das schwer, wozu du sie aufrufst. Gott erwählt dazu, wen Er will, und Er führt dazu, wer sich (Ihm) reumütig zuwendet. 14 Und sie spalteten sich darin erst, nachdem das Wissen zu ihnen gekommen war, dies aus ungerechter Auflehnung untereinander. Und gäbe es nicht einen früher ergangenen Spruch von deinem Herrn auf eine bestimmte Frist, so wäre zwischen ihnen entschieden worden. Siehe, diejenigen, denen nach ihnen das Buch zum Erbe übergeben wurde, hegen darüber starken Zweifel. 15 Darum rufe du auf und verhalte dich recht, wie dir befohlen worden ist. Und folge nicht ihren Neigungen, sondern sprich: Ich glaube an das, was Gott an Büchern herabgesandt hat, und mir ist befohlen worden, unter euch Gerechtigkeit zu üben. Gott ist unser Herr und euer Herr. Wir haben unsere Werke, und ihr habt eure Werke (zu verantworten). Es gibt keinen Streitgrund zwischen uns und euch. Gott wird uns zusammenbringen. Und zu Ihm führt der Lebensweg. 16 Diejenigen, die über Gott streiten, nachdem auf Ihn gehört worden ist, deren Streitgrund wird bei ihrem Herrn widerlegt. Auf ihnen liegt Zorn, und bestimmt ist für sie eine harte Pein.

17 Gott ist es, der das Buch mit der Wahrheit herabgesandt hat, und auch die Waage. Woher willst du es wissen? Vielleicht steht die Stunde nahe bevor. 18 Diejenigen, die nicht an sie glauben, wünschen, sie zu beschleunigen. Die aber, die glauben, sind erschrocken vor ihr und wissen, daß sie Wirklichkeit ist. Aber diejenigen, die über die Stunde streiten, befinden sich in tiefem Irrtum. 19 Gott ist feinfühlig zu seinen Dienern. Er beschert Lebensunterhalt, wem Er will. Und Er ist der Starke, der Mächtige. 20 Wer die Saaternte des Jenseits haben will, dem mehren Wir noch seine Saaternte. Und wer die Saaternte des Diesseits haben will, dem lassen Wir etwas davon zukommen, er erhält aber im Jenseits keinen Anteil. 21 Oder haben sie etwa Teilhaber, die ihnen als Religion verordnet haben, was Gott nicht erlaubt

hat? Und gäbe es nicht den Urteilsspruch*, wäre es zwischen ihnen entschieden worden. Und für die, die Unrecht tun, ist eine schmerzhafte Pein bestimmt. 22 Du siehst dann die, die Unrecht tun, erschrocken vor dem, was sie erworben haben, und es wird über sie hereinbrechen. Diejenigen aber, die glauben und die guten Werke tun, befinden sich in den Gärten des Paradieses. Sie haben bei ihrem Herrn, was sie wollen. Das ist die große Huld. 23 Das ist die Frohbotschaft, die Gott seinen Dienern, die glauben und die guten Werke tun, verkündet. Sprich: Ich verlange von euch keinen Lohn dafür, es sei denn die Liebe wie zu den Verwandten. Und wer ein gutes Werk tut, dem schenken Wir dafür noch mehr Gutes. Gott ist voller Vergebung und zeigt sich erkenntlich. 24 Oder sagen sie etwa: »Er hat eine Lüge gegen Gott erdichtet«? Wenn nun Gott will, kann Er dir das Herz versiegeln. Und Gott löscht das Falsche aus und bestätigt die Wahrheit mit seinen Worten. Er weiß über das innere Geheimnis Bescheid. 25 Er ist es, der die Umkehr von seinen Dienern annimmt und die Missetaten verzeiht. Und Er weiß, was ihr tut. 26 Und Er erhört diejenigen, die glauben und die guten Werke tun, und gibt ihnen noch mehr von seiner Huld. Für die Ungläubigen aber ist eine harte Pein bestimmt.

*27 Und würde Gott seinen Dienern den Lebensunterhalt groß- [49½]
zügig zuteilen, würden sie auf der Erde Ungerechtigkeit verüben. Aber Gott läßt im richtigen Maße herabkommen, was Er will. Er hat Kenntnis von seinen Dienern und sieht sie wohl. 28 Und Er ist es, der den Regen herabkommen läßt, nachdem sie die Hoffnung aufgegeben haben, und der seine Barmherzigkeit ausbreitet. Und Er ist der Freund und des Lobes würdig. 29 Und zu seinen Zeichen gehört es, daß Er die Himmel und die Erde erschaffen hat und in ihnen beiden allerlei Getier sich ausbreiten läßt. Und Er hat die Macht, sie zu versammeln, wenn Er will. 30 Und was immer euch an Unglück trifft, es ist für das, was eure Hände erworben haben. Und Er übergeht wohl vieles. 31 Ihr könnt auf der Erde nichts vereiteln. Und ihr habt außer Gott weder Freund noch Helfer. 32 Und zu seinen Zeichen gehören die

21: der ihnen die Frist verlängert.

Schiffe, die wie Berge auf dem Meer fahren. 33 Wenn Er will,
läßt Er den Wind sich legen, so daß sie nun bewegungslos auf der
Wasserfläche stehenbleiben. Darin sind Zeichen für jeden, der
sehr geduldig und sehr dankbar ist. 34 Oder Er läßt sie unterge-
hen für das, was sie erworben haben. Und Er übergeht wohl
vieles. 35 Deshalb sollen diejenigen, die über unsere Zeichen
streiten, wissen, daß es für sie kein Entrinnen gibt.
36 Und was immer euch zuteil geworden ist, ist Nutznießung des
diesseitigen Lebens. Was aber bei Gott ist, ist besser und hat eher
Bestand für die, die glauben und auf ihren Herrn vertrauen, 37
die die schweren Sünden und die schändlichen Taten meiden und,
wenn sie in Zorn geraten, (lieber) vergeben, 38 und die auf ihren
Herrn hören und das Gebet verrichten, ihre Angelegenheiten
durch Beratung regeln und von dem, was Wir ihnen beschert
haben, spenden, 39 und die, wenn ihnen Ungerechtigkeit wider-
fährt, sich selbst helfen. 40 Eine böse Tat soll mit etwas gleich
Bösem vergolten werden. Wer aber verzeiht und Besserung
schafft, dessen Lohn obliegt Gott. Er liebt ja die nicht, die
Unrecht tun. 41 Und die, die sich selbst helfen, nachdem ihnen
Unrecht getan wurde, können nicht belangt werden. 42 Belangt
werden die, die den Menschen Unrecht tun und auf der Erde
unberechtigterweise ungerecht handeln. Für sie ist eine schmerz-
hafte Pein bestimmt. 43 Wahrlich, wenn einer geduldig ist und
vergibt, so gehört dies zur Entschlossenheit in den Anliegen.
44 Wen Gott irreführt, der hat daraufhin keinen Freund. Und du
siehst, wie die, die Unrecht tun, wenn sie die Pein sehen, sagen:
»Gibt es denn einen Weg, zurückzukehren?« 45 Und du siehst,
wie sie ihm* vorgeführt werden, demütig vor Erniedrigung und
mit verstohlenen Blicken dreinschauend. Und diejenigen, die
glauben, sagen: »Die (wahren) Verlierer sind die, die am Tag der
Auferstehung sich selbst und ihre Angehörigen verlieren.« Ja,
die, die Unrecht tun, befinden sich in einer beständigen Pein. 46
Und sie haben keine Freunde, die sie anstelle Gottes unterstützen
könnten. Wen Gott irreführt, für den gibt es keinen Ausweg.
47 Hört auf euren Herrn, bevor ein Tag kommt, der von seiten

45: dem Höllenfeuer.

Gottes nicht zurückgewiesen wird. An jenem Tag habt ihr keinen
Zufluchtsort und keine Möglichkeit, (irgend etwas) abzustreiten.
48 Wenn sie sich abwenden, so haben Wir dich nicht als Hüter
über sie gesandt. Dir obliegt nur die Ausrichtung (der Botschaft).
Und siehe, wenn Wir den Menschen Barmherzigkeit von Uns
kosten lassen, freut er sich darüber. Wenn aber etwas Böses sie
trifft für das, was ihre Hände vorausgeschickt haben, dann ist der
Mensch sehr undankbar. 49 Gott gehört die Königsherrschaft der
Himmel und der Erde. Er erschafft, was Er will. Er schenkt, wem
Er will, weibliche, und Er schenkt, wem Er will, männliche
Nachkommen. 50 Oder Er schenkt beides, männliche und weibli-
che Nachkommen. Und Er macht, wen Er will, unfruchtbar. Er
weiß Bescheid und ist mächtig.

*51 Und es steht keinem Menschen zu, daß Gott zu ihm spricht, [49¾]
es sei denn durch Offenbarung oder hinter einem Vorhang, oder
indem Er einen Boten sendet, der (ihm) dann mit seiner Erlaub-
nis offenbart, was Er will. Er ist erhaben und weise. 52 Und so
haben Wir dir Geist von unserem Befehl offenbart. Du wußtest
nicht (vorher), was das Buch und was der Glaube ist. Und doch
haben Wir es zu einem Licht gemacht, mit dem Wir rechtleiten,
wen von unseren Dienern Wir wollen. Und wahrlich, du führst
zu einem geraden Weg, 53 dem Weg Gottes, dem gehört, was in
den Himmeln und was auf der Erde ist. Ja, zu Gott gelangen die
Angelegenheiten.

Sure 43

Der Prunk (al-Zukhruf)

zu Mekka, 89 Verse

Im Namen Gottes, des Erbarmers, des Barmherzigen.
1 Ḥā Mīm*. 2 Beim deutlichen Buch! 3 Wir haben es zu einem
arabischen Koran gemacht, auf daß ihr verständig werdet. 4 Er ist

1: Die Bedeutung dieser Buchstaben ist noch nicht geklärt.

aufgezeichnet in der Urnorm des Buches bei Uns, erhaben und
weise. 5 Sollen Wir denn euch die Ermahnung vorenthalten,
wenn ihr maßlose Leute seid? 6 Und wie so manchen Propheten
haben Wir zu den früheren Generationen gesandt! 7 Und kein
Gesandter kam zu ihnen, ohne daß sie ihn verspottet hätten.
8 Und doch haben Wir solche verderben lassen, die eine stärkere
Gewalt besaßen als diese da. Und fest steht, wie an den Früheren
gehandelt wurde*.

9 Und wenn du sie fragst, wer die Himmel und die Erde
erschaffen hat, sagen sie bestimmt: »Erschaffen hat sie der
Mächtige, der Bescheid weiß.« 10 Er, der euch die Erde zu einer
Lagerstätte gemacht und euch auf ihr Wege gemacht hat, auf daß
ihr der Rechtleitung folget, 11 und der euch Wasser vom Himmel
in einem bestimmten Maß herabkommen läßt. Damit beleben
Wir eine abgestorbene Ortschaft. Auf diese Weise werdet auch
ihr hervorgebracht werden. 12 Er, der die Paare alle erschaffen
und euch Schiffe und Herdentiere gemacht hat, auf die ihr
steigen könnt, 13 damit ihr euch auf ihrem Rücken zurechtsetzt
und dann, wenn ihr euch darauf zurechtgesetzt habt, der Gnade
eures Herrn gedenkt und sagt: »Preis sei dem, der uns diese
dienstbar gemacht hat! Wir hätten es allein gewiß nicht schaffen
können. 14 Und wir werden bestimmt zu unserem Herrn zurückkehren.«

15 Und sie schreiben Ihm einen Teil von seinen Dienern zu. Der
Mensch ist ja offenkundig sehr undankbar. 16 Oder hat Er sich
etwa aus den Reihen seiner Geschöpfe Töchter genommen und
für euch die Söhne erwählt? 17 Wenn einem von ihnen verkündet wird, (ihm sei geboren), was er dem Erbarmer zum Beispiel
zuschreibt*, bleibt sein Gesicht finster, und er ist voller Gram. 18
Wollen sie denn wirklich solche (Gott zuschreiben), die im
Schmuck aufgezogen werden und sich im Streit nicht deutlich
genug ausdrücken? 19 Und sie machen die Engel, welche ja die
Diener des Erbarmers sind, zu weiblichen Wesen. Waren sie
denn bei ihrer Erschaffung zugegen? Ihr Zeugnis wird aufge-

8: So wird auch an diesen gehandelt.
17: D. h. eine Tochter.

schrieben, und sie werden zur Verantwortung gezogen. 20 Und
sie sagen: »Wenn der Erbarmer gewollt hätte, hätten wir sie
nicht verehrt.« Sie haben ja kein Wissen darüber. Sie stellen nur
Schätzungen an.
21 Oder haben Wir ihnen etwa vordem ein Buch zukommen
lassen, an dem sie sich festhalten könnten? 22 Nein, vielmehr
sagen sie: »Wir haben bei unseren Vätern eine bestimmte Glau-
bensrichtung vorgefunden, und in ihren Fußstapfen folgen wir
der Rechtleitung.« 23 So haben Wir auch vor dir in keine Stadt
einen Warner gesandt, ohne daß die, die in ihr üppig lebten,
gesagt hätten: »Wir haben bei unseren Vätern eine bestimmte
Glaubensrichtung vorgefunden, und wir treten in ihre Fußstap-
fen.« *24 Er sagte: »Was denn, auch wenn ich euch bringe, was [50]
eine bessere Rechtleitung beinhaltet als das, was ihr bei euren
Vätern vorgefunden habt?« Sie sagten: »Wir verleugnen das,
womit ihr gesandt worden seid.« 25 Da rächten Wir uns an
ihnen. So schau, wie das Ende derer war, die (die Gesandten) der
Lüge geziehen haben.
26 Und als Abraham zu seinem Vater und seinem Volk sagte:
»Ich bin unschuldig an dem, was ihr verehrt, 27 außer dem, der
mich erschaffen hat; Er wird mich rechtleiten.« 28 Und er
machte es zu einem bleibenden Ausspruch unter denen, die nach
ihm kommen sollten, auf daß sie umkehren.
29 Nein, Ich habe diese da und ihre Väter genießen lassen, bis die
Wahrheit und ein offenkundiger Gesandter zu ihnen kamen. 30
Als nun die Wahrheit zu ihnen kam, sagten sie: »Das ist
Zauberei; wir glauben nicht daran.« 31 Und sie sagen: »Wenn
doch dieser Koran auf einen mächtigen Mann aus den zwei
Städten* herabgesandt worden wäre!« 32 Sind sie es etwa, die die
Barmherzigkeit deines Herrn verteilen? Wir haben doch unter
ihnen ihren Lebensunterhalt im diesseitigen Leben verteilt und
die einen von ihnen über die anderen um Rangstufen erhöht,
damit die einen von ihnen die anderen in ihren Dienst nehmen.
Aber die Barmherzigkeit deines Herrn ist besser als das, was sie
zusammentragen. 33 Und wären nicht die Menschen eine einzige

31: Mekka und Ṭā'if.

Gemeinschaft*, hätten Wir denen, die den Erbarmer verleugnen, Decken aus Silber für ihre Häuser gemacht, und auch Treppen, auf denen sie hinaufsteigen können, 34 und Türen für ihre Häuser, und Betten, auf denen sie liegen können, 35 und weiteren Prunk. All das ist nichts als Nutznießung des diesseitigen Lebens. Das Jenseits bei deinem Herrn ist aber für die Gottesfürchtigen bestimmt.

36 Wer sich gegenüber der Ermahnung des Erbarmers wie blind verhält, für den bestellen Wir einen Satan, der ihm dann zum Gesellen wird. 37 Und siehe, sie weisen sie vom Weg ab, sie aber meinen, sie würden der Rechtleitung folgen. 38 Wenn er schließlich zu Uns kommt, sagt er: »O wäre doch zwischen mir und dir eine Entfernung wie zwischen Osten und Westen!« Welch schlimmer Geselle! 39 Heute, da ihr Unrecht getan habt, nützt euch nicht, daß ihr an derselben Pein teilhabt.

40 Willst du denn die Tauben hören lassen oder die Blinden und die, die sich in einem offenkundigen Irrtum befinden, rechtleiten? 41 Sollten Wir dich fortnehmen, dann werden Wir uns an ihnen rächen. 42 Oder Wir lassen dich sehen, was Wir ihnen angedroht haben, denn Wir haben ja völlig Macht über sie. 43 Halte nun fest an dem, was dir offenbart wurde; du befindest dich auf einem geraden Weg. 44 Das ist eine Ermahnung für dich und dein Volk. Und ihr werdet zur Verantwortung gezogen. 45 Und frage jene unserer Gesandten, die Wir vor dir gesandt haben, ob Wir anstelle des Erbarmers (andere) Götter zum Gegenstand der Verehrung eingesetzt haben.

46* Und Wir haben Mose mit unseren Zeichen zu Pharao und seinen Vornehmen gesandt. Er sagte: »Ich bin der Gesandte des Herrn der Welten.« 47 Als er mit unseren Zeichen zu ihnen kam, da lachten sie gleich über sie. 48 Und Wir zeigten ihnen kein Zeichen, das nicht größer gewesen wäre als das andere. Und Wir ergriffen sie mit der Pein, auf daß sie umkehrten. 49 Und sie sagten: »O du Zauberer, rufe für uns deinen Herrn an aufgrund seines Bundes mit dir, dann werden wir der Rechtleitung fol-

33: Oder: eine einzige Gemeinschaft von Ungläubigen.
46–56: Vgl. 7,103–137.

gen.« 50 Als Wir dann die Pein von ihnen aufhoben, da brachen
sie gleich ihr Wort. 51 Und Pharao ließ unter seinem Volk
ausrufen; er sagte: »O mein Volk, gehört mir nicht die Königs-
herrschaft Ägyptens, und auch dieser Bäche, die unter mir
fließen? Wollt ihr nicht einsichtig sein? 52 Oder bin ich nicht
besser als dieser da, der verächtlich ist und sich kaum deutlich
ausdrückt? 53 Wären ihm doch Armringe aus Gold überbracht
worden, oder die Engel mit ihm als Begleitung gekommen!« 54
Er ließ sein Volk abirren, und sie gehorchten ihm. Sie waren ja
frevlerische Leute. 55 Als sie unseren Zorn erregten, rächten Wir
uns an ihnen und ließen sie alle ertrinken. 56 Und Wir machten
sie zu einem dahingegangenen Volk und zu einem Beispiel für
die anderen.

*57 Und als der Sohn Marias als Beispiel angeführt wurde, da [50¼]
erging sich dein Volk gleich in lautem Spott. 58 Und sie sagten:
»Wer ist besser, unsere Götter oder er?« Sie führten ihn dir nur
zum Streiten an. Nein, sie sind streitsüchtige Leute. 59 Er ist
nichts als ein Diener, den Wir begnadet und zu einem Beispiel für
die Kinder Israels gemacht haben. 60 Und wenn Wir wollten,
könnten Wir aus euren Reihen Engel bestellen, die als (eure)
Nachfolger auf der Erde leben würden. 61 Und er ist ein Erken-
nungszeichen für die Stunde (des Gerichtes). So hegt keine
Zweifel über sie und folgt mir. Das ist ein gerader Weg. 62 Und
der Satan soll euch nicht abweisen. Er ist euch ein offenkundiger
Feind. 63 Und als Jesus mit den deutlichen Zeichen kam, sagte er:
»Ich komme zu euch mit der Weisheit, und um euch einiges von
dem, worüber ihr uneins seid, deutlich zu machen. So fürchtet
Gott und gehorcht mir. 64 Gott ist mein Herr und euer Herr. So
dienet Ihm. Das ist ein gerader Weg.« 65 Dann wurden die
Parteien untereinander uneins. Wehe denen, die Unrecht tun,
vor der Pein eines schmerzhaften Tages! 66 Erwarten sie denn
etwas anderes, als daß die Stunde plötzlich über sie kommt, ohne
daß sie es merken? 67 Vertraute werden an jenem Tag einer des
anderen Feind sein, außer den Gottesfürchtigen. 68 »O meine
Diener, ihr habt heute nichts zu befürchten, und ihr werdet nicht
traurig sein. 69 Ihr, die ihr an unsere Zeichen glaubtet und
gottergeben waret. 70 Geht ins Paradies ein, ihr und eure

Gattinnen, euch wird Freude bereitet.« 71 Es werden ihnen
Schüsseln aus Gold und Becher herumgereicht. Und darin gibt
es, was die Seele begehrt und für die Augen eine Wonne ist.
»Und ihr werdet darin ewig weilen 72 Das ist das Paradies, das
euch zum Erbe gegeben worden ist für das, was ihr zu tun
pflegtet. 73 Darin sind viele Früchte für euch, von denen ihr
essen könnt.« 74 Die Übeltäter aber werden in der Pein der Hölle
ewig weilen. 75 Es wird ihnen keine Erleichterung gewährt, und
sie werden darin voller Verzweiflung sein. 76 Und nicht Wir
haben ihnen Unrecht getan, sondern sie sind es, die Unrecht
getan haben. 77 Und sie rufen: »O Mālik, dein Herr soll mit uns
ein Ende machen.« Er sagt: »Ihr werdet (hier) bleiben.«

78 Wir haben euch die Wahrheit gebracht. Aber die meisten von
euch verabscheuen die Wahrheit. 79 Oder haben sie Ränke
geschmiedet? Auch Wir können ebensolche schmieden. 80 Oder
meinen sie, Wir würden nicht hören, was sie insgeheim und in
vertraulichem Gespräch sagen? Doch, und auch unsere Boten
schreiben bei ihnen (alles) auf.

81 Sprich: Wenn der Erbarmer ein Kind hätte, wäre ich der erste
derer, die (es) anbeten. 82 Preis sei dem Herrn der Himmel und
der Erde, dem Herrn des Thrones! (Erhaben ist Er) über das, was
sie da schildern. 83 Laß sie schweifende Reden halten und ihr
Spiel treiben, bis sie ihrem Tag begegnen, der ihnen angedroht
ist. 84 Er ist Gott im Himmel und Gott auf der Erde. Er ist der,
der weise ist und Bescheid weiß. 85 Und gesegnet sei der, dem die
Königsherrschaft der Himmel und der Erde und dessen, was
dazwischen ist, gehört, der das Wissen über die Stunde besitzt
und zu dem ihr zurückgebracht werdet! 86 Und diejenigen, die
sie an seiner Stelle anrufen, verfügen nicht darüber, Fürsprache
einzulegen, ausgenommen die, welche die Wahrheit bezeugen
und die Bescheid wissen. 87 Wenn du sie fragst, wer sie erschaf-
fen hat, sagen sie bestimmt: »Gott«. Wie leicht lassen sie sich
doch abwenden!

88 Und bei seinem Ausspruch: »O mein Herr, das sind Leute, die
nicht glauben.« 89 Übe Nachsicht mit ihnen und sprich: »Frie-
den!« Sie werden es noch zu wissen bekommen.

Sure 44

Der Rauch (al-Dukhān)

zu Mekka, 59 Verse

Im Namen Gottes, des Erbarmers, des Barmherzigen.
1 Ḥā Mīm*. 2 Beim deutlichen Buch! 3 Wir haben es in einer
gesegneten Nacht hinabgesandt – Wir haben ja (die Menschen)
immer wieder gewarnt –, 4 in der jede weise Angelegenheit
einzeln entschieden wird 5 als eine Angelegenheit von unserer
Seite – ja, Wir haben immer wieder (Warner) gesandt –, 6 als
eine Barmherzigkeit von deinem Herrn – Er ist der, der alles
hört und weiß –, 7 dem Herrn der Himmel und der Erde und
dessen, was dazwischen ist, so ihr Gewißheit hegt. 8 Es gibt
keinen Gott außer Ihm. Er macht lebendig und läßt sterben, (Er),
euer Herr und der Herr eurer Vorväter.
9 Aber nein, sie hegen Zweifel und treiben ihr Spiel. 10 Erwarte
nun den Tag, an dem der Himmel einen offenkundigen Rauch
herabkommen läßt, 11 der die Menschen überdecken wird. Das
ist eine schmerzhafte Pein. 12 »Unser Herr, hebe die Pein von
uns auf. Wir wollen gläubig sein.« 13 Wie soll ihnen da die
Ermahnung nützen, wo doch ein offenkundiger Gesandter zu
ihnen kam, 14 sie sich aber von ihm abkehrten und sagten:
»Einer, den ein anderer belehrt, ein Besessener«? 15 Wir werden
die Pein ein wenig aufheben. Ihr aber werdet rückfällig werden.
16 Am Tag, da Wir mit großer Gewalt zugreifen werden, da
werden Wir uns rächen. *17 Und Wir haben schon vor ihnen das [50½]
Volk des Pharao der Versuchung ausgesetzt*. Zu ihnen kam ein
edler Gesandter: 18 »Übergebt mir die Diener Gottes. Ich bin
euch ein treuer Gesandter. 19 Und zeigt euch Gott gegenüber
nicht überheblich. Ich komme zu euch mit einer offenkundigen
Ermächtigung. 20 Und ich suche Zuflucht bei meinem Herrn und
eurem Herrn davor, daß ihr mich steinigt. 21 Und wenn ihr mir

1: Die Bedeutung dieser Buchstaben ist noch nicht geklärt.
17–33: Vgl. 7,103–137.

nicht glaubt, dann haltet euch fern von mir.« 22 Da rief er zu seinem Herrn: »Das sind Leute, die Übeltäter sind.« 23 – »Zieh bei Nacht mit meinen Dienern fort; ihr werdet da verfolgt werden. 24 Und verlaß das Meer als ruhige breite Bahn. Siehe, sie sind ein Heer, das ertränkt werden soll.« 25 Wie viele Gärten und Quellen ließen sie* zurück, 26 und Saatfelder und eine treffliche Stätte, 27 und ein angenehmes Leben, in dem sie es sich wohl sein ließen! 28 So war es. Und Wir gaben es anderen Leuten zum Erbe. 29 Weder der Himmel noch die Erde weinte über sie. Und ihnen wurde kein Aufschub gewährt.

30 Und Wir erretteten die Kinder Israels von der schmählichen Pein, 31 von Pharao. Er hatte hohe Gewalt und war einer der Maßlosen. 32 Und Wir erwählten sie aufgrund von Wissen vor den Weltenbewohnern 33 und ließen ihnen von den Zeichen solche zukommen, die eine offenkundige Prüfung enthielten.

34 Wahrlich, diese da sagen: 35 »Es gibt nur unseren ersten Tod. Und wir werden nicht wiedererweckt werden. 36 Bringt doch unsere Väter herbei, so ihr die Wahrheit sagt.« 37 Sind sie etwa besser, oder das Volk des Tubba`* und jene, die vor ihnen lebten? Wir haben sie verderben lassen, denn sie waren Übeltäter. 38 Und Wir haben die Himmel und die Erde und das, was dazwischen ist, nicht zum Zeitvertreib erschaffen. 39 Wir haben sie in Wahrheit erschaffen. Aber die meisten von ihnen wissen nicht Bescheid.

40 Der Tag der Scheidung ist der Termin für sie alle, 41 der Tag, an dem kein Schutzherr seinem Schützling etwas nützen kann und sie keine Unterstützung erfahren werden, 42 ausgenommen wessen sich Gott erbarmt. Er ist der Mächtige, der Barmherzige.

43 Der Zaqqūm-Baum 44 ist die Speise des Sünders; 45 wie geschmolzenes Erz kocht er in den Bäuchen, 46 wie das heiße Wasser kocht. 47 »Nehmt ihn und zerrt ihn mitten in die Hölle. 48 Dann gießt über seinen Kopf etwas von der Pein des heißen Wassers. 49 Koste es. Du bist doch der Mächtige, der Treffliche!« 50 »Das ist, worüber ihr Zweifel hegtet.«

25: das Volk des Pharao.
37: ein Herrscher in Südarabien.

51 Die Gottesfürchtigen befinden sich an einer sicheren Stätte, 52
in Gärten und an Quellen. 53 Sie tragen Gewänder aus Seide und
Brokat, und (sie liegen) einander gegenüber. 54 So ist es. Und
Wir geben ihnen als Gattinnen Ḥūrī mit schönen, großen Augen.
55 Sie rufen darin nach Früchten jeder Art (und leben) in
Sicherheit. 56 Sie erleiden darin nicht den Tod, außer dem ersten
Tod. Und Er hütet sie vor der Pein der Hölle, 57 als Huld von
deinem Herrn. Das ist der großartige Erfolg.
58 Wir haben ihn* durch deine Zunge leicht gemacht, auf daß sie
es bedenken. 59 Warte nun ab; auch sie warten ab.

Sure 45

Die auf den Knien sitzt (al-Djāthiya)

zu Mekka, 37 Verse

Im Namen Gottes, des Erbarmers, des Barmherzigen.
1 Ḥā Mīm*. 2 Herabsendung des Buches von Gott, dem Mächti-
gen, dem Weisen. 3 In den Himmeln und auf der Erde sind
Zeichen für die Gläubigen. 4 Und in eurer Erschaffung und in
dem, was Er an Getier sich ausbreiten läßt, sind Zeichen für
Leute, die Gewißheit hegen. 5 Und auch im Aufeinanderfolgen
von Nacht und Tag und in dem, was Gott an Lebensunterhalt
vom Himmel herabkommen läßt und dadurch die Erde nach
ihrem Absterben belebt, und im Wechsel der Winde sind Zeichen
für Leute, die Verstand haben. 6 Dies sind die Zeichen Gottes.
Wir verlesen sie dir der Wahrheit entsprechend. An welche
Botschaft, nachdem Gott und seine Zeichen kundgetan worden
sind, wollen sie denn sonst glauben?

58: den Koran.

1: Die Bedeutung dieser Buchstaben ist noch nicht geklärt.

7 Wehe jedem Lügner und Sünder, 8 der hört, wie ihm die
Zeichen Gottes verlesen werden, und dann hochmütig (in seinem
Unglauben) verharrt, als hätte er sie nie gehört! Verkünde ihm
eine schmerzhafte Pein. 9 Und wenn er etwas von unseren
Zeichen erfährt, nimmt er es zum Gegenstand des Spottes. Für
solche Leute ist eine schmähliche Pein bestimmt. 10 Hinterdrein
steht für sie die Hölle bereit. Und es nützt ihnen nichts, was sie
erworben und was sie sich anstelle Gottes zu Freunden genom-
men haben. Für sie ist eine gewaltige Pein bestimmt.
11 Dies ist die Rechtleitung. Für diejenigen aber, die die Zeichen
ihres Herrn verleugnen, ist eine Pein durch ein schmerzhaftes
Zorngericht bestimmt.
[50¾] *12 Gott ist es, der euch das Meer dienstbar gemacht hat, daß die
Schiffe nach seinem Befehl darauf fahren, daß ihr nach etwas von
seiner Huld strebt und daß ihr dankbar werdet. 13 Und Er hat
euch von sich aus alles dienstbar gemacht, was in den Himmeln
und was auf der Erde ist. Darin sind Zeichen für Leute, die
nachdenken.
14 Sag denen, die glauben, sie sollen denen vergeben, die nicht
erwarten, die Tage Gottes zu erleben, auf daß Er den Leuten
vergelte für das, was sie erworben haben. 15 Wer Gutes tut, tut
es zu seinem eigenen Vorteil. Und wer Böses tut, tut es zu
seinem eigenen Schaden. Zu eurem Herrn werdet ihr dann
zurückgebracht.
16 Und Wir haben den Kindern Israels das Buch, die Urteilsvoll-
macht und die Prophetie zukommen lassen und ihnen allerlei
köstliche Dinge beschert und sie bevorzugt vor den Weltenbe-
wohnern. 17 Und Wir haben ihnen in der Angelegenheit (der
Religion) deutliche Beweise zukommen lassen. Sie wurden aber
erst uneins, nachdem das Wissen zu ihnen gekommen war, dies
aus ungerechter Auflehnung untereinander. Dein Herr wird am
Tag der Auferstehung zwischen ihnen über das entscheiden,
worüber sie uneins waren. 18 Dann stellten Wir für dich eine
Richtung in der Angelegenheit (der Religion) fest. So folge ihr
und folge nicht den Neigungen derer, die nicht Bescheid wissen.
19 Sie können dir vor Gott nichts nützen. Diejenigen, die
Unrecht tun, sind untereinander Freunde. Gott aber ist der

Freund der Gottesfürchtigen. 20 Dies sind einsichtbringende Zeichen für die Menschen und eine Rechtleitung und Barmherzigkeit für Leute, die Gewißheit hegen.

21 Oder meinen diejenigen, die die Missetaten verüben, daß Wir sie denen, die glauben und die guten Werke tun, gleichstellen sowohl in ihrem Leben als in ihrem Sterben? Schlimm ist es, wie sie urteilen. 22 Gott hat die Himmel und die Erde der Wahrheit entsprechend erschaffen. Und jeder Seele soll vergolten werden für das, was sie erworben hat. Und ihnen wird nicht Unrecht getan.

23 Hast du den gesehen, der sich zu seinem Gott seine Neigung gemacht hat, den Gott aufgrund von Wissen irregeführt, dem Er das Gehör und das Herz versiegelt und auf dessen Augenlicht eine Hülle gelegt hat? Wer nach Gott könnte ihn rechtleiten? Wollt ihr es nicht bedenken?

24 Und sie sagen: »Es gibt nur unser diesseitiges Leben. Wir sterben und leben (hier), und nur die Zeit läßt uns verderben.« Sie haben doch kein Wissen darüber, sie stellen nur Mutmaßungen an. 25 Und wenn ihnen unsere Zeichen als deutliche Beweise verlesen werden, führen sie kein anderes Argument an, als nur zu sagen: »Bringt unsere Väter herbei, wenn ihr die Wahrheit sagt.« 26 Sprich: Gott macht euch lebendig und läßt euch dann sterben. Dann versammelt Er euch zum Tag der Auferstehung, an dem kein Zweifel möglich ist. Aber die meisten Menschen wissen nicht Bescheid.

27 Gott gehört die Königsherrschaft der Himmel und der Erde. Und am Tag, da die Stunde heraufkommt, an jenem Tag werden die verlieren, die (die Botschaft) für falsch erklären. 28 Und du siehst jede Gemeinschaft auf den Knien sitzen. Jede Gemeinschaft wird zu ihrem Buch gerufen: »Heute wird euch das vergolten, was ihr zu tun pflegtet. 29 Dies ist unser Buch. Es spricht die Wahrheit gegen euch aus. Wir ließen aufschreiben, was ihr zu tun pflegtet.« 30 Diejenigen, die geglaubt und die guten Werke getan haben, läßt ihr Herr in seine Barmherzigkeit eingehen. Das ist der offenkundige Erfolg. 31 Diejenigen aber, die ungläubig waren, (bekommen zu hören): »Sind euch nicht meine Zeichen immer wieder verlesen worden? Ihr aber habt

euch hochmütig verhalten und seid Leute gewesen, die Übeltäter waren. 32 Und wenn gesagt wurde: ›Das Versprechen Gottes ist wahr, und an der Stunde ist kein Zweifel möglich‹, sagtet ihr: ›Wir wissen nicht, was überhaupt die Stunde ist. Wir stellen nur Mutmaßungen an und hegen darüber keine Gewißheit.‹« 33 Und ihnen werden ihre Missetaten, die sie begangen haben, klar, und es umschließt sie das, worüber sie spotteten. 34 Und es wird gesprochen: »Heute werden Wir euch vergessen, wie ihr die Begegnung mit diesem eurem Tag vergessen habt. Eure Heimstätte ist das Feuer, und ihr habt keine Helfer. 35 Dies dafür, daß ihr die Zeichen Gottes zum Gegenstand des Spottes genommen habt und daß euch das diesseitige Leben betört hat.« Heute werden sie nicht mehr daraus herausgebracht, und es wird von ihnen keine entschuldigende Umkehr mehr angenommen.
36 Lob sei nun Gott, dem Herrn der Himmel und dem Herrn der Erde, dem Herrn der Welten! 37 Ihm gehört die Hoheit in den Himmeln und auf der Erde. Er ist der Mächtige, der Weise.

Sure 46

Die Dünen (al-Aḥqāf)

zu Mekka, 35 Verse

Im Namen Gottes, des Erbarmers, des Barmherzigen.
26. Teil 1 Ḥā Mīm*. 2 Herabsendung des Buches von Gott, dem Mächti-
[51] gen, dem Weisen. 3 Wir haben die Himmel und die Erde und das,
was dazwischen ist, nur in Wahrheit und auf eine festgesetzte
Frist erschaffen. Aber diejenigen, die ungläubig sind, wenden
sich von der Warnung, die sie erhielten, ab. 4 Sprich: Was meint
ihr von dem, was ihr anstelle Gottes anruft? Zeigt mir, was sie
von der Erde erschaffen haben. Oder haben sie etwa einen Anteil

1: Die Bedeutung dieser Buchstaben ist noch nicht geklärt.

an den Himmeln? Bringt mir doch ein Buch her, das vor diesem wäre, oder auch nur eine Spur von Wissen, so ihr die Wahrheit sagt. 5 Und wer ist weiter abgeirrt als der, der anstelle Gottes solche anruft, die ihn bis zum Tag der Auferstehung nicht erhören, ihr* Rufen nicht beachten 6 und, wenn die Menschen versammelt werden, ihnen feind sind und ihre Verehrung verleugnen?

7 Und wenn ihnen unsere Zeichen als deutliche Beweise verlesen werden, sagen diejenigen, die ungläubig sind, von der Wahrheit, als sie zu ihnen kam: »Das ist offenkundige Zauberei.« 8 Oder sagen sie wohl: »Er hat ihn erdichtet«? Sprich: Wenn ich ihn erdichtet habe, dann könnt ihr mir vor Gott keinen Nutzen bringen. Er weiß besser, womit ihr euch ausgiebig beschäftigt. Er genügt als Zeuge zwischen mir und euch. Und Er ist der, der voller Vergebung und barmherzig ist. 9 Sprich: Ich bin keine Neuerscheinung unter den Gesandten. Und ich weiß nicht, was mit mir, und auch nicht, was mit euch geschehen wird. Ich folge nur dem, was mir offenbart wird. Und ich bin nur ein deutlicher Warner. 10 Sprich: Was meint ihr, wenn er* doch von Gott stammt und ihr ihn aber verleugnet, während ein Zeuge von den Kindern Israels etwas bezeugt, was ihm gleich ist, und nunmehr an ihn glaubt, während ihr euch hochmütig zeigt? Gott leitet die ungerechten Leute nicht recht. 11 Und diejenigen, die ungläubig sind, sagen von denen, die glauben: »Wäre er etwas Gutes, hätten sie ihn nicht vor uns erlangt.« Und da sie sich nicht durch ihn rechtleiten lassen, werden sie ja sagen: »Das ist eine alte Lüge.« 12 Und ihm ging das Buch des Mose als Vorbild und Barmherzigkeit voraus. Und dies ist ein Buch zur Bestätigung in arabischer Sprache, um diejenigen, die Unrecht tun, zu warnen, und als Botschaft für die Rechtschaffenen.

13 Diejenigen, die sagen: »Unser Herr ist Gott«, und sich dann recht verhalten, haben nichts zu befürchten, und sie werden nicht traurig sein. 14 Das sind die Gefährten des Paradieses; darin werden sie ewig weilen als Lohn für das, was sie zu tun pflegten.

5: das Rufen der Götzendiener.
10: der Koran.

15 Und Wir haben dem Menschen aufgetragen, seine Eltern gut
zu behandeln. Seine Mutter hat ihn unter widrigen Umständen
getragen und unter widrigen Umständen geboren. Die Zeit von
der Schwangerschaft bis zur Entwöhnung beträgt dreißig
Monate. Wenn er dann seine Vollkraft erreicht hat und (auch)
das Alter von vierzig Jahren erreicht hat, sagt er: »Mein Herr,
gib mir ein, für deine Gnade zu danken, mit der Du mich und
meine Eltern begnadet hast, und etwas Gutes zu tun, was Dir
wohlgefällt. Und schenke mir Gutes in meiner Nachkommen-
schaft. Ich wende mich Dir zu, und ich gehöre zu denen, die sich
(Dir) ergeben.« 16 Das sind die, von denen Wir das Beste von
dem, was sie getan haben, annehmen und deren Missetaten Wir
übergehen, unter den Gefährten des Paradieses. Dies ist das
wahrhaftige Versprechen, das ihnen immer wieder gegeben
wurde. 17 Und der, der zu seinen Eltern sagt: »Pfui über euch!
Wollt ihr denn mir versprechen, ich würde hervorgebracht wer-
den, wo vor mir Generationen dahingegangen sind?« ... Sie aber
bitten Gott um Hilfe: »Wehe dir, glaube doch. Das Versprechen
Gottes ist wahr.« Da sagt er: »Das sind nichts als die Fabeln der
Früheren.« 18 Das sind die, gegen die der Spruch fällig wird, wie
gegen Gemeinschaften von Djinn und Menschen, die vor ihnen
dahingegangen sind. Sie sind ja die Verlierer.
19 Für alle sind Rangstufen bestimmt für das, was sie getan
haben, und dies, damit Er ihnen ihre Taten voll erstatte. Und
ihnen wird nicht Unrecht getan. 20 Und am Tag, da diejenigen,
die ungläubig sind, dem Feuer vorgeführt werden: »Ihr habt eure
köstlichen Dinge im diesseitigen Leben aufgezehrt und genossen.
Heute wird euch mit der schmählichen Pein vergolten dafür, daß
ihr euch auf der Erde immer wieder zu Unrecht hochmütig
verhalten und daß ihr immer wieder gefrevelt habt.«
[51¼] *21 Und gedenke des Bruders der ʿĀd*, als er bei den Dünen sein
Volk warnte – Warner gab es vor ihm und nach ihm –: »Ihr
sollt Gott allein dienen. Ich fürchte für euch die Pein eines
gewaltigen Tages.« 22 Sie sagten: »Bist du gekommen, um uns
von unseren Göttern abzuwenden? Bring uns doch her, was du

21–26: zu Hūd und den ʿĀd vgl. 7,65–72.

uns androhst, so du zu denen gehörst, die die Wahrheit sagen.«
23 Er sagte: »Nur Gott weiß darüber Bescheid. Ich aber richte euch das aus, womit ich gesandt worden bin. Aber ich sehe, daß ihr Leute seid, die töricht sind.« 24 Als sie es* als heraufziehende Wolke sahen, die sich ihren Tälern näherte, sagten sie: »Das ist eine heraufziehende Wolke, die uns Regen bringt.« – »Nein, vielmehr ist das, was ihr zu beschleunigen gewünscht habt, ein Wind, der eine schmerzhafte Pein birgt, 25 der auf den Befehl seines Herrn alles zerstört.« Am Morgen waren sie so, daß man nur noch ihre Wohnungen sah. So vergelten Wir den Leuten, die Übeltäter sind. 26 Und Wir hatten ihnen doch eine angesehene Stellung verliehen, die Wir euch nicht verliehen haben. Und Wir haben ihnen Gehör, Augenlicht und Herz gegeben. Aber ihr Gehör, ihr Augenlicht und ihr Herz nützten ihnen nichts, da sie die Zeichen Gottes verleugneten. Und es umschloß sie, worüber sie spotteten. 27 Und Wir haben die Städte rings um euch auch verderben lassen. Und Wir haben verschiedene Zeichen dargelegt, auf daß sie umkehren. 28 Hätten ihnen doch diejenigen Unterstützung geleistet, die sie sich anstelle Gottes zu Göttern nahmen, (angeblich) um sich Zutritt in seine Nähe zu verschaffen! Nein, sie sind ihnen entschwunden. Das ist ihre Lüge und das, was sie zu erdichten pflegten.

29 Und als Wir eine Schar Djinn veranlaßten, sich dir zuzuwenden und dem Koran zuzuhören. Als sie eingetroffen waren, sagten sie: »Schweigt und hört zu.« Als er* zu Ende war, kehrten sie zu ihrem Volk zurück, um sie zu warnen. 30 Sie sagten: »O unser Volk, wir haben ein Buch gehört, das nach Mose herabgesandt wurde, zu bestätigen, was vor ihm vorhanden war, und das zur Wahrheit führt und zu einem geraden Weg. 31 O unser Volk, hört auf den Rufer Gottes und glaubt an ihn, so vergibt Er euch etwas von euren Sünden und schützt euch vor einer schmerzhaften Pein. 32 Wer auf den Rufer Gottes nicht hört, kann doch (seinen Willen) auf der Erde nicht vereiteln, und er hat

24: das Strafgericht.
29: der Vortrag des Korans.

außer Ihm keine Freunde. Solche befinden sich in einem offen-
kundigen Irrtum.
33 Haben sie denn nicht gesehen, daß Gott, der die Himmel und
die Erde erschaffen hat und bei ihrer Erschaffung nicht überfor-
dert war, auch die Macht hat, die Toten wieder lebendig zu
machen? Ja, Er hat Macht zu allen Dingen. 34 Und am Tag, da
diejenigen, die ungläubig sind, dem Feuer vorgeführt werden:
»Ist dies nicht die Wahrheit?« Sie sagen: »Doch, bei unserem
Herrn!« Er spricht: »Dann kostet die Pein dafür, daß ihr ungläu-
big waret.«
35 Sei nun geduldig, wie diejenigen unter den Gesandten, die
Entschlossenheit besaßen, geduldig waren. Und wünsche nichts
gegen sie zu beschleunigen. Am Tag, da sie sehen, was ihnen
angedroht wird, wird ihnen sein, als hätten sie nur eine Stunde
vom Tag verweilt. Hiermit wird die Botschaft ausgerichtet. Wird
denn jemand anderes ins Verderben gestürzt als die frevlerischen
Leute?

Sure 47

Muḥammad

zu Medina, 38 Verse

Im Namen Gottes, des Erbarmers, des Barmherzigen.
1 Denen, die ungläubig sind und vom Weg Gottes abweisen, läßt
Er ihre Werke fehlgehen. 2 Denen aber, die glauben und die
guten Werke tun und an das glauben, was auf Muḥammad
herabgesandt worden ist – es ist ja die Wahrheit von ihrem
Herrn –, denen sühnt Er ihre Missetaten und bringt ihre
Angelegenheiten in Ordnung. 3 Dies, weil die, die ungläubig
sind, dem Falschen folgen, und die, die glauben, der Wahrheit
von ihrem Herrn folgen. Auf diese Weise legt Gott den Men-
schen ihren Zustand in Gleichnissen dar.

4 Wenn ihr auf die, die ungläubig sind, trefft, dann schlagt
(ihnen) auf die Nacken. Wenn ihr sie schließlich schwer nieder-
gekämpft habt, dann schnürt (ihnen) die Fesseln fest. Danach gilt
es, sie aus Gnade oder gegen Lösegeld zu entlassen. (Handelt so),
bis der Krieg seine Waffenlasten ablegt. So ist es. Und wenn Gott
wollte, würde Er sie selbst strafen. Aber Er möchte die einen von
euch durch die anderen prüfen. Denen, die auf dem Weg Gottes
getötet werden, läßt Er ihre Werke niemals fehlgehen. 5 Er wird
sie rechtleiten und ihre Angelegenheiten in Ordnung bringen,
6 sie ins Paradies eingehen lassen, das Er ihnen zu erkennen
gegeben hat.

7 O ihr, die ihr glaubt, wenn ihr Gott unterstützt, unterstützt Er
euch und festigt eure Schritte*. 8 Was aber diejenigen betrifft,
die ungläubig sind, so wehe ihnen! Und Er wird ihre Werke
fehlgehen lassen. 9 Dies, weil sie verabscheuen, was Gott herab-
gesandt hat. So macht Er ihre Werke wertlos. *10 Sind sie denn [51½]
nicht auf der Erde umhergezogen und haben geschaut, wie das
Ende derer war, die vor ihnen lebten? Gott hat über sie Zerstö-
rung gebracht. Den Ungläubigen wird etwas Ähnliches widerfah-
ren. 11 Dies, weil Gott der Schutzherr derer ist, die glauben, und
weil die Ungläubigen keinen Schutzherrn haben.

12 Gott läßt diejenigen, die glauben und die guten Werke tun, in
Gärten eingehen, unter denen Bäche fließen. Diejenigen aber, die
ungläubig sind, genießen und essen, wie das Vieh frißt; das Feuer
ist ihre Bleibe.

13 Und wie manche Stadt, die eine stärkere Kraft hatte als deine
Stadt, die dich vertrieben hat, haben Wir verderben lassen; und
sie hatten keine Helfer.

14 Ist denn der, der einen deutlichen Beweis von seinem Herrn
hat, denen gleich, denen ihr böses Tun verlockend gemacht wird
und die ihren Neigungen folgen? 15 Mit dem Paradies, das den
Gottesfürchtigen versprochen ist, ist es wie folgt: Darin sind
Bäche mit Wasser, das nicht faul ist, und Bäche mit Milch, deren
Geschmack sich nicht ändert, und Bäche mit Wein, der genußvoll
ist für die, die davon trinken, und Bäche mit gefiltertem Honig.

7: Wörtlich: eure Füße.

Und sie haben darin allerlei Früchte und Vergebung von ihrem Herrn. (Sind diese etwa) denen gleich, die im Feuer ewig weilen und heißes Wasser zu trinken bekommen, das ihre Eingeweide zerreißt?

16 Und unter ihnen gibt es welche, die dir zuhören. Wenn sie aber dann von dir weggehen, sagen sie zu denen, denen das Wissen zugekommen ist: »Was hat er soeben gesagt?« Das sind die, deren Herzen Gott versiegelt hat und die ihren Neigungen folgen. 17 Und diejenigen, die der Rechtleitung folgen, läßt Er in der Rechtleitung zunehmen, und Er verleiht ihnen ihre Gottesfurcht. 18 Erwarten sie denn etwas anderes, als daß die Stunde plötzlich über sie kommt? Ihre Voraussetzungen sind bereits eingetroffen. Wenn sie über sie kommt, was nützt ihnen dann noch ihre Ermahnung? 19 Wisse nun, daß es keinen Gott gibt außer Gott. Und bitte um Vergebung für deine Sünde und für die gläubigen Männer und die gläubigen Frauen. Gott weiß, wo ihr umherzieht und wo ihr bleibt.

20 Und diejenigen, die glauben, sagen: »Wäre doch eine Sure herabgesandt worden!« Wenn aber eine eindeutige Sure herabgesandt wird und darin vom Kampf die Rede ist, siehst du diejenigen, in deren Herzen Krankheit ist, zu dir schauen, wie einer schaut, der vor dem Tod ohnmächtig wird. Recht geschieht ihnen. 21 Gehorchen (sollen sie) und geziemende Worte sagen. Wenn die Sache beschlossen ist, dann wäre es besser für sie, sie würden Gott gegenüber aufrichtig sein. 22 Ob ihr wohl, wenn ihr euch abkehrt, auf der Erde Unheil stiftet und die Verwandtschaftsbande zerreißt? 23 Das sind die, die Gott verflucht: Er macht sie somit taub und läßt ihr Augenlicht erblinden. 24 Betrachten sie denn nicht sorgfältig den Koran? Oder sind an ihren Herzen Verriegelungen* angebracht?

25 Denen, die den Rücken kehren, nachdem ihnen die Rechtleitung deutlich geworden ist, hat der Satan etwas eingeredet und Hoffnung auf Aufschub gemacht*. 26 Dies, weil sie zu denen, die

24: Wörtlich: Oder sind an Herzen deren Verriegelungen?

25: Wörtlich: und Aufschub gewährt. Einige Kommentatoren deuten diesen Halbsatz wie folgt: Und Er (Gott) gewährt ihnen Aufschub.

verabscheuen, was Gott herabgesandt hat, sagen: »Wir werden
euch in einigen Angelegenheiten gehorchen.« Aber Gott weiß,
was sie im geheimen reden. 27 Wie wird es wohl sein, wenn die
Engel sie abberufen und sie dabei ins Gesicht und auf den Rücken
schlagen? 28 Dies, weil sie dem folgen, was Gott erzürnt, und
sein Wohlgefallen verabscheuen. So macht Er ihre Werke
wertlos.
29 Oder meinen diejenigen, in deren Herzen Krankheit ist, Gott
würde ihren Groll nicht ans Licht bringen? 30 Und wenn Wir
wollten, würden Wir sie dir zeigen, so daß du sie an ihrem
Merkmal erkennst. Und du wirst sie bestimmt an ihrer falschen
Art zu sprechen erkennen. Und Gott weiß über eure Werke
Bescheid. 31 Und Wir werden euch bestimmt prüfen, bis Wir
feststellen, welche von euch sich einsetzen und standhaft sind,
und bis Wir die Berichte über euch prüfen. 32 Diejenigen, die
ungläubig sind, vom Weg Gottes abweisen und sich dem Gesand-
ten widersetzen, nachdem ihnen die Rechtleitung deutlich
geworden ist, können Gott nichts schaden. Und Er wird ihre
Werke wertlos machen.
33 O ihr, die ihr glaubt, gehorcht Gott und gehorcht dem
Gesandten und laßt eure Werke nicht fehlgehen. *34 Denen, die [51¾]
ungläubig sind und vom Weg Gottes abweisen und dann als
Ungläubige sterben, wird Gott niemals vergeben. 35 So erlahmt
nicht und ruft nicht zum Frieden, wo ihr die Oberhand haben
werdet. Und Gott ist mit euch, und Er wird euch eure Werke
niemals schmälern. 36 Das diesseitige Leben ist nur Spiel und
Zerstreuung. Wenn ihr glaubt und gottesfürchtig seid, läßt Er
euch euren Lohn zukommen und verlangt von euch nicht euer
Vermögen. 37 Würde Er es von euch verlangen und euch
drängen, ihr würdet damit geizen, und Er würde euren Groll ans
Licht bringen. 38 Siehe, ihr werdet aufgerufen, auf dem Weg
Gottes zu spenden. Jedoch gibt es unter euch welche, die sich
geizig zeigen. Wer sich aber geizig zeigt, ist geizig gegen sich
selbst. Gott ist der, der auf niemanden angewiesen ist, ihr aber
seid die Armen. Wenn ihr euch abkehrt, nimmt Er an eurer
Stelle ein anderes Volk, und sie werden dann nicht so sein wie
ihr.

Sure 48

Der Erfolg (al-Fatḥ)

zu Medina, 29 Verse

Im Namen Gottes, des Erbarmers, des Barmherzigen.
1 Wir haben dir einen offenkundigen Erfolg* verliehen, 2 damit
Gott dir deine Sünden vergebe, die früheren und die späteren,
und damit Er seine Gnade an dir vollende und dich einen geraden
Weg führe, 3 und damit Gott dich mit einem mächtigen Beistand
unterstütze. 4 Er ist es, der die Ruhe spendende Gegenwart* in
die Herzen der Gläubigen herabgesandt hat, daß sie in ihrem
Glauben noch an Glauben zunehmen. Und Gott gehören die
Heerscharen der Himmel und der Erde. Und Gott weiß Bescheid
und ist weise. 5 Dies, damit Er die gläubigen Männer und die
gläubigen Frauen in Gärten eingehen lasse, unter denen Bäche
fließen – darin werden sie ewig weilen – und ihnen ihre
Missetaten sühne. Und das ist bei Gott ein großartiger Erfolg.
6 Und damit Er die Heuchler, Männer und Frauen, und die Polytheisten, Männer und Frauen, peinige, die von Gott eine
schlechte Meinung haben. Über sie kommt die böse Schicksalswendung. Gott zürnt ihnen, verflucht sie und bereitet ihnen die
Hölle – welch schlimmes Ende! 7 Und Gott gehören die
Heerscharen der Himmel und der Erde. Und Gott ist mächtig und
weise.
8 Wir haben dich als Zeugen, als Freudenboten und als Warner
gesandt, 9 damit ihr an Gott und seinen Gesandten glaubt, ihm
beisteht und ihn ehrt, und (damit ihr) Ihn preist morgens und
abends. 10 Diejenigen, die dir Treue geloben, geloben Gott
Treue. Gottes Hand liegt über ihren Händen. Wer nun (sein
Wort) bricht, bricht es zu seinem eigenen Schaden. Und wer das

1: Vielleicht der Sieg bei Badr (624) oder, wie die muslimischen Autoren meinen, der diplomatische Erfolg beim Friedensabkommen in Ḥudaybiya (628).

4: Gottes Gegenwart und Beistand.

erfüllt, wozu er sich Gott gegenüber verpflichtet hat, dem läßt Er einen großartigen Lohn zukommen.

11 Die Zurückgelassenen unter den arabischen Beduinen werden zu dir sagen: »Unser Vermögen und unsere Angehörigen haben uns zu sehr in Anspruch genommen. So bitte für uns um Vergebung.« Sie sagen mit ihrer Zunge, was nicht in ihrem Herzen ist. Sprich: Wer kann für euch vor Gott überhaupt etwas bewirken, wenn Er euch schaden will oder wenn Er euch nützen
will? Nein, Gott hat Kenntnis von dem, was ihr tut. 12 Nein, ihr
meintet, daß der Gesandte und die Gläubigen nie mehr zu ihren Angehörigen heimkehren würden, und das ist euch in euren Herzen verlockend gemacht worden. Und ihr hattet eine schlechte Meinung und waret ein verlorenes Volk.

13 Und wenn einer an Gott und seinen Gesandten nicht glaubt,
so haben Wir für die Ungläubigen einen Feuerbrand bereitet. 14
Und Gott gehört die Königsherrschaft der Himmel und der Erde. Er vergibt, wem Er will, und Er peinigt, wen Er will. Und Gott ist voller Vergebung und barmherzig.

15 Die Zurückgelassenen werden, wenn ihr auszieht, um Beute zu machen, sagen: »Laßt uns euch folgen.« Sie möchten gern die Worte Gottes abändern. Sprich: »Ihr dürft uns nicht folgen. So hat Gott schon vorher gesprochen.« Sie werden sagen: »Nein, aber ihr hegt Neid uns gegenüber.« Nein, sie begreifen ja nur
wenig. 16 Sprich zu den Zurückgelassenen unter den arabischen
Beduinen: »Ihr werdet dazu aufgerufen, gegen Leute, die eine starke Schlagkraft besitzen, zu kämpfen, es sei denn, sie ergeben sich. Wenn ihr gehorcht, läßt Gott euch einen schönen Lohn zukommen. Wenn ihr euch aber abkehrt, wie ihr euch vorher abgekehrt habt, dann peinigt Er euch mit einer schmerzhaften
Pein.« 17 Es gibt keinen Grund zur Bedrängnis für den Blinden;
es gibt keinen Grund zur Bedrängnis für den Krüppel; es gibt keinen Grund zur Bedrängnis für den Kranken*. Wer Gott und seinem Gesandten gehorcht, den läßt Er in Gärten eingehen, unter denen Bäche fließen. Und wer sich abkehrt, den peinigt Er mit einer schmerzhaften Pein.

17: wenn sie am Kampf nicht teilnehmen.

[52] *18 Gott hat an den Gläubigen Wohlgefallen gefunden, als sie dir
unter dem Baum* Treue gelobten. Da wußte Er, was in ihren
Herzen war, und Er sandte die Ruhe spendende Gegenwart* auf
sie herab und schenkte ihnen als Lohn einen nahen Erfolg* 19
und viel Beute, die sie nehmen würden. Und Gott ist mächtig
und weise. 20 Gott hat euch versprochen, daß ihr viel Beute
machen würdet. So hat Er euch erst diese eilig zufallen lassen
und die Hände der Menschen von euch zurückgehalten. Dies,
damit es ein Zeichen für die Gläubigen sei und Er euch einen
geraden Weg führe. 21 Auch eine andere (Beute), die ihr nicht zu
erreichen vermochtet, hat Gott schon umfangen. Gott hat Macht
zu allen Dingen. 22 Und hätten diejenigen, die ungläubig sind,
gegen euch gekämpft, sie hätten den Rücken gekehrt. Und dann
finden sie weder Freund noch Helfer. 23 So war das beispielhafte
Verfahren Gottes, das früher angewandt wurde. Und du wirst im
Verfahren Gottes keine Veränderung finden. 24 Und Er ist es,
der im Tal von Mekka ihre Hände von euch und eure Hände von
ihnen zurückgehalten hat, nachdem Er euch den Sieg über sie
verliehen hatte. Und Gott sieht wohl, was ihr tut. 25 Sie sind es,
die ungläubig sind und euch von der heiligen Moschee abgewie-
sen und verhindert haben, daß die Opfertiere ihren Schlachtort
erreichen. Und hätte es nicht gläubige Männer und gläubige
Frauen gegeben*, die ihr nicht kanntet, derentwegen aber euch
verwehrt wurde, sie niederzutreten und dadurch unwissentlich
ihretwegen Schuld auf euch zu laden ... Dies, damit Gott in seine
Barmherzigkeit eingehen läßt, wen Er will. Wenn diese sich
abgesetzt hätten, hätten Wir diejenigen von ihnen, die ungläubig
sind, mit einer schmerzhaften Pein gepeinigt. 26 Als diejenigen,
die ungläubig sind, in ihren Herzen den Verbandsgeist entfach-
ten – den Verbandsgeist der Zeit der Unwissenheit –, worauf
Gott seine Ruhe spendende Gegenwart auf seinen Gesandten und
auf die Gläubigen herabsandte und sie auf das Wort der Gottes-

18: in Ḥudaybiya. – Gegenwart: siehe 48,2. – Es geht hier wohl um den erfolgreichen Feldzug gegen die Stadt Khaybar, der nach Ḥudaybiya unternommen wurde (628).

25: und zwar in Mekka.

furcht verpflichtete. Sie hatten ja eher den berechtigten Anspruch darauf und waren seiner würdig. Und Gott weiß über alle Dinge Bescheid.
27 Gott hat seinem Gesandten das Traumgesicht der Wahrheit entsprechend wahr gemacht: Ihr werdet gewiß, wenn Gott will, die heilige Moschee betreten in Sicherheit, sowohl mit geschorenem Kopf als auch mit gestutztem Haar, und ohne Angst zu haben. Und Er wußte, was ihr nicht wißt, und Er bestimmte (für euch) außerdem einen nahen Erfolg. 28 Er ist es, der seinen Gesandten mit der Rechtleitung und der Religion der Wahrheit gesandt hat, um ihr die Oberhand zu verleihen über alle Religion. Und Gott genügt als Zeuge.
29 Muḥammad ist der Gesandte Gottes. Und diejenigen, die mit ihm sind, sind den Ungläubigen gegenüber heftig, gegeneinander aber barmherzig. Du siehst, wie sie sich verneigen und niederwerfen im Streben nach Gottes Huld und Wohlgefallen. Ihr Merkmal steht auf ihrem Gesicht als Spur der Niederwerfung. Das ist ihre Beschreibung in der Tora. Beschrieben werden sie im Evangelium* wie ein Saatfeld, das seine Triebe hervorbringt und stärker werden läßt, so daß sie verdicken und auf den Halmen stehen, zum Gefallen derer, die gesät haben. (Dies), damit Er die Ungläubigen durch sie in Wut versetze. Gott hat diejenigen von ihnen, die glauben und die guten Werke tun, Vergebung und großartigen Lohn versprochen.

29: Vgl. vielleicht Matthäus 13,8.31–32; Markus 4,26–27.30–32.

Sure 49

Die Gemächer (al-Ḥudjurāt)

zu Medina, 18 Verse

Im Namen Gottes, des Erbarmers, des Barmherzigen.

[52¼] 1 O ihr, die ihr glaubt, kommt nicht Gott und seinem Gesandten
zuvor und fürchtet Gott. Gott hört und weiß alles. 2 O ihr, die
ihr glaubt, erhebt nicht eure Stimme über die Stimme des
Propheten, und sprecht nicht so laut zu ihm, wie ihr laut
zueinander sprecht, damit nicht eure Werke wertlos werden,
ohne daß ihr es merkt. 3 Diejenigen, die ihre Stimme bei dem
Gesandten Gottes dämpfen, das sind die, deren Herzen Gott auf
die Gottesfurcht geprüft hat. Bestimmt ist für sie Vergebung und
großartiger Lohn. 4 Von denen, die dich rufen, während du dich
in den Gemächern aufhältst, haben die meisten keinen Verstand.
5 Würden sie sich gedulden, bis du zu ihnen herauskommst, wäre
es besser für sie. Und Gott ist voller Vergebung und barmherzig.
6 O ihr, die ihr glaubt, wenn ein Frevler mit einer Nachricht zu
euch kommt, so stellt es eindeutig fest, damit ihr nicht (einigen)
Leuten in Unwissenheit etwas antut und dann bereuen müßt,
was ihr getan habt. 7 Und wißt, daß der Gesandte Gottes unter
euch weilt. Würde er in vielen Angelegenheiten euch gehorchen,
würdet ihr in Bedrängnis geraten. Aber Gott hat euch den
Glauben lieb und in euren Herzen anziehend gemacht, und Er hat
euch den Unglauben, den Frevel und den Ungehorsam verab-
scheuen lassen. Das sind die, die den rechten Wandel zeigen.
8 Dies als Huld und Gnade von Gott. Und Gott weiß Bescheid
und ist weise.

9 Und wenn zwei Gruppen von den Gläubigen einander bekämp-
fen, so stiftet Frieden zwischen ihnen. Wenn die eine von ihnen
gegen die andere in ungerechter Weise vorgeht, dann kämpft
gegen diejenige, die in ungerechter Weise vorgeht, bis sie zum
Befehl Gottes umkehrt. Wenn sie umkehrt, dann stiftet Frieden
zwischen ihnen nach Gerechtigkeit und handelt dabei gerecht.
Gott liebt die, die gerecht handeln. 10 Die Gläubigen sind ja

Brüder. So stiftet Frieden zwischen euren beiden Brüdern und fürchtet Gott, auf daß ihr Erbarmen findet.
11 O ihr, die ihr glaubt, die einen sollen nicht die anderen verhöhnen, vielleicht sind diese eben besser als sie. Auch sollen nicht Frauen andere Frauen verhöhnen, vielleicht sind diese eben besser als sie. Und nörgelt nicht untereinander und gebt einander keine Schimpfnamen. Welch schlimmer Name, der des Frevels, nach der Annahme des Glaubens! Diejenigen, die nicht umkehren, sind die, die Unrecht tun.
12 O ihr, die ihr glaubt, meidet viel von den Mutmaßungen. Manche Mutmaßung ist Sünde. Spioniert nicht und führt nicht üble Nachrede übereinander. Möchte denn einer von euch das Fleisch seines Bruders, wenn er tot ist, essen? Es wäre euch doch zuwider. Fürchtet Gott. Gott wendet sich gnädig zu und ist barmherzig.
13 O ihr Menschen, Wir haben euch von einem männlichen und
einem weiblichen Wesen erschaffen, und Wir haben euch zu
Verbänden und Stämmen gemacht, damit ihr einander kennen-
lernt. Der Angesehenste von euch bei Gott, das ist der Gottes-
fürchtigste von euch. Gott weiß Bescheid und hat Kenntnis von
allem. *14 Die arabischen Beduinen sagen: »Wir glauben.« [52½]
Sprich: Ihr glaubt nicht (wirklich). Sagt vielmehr: Wir sind
Muslime geworden*. Der Glaube ist ja noch nicht in eure Herzen
gedrungen. Wenn ihr aber Gott und seinem Gesandten gehorcht,
verringert Er euch nichts von euren Werken. Gott ist voller
Vergebung und barmherzig. 15 Die Gläubigen, das sind diejeni-
gen, die an Gott und seinen Gesandten glauben und dann nicht
zweifeln und sich mit ihrem Vermögen und mit ihrer eigenen
Person auf dem Weg Gottes einsetzen. Das sind die Wahrhaftigen.
16 Sprich: Wollt ihr denn Gott über eure Religion belehren,
wo Gott weiß, was in den Himmeln und was auf der Erde ist?
Und Gott weiß über alle Dinge Bescheid. 17 Sie halten es für eine
Wohltat gegen dich, daß sie Muslime geworden sind. Sprich:
Haltet nicht eure Annahme des Islams für eine Wohltat gegen

14: D. h.: Wir haben uns der Gemeinschaft der Muslime angeschlossen.

mich. Nein, Gott hat euch eine Wohltat erwiesen dadurch, daß Er
euch zum Glauben geführt hat, wenn ihr wahrhaftig seid. 18
Gott kennt das Unsichtbare der Himmel und der Erde. Und Gott
sieht wohl, was ihr tut.

Sure 50

Qāf

zu Mekka, 45 Verse

Im Namen Gottes, des Erbarmers, des Barmherzigen.
1 Qāf*. Beim glorreichen Koran! 2 Aber nein, sie wundern sich
darüber, daß ein Warner aus ihrer Mitte zu ihnen kam. Da sagen
die Ungläubigen: »Das ist eine verwunderliche Sache. 3 Sollen
wir wirklich, wenn wir gestorben und zu Staub geworden
sind ...? Das ist doch eine Rückkehr von weiter Entfernung.«
4 Wir wissen wohl, was die Erde von ihnen aufzehrt. Und bei
Uns ist ein Buch, das alles aufbewahrt. 5 Aber nein, für Lüge
erklärten sie die Wahrheit, als sie zu ihnen kam, und so befinden
sie sich in einer verworrenen Lage. 6 Haben sie nicht zum
Himmel über ihnen emporgeschaut, wie Wir ihn aufgebaut und
geschmückt haben, und daß er keine Risse aufweist? 7 Auch die
Erde haben Wir ausgebreitet und auf ihr festgegründete Berge
angebracht, und Wir haben auf ihr verschiedene erfreuliche
Pflanzenarten wachsen lassen, 8 um Einsicht zu bringen und als
Ermahnung für jeden Diener, der sich (Gott) reumütig zuwen-
det. 9 Und Wir haben vom Himmel gesegnetes Wasser herab-
kommen und damit Gärten und Korn für die Ernte wachsen
lassen, 10 und Palmen, hochragend und mit übereinander gereih-
ten Blütenscheiden, 11 als Lebensunterhalt für die Diener*. Und

1: Die Bedeutung dieses Buchstabens ist noch nicht geklärt.
11: die Diener Gottes, die Menschen.

Wir haben damit abgestorbene Ortschaften wieder belebt. So erfolgt auch das Herauskommen*.
12 Der Lüge ziehen (ihre Gesandten) schon vor ihnen das Volk Noachs, die Leute des Brunnens und die Thamūd, 13 und die `Ād, Pharao und die Brüder Lots, 14 die Leute des Waldes und das Volk des Tubba`. Alle haben die Gesandten der Lüge geziehen, so ist meine Androhung zu Recht fällig geworden*.
15 Waren Wir denn mit der ersten Schöpfung überfordert? Nein, sie aber sind im unklaren über eine neue Schöpfung*. 16 Wir haben doch den Menschen erschaffen und wissen, was ihm seine Seele einflüstert. Und Wir sind ihm näher als die Halsschlagader.
17 Wenn die beiden*, die entgegenzunehmen haben, entgegennehmen, zur Rechten und zur Linken sitzend, 18 wird er kein Wort sprechen, ohne daß bei ihm ein Bewacher bereitstünde.
19 Und die Trunkenheit des Todes bringt die Wahrheit: »Das ist das, wovor du auszuweichen pflegtest.« 20 Und es wird in die Trompete geblasen. Das ist der angedrohte Tag. 21 Und jede Seele kommt, und mit ihr ein Treiber und ein Zeuge. 22 »Du hast dies unbeachtet gelassen. Nun haben Wir deine Decke von dir* weggezogen, so daß dein Augenlicht heute scharf ist.« 23 Und sein Geselle* sagt: »Das ist, was bei mir bereitliegt.« 24 – »Werft, ihr beide, in die Hölle jeden, der sehr ungläubig und widerspenstig ist, 25 das Gute verweigert, Übertretungen begeht und Zweifel hegt, 26 und der Gott einen anderen Gott zur Seite stellt. So werft ihn in die harte Pein.« *27 Sein Geselle sagt: [52¾]
»Unser Herr, ich habe ihn nicht zu übermäßigem Frevel verleitet, sondern er befand sich selbst in tiefem Irrtum.« 28 Er spricht: »Streitet euch nicht vor Mir, wo Ich euch die Androhung voraus-

11: der Toten aus der Erde, die Auferstehung.
12–14: Vgl. zu Noach 7,59–64; zu Thamūd 7,73–79; zu `Ād 7,65–72; zu Pharao 7,103–137; zu Lot 7,80–84; zu den Leuten des Waldes (Madyan) 7,85–93; zum Volk des Tubba` 44,37.
15: über die Auferstehung der Toten.
17: Engel, die über die Menschen Buch führen.
22: die Hülle vor deinen Augen.
23: der Satan, der ihn verführt; oder der Engel, der ihn bewacht.

geschickt habe. 29 Der Spruch wird bei Mir nicht abgeändert.
Und Ich tue den Dienern kein Unrecht.« 30 (Dies) am Tag, da
Wir zur Hölle sprechen: »Bist du bereits voll?«, und sie sagt:
»Gibt es noch mehr?«

31 Und das Paradies wird an die Gottesfürchtigen herangebracht,
nicht weit entfernt: 32 »Das ist, was euch versprochen worden ist
für jeden, der bereit zur Umkehr ist und sich selbst hütet, 33 der
den Erbarmer im verborgenen fürchtet und mit reumütigem
Herzen (zu Ihm) kommt. 34 Geht hinein in Frieden. Das ist der
Tag der Ewigkeit.« 35 Sie haben darin, was sie wollen. Und bei
Uns steht noch mehr.

36 Wie viele Generationen haben Wir vor ihnen verderben
lassen, die eine stärkere Gewalt besaßen als sie und in den
Ländern umherzogen! Gibt es ein Entrinnen? 37 Darin ist eine
Ermahnung für den, der Herz hat oder hinhört, während er
zugegen ist.

38 Und Wir haben die Himmel und die Erde und das, was
dazwischen ist, in sechs Tagen erschaffen. Und dabei hat Uns
keine Ermattung befallen. 39 So ertrage mit Geduld, was sie
sagen. Und singe das Lob deines Herrn vor dem Aufgang der
Sonne und vor dem Untergang, 40 und preise Ihn in der Nacht
und jeweils am Ende der Niederwerfung.

41 Und höre zu am Tag, da der Rufer aus einem nahen Ort ruft,
42 am Tag, da sie den Schrei in Wahrheit hören. Das ist der Tag
des Herauskommens*. 43 Wahrlich, Wir allein machen wieder
lebendig und lassen sterben. Und zu Uns führt der Lebensweg.
44 Am Tag, da die Erde sich vor ihnen spaltet und sie eilig
(hervorkommen), das ist ein Versammeln, das Uns ein leichtes
ist.

45 Wir wissen besser, was sie sagen. Und du bist nicht ein
Zwingherr über sie. Ermahne nur mit dem Koran die, welche
meine Drohung fürchten.

42: der Toten aus der Erde, Tag der Auferstehung der Toten.

Sure 51

Die aufwirbeln (al-Dhāriyāt)

zu Mekka, 60 Verse

Im Namen Gottes, des Erbarmers, des Barmherzigen.
1 Bei denen, die heftig aufwirbeln, 2 bei denen, die eine Last
tragen, 3 bei denen, die leicht dahinziehen, 4 bei denen, die
verschiedene Befehle ausführen, 5 siehe, was euch angedroht ist,
ist wahr, 6 und das Gericht wird eintreffen.
7 Beim Himmel voller Adern, 8 ihr haltet unterschiedliche
Reden. 9 Der wird davon abwendig gemacht, wer sich abwenden
läßt.
10 Dem Tod geweiht seien die, die nur Schätzungen anstellen, 11
die sich in abgründiger Achtlosigkeit befinden. 12 Sie fragen:
»Wann wird denn der Tag des Gerichtes sein?« 13 – »Am Tag,
da sie im Feuer geprüft werden. 14 Kostet nun eure Prüfung. Das
ist es, was ihr zu beschleunigen wünschtet.« 15 Die Gottesfürch-
tigen aber werden in Gärten und an Quellen sein, 16 sie nehmen,
was ihr Herr ihnen zukommen läßt. Sie waren ja vordem recht-
schaffen. 17 Nur ein wenig schliefen sie in der Nacht, 18 und in
der Morgendämmerung baten sie um Vergebung, 19 und sie
räumten dem Bettler und dem Unbemittelten ein Recht auf ihr
Vermögen ein.
20 Und auf der Erde gibt es Zeichen für die, die Gewißheit hegen,
21 und auch in euch selbst. Wollt ihr denn nicht sehen? 22 Und
im Himmel ist euer Lebensunterhalt und das, was euch verspro-
chen wird. 23 Beim Herrn des Himmels und der Erde, das ist so
wahr, wie ihr reden könnt.
24 Ist denn die Geschichte von den geehrten Gästen Abrahams zu
dir gelangt? 25 Als sie bei ihm eintraten und sagten: »Friede!« Er
sagte: »Friede! Lauter unbekannte Leute.« 26 Er schlich sich zu
seinen Angehörigen. Er brachte ein (gebratenes) Mastkalb herbei
27 und setzte es ihnen vor. Er sagte: »Wollt ihr nicht essen?« 28
Er empfand Angst vor ihnen. Sie sagten: »Hab keine Angst.«
Und sie verkündeten ihm einen klugen Knaben. 29 Da kam seine

Frau schreiend herbei. Sie schlug sich ins Gesicht und sagte:
»Eine unfruchtbare alte Frau!« 30 Sie sagten: »So hat dein Herr
27. Teil gesprochen. Er ist der, der weise ist und Bescheid weiß.« *31 Er
[53] sagte: »Was ist euer Anliegen, ihr Boten?« 32 Sie sagten: »Wir
sind gesandt zu Leuten, die Übeltäter sind, 33 um über sie Steine
aus Ton niederkommen zu lassen, 34 die bei deinem Herrn
gekennzeichnet sind für die Maßlosen.« 35 Und Wir brachten
die, die in ihr gläubig waren, hinaus. 36 Aber Wir fanden in ihr
nur ein (einziges) Haus von Gottergebenen. 37 Und Wir hinter-
ließen in ihr ein Zeichen für diejenigen, die die schmerzhafte
Pein fürchten.

38 (Ein Zeichen ist) auch in Mose*, als Wir ihn mit einer
offenkundigen Ermächtigung zu Pharao sandten. 39 Der kehrte
sich ab samt seiner Streitmacht und sagte: »Ein Zauberer oder
ein Besessener.« 40 Da ergriffen Wir ihn und seine Truppen und
warfen sie ins Meer. Er hatte sich Tadel zugezogen. 41 Und auch
in den `Ād*, als Wir über sie den lebensfeindlichen Wind sand-
ten, 42 der nichts von allem, worüber er kam, übrigließ, ohne es
werden zu lassen wie etwas, was auseinanderfällt. 43 Und auch in
den Thamūd*, als zu ihnen gesprochen wurde: »Genießt für eine
Weile.« 44 Sie rebellierten gegen den Befehl ihres Herrn. Da
ergriff sie der Donnerschlag, während sie hinschauten, 45 und sie
konnten sich nicht mehr aufrichten und erfuhren keine Unter-
stützung mehr. 46 (Verderben ließen Wir) früher auch das Volk
Noachs*. Das waren frevlerische Leute.

47 Und den Himmel haben Wir mit Kraft aufgebaut. Und Wir
verfügen über breite Möglichkeiten. 48 Und die Erde haben Wir
ausgebreitet. Wie trefflich haben Wir sie geebnet! 49 Und von
allem haben Wir ein Paar erschaffen, auf daß ihr es bedenket. 50
Flüchtet nun zu Gott. Ich bin euch von Ihm ein deutlicher
Warner. 51 Und setzt nicht Gott einen anderen Gott zur Seite.
Ich bin euch von Ihm ein deutlicher Warner. 52 So ist auch zu

38–40: Vgl. 7,103–137.
41–42: Vgl. 7,65–72.
43–45: Vgl. 7,73–79.
46: Vgl. 7,59–64.

denen, die vor ihnen lebten, kein Gesandter gekommen, ohne
daß sie gesagt hätten: »Ein Zauberer oder ein Besessener.« 53
Haben sie es denn einander (als Vermächtnis) aufgetragen? Nein,
sie sind Leute, die ein Übermaß an Frevel zeigen. 54 So kehre
dich von ihnen ab. Du ziehst dir damit keinen Tadel zu. 55 Und
ermahne, denn die Ermahnung nützt den Gläubigen.
56 Und Ich habe die Djinn und die Menschen nur dazu erschaf-
fen, daß sie Mir dienen. 57 Ich will von ihnen keinen Unterhalt,
und Ich will nicht, daß sie Mir zu essen geben. 58 Gott ist es, der
Unterhalt beschert und Kraft und Festigkeit besitzt. 59 Für
diejenigen, die Unrecht tun, ist ein Los bestimmt wie das Los
ihrer Gefährten. So sollen sie Mich nicht um Beschleunigung*
bitten. 60 Wehe denen, die ungläubig sind, vor ihrem Tag, der
ihnen angedroht ist!

Sure 52

Der Berg (al-Ṭūr)

zu Mekka, 49 Verse

Im Namen Gottes, des Erbarmers, des Barmherzigen.
1 Beim Berg*; 2 bei einem Buch, das zeilenweise niedergeschrie-
ben ist 3 auf ausgebreitetem Pergament; 4 bei dem (zur Pilger-
zeit) besuchten Haus* 5 und bei der hochgezogenen Decke, 6 und
beim angefüllten Meer! 7 Die Pein deines Herrn wird eintreffen.
8 Es gibt niemanden, der sie abwehren könnte.
9 Am Tag, da der Himmel in heftiges Schwanken gerät 10 und
die Berge sich fortbewegen, 11 wehe an jenem Tag denen, die (die

59: des Strafgerichtes.

1: Sinai.
4: der Kaʿba.

Botschaft) für Lüge erklären, 12 die in ausschweifenden Reden
ihr Spiel treiben! 13 Am Tag, da sie unerbittlich ins Feuer der
Hölle gestoßen werden: 14 »Das ist das Feuer, das ihr immer
wieder für Lüge erklärt habt. 15 Ist dies nun Zauberei, oder
könnt ihr nicht sehen? 16 Ihr sollt darin brennen. Es ist für euch
gleich, ob ihr es geduldig ertragt oder nicht. Euch wird das
vergolten, was ihr zu tun pflegtet.« 17 Die Gottesfürchtigen
befinden sich in Gärten und Wonne. 18 Sie empfinden Wohlbe-
hagen an dem, was ihnen ihr Herr zukommen läßt. Und ihr Herr
bewahrt sie vor der Pein der Hölle. 19 »Eßt und trinkt zu eurem
Wohl für das, was ihr zu tun pflegtet.« 20 Sie lehnen sich auf
gereihten Betten. Und Wir vermählen sie mit großäugigen Ḥūrī.
21 Und zu denen, die glauben und denen ihre Nachkommen-
schaft im Glauben folgt, lassen Wir ihre Nachkommenschaft
stoßen. Und Wir verringern ihnen nichts von ihren Werken. Ein
jeder haftet für das, was er erworben hat. 22 Und Wir versorgen
sie mit Früchten und Fleisch von dem, was sie begehren. 23
Darin* greifen sie untereinander nach einem Becher, der nicht zu
unbedachter Rede verleitet* und in dem nichts Sündhaftes steckt.
[53¼] *24 Und unter ihnen machen die Runde Jünglinge, die zu ihnen
gehören, als wären sie wohlverwahrte Perlen. 25 Und sie treten
aneinander heran und fragen sich gegenseitig. 26 Sie sagen:
»Früher waren wir inmitten unserer Angehörigen erschrocken.
27 Da erwies Gott uns eine Wohltat und bewahrte uns vor der
Pein des glühenden Windes. 28 Früher pflegten wir Ihn anzuru-
fen. Er ist der, der gütig und barmherzig ist.«

29 Ermahne nun; du bist dank der Gnade deines Herrn weder ein
Wahrsager noch ein Besessener. 30 Oder sagen sie etwa: »Ein
Dichter. Wir warten ab, was für ein Unheil das Schicksal ihm
bringen wird«? 31 Sprich: Wartet ab, ich gehöre mit euch zu
denen, die abwarten. 32 Oder befiehlt ihnen etwa ihr Verstand
dies, oder sind sie vielmehr Leute, die ein Übermaß an Frevel
zeigen? 33 Oder sagen sie: »Er hat ihn sich selbst in den Mund
gelegt«? Nein, vielmehr glauben sie nicht. 34 Sie sollen doch eine
Botschaft gleicher Art beibringen, so sie die Wahrheit sagen.

23: Im Paradies. – da er nicht betrunken macht.

35 Oder sind sie aus etwas anderem erschaffen worden, oder sind
sie gar selbst die Schöpfer? 36 Oder haben sie etwa die Himmel
und die Erde erschaffen? Nein, vielmehr hegen sie keine Gewiß-
heit. 37 Oder besitzen sie etwa die Vorratskammern deines
Herrn, oder sind sie es, die alles fest in der Hand haben? 38 Oder
haben sie eine Leiter, auf der sie (emporsteigen und) lauschen
können? Dann soll doch ihr Lauscher eine offenkundige Ermäch-
tigung beibringen. 39 Oder sind für Ihn die Töchter und für euch
die Söhne bestimmt? 40 Oder verlangst du etwa einen Lohn von
ihnen, so daß sie mit Schulden belastet wären? 41 Oder liegt
ihnen das Unsichtbare vor, so daß sie (es) aufschreiben? 42 Oder
wollen sie arglistig handeln? Diejenigen, die ungläubig sind, sind
es, die der List erliegen. 43 Oder haben sie einen anderen Gott als
Gott? Preis sei Gott! (Erhaben ist Er) über das, was sie (Ihm)
beigesellen. 44 Und sähen sie ein Stück vom Himmel herabfallen,
sie würden sagen: »Eine aufgeschichtete Wolke.«
45 Laß sie nur, bis sie ihrem Tag begegnen, an dem sie vom
Donnerschlag getroffen werden, 46 dem Tag, da ihre List ihnen
nichts nützt und sie keine Unterstützung erfahren. 47 Für dieje-
nigen, die Unrecht tun, ist eine Pein außer dieser bestimmt, aber
die meisten von ihnen wissen nicht Bescheid. 48 Sei geduldig, bis
dein Herr sein Urteil fällt. Du stehst vor unseren Augen. Und
sing das Lob deines Herrn, wenn du dich hinstellst*. 49 Und
preise Ihn in der Nacht und beim Schwinden der Sterne.

48: zum Gebet.

Sure 53

Der Stern (al-Nadjm)

zu Mekka, 62 Verse

Im Namen Gottes, des Erbarmers, des Barmherzigen.
1 Beim Stern, wenn er fällt! 2 Euer Gefährte* geht nicht irre und
ist nicht einem Irrtum erlegen, 3 und er redet nicht aus eigener
Neigung. 4 Es ist nichts anderes als eine Offenbarung, die
offenbart wird. 5 Belehrt hat ihn einer, der starke Kräfte hat,
6 der Macht besitzt. Er stand aufrecht da, 7 am obersten Hori-
zont. 8 Dann kam er näher und stieg nach unten, 9 so daß er
(nur) zwei Bogenlängen entfernt war oder noch näher. 10 Da
offenbarte Er seinem Diener, was Er offenbarte. 11 Sein Herz hat
nicht gelogen, was er sah. 12 Wollt ihr denn mit ihm streiten
über das, was er sieht?
13 Und er sah ihn ein anderes Mal herabkommen, 14 beim
Zyziphusbaum am Ende des Weges, 15 bei dem der Garten der
Heimstätte ist. 16 Als den Zyziphusbaum bedeckte, was (ihn)
bedeckte, 17 da wich der Blick nicht ab, und er überschritt das
Maß nicht. 18 Wahrlich, er sah etwas von den größten Zeichen
seines Herrn.
19 Habt ihr Lāt und `Uzzā* gesehen, 20 und auch Manāt*, diese
andere, die dritte? 21 Ist denn für euch das, was männlich ist, und
für Ihn das, was weiblich ist, bestimmt? 22 Das wäre dann eine
ungerechte Verteilung. 23 Das sind nur Namen, die ihr genannt
habt, ihr und eure Väter, für die Gott aber keine Ermächtigung
herabgesandt hat. Sie folgen nur Vermutungen und dem, wozu
ihre Seelen neigen, wo doch die Rechtleitung von ihrem Herrn zu

2: Muḥammad.

19: Lāt: die Göttin; `Uzzā: die Starke, die Mächtige.

20: die Schicksalsgöttin. Das waren die drei Göttinnen, die die Polytheisten in der Ka`ba verehrten, und zwar neben Allāh (Gott), den sie als Hochgott betrachteten.

ihnen gekommen ist. 24 Oder kann denn der Mensch haben, was
er wünscht? 25 Ja, Gott gehört das Jenseits und das Diesseits.
*26 Und wie manche Engel gibt es in den Himmeln, deren [53½]
Fürsprache nichts nützt, außer nachdem Gott es erlaubt hat, wem
Er will und wer sein Gefallen hat. 27 Diejenigen, die an das
Jenseits nicht glauben, geben den Engeln Namen, wie man sie
weiblichen Wesen gibt. 28 Sie haben jedoch kein Wissen dar-
über. Sie folgen nur Vermutungen. Aber die Vermutungen
nützen in bezug auf die Wahrheit nichts. 29 Wende dich nun ab
von dem, der sich von unserer Ermahnung abkehrt und nur das
diesseitige Leben will. 30 Das ist, was sie vom Wissen erreicht
haben. Dein Herr weiß besser, wer von seinem Weg abirrt, und
Er weiß besser, wer der Rechtleitung folgt.

31 Gott gehört, was in den Himmeln und was auf der Erde ist, auf
daß Er denen, die Böses tun, vergelte für das, was sie tun, und
daß Er denen, die Gutes tun, mit dem Allerbesten vergelte*. 32
Diejenigen, die die schweren Sünden und die schändlichen Taten
meiden, abgesehen von leichten Verfehlungen ... Wahrlich, dein
Herr hat eine umfassende Vergebung. Er weiß besser über euch
Bescheid, als Er euch aus der Erde entstehen ließ und als ihr
Embryos im Leib eurer Mütter waret. So erklärt nicht euch selbst
für rein. Er weiß besser, wer gottesfürchtig ist.

33 Hast du den gesehen, der sich abkehrt 34 und nur wenig gibt
und dann (auch) aufhört? 35 Hat er etwa Wissen über das
Unsichtbare, daß er (es) sehen könnte? 36 Oder wurde ihm nicht
verkündet, was da steht in den Blättern des Mose 37 und des
Abraham*, der (seine Pflichten) erfüllte? 38 (Nämlich), daß keine
lasttragende (Seele) die Last einer anderen tragen wird. 39 Daß
für den Menschen nur das bestimmt ist, wonach er strebt, 40 daß
sein Streben sichtbar werden wird 41 und daß ihm hierauf voll
dafür vergolten wird. 42 Daß das Ende des Weges zu Gott führt,
43 daß Er lachen und weinen läßt 44 und daß Er sterben läßt und
wieder lebendig macht. 45 Daß Er beide Geschlechter, das männ-

31: Oder: für das Beste ihrer Taten vergelte.

37: Hier wie im Vers 87,19 werden Abraham Blätter, d. h. eine Schrift, die nicht näher zu bestimmen ist, zugeschrieben.

liche und das weibliche, erschafft 46 aus einem Samentropfen,
wenn er sich ergießt, 47 und daß Ihm die zweite Schöpfung*
obliegt. 48 Daß Er reich macht und Besitz schenkt, 49 und daß Er
der Herr des Sirius ist. 50 Und daß Er die `Ād*, die damals lebten,
verderben ließ, 51 und auch die Thamūd*, wobei Er nichts
übrigließ, 52 und vorher das Volk Noachs* – sie waren ja Leute,
die noch mehr Unrecht taten und das Übermaß ihres Frevels noch
steigerten. 53 Und daß Er die verschwundene Stadt* stürzen ließ,
54 so daß sie bedeckte, was (sie dann) bedeckte. 55 Welche der
Wohltaten deines Herrn willst du nun bestreiten?
56 Das ist ein Warner nach Art der früheren Warner. 57 Die
nahende Stunde* steht bevor. 58 Niemand außer Gott kann sie
beheben. 59 Wundert ihr euch denn über diese Botschaft 60 und
lacht, statt zu weinen, 61 während ihr euch mit etwas anderem
beschäftigt? 62 Werft euch doch vor Gott nieder und dienet
(Ihm).

Sure 54

Der Mond (al-Qamar)

zu Mekka, 55 Verse

Im Namen Gottes, des Erbarmers, des Barmherzigen.
1 Nahegerückt ist die Stunde*, und gespalten hat sich der Mond.
2 Und wenn sie ein Zeichen sehen, wenden sie sich ab und sagen:

47: bei der Auferstehung.
50: Vgl. 7,65–72.
51: Vgl. 7,73–79.
52: Vgl. 7,59–64.
53: zu Sodom vgl. 7,80–84.
57: des Gerichtes.

1: des Gerichtes.

»Eine ständige Zauberei.« 3 Und sie erklären (es) für Lüge und
folgen ihren Neigungen. Doch jede Angelegenheit wird bestä-
tigt*. 4 Zu ihnen ist doch von den Berichten gekommen, was eine
Zurechtweisung enthält, 5 eine triftige Weisheit. Aber da nützen
die Warnungen nicht. 6 So kehre dich von ihnen ab. Am Tag, da
der Rufer zu etwas Unangenehmem ruft 7 und sie aus den
Gräbern wie ausschwärmende Heuschrecken herauskommen,
mit gesenkten Blicken, 8 den Hals nach dem Rufer gereckt, da
sagen die Ungläubigen: »Das ist ein schwerer Tag.«

*9 Schon vor ihnen hat das Volk Noachs (ihren Gesandten) der [53¾]
Lüge geziehen*. Sie ziehen unseren Diener der Lüge und sagten:
»Ein Besessener.« Und er wurde (von ihnen) zurechtgewiesen.
10 Da rief er zu seinem Herrn: »Ich bin unterlegen, so unter-
stütze Du (mich).« 11 Da öffneten Wir die Tore des Himmels
durch ein niederströmendes Wasser 12 und ließen aus der Erde
Quellen hervorbrechen. Und das Wasser traf zusammen nach
festgelegtem Befehl. 13 Und Wir trugen ihn auf einem Schiff*
mit Planken und Nägeln, 14 das vor unseren Augen dahinfuhr.
Dies als Lohn für den, der Verleugnung erfahren hatte. 15 Und
Wir ließen es als Zeichen zurück. Aber gibt es denn jemanden,
der es bedenkt? 16 Und wie waren dann meine Pein und meine
Warnungen! 17 Und Wir haben den Koran leicht zu bedenken
gemacht. Aber gibt es denn jemanden, der es bedenkt?

18 Die `Ād haben (ihren Gesandten) der Lüge geziehen*. Und
wie waren dann meine Pein und meine Warnungen! 19 Wir
sandten gegen sie an einem langwährenden unheilvollen Tag
einen eiskalten Wind, 20 der die Menschen fortriß, als wären sie
Stämme entwurzelter Palmen. 21 Wie waren dann meine Pein
und meine Warnungen! 22 Und Wir haben den Koran leicht zu
bedenken gemacht. Aber gibt es denn jemanden, der es bedenkt?

23 Die Thamūd haben die Warner der Lüge geziehen*. 24 Sie

3: Oder: hat ihren Platz – oder: ihre Zeit.

9: Vgl. 7,59–64.

13: Wörtlich: etwas.

18: Vgl. 7,65–72.

23: Vgl. 7,73–79.

sagten: »Sollen wir denn einem Menschen aus unseren Reihen, der allein dasteht, folgen? Dann befänden wir uns im Irrtum und litten an Wahnsinn.
25 Ist die Ermahnung wirklich gerade ihm aus unserer Mitte überbracht worden? Nein, vielmehr ist er ein überheblicher Lügner.«
26 Morgen werden sie zu wissen bekommen, wer der überhebliche Lügner ist.
27 Wir werden die Kamelstute schicken als Versuchung für sie. So beobachte sie und sei geduldig.
28 Und gib ihnen kund, daß das Wasser zwischen ihnen zu teilen ist. Jede Trinkzeit soll (dann abwechselnd) wahrgenommen werden.
29 Sie aber riefen ihren Gefährten her. Er griff zu und schnitt (der Kamelstute) die Flechsen durch und stach sie.
30 Wie waren dann meine Pein und meine Warnungen!
31 Wir sandten über sie einen einzigen Schrei, da waren sie plötzlich wie das dürre Zeug dessen, der Tiergehege baut.
32 Und Wir haben den Koran leicht zu bedenken gemacht. Aber gibt es denn jemanden, der es bedenkt?

33 Das Volk Lots hat die Warner der Lüge geziehen*.
34 Wir sandten einen Steinregen über sie, ausgenommen die Angehörigen Lots. Wir erretteten sie im Morgengrauen,
35 aus Gnade von Uns. So entlohnen Wir den, der dankbar ist.
36 Er hatte sie vor unserem gewaltigen Zugriff gewarnt. Aber sie bestritten die Warnungen.
37 Sie versuchten ihn in bezug auf seine Gäste zu überreden. Da wischten Wir ihre Augen aus. »Kostet nun meine Pein und meine Warnungen.«
38 Und am Morgen ereilte sie eine beständige Pein.
39 »Kostet nun meine Pein und meine Warnungen.«
40 Und Wir haben den Koran leicht zu bedenken gemacht. Aber gibt es denn jemanden, der es bedenkt?

41 Und (auch) zu den Leuten Pharaos kamen die Warnungen*.
42 Aber sie erklärten alle unsere Zeichen für Lüge. Da ergriffen Wir sie, wie ein Starker und Mächtiger ergreift.

43 Sind etwa eure Ungläubigen besser als jene? Oder habt ihr einen Freispruch in den Schriften?
44 Oder sagen sie: »Wir sind eine Schar, die siegen wird«?
45 Die Schar wird in die Flucht geschlagen werden, und sie werden den Rücken kehren.
46 Nein,

33: Vgl. 7,80–84.
41: Vgl. 7,103–137.

die Stunde* ist ihre Verabredungszeit. Und die Stunde ist noch
unheilvoller und bitterer.
47 Die Übeltäter befinden sich im Irrtum und leiden an Wahn-
sinn. 48 Am Tag, da sie auf ihren Gesichtern ins Feuer hineinge-
zerrt werden: »Kostet die Berührung des Höllenbrandes.« 49
Wir haben alle Dinge nach Maß erschaffen. 50 Und unser Befehl
ist ein einziges Wort, gleich einem schnellen Blick. 51 Und Wir
haben doch (früher) euresgleichen verderben lassen. Gibt es denn
jemanden, der es bedenkt? 52 Alles, was sie getan haben, steht in
den Schriften. 53 Alles, ob klein oder groß, ist zeilenweise
niedergeschrieben. 54 Die Rechtschaffenen werden in Gärten
und an Bächen sein, 55 auf einem wahrhaftigen Sitzplatz, bei
einem mächtigen König.

Sure 55

Der Erbarmer (al-Raḥmān)

zu Mekka, 78 Verse

Im Namen Gottes, des Erbarmers, des Barmherzigen.
1 Der Erbarmer 2 hat den Koran gelehrt. 3 Er hat den Menschen [54]
erschaffen. 4 Er hat ihn deutliche Rede gelehrt. 5 Die Sonne und
der Mond laufen nach Berechnung. 6 Der Stern und die Bäume
werfen sich nieder. 7 Den Himmel hat Er emporgehoben und die
Waage aufgestellt. 8 Ihr sollt beim Wägen nicht das Maß über-
schreiten, 9 das Gewicht nach Gerechtigkeit messen und beim
Wägen nicht weniger geben. 10 Und die Erde hat Er für die
Geschöpfe gelegt; 11 auf ihr gibt es Früchte, Palmen mit Blüten-
scheiden, 12 Korn auf Halmen und duftende Pflanzen. 13 Welche
der Wohltaten eures Herrn wollt ihr beide für Lüge erklären? 14
Er hat den Menschen aus einer Trockenmasse wie dem Töpferton
erschaffen. 15 Und Er hat die Djinn aus einer Feuerflamme
erschaffen. 16 Welche der Wohltaten eures Herrn wollt ihr beide
für Lüge erklären? 17 (Er ist) der Herr der beiden Gegenden des

46: des Gerichtes.

Ostens und der Herr der beiden Gegenden des Westens. 18
Welche der Wohltaten eures Herrn wollt ihr beide für Lüge
erklären? 19 Er hat die beiden Meere zugleich entstehen lassen,
die zusammentreffen, 20 zwischen denen aber eine Schranke
steht, daß sie nicht überlaufen. 21 Welche der Wohltaten eures
Herrn wollt ihr beide für Lüge erklären? 22 Aus ihnen beiden
kommen Perlen und Korallen hervor. 23 Welche der Wohltaten
eures Herrn wollt ihr beide für Lüge erklären? 24 Ihm gehören
die gebauten Schiffe, die wie Berge auf dem Meer fahren. 25
Welche der Wohltaten eures Herrn wollt ihr beide für Lüge
erklären? 26 Alle, die auf ihr sind, werden vergehen; 27 bleiben
wird nur das Antlitz deines Herrn, das erhabene und ehrwürdige.
28 Welche der Wohltaten eures Herrn wollt ihr beide für Lüge
erklären? 29 Ihn bitten diejenigen, die in den Himmeln und auf
der Erde sind. Jeden Tag hat Er mit einem Anliegen zu tun. 30
Welche der Wohltaten eures Herrn wollt ihr beide für Lüge
erklären?

31 Wir werden Uns mit euch befassen, ihr beiden Machtberei-
che*. 32 Welche der Wohltaten eures Herrn wollt ihr beide für
Lüge erklären? 33 O ihr Verband der Djinn und der Menschen,
wenn ihr aus den Regionen der Himmel und der Erde heraus-
kommen könnt, so kommt doch heraus. Ihr werdet nicht heraus-
kommen, außer mit einer Ermächtigung. 34 Welche der Wohlta-
ten eures Herrn wollt ihr beide für Lüge erklären? 35 Über euch
beide wird eine Feuerflamme und Qualm geschickt, und ihr
werdet euch selbst nicht helfen können. 36 Welche der Wohlta-
ten eures Herrn wollt ihr beide für Lüge erklären? 37 Wenn der
Himmel sich spaltet und rosig wie rotes Leder wird 38 – welche
der Wohltaten eures Herrn wollt ihr beide für Lüge erklären? –,
39 an jenem Tag werden weder die Menschen noch die Djinn
nach ihren (einzelnen) Sünden gefragt*. 40 Welche der Wohlta-
ten eures Herrn wollt ihr beide für Lüge erklären? 41 Die
Übeltäter werden an ihrem Merkmal erkannt und dann am
Schopf und an den Füßen gepackt. 42 Welche der Wohltaten
eures Herrn wollt ihr beide für Lüge erklären? 43 Das ist die

31: Djinn und Menschen.

39: Vgl. 28,78.

Hölle, die die Übeltäter für Lüge erklären. 44 Sie machen zwi-
schen ihr und kochend heißem Wasser die Runde. 45 Welche der
Wohltaten eures Herrn wollt ihr für Lüge erklären?
46 Für den, der den Stand seines Herrn fürchtet, sind zwei
Gärten bestimmt 47 – welche der Wohltaten eures Herrn wollt
ihr beide für Lüge erklären? –, 48 die Zweige haben. 49 Welche
der Wohltaten eures Herrn wollt ihr beide für Lüge erklären? 50
Darin fließen zwei Quellen. 51 Welche der Wohltaten eures
Herrn wollt ihr beide für Lüge erklären? 52 Darin gibt es von
jeder Frucht ein Paar. 53 Welche der Wohltaten eures Herrn
wollt ihr beide für Lüge erklären? 54 Sie lehnen sich auf Unterla-
gen, deren Futter aus Brokat sind. Und die Ernte der beiden
Gärten hängt herab. 55 Welche der Wohltaten eures Herrn wollt
ihr beide für Lüge erklären? 56 Darin sind (Frauen), die ihre
Blicke zurückhalten, die vor ihnen weder Mensch noch Djinn
beschlafen hat – 57 welche der Wohltaten eures Herrn wollt ihr
beide für Lüge erklären? –, 58 als wären sie Hyazinth und
Korallen. 59 Welche der Wohltaten eures Herrn wollt ihr beide
für Lüge erklären? 60 Kann einer, der Gutes tut, anders entlohnt
werden als dadurch, daß ihm Gutes getan wird? 61 Welche der
Wohltaten eures Herrn wollt ihr beide für Lüge erklären?
62 Außer ihnen beiden gibt es zwei andere Gärten 63 – welche
der Wohltaten eures Herrn wollt ihr beide für Lüge erklären? –,
64 dunkelgrüne. 65 Welche der Wohltaten eures Herrn wollt ihr
beide für Lüge erklären? 66 Darin sind zwei ergiebig sprudelnde
Quellen. 67 Welche der Wohltaten eures Herrn wollt ihr beide
für Lüge erklären? 68 Darin sind Früchte und Palmen und
Granatapfelbäume. 69 Welche der Wohltaten eures Herrn wollt
ihr beide für Lüge erklären? 70 Darin sind gute und schöne
Frauen 71 – welche der Wohltaten eures Herrn wollt ihr beide
für Lüge erklären? –, 72 Ḥūrī, die in den Zelten zurückgezogen
wohnen. 73 Welche der Wohltaten eures Herrn wollt ihr beide
für Lüge erklären? 74 Vor ihnen hat sie weder Mensch noch
Djinn beschlafen. 75 Welche der Wohltaten eures Herrn wollt
ihr beide für Lüge erklären? 76 Sie* lehnen sich auf grünen

76: die Rechtschaffenen.

Decken und schönen Teppichen. 77 Welche der Wohltaten eures
Herrn wollt ihr beide für Lüge erklären? 78 Gesegnet sei der
Name deines Herrn, des Erhabenen und Ehrwürdigen!

Sure 56

Die eintreffen wird (al-Wāqiʿa)

zu Mekka, 96 Verse

Im Namen Gottes, des Erbarmers, des Barmherzigen.
[54¼] 1 Wenn die (Stunde) eintrifft, die eintreffen wird 2 – es gibt
niemanden, der ihr Eintreffen leugnen könnte –, 3 wird sie
einiges niedrig machen und einiges erhöhen. 4 Wenn die Erde
heftig geschüttelt wird 5 und die Berge völlig zertrümmert
werden, 6 und zu verstreutem Staub werden, 7 und in drei
Gruppen aufgeteilt werden.
8 Die von der rechten Seite – was sind die von der rechten Seite?
9 Und die von der unglückseligen Seite – was sind die von der
unglückseligen Seite? 10 Und die Allerersten, ja sie werden die
Allerersten sein. 11 Das sind die, dic in die Nähe (Gottes)
zugelassen werden, 12 in den Gärten der Wonne. 13 Eine große
Schar von den früheren 14 und wenige von den Späteren. 15 Auf
durchwobenen Betten 16 lehnen sie sich einander gegenüber. 17
Unter ihnen machen ewig junge Knaben die Runde 18 mit
Humpen und Krügen und einem Becher aus einem Quell, 19 von
dem sie weder Kopfweh bekommen noch sich berauschen, 20 und
mit Früchten von dem, was sie sich auswählen, 21 und Fleisch
von Geflügel von dem, was sie begehren. 22 Und (darin sind)
großäugige Ḥūrī, 23 gleich wohlverwahrten Perlen. 24 (Dies) als
Lohn für das, was sie zu tun pflegten. 25 Sie hören darin keine
unbedachte Rede und nichts Sündhaftes, 26 sondern nur das
Wort: »Friede! Friede!«

27 Die von der rechten Seite – was sind die von der rechten
Seite? 28 Sie sind unter Zyziphusbäumen ohne Dornen 29 und
übereinandergereihten Bananen 30 und ausgestrecktem Schat-
ten, 31 an Wasser, das sich ergießt, 32 mit vielen Früchten, 33 die
weder aufhören noch verwehrt sind, 34 und auf erhöhten Unter-
lagen. 35 Wir haben sie* eigens entstehen lassen 36 und sie zu
Jungfrauen gemacht, 37 liebevoll und gleichaltrig, 38 für die von
der rechten Seite. 39 Eine große Schar von den Früheren, 40 und
eine große Schar von den Späteren.
41 Und die von der linken Seite – was sind die von der linken
Seite? 42 Sie sind in glühendem Wind und heißem Wasser, 43
und in Schatten aus schwarzem Rauch, 44 der weder kühl noch
trefflich ist. 45 Sie lebten ja vordem üppig 46 und verharrten in
der gewaltigen Untreue. 47 Und sie sagten: »Wenn wir gestor-
ben und zu Staub und Knochen geworden sind, sollen wir dann
wirklich auferweckt werden? 48 Und auch unsere Vorväter?« 49
Sprich: Die Früheren und die Späteren 50 werden versammelt
zum Termin eines bestimmten Tages. 51 Dann werdet ihr, die ihr
irregeht und (die Botschaft) für Lüge erklärt, 52 von Zaqqūm-
Bäumen essen 53 und davon die Bäuche füllen, 54 und darauf
heißes Wasser trinken; 55 trinken werdet ihr, wie durstkranke
Kamele trinken. 56 Das ist ihre Bewirtung am Tag des Gerichtes.
57 Wir sind es doch, die euch erschaffen haben. Würdet ihr es
doch für wahr halten! 58 Habt ihr gesehen, was (für einen
Samen) ihr zum Erguß bringt? 59 Seid ihr es, die ihn erschaffen
oder sind nicht vielmehr Wir es, die (ihn) erschaffen? 60 Wir
haben für euch den Tod festgelegt. Und niemand kann Uns
voraus sein (und abwenden), 61 daß Wir (gegen euch) euresglei-
chen eintauschen und euch in einen Zustand entstehen lassen,
den ihr nicht kennt. 62 Ihr wißt doch um die erste Schöpfung.
Würdet ihr es doch bedenken! 63 Habt ihr gesehen, was ihr (an
Feldern) bestellt? 64 Sät ihr darin, oder sind nicht vielmehr Wir
es, die säen? 65 Wenn Wir wollten, Wir könnten es zu zermalm-
tem Zeug machen, und ihr würdet verwundert darüber reden: 66
»Wir sind mit Schulden belastet. 67 Nein, wir entbehren viel-

35: die Ḥūrī, die Paradiesesjungfrauen.

mehr alles.« 68 Habt ihr denn das Wasser gesehen, das ihr
trinkt? 69 Habt ihr es von den Wolken herabkommen lassen,
oder sind nicht vielmehr Wir es, die (es) herabkommen lassen?
70 Wenn Wir wollten, Wir könnten es bitter machen. Würdet
ihr doch dankbar sein! 71 Habt ihr denn das Feuer gesehen, das
ihr zündet? 72 Habt ihr etwa den dazu nötigen Baum entstehen
lassen, oder sind nicht vielmehr Wir es, die (ihn) entstehen
lassen? 73 Wir haben es zur Ermahnung und zur Nutznießung
für die Wüstenwanderer gemacht. 74 So preise den Namen
deines majestätischen Herrn.
[54½] *75 Nein, Ich schwöre bei den Niedergangsorten der Sterne 76
– das ist, wenn ihr es nur wüßtet, ein gewaltiger Schwur: 77 Das
ist wahrlich ein trefflicher Koran 78 in einem wohlverwahrten
Buch, 79 das nur die berühren dürfen, die rein gemacht worden
sind; 80 Herabsendung vom Herrn der Welten.
81 Wollt ihr denn über diese Botschaft nur schöne Worte machen
82 und es zu eurer täglichen Beschäftigung machen, sie für Lüge
zu erklären? 83 Könntet ihr denn, wenn die Seele* die Kehle
erreicht, 84 während ihr da zuschaut 85 und Wir ihm* näher sind
als ihr – aber ihr könnt es nicht sehen –, 86 könntet ihr denn,
wenn ihr doch nicht dem Gericht unterzogen werden sollt, 87
sie* zurückbringen, so ihr die Wahrheit sagt? 88 Wenn er nun zu
denen gehört, die in die Nähe Gottes zugelassen werden, 89 dann
sind für ihn (bereit) eine angenehme Brise, duftende Pflanzen
und Gärten der Wonne. 90 Und wenn er zu denen von der
rechten Seite gehört, 91 dann wird er mit »Friede sei dir!«
begrüßt von denen, die von der rechten Seite sind. 92 Wenn er
aber zu denen gehört, die (die Botschaft) für Lüge erklären und
irregehen, 93 dann wird ihm eine Bewirtung aus heißem Wasser
(zuteil), 94 und das Erleiden des Höllenbrandes.
95 Wahrlich, dies ist die Wahrheit, die gewiß ist. 96 So preise den
Namen deines majestätischen Herrn.

83: Wörtlich: sie.
85: dem Sterbenden.
87: die Seele.

Sure 57

Das Eisen (al-Ḥadīd)

zu Medina, 29 Verse

Im Namen Gottes, des Erbarmers, des Barmherzigen.
1 Gott preist, was in den Himmeln und auf der Erde ist. Und Er
ist der Mächtige, der Weise. 2 Ihm gehört die Königsherrschaft
der Himmel und der Erde. Er macht lebendig und läßt sterben.
Und Er hat Macht zu allen Dingen. 3 Er ist der Erste und der
Letzte, der Sichtbare und der Verborgene. Und Er weiß über alle
Dinge Bescheid. 4 Er ist es, der die Himmel und die Erde in sechs
Tagen erschuf und sich dann auf dem Thron zurechtsetzte. Er
weiß, was in die Erde eingeht und was aus ihr herauskommt, was
vom Himmel herabkommt und was darin emporsteigt. Und Er ist
mit euch, wo immer ihr auch seid. Und Gott sieht wohl, was ihr
tut.
5 Ihm gehört die Königsherrschaft der Himmel und der Erde.
Und zu Gott werden die Angelegenheiten zurückgebracht. 6 Er
läßt die Nacht in den Tag übergehen, und Er läßt den Tag in die
Nacht übergehen. Und Er weiß über das innere Geheimnis
Bescheid.
7 Glaubt an Gott und seinen Gesandten und spendet von dem,
worüber Er euch zu Nachfolgern eingesetzt hat. Für diejenigen
von euch, die glauben und spenden, ist ein großer Lohn
bestimmt. 8 Warum wollt ihr denn nicht an Gott glauben, wo
doch der Gesandte euch dazu aufruft, an euren Herrn zu glauben,
und wo Er eure Verpflichtungen entgegengenommen hat, so ihr
gläubig seid? 9 Er ist es, der deutliche Zeichen auf seinen Diener
herabsendet, um euch aus den Finsternissen ins Licht hinauszu-
führen. Und Gott hat Mitleid mit euch und ist barmherzig. 10
Warum wollt ihr nicht auf dem Weg Gottes spenden, wo doch
das Erbe der Himmel und der Erde Gott gehört. Diejenigen von
euch, die vor dem Erfolg* gespendet und gekämpft haben, sind

10: Oder: dem Sieg.

(den anderen) nicht gleichzusetzen. Diese haben eine höhere Rangstufe als die, die erst nachher gespendet und gekämpft haben. Allen aber hat Gott das Beste versprochen. Und Gott hat Kenntnis von dem, was ihr tut. 11 Wer ist es, der Gott ein schönes Darlehen leiht? Er wird es ihm vervielfachen. Und bestimmt ist für ihn ein trefflicher Lohn.

12* Am Tag, da du siehst, wie den gläubigen Männern und den gläubigen Frauen ihr Licht vor ihnen und zu ihrer Rechten eilt: »Eine frohe Botschaft für euch heute: Gärten, unter denen Bäche fließen; darin werdet ihr ewig weilen. Das ist der großartige Erfolg.« 13 Am Tag, da die Heuchler und die Heuchlerinnen zu denen, die glauben, sagen: »Wartet auf uns, daß wir Licht von eurem Licht nehmen.« Es wird (zu ihnen) gesagt: »Geht doch nach hinten zurück und sucht dort nach Licht.« Da wird zwischen ihnen eine Mauer errichtet mit einem Tor. Nach innen ist die Barmherzigkeit und nach außen, davor, ist die Pein. 14 Sie rufen ihnen zu: »Waren wir nicht auf eurer Seite?« Sie sagen: »Doch, aber ihr habt euch selbst der Versuchung ausgesetzt, ihr habt abgewartet und gezweifelt, und die (eitlen) Wünsche haben euch betört, bis der Befehl Gottes kam. Und betört hat euch in bezug auf Gott der Betörer. 15 Heute wird weder von euch noch von denen, die ungläubig sind, ein Lösegeld angenommen. Eure Heimstätte ist das Feuer. Es ist euer Schutzherr – welch schlimmes Ende!

[54¾] *16 Ist es nicht für die, die glauben, Zeit, daß ihre Herzen demütig werden vor der Ermahnung Gottes und vor dem, was von der Wahrheit herabgekommen ist, und daß sie sich nicht wie diejenigen verhalten, denen früher das Buch zugekommen ist, es aber zu lang gedauert hat, so daß ihre Herzen sich verhärtet haben und viele von ihnen Frevler wurden? 17 Wißt, daß Gott die Erde nach ihrem Absterben wieder belebt. Wir machen euch die Zeichen deutlich, auf daß ihr verständig seid.

18 Denen, Männern und Frauen, die Almosen geben und damit Gott ein schönes Darlehen leihen, wird Er es vervielfachen. Und bestimmt ist für sie ein trefflicher Lohn. 19 Diejenigen, die an

12–13: Vgl. Evangelium: Matthäus 25,1–13.

Gott und seine Gesandten glauben, das sind die Wahrhaftigen und die Zeugen vor ihrem Herrn. Sie erhalten ihren Lohn und ihr Licht. Und diejenigen, die ungläubig sind und unsere Zeichen für Lüge erklären, das sind die Gefährten der Hölle.
20 Wißt, daß das diesseitige Leben nur Spiel und Zerstreuung ist, Schmuck und Prahlerei unter euch und Wetteifern nach mehr Vermögen und Kindern. Es ist wie mit einem Regen, der durch die (von ihm hervorgebrachten) Pflanzen den Ungläubigen gefällt. Dann aber verdorren sie, und du siehst, wie sie gelb werden. Dann wird alles zu zermalmtem Zeug. Im Jenseits gibt es eine harte Pein, und auch Vergebung von Gott und Wohlgefal-
len. Und das diesseitige Leben ist nur betörende Nutznießung. 21
Eilt zu einer Vergebung von eurem Herrn um die Wette und zu einem Garten, der so breit ist wie der Himmel und die Erde, und der für die bereitet ist, die an Gott und seine Gesandten glauben. Das ist die Huld Gottes, Er läßt sie zukommen, wem Er will. Und Gott besitzt große Huld.
22 Kein Unglück trifft ein auf der Erde oder bei euch selbst, ohne
daß es in einem Buch stünde, bevor Wir es erschaffen. Dies ist
Gott ein leichtes. 23 (Dies), damit ihr nicht traurig seid über das,
was euch entgangen ist, und euch nicht (zu sehr) der Freude
hingebt über das, was Er euch hat zukommen lassen. Und Gott
liebt niemanden, der eingebildet und prahlerisch ist, 24 die, die
geizen und den Menschen befehlen, geizig zu sein. Und wenn einer sich abkehrt, so ist Gott der, der auf niemanden angewiesen und des Lobes würdig ist.
25 Wir haben unsere Gesandten mit den deutlichen Zeichen gesandt und mit ihnen das Buch und die Waage herabkommen lassen, damit die Menschen für die Gerechtigkeit eintreten. Und Wir haben das Eisen herabkommen lassen. In ihm ist heftige Schlagkraft und vielerlei Nutzen für die Menschen. Gott wollte feststellen, wer Ihn und seine Gesandten unterstützt, auch in
Abwesenheit. Gott ist stark und mächtig. 26 Und Wir sandten
Noach und Abraham und ließen in ihrer Nachkommenschaft die Prophetie und das Buch auftreten. Einige von ihnen folgten der
Rechtleitung, und viele von ihnen waren Frevler. 27 Dann ließen
Wir nach ihnen unsere Gesandten folgen. Und Wir ließen Jesus,

den Sohn Marias, folgen und ihm das Evangelium zukommen.
Und Wir setzten in die Herzen derer, die ihm folgten, Mitleid
und Barmherzigkeit, und auch Mönchtum, das sie erfanden
– Wir haben es ihnen nicht vorgeschrieben –, dies nur im
Trachten nach dem Wohlgefallen Gottes. Sie beobachteten es
jedoch nicht in der rechten Weise. Und so ließen Wir diejenigen
von ihnen, die glaubten, ihren Lohn zukommen. Aber viele von
ihnen waren Frevler.
28 O ihr, die ihr glaubt, fürchtet Gott und glaubt an seinen
Gesandten, dann läßt Er euch einen doppelten Anteil an seiner
Barmherzigkeit zukommen, macht euch ein Licht, in dem ihr
wandeln könnt, und vergibt euch. Gott ist voller Vergebung und
barmherzig. 29 Die Leute des Buches sollen nun wissen, daß sie
über nichts von der Huld Gottes verfügen, sondern daß die Huld
in der Hand Gottes liegt. Er läßt sie zukommen, wem Er will.
Und Gott besitzt große Huld.

Sure 58

Der Streit (al-Mudjādala)

zu Medina, 22 Verse

Im Namen Gottes, des Erbarmers, des Barmherzigen.
28. Teil 1 Gehört hat Gott die Aussage jener, die mit dir über ihren
[55] Gatten streitet und bei Gott Klage erhebt. Gott hört euren
Wortwechsel. Gott hört und sieht alles. 2 Für diejenigen von
euch, die sich von ihren Frauen durch den Rückenspruch* schei-
den ... Sie sind doch nicht ihre Mütter. Ihre Mütter sind die, die
sie geboren haben. Sie sagen da ein verwerfliches Wort und

2: Diese Formel der Scheidung lautete: »Du sollst mir wie der Rücken meiner Mutter sein«, d. h. verwehrt, und so soll zwischen uns keine eheliche Gemeinschaft mehr bestehen. Vgl. 33,4.

etwas Falsches. Und Gott ist voller Verzeihung und Vergebung.
3 Diejenigen, die sich von ihren Frauen durch den Rückenspruch scheiden und dann doch zu dem zurückkehren, wovon sie reden, haben einen Sklaven* freizulassen, bevor sie beide einander berühren. Damit werdet ihr ermahnt. Und Gott hat Kenntnis von dem, was ihr tut.
4 Wer es nicht vermag, der hat zwei Monate hintereinander zu fasten, bevor sie beide einander berühren. Wer es nicht vermag, der hat sechzig Bedürftige zu beköstigen. Dies, damit ihr an Gott und seinen Gesandten glaubt. Das sind die Rechtsbestimmungen Gottes. Für die Ungläubigen ist eine schmerzhafte Pein bestimmt.
5 Diejenigen, die sich Gott und seinem Gesandten widersetzen, werden niedergeworfen, wie die niedergeworfen wurden, die vor ihnen lebten. Wir haben doch deutliche Zeichen hinabgesandt. Und für die Ungläubigen ist eine schmähliche Pein bestimmt.
6 Am Tag, da Gott sie alle auferweckt und ihnen kundtut, was sie getan haben. Gott hat es erfaßt, während sie es vergessen haben. Und Gott ist Zeuge über alle Dinge.

7 Hast du nicht gesehen, daß Gott weiß, was in den Himmeln und was auf der Erde ist? Es gibt kein vertrauliches Gespräch zwischen dreien, ohne daß Er der vierte in ihrer Runde wäre, und keines zwischen fünfen, ohne daß Er der Sechste in ihrer Runde wäre, und auch nicht zwischen weniger oder mehr als dieser (Zahl), ohne daß Er mit ihnen wäre, wo immer sie sein mögen. Dann tut Er ihnen am Tag der Auferstehung kund, was sie getan haben. Gott weiß über alle Dinge Bescheid.
8 Hast du nicht auf jene geschaut, denen verboten wurde, vertrauliche Gespräche zu führen, die aber dann zurückkehren zu dem, was ihnen verboten wurde und miteinander über Sünde, Übertretung und Ungehorsam gegen den Gesandten vertraulich sprechen? Und wenn sie zu dir kommen, grüßen sie dich, wie nicht einmal Gott dich grüßt, und sagen bei sich: »Könnte Gott uns nur peinigen für das, was wir sagen!« Ihnen genügt doch die Hölle, in der sie brennen werden – welch schlimmes Ende!
9 O ihr, die ihr glaubt, wenn ihr vertraulich miteinander sprecht, dann sprecht nicht vertrau-

3: Wörtlich: Nacken.

lich miteinander über Sünde, Übertretung und Ungehorsam
gegen den Gesandten, sondern sprecht vertraulich miteinander
über Frömmigkeit und Gottesfurcht. Und fürchtet Gott, zu dem
ihr versammelt werdet. 10 Vertrauliche Gespräche sind vom
Satan, der damit die betrüben will, die gläubig sind. Aber er kann
ihnen keinen Schaden zufügen, außer mit der Erlaubnis Gottes.
Auf Gott sollen die Gläubigen vertrauen.
11 O ihr, die ihr glaubt, wenn zu euch gesagt wird: »Macht Platz
in den Versammlungen.«, dann macht Platz, so macht auch Gott
euch Platz. Und wenn gesagt wird: »Erhebt euch.«, dann erhebt
euch eben, so erhöht auch Gott diejenigen von euch, die glauben,
und die, denen das Wissen zugekommen ist, um Rangstufen.
Und Gott hat Kenntnis von dem, was ihr tut. 12 O ihr, die ihr
glaubt, wenn ihr mit dem Gesandten vertraulich sprechen wollt,
dann gebt vor eurem vertraulichen Gespräch im voraus ein
Almosen. Das ist besser und reiner für euch. Wenn ihr es nicht
vermögt, dann ist Gott voller Vergebung und barmherzig. 13
Seid ihr erschrocken davor, daß ihr vor eurem vertraulichen
Gespräch im voraus Almosen geben sollt? Nun, wenn ihr es nicht
tut und Gott sich euch wieder gnädig zuwendet, dann verrichtet
das Gebet und entrichtet die Abgabe, und gehorcht Gott und seinem
Gesandten. Und Gott hat Kenntnis von dem, was ihr tut.
[55¼] *14 Hast du nicht auf jene geschaut, die sich Leute zu Freunden
nehmen, auf die Gott zornig ist? Sie gehören nicht zu euch, und
auch nicht zu ihnen. Und sie leisten wissentlich falsche Eide. 15
Gott hat für sie eine harte Pein bereitet. Schlimm ist das, was sie
zu tun pflegen. 16 Sie haben sich ihre Eide zu einem Schutzschild
genommen und so (die Menschen) vom Weg Gottes abgewiesen.
Bestimmt ist für sie eine schmähliche Pein. 17 Ihr Vermögen und
ihre Kinder werden ihnen vor Gott nichts nützen. Das sind die
Gefährten des Feuers; darin werden sie ewig weilen. 18 Am Tag,
da Gott sie alle auferweckt. Da werden sie Ihm schwören, wie sie
euch schwören, und meinen, sie hätten nun eine Grundlage.
Siehe, sie sind ja doch Lügner. 19 Der Satan hat von ihnen Besitz
ergriffen und sie die Ermahnung Gottes vergessen lassen. Sie
sind die Partei des Satans. Siehe, die Partei des Satans sind ja
doch die Verlierer. 20 Diejenigen, die sich Gott und seinem

Gesandten widersetzen, die gehören zu den Niedrigsten. 21 Gott hat vorgeschrieben: »Siegen werde Ich, Ich und meine Gesandten.« Gott ist stark und mächtig. 22 Du wirst nicht feststellen, daß Leute, die an Gott und den Jüngsten Tag glauben, denen Liebe zeigen, die sich Gott und seinem Gesandten widersetzen, auch wenn sie ihre Väter wären oder ihre Söhne, ihre Brüder oder ihre Sippenmitglieder. In deren Herzen hat Er den Glauben geschrieben und sie mit einem Geist von sich gestärkt. Er wird sie in Gärten eingehen lassen, unter denen Bäche fließen; darin werden sie ewig weilen. Gott hat Wohlgefallen an ihnen, und sie haben Wohlgefallen an Ihm. Sie sind die Partei Gottes. Siehe, die Partei Gottes sind die, denen es wohl ergeht.

Sure 59

Die Versammlung (al-Ḥashr)

zu Medina, 24 Verse

Im Namen Gottes, des Erbarmers, des Barmherzigen.
1 Gott preist, was in den Himmeln und was auf der Erde ist. Und Er ist der Mächtige, der Weise. 2 Er ist es, der diejenigen von den Leuten des Buches, die ungläubig sind, aus ihren Wohnstätten zur ersten Versammlung vertrieben hat*. Ihr habt nicht geglaubt, daß sie fortziehen würden; auch sie meinten, ihre Festungen würden sie vor Gott schützen. Da kam Gott über sie, von wo sie nicht damit rechneten, und jagten ihren Herzen Schrecken ein, so daß sie ihre Häuser mit ihren eigenen Händen und durch die Hände der Gläubigen zerstörten. Zieht nun die Lehre daraus, ihr Einsichtigen. 3 Und hätte Gott ihnen nicht die Verbannung vorgeschrieben, Er hätte sie im Diesseits* gepeinigt.

2: Es geht um den jüdischen Stamm Naḍīr in Medina.
3: auf irgendeine andere Weise.

Im Jenseits aber erhalten sie die Pein des Feuers. 4 Dies dafür, daß sie sich Gott und seinem Gesandten widersetzen. Und wenn jemand sich Gott widersetzt, so verhängt Gott eine harte Strafe. 5 Was ihr an Palmen umgehauen habt oder auf ihrem Stamm habt stehenlassen, es geschah mit der Erlaubnis Gottes, auch damit Er die Frevler zuschanden mache.

6 Und für das, was Gott seinem Gesandten von ihnen als Beute zugeteilt hat, habt ihr weder Pferde noch Kamele anspornen müssen. Gott verleiht vielmehr seinen Gesandten Gewalt, über wen Er will. Und Gott hat Macht zu allen Dingen. 7 Was Gott seinem Gesandten von den Bewohnern der Städte als Beute zugeteilt hat, gehört Gott und seinem Gesandten, und den Verwandten, den Waisen, den Bedürftigen, dem Reisenden. Dies, damit es nicht eben unter den Reichen von euch die Runde macht. Und was der Gesandte euch zukommen läßt, das sollt ihr nehmen. Und was er euch verwehrt, davon sollt ihr euch fernhalten. Und fürchtet Gott. Gott verhängt eine harte Strafe. 8 (Das gehört) den armen Auswanderern, die aus ihren Wohnstätten und von ihrem Besitz vertrieben wurden, die nach Gottes Huld und Wohlgefallen streben und Gott und seinen Gesandten unterstützen. Das sind die Wahrhaftigen. 9 Und diejenigen, die vor ihnen in der Wohnstätte und im Glauben zu Hause waren*, lieben die, die zu ihnen ausgewandert sind; sie empfinden in ihrem Inneren kein Bedürfnis für das, was diesen* zugekommen ist, und sie bevorzugen sie vor sich selbst, auch wenn sie selbst Not leiden. Und diejenigen, die vor ihrer eigenen Habsucht bewahrt bleiben, sind die, denen es wohl ergeht. 10 Und diejenigen, die nach ihnen gekommen sind, sagen: »Unser Herr, vergib uns und unseren Brüdern, die uns im Glauben vorangegangen sind. Und setze in unsere Herzen keinen Groll gegen die, die glauben. Unser Herr, du hast Mitleid und bist barmherzig.«

[55½] *11 Hast du nicht auf jene geschaut, die Heuchler sind? Sie sagen zu ihren Brüdern von den Leuten der Schrift, welche ungläubig sind: »Wenn ihr vertrieben werdet, werden wir mit euch fortzie-

9: Das sind die Muslime von Medina. – diesen: wörtlich: ihnen, d. h. den Auswanderern.

hen. Und wir werden niemals jemandem gegen euch gehorchen.
Und wenn gegen euch gekämpft wird, dann werden wir euch
bestimmt unterstützen.« Und Gott bezeugt, daß sie ja lügen. 12
Wenn sie vertrieben werden, werden sie nicht mit ihnen fortzie-
hen. Und wenn gegen sie gekämpft wird, werden sie sie nicht
unterstützen. Und sollten sie sie unterstützen, dann werden sie
den Rücken kehren, und dann werden sie selbst keine Unterstüt-
zung erfahren. 13 Ihr flößt ihnen mehr Angst ein als Gott. Dies,
weil sie Leute sind, die nicht begreifen. 14 Sie kämpfen nicht alle
zusammen gegen euch, es sei denn in befestigten Städten oder
hinter Mauern. Ihre Schlagkraft ist untereinander gewaltig. Du
meinst, sie bilden eine Einheit, aber ihre Herzen sind geteilt.
Dies, weil sie Leute sind, die keinen Verstand haben. 15 Es ist wie
mit denen, die es kurz vor ihnen erlebten*. Sie erlitten die
schweren Folgen ihres Verhaltens, und für sie ist eine schmerz-
hafte Pein bestimmt. 16 Es ist wie mit dem Satan, als er zum
Menschen sagte: »Sei ungläubig.« Als er ungläubig wurde, sagte
er: »Ich bin unschuldig an dir. Ich fürchte Gott, den Herrn der
Welten.« 17 Das Ende von beiden war, daß sie nun im Feuer
sind; darin werden sie ewig weilen. Und das ist die Vergeltung
für die, die Unrecht tun.

18 O ihr, die ihr glaubt, fürchtet Gott. Und jeder schaue, was er
für morgen vorausschickt. Und fürchtet Gott. Gott hat Kenntnis
von dem, was ihr tut. 19 Und seid nicht wie diejenigen, die Gott
vergessen haben und die Er dann sich selbst vergessen ließ. Das
sind die Frevler. 20 Nicht gleich sind die Gefährten des Feuers
und die Gefährten des Paradieses. Die Gefährten des Paradieses
sind es, die den Erfolg erzielen.

21 Hätten Wir diesen Koran auf einen Berg hinabgesandt, du
hättest gesehen, wie er aus Furcht vor Gott demütig innehält und
sich spaltet. Diese Gleichnisse führen Wir den Menschen an, auf
daß sie nachdenken.

22 Er ist Gott, außer dem es keinen Gott gibt, der über das
Unsichtbare und das Offenbare Bescheid weiß. Er ist der Erbar-
mer, der Barmherzige. 23 Er ist Gott, außer dem es keinen Gott

15: Das ist der jüdische Stamm Qurayẓa.

gibt, der König, der Heilige, der Inbegriff des Friedens, der Stifter
der Sicherheit, der alles fest in der Hand hat, der Mächtige, der
Gewaltige, der Stolze. Preis sei Gott! (Er ist erhaben) über das,
was sie (Ihm) beigesellen. 24 Er ist Gott, der Schöpfer, der
Erschaffer, der Bildner. Sein sind die schönsten Namen. Ihn
preist, was in den Himmeln und auf der Erde ist. Und Er ist der
Mächtige, der Weise.

Sure 60

Die Prüfung (al-Mumtaḥina)

zu Medina, 13 Verse

Im Namen Gottes, des Erbarmers, des Barmherzigen.
1 O ihr, die ihr glaubt, nehmt euch nicht meine Feinde und eure
Feinde zu Freunden, indem ihr ihnen Liebe entgegenbringt, wo
sie doch das verleugnen, was von der Wahrheit zu euch gekom-
men ist, und den Gesandten und euch selbst vertreiben, weil ihr
an Gott, euren Herrn, glaubt. (Haltet euch daran), wenn ihr
wirklich ausgezogen seid zum Einsatz auf meinem Weg und im
Streben nach meinem Wohlgefallen. Ihr zeigt ihnen heimlich
Liebe, wo Ich doch besser weiß, was ihr verbergt und was ihr
offenlegt. Und wer von euch das tut, der ist vom rechten Weg
abgeirrt. 2 Wenn sie euch treffen, sind sie euch feind und
strecken gegen euch ihre Hände und ihre Zungen zum Bösen aus.
Sie wünschten, ihr wäret ungläubig. 3 Weder eure Verwandt-
schaftsbande noch eure Kinder werden euch nützen. Am Tag der
Auferstehung wird Gott zwischen euch entscheiden. Und Gott
sieht wohl, was ihr tut.
4 Ihr habt doch ein schönes Beispiel in Abraham und denen, die
mit ihm waren, als sie zu ihrem Volk sagten: »Wir sind unschul-
dig an euch und an dem, was ihr anstelle Gottes verehrt. Wir
verleugnen euch. Und zwischen uns und euch sind Feindschaft
und Haß auf immer sichtbar geworden, bis ihr an Gott allein

glaubt.« Dies, bis auf das Wort Abrahams zu seinem Vater: »Ich werde für dich um Vergebung bitten*. Und ich kann dir vor Gott keinen Nutzen bringen. Unser Herr, auf Dich vertrauen wir, und Dir wenden wir uns reumütig zu. Und zu Dir führt der Lebensweg.
5 Unser Herr, mach uns nicht zu einer Versuchung für die,
die ungläubig sind. Und vergib uns, unser Herr. Du bist der
Mächtige, der Weise.« 6 Ihr habt in ihnen ein schönes Beispiel,
und zwar jeder, der auf Gott hofft und den Jüngsten Tag erwartet. Wenn einer sich abkehrt, so ist Gott der, der auf niemanden angewiesen und des Lobes würdig ist.

*7 Möge Gott zwischen euch und die von ihnen, mit denen ihr [55¾]
verfeindet seid, Liebe setzen! Und Gott ist mächtig. Und Gott ist
voller Vergebung und barmherzig. 8 Gott verbietet euch nicht,
denen, die nicht gegen euch der Religion wegen gekämpft und euch nicht aus euren Wohnstätten vertrieben haben, Pietät zu zeigen und Gerechtigkeit angedeihen zu lassen. Gott liebt ja die,
die gerecht handeln. 9 Er verbietet Euch, die, die gegen euch der
Religion wegen gekämpft und euch aus euren Wohnstätten vertrieben und zu eurer Vertreibung Beistand geleistet haben, zu Freunden zu nehmen. Diejenigen, die sie zu Freunden nehmen, das sind die, die Unrecht tun.

10 O ihr, die ihr glaubt, wenn gläubige Frauen als Auswanderer zu euch kommen, dann prüft sie. Gott weiß besser über ihren Glauben Bescheid. Wenn ihr feststellt, daß sie gläubig sind, dann schickt sie nicht zu den Ungläubigen zurück. Zur Ehe sind weder diese Frauen ihnen erlaubt, noch sind sie diesen Frauen erlaubt. Und laßt ihnen* jedoch zukommen, was sie (seinerzeit für diese Frauen) ausgegeben haben. Es ist für euch kein Vergehen, sie zu heiraten, wenn ihr ihnen ihren Lohn zukommen laßt. Und haltet nicht am Eheband mit den ungläubigen Frauen fest, und fordert, was ihr (bei der Eheschließung) ausgegeben habt, zurück. Auch sie sollen zurückfordern, was sie ausgegeben haben. Das ist das Urteil Gottes; Er urteilt zwischen euch. Und Gott weiß Bescheid
und ist weise. 11 Und wenn euch etwas von euren Gattinnen an

4: Vgl. 19,47; 9,114; 14,41; 26,86.
10: den früheren Männern dieser Frauen.

die Ungläubigen abhanden kommt und ihr nach einer Strafaktion
Beute macht, dann laßt denen, deren Gattinnen fortgegangen
sind, soviel zukommen, wie sie ausgegeben haben. Und fürchtet
Gott, an den ihr glaubt.
12 O Prophet, wenn gläubige Frauen zu dir kommen, um dir Treue
zu geloben, daß sie Gott nichts beigesellen, nicht stehlen, keinen
Ehebruch begehen, ihre Kinder nicht töten, keine Verleumdung
vorbringen, die sie vor ihren eigenen Händen und Füßen erdichten,
und gegen dich nicht ungehorsam sind in dem, was recht ist, dann
nimm ihr Treueversprechen an und bitte Gott für sie um Vergebung.
Gott ist voller Vergebung und barmherzig.
13 O ihr, die ihr glaubt, nehmt nicht Leute zu Freunden, auf die
Gott zornig ist. Sie haben die Hoffnung auf das Jenseits aufgegeben,
so wie die Ungläubigen die Hoffnung aufgegeben haben in
bezug auf die (Toten) in den Gräbern.

Sure 61

Die Reihe (al-Ṣaff)

zu Medina, 14 Verse

Im Namen Gottes, des Erbarmers, des Barmherzigen.
1 Gott preist, was in den Himmeln und was auf der Erde ist. Und
Er ist der Mächtige, der Weise. 2 O ihr, die ihr glaubt, warum
sagt ihr, was ihr nicht tut? 3 Großen Abscheu erregt es bei Gott,
daß ihr sagt, was ihr nicht tut. 4 Gott liebt die, die auf seinem Weg
kämpfen in einer Reihe, als wären sie ein festgefügter Bau.
5 Und als Mose zu seinem Volk sagte: »O mein Volk, warum
fügt ihr mir Leid zu, wo ihr doch wißt, daß ich der Gesandte
Gottes an euch bin?« Als sie nun abwichen, ließ Gott ihre Herzen
abweichen. Und Gott leitet die frevlerischen Leute nicht recht.
6 Und als Jesus, der Sohn Marias, sagte: »O Kinder Israels, ich
bin der Gesandte Gottes an euch, um zu bestätigen, was von der

Tora vor mir vorhanden war, und einen Gesandten zu verkünden, der nach mir kommt: sein Name ist Aḥmad*.« Als er nun mit den deutlichen Zeichen zu ihnen kam, sagten sie: »Das ist eine offenkundige Zauberei.« 7 Und wer ist ungerechter als der, der gegen Gott Lügen erdichtet, während er zur Gottergebenheit aufgerufen wird? Und Gott leitet die ungerechten Leute nicht recht. 8 Sie wollen das Licht Gottes mit ihrem Mund auslöschen. Aber Gott wird sein Licht vollenden, auch wenn es den Ungläubigen zuwider ist. 9 Er ist es, der seinen Gesandten mit der Rechtleitung und der Religion der Wahrheit gesandt hat, um ihr die Oberhand zu verleihen über alle Religion, auch wenn es den Polytheisten zuwider ist.

10 O ihr, die ihr glaubt, soll ich euch auf einen Handel hinweisen, der euch vor einer schmerzhaften Pein rettet? 11 Ihr sollt an Gott und seinen Gesandten glauben, euch auf dem Weg Gottes mit eurem Vermögen und mit eigener Person einsetzen – das ist besser für euch, so ihr Bescheid wißt –, 12 dann wird Er euch eure Sünden vergeben und euch eingehen lassen in Gärten, unter denen Bäche fließen, und in angenehme Wohnungen in den Gärten von Eden. Das ist der großartige Erfolg. 13 Und noch eine andere (Huld), die ihr liebt, (steht bereit): eine Unterstützung von Gott und ein naher Erfolg. Verkünde den Gläubigen eine Frohbotschaft.

14 O ihr, die ihr glaubt, seid die Helfer Gottes, so wie Jesus, der Sohn Marias, zu den Jüngern gesagt hat: »Wer sind meine Helfer (auf dem Weg) zu Gott hin?« Die Jünger sagten: »Wir sind die Helfer Gottes.« Eine Gruppe der Kinder Israels glaubte, und eine (andere) Gruppe war ungläubig. Da stärkten Wir diejenigen, die glaubten, gegen ihre Feinde, und sie bekamen die Oberhand.

6: Oder: der Hochgelobte.

Sure 62

Der Freitag (al-Djumu`a)

zu Medina, 11 Verse

Im Namen Gottes, des Erbarmers, des Barmherzigen.

[56] 1 Gott preist, was in den Himmeln und was auf der Erde ist,
(Ihn), den König, den Heiligen, den Mächtigen, den Weisen. 2 Er
ist es, der unter den Ungelehrten einen Gesandten aus ihrer
Mitte hat erstehen lassen, der ihnen seine Zeichen verliest, sie
läutert und sie das Buch und die Weisheit lehrt – sie befanden
sich ja zuvor in einem offenkundigen Irrtum –, 3 (sie) und
andere vor ihnen, die sie noch nicht eingeholt haben. Und Er ist
der Mächtige, der Weise. 4 Das ist die Huld Gottes. Er läßt sie
zukommen, wem Er will. Und Gott besitzt große Huld.

5 Es ist mit denen, denen die Tora auferlegt worden ist, die sie
aber dann doch nicht getragen haben, wie mit einem Esel, der
Bücher trägt. Schlimm ist es mit den Leuten, die die Zeichen
Gottes für Lüge erklären. Und Gott leitet die ungerechten Leute
nicht recht. 6 Sprich: O ihr, die ihr Juden seid, wenn ihr
behauptet, ihr seid die Freunde Gottes unter Ausschluß der
anderen Menschen, dann wünscht euch den Tod, so ihr die
Wahrheit sagt. 7 Aber niemals werden sie ihn sich wünschen
wegen dessen, was ihre Hände vorausgeschickt haben. Und Gott
weiß über die, die Unrecht tun, Bescheid. 8 Sprich: Der Tod, vor
dem ihr flieht, wird euch erreichen. Dann werdet ihr zu dem, der
das Unsichtbare und das Offenbare kennt, zurückgebracht, und
Er wird euch kundtun, was ihr zu tun pflegtet.

9 O ihr, die ihr glaubt, wenn am Freitag zum Gebet gerufen wird,
dann eilt zum Gedenken Gottes und laßt das Kaufgeschäft ruhen.
Das ist besser für euch, so ihr Bescheid wißt. 10 Wenn das Gebet
beendet ist, dann breitet euch im Land aus und strebt nach etwas
von der Huld Gottes. Und gedenkt Gottes viel, auf daß es euch
wohl ergehe. 11 Und wenn sie einen Handel oder eine Gelegen-
heit zur Zerstreuung sehen, laufen sie hin und lassen dich
stehen. Sprich: Was bei Gott ist, ist doch besser als Zerstreuung
und Handel. Und Gott ist der beste Versorger.

Sure 63

Die Heuchler (al-Munāfiqūn)

zu Medina, 11 Verse

Im Namen Gottes, des Erbarmers, des Barmherzigen.
1 Wenn die Heuchler zu dir kommen, sagen sie: »Wir bezeugen,
daß du der Gesandte Gottes bist.« Gott weiß wohl, daß du sein
Gesandter bist. Und Gott bezeugt, daß die Heuchler doch lügen.
2 Sie nehmen sich ihre Eide zu einem Schutzschild und weisen so
(die Menschen) vom Wege Gottes ab. Schlimm ist das, was sie zu
tun pflegen. 3 Dies, weil sie erst gläubig waren, dann aber
ungläubig wurden. Da wurden ihre Herzen versiegelt, so daß sie
nicht begreifen. *4 Und wenn du sie siehst, gefallen dir ihre [56¼]
Gestalten. Und wenn sie sprechen, hörst du ihren Worten zu. Sie
sind wie angelehnte Bretter. Sie meinen, jeder Schrei sei gegen
sie gerichtet. Sie sind die (wahren) Feinde. Nimm dich vor ihnen
in acht. Gott bekämpfe sie! Wie leicht lassen sie sich doch
abwenden! 5 Und wenn zu ihnen gesagt wird: »Kommt her, daß
der Gesandte Gottes für euch um Vergebung bittet«, wenden sie
den Kopf zur Seite, und du siehst, wie sie sich in Hochmut
abwenden. 6 Für sie ist es gleich, ob du für sie um Vergebung
bittest oder nicht bittest. Gott wird ihnen nicht vergeben. Gott
leitet die frevlerischen Leute nicht recht. 7 Sie sind es, die sagen:
»Spendet nicht für diejenigen, die beim Gesandten Gottes sind,
bis sie davoneilen.« Doch Gott gehören die Vorratskammern der
Himmel und der Erde. Aber die Heuchler begreifen es nicht.
8 Sie sagen: »Wenn wir nach Medina zurückkehren, werden
sicher die Mächtigen die Schwächeren aus ihr vertreiben.« Doch
Gott gehört die Macht, und auch seinem Gesandten und den
Gläubigen. Aber die Heuchler wissen nicht Bescheid.
9 O ihr, die ihr glaubt, euer Vermögen und eure Kinder sollen
euch nicht vom Gedenken Gottes ablenken. Diejenigen, die dies
tun, das sind die Verlierer. 10 Und spendet von dem, was Wir
euch beschert haben, bevor der Tod einen von euch ereilt und er
dann sagt: »Mein Herr, könntest Du mich doch auf eine kurze

Frist zurückstellen! Ich würde Almosen geben und einer der Rechtschaffenen sein.« 11 Gott wird aber niemanden zurückstellen, wenn seine Frist kommt. Und Gott hat Kenntnis von dem, was ihr tut.

Sure 64

Die Übervorteilung (al-Taghābun)

zu Medina, 18 Verse

Im Namen Gottes, des Erbarmers, des Barmherzigen.
1 Gott preist, was in den Himmeln und was auf der Erde ist. Ihm
gehört die Königsherrschaft, und Lob sei Ihm! Er hat Macht zu
allen Dingen. 2 Er ist es, der euch erschaffen hat. Die einen von
euch sind ungläubig, die anderen gläubig. Und Gott sieht wohl,
was ihr tut. 3 Er hat die Himmel und die Erde in Wahrheit
erschaffen, und Er hat euch gestaltet und eure Gestalten schön
gemacht. Und zu Ihm führt der Lebensweg. 4 Er weiß, was in den
Himmeln und auf der Erde ist, und Er weiß, was ihr im geheimen
redet und was ihr offenlegt. Und Gott weiß über das innere
Geheimnis Bescheid.
5 Ist denn nicht der Bericht über die, die zuvor ungläubig waren,
zu euch gelangt? Sie erlitten die schweren Folgen ihres Verhal-
tens, und bestimmt ist für sie eine schmerzhafte Pein. 6 Dies,
weil ihre Gesandten mit den deutlichen Zeichen zu ihnen kamen,
sie aber sagten: »Sollen etwa Menschen uns rechtleiten?« Da
wurden sie ungläubig und kehrten sich ab. Doch Gott bedurfte
ihrer nicht. Gott ist auf niemanden angewiesen und des Lobes
würdig.
7 Diejenigen, die ungläubig sind, behaupten, daß sie nicht aufer-
weckt werden. Doch, bei meinem Herrn, ihr werdet auferweckt
werden. Dann wird euch das kundgetan, was ihr getan habt. Und
dies ist Gott ein leichtes. 8 Darum glaubt an Gott und seinen

Gesandten und das Licht, das Wir hinabgesandt haben. Und Gott hat Kenntnis von dem, was ihr tut.
9 Am Tag, da Er euch zum Tag der Versammlung versammelt. Das ist der Tag der Übervorteilung*. Wer an Gott glaubt und Gutes tut, dem sühnt Er seine Missetaten, und den läßt Er in Gärten eingehen, unter denen Bäche fließen; darin werden sie auf immer ewig weilen. Das ist der großartige Erfolg. 10 Und diejenigen, die ungläubig sind und unsere Zeichen für Lüge erklären, das sind die Gefährten des Feuers; darin werden sie ewig weilen – welch schlimmes Ende!
11 Kein Unglück trifft (jemanden), es sei denn mit der Erlaubnis Gottes. Und wer an Gott glaubt, dessen Herz leitet Er recht. Und Gott weiß über alle Dinge Bescheid. 12 Und gehorcht Gott und gehorcht dem Gesandten. Wenn ihr euch abkehrt, so obliegt unserem Gesandten nur die deutliche Ausrichtung (der Botschaft). 13 Gott, es gibt keinen Gott außer Ihm. Auf Gott sollen die Gläubigen vertrauen.
14 O ihr, die ihr glaubt, unter euren Gattinnen und euren Kindern sind welche, die euch feind sind. So nehmt euch vor ihnen in acht. Wenn ihr verzeiht, nachsichtig seid und vergebt, so ist Gott voller Vergebung und barmherzig. 15 Euer Vermögen und eure Kinder sind eine Versuchung. Aber Gott hält einen großartigen Lohn bereit. 16 Fürchtet nun Gott, soviel ihr eben könnt. Und hört zu und gehorcht. Und spendet: Es ist besser für euch. Und diejenigen, die vor ihrer eigenen Habsucht bewahrt bleiben, das sind die, denen es wohl ergeht. 17 Wenn ihr Gott ein schönes Darlehen leiht, wird Er es euch vervielfachen und euch vergeben. Und Gott zeigt sich erkenntlich und ist langmütig. 18 (Er), der über das Unsichtbare und das Offenbare Bescheid weiß, der Mächtige, der Weise.

9: an dem jeder sucht, die anderen zu übervorteilen – oder: an dem die Frevler meinen, Gott übervorteilen zu können, selbst aber Verlust erleiden. Es gibt auch andere Deutungen.

Sure 65

Die Entlassung (al-Ṭalāq)

zu Medina, 12 Verse

Im Namen Gottes, des Erbarmers, des Barmherzigen.

[56½] 1 O Prophet, wenn ihr die Frauen entlaßt, dann entlaßt sie unter Beachtung ihrer Wartezeit, und berechnet die Wartezeit (sorgfältig). Und fürchtet Gott, euren Herrn. Weiset sie nicht aus ihren Häusern aus. Sie sollen auch nicht selbst ausziehen, es sei denn, sie begehen eine offenkundige schändliche Tat. Das sind die Rechtsbestimmungen Gottes. Wer die Rechtsbestimmungen Gottes übertritt, der tut sich selbst Unrecht. Du weißt nicht, ob nicht Gott vielleicht danach eine neue Lage herbeiführt. 2 Wenn sie das Ende ihrer Frist erreichen, dann behaltet sie in rechtlicher Weise oder trennt euch von ihnen in rechtlicher Weise. Und nehmt zwei gerechte Leute von euch zu Zeugen, und erhaltet das Zeugnis Gottes aufrecht. Damit wird derjenige ermahnt, der an Gott und den Jüngsten Tag glaubt. Und wer Gott fürchtet, dem schafft Er einen Ausweg 3 und beschert Unterhalt, von wo er damit nicht rechnet. Und wer auf Gott vertraut, dem genügt Er. Gott erzielt sein Anliegen. Gott legt für jede Sache ein Maß fest. 4 Und für die von euren Frauen, die keine Menstruation mehr erwarten, falls ihr da Zweifel hegt, gilt eine Wartezeit von drei Monaten. Und ebenso für die, die keine Menstruation haben. Für die, die schwanger sind, ist die Frist erreicht, wenn sie gebären, was sie (in ihrem Leib) tragen. Und wer Gott fürchtet, dem schafft Er Erleichterung in seiner Angelegenheit. 5 Das ist die Anordnung Gottes, die Er zu euch herabgesandt hat. Und wer Gott fürchtet, dem sühnt Er seine Missetaten und dem verleiht Er einen großartigen Lohn. 6 Laßt sie dort wohnen, wo ihr selbst wohnt, euren Möglichkeiten entsprechend. Und fügt ihnen keinen Schaden zu, um sie in Bedrängnis zu bringen. Und wenn sie schwanger sind, dann übernehmt für sie die nötigen Aufwendungen, bis sie gebären, was sie (in ihrem Leib) tragen. Wenn sie für euch das Kind stillen, dann laßt ihnen ihren Lohn zukommen,

und beratet euch untereinander (darüber) in rechtlicher Weise. Und wenn ihr euch schwer einigen könnt, dann wird wohl eine andere (das Kind) für ihn stillen.
7 Der Wohlhabende soll entsprechend seinem Vermögen die Aufwendungen gestalten. Und wem der Unterhalt bemessen zugeteilt wurde, der soll von dem ausgeben, was Gott ihm hat zukommen lassen. Gott fordert von einem nur das, was Er ihm hat zukommen lassen. Gott wird nach der schwierigen Lage Erleichterung schaffen.
8 Und wie manche Stadt rebellierte gegen den Befehl ihres Herrn und seiner Gesandten, worauf Wir sie einer harten Abrechnung unterzogen und mit einer entsetzlichen Pein peinigten.
9 Da erlitt sie die schweren Folgen ihres Verhaltens. Und das Ende ihres Verhaltens war (nur) Verlust.
10 Gott hat für sie eine harte Pein bereitet. So fürchtet Gott, ihr Einsichtigen, die ihr glaubt. Gott hat zu euch eine Ermahnung herabgesandt,
11 einen Gesandten, der euch die Zeichen Gottes, die alles deutlich machen, verliest, um die, die glauben und die guten Werke tun, aus den Finsternissen ins Licht hinauszuführen. Und wer an Gott glaubt und Gutes tut, den wird Er in Gärten eingehen lassen, unter denen Bäche fließen; darin werden sie auf immer ewig weilen. Gott hat ihm (damit) einen schönen Unterhalt gewährt.
12 Gott ist es, der sieben Himmel erschaffen hat, und von der Erde gleich viel. Der Befehl (Gottes) kommt zwischen ihnen herab, damit ihr wißt, daß Gott Macht hat zu allen Dingen und daß Gott alle Dinge mit seinem Wissen umfaßt.

Sure 66

Das Verbot (al-Taḥrīm)

zu Medina, 12 Verse

Im Namen Gottes, des Erbarmers, des Barmherzigen.
[56¾] 1 O Prophet, warum erklärst du für verboten, was Gott dir
erlaubt hat, im Streben danach, deinen Gattinnen zu gefallen*?
Gott ist voller Vergebung und barmherzig. 2 Gott hat für euch
festgelegt, wie eure Eide zu lösen sind. Und Gott ist euer
Schutzherr, und Er ist der, der Bescheid weiß und weise ist.
3 Als der Prophet einer seiner Gattinnen einige Worte im
geheimen anvertraute. Als sie sie dann mitteilte und Gott ihm
darüber Auskunft gab, gab er einen Teil davon bekannt und
überging einen anderen Teil. Als er es ihr nun mitteilte, sagte
sie: »Wer hat dir das kundgetan?« Er sagte: »Kundgetan hat (es)
mir der, der Bescheid weiß und Kenntnis (von allem) hat.
4 Wenn ihr beide zu Gott umkehrt – eure Herzen waren ja dem
Gerede zugeneigt – ... Und wenn ihr einander gegen ihn Bei-
stand leistet, so ist Gott sein Schutzherr, und Gabriel, die Recht-
schaffenen von den Gläubigen und außerdem die Engel werden
(ihm) Beistand leisten. 5 Möge sein Herr ihm, wenn er euch
(alle) entläßt, zum Tausch andere Gattinnen geben, die besser
sind als ihr: muslimische Frauen, die gläubig und demütig
ergeben sind, bereit zur Umkehr sind, (Gott) dienen und
umherziehen*, ob sie früher verheiratet waren oder Jungfrauen
sind.
6 O ihr, die ihr glaubt, hütet euch selbst und eure Angehörigen
vor einem Feuer, dessen Brennstoff Menschen und Steine sind
und über das hartherzige und strenge Engel gesetzt sind, die
gegen Gott nicht ungehorsam sind in dem, was Er ihnen befiehlt,

1: Um seiner Gattin Ḥafṣa zu gefallen, hatte Muḥammad versprochen, auf den sexuellen Verkehr mit seiner koptischen christlichen Sklavin Maria zu verzichten.

5: Oder: wie Wandermönche asketisch leben; vgl. 9,112.

sondern tun, was ihnen befohlen wird. 7 O ihr, die ihr ungläubig seid, entschuldigt euch heute nicht. Euch wird nur das vergolten, was ihr zu tun pflegtet. 8 O ihr, die ihr glaubt, kehrt zu Gott um in aufrichtiger Umkehr. Möge Gott euch eure Missetaten sühnen und euch in Gärten eingehen lassen, unter denen Bäche fließen, am Tag, da Gott den Propheten und die, die mit ihm gläubig sind, nicht zuschanden macht! Ihr Licht eilt vor ihnen und zu ihrer Rechten her. Sie sagen: »Unser Herr, vollende für uns unser Licht und vergib uns. Du hast Macht zu allen Dingen.«

9 O Prophet, setze dich gegen die Ungläubigen und die Heuchler ein und fasse sie hart an. Ihre Heimstätte ist die Hölle – welch schlimmes Ende!

10 Gott hat für die, die ungläubig sind, die Frau Noachs und die Frau Lots* als Beispiel angeführt. Sie beide unterstanden zwei Dienern von unseren rechtschaffenen Dienern. Aber sie waren treulos zu ihnen, so konnten ihnen diese vor Gott nichts nützen. Und es wurde gesagt: »Geht ins Feuer ein mit denen, die hineingehen.« 11 Und Gott hat für die, die glauben, die Frau des Pharao als Beispiel angeführt. Als sie sagte: »Mein Herr, baue mir ein Haus bei Dir im Paradies, und errette mich von Pharao und seinem Handeln, und errette mich von den Leuten, die Unrecht tun.« 12 Und (auch) Maria*, die Tochter `Imrāns, die ihre Scham unter Schutz stellte, worauf Wir in sie von unserem Geist bliesen. Und sie hielt die Worte ihres Herrn und seine Bücher für wahr und gehörte zu denen, die (Gott) demütig ergeben sind.

10: Zur Frau Lots siehe unter anderen Stellen 7,83; 11,81; 15,59 f.
12: Es ist Maria, die Mutter Jesu Christi; vgl. 3,33 f.

Sure 67

Die Königsherrschaft (al-Mulk)

zu Mekka, 30 Verse

Im Namen Gottes, des Erbarmers, des Barmherzigen.
29. Teil 1 Gesegnet sei der Herr, in dessen Hand die Königsherrschaft ist!
[57] Und Er hat Macht zu allen Dingen. 2 (Er), der den Tod und das
Leben erschaffen hat, um euch zu prüfen (und festzustellen), wer
von euch am besten handelt. Und Er ist der, der mächtig und
voller Vergebung ist. 3 (Er), der sieben Himmel in Schichten
erschaffen hat. Und du kannst an der Schöpfung des Erbarmers
kein Mißverhältnis sehen. Wende deinen Blick zurück: Siehst du
irgendeinen Mangel? 4 Dann wende deinen Blick zweimal zu-
rück. Dein Blick kehrt zu dir beschämt und ermüdet zurück.
5 Und Wir haben den untersten Himmel mit Leuchten
geschmückt und haben sie zu Wurfsteinen gegen die Satane
gemacht. Und Wir haben für sie die Pein des Feuerbrandes
bereitet. 6 Und bestimmt ist für die, die ihren Herrn verleugnen,
die Pein der Hölle – welch schlimmes Ende! 7 Wenn sie hinein-
geworfen werden, hören sie sie aufheulen, während sie brodelt,
8 als würde sie bald vor Wut platzen. Sooft eine Schar hineinge-
worfen wird, werden ihre Wärter sie fragen: »Ist denn kein
Warner zu euch gekommen?« 9 Sie sagen: »Doch, ein Warner ist
zu uns gekommen. Aber wir haben (ihn) der Lüge geziehen und
gesagt: ›Gott hat nichts herabgesandt; ihr befindet euch ja in
großem Irrtum.‹« 10 Und sie sagen: »Hätten wir nur gehört und
Verstand gehabt, wären wir nun nicht unter den Gefährten des
Höllenbrandes.« 11 Und sie bekennen ihre Schuld. Weg mit den
Gefährten des Höllenbrandes! 12 Für diejenigen, die ihren Herrn
im Verborgenen fürchten, ist Vergebung und ein großer Lohn
bestimmt.
13 Ihr mögt eure Worte im geheimen sprechen oder offen
äußern, Er weiß über das innere Geheimnis Bescheid. 14 Sollte
Er denn nicht über die Bescheid wissen, die Er erschaffen hat?
Und Er ist der Feinfühlige, der Kenntnis von allem hat.
15 Er ist es, der euch die Erde gefügig gemacht hat. So schreitet

auf ihrem Rücken umher und eßt von dem, was Er (euch)
beschert. Und zu Ihm führt die Auferstehung. 16 Wähnt ihr
euch denn in Sicherheit davor, daß der, der im Himmel ist, die
Erde mit euch versinken läßt, so daß sie ins Schwanken gerät? 17
Oder wähnt ihr euch in Sicherheit davor, daß der, der im Himmel
ist, einen Sandsturm gegen euch schickt? Da werdet ihr erfahren,
wie seine Warnung ist.
18 Auch diejenigen, die vor ihnen lebten, haben (die Gesandten)
der Lüge geziehen. Und wie war meine Mißbilligung! 19 Haben
sie nicht auf die Vögel über ihnen geschaut, wie sie ihre Flügel
ausbreiten und einziehen? Nur der Erbarmer hält sie. Er sieht
wohl alle Dinge. 20 Oder wer ist anstelle des Erbarmers derje-
nige, der euch eine Heerschar wäre, die euch unterstützen
könnte? Die Ungläubigen fallen nur der Betörung anheim. 21
Oder wer ist denn der, der euch Lebensunterhalt bescheren
könnte, wenn Er seine Versorgung zurückhält? Aber nein, sie
verharren in Rebellion und Abneigung. 22 Folgt denn einer, der,
auf sein Gesicht gestürzt, umherschreitet, eher der Rechtleitung,
oder einer, der aufrecht auf einem geraden Weg umherschreitet?
23 Sprich: Er ist es, der euch entstehen ließ und euch Gehör,
Augenlicht und Herz machte. Ihr seid aber wenig dankbar. 24
Sprich: Er ist es, der euch auf der Erde vermehrte. Und zu Ihm
werdet ihr versammelt werden.
25 Und sie sagen: »Wann wird diese Androhung eintreffen, so
ihr die Wahrheit sagt?« 26 Sprich: Nur Gott weiß darüber
Bescheid. Und ich bin ein deutlicher Warner. 27 Wenn sie es aber
aus der Nähe sehen, dann werden die Gesichter derer, die
ungläubig sind, schlimm betroffen. Und es wird gesprochen:
»Das ist das, was ihr herbeizurufen suchtet.«
28 Sprich: Was meint ihr, wenn Gott mich und die, die mit mir
sind, verderben lassen oder wenn Er sich unser erbarmen sollte,
wer wird dann die Ungläubigen schützen vor einer schmerzhaf-
ten Pein? 29 Sprich: Er ist der Erbarmer. An Ihn glauben Wir,
und auf Ihn vertrauen wir. Ihr werdet noch erfahren, wer sich im
offenkundigen Irrtum befindet. 30 Sprich: Was meint ihr, wenn
euer Wasser versiegen sollte, wer könnte euch sprudelndes Was-
ser bringen?

Sure 68

Das Schreibrohr (al-Qalam)

zu Mekka, 52 Verse

Im Namen Gottes, des Erbarmers, des Barmherzigen.
[57¼] 1 Nūn*. Beim Schreibrohr und dem, was sie* zeilenweise nieder-
schreiben. 2 Du bist dank der Gnade deines Herrn kein Besesse-
ner. 3 Bestimmt ist für dich ein Lohn, der nicht aufhört. 4 Und
du besitzt großartige Charakterzüge. 5 Du wirst schauen, und
auch sie werden schauen, 6 wer von euch der Versuchung
ausgesetzt ist. 7 Dein Herr weiß besser, wer von seinem Weg
abirrt, und Er weiß besser, wer die sind, die der Rechtleitung
folgen. 8 So gehorche nicht denen, die (die Botschaft) für Lüge
erklären. 9 Sie möchten gern, daß du nur schöne Worte machst,
so daß auch sie schöne Worte machen können. 10 Und gehorche
niemandem, der dauernd schwört und verächtlich dasteht, 11 der
ständig stichelt und Verleumdungen verbreitet, 12 der das Gute
verweigert, Übertretungen begeht und Schuld auf sich lädt, 13
der außerdem grobes Benehmen zeigt und ein Eindringling ist,
14 auch wenn er Vermögen und Söhne hat. 15 Wenn ihm unsere
Zeichen verlesen werden, sagt er: »Die Fabeln der Früheren.« 16
Wir werden ihn auf der Nase mit einem Merkmal brand-
marken.
17 Wir haben sie Prüfungen unterworfen, wie Wir die Besitzer
des Gartens Prüfungen unterworfen haben, als sie schworen, sie
würden ihn am Morgen abernten, 18 ohne einen Vorbehalt zu
machen*. 19 Da machte darin eine verheerende Erscheinung von
deinem Herrn die Runde, während sie schliefen, 20 und er war
am Morgen wie abgeerntet. 21 Da riefen sie am Morgen einander
zu: 22 »Geht in der Frühe zu eurem Saatfeld, wenn ihr ernten

1: Die Bedeutung dieses Buchstabens ist noch nicht geklärt. – sie: die Menschen im allgemeinen, oder die Engel, die als Begleiter der Menschen alles aufschreiben, was diese tun.

18: ohne zu sagen: »So Gott will.« Vgl. 3,117; 18,32–44.

wollt.« 23 Sie machten sich auf den Weg und flüsterten dabei einander zu: 24 »Heute darf kein Bedürftiger zu euch hereinkommen.« 25 Und sie gingen hin in der Frühe in der Meinung, sie könnten (den Armen ihren Anteil) verwehren. 26 Als sie ihn aber sahen, sagten sie: »Wir befinden uns im Irrtum. 27 Nein, wir entbehren vielmehr alles.« 28 Derjenige von ihnen, der in der Mitte stand*, sagte: »Habe ich nicht zu euch gesagt: Würdet ihr doch Gott preisen!« 29 Sie sagten: »Preis sei unserem Herrn! Wir haben gewiß Unrecht getan.« 30 Da gingen sie aufeinander zu und machten sich gegenseitig Vorwürfe. 31 Sie sagten: »O wehe uns! Wir haben ein Übermaß an Frevel gezeigt. 32 Möge unser Herr uns zum Tausch dafür einen besseren (Garten) als ihn geben! Auf Gott richten wir unsere Wünsche.« 33 So ist die Pein. Doch die Pein des Jenseits ist größer, wenn sie es nur wüßten!

34 Für die Gottesfürchtigen sind bei ihrem Herrn Gärten der Wonne bestimmt. 35 Sollen Wir etwa die Gottergebenen den Übeltätern gleichsetzen? 36 Was ist mit euch? Wie urteilt ihr nur? 37 Oder habt ihr ein Buch, in dem ihr nachforschen (und finden) könnt, 38 daß euch bestimmt ist, was ihr euch auswählt? 39 Oder haben Wir uns euch gegenüber eidlich verpflichtet bis zum Tag der Auferstehung, daß ihr bekommt, was ihr entscheidet? 40 Frage sie, wer von ihnen dafür bürgt. 41 Oder haben sie etwa Teilhaber? Sie sollen doch ihre Teilhaber herbeibringen, so sie die Wahrheit sagen. 42 Am Tag, da die Angelegenheit ernst wird und sie aufgerufen werden, sich in Anbetung niederzuwerfen, sie aber es nicht vermögen, 43 während ihre Blicke gesenkt sind und Erniedrigung auf ihnen schwer lastet. Dabei wurden sie doch aufgefordert, sich in Anbetung niederzuwerfen, als sie gesund waren.

44 Laß Mich in Ruhe mit denen, die diese Botschaft für Lüge erklären. Wir werden sie nach und nach kommen lassen*, von wo sie es nicht wissen. 45 Und Ich gewähre ihnen Aufschub. Meine List ist fest. 46 Oder verlangst du etwa einen Lohn von

28: D. h. der Beste, der Gemäßigste unter ihnen.
44: dem Verderben entgegen.

ihnen, so daß sie mit Schulden belastet würden? 47 Oder liegt ihnen das Unsichtbare vor, so daß sie (es) aufschreiben? 48 So sei geduldig, bis das Urteil deines Herrn eintrifft. Und sei nicht wie der mit dem Fisch*, als er voller Gram (zu Gott) rief. 49 Und hätte ihn nicht eine Gnade von seinem Herrn rechtzeitig erreicht, wäre er auf das kahle Land geworfen worden und hätte sich Tadel zugezogen. 50 Da erwählte ihn sein Herr und machte ihn zu einem der Rechtschaffenen. 51 Diejenigen, die ungläubig sind, würden dich, wenn sie die Ermahnung hören, mit ihren Blicken beinahe ins Straucheln bringen. Und sie sagen: »Er ist ja ein Besessener.« 52 Doch es ist nichts als eine Ermahnung für die Weltenbewohner.

Sure 69

Die fällig wird (al-Ḥāqqa)

zu Mekka, 52 Verse

Im Namen Gottes, des Erbarmers, des Barmherzigen.
[57½] 1 Die fällig wird*, 2 was ist die, die fällig wird? 3 Woher sollst du
wissen, was die ist, die fällig wird?
4 Die Thamūd und die \`Ād* erklärten die Katastrophe für Lüge.
5 Die Thamūd nun wurden durch den hereinbrechenden Schrei
vernichtet. 6 Die \`Ād aber wurden durch einen gewaltigen eiskal-
ten Wind vernichtet, 7 den Er sieben Nächte und acht Tage lang
immer wieder gegen sie einsetzte. Da hättest du sehen können,
wie die Leute dort auf dem Boden lagen, als wären sie Stämme
hohler Palmen. 8 Kannst du denn etwas sehen, was von ihnen

48: Jonas; vgl. 21,87–88.

1: Die Stunde des Gerichtes; vgl. 69,13–18.
4: Vgl. zu Thamūd 7,73–79; zu \`Ād 7,65–72.

übriggeblieben wäre? 9 Und Pharao und diejenigen, die vor ihm
lebten, und die verschwundenen Städte zeigten sündiges Verhal-
ten. 10 Sie waren gegen den Gesandten ihres Herrn ungehorsam.
Da ergriff Er sie mit einem sich steigernden heftigen Griff. 11 Als
das Wasser (alles) überflutete, trugen Wir euch auf dem dahin-
fahrenden (Schiff), 12 um es für euch zu einer Erinnerung zu
machen, und damit es von jedem aufnahmefähigen Ohr aufge-
nommen wird.
13 Und wenn in die Trompete nur einmal geblasen wird 14 und
Erde und Berge gehoben und auf einem Schlag zu Staub gemacht
werden, 15 an jenem Tag trifft (die Stunde) ein, die eintreffen
wird, 16 und der Himmel spaltet sich, so daß er an jenem Tag
brüchig wird, 17 und die Engel stehen an seinem Rand. Über
ihnen tragen an jenem Tag acht den Thron deines Herrn. 18 An
jenem Tag werdet ihr vorgeführt, und nichts von euch bleibt
verborgen. 19 Wem dann sein Buch in seine Rechte gereicht
wird, der sagt: »Nehmt und lest mein Buch. 20 Ich rechnete ja
damit, daß ich meiner Abrechnung begegnen werde.« 21 Er
befindet sich da in einem zufriedenen Leben, 22 in einem hochge-
legenen Garten, 23 dessen Früchte herabhängen. 24 »Eßt und
trinkt zu eurem Wohl für das, was ihr früher in den vergangenen
Tagen getan habt.« 25 Wem aber sein Buch in seine Linke
gereicht wird, der sagt: »O wäre mir doch mein Buch nicht
gereicht worden! 26 Und hätte ich doch nicht erfahren, wie
meine Abrechnung aussieht! 27 O wäre dies nur das Ende! 28
Nicht nützt mir mein Vermögen. 29 Vernichtet ist meine Macht-
fülle.« 30 – »Nehmt ihn und fesselt ihn. 31 Dann laßt ihn in der
Hölle brennen. 32 Dann legt ihn in eine Kette, deren Länge
siebzig Ellen ist. 33 Er glaubte nämlich nicht an Gott, den
Majestätischen, 34 und er hielt nicht zur Speisung des Bedürfti-
gen an. 35 Hier hat er heute keinen warmherzigen Freund, 36
und auch keine Speise außer Eiterflüssigkeit, 37 die nur die
Sünder essen.«
38 O nein, Ich schwöre bei dem, was ihr erblickt, 39 und dem,
was ihr nicht erblickt. 40 Das ist die Rede eines edlen Gesandten,
41 das ist nicht die Rede eines Dichters. Aber ihr seid ja so wenig
gläubig. 42 Das ist auch nicht die Rede eines Wahrsagers. Aber

ihr bedenkt es ja so wenig. 43 Es ist eine Herabsendung vom
Herrn der Welten. 44 Und hätte er sich gegen Uns einige
Äußerungen selbst in den Mund gelegt, 45 Wir hätten ihn gewiß
an der Rechten gefaßt 46 und ihm dann die Herzader durch-
schnitten, 47 und keiner von euch hätte (Uns) von ihm abhalten
können. 48 Wahrlich, es ist eine Erinnerung für die Gottesfürch-
tigen. 49 Und wahrlich, Wir wissen, daß einige von euch (es) für
Lüge erklären. 50 Und wahrlich, es ist ein Grund zum Bedauern
für die Ungläubigen. 51 Und wahrlich, es ist die Wahrheit, die
gewiß ist. 52 So preise den Namen deines Herrn, des Majestäti-
schen.

Sure 70

Die Himmelsleiter (al-Maʿāridj)

zu Mekka, 44 Verse

Im Namen Gottes, des Erbarmers, des Barmherzigen.
1 Ein Fragesteller fragt nach einer Pein, die eintreffen wird 2 für
die Ungläubigen, die niemand abwehren kann, 3 von Gott her,
dem Herrn der Himmelsleiter. 4 Die Engel und der Geist steigen
zu Ihm empor an einem Tag, dessen Ausmaß fünfzigtausend
Jahre sind. 5 Übe darum schöne Geduld. 6 Sie sehen sie* weit
entfernt, 7 Wir aber sehen sie nahe.
8 Am Tag, da der Himmel wie geschmolzenes Erz 9 und die Berge
wie Wolleflocken sein werden, 10 und kein warmherziger Freund
seinen Freund (nach seinem Befinden) fragt. 11 Sie werden sie
gewiß zu sehen bekommen. Der Übeltäter möchte sich gern von
der Pein jenes Tages loskaufen mit seinen Söhnen 12 und seiner
Gefährtin und seinem Bruder 13 und seiner Sippe, die ihm eine
Heimstätte bietet, 14 und allen, die auf der Erde sind. Er
wünscht, dies möge ihn dann retten. 15 Aber nein, es ist ein

6: die Pein.

loderndes Feuer, 16 das die Gliedmaßen wegnimmt*, 17 das den
ruft, der den Rücken kehrt und fortgeht, 18 (Vermögen) zusam-
menträgt und in Behältern hortet.
*19 Der Mensch ist als kleinmütig erschaffen. 20 Wenn das Böse [57¾]
ihn trifft, ist er sehr mutlos; 21 und wenn ihm Gutes widerfährt,
verweigert er es anderen. 22 Ausgenommen sind die, die beten
23 und in ihrem Gebet beharrlich sind, 24 und die ein bestimmtes
Recht auf ihr Vermögen einräumen 25 dem Bettler und den
Unbemittelten, 26 und die den Tag des Gerichtes für wahr halten,
27 und die vor der Pein ihres Herrn erschrocken sind 28 – vor
der Pein ihres Herrn befindet sich niemand in Sicherheit –, 29
und die ihre Scham bewahren, 30 außer gegenüber ihren Gattin-
nen, oder was ihre Rechte (an Sklavinnen) besitzt – dann sind sie
nicht zu tadeln; 31 diejenigen aber, die darüber hinaus (andere)
begehren, das sind die, die Übertretungen begehen –, 32 und die
auf das ihnen Anvertraute und ihre Verpflichtung achtgeben 33
und die ihr Zeugnis ablegen, 34 und die ihr Gebet einhalten. 35
Diese befinden sich in Gärten und werden (darin) ehrenvoll
behandelt.
36 Was ist mit denen, die ungläubig sind, daß sie den Hals nach
dir recken 37 von rechts und von links, in Gruppen aufgeteilt? 38
Erhofft (wirklich) jeder von ihnen, in einen Garten der Wonne
eingehen zu können? 39 Aber nein, Wir haben sie doch aus dem
erschaffen, was sie wissen*. 40 Nein, Ich schwöre beim Herrn der
östlichen und der westlichen Gegenden, Wir haben dazu die
Macht, 41 sie durch andere zu ersetzen, die besser sind als sie.
Und niemand kann Uns voraus sein. 42 So laß sie ausschweifende
Reden halten und ihr Spiel treiben, bis sie ihrem Tag begegnen,
der ihnen angedroht ist, 43 dem Tag, da sie aus den Gräbern
hastig herauskommen, als würden sie zu den Opfersteinen eilen,
44 während ihre Blicke gesenkt sind und Erniedrigung auf ihnen
schwer lastet. Das ist der Tag, der ihnen immer wieder angedroht
wurde.

16: Oder: die Kopfhaut abzieht.

39: »aus Ton«, oder »aus dem Erguß eines verächtlichen Wassers«: 32,7 und ähnliche Stellen.

Sure 71

Noach (Nūḥ)

zu Mekka, 28 Verse

Im Namen Gottes, des Erbarmers, des Barmherzigen.
1 Wir haben Noach* zu seinem Volk gesandt: »Warne dein Volk,
bevor eine schmerzhafte Pein über sie kommt.« 2 Er sagte: »O
mein Volk, ich bin euch ein deutlicher Warner: 3 Dienet Gott
und füchtet Ihn, und gehorchet mir, 4 dann vergibt Er euch etwas
von euren Sünden und stellt euch zu einer bestimmten Frist
zurück. Die Frist Gottes, wenn sie eintrifft, kann nicht aufge-
schoben werden, wenn ihr es nur wüßtet!«
5 Er sagte: »Mein Herr, ich habe mein Volk bei Nacht und bei
Tag gerufen. 6 Mein Rufen hat sie aber nur in ihrer Flucht
bestärkt. 7 Sooft ich sie rief, damit Du ihnen vergibst, steckten
sie ihre Finger in die Ohren, hüllten sich in Gewänder, blieben
verstockt und verhielten sich sehr hochmütig. 8 Dann richtete ich
an sie den Ruf öffentlich. 9 Dann sprach ich zu ihnen offen und
im geheimen. 10 Ich sagte: Bittet euren Herrn um Vergebung
– Er vergibt ja viel –, 11 dann wird Er den Himmel über euch
ergiebig regnen lassen 12 und euch mit Vermögen und Söhnen
beistehen, für euch Gärten machen und für euch Bäche machen.
13 Was ist mit euch, daß ihr nicht von Gott erwartet, daß Er
würdevoll handelt, 14 wo Er euch doch in Phasen erschaffen hat?
15 Habt ihr nicht gesehen, wie Gott sieben Himmel in Schichten
erschaffen hat, 16 den Mond darin zu einem Licht gemacht und
die Sonne zu einer Leuchte gemacht hat? 17 Gott hat euch aus
der Erde wie Pflanzen wachsen lassen. 18 Dann wird Er euch zu
ihr zurückkehren lassen und (wieder aus ihr) hervorbringen. 19
Und Gott hat euch die Erde zu einer ausgebreiteten Unterlage
gemacht, 20 damit ihr auf ihr Wege als breite Durchgänge
begehen könnt.« 21 Noach sagte: »Mein Herr, sie sind gegen
mich ungehorsam geworden und sind einem gefolgt, der durch

1: Vgl. 7,59–64.

sein Vermögen und seine Kinder nur noch größeren Verlust hat. 22 Und sie haben ungeheure Ränke geschmiedet. 23 Und sie sagen: ›Verlaßt doch nicht eure Götter. Verlaßt doch nicht Wadd, noch Suwā`, noch Yaghūth, und auch nicht Ya`ūq und Nasr.‹ 24 Sie haben viele irregeführt. So laß die, die Unrecht tun, noch tiefer in die Irre gehen.« 25 Wegen ihrer Sünden wurden sie ertränkt und in ein Feuer geführt. Da fanden sie für sich außer Gott keine Helfer. 26 Und Noach sagte: »Mein Herr, laß keinen von den Ungläubigen weiter auf der Erde wohnen. 27 Wenn Du sie (leben) läßt, führen sie deine Diener irre und bringen zur Welt nur solche, die voller Laster und sehr ungläubig sind. 28 Mein Herr, vergib mir und meinen Eltern und dem, der als Gläubiger mein Haus betritt, und den gläubigen Männern und den gläubigen Frauen. Und stürze die, die Unrecht tun, noch tiefer ins Verderben.«

Sure 72

Die Djinn (al-Djinn)

zu Mekka, 28 Verse

Im Namen Gottes, des Erbarmers, des Barmherzigen.
1 Sprich: Mir ist offenbart worden, daß eine Schar Djinn [58]
zuhörte. Sie sagten: »Wir haben einen erstaunlichen Koran
gehört, 2 der zum rechten Wandel leitet. So haben wir an ihn
geglaubt. Und wir werden unserem Herrn niemanden beigesel-
len. 3 Und* erhaben ist die Majestät unseres Herrn. Er hat sich
weder eine Gefährtin noch ein Kind genommen. 4 Und der Tor
unter uns pflegte gegen Gott etwas Abwegiges zu sagen. 5 Und
wir meinten, daß weder die Menschen noch die Djinn gegen Gott

3: »Und« leitet hier und in den folgenden Versen die verschiedenen Teile des Berichtes der Djinn ein.

eine Lüge sagen würden. 6 Und einige Männer unter den Menschen suchten Zuflucht bei einigen Männern unter den Djinn und mehrten somit bei ihnen ihre Gewalttätigkeit. 7 Und sie meinten, wie ihr ja meint, daß Gott niemanden auferwecken würde. 8 Und wir haben den Himmel abgesucht und festgestellt, daß er mit starken Wächtern und Sternschnuppen voll ist. 9 Und wir pflegten uns an verschiedenen Stellen von ihm zu setzen, um zu lauschen. Wer aber jetzt horcht, der findet, daß eine Sternschnuppe auf ihn lauert. 10 Und wir wissen nicht, ob für die Bewohner der Erde Böses vorgesehen ist, oder ob ihr Herr vorhat, sie zum guten Wandel zu führen. 11 Und unter uns gibt es Rechtschaffene; und unter uns gibt es solche, die es nicht sind. Wir folgten getrennten Wegen. 12 Und wir meinen, daß wir auf der Erde Gottes Willen nicht vereiteln können, und daß wir ihn nicht durch Flucht vereiteln können. 13 Und als wir die Rechtleitung hörten, glaubten wir an sie. Wer an seinen Herrn glaubt, der befürchtet keinen Lohnabzug und keine Gewaltanwendung. 14 Und unter uns gibt es solche, die gottergeben sind; und unter uns gibt es solche, die dem Falschen zuneigen. Diejenigen nun, die gottergeben sind, bemühen sich um den rechten Wandel. 15 Diejenigen aber, die dem Falschen zuneigen, werden Brennholz für die Hölle sein. 16 Und würden sie den rechten Weg einschlagen, würden Wir ihnen reichlich Wasser zu trinken geben, 17 um sie dadurch der Versuchung auszusetzen. Und wer sich von der Ermahnung seines Herrn abwendet, den wird Er in eine überwältigende Pein eingehen lassen. 18 Und die Anbetungsstätten gehören Gott; so ruft neben Gott niemanden an. 19 Und als der Diener Gottes aufstand, um Ihn anzurufen, hätten sie ihn im Gedränge fast erdrückt.«

20 Sprich: Ich rufe meinen Herrn an, und ich geselle Ihm niemanden bei. 21 Sprich: Ich verfüge für euch weder über Schaden noch über die rechte Unterweisung. 22 Sprich: Niemand kann mich gegen Gott schützen, und ich kann außer bei Ihm keinen Ort finden, wohin ich mich begeben könnte. 23 Ich habe nur etwas auszurichten von Gott und seinen Botschaften. Und für diejenigen, die gegen Gott und seinen Gesandten ungehorsam sind, ist das Feuer der Hölle bestimmt; darin werden sie auf

immer ewig weilen. 24 Wenn sie dann sehen, was ihnen angedroht ist, werden sie wissen, wer die schwächeren Helfer und die geringere Zahl hat. 25 Sprich: Ich weiß nicht, ob das, was euch angedroht ist, nahe ist, oder ob mein Herr ihm noch eine Frist setzt, 26 (Er), der über das Unsichtbare Bescheid weiß und niemandem über das, was bei Ihm verborgen ist, Auskunft gibt, 27 außer dem Gesandten, der Ihm genehm ist; dann läßt Er vor ihm und hinter ihm Wächter gehen, die ihn belauern, 28 um festzustellen, ob sie* die Botschaften ihres Herrn ausgerichtet haben. Er umfaßt, was bei ihnen ist, und Er erfaßt die Zahl aller Dinge.

Sure 73

Der sich eingehüllt hat (al-Muzzammil)

zu Mekka, 20 Verse

Im Namen Gottes, des Erbarmers, des Barmherzigen.

1 Der du dich eingehüllt hast, 2 steh auf (zum Gebet) die ganze Nacht, bis auf einen kleinen Teil, 3 die halbe Nacht, oder verringere sie um einen kleinen Teil, 4 oder füge etwas hinzu. Und trage den Koran Abschnitt für Abschnitt vor. 5 Wir werden dir Worte auferlegen, die schwer zu tragen sind. 6 Das Aufstehen in der Nacht hinterläßt einen stärkeren Eindruck und läßt eher die rechten Worte finden. 7 Du wirst am Tag lange beansprucht. 8 Und so gedenke des Namens deines Herrn und widme dich Ihm allein. 9 (Er ist) der Herr des Ostens und des Westens. Es gibt keinen Gott außer Ihm. So nimm Ihn dir zum Sachwalter. 10 Und ertrage mit Geduld, was sie sagen. Und entferne dich auf schöne Weise von ihnen.

11 Laß Mich in Ruhe mit denen, die (die Botschaft) für Lüge erklären und die ein angenehmes Leben haben. Und gewähre

28: die Gesandten.

ihnen noch eine kurze Frist. 12 Bei Uns stehen schwere Fesseln
und eine Hölle bereit, 13 und auch eine Speise, die im Hals
steckenbleibt, und eine schmerzhafte Pein, 14 am Tag, da die
Erde und die Berge beben und die Berge (wie) ein zerrinnender
Sandhaufen sein werden.

15 Wir haben zu euch einen Gesandten als Zeugen über euch
geschickt, so wie Wir zu Pharao einen Gesandten geschickt
haben. 16 Pharao war aber ungehorsam gegen den Gesandten.
Da ergriffen Wir ihn mit einem harten Griff. 17 Wie wollt ihr,
wenn ihr ungläubig seid, euch vor einem Tag hüten, der die
Kinder zu Greisen werden läßt? 18 Der Himmel wird sich an ihm
spalten. Seine Drohung wird ausgeführt. 19 Dies ist nur eine
Erinnerung. Wer nun will, schlägt einen Weg zu seinem Herrn
ein.

[58¼] *20 Dein Herr weiß, daß du (zum Gebet) aufstehst beinahe zwei Drittel der Nacht oder die Hälfte oder ein Drittel davon, und ebenso eine Gruppe von denen, die mit dir sind. Und Gott bestimmt das Maß der Nacht und des Tages. Er weiß, daß ihr es nicht (selbst) würdet erfassen können. Da wandte Er sich euch zu. So verlest aus dem Koran, was leicht (zu bewältigen) ist. Er weiß, daß es unter euch Kranke geben würde, und andere, die im Land herumwandern im Streben nach der Huld Gottes, und (wieder) andere, die auf dem Weg Gottes kämpfen. Verlest also daraus, was leicht (zu bewältigen) ist, und verrichtet das Gebet und entrichtet die Abgabe und leiht Gott ein schönes Darlehen. Und was ihr für euch selbst an Gutem vorausschickt, das werdet ihr bei Gott vorfinden als noch besser und großartiger belohnt. Und bittet Gott um Vergebung. Gott ist ja voller Vergebung und barmherzig.

Sure 74

Der sich zugedeckt hat (al-Muddaththir)

zu Mekka, 56 Verse

Im Namen Gottes, des Erbarmers, des Barmherzigen.
1 Der du dich zugedeckt hast, 2 steh auf und warne, 3 und preise
die Größe deines Herrn, 4 und reinige deine Kleider, 5 und
entferne dich von der Unreinheit (des Götzendienstes), 6 und
poch nicht auf dein Verdienst, um mehr zu erhalten, 7 und sei
geduldig, bis dein Herr sein Urteil fällt. 8 Wenn dann in das
Horn gestoßen wird, 9 dann ist es an jenem Tag ein schwerer
Tag, 10 für die Ungläubigen nicht leicht.
11 Laß Mich in Ruhe mit dem, den Ich allein erschaffen habe, 12
und dem Ich ausgedehntes Vermögen verliehen habe, 13 und
auch Söhne, die als Zeugen da sind, 14 und dem Ich alles schön
geebnet habe, 15 der aber erhofft, daß Ich (ihm) noch mehr gebe.
16 Nein, er zeigte sich widerspenstig gegen meine Zeichen. 17
Ich werde Mühsal auf ihm schwer lasten lassen. 18 Er dachte
nach und wog ab. 19 Dem Tod geweiht sei er, wie seine Abwä-
gung war! 20 Noch einmal: Dem Tod geweiht sei er, wie seine
Abwägung war! 21 Dann schaute er, 22 dann runzelte er die
Stirn und zeigte Widerwillen, 23 dann kehrte er den Rücken und
verhielt sich hochmütig, 24 und er sagte: »Das ist doch nur eine
Zauberei, die (sonst) überliefert wird. 25 Das sind nur die Worte
von Menschen.« 26 Ich werde ihn im Höllenfeuer brennen
lassen. 27 Woher sollst du wissen, was das Höllenfeuer ist? 28 Es
läßt keinen Rest bestehen, und es läßt nichts übrigbleiben. 29 Es
versengt die Haut. 30 Es hat über sich neunzehn (Wächter). 31
Als Wächter des Feuers haben Wir nur Engel eingesetzt. Und
ihre Zahl haben Wir zu einer Versuchung gemacht für die, die
ungläubig sind, damit diejenigen Gewißheit erlangen, denen das
Buch zugekommen ist, und damit diejenigen, die glauben, an
Glauben zunehmen, und damit diejenigen, denen das Buch zuge-
kommen ist, und auch die Gläubigen keinen Zweifel hegen, und
damit diejenigen, in deren Herzen Krankheit ist, und (auch) die

Ungläubigen sagen: »Was will denn Gott mit einem solchen Gleichnis?« Auf diese Weise führt Gott irre, wen Er will, und leitet recht, wen Er will. Und über die Heerscharen deines Herrn weiß nur Er Bescheid. Und es ist nur eine Ermahnung für die Menschen.

32 Nein, beim Mond, 33 bei der Nacht, wenn sie den Rücken kehrt, 34 beim Morgen, wenn er anbricht, 35 siehe, sie* ist eine der größten (Gestalten des Verderbens), 36 zur Warnung für die Menschen, 37 für jeden von euch, der vorankommen oder zurückbleiben will.

38 Ein jeder haftet für das, was er erworben hat, 39 ausgenommen die von der Rechten; 40 sie befinden sich in Gärten, und sie fragen einander 41 nach den Übeltätern: 42 »Was hat euch ins Höllenfeuer getrieben?« 43 Sie sagen: »Wir gehörten nicht zu denen, die beteten, 44 und wir pflegten nicht den Bedürftigen zu speisen, 45 und wir gingen auf ausschweifende Reden ein mit denen, die solche hielten, 46 und wir erklärten den Tag des Gerichtes für Lüge, 47 bis das sichere Ende uns ereilte.« 48 Nun nützt ihnen die Fürsprache der Fürsprechenden nicht.

49 Was ist mit ihnen, daß sie sich von der Ermahnung abwenden, 50 als wären sie aufgeschreckte Wildesel, 51 die vor einem jagenden Löwen fliehen? 52 Aber nein, jeder von ihnen will, daß ihm aufgeschlagene Blätter* zukommen. 53 Nein, sie fürchten sich nicht vor dem Jenseits.

54 Nein, er* ist eine Erinnerung. 55 Wer will, gedenkt seiner. 56 Sie werden aber (seiner) nicht gedenken, es sei denn, Gott will es. Ihm gebührt, daß man Ihn fürchtet, und Ihm gebührt zu vergeben.

35: die Hölle.
52: die die Offenbarung enthalten.
54: der Koran.

Sure 75

Die Auferstehung (al-Qiyāma)

zu Mekka, 40 Verse

Im Namen Gottes, des Erbarmers, des Barmherzigen.
1 Nein, Ich schwöre beim Tag der Auferstehung. 2 Nein, Ich [58½]
schwöre bei der Seele, die sich selbst Tadel ausspricht. 3 Meint
denn der Mensch, daß Wir seine Gebeine nicht zusammenfügen
werden? 4 Ja doch, Wir sind imstande, seine Fingerspitzen
zurechtzubilden. 5 Doch der Mensch will voller Laster sein, sein
Leben lang. 6 Er fragt: »Wann wird der Tag der Auferstehung
sein?«
7 Wenn dann das Augenlicht geblendet ist 8 und der Mond sich
verfinstert 9 und Sonne und Mond miteinander vereinigt wer-
den, 10 an jenem Tag sagt der Mensch: »Wohin nun fliehen?« 11
Nein, es gibt keine Zuflucht. 12 Zu deinem Herrn führt an jenem
Tag der Weg zum Aufenthaltsort. 13 An jenem Tag wird dem
Menschen kundgetan, was er vorausgeschickt und zurückgestellt
hat. 14 Nein, der Mensch bringt einsichtige Beweise gegen sich
selbst, 15 auch wenn er seine Entschuldigungen vorbringt.
16 Bewege deine Zunge nicht damit*, um dich damit zu überei-
len. 17 Uns obliegt es, ihn zusammenzustellen und ihn vorzule-
sen. 18 Und (erst) wenn Wir ihn vorgelesen haben, dann folge du
der Art, ihn vorzulesen. 19 Dann obliegt es Uns, ihn zu erläu-
tern.
20 Aber nein, ihr liebt eher das, was schnell eintrifft*, 21 und
vernachlässigt das Jenseits. 22 An jenem Tag gibt es strahlende
Gesichter, 23 die zu ihrem Herrn schauen. 24 Und es gibt an
jenem Tag finstere Gesichter; 25 du möchtest meinen*, es
widerfahre ihnen ein das Rückgrat brechendes Unglück.

16: mit dem Koran.
20: das Diesseits.
25: Oder: die meinen.

26 Nein, wenn sie* das Schlüsselbein erreicht 27 und gesagt wird: »Wer kann als Beschwörer auftreten?«, 28 und wenn er* meint, es sei (jetzt) der Abschied, 29 und wenn (bei ihm) das eine Bein auf das andere trifft, 30 an jenem Tag wird er zu deinem Herrn getrieben.
31 Denn er hielt nicht (die Botschaft) für wahr, und er betete nicht, 32 sondern er erklärte (sie) für Lüge, und er kehrte sich ab. 33 Dann ging er zu seinen Angehörigen mit stolzen Schritten. 34 – »Recht geschieht dir, ja recht geschieht es. 35 Noch einmal: Recht geschieht dir, ja recht geschieht es.« 36 Meint denn der Mensch, daß er unbeachtet gelassen wird? 37 Ist er nicht ein Samentropfen, der sich ergießt, 38 dann ein Embryo gewesen? Da hat Er erschaffen und gebildet, 39 und daraus das Paar gemacht: den Mann und das Weib. 40 Ist ein solcher (Gott) denn nicht imstande, die Toten wieder lebendig zu machen?

Sure 76

Der Mensch (al-Insān)*

zu Medina, 31 Verse

Im Namen Gottes, des Erbarmers, des Barmherzigen.
1 Gab es (nicht) für den Menschen eine Zeitspanne, in der er kein nennenswertes Ding war? 2 Wir haben den Menschen aus einem Tropfen, einem Gemisch erschaffen, um ihn zu prüfen. Und Wir haben ihn mit Gehör und Augenlicht versehen. 3 Wir haben ihn den (rechten) Weg geführt, ob er nun dankbar oder undankbar ist. 4 Wir halten für die Ungläubigen Ketten und Fesseln und einen Feuerbrand bereit. 5 Die Frommen trinken aus einem Becher, in dem Kampfer beigemischt ist, 6 aus einer Quelle, aus

26: die Seele.
28: der Mensch.

* Oder: Die Zeit (al-Dahr); zu Mekka.

der die Diener Gottes trinken, die sie sprudelnd hervorbrechen
lassen. 7 Sie erfüllen das Gelübde und fürchten einen Tag, dessen
Unheil sich ausbreitet, 8 und sie geben, aus Liebe zu Ihm, Speise
zu essen dem Bedürftigen, der Waise und dem Gefangenen:
9 »Wir speisen euch in der Suche nach dem Anlitz Gottes. Wir
wollen von euch weder Lohn noch Dank. 10 Wir fürchten von
seiten unseres Herrn einen finsteren, schauderhaften Tag.« 11 So
bewahrt sie Gott vor dem Unheil jenes Tages und läßt sie
strahlendes Glück und Freude vorfinden, 12 und Er vergibt ihnen
dafür, daß sie geduldig sind, mit einem Garten und mit Seide. 13
Sie lehnen sich darin auf Liegen, und sie leiden darin weder unter
heißer Sonne noch unter bitterer Kälte. 14 Seine Schatten hän-
gen über ihnen herab, und seine Früchte sind ihnen sehr leicht
erreichbar gemacht. 15 Herumgereicht werden ihnen Gefäße aus
Silber und Humpen wie Gläser, 16 Gläser aus Silber, die sie nach
Maß bemessen. 17 Und darin wird ihnen ein Becher zu trinken
gegeben, in dem Ingwer beigemischt ist, 18 aus einer Quelle
darin, die Salsabīl genannt wird. *19 Und unter ihnen machen [58¾]
ewig junge Knaben die Runde. Wenn du sie siehst, meinst du, sie
seien ausgestreute Perlen. 20 Und wenn du dort hinschaust,
siehst du Wonne und großes Königreich. 21 Sie haben grüne
Gewänder aus Seide und auch Brokat an, und sie sind mit
Armringen aus Silber geschmückt. Und ihr Herr gibt ihnen ein
reines Getränk zu trinken. 22 »Das ist der Lohn für euch, und
euch wird für euer Mühen gedankt.«
23 Wir, ja Wir haben den Koran auf dich nach und nach
hinabgesandt. 24 So sei geduldig, bis das Urteil deines Herrn
eintrifft, und gehorche keinem von ihnen, der ein Sünder oder
ein Ungläubiger ist. 25 Und gedenke des Namens deines Herrn
morgens und abends, 26 und wirf dich in der Nacht vor Ihm
nieder und preise Ihn lange zur Nachtzeit.
27 Diese da lieben das, was schnell eintrifft*, und vernachlässigen
einen Tag, der schwer lasten wird. 28 Wir haben sie doch
erschaffen und ihre Glieder gefestigt. Und wenn Wir wollen,
ersetzen Wir sie durch andere ihresgleichen.

27: das diesseitige Leben.

29 Dies ist eine Erinnerung. Wer nun will, schlägt einen Weg zu seinem Herrn ein. 30 Und ihr wollt nicht, es sei denn, Gott will es. Gott weiß Bescheid und ist weise. 31 Er läßt, wen Er will, in seine Barmherzigkeit eingehen. Für die, die Unrecht tun, hält Er eine schmerzhafte Pein bereit.

Sure 77

Die gesandt werden (al-Mursalāt)

zu Mekka, 50 Verse

Im Namen Gottes, des Erbarmers, des Barmherzigen.
1 Bei denen, die nacheinander wie eine Mähne gesandt werden
2 und die im Sturm daherstürmen, 3 bei denen, die offen
ausbreiten 4 und die deutlich unterscheiden, 5 und die eine
Ermahnung überbringen, 6 als Entschuldigung oder als Warnung! 7 Was euch angedroht wird, wird gewiß eintreffen.
8 Wenn die Sterne ausgewischt werden, 9 und wenn der Himmel
Risse aufweist, 10 und wenn die Berge (in den Wind) gestreut
werden, 11 und wenn für die Gesandten der Termin festgelegt
wird. 12 Auf was für einen Tag wird die Frist gesetzt? 13 Für den
Tag der Scheidung. 14 Woher sollst du wissen, was der Tag der
Scheidung ist? 15 Wehe an jenem Tag denen, die (die Botschaft)
für Lüge erklären!
16 Haben Wir nicht die Früheren verderben lassen? 17 Dann
lassen Wir ihnen die Späteren folgen. 18 So handeln Wir an den
Übeltätern. 19 Wehe an jenem Tag denen, die (die Botschaft) für
Lüge erklären!
20 Haben Wir euch nicht aus verächtlichem Wasser erschaffen,
21 das Wir in einen festen Aufenthaltsort* gelegt haben, 22 bis
zu einer bekannten Frist? 23 Wir haben sie bemessen. Wie

21: in den Mutterleib.

trefflich setzen Wir das Maß fest! 24 Wehe an jenem Tag denen,
die (die Botschaft) für Lüge erklären!
25 Haben Wir nicht die Erde gemacht, zu sammeln 26 die
Lebenden und die Toten, 27 und auf ihr festgegründete, hochra-
gende (Berge) gemacht und euch erfrischendes Wasser zu trinken
gegeben? 28 Wehe an jenem Tag denen, die (die Botschaft) für
Lüge erklären!
29 – »Begebt euch zu dem, was ihr immer wieder für Lüge
erklärt habt, 30 begebt euch in einen Schatten mit drei Verzwei-
gungen, 31 der keinen (wirklichen) Schatten spendet und auch
nicht vor den Flammen schützt.« 32 Sie* sprüht Funken (hoch)
wie ein Schloß, 33 als wären sie gelbe Kamele. 34 Wehe an jenem
Tag denen, die (die Botschaft) für Lüge erklären!
35 Das ist der Tag, an dem sie nicht reden 36 und ihnen nicht
erlaubt wird, Entschuldigungen vorzubringen. 37 Wehe an
jenem Tag denen, die (die Botschaft) für Lüge erklären!
38 – »Das ist der Tag der Scheidung. Wir haben euch zu den
Früheren versammelt. 39 Wenn ihr nun eine List habt, so führt
sie gegen Mich aus.« 40 Wehe an jenem Tag denen, die (die
Botschaft) für Lüge erklären!
41 Die Gottesfürchtigen befinden sich inmitten von Schatten und
Quellen, 42 und Früchten von dem, was sie begehren. 43 – »Eßt
und trinkt zu eurem Wohl (als Entlohnung) für das, was ihr zu
tun pflegtet.« 44 So lohnen Wir den Rechtschaffenen. 45 Wehe
an jenem Tag denen, die (die Botschaft) für Lüge erklären!
46 Eßt und genießt ein wenig, ihr seid Übeltäter. 47 Wehe an
jenem Tag denen, die (die Botschaft) für Lüge erklären!
48 Und wenn zu ihnen gesprochen wird: »Verneigt euch«, ver-
neigen sie sich nicht. 49 Wehe an jenem Tag denen, die (die
Botschaft) für Lüge erklären!
50 An welche Botschaft nach dieser wollen sie denn sonst
glauben?

32: die Hölle.

Sure 78

Der Bericht (al-Naba')

zu Mekka, 40 Verse

Im Namen Gottes, des Erbarmers, des Barmherzigen.
30. Teil 1 Wonach fragen sie sich untereinander? 2 Nach dem gewaltigen
[59] Bericht, 3 über den sie uneins sind. 4 Nein, sie werden es zu
wissen bekommen. 5 Noch einmal: Nein, sie werden es zu wissen
bekommen.
6 Haben Wir nicht die Erde zu einer Lagerstätte gemacht 7 und
die Berge zu Pflöcken? 8 Und Wir haben euch als Paare erschaf-
fen. 9 Und Wir haben euren Schlaf zum Ausruhen gemacht. 10
Und Wir haben die Nacht zu einem Kleid gemacht. 11 Und Wir
haben den Tag zum Erwerb des Lebensunterhalts gemacht. 12
Und Wir haben über euch sieben feste (Himmelsschichten) auf-
gebaut. 13 Und Wir haben eine hell brennende Leuchte gemacht.
14 Und Wir haben von den Regenwolken strömendes Wasser
herabkommen lassen, 15 um damit Korn und Pflanzen hervorzu-
bringen 16 und Gärten mit dichtem Bestand.
17 Wahrlich, der Tag der Scheidung ist ein (festgelegter) Termin.
18 Am Tag, da in die Trompete geblasen wird und ihr in Scharen
herbeikommt, 19 und da der Himmel geöffnet und zu (weiten)
Toren wird, 20 und da die Berge versetzt und zu einer Luftspiege-
lung werden. 21 Die Hölle liegt auf der Lauer, 22 als Heimstatt
für die, die ein Übermaß an Frevel zeigen; 23 darin werden sie
endlose Zeiten verweilen. 24 Sie werden darin weder Kühle noch
ein Getränk kosten, 25 sondern nur heißes Wasser und stinken-
den Eiter, 26 als angemessene Vergeltung. 27 Sie erwarteten ja
keine Abrechnung 28 und haben unsere Zeichen beharrlich für
Lüge erklärt. 29 Alles haben Wir in einem Buch erfaßt. 30 So
kostet (es); Wir werden euch nur noch eure Pein mehren.
31 Für die Gottesfürchtigen ist ein Ort des Erfolges bestimmt, 32
Gärten und Weinstöcke, 33 und gleichaltrige Frauen mit schwel-
lenden Brüsten, 34 und ein randvoller Becher. 35 Sie hören darin
keine unbedachte Rede und keine Bezeichnung der Botschaft als

Lüge. 36 Dies zum Lohn – als Geschenk entsprechend der Abrechnung – von deinem Herrn, 37 dem Herrn der Himmel und der Erde und dessen, was dazwischen ist, dem Erbarmer. Vor Ihm verfügen sie über keine Möglichkeit zu reden, 38 am Tag, da der Geist und die Engel in einer Reihe stehen. Sie werden nicht sprechen, ausgenommen der, dem der Erbarmer es erlaubt und der das Richtige sagt. 39 Das ist der Tag der Wahrheit. Wer nun will, unternimmt die Rückkehr zu seinem Herrn. 40 Wir warnen euch vor einer nahe bevorstehenden Pein, am Tag, da der Mensch erblickt, was seine Hände vorausgeschickt haben, und der Ungläubige ruft: »O wäre ich doch nur Staub!«

Sure 79

Die entreißen (al-Nāziʿāt)

zu Mekka, 46 Verse

Im Namen Gottes, des Erbarmers, des Barmherzigen.

1 Bei denen, die mit Gewalt entreißen, 2 und denen, die mit Leichtigkeit herausziehen, 3 und denen, die schnell dahinschwimmen, 4 und allen vorauseilen, 5 und die Angelegenheiten regeln! 6 Am Tag, da das Beben einsetzt 7 und das nächste darauf folgt, 8 an jenem Tag werden die Herzen in unruhiger Angst dastehen, 9 mit gesenkten Blicken. 10 Sie sagen: »Sollen wir wirklich in den früheren Zustand zurückgebracht werden? 11 Auch wenn wir zu morschen Knochen geworden sind?« 12 Sie sagen: »Das wäre dann eine verlustreiche Rückkehr.« 13 Es wird ein einziger Schelteschrei sein, 14 und schon befinden sie sich auf der Erdoberfläche.

15* Ist die Geschichte von Mose zu dir gelangt? 16 Als sein Herr ihm im heiligen Tal Ṭuwā zurief: 17 »Geh zu Pharao. Er zeigt ein

15–26: Vgl. 7,103–137.

Übermaß an Frevel. 18 Und sag: Möchtest du dich nicht läutern,
19 und daß ich dich zu deinem Herrn rechtleite, so daß du
gottesfürchtig wirst?« 20 Er ließ ihn das größte Zeichen sehen.
21 Er aber erklärte (es) für Lüge und war ungehorsam. 22 Dann
kehrte er den Rücken und eilte davon. 23 Er versammelte (sein
Volk) und rief (ihnen) zu. 24 Er sagte: »Ich bin euer Herr, der
Höchste.« 25 Da ergriff ihn Gott mit der Strafe des Jenseits und
des Diesseits. 26 Darin ist eine Lehre für die Gottesfürch-
tigen.

27 Ist es etwa schwerer, euch zu erschaffen, als den Himmel, den
Er aufgebaut hat? 28 Er hob sein Dach empor und gestaltete ihn.
29 Und Er ließ seine Nacht dunkel werden und seinen Morgen
hervorkommen. 30 Und Er breitete danach die Erde aus. 31 Er
ließ ihr Wasser und ihre Weideflächen aus ihr hervorkommen.
32 Und Er gründete die Berge fest. 33 Dies als Nutznießung für
euch und euer Vieh.

34 Wenn dann die große, alles überwältigende Katastrophe
kommt, 35 am Tag, da der Mensch sich an das erinnert, was er
erstrebt hat, 36 und die Hölle denen sichtbar gemacht wird, die
sehen können, 37 dann wird dem, der ein Übermaß an Frevel
gezeigt 38 und das diesseitige Leben vorgezogen hat, 39 die Hölle
zur Heimstätte. 40 Und dem, der den Stand seines Herrn
gefürchtet und seiner Seele ihre (bösen) Neigungen* verwehrt
hat, 41 wird das Paradies zur Heimstätte.

42 Sie fragen dich nach der Stunde, wann sie feststehen wird. 43
Was hast du denn davon, sie öfter zu erwähnen? 44 Ihre Schluß-
etappe führt zu deinem Herrn. 45 Du hast nur die zu warnen, die
sie fürchten. 46 Am Tag, da sie sie sehen werden, ist es so, als
hätten sie nur einen Abend verweilt oder den Morgen darauf.

40: Wörtlich: die Neigung.

Sure 80

Er runzelte die Stirn (ʿAbasa)

zu Mekka, 42 Verse

Im Namen Gottes, des Erbarmers, des Barmherzigen.
1 Er* runzelte die Stirn und kehrte sich ab, 2 weil der Blinde zu [59¼]
ihm kam. 3 Woher sollst du es wissen, vielleicht will er sich
läutern 4 oder bedenken, so daß ihm die Ermahnung nützt.
5 Wer sich verhält, als wäre er auf niemanden angewiesen, 6 dem
widmest du dich, 7 und es kümmert dich nicht, daß er sich nicht
läutern will. 8 Wer aber zu dir eilig kommt 9 und dabei gottes-
fürchtig ist, 10 dem schenkst du keine Aufmerksamkeit.
11 Nein, es ist eine Erinnerung. 12 Wer nun will, gedenkt
seiner*. 13 (Er steht) auf Blättern, die in Ehren gehalten werden,
14 emporgehoben und rein gehalten, 15 in den Händen von
Schreibern*, 16 die edel und fromm sind.
17 Dem Tod geweiht sei der Mensch, wie undankbar ist er! 18
Aus was für einem Stoff hat Er ihn erschaffen? 19 Aus einem
Tropfen hat Er ihn erschaffen und ihm sein Maß gesetzt. 20
Dann macht Er ihm seinen Weg leicht. 21 Dann läßt Er ihn
sterben und bringt ihn ins Grab. 22 Dann, wenn Er will, erweckt
Er ihn auf. 23 Nein, er hat noch nicht ausgeführt, was Er ihm
befohlen hat.
24 Der Mensch soll auf seine Nahrung schauen. 25 Wir gießen
doch Wasser in Strömen, 26 dann spalten Wir die Erde auf 27
und lassen auf ihr Korn wachsen, 28 und Weinstöcke und
Gemüse, 29 und Ölbäume und Palmen, 30 und Gärten mit
großen dicken Bäumen, 31 und Früchten und Gras, 32 als
Nutznießung für euch und euer Vieh.
33 Wenn die ohrenbetäubende (Stunde) kommt, 34 am Tag, da
einer flieht vor seinem Bruder, 35 und seiner Mutter und seinem

1: Muḥammad ist hier gemeint.
12: des Korans.
15: Das sind die Engel.

Vater, 36 und seiner Gefährtin und seinen Söhnen, 37 an jenem
Tag hat jeder von ihnen eine Angelegenheit, die ihn voll bean-
sprucht, 38 an jenem Tag wird es strahlende Gesichter geben, 39
die lachen und sich freuen. 40 Und es wird an jenem Tag
Gesichter geben, auf denen Staub liegt, 41 und die von Ruß
bedeckt sind. 42 Das sind die, die ungläubig und voller Laster
sind.

Sure 81

Das Umwinden (al-Takwīr)

zu Mekka, 29 Verse

Im Namen Gottes, des Erbarmers, des Barmherzigen.
1 Wenn die Sonne (von einer Hülle) umwunden wird, 2 und
wenn die Sterne herabstürzen, 3 und wenn die Berge versetzt
werden, 4 und wenn die im zehnten Monat stehenden Kamelstu-
ten vernachlässigt werden, 5 und wenn die wilden Tiere versam-
melt werden, 6 und wenn die Meere angefüllt werden, 7 und
wenn die Seelen zu ihren Partnern gesellt werden, 8 und wenn
das Mädchen, das verscharrt wurde, gefragt wird, 9 wegen
welcher Sünde sie denn getötet wurde, 10 und wenn die Blätter
ausgebreitet werden, 11 und wenn der Himmel (wie ein Fell)
abgezogen wird, 12 und wenn die Hölle angefacht wird, 13 und
wenn das Paradies herangebracht wird, 14 dann wird jeder
erfahren, was er vorgebracht hat.
15 Nein, Ich schwöre bei den rückläufigen Planeten, 16 die
dahineilen und sich in ihrem Bau verbergen, 17 und bei der
Nacht, wenn sie an einem Ende steht, 18 und beim Morgen,
wenn er anbricht: 19 Das ist die Rede eines edlen Gesandten*, 20
der Kraft besitzt und beim Herrn des Thrones hochgestellt ist,

19: Gabriel.

21 dem man gehorcht und der treu ist. 22 Euer Gefährte ist kein
Besessener. 23 Er hat ihn gewiß am deutlichen Horizont gesehen,
24 und er hält nicht aus Geiz das (ihm offenbarte) Verborgene
zurück. 25 Das ist nicht die Rede eines gesteinigten Satans. 26
Wo geht ihr denn hin? 27 Das ist nur eine Ermahnung für die
Weltenbewohner, 28 für die von euch, die sich recht verhalten
wollen. 29 Und ihr wollt nicht, es sei denn, Gott will es, (Er), der
Herr der Welten.

Sure 82

Zerbrechen (al-Infiṭār)

zu Mekka, 19 Verse

Im Namen Gottes, des Erbarmers, des Barmherzigen.
1 Wenn der Himmel zerbricht, 2 und wenn die Sterne sich [59½]
zerstreuen, 3 und wenn die Meere zum Ausbrechen gebracht
werden, 4 und wenn die Gräber umgewühlt werden, 5 dann wird
jeder erfahren, was er vorausgeschickt und zurückgestellt hat.
6 O Mensch, was hat dich gegen deinen edelmütigen Herrn
betört, 7 der dich erschaffen und gebildet und zurechtgeformt
hat, 8 und dich in der Gestalt, die Er wollte, zusammengefügt
hat? 9 Nein, ihr erklärt lieber das Gericht für Lüge. 10 Über euch
sind Hüter eingesetzt, 11 vortreffliche, die (alles) aufschreiben,
12 und die wissen, was ihr tut.
13 Die Frommen leben in Wonne. 14 Und diejenigen, die voller
Laster sind, leben in einer Hölle, 15 in der sie am Tag des
Gerichtes brennen, 16 und der sie nicht entkommen können. 17
Woher sollst du wissen, was der Tag des Gerichtes ist? 18 Noch
einmal: Woher sollst du wissen, was der Tag des Gerichtes ist? 19
Am Tag, da niemand für einen anderen etwas bewirken kann.
Und die Angelegenheit steht an jenem Tag bei Gott (allein).

Sure 83

Die das Maß verkürzen (al-Muṭaffifīn)*

zu Mekka, 36 Verse

Im Namen Gottes, des Erbarmers, des Barmherzigen.
1 Wehe denen, die das Maß verkürzen, 2 die, wenn sie sich von
den Menschen zumessen lassen, volles Maß verlangen, 3 wenn
sie ihnen aber zumessen oder abwägen, weniger geben. 4 Rech-
nen diese nicht damit, daß sie auferweckt werden 5 zu einem
gewaltigen Tag, 6 am Tag, da die Menschen sich vor dem Herrn
der Welten hinstellen werden?
7 Nein, das Buch* derer, die voller Laster sind, befindet sich im
tiefen Kerker (Sidjjīn). 8 Und woher sollst du wissen, was der
tiefe Kerker ist? 9 Es ist ein deutlich geschriebenes Buch. 10
Wehe an jenem Tag denen, die für Lüge erklären, 11 die den Tag
des Gerichtes für Lüge erklären! 12 Und nur der erklärt ihn für
Lüge, der Übertretungen begeht und Schuld auf sich lädt. 13
Wenn ihm unsere Zeichen verlesen werden, sagt er: »Die Fabeln
der Früheren.« 14 Nein, aber das, was sie zu erwerben pflegten,
hat sich (wie Rost) über ihre Herzen gelegt. 15 Nein, sie werden
an jenem Tag nicht zu ihrem Herrn zugelassen. 16 Dann werden
sie in der Hölle brennen. 17 Dann wird gesprochen: »Das ist das,
was ihr immer wieder für Lüge erklärt habt.«
18 Nein, das Buch der Frommen befindet sich in der Hohen
Stätte. 19 Und woher sollst du wissen, was die Hohe Stätte ist?
20 Es ist ein deutlich geschriebenes Buch, 21 das diejenigen
schauen, die in die Nähe (Gottes) zugelassen sind. 22 Die From-
men leben in Wonne, 23 auf Liegen (gelehnt), und halten
Ausschau. 24 Du erkennst auf ihren Gesichtern das strahlende
Glück der Wonne. 25 Ihnen wird ein versiegeltes reines Getränk
zu trinken gegeben, 26 dessen Siegel aus Moschus ist – darum
sollen die Wettkämpfer um die Wette streiten –, 27 und mit

* Oder: Das Maß verkürzen (al-Taṭfīf)
7: in dem ihre Taten verzeichnet sind.

Tasnīm beigemischt, 28 aus einer Quelle, aus der diejenigen
trinken, die in die Nähe (Gottes) zugelassen sind.
29 Die Übeltäter lachten über die, die glauben. 30 Und, wenn sie
sie im Vorbeigehen trafen, zwinkerten sie einander zu. 31 Und,
wenn sie zu ihren Angehörigen zurückkehrten, kehrten sie mit
Wohlbehagen zurück. 32 Und, wenn sie sie sahen, sagten sie:
»Diese da gehen in die Irre.« 33 Dabei waren sie doch nicht als
Hüter über sie gesandt. 34 Heute lachen die, die glauben, über
die Ungläubigen, 35 auf Liegen (gelehnt), und halten Ausschau.
36 Sind die Ungläubigen wohl entlohnt worden für das, was sie
zu tun pflegten?

Sure 84

Sich spalten (al-Inshiqāq)

zu Mekka, 25 Verse

Im Namen Gottes, des Erbarmers, des Barmherzigen.
1 Wenn der Himmel sich spaltet 2 und auf seinen Herrn hört [59¾]
– und es obliegt ihm ja –, 3 und wenn die Erde gedehnt wird
4 und auswirft, was in ihr ist, und somit ganz leer wird 5 und auf
ihren Herrn hört – und es obliegt ihr ja …
6 O Mensch, du strebst mühevoll deinem Herrn zu, und du wirst
Ihm begegnen. 7 Wem nun sein Buch in seine Rechte gereicht
wird, 8 für den wird eine leichte Abrechnung erfolgen, 9 und er
wird froh zu seinen Angehörigen zurückkehren. 10 Wem aber
sein Buch hinter seinem Rücken gereicht wird, 11 der wird rufen:
»Was für ein Verderben!«, 12 und er wird im Feuerbrand
brennen. 13 Er war froh inmitten seiner Angehörigen. 14 Er
meinte, er würde nicht zurückkehren. 15 Doch, sein Herr sieht
ihn ja wohl.
16 Nein, Ich schwöre bei der Abenddämmerung 17 und der Nacht
und dem, was sie zusammentreibt, 18 und dem Mond, wenn er

voll wird. 19 Ihr werdet eine Etappe nach der anderen durch-
laufen.
20 Was ist mit ihnen, daß sie nicht glauben 21 und, wenn ihnen
der Koran verlesen wird, sich nicht niederwerfen? 22 Nein,
diejenigen, die ungläubig sind, erklären (ihn) für Lüge. 23 Und
Gott weiß besser, was sie (in ihrem Herzen) bergen. 24 So
verkünde ihnen eine schmerzhafte Pein, 25 außer denen, die
glauben und die guten Werke tun: Sie empfangen einen Lohn,
der nicht aufhört.

Sure 85

Die Sternzeichen (al-Burūdj)

zu Mekka, 22 Verse

Im Namen Gottes, des Erbarmers, des Barmherzigen.
1 Beim Himmel mit den Sternzeichen 2 und dem angedrohten
Tag, 3 und dem Zeugen und dem, was bezeugt ist! 4 Dem Tod
geweiht seien die Leute des Grabens, 5 des Feuers mit seinem
Brennstoff, 6 wenn sie daran sitzen 7 und bezeugen, was sie den
Gläubigen angetan haben. 8 Und nichts anderes läßt sie ihnen*
grollen, als daß sie an Gott glauben, den Mächtigen, der des
Lobes würdig ist, 9 dem die Königsherrschaft der Himmel und
der Erde gehört. Und Gott ist Zeuge über alle Dinge. 10 Für
diejenigen, die die gläubigen Männer und die gläubigen Frauen in
Versuchung bringen und danach nicht umkehren, ist die Pein der
Hölle bestimmt, ja, für sie ist die Pein des Feuerbrandes
bestimmt. 11 Für die aber, die glauben und die guten Werke tun,
sind Gärten bestimmt, unter denen Bäche fließen. Das ist der
große Erfolg.
12 Der gewaltige Zugriff deines Herrn ist hart. 13 Er macht (die

8: den Gläubigen.

Schöpfung) am Anfang, und Er wiederholt (sie). 14 Er ist der, der
viel vergibt und liebevoll ist, 15 der glorreiche Herr des Thrones.
16 Er tut mit Entschiedenheit, was Er will. 17 Ist die Geschichte
von den Heerscharen zu dir gelangt, 18 von Pharao und den
Thamūd*?

19 Nein, diejenigen, die ungläubig sind, beharren darauf, (die
Botschaft) für Lüge zu erklären. 20 Und Gott umschließt sie von
hinten her. 21 Nein, es ist ein glorreicher Koran 22 auf einer
wohlverwahrten Tafel.

Sure 86

Der Nachtstern* (al-Ṭāriq)

zu Mekka, 17 Verse

Im Namen Gottes, des Erbarmers, des Barmherzigen.

1 Beim Himmel und dem Nachtstern! 2 Und woher sollst du
wissen, was der Nachtstern ist? 3 (Es ist) der leuchtende Stern.
4 Es gibt niemanden, über den nicht ein Hüter eingesetzt ist.
5 Der Mensch soll doch betrachten, aus was für einem Stoff er
erschaffen ist. 6 Er ist aus einem sich ergießenden Wasser
erschaffen, 7 das zwischen Lende und Rippen herauskommt. 8 Er
hat die Macht, ihn zurückzubringen*, 9 am Tag, da die inneren
Geheimnisse geprüft werden. 10 Dann hat er keine Kraft und
keinen Helfer.

11 Beim Himmel, mit der Wiederkehr (seiner Erscheinungen) 12
und der Erde mit ihrem Sprießen! 13 Er* ist eine entscheidende

18: Vgl. zu Pharao: 7,103–137; zu Thamūd 7,73–79.

* Oder: Was in der Nacht erscheint.

8: nach dem Tod zu einem neuen Leben.

13: der Koran.

Botschaft. 14 Er ist nicht ein Scherz. 15 Sie führen eine List aus,
16 und Ich führe eine List aus. 17 So gewähre den Ungläubigen
noch eine Frist. Gewähre ihnen noch eine kurze Frist.

Sure 87

Der Allerhöchste (al-Aʿlā)

zu Mekka, 19 Verse

Im Namen Gottes, des Erbarmers, des Barmherzigen.
[60] 1 Preise den Namen deines Herrn, des Allerhöchsten, 2 der
erschafft und zurechtformt, 3 und der das Maß setzt und rechtlei-
tet, 4 und der das Weidegras hervorbringt 5 und es dann zu
grauer Spreu macht. 6 Wir werden dich lesen lassen, und du
wirst nichts vergessen, 7 außer dem, was Gott will. Er weiß, was
offenliegt und was verborgen bleibt. 8 Und Wir werden dir das
Gute leicht machen. 9 Ermahne nun, so die Ermahnung etwas
nützt.
10 Der wird es bedenken, der gottesfürchtig ist. 11 Meiden wird
es aber der Übelste, 12 der im großen Feuer brennen wird; 13
darin wird er dann weder sterben noch leben. 14 Es wird dem
wohl ergehen, der sich läutert, 15 des Namens seines Herrn
gedenkt und betet. 16 Aber ihr zieht das diesseitige Leben vor, 17
wo doch das Jenseits besser ist und eher Bestand hat. 18 Dies
steht in den früheren Blättern, 19 den Blättern von Abraham und
Mose.

Sure 88

Die bedecken wird (al-Ghāshiya)

zu Mekka, 26 Verse

Im Namen Gottes, des Erbarmers, des Barmherzigen.
1 Ist die Geschichte von der alles bedeckenden Katastrophe zu dir
gelangt? 2 An jenem Tag wird es gesenkte Gesichter geben, 3 die
sich abarbeiten und Mühsal erleiden, 4 in einem glühenden Feuer
brennen 5 und aus einer siedenden Quelle zu trinken bekommen.
6 Ihre Speise besteht nur aus trockenen Dornen, 7 die weder fett
machen noch gegen den Hunger helfen. 8 An jenem Tag wird es
(auch) fröhliche Gesichter geben, 9 die mit ihrem Mühen zufrie-
den sind 10 und in einem hochgelegenen Garten sind, 11 in dem
sie keine unbedachten Reden hören. 12 Es gibt darin eine flie-
ßende Quelle, 13 und es gibt darin erhöhte Betten, 14 hinge-
stellte Humpen, 15 in Reihen gelegte Kissen 16 und ausgebreitete
Teppiche.
17 Schauen sie denn nicht zu den Kamelen, wie sie erschaffen
wurden, 18 und zum Himmel, wie er emporgehoben wurde, 19
und zu den Bergen, wie sie aufgerichtet wurden, 20 und zu der
Erde, wie sie als Fläche gemacht wurde? 21 So ermahne. Du bist
ja ein Mahner. 22 Du hast sie nicht fest in der Hand. 23 Wer sich
aber abkehrt und ungläubig bleibt, 24 den peinigt Gott mit der
größten Pein. 25 Zu Uns erfolgt ihre Rückkehr, 26 und dann
obliegt es Uns, mit ihnen abzurechnen.

Sure 89

Die Morgenröte (al-Fadjr)

zu Mekka, 30 Verse

Im Namen Gottes, des Erbarmers, des Barmherzigen.
1 Bei der Morgenröte 2 und den zehn Nächten, 3 und der geraden
und der ungeraden (Zahl), 4 und der Nacht, wenn sie dahingeht!
5 Ist darin wohl ein (ausreichender) Schwur für den, der Verstand hat?

6 Hast du nicht gesehen, wie dein Herr an den `Ād* gehandelt
hat, 7 (der Stadt) Iram, berühmt für ihre Säulen, 8 dergleichen
nicht erschaffen wurde in den Ländern? 9 Und an den Thamūd*,
die im Tal die Felsen aushauten? 10 Und an Pharao*, dem
Besitzer der Pfähle? 11 Sie zeigten im Land ein Übermaß an
Frevel 12 und stifteten darin viel Unheil. 13 Da ließ dein Herr auf
sie die Geißel einer (schlimmen) Pein fallen. 14 Dein Herr liegt
auf der Lauer.

15 Aber der Mensch, wenn sein Herr ihn prüft und großzügig
behandelt und ihm ein angenehmes Leben schenkt, sagt: »Mein
Herr behandelt mich großzügig.« 16 Wenn Er ihn aber prüft und
ihm seinen Lebensunterhalt bemessen zuteilt, sagt er: »Mein
Herr läßt mich Schmach erleiden.« 17 Aber nein, ihr behandelt
die Waise nicht großzügig, 18 und ihr haltet nicht zur Speisung
des Bedürftigen an. 19 Ihr verzehrt das Erbe ohne Unterschied.
20 Und ihr hegt für den Besitz eine allzu große Liebe.

21 Nein, wenn die Erde ganz zu Staub gemacht wird 22 und dein
Herr kommt, und die Engel in Reihen, die eine hinter der
anderen, 23 und die Hölle an jenem Tag herbeigebracht wird, an
jenem Tag wird der Mensch es bedenken. Was soll ihm aber dann
das Bedenken? 24 Er sagt: »O hätte ich doch für mein Leben
(hier) etwas vorausgeschickt!« 25 Niemand kann an jenem Tag

6: Vgl. 7,65–72.
9: Vgl. 7,73–79.
10: Vgl. 7,103–137.

peinigen, so wie Er peinigt, 26 und niemand kann fesseln, so wie
Er fesselt. 27 – O du Seele, die du Ruhe gefunden hast, 28 kehre
zu deinem Herrn zufrieden und von seinem Wohlgefallen
begleitet zurück. 29 Tritt in die Reihen meiner Diener ein, 30
und tritt ein in mein Paradies.

Sure 90

Das Gebiet (al-Balad)

zu Mekka, 20 Verse

Im Namen Gottes, des Erbarmers, des Barmherzigen.
1 Nein, Ich schwöre bei diesem Gebiet*, 2 wo du dich in diesem [60¼]
Gebiet aufhältst, 3 und bei jedem Vater und dem, was er zeugt.
4 Wir haben den Menschen zur Mühsal erschaffen. 5 Meint er
denn, daß niemand ihn überwältigen kann? 6 Er sagt: »Ich habe
ein großes Vermögen verbraucht.« 7 Meint er, daß niemand ihn
gesehen hat? 8 Haben Wir ihm nicht zwei Augen gemacht, 9 eine
Zunge und zwei Lippen, 10 und ihm beide Wege gewiesen? 11
Würde er doch den steilen Weg hinaufstürmen! 12 Woher sollst
du wissen, was der steile Weg ist? 13 (Es ist) die Befreiung eines
Sklaven 14 oder, am Tag der Hungersnot, die Speisung 15 einer
verwandten Waise 16 oder eines Bedürftigen, der im Staub liegt.
17 Und daß man außerdem zu denen gehört, die glauben,
einander die Geduld nahelegen und einander die Barmherzigkeit
nahelegen. 18 Das sind die von der rechten Seite. 19 Die aber, die
unsere Zeichen verleugnen, sind die von der unglückseligen
Seite. 20 Über ihnen liegt ein (sie) überdeckendes Feuer.

1: Mekka.

Sure 91

Die Sonne (al-Shams)

zu Mekka, 15 Verse

Im Namen Gottes, des Erbarmers, des Barmherzigen.
1 Bei der Sonne und ihrem Morgenlicht, 2 und dem Mond, wenn
er ihr folgt, 3 und dem Tag, wenn er sie hell scheinen läßt, 4 und
der Nacht, wenn sie sie bedeckt, 5 und dem Himmel und dem,
was ihn aufbaut, 6 und der Erde und dem, was sie ausbreitet,
7 und der Seele und dem, was sie zurechtformt 8 und ihr ihre
Lasterhaftigkeit und ihre Frömmigkeit eingibt! 9 Dem wird wohl
ergehen, der sie* läutert, 10 und der wird enttäuscht sein, der sie
mit Missetaten überdeckt.
11 Die Thamūd* haben im Übermaß ihres Frevels (die Botschaft)
für Lüge erklärt, 12 als sich der Übelste unter ihnen erhob. 13
Der Gesandte Gottes sagte zu ihnen: »Gebt acht auf die Kamel-
stute Gottes und ihre Trinkzeit.« 14 Sie aber ziehen ihn der Lüge
und schnitten ihr die Flechsen durch und stachen sie. Da überzog
sie ihr Herr für ihre Schuld mit Verderben und machte sie dem
Erdboden gleich, 15 ohne die Folgen davon fürchten zu müssen.

Sure 92

Die Nacht (al-Layl)

zu Mekka, 21 Verse

Im Namen Gottes, des Erbarmers, des Barmherzigen.
1 Bei der Nacht, wenn sie (alles) bedeckt, 2 und dem Tag, wenn er
hell scheint, 3 und dem, was den Mann und das Weib erschaffen

9: seine Seele.
11: Vgl. 7,73-79.

hat! 4 Euer Streben ist wahrlich verschieden. 5 Wer nun gibt und
gottesfürchtig ist 6 und das Allerbeste für wahr hält, 7 dem
werden Wir das Gute leicht machen. 8 Wer aber geizig ist und
sich verhält, als wäre er auf niemanden angewiesen, 9 und das
Allerbeste für Lüge erklärt, 10 dem werden Wir die Drangsal
leicht machen, 11 und sein Vermögen wird ihm nicht nützen,
wenn er zugrunde geht. 12 Uns obliegt die Rechtleitung. 13 Und
Uns gehört das Jenseits und das Diesseits.
14 Ich warne euch vor einem lodernden Feuer, 15 in dem nur der
Übelste* brennt, 16 der (die Botschaft) für Lüge erklärt und sich
abkehrt. 17 Ferngehalten davon wird der Gottesfürchtigste wer-
den, 18 der sein Vermögen hergibt, um sich zu läutern, 19 nicht
daß jemand bei ihm einen Gunsterweis guthätte, der vergolten
werden müßte, 20 sondern in der Suche nach dem Antlitz seines
Herrn, des Allerhöchsten. 21 Und wahrlich, er wird zufrieden
sein.

Sure 93

Der Morgen (al-Ḍuḥā)

zu Mekka, 11 Verse

Im Namen Gottes, des Erbarmers, des Barmherzigen.
1 Beim Morgen 2 und der Nacht, wenn sie still ist! 3 Dein Herr
hat dir nicht den Abschied gegeben und haßt (dich) nicht.
4 Wahrlich, das Jenseits ist besser für dich als das Diesseits.
5 Und wahrlich, dein Herr wird dir geben, und du wirst zufrieden
sein. 6 Hat Er dich nicht als Waise gefunden und dir Unterkunft
besorgt, 7 und dich abgeirrt gefunden und rechtgeleitet, 8 und
bedürftig gefunden und reich gemacht? 9 So unterdrücke die
Waise nicht, 10 und fahre den Bettler nicht an, 11 und erzähle
von der Gnade deines Herrn.

15: Oder: der Unglückseligste.

Sure 94

Das Weiten (al-Sharḥ)*

zu Mekka, 8 Verse

Im Namen Gottes, des Erbarmers, des Barmherzigen.
1 Haben Wir dir nicht deine Brust geweitet 2 und dir deine Last
abgenommen, 3 die deinen Rücken schwer erdrückte, 4 und dir
deinen Ruf erhöht? 5 Wahrlich, mit der Erschwernis gibt es eine
Erleichterung, 6 ja, mit der Erschwernis gibt es eine Erleichte-
rung. 7 Wenn du fertig bist, dann mühe dich ab 8 und richte
deine Wünsche auf deinen Herrn aus.

Sure 95

Der Feigenbaum (al-Tīn)

zu Mekka, 8 Verse

Im Namen Gottes, des Erbarmers, des Barmherzigen.
1 Beim Feigenbaum und dem Ölbaum, 2 und dem Berg Sinai,
3 und diesem sicheren Gebiet! 4 Wir haben den Menschen in
schönster ebenmäßiger Gestalt erschaffen, 5 dann haben Wir ihn
in den niedrigsten der niedrigen Stände gebracht, 6 ausgenom-
men die, die glauben und die guten Werke tun: Sie empfangen
einen Lohn, der nicht aufhört. 7 Was läßt dich da noch das
Gericht für Lüge erklären? 8 Ist nicht Gott der Weiseste all derer,
die urteilen?

* Oder: Sich weiten (al-Inshirāḥ).

Sure 96

Der Embryo (al-`Alaq)

zu Mekka, 19 Verse

Im Namen Gottes, des Erbarmers, des Barmherzigen.
1 Lies im Namen deines Herrn, der erschaffen hat, 2 den
Menschen erschaffen hat aus einem Embryo. 3 Lies. Dein Herr
ist der Edelmütigste, 4 der durch das Schreibrohr gelehrt hat,
5 den Menschen gelehrt hat, was er nicht wußte.
6 Nein, der Mensch zeigt ein Übermaß an Frevel, 7 daß er meint,
er wäre auf niemanden angewiesen. 8 Zu deinem Herrn erfolgt
die Rückkehr.
9 Hast du den gesehen, der da wehrt 10 einem Diener, wenn er
betet? 11 Was meinst du? Ob er da der Rechtleitung folgt, 12
oder ob er die Gottesfurcht gebietet? 13 Was meinst du? Ob er
wohl (die Botschaft) für Lüge erklärt und sich abkehrt? 14 Weiß
er denn nicht, daß Gott (alles) sieht? 15 Nein, wenn er nicht
aufhört, werden Wir ihn gewiß am Schopf packen und ziehen, 16
einem lügnerischen, sündigen Schopf. 17 Er soll doch da seine
Mitstreiter herbeirufen. 18 Wir werden die Schergen herbeiru-
fen. 19 Nein, gehorche ihm nicht. Wirf dich vielmehr nieder und
suche die Nähe (Gottes).

Sure 97

Die Bestimmung (al-Qadr)

zu Mekka, 5 Verse

Im Namen Gottes, des Erbarmers, des Barmherzigen.
1 Wir haben ihn* in der Nacht der Bestimmung hinabgesandt.
2 Woher sollst du wissen, was die Nacht der Bestimmung ist?
3 Die Nacht der Bestimmung ist besser als tausend Monate. 4 Die
Engel und der Geist kommen in ihr mit der Erlaubnis ihres Herrn
herab mit jedem Anliegen. 5 Voller Frieden ist sie bis zum
Aufgang der Morgenröte.

Sure 98

Das deutliche Zeichen (al-Bayyina)

zu Medina*, 8 Verse

Im Namen Gottes, des Erbarmers, des Barmherzigen.
1 Diejenigen von den Leuten des Buches und den Polytheisten,
die ungläubig sind, werden nicht aufhören, bis das deutliche
Zeichen zu ihnen kommt, 2 ein Gesandter von Gott, der gerei-
nigte Blätter verliest, 3 in denen Schriften mit richtigem Inhalt
stehen. 4 Und diejenigen, denen das Buch zugekommen ist,
haben sich erst gespalten, nachdem das deutliche Zeichen zu
ihnen gekommen ist. 5 Es wurde ihnen jedoch nur befohlen, Gott
zu dienen und dabei Ihm gegenüber aufrichtig in der Religion zu
sein, als Anhänger des reinen Glaubens, und das Gebet zu

1: den Koran.

* Oder zu Mekka.

verrichten und die Abgabe zu entrichten. Das ist die richtige Religion.
6 Diejenigen von den Leuten des Buches und den Polytheisten, die ungläubig sind, werden im Feuer der Hölle sein; darin werden sie ewig weilen. Sie sind die schlimmsten unter den Geschöpfen.
7 Die aber, die glauben und die guten Werke tun, sind die besten
unter den Geschöpfen. 8 Ihr Lohn bei ihrem Herrn sind die
Gärten von Eden, unter denen Bäche fließen; darin werden sie auf immer ewig weilen. Gott hat Wohlgefallen an ihnen, und sie haben Wohlgefallen an Ihm. Das ist für den bestimmt, der seinen Herrn fürchtet.

Sure 99

Das Beben (al-Zalzala)*

zu Medina, 8 Verse

Im Namen Gottes, des Erbarmers, des Barmherzigen.
1 Wenn die Erde durch ihr heftiges Beben erschüttert wird, 2 und
die Erde ihre schweren Lasten* hervorbringt, 3 und der Mensch
sagt: »Was ist mit ihr?«, 4 an jenem Tag erzählt sie ihre
Nachrichten, 5 weil dein Herr (es) ihr offenbart hat. 6 An jenem
Tag kommen die Menschen in verschiedenen Gruppen hervor,
damit ihnen ihre Werke gezeigt werden. 7 Wer nun Gutes im
Gewicht eines Stäubchens tut, wird es sehen. 8 Und wer Böses im
Gewicht eines Stäubchens tut, wird es sehen.

* Oder: al-Zilzāl, zu Mekka.

2: die Toten.

Sure 100

Die laufen (al-`Ādiyāt)

zu Mekka, 11 Verse

Im Namen Gottes, des Erbarmers, des Barmherzigen.
1 Bei denen, die schnaubend laufen, 2 und die Funken stieben
lassen, 3 und die am Morgen stürmen 4 und damit Staub
aufwirbeln, 5 und dadurch in die Mitte (der Feinde) eindringen!
6 Wahrlich, der Mensch ist seinem Herrn gegenüber undankbar,
7 und er ist selbst darüber Zeuge. 8 Und er ist heftig in seiner
[60¾] Liebe zu den (irdischen) Gütern. *Weiß er es denn nicht? Wenn
das, was in den Gräbern ist, aufgewühlt wird 10 und das, was im
Inneren (der Menschen) ist, im Ergebnis erfaßt wird, 11 an
jenemTag hat ihr Herr Kenntnis von ihnen (allen).

Sure 101

Die Katastrophe (al-Qāri`a)

zu Mekka, 11 Verse

Im Namen Gottes, des Erbarmers, des Barmherzigen.
1 Die Katastrophe! 2 Was ist die Katastrophe? 3 Und woher sollst
du wissen, was die Katastrophe ist? 4 Am Tag, da die Menschen
wie verstreute Motten sein werden, 5 und die Berge wie zer-
flockte bunte Wolle. 6 Wer dann schwere Waagschalen* hat,
7 der wird ein zufriedenes Leben haben. 8 Und wer leichte
Waagschalen hat, 9 der wird zur Mutter einen Abgrund haben.
10 Und woher sollst du wissen, was das ist? 11 Ein glühendes
Feuer.

6: durch seine guten Werke.

Sure 102

Wettstreit um noch mehr (al-Takāthur)

zu Mekka, 8 Verse

Im Namen Gottes, des Erbarmers, des Barmherzigen.
1 Der Wettstreit um noch mehr lenkt euch ab, 2 daß ihr (sogar)
die Gräber besucht*. 3 Nein, ihr werdet es noch zu wissen
bekommen. 4 Noch einmal: Nein, ihr werdet es noch zu wissen
bekommen. 5 Nein, wenn ihr es nur mit Gewißheit wüßtet! 6 Ihr
werdet bestimmt die Hölle sehen. 7 Noch einmal: Ihr werdet sie
mit völliger Gewißheit sehen. 8 Dann werdet ihr an jenem Tag
euer angenehmes Leben zu verantworten haben.

Sure 103

Der Nachmittag (al-`Aṣr)

zu Mekka, 3 Verse

Im Namen Gottes, des Erbarmers, des Barmherzigen.
1 Beim Nachmittag! 2 Der Mensch erleidet bestimmt Verlust,
3 außer denjenigen, die glauben und die guten Werke tun, und
einander die Wahrheit* nahelegen und die Geduld nahelegen.

2: um selbst die Toten einzubeziehen – oder: bis ihr die Gräber erreicht, d. h. euer Leben lang.

3: Oder: das Rechte.

Sure 104

Der Stichler (al-Humaza)

zu Mekka, 9 Verse

Im Namen Gottes, des Erbarmers, des Barmherzigen.
1 Wehe jedem Stichler und Nörgler, 2 der sein Vermögen
zusammenbringt und es zählt 3 und dabei meint, sein Vermögen
würde ihn unsterblich machen! 4 Nein, er wird bestimmt in die
Zermalmende* geworfen werden. 5 Woher sollst du wissen, was
die Zermalmende ist? 6 Es ist das angefachte Feuer Gottes, 7 das
die Herzen durchdringt. 8 Es überdeckt sie 9 in langgestreckten
Säulen.

Sure 105

Der Elefant (al-Fil)

zu Mekka, 5 Verse

Im Namen Gottes, des Erbarmers, des Barmherzigen.
1 Hast du nicht gesehen, wie dein Herr an den Leuten des
Elefanten gehandelt hat*? 2 Hat Er nicht ihre List ins Leere
gehen lassen 3 und Vögel in Schwärmen über sie gesandt, 4 die
sie mit Steinen aus übereinandergeschichtetem Ton bewarfen,
5 und sie somit gleich abgefressenen Halmen gemacht?

4: die Hölle.

1: Es handelt sich um den erfolglosen Feldzug des christlichen Königs des Jemen Abraha gegen Mekka (Mitte des 6. Jahrhunderts).

Sure 106

Quraysh

zu Mekka, 4 Verse

Im Namen Gottes, des Erbarmers, des Barmherzigen.
1 Dafür, daß Er die Quraysh zusammenbringt, 2 daß Er sie
zusammenbringt für die Reise* des Winters und des Sommers,
3 sollen sie dem Herrn dieses Hauses dienen, 4 der ihnen Speise
gegen den Hunger gibt und Sicherheit gegen die Furcht gewährt.

Sure 107

Die Hilfeleistung (al-Mā`ūn)

zu Mekka, 7 Verse

Im Namen Gottes, des Erbarmers, des Barmherzigen.
1 Hast du den gesehen, der das Gericht für Lüge erklärt? 2 Das ist
der, der die Waise zurückstößt 3 und nicht zur Speisung des
Bedürftigen anhält. 4 Wehe den Betenden, 5 die auf ihr Gebet
nicht achtgeben, 6 die nur gesehen werden wollen 7 und die
Hilfeleistung verwehren!

2: Karawanenreise.

Sure 108

Die Fülle (al-Kauthar)

zu Mekka, 3 Verse

Im Namen Gottes, des Erbarmers, des Barmherzigen.
1 Wir haben dir die Fülle gegeben. 2 So bete zu deinem Herrn
und schächte (Opfertiere). 3 Der dich haßt, der soll ohne Anhang
sein.

Sure 109

Die Ungläubigen (al-Kāfirūn)

zu Mekka, 6 Verse

Im Namen Gottes, des Erbarmers, des Barmherzigen.
1 Sprich: O ihr Ungläubigen, 2 ich verehre nicht, was ihr verehrt,
3 auch ihr verehrt nicht, was ich verehre. 4 Weder ich werde
verehren, was ihr verehrt habt, 5 noch werdet ihr verehren, was
ich verehre. 6 Ihr habt eure Religion, und ich habe meine
Religion.

Sure 110

Die Unterstützung (al-Naṣr)

zu Medina, 3 Verse

Im Namen Gottes, des Erbarmers, des Barmherzigen.
1 Wenn die Unterstützung Gottes kommt, und auch der Erfolg,
2 und du die Menschen in Scharen in die Religion Gottes
eintreten siehst, 3 dann sing das Lob deines Herrn und bitte Ihn
um Vergebung. Siehe, Er wendet sich gnädig wieder zu.

Sure 111

Die Palmenfaser (al-Masad)*

zu Mekka, 5 Verse

Im Namen Gottes, des Erbarmers, des Barmherzigen.
1 Dem Verderben geweiht seien die Hände des Abū Lahab*, und
dem Verderben geweiht sei er! 2 Nicht nützt ihm sein Vermögen
und das, was er erworben hat. 3 Er wird in einem lodernden
Feuer brennen. 4 Und auch seine Frau, sie, die Holzträgerin.
5 An ihrem Hals hängt ein Strick aus Palmenfasern.

* Oder: Lodern (al-Lahab).
1: ein Halbbruder von Muḥammads Vater.

Sure 112

Der aufrichtige Glaube (al-Ikhlāṣ)

zu Mekka, 4 Verse

Im Namen Gottes, des Erbarmers, des Barmherzigen.
1 Sprich: Er ist Gott, ein Einziger, 2 Gott, der Undurchdringli-
che*. 3 Er hat nicht gezeugt, und Er ist nicht gezeugt worden,
4 und niemand ist Ihm ebenbürtig.

Sure 113

Das Frühlicht (al-Falaq)

zu Mekka, 5 Verse

Im Namen Gottes, des Erbarmers, des Barmherzigen.
1 Sprich: Ich suche Zuflucht beim Herrn des Frühlichtes 2 vor
dem Unheil dessen, was Er erschaffen hat, 3 und vor dem Unheil
der Finsternis, wenn sie einsetzt, 4 und vor dem Unheil der
Hexen, die auf die Knoten blasen, 5 und vor dem Unheil eines
Neiders, wenn er neidisch ist.

2: Oder: der Souveräne; der in den Anliegen angegangen wird.

Sure 114

Die Menschen (al-Nās)

zu Mekka, 6 Verse

Im Namen Gottes, des Erbarmers, des Barmherzigen.
1 Sprich: Ich suche Zuflucht beim Herrn der Menschen, 2 dem
König der Menschen, 3 dem Gott der Menschen, 4 vor dem
Unheil des Einflüsterers, des Heimtückischen, 5 der da in die
Brust der Menschen einflüstert, 6 sei es einer von den Djinn oder
von den Menschen.

Anhang

Texte aus der Tradition (Ḥadīth) zu Themen des Korans

Einleitung: Sunna und Ḥadīth

Die Sunna ist der verbindliche Weg, den der Prophet Muḥammad in der Führung der islamischen Frühgemeinde in Medina aufgezeigt hat. Für den gläubigen Muslim ist Muḥammad, der Verkünder der göttlichen Offenbarung, auch deren bester und authentischer Interpret. Der Koran bezeichnet ihn als Vorbild und Beispiel für die Gläubigen (vgl. 33,21) und bestätigt, daß er ihnen »das Rechte befiehlt und das Verwerfliche verbietet, die köstlichen Dinge erlaubt und die schlechten verbietet ...« (7,157). Die Art und Weise, wie Muḥammad inmitten seiner Gemeinde lebte und sie auf den Wegen Gottes führte, seine Sprüche, durch die er lobte oder tadelte, sein Schweigen, all das verdeutlicht seinen Weg im Leben *(Sunna)* und wurde nach seinem Tod durch verschiedene Gewährsmänner erzählt. Ihre Erzählungen *(ḥadīth)* wurden gesammelt; sie bilden die Tradition des Islams und somit eine Hauptquelle der islamischen Religion.

Die Autorität der Sunna ist im Koran selbst verankert. Der Koran erklärt an vielen Stellen, daß der Weg Gottes in der Offenbarung und der Weg seines Propheten gleichverpflichtend sind. So wird von den Gläubigen gefordert, sich der Führung des Propheten zu unterwerfen und ihm zu folgen (Koran 26,216; 14,44; 60,12). In unzähligen Versen ergeht der Befehl Gottes: »Und gehorchet Gott und dem Gesandten« (vgl. 8,1.14.46; 3,32; 33,33.66.71 usw.). Die Gläubigen dürfen sich Gott und seinem Gesandten nicht widersetzen (58,5.20; 8,13; 9,63), ihnen den Gehorsam verweigern (72,23; 4,14; 33,36). In all den Fällen, die Muḥammad in der einen oder anderen Weise entschieden hat, haben die Gläubigen keine Entscheidungs- und Handlungsfreiheit mehr: »Ein Gläubiger oder eine Gläubige darf, wenn Gott und sein Gesandter eine Angelegenheit entschieden haben, nicht die Möglichkeit haben, in ihrer Angelegenheit frei zu wählen. Und wer gegen Gott und seinen Gesandten ungehorsam ist, der befindet sich in einem offenkundigen Irrtum« (33,36). Die Anwesenheit des Propheten mitten unter den Gläubigen ist somit eine Garantie für die Wahrheit des Glaubens und die Richtigkeit des Weges der Gemeinde (vgl. 3,110). Es gilt der Grundsatz: »Wer dem Gesandten gehorcht, gehorcht Gott« (4,80).

Da im Laufe der Zeit die Zahl der dem Propheten Muḥammad zugeschriebenen Aussprüche bzw. Entscheidungen ins Uferlose anschwoll, setzte eine scharfe Traditionskritik ein. Sie verwarf zunächst einmal die Erzählungen, deren Inhalt im Widerspruch zu den Aussagen des Korans stand. Die übrigen wurden in drei Kategorien klassifiziert: 1. echte (ṣaḥīḥ); 2. schöne (ḥasan), also nicht einwandfrei als echt zu erkennen; 3. schwache (ḍaʿīf), also Gegenstand ernster Bedenken. Echte Ḥadīth mußten folgenden Kriterien genügen:

- Der *Gewährsmann* 1. muß in bezug auf seinen Glauben und sein religiöses Verhalten tadellos sein. 2. Er muß vertrauenswürdig sein und eine vorbehaltlose Annahme finden. 3. Er muß die Gewähr bieten, daß er die überlieferten Angaben richtig versteht und sie auch richtig wiedergibt. 4. Er muß mehr als nur *einen* Ḥadīth überliefert haben.

- Die *Überlieferung* selbst 5. muß eine lückenlose Kette von Gewährsmännern aufweisen. 6. Sie muß ausdrücklich angeben, daß Muḥammad dies oder jenes gesagt bzw. getan hat. 7. Sie muß einen Inhalt haben, der in die Zeit der Frühgemeinde paßt.

Verbindlich in Glaubens- und Rechtsfragen sind nur die echten Ḥadīth, welche selbst in drei Gruppen aufgeteilt werden. Die erste Gruppe umfaßt die ursprünglichen, in ununterbrochener Tradition überlieferten Erzählungen, die in der Zeit des Propheten Muḥammad, seiner Gefährten (Ṣaḥāba) und der zwei darauffolgenden Generationen tradiert wurden. Sie bilden eine verbindliche Grundlage für die Lebensführung der islamischen Gemeinschaft. Die Mehrheit der Überlieferungen gehört nicht zu dieser Gruppe.

Die zweite Gruppe umfaßt die allgemein bekannten Überlieferungen, die jedoch nicht als ununterbrochene Tradition anerkannt sind, denn sie tauchen erst nach der Zeit der Gefährten

Muḥammads und der darauffolgenden Generationen auf, oder sie konnten nicht eine allgemeine Anerkennung ihrer absoluten Gültigkeit erlangen. Sie bilden zwar nicht die Grundlage absoluter Rechtssicherheit und fester Gewißheit, sie verleihen jedoch eine gewisse Sicherheit und begründen eine an Sicherheit grenzende Wahrscheinlichkeit.

Zur dritten Gruppe gehört die Mehrzahl der Ḥadīth. Das sind die Einzelüberlieferungen. Da ihre Echtheit noch annehmbar erscheint, begründen sie nur eine Wahrscheinlichkeit in Rechtsfragen, jedoch keine feste Gewißheit und keine unangefochtene Rechtssicherheit. In Glaubensfragen liefern sie auch kein entscheidendes Argument. Sie werden vor allem auf dem Gebiet der praktischen Regelungen verwandt, denn da reicht die Wahrscheinlichkeit als Grundlage des praktischen Handelns.

Die wichtigsten Ḥadīth-Sammlungen sind folgende:

Bukhārī, Ṣaḥīḥ

Verfasser: Abū `Abdallāh Muḥammad ibn Ismā`īl ibn Ibrāhīm ibn al-Mughīra ibn Bardizbah al-Bukhārī (810–870).

Muslim, Ṣaḥīḥ

Verfasser: Abū al-Ḥusayn Muslim ibn al-Ḥadjjādj ibn Muslim al-Qushayrī, al-Nīsābūrī (817/821–875).

Abū Dāwūd, Sunan

Verfasser: Abū Dāwūd Sulaymān ibn al-Ash`ath ibn Isḥāq al-Azdī, al-Sidjistānī (817–888).

Tirmidhī, Sunan, Al-Djāmi` al-ṣaḥīḥ

Verfasser: Abū `Īsā Muḥammad ibn `Īsa ibn Saura al-Tirmidhī (815–892).

Nasā'ī, Sunan

Verfasser: Abū `Abd al-Raḥmān Aḥmad ibn Shu`ayb ibn `Alī ibn Baḥr al-Nasā'ī (830–915).

Ibn Mādja, Sunan

Verfasser: Abū ʿAbdallāh Muḥammad ibn Yazīd ibn Mādja (824–886).

Aus dem großen Reichtum der Ḥadīth-Sammlungen werden hier nur Kostproben präsentiert, wobei der Akzent weniger auf die rechtlich relevanten Stellen als vielmehr auf die religiös geprägten, die Frömmigkeit fördernden Texte gelegt wird. Gerade solche Texte verraten am ehesten den Geist des Islams. Sie lassen erkennen, auf welchem Hintergrund und in welcher Perspektive der Islam seine Ordnungsvorstellungen in Gesellschaft und Staat sehen will. Der Ernst Gottes, aber vor allem seine großzügige Barmherzigkeit sollte die Richtschnur des Handelns sein: Das ist die Botschaft dieser Texte, die die Muslime – und nicht nur sie – beherzigen sollen.

Texte zu einigen Koranstellen

Sure 1: Die Eröffnung

Gott hat gesagt:
Ich habe das Gebet zwischen mir und meinem Diener in zwei Hälften aufgeteilt, und mein Diener soll erhalten, was er erbittet.
Wenn nun der Diener sagt: »Lob sei Gott, dem Herrn der Welten!«, sagt Gott: Mein Diener lobt mich. Wenn er sagt: »dem Erbarmer, dem Barmherzigen«, sagt Gott: Mein Diener schätzt mich hoch.
Wenn er sagt: »der Verfügungsgewalt besitzt über den Tag des Gerichtes«, sagt er: Mein Diener verherrlicht mich (oder: Mein Diener stellt alles in meine Verfügungsgewalt).
Wenn er sagt: »Dir dienen wir, und Dich bitten wir um Hilfe«, sagt er: Dies ist zwischen mir und meinem Diener (aufgeteilt), und mein Diener soll erhalten, was er erbittet.
Und wenn er sagt: »Führe uns den geraden Weg, den Weg derer, die Du begnadet hast, die nicht dem Zorn verfallen und nicht irregehen«, sagt er: Dies gehört meinem Diener. Mein Diener soll erhalten, was er erbittet.

Muslim

Sure 9,34

Als der Vers: »Denjenigen, die Gold und Silber horten und es nicht auf dem Weg Gottes spenden, verkünde eine schmerzhafte Pein« (*Koran 9,34*) herabkam, waren wir mit dem Gesandten Gottes auf einer seiner Reisen. Einige seiner Begleiter sagten: Dieser Vers wurde in bezug auf Gold und Silber herabgesandt. Wenn wir nur wüßten, welches Geld besser (als dies) wäre, würden wir es erwerben.
Da sagte der Gesandte Gottes: Besser ist eine Zunge, die (Gottes)

gedenkt, ein dankbares Herz und eine gute Gattin, die den Gläubigen in seinem Glauben unterstützt.

Tirmidhī

Als der Vers herabkam, empfanden es die Muslime als etwas Schweres. Da sagte ʿUmar: Ich suche für euch einen Ausweg. Er ging und sagte: O Prophet Gottes, deine Begleiter haben diesen Vers als etwas Schweres empfunden.
Da sagte der Gesandte Gottes: Gott hat euch die Sozialabgabe (zakāt) nur deswegen auferlegt, um euer übriges Vermögen gut zu machen. Und er hat euch die Erbschaften vorgeschrieben, damit sie bei euren Nachkommen bleiben … Dann sagte er zu ihm: Soll ich dir mitteilen, was der beste Schatz ist, den ein Mann horten kann? Die gute Frau, die, wenn ihr Mann zu ihr hinblickt, ihn erfreut; die, wenn er etwas befiehlt, ihm gehorcht; die, wenn er abwesend ist, sein Andenken bewahrt.

Abū Dāwūd

Sure 9,88–89.111

Gott hat sich gegenüber dem, der auf seinem Weg ausrückt, verpflichtet: Wenn er ausrückt, nur weil er an mich glaubt und meine Gesandten bestätigt, werde ich ihn mit dem zurückkehren lassen, was er an Lohn oder an Beute errungen hat, oder ich lasse ihn ins Paradies eingehen.
Und würde es meiner Gemeinschaft nicht schwerfallen, würde ich *(Muḥammad)* nicht hinter einer Truppe sitzen, und ich würde mir wünschen, auf dem Weg Gottes getötet, dann wieder zum Leben erweckt, dann wieder getötet, dann wieder zum Leben erweckt, dann wieder getötet zu werden.

Bukhārī

Sure 17,33

Eine Ameise biß eines Tages einen Propheten. Daraufhin befahl er, das ganze Ameisendorf zu verbrennen. Da gab ihm Gott ein: Weil dich eine Ameise gebissen hat, hast du eine (ganze) Gemeinschaft verbrennen lassen, die Gott preist?

Bukhārī; Muslim

Eines Tages setzte sich ein Prophet unter einem Baum nieder. Eine Ameise biß ihn. Daraufhin befahl er, seine (eigene) Ausstattung unter dem Baum wegzuschaffen, und er befahl, ihren ganzen Bau zu verbrennen. Da gab ihm Gott ein: Hättest du doch nur eine Ameise getötet!

Bukhārī; Muslim

Sure 20,114

Wer sich auf den Weg macht, um nach Wissen zu suchen, dem ebnet Gott dafür den Weg ins Paradies.

Muslim

Sure 32,17

Es waren zwei Männer aus den Reihen der Kinder Israels. Sie hatten sich verbrüdert. Der eine pflegte zu sündigen, der andere war eifrig in der Frömmigkeit. Der Eifrige sah immer wieder, wie der andere sündigte, und sagte zu ihm: Halte dich zurück!
Der erwiderte: Laß mich doch, bei meinem Herrn. Bist du zum Wächter über mich bestellt?
Er sagte: Bei Gott, dir wird Gott nicht vergeben, oder Gott wird dich nicht ins Paradies eingehen lassen.

Gott nahm ihre Geister fort. Sie trafen beim Herrn der Welten zusammen. Dieser sagte zu dem Eifrigen: Wußtest du über mich Bescheid? Oder verfügtest du über das, was in meiner Hand liegt? Und er sagte zum Sünder: Geh, tritt ein ins Paradies aus Barmherzigkeit von mir.
Und er sagte zum anderen: Bringt ihn ins Höllenfeuer. Gott sagt: Ich habe meinen rechtschaffenen Dienern bereitet, was kein Auge gesehen, kein Ohr gehört und keinem Menschen in den Sinn gekommen ist*.

Bukhārī; Muslim

Sure 39,67

Gott wird am Tag der Auferstehung die Himmel zusammenfalten und sie dann in seine rechte Hand nehmen und sagen: Ich bin der König. Wo sind denn die Gewaltigen? Wo sind die Hochmütigen?
Dann wird er die Erde in seiner linken Hand zusammenfalten und sagen: Ich bin der König. Wo sind die Gewaltigen? Wo sind die Hochmütigen?

Muslim

Sure 45,24

Gott sagt: Die Kinder Adams fügen mir Leid zu: Sie beschimpfen die Zeit, aber die Zeit bin ich doch. In meiner Hand liegt der Befehl, und ich wälze die Nacht und den Tag um.

Bukhārī

* Vgl. Bibel: Jesaja 64,3; 1. Korinther 2,9.

Sure 112

Gott sagt: Die Kinder Adams bezichtigen mich der Lüge, aber dies steht ihnen nicht zu. Sie beschimpfen mich, aber dies steht ihnen nicht zu. Sie bezichtigen mich der Lüge, indem sie sagen: Er wird mich nicht neu erschaffen, wie er mich am Anfang erschaffen hat. Und dennoch fällt mir die Schöpfung am Anfang nicht leichter als die erneute Erschaffung.
Und sie beschimpfen mich, indem sie sagen: Gott hat sich ein Kind genommen. Aber ich bin der Einzige, der Undurchdringliche. Ich habe nicht gezeugt, und ich bin nicht gezeugt worden; und keiner ist mir ebenbürtig.

Bukhārī; Nasā'ī

Gott: Erhabenheit, Vorsehung, Huld, Barmherzigkeit, Vergebung, Menschenfreundlichkeit und Liebe*

Spruch Gottes:
O meine Diener! Ich habe mir selbst die Ungerechtigkeit verboten und habe sie auch euch verboten. So seid nicht ungerecht gegeneinander.
So meine Diener! Jeder von euch geht in die Irre, außer dem, den ich rechtleite. So bittet mich um Rechtleitung, dann werde ich euch rechtleiten.
O meine Diener! Jeder von euch leidet an Hunger, außer dem, dem ich Nahrung beschere. So bittet mich um Nahrung, dann werde ich euch Nahrung bescheren.
O meine Diener! Jeder von euch ist nackt, außer dem, den ich bekleide. So bittet mich um Kleidung, dann werde ich euch bekleiden.

* Die Stichwörter vor jedem Abschnitt hier und im folgenden verweisen auf die Koranstellen, die im Sachregister angegeben sind.

O meine Diener! Ihr sündigt in der Nacht und tagsüber, und ich vergebe alle Vergehen. So bittet mich um Vergebung, dann werde ich euch vergeben.
O meine Diener! Ihr werdet es nicht soweit bringen, daß ihr mir Schaden zufügen oder Nutzen bringen könnt.
O meine Diener! Wenn der erste und der letzte von euch, wenn die Menschen und die Djinn unter euch so fromm wären wie das Herz des frömmsten Mannes unter euch, das würde meinen Reichtum um nichts vermehren.
O meine Diener! Wenn der erste und der letzte von euch, wenn die Menschen und die Djinn unter euch so frevelhaft wären wie das Herz des frevelhaftesten Mannes unter euch, das würde meinen Reichtum um nichts verringern.
O meine Diener! Wenn der erste und der letzte von euch, wenn die Menschen und die Djinn unter euch sich an einem Ort versammelten, um mir ihre Bitte vorzutragen, und wenn ich jedem seine Bitte erfüllte, das würde meinen Besitz um nichts mehr verringern als das, was die Nadel wegnehmen würde, wenn man sie ins Meer eintauchte.
O meine Diener! Es sind eure Taten. Ich erfasse sie für euch, und dann vergelte ich sie euch. Wer Gutes vorfindet, der preise Gott. Und wer etwas anderes vorfindet, der soll nur sich selbst tadeln.

Muslim

Die Erschaffung eines jeden von euch verläuft wie folgt. Er wird im Schoß seiner Mutter im Laufe von vierzig Tagen und vierzig Nächten (oder: von vierzig Nächten) zusammengesetzt. Desgleichen wird er dann zu einem Embryo; und desgleichen zu einem Fötus*. Dann sendet Gott den Engel zu ihm, der ihm vier Worte zu verkünden hat. Er bestimmt seinen Lebensunterhalt, seine Lebensfrist, seinen Wandel, sein Ende, ob er unglücklich oder glücklich wird. Dann bläst er in ihn den Geist hinein.
Der eine von euch mag dann auch handeln, wie die Leute des

* Vgl. Koran 23,12–14; 32,7–9; 75,36–39; 86,5–7.

Paradieses handeln, so daß er davon nur noch eine Elle entfernt ist. Dann ereilt ihn die Bestimmung, und da handelt er nun, wie die Leute des Höllenfeuers handeln, und er tritt ins Höllenfeuer ein.
Und der andere von euch mag auch handeln, wie die Leute des Höllenfeuers handeln, so daß er davon nur noch eine Elle entfernt ist. Dann ereilt ihn die Bestimmung, und da handelt er, wie die Leute des Paradieses handeln, und er tritt ins Paradies ein.

Bukhārī; Muslim

Nach Ibn `Abbās:
Ich befand mich eines Tages hinter dem Propheten. Da sagte er zu mir: Junger Mann, ich bringe dir folgende Worte bei: Bewahre das Denken an Gott, so denkt er an dich. Bewahre das Denken an Gott, so findest du ihn dir gegenüber. Wenn du eine Bitte vorzutragen hast, so bitte Gott. Wenn du um Hilfe rufst, so rufe Gott um Hilfe.
Wisse, wenn alle Mitglieder der Gemeinschaft sich zusammentun, um dir etwas zu nutzen, so werden sie dir keinen Nutzen verschaffen, es sei denn nur das, was Gott dir vorherbestimmt hat. Und wenn sie sich zusammentun, um dir Schaden zuzufügen, so werden sie dir keinen Schaden zufügen, es sei denn das, was dir Gott vorherbestimmt hat.
Die Schreibrohre haben aufgehört zu schreiben, und die Blätter sind trocken geworden.

Tirmidhī

Wenn ihr euch auf Gott verließet, wie es das rechte Vertrauen ist, hätte er euch den Lebensunterhalt beschert, wie er es mit den Vögeln tut. Sie fliegen hinaus mager vor Hunger und kehren am Abend zurück mit vollem Bauch*.

Tirmidhī

* Vgl. Evangelium: Matthäus 6,25–26.

Mit euch sowie mit den Juden und den Christen, ist es wie mit einem Mann, der Arbeiter anheuerte und sagte: Wer arbeitet für mich bis zur Mittagszeit für jeweils einen Taler*?
Die Juden arbeiteten für jeweils einen Taler. Dann arbeiteten die Christen für jeweils einen Taler. Dann kamt ihr, die ihr nun vom Nachmittagsgebet bis zum Sonnenuntergang für jeweils zwei Taler arbeitet. Da gerieten Juden und Christen in Zorn und sagten: Wir haben mehr gearbeitet und weniger erhalten.
Er (*Gott*) sagt: Habe ich euch in bezug auf das, was euch zusteht, Unrecht getan?
Sie sagen: Nein.
Er sagt: Das ist meine Huld. Ich lasse sie zukommen, wem ich will.

Bukhārī

Gott freut sich über die Umkehr seines Dieners mehr als der, der sein in der Wüste verlorengegangenes Tier wiedergefunden hat**.

Muslim

Gott sagt: Wenn der Diener mir eine Handlänge entgegenkommt, gehe ich ihm eine Armlänge entgegen. Und wenn er mir eine Armlänge entgegenkommt, gehe ich ihm eine ganze Elle entgegen. Und wenn er mir in einfachem Gang entgegenkommt, komme ich ihm entgegen im Laufschritt.

Bukhārī; Muslim

* Wörtlich: Karat. – Vgl. zum Text Evangelium: Matthäus 20,1–16.
** Vgl. Evangelium: Matthäus 18,12–14; Lukas 15,4–7.

Als Gott die Schöpfung schuf, schrieb er in einem Buch, das er über dem Thron aufbewahrt, folgendes: Meine Barmherzigkeit hat über meinen Zorn gesiegt.

Bukhārī; Muslim

Der Gesandte Gottes brachte Gefangene als Beute. Eine Frau aus ihrer Mitte, die unter den Gefangenen einen Knaben fand, lief hin, drückte ihn an ihre Brust und stillte ihn. Der Gesandte Gottes sagte: Meint ihr, diese Frau würde ihr Kind ins Feuer werfen?
Wir sagten: Nein, bei Gott.
Er sagte: Wahrlich, Gott ist barmherziger gegen seine Diener als diese gegen ihr Kind.

Bukhārī; Muslim

Unser Herr steigt jede Nacht, wenn sie das letzte Drittel erreicht hat, zum unteren Himmel herab und sagt: Wer ruft mich an, daß ich ihn erhöre? Wer bittet mich, daß ich ihm gebe? Wer bittet mich um Vergebung, daß ich ihm vergebe?

Bukhārī; Muslim

Der Prophet erzählte von seinem Herrn, dem Segensvollen und Erhabenen. Er sagte: Ein Diener beging eine Sünde. Da sagte er: O mein Gott, vergib mir meine Sünde.
Gott, der Segensvolle und Erhabene, sagte: Mein Diener hat eine Sünde begangen, er wußte aber, daß er einen Herrn hat, der die Sünde vergibt.
Dann sündigte er wieder. Daraufhin sagte er: O mein Herr, vergib mir meine Sünde.
Er, der Segensvolle und Erhabene, sagte: Mein Diener hat eine

Sünde begangen. Er wußte aber, daß er einen Herrn hat, der die Sünde vergibt und wegen der Sünde belangt.
Da sündigte er nochmals wieder. Und er sagte: O mein Herr, vergib mir meine Sünde.
Er, der Segensvolle und Erhabene, sagte: Mein Diener wußte, daß er einen Herrn hat, der die Sünde vergibt und wegen der Sünde belangt. Ich habe meinem Diener vergeben. So mag er tun, was er will.

Bukhārī; Muslim

Gott der Erhabene hat gesagt: O Kind Adams, solange du mich anrufst und bittest, vergebe ich dir, was immer du auch getan hast, und es kümmert mich nicht.
O Kind Adams, auch wenn deine Sünden bis in die Höhen des Himmels reichen, sobald du mich um Vergebung bittest, vergebe ich dir.
O Kind Adams, auch wenn du zu mir mit so vielen Sünden kommst, wie die Erde fassen kann, und wenn du dabei mir nichts beigesellst, so komme ich dir entgegen mit genausoviel Vergebung.

Tirmidhī

Wenn Gott einen Diener liebt, ruft er Gabriel und sagt: Ich liebe den, so liebe auch du ihn.
Da liebt ihn Gabriel. Dann ruft er im Himmel aus und sagt: Gott liebt den, so liebt auch ihr ihn.
So lieben ihn die Leute des Himmels. Dann wird ihm eine gute Aufnahme auf der Erde bereitet.
Und wenn Gott einen Diener haßt, ruft er Gabriel und sagt: Ich hasse den, so hasse auch du ihn.
Da haßt ihn Gabriel. Dann ruft er im Himmel aus und sagt: Gott haßt den, so haßt auch ihr ihn.

So hassen sie ihn. Dann werden ihm Haßgefühle auf der Erde entgegengebracht.

Muslim

Gott der Erhabene hat gesagt: Wer einen Freund von mir zum Feind nimmt, dem erkläre ich den Krieg. Mein Diener kann sich mein Wohlwollen nicht mit etwas erwerben, was mir lieber wäre als das, was ich ihm als Pflicht auferlegt habe. Mein Diener befleißigt sich, mit Hilfe freiwilliger guter Werke mein Wohlwollen immer mehr zu gewinnen, bis ich ihn liebe. Und wenn ich ihn liebe, werde ich für ihn das Ohr, mit dem er hört, und das Auge, mit dem er sieht, und die Hand, mit der er gewaltig schlägt, und der Fuß, mit dem er geht. Und wenn er mich bittet, so werde ich ihm gewiß geben, und wenn er bei mir Zuflucht sucht, werde ich ihm gewiß Zuflucht gewähren.

Bukhārī

Muḥammad: Vergebung, Fürsprache

Nach Ibn Mas`ūd:
Ich blickte zum Gesandten Gottes. Er glich einem von den Propheten, den seine Leute geschlagen hatten und bluten ließen. Er wischte das Blut von seinem Gesicht und sagte: O mein Gott, vergib meinen Leuten, denn sie wissen nicht, (was sie tun)*.

Bukhārī; Muslim

* Vgl. Evangelium: Lukas 23,34.

`Ā'isha sagte zum Propheten: Hast du einen schlimmeren Tag erlebt als bei der Schlacht am Uḥud?

Er sagte: Ich habe es erlebt von seiten deiner Leute. Das Schlimmste, was ich von ihnen erlebte, geschah am Tag von `Aqaba. Ich trat an Ibn `Abbās Yālīl ibn `Abd Kulāl mit einem Anliegen heran, er gewährte mir aber nicht, was ich wollte. Ich ging bekümmert ziellos umher. Als ich zu mir kam, war ich beim »Horn der Füchse«. Ich erhob das Haupt, und siehe da, eine Wolke überschattete mich. Ich blickte, da war Gabriel in der Wolke. Er rief mir zu und sagte: Gott hat gehört, was deine Leute zu dir gesagt und wie sie dich nicht erhört haben. Er hat den Engel der Berge zu dir entsandt, damit du ihm in bezug auf sie befiehlst, was du willst.

Der Engel der Berge rief mir zu und sagte: O Muḥammad, Gott hat gehört, was deine Leute zu dir gesagt haben. Ich bin der Engel der Berge. Mein Herr hat mich zu dir entsandt, damit du mir deinen Befehl erteilst. Wenn du willst, lasse ich die zwei Berge um Mekka über sie stürzen.

Ich sagte: Nein. Ich bitte darum, daß Gott in ihrer Nachkommenschaft Leute entstehen läßt, die Gott allein dienen und ihm nichts beigesellen.

Bukhārī; Muslim

Nach Abū Dharr al-Ghifārī:

Ich ging mit dem Gesandten Gottes auf ein Feld mit schwarzen Steinen ... Dann sagte er zu mir: Bleib hier, bis ich zu dir komme.

Er ging in die Dunkelheit der Nacht hinein, bis er verschwand. Da hörte ich eine Stimme, die laut wurde. Ich fürchtete, daß jemand sich dem Propheten entgegenstellte. Ich wollte zu ihm gehen, aber ich erinnerte mich an seine Worte: Bleib hier, bis ich zu dir komme. Ich blieb also, bis er zu mir kam. Ich sagte: Ich habe eine Stimme gehört, die mich etwas befürchten ließ. Und ich erzählte es ihm.

Er sagte: Hast du sie gehört?

Ich sagte: Ja.
Er sagte: Das war Gabriel. Er kam zu mir und sagte: Wer von deiner Gemeinschaft stirbt, während er Gott nichts beigesellt hat, geht ins Paradies ein. Ich sagte: Auch wenn er Ehebruch und Diebstahl begangen hat? Er sagte: Auch wenn er Ehebruch und Diebstahl begangen hat.

Bukhārī; Muslim

Der Prophet rezitierte das Wort Gottes über Abraham: »Mein Herr, sie *(die Götzen)* haben viele Menschen irregeführt. Wer nun mir folgt, gehört zu mir« (*Koran 14,36*), und das Wort Jesu: »Wenn Du sie peinigst, so sind sie deine Diener. Wenn Du ihnen vergibst, so bist du der Mächtige, der Weise« (*Koran 5,118*).
Dann erhob er seine Hände und sagte: O Gott, meine Gemeinschaft, meine Gemeinschaft!
Und er weinte. Da sagte Gott: O Gabriel, geh zu Muḥammad. Dein Herr weiß es zwar besser, aber frag ihn, was ihn weinen läßt.
Gabriel kam zu ihm. Der Gesandte Gottes teilte ihm mit, was er sagte, obgleich er es besser weiß.
Gott sagte daraufhin: O Gabriel, geh zu Muḥammad und sag: Wir werden dich in bezug auf deine Gemeinschaft zufriedenstellen und dir nicht weh tun.

Muslim

Der Prophet betete am Abend des `Arafa-Tages* für seine Gemeinschaft. Es wurde ihm geantwotet: Ich habe ihnen vergeben, außer dem, der Unrecht tut. Den belange ich zugunsten dessen, der das Unrecht erlitten hat.
Er sagte: Ja, mein Herr. Wenn du willst, gibst du dem, der das Unrecht erlitten hat, das Paradies und vergibst dem, der Unrecht getan hat.

* Während der Wallfahrt.

Er antwortete an dem Abend nicht. Als es am Morgen in Muzdalifa war, wiederholte er die Bitte. Und seine Bitte wurde erhört. Da lachte der Gesandte Gottes (oder: da lächelte er). Abū Bakr und ʿUmar sagten zu ihm: Vater und Mutter sollen als Ersatzopfer für dich dienen, das ist doch eine Stunde, in der du nicht zu lachen pflegtest. Was hat dich veranlaßt zu lachen?
Er sagte: Als Gottes Feind Iblīs erfuhr, daß Gott meine Bitte erhört und meiner Gemeinschaft vergeben hat, nahm er Staub, streute ihn auf seinen Kopf und rief: O weh, was für ein Verderben! Seine Mutlosigkeit veranlaßte mich zu lachen.

Ibn Mādja

Nach Muʿādh ibn Djabal:
Ich ritt hinter dem Propheten auf einem Esel. Da sagte er: O Muʿādh, weißt du, welches Recht Gott bei seinen Dienern hat, und welches Recht die Diener bei Gott haben?
Ich sagte: Gott und sein Gesandter wissen es besser.
Er sagte: Gottes Recht gegenüber seinen Dienern besteht darin, daß sie ihm dienen und ihm nichts beigesellen. Und das Recht der Diener Gott gegenüber besteht darin, daß er niemanden peinigt, der ihm nichts beigesellt.
Ich sagte: O Gesandter Gottes, soll ich es nicht den Menschen verkünden?
Er sagte: Verkünde es ihnen nicht, sonst würden sie sich darauf verlassen.

Bukhārī; Muslim

Der Prophet sagte, während Muʿādh hinter ihm ritt: O Muʿādh!
Er sagte: Da bin ich, o Gesandter Gottes. Dir sei ein doppeltes Glück beschieden!
Er sagte: O Muʿādh!
Er sagte: Da bin ich, o Gesandter Gottes. Dir sei ein doppeltes Glück beschieden!

Er sagte: O Mu`ādh!
Er sagte: Da bin ich, o Gesandter Gottes. Dir sei ein doppeltes Glück beschieden!
Er sagte: Kein Diener bezeugt, es gibt keinen Gott außer Gott und Muḥammad ist sein Diener und sein Gesandter, in der Aufrichtigkeit seines Herzens, ohne daß Gott ihn aus dem Feuer errettet.
Er sagte: O Gesandter Gottes, soll ich es nicht den Menschen verkünden, so daß sie die frohe Nachricht erhalten?
Er sagte: *(Nein)*, sie würden sich sonst darauf verlassen.

Bukhārī; Muslim

Der Prophet sagt:
Ich bin der Herrscher der Menschen am Tag der Auferstehung. Wißt ihr wodurch? Gott wird die Ersten und die Letzten auf einer Fläche versammeln. Wer hinblickt, wird sie sehen. Wer ruft, läßt sich von ihnen hören. Die Sonne naht. Da sagen einige von den Menschen: Seht ihr nicht, in welchem Zustand ihr euch befindet, wohin ihr gelangt seid? Wollt ihr nicht jemanden suchen, der für euch bei eurem Herrn Fürsprache einlegt? Einige Menschen sagen: Adam (soll es tun), euer Vater.
Sie kommen zu ihm und sagen: O Adam, du bist doch der Vater der Menschen. Gott hat dich mit seiner Hand erschaffen, er hat dir von seinem Geist eingeblasen, und er hat den Engeln befohlen, und sie warfen sich vor dir nieder, und er hat dich im Paradies wohnen lassen. Willst du nicht für uns bei deinem Herrn Fürsprache einlegen? Siehst du nicht, in welchem Zustand wir uns befinden und wohin wir gelangt sind?
Er sagt: Mein Herr ist in einen derartigen Zorn geraten, den er weder vorher gezeigt noch nachher je zeigen wird. Und er hat mir den Baum verboten, aber ich war gegen ihn ungehorsam. Für mich selbst, für mich selbst (muß ich sorgen). Geht zu einem anderen. Geht zu Noach.
Sie gehen zu Noach und sagen: O Noach, du bist der erste Gesandte zu den Erdenbewohnern. Gott hat dich einen dankba-

ren Diener genannt. Siehst du nicht, in welchem Zustand wir uns befinden, wohin wir gelangt sind? Willst du nicht für uns bei deinem Herrn Fürsprache einlegen?
Er sagt: Mein Herr ist heute in einen derartigen Zorn geraten, den er weder vorher gezeigt noch nachher je zeigen wird. Für mich selbst, für mich selbst (muß ich sorgen). Geht zum Propheten.
Da kommen sie zu mir. Ich werfe mich unter dem Thron nieder. Und es wird gesagt: O Muḥammad, erhebe dein Haupt. Lege Fürsprache ein, so wird deine Fürsprache erhört werden. Bitte, so wirst du erhalten.

Bukhārī

Das Gute/das Böse, Gebote/Verbote, das Rechte/das Verwerfliche

Gott hat bestimmt, was gut und was böse ist. Wer nun sich vornimmt, eine gute Tat zu vollbringen, aber sie doch nicht vollbringt, dem schreibt sie Gott als eine volle gute Tat an. Wenn er sie beabsichtigt und auch vollbringt, dann schreibt Gott sie ihm als zehn gute Taten oder siebenhundert oder viel mehr an. Und wenn er sich vornimmt, eine schlechte Tat zu vollbringen, sie aber nicht vollbringt, dann schreibt Gott sie ihm als eine volle gute Tat an. Wenn er sie beabsichtigt und sie auch vollbringt, dann schreibt sie ihm Gott als eine (einzige) schlechte Tat an.

Bukhārī; Muslim

Die Taten werden nach den Absichten beurteilt. Wer nun ausgewandert ist in der Suche nach Gott und seinem Gesandten, dessen Auswanderung gilt als zu Gott und zu seinem Gesandten. Wer aber in der Suche nach irdischen Interessen oder wegen einer Frau, die er heiraten möchte, ausgewandert ist, dessen Auswanderung gilt als eben zu dem, zu dem er ausgewandert ist.

Bukhārī; Muslim

Die Welt gehört vier Menschen:
– Dem Diener, dem Gott Reichtum und Kenntnis beschert hat; er fürchtet seinen Herrn, er hält damit die Verwandtschaftsbande zusammen und er erkennt Gott ein Recht darauf zu. Ein solcher Mensch steht an höchster Stelle.
– Dem Diener, dem Gott Kenntnis, aber keinen Reichtum beschert hat; er hat eine lautere Absicht und sagt: Wenn ich Reichtum hätte, würde ich ihn benutzen wie der und der. Sein Wert mißt sich an seiner Absicht, und sein Lohn ist dem (seines Vorbildes) gleich.
– Dem Diener, dem Gott Reichtum, aber keine Kenntnis beschert hat; er mißbraucht seinen Reichtum ohne Kenntnis, er fürchtet seinen Herrn nicht, er hält damit die Verwandtschaftsbande nicht zusammen und er erkennt Gott kein Recht darauf zu. Er steht an der schlimmsten Stelle.
– Dem Diener, dem Gott weder Reichtum noch Kenntnis beschert hat; er sagt: Wenn ich Reichtum hätte, würde ich ihn benutzen wie der und der. Sein Wert bemißt sich an seiner Absicht, und seine Sündenlast ist der (seines Vorbildes) gleich.

Tirmidhī

Die Frömmigkeit ist das gute Verhalten. Der Frevel ist das, was deine Seele beunruhigt und wovon du nicht magst, daß es die Menschen erfahren.

Muslim

Wenn ich euch etwas verboten habe, dann meidet es. Und wenn ich euch etwas geboten habe, so vollbringt es, soviel ihr könnt. Was diejenigen, die vor euch lebten, ins Verderben gestürzt hat, das waren ihre zahlreichen Fragen und ihre Meinungsverschiedenheiten über ihre Propheten.

Bukhārī; Muslim

Mit dem, was Gott mir in meiner Sendung anvertraut hat als Rechtleitung und Wissen, ist es wie mit dem Regen, der auf die Erde fällt. Ein Teil davon ist gute Erde, die das Wasser aufnimmt und Weidepflanzen und viel Gras wachsen läßt. Es gibt auch öde Gebiete, die das Wasser aber halten, so daß Gott dadurch den Menschen Nutzen zukommen läßt: Sie trinken daraus, sie bewässern und pflanzen damit. Es gibt auch Flächen, die das Wasser nicht halten und keine Weidepflanzen wachsen lassen.

Bukhārī; Muslim

Jeder der Propheten, die Gott vor mir gesandt hat, hat aus den Reihen seines Volkes Jünger und Gefährten gefunden, die seinen Weg übernahmen und seinen Befehlen gehorchten. Nach ihm kommen aber Nachfolger, die vorschreiben, was sie selbst dann nicht tun, und tun, was ihnen nicht befohlen wurde. Wer gegen sie mit der Hand kämpft, ist ein Gläubiger; wer gegen sie mit der Zunge kämpft, ist ein Gläubiger; wer gegen sie mit dem Herzen kämpft, ist ein Gläubiger. Wer weniger als das tut, besitzt kein Senfkörnchen Glauben.

Muslim

Der Prophet sagte: Sucht die goldene Mitte und das Rechte, und wißt, daß keiner von euch aufgrund seiner Taten gerettet wird. Sie sagten: Nicht einmal du, o Gesandter Gottes?

Er sagte: Nicht einmal ich, es sei denn, Gott umhüllt mich mit Barmherzigkeit und Huld von ihm.

Muslim

Der Gesandte Gottes hörte an der Tür die Stimme zweier Männer, die miteinander stritten und deren Stimme laut wurde. Der eine bat den anderen, ihm etwas von seinen Schulden nachzulassen und Mitgefühl zu zeigen.
Der andere sagte: Bei Gott, das werde ich nicht tun.
Der Gesandte Gottes ging zu ihnen hinaus und sagte: Wo ist der, der bei Gott schwört, er werde das, was recht ist, nicht tun?
Da sagte dieser: Ich, o Gesandter Gottes. Aber nun sei ihm gewährt, was er mag.

Bukhārī

Keiner von euch soll sich selbst geringachten.
Sie sagten: O Gesandter Gottes, wie kann man sich selbst geringachten?
Er sagte: Jemand sieht, daß man über die Angelegenheit Gottes etwas sagen kann, aber er sagt es nicht. Gott wird am Tag der Auferstehung zu ihm sagen: Was hat dich daran gehindert, dich über dies und jenes zu äußern? Er sagt: Die Furcht vor den Menschen. Er sagt: Mich hättest du eher fürchten sollen.

Ibn Mādja

Wer von euch etwas Böses sieht, soll es mit seiner Hand ändern. Wenn er es nicht kann, dann mit seiner Zunge; wenn er das nicht kann, dann mit seinem Herzen. Dies (letzte) ist aber die schwächste Form des Glaubens.

Muslim

Der eine wird am Tag der Auferstehung herbeigebracht und ins Feuer geworfen. Seine Innereien ergießen sich, und er geht damit herum, wie der Esel den Mahlstein im Rundgang vor sich schiebt. Die Leute des Feuers versammeln sich bei ihm und sagen: Du, was ist mit dir? Hattest du nicht das Rechte geboten und das Verwerfliche verboten?
Er sagt: Doch. Ich pflegte jedoch das Rechte zu gebieten, es aber nicht zu tun, und das Verwerfliche zu verbieten und es dennoch zu begehen.

Bukhārī; Muslim

Ein Mann fragte den Gesandten Gottes: Was meinst du, wenn ich die vorgeschriebenen Gebete verrichte, den Ramaḍān faste, das Erlaubte tue und das Verbotene meide, aber nichts zusätzlich tue, gehe ich dann ins Paradies ein?
Er sagte: Ja.

Muslim

Gott der Erhabene ist gut und nimmt nur die guten Dinge an. Gott hat den Gläubigen das geboten, was er seinen Gesandten geboten hat: »O ihr Gesandten, eßt von den köstlichen Dingen und tut Gutes« (*Koran 23,51*). Und Gott hat gesagt: »O ihr, die ihr glaubt, eßt von den köstlichen Dingen, die Wir euch beschert haben« (*Koran 2,172*).
Dann führte er *(Muḥammad)* das Gleichnis von einem Mann an, der sich auf einer langen Reise befindet, zersaust und staubbedeckt ist, und der die Hände zum Himmel erhebt: O Herr, o Herr! Aber sein Essen ist Verbotenes, sein Trinken ist Verbotenes, seine Kleidung ist Verbotenes und seine Nahrung ist Verbotenes. Wie soll denn sein Gebet erhört werden?

Muslim

Wißt ihr, wer pleite ist?
Sie sagten: Wir bezeichnen den als pleite, der kein Geld und keine Habe hat.
Er sagte: In meiner Gemeinschaft ist pleite, wer am Tag der Auferstehung sich hinstellt. Er hat zwar das Gebet, das Fasten und die Entrichtung der Sozialabgabe erfüllt, aber er hat diesen beschimpft und jenen des Ehebruchs bezichtigt, er hat das Eigentum dieses zurückgehalten, das Blut jenes vergossen und jenen geschlagen. Dann werden diese alle der Reihe nach mit seinen guten Taten beschenkt. Wenn diese guten Taten sich erschöpfen, bevor seine Schuld wiedergutgemacht worden ist, wird man von deren Sünden nehmen und ihm zulegen. Dann wird er ins Feuer geworfen.

Muslim

Nach Abū Hurayra:
Der Gesandte Gottes sagte: Wer hört von mir folgende Worte und befolgt sie?
Da sagte ich: Ich, o Gesandter Gottes.
Er nahm mich bei der Hand und zählte bis fünf und sagte:
– Meide das Verbotene, so wirst du der beste Diener Gottes.
– Sei mit dem zufrieden, was Gott dir bestimmt hat, so wirst du der unabhängigste unter den Menschen.
– Tu deinem Nachbarn Gutes, so wirst du ein Gläubiger.
– Wünsche den Menschen, was du dir selbst wünscht, so wirst du ein Muslim.
– Übertreibe nicht im Lachen, denn das viele Lachen tötet das Herz.

Tirmidhī

Es gibt niemanden unter euch, den Gott nicht ansprechen wird, und zwar ohne daß zwischen ihnen ein Dolmetscher stünde. Er wird nach rechts blicken und nichts anderes als seine vorausgeschickten Taten sehen. Er wird nach links blicken und nichts anderes als seine vorausgeschickten Taten sehen. Er wird nach vorn blicken und nur das Feuer vor seinem Gesicht sehen. So hütet euch vor dem Feuer, wenn auch nur durch einen Teil von einer Dattel. Wer nicht einmal dies findet, der soll es tun durch ein gutes Wort.

Bukhārī; Muslim

Sieben Männer wird Gott mit seinem Schatten am Tag der Auferstehung bedecken, an dem es keinen anderen Schatten als seinen Schatten gibt.
Es sind der gerechte politische Führer;
der junge Mann, der im Dienst Gottes aufgewachsen ist;
der Mann, der in der Einsamkeit Gottes gedenkt und davon Tränen in den Augen hat;
der Mann, dessen Herz an den Moscheen hängt;
die zwei Männer, die um Gottes willen einander lieben, in der Treue zu ihm zusammenkommen und in dieser Treue auseinandergehen;
der Mann, den eine angesehene und schöne Frau zu sich ruft, der aber sagt: Ich fürchte Gott;
der Mann, der spendet und seine Spende verbirgt, so daß seine Linke nicht weiß, was seine Rechte getan hat*.

Bukhārī; Muslim

Nach Mu`ādh ibn Djabal:
Ich sagte: O Gesandter Gottes, teile mir mit, welche Tat mich ins Paradies eintreten läßt und mich vom Feuer fernhält.
Er sagte: Du hast nach einer großen Sache gefragt, die jedoch leicht ist für den, dem es Gott der Erhabene leicht macht. Du sollst Gott dienen und ihm nichts beigesellen, das Gebet verrichten, die Sozialabgabe entrichten, den Ramaḍān fasten und die Wallfahrt zum Bethaus *(in Mekka)* vollziehen.

* Vgl. Evangelium: Matthäus 6,3.

Dann sagte er: Soll ich dir Hinweise auf die Tore des Guten geben? Das Fasten ist ein Schutzschild, das Almosen löscht die Sünde aus, wie das Wasser das Feuer auslöscht. Auch das Gebet des Mannes in der Tiefe der Nacht.
Dann rezitierte er: »Ihre Seiten halten sich fern von den Schlafstätten. Sie rufen ihren Herrn in Furcht und Begehren an und spenden von dem, was Wir ihnen beschert haben. Und niemand weiß, welche Freuden im Verborgenen bestimmt sind als Lohn für das, was sie zu tun pflegten« (*Koran 32,16–17*).
Dann sagte er: Soll ich dich unterrichten über den Anfang aller Dinge, ihren Stützpfeiler und ihren Höhepunkt?
Ich sagte: O ja, Gesandter Gottes.
Er sagte: Der Anfang aller Dinge ist der Islam, der Stützpfeiler ist das Gebet und der Höhepunkt ist der Einsatz *(für den Islam)*.
Dann sagte er: Soll ich dich unterrichten über das Mittel, dies alles zu verwirklichen?
Ich sagte: O ja, Gesandter Gottes.
Er wies auf seine Zunge hin und sagte: Halte diese zurück.
Ich sagte: O Prophet Gottes, werden wir für das gescholten, was wir reden?
Er sagte: Möge dich deine Mutter verlieren! Was anderes stürzt die Menschen auf ihrem Gesicht ins Feuer als die Ernte ihrer Zunge?

Tirmidhī

Der Prophet sagte: Meidet das Sitzen an der Straße.
Sie sagten: O Gesandter Gottes, wir brauchen dieses Sitzen, denn wir suchen es, um uns auszutauschen.
Da sagte der Gesandte Gottes: Wenn ihr unbedingt dort sitzen wollt, dann verhaltet euch, wie es sich auf der Straße gehört.
Sie sagten: Wie gehört es sich auf der Straße, o Gesandter Gottes?
Er sagte: Die Blicke senken, keinen Schaden anrichten, den Gruß erwidern, das Rechte gebieten und das Verwerfliche verbieten.

Bukhārī

Diesseits/Jenseits

Ein Mann kam zum Propheten und sagte: O Gesandter Gottes, weise mich auf ein Werk hin, das, wenn ich es tue, mir die Liebe Gottes und die Liebe der Menschen sichert.
Er sagte: Entsage der Welt, so wird Gott dich lieben, und entsage dem, was die Menschen besitzen, so werden die Menschen dich lieben.

Ibn Mādja

Der Gesandte Gottes sandte Abū `Ubayda ibn al-Djarrāḥ nach Baḥrain, um die Steuern zu sammeln. Er kehrte von Baḥrain mit einigem Geld zurück. Die Anhänger hörten, daß Abū `Ubayda zurückgekehrt war. Sie trafen zum Morgengebet mit dem Gesandten Gottes zusammen. Als der Gesandte Gottes gebetet hatte, ging er fort. Sie sprachen ihn an. Er lächelte, als er sie sah, dann sagte er: Ich glaube, ihr habt gehört, daß Abū `Ubayda etwas aus Baḥrain gebracht hat.
Sie sagten: Jawohl, o Gesandter Gottes.
Er sagte: Das ist eine gute Nachricht für euch und ein Grund zu erhoffen, was euch beliebt. Bei Gott, nicht die Armut fürchte ich für euch; ich fürchte für euch, daß das Diesseits vor euch ausgebreitet wird, wie es denen ausgebreitet wurde, die vor euch lebten, und daß ihr nach ihm wetteifert, wie sie nach ihm wetteiferten, und es euch ins Verderben stürzt, wie es sie ins Verderben stürzte.

Bukhārī; Muslim

Der Gesandte Gottes erfuhr etwas über seine Gefährten. Da sprach er sie an und sagte: Mir sind Paradies und Feuer vorgestellt worden, so daß ich an keinem anderen Tag soviel über Gut und Böse gesehen habe. Wenn ihr nur das wüßtet, was ich weiß, ihr würdet wenig lachen und viel weinen.

Die Gefährten des Gesandten Gottes hatten da keinen Tag erlebt, der schlimmer für sie gewesen wäre als dieser. Sie verhüllten sich die Köpfe und fingen an zu schluchzen.

Bukhārī; Muslim

Nach Ibn `Amr:
Der Gesandte Gottes faßte mich an der Schulter und sagte: Lebe in der Welt, als wärest du ein Fremder oder ein Durchreisender. Und Ibn `Amr pflegte zu sagen: Wenn du den Abend erreicht hast, erwarte nicht den Morgen, und wenn du den Morgen erreicht hast, erwarte nicht den Abend. Sorge in deinen gesunden Tagen für die Zeit deiner Krankheit und in deinem Leben für deinen Tod.

Bukhārī

Der Prophet hatte zwischen Salmān und Abū l-Dardā' Bruderschaft gestiftet. Eines Tages besuchte Salmān Abū l-Dardā', und traf dessen Frau in ungepflegten Kleidern an. Da sagte er: Was ist mit dir?
Sie sagte: Dein Bruder Abū l-Dardā' hat kein Verlangen nach dem Diesseits.
Dann kam Abū l-Dardā' selbst ihn besuchen. Er bereitete ihm das Essen zu und sagte zu ihm: Iß; ich selbst halte ein Fasten.
Er sagte: Ich werde nicht essen, bis du selbst ißt.
Da aß er mit ihm. Als es Nacht wurde, machte Abū l-Dardā' Anstalten zu gehen. Da sagte er zu ihm: Schlaf doch hier. So schlief er. Dann wollte er gehen. Er sagte zu ihm: Schlaf doch.
Am Ende der Nacht sagte Salmān: Steh jetzt auf.
Sie beteten beide zusammen. Dann sagte Salmān: Siehe, dein Herr hat Rechte auf dich, du hast Rechte auf dich, und deine Angehörigen haben Rechte auf dich. So gib jedem, der ein Recht hat, sein Recht.

Er kam zum Propheten und erzählte ihm das. Da sagte der Prophet: Salmān hat die Wahrheit gesagt.

Bukhārī

Nach Ḥandhala:
Abū Bakr traf mich und sagte: Wie geht es dir, Ḥandhala?
Ich sagte: Ḥandhala ist ein Heuchler.
Er sagte: Großer Gott! Was sagst du da?
Ich sagte: Wir sitzen beim Gesandten Gottes. Er erinnert uns an das Paradies und das Feuer, so als würden wir sie vor uns sehen. Wenn wir aber vom Gesandten Gottes wieder weggehen, treiben wir unsere Spiele mit den Gattinnen, den Kindern, dem Besitz, und wir haben vieles wieder vergessen.
Abū Bakr sagte: Bei Gott, auch wir erleben das gleiche.
Wir gingen, Abū Bakr und ich, und traten zum Gesandten Gottes hinein. Ich sagte: Ḥandhala ist ein Heuchler, o Gesandter Gottes.
Der Gesandte Gottes sagte: Wieso?
Ich sagte: O Gesandter Gottes, wir sitzen bei dir, und du erinnerst uns an das Paradies und das Feuer, so als würden wir sie vor uns sehen. Wenn wir hinausgehen, treiben wir unsere Spiele mit den Gattinnen, den Kindern, dem Besitz, und wir haben vieles wieder vergessen.
Der Gesandte Gottes sagte: Bei dem, in dessen Hand mein Leben ist, würdet ihr im Zustand, den ihr bei mir erlebt, bleiben und in der Erinnerung ausharren, so würden euch die Engel auf euren Lagerstätten und auf euren Wegen begrüßen. Aber, Ḥandhala, jede Sache hat ihre Stunde.

Muslim

Islam/Religion, Reinigungsriten, Gebet, Fasten

`Umar ibn al-Khaṭṭāb sagte: Während wir eines Tages beim Gesandten Gottes saßen, kam ein Mann auf uns zu, der sehr weiße Kleider anhatte, dessen Haar sehr schwarz war. Man konnte an ihm keine Spuren von der Reise erkennen, und niemand von uns kannte ihn. Er setzte sich zum Propheten. Er legte seine Hände auf dessen Schenkel und stieß seine Knie zu dessen Knien und sagte: O Muḥammad, unterrichte mich über den Islam.

Der Gesandte Gottes sagte: Der Islam besteht darin, daß du bezeugst, es gibt keinen Gott außer Gott, und Muḥammad ist der Gesandte Gottes; daß du das Gebet verrichtest, die Sozialabgabe entrichtest, den Ramaḍān fastest, die Wallfahrt zum Bethaus *(in Mekka)* vollziehst, wenn du dazu imstande bist.

Er sagte: Du hast die Wahrheit gesagt.

Wir wunderten uns über ihn, daß er ihn fragte und ihm bescheinigte, die Wahrheit gesagt zu haben.

Er sagte: Unterrichte mich über den Glauben.

Er sagte: Daß du an Gott glaubst und an seine Engel, an seine Bücher, an seine Gesandten und an den Jüngsten Tag; und daß du an die Vorherbestimmung des Guten und des Bösen glaubst.

Er sagte: Du hast die Wahrheit gesagt.

Dann sagte er: Unterrichte mich über die guten Werke.

Er sagte: Du sollst Gott dienen, als würdest du ihn sehen, denn auch wenn du ihn nicht siehst, er sieht dich gewiß.

Er sagte: Unterrichte mich über die Stunde *(des Gerichts)*.

Er sagte: Darüber weiß der Befragte nicht mehr als der Fragesteller.

Er sagte: Dann unterrichte mich über ihre Vorzeichen.

Er sagte: Die Sklavin wird ihre Herrin gebären. Du wirst die barfüßigen, nackten und unabhängigen Schafshirten sich gegenseitig mit dem Bau hoher Häuser überbieten sehen.

Daraufhin ging er *(der Fremde)* fort. Ich blieb eine Weile sitzen.

Da sagte er *(der Prophet)*: O `Umar, weißt du, wer die Fragen stellte?

Ich sagte: Gott und sein Gesandter wissen es besser.
Er sagte: Es war Gabriel. Er kam, um euch eure Religion zu lehren.

Muslim

Wenn der muslimische Diener (Gottes) sich bei den Waschungen das Gesicht wäscht, entfernt sich von seinem Gesicht mit dem Wasser bzw. mit dem letzten Wassertropfen jede Sünde, die er mit den Augen begangen hat. Und wenn er seine Hände wäscht, entfernt sich von seinen Händen mit dem Wasser bzw. mit dem letzten Wassertropfen jede Sünde, die er mit den Händen gewalttätig verübt hat. Und wenn er sich die Füße wäscht, so entfernt sich von seinen Füßen mit dem Wasser bzw. mit dem letzten Wassertropfen jede Sünde, zu der er mit seinen Füßen gelaufen ist. So kommt er (aus der Waschung) rein von der Schuld heraus.

Muslim

Eines Tages hörte der Prophet, als er sich nach der Verneigung aufrecht gestellt hatte, hinter sich einen Beter sagen: O unser Herr, Lob sei dir, ein vielfaches, schönes und segensvolles Lob! Nach Beendigung des Gebets fragte der Prophet: Wer war das, der so sprach?
Der Mann sagte: Ich war es.
Da sagte der Prophet: Ich sah über dreißig Engel wetteifern, wer von ihnen als erster es aufschreibt.

Bukhārī; Muslim

Dein Herr wundert sich über einen Schafhirten, der sich auf der Spitze einer Bergspalte befindet: Er ruft zum Gebet und verrichtet das Gebet. Gott sagt dann: Schaut zu diesem meinem Diener.

Er ruft zum Gebet und verrichtet es. Er fürchtet mich. Siehe, ich habe meinem Diener vergeben, und ich lasse ihn ins Paradies eingehen.

Nasā'ī

Das Gebet des Mannes mit einem (anderen) Mann ist besser als sein Gebet, wenn er allein bleibt. Sein Gebet mit zwei Männern ist besser als sein Gebet mit einem Mann. Wenn sie aber noch zahlreicher sind, dann um so gottgefälliger.

Abū Dāwūd; Nasā'ī

Das Gebet der Gemeinschaft ist besser als das Gebet des einzelnen, und zwar siebenundzwanzigmal (besser).

Bukhārī; Muslim

Das Gebet des Mannes mit der Gemeinschaft ist fünfundzwanzigmal besser als sein Gebet in seinem Haus oder in seinem Geschäft. Denn, wenn er sich wäscht und die Waschung gut vollzieht, und wenn er dann in die Moschee geht nur um des Gebets willen, so gereicht ihm jeder Schritt zur Erhöhung seiner Rangstellung um eine Stufe und zur Vergebung einer Sünde. Und wenn er betet, rufen die Engel, solange er betet und sich nicht verunreinigt, den Segen auf ihn herab und sagen: O Gott, segne ihn! O Gott, erbarme dich über ihn!

Bukhāri; Muslim

Eines Tages kam Ibn Maktūm, der blind war, zum Gesandten Gottes und sagte: O Gesandter Gottes, ich würde für dich Vater und Mutter opfern. Du siehst, ich bin alt geworden, meine

Knochen sind mager geworden, mein Sehvermögen ist erloschen. Und ich habe einen Führer, dessen Führungsweise meinem Zustand nicht angepaßt ist. Kannst du mich vom Gemeinschaftsgebet befreien, so daß ich es zu Hause verrichten darf? Der Gesandte Gottes sagte: Hörst du zu Hause den Gebetsrufer? Er sagte: Ja, o Gesandter Gottes.
Der Gesandte (Gottes) sagte: Ich kann dich nicht davon befreien. Wenn derjenige, der das Gemeinschaftsgebet vernachlässigt, wüßte, was der für einen Lohn erhält, der hingeht, er würde zum Gebet gehen, auch wenn er dorthin auf Händen und Füßen krabbeln müßte.

Muslim

Wenn einer dem Freitagsgebet dreimal aus Nachlässigkeit fernbleibt, versiegelt Gott sein Herz.

Abū Dāwūd; Tirmidhī; Nasā'ī

Wo sich Menschen in einem der Gotteshäuser versammeln, um das Buch Gottes zu lesen und gemeinsam zu studieren, dort kommt die Ruhe auf sie herab, die Barmherzigkeit (Gottes) erfaßt sie, die Engel umgeben sie und Gott erwähnt sie im Kreis derer, die bei ihm weilen.

Muslim

Gott sagt: Ich entspreche der guten Meinung, die mein Diener von mir hat. Ich bin mit ihm, wenn er meiner gedenkt. Wenn er meiner in seinem Herzen bei sich allein gedenkt, gedenke ich seiner bei mir allein. Wenn er meiner in einer Gruppe gedenkt, gedenke ich seiner in einer Gruppe, die noch besser ist als jene.

Bukhārī

Gott hat Engel, die unterwegs sind auf der Suche nach den Leuten, die Gottes zu gedenken pflegen. Wenn sie Leute finden, die Gottes gedenken, rufen sie einander zu: Kommt her, hier ist, was ihr sucht. Dann überdecken sie sie mit ihren Flügeln bis zum unteren Himmel. Dann fragt sie ihr Herr – obwohl er besser über sie Bescheid weiß: Was sagen meine Diener?

Sie sagen: Sie preisen dich, sie rühmen deine Größe, sie loben dich und verherrlichen dich.

Er sagt: Haben sie mich denn gesehen?

Sie sagen: Nein, bei Gott, sie haben dich nicht gesehen.

Er sagt: Wie würde es wohl sein, wenn sie mich sähen?

Sie sagen: Würden sie dich sehen, sie würden dich noch mehr anbeten, noch mehr ehren und loben und noch mehr preisen.

Dann sagt er: Worum bitten sie mich?

Sie sagen: Sie bitten dich um das Paradies.

Er sagt: Haben sie es denn gesehen?

Sie sagen: Nein, bei Gott, o Herr, sie haben es nicht gesehen.

Er sagt: Wie würde es wohl sein, wenn sie es sähen?

Sie sagen: Würden sie es sehen, sie würden noch stärker danach verlangen und noch stärker danach trachten, und sie würden es noch mehr begehren.

Dann sagt er: Wovor suchen sie Zuflucht?

Sie sagen: Vor dem Höllenfeuer.

Er sagt: Haben sie es denn gesehen?

Sie sagen: Nein, bei Gott, o Herr, sie haben es nicht gesehen.

Er sagt: Wie würde es wohl sein, wenn sie es sähen?

Sie sagen: Würden sie es sehen, sie würden noch stärker davor fliehen und es noch stärker fürchten.

Er sagt: Ich nehme euch zu Zeugen, daß ich ihnen vergeben habe.

Einer der Engel sagt: Unter ihnen befindet sich einer, der nicht zu ihnen gehört. Er traf nur wegen eines bestimmten Anliegens da ein.

Er sagt: Sie sind die Teilnehmer an der Sitzung, und wer mit ihnen da sitzt, soll ihretwegen nicht unglücklich sein.

Bukhārī; ähnlich auch bei Muslim und Tirmidhī

Das Fasten ist ein Schutz. (Wer fastet), soll keine ungehörigen Reden halten und keine Torheit begehen. Und, wenn jemand ihn bekämpft oder beschimpft, soll er zweimal sagen: Ich faste.
Bei dem, in dessen Hand meine Seele ist, der Mundgeruch des Fastenden ist bei Gott angenehmer als der Moschusduft. Dieser verzichtet ja auf Essen, Trinken und Begierde um meiner willen, und ich entlohne (ihn) dafür. Und die gute Tat erhält den Lohn von zehn ihresgleichen.

Bukhārī

Tugenden, Dankbarkeit, Geduld, Bewährung in der Prüfung (vgl. Sachregister: Gott, 13.)

Gott sieht nicht auf eure Körper und auch nicht auf eure Gestalten. Er sieht auf eure Herzen und eure Werke.

Muslim

Wer den Menschen nicht dankt, dankt auch Gott nicht.

Abū Dāwūd; Tirmidhī

Die Geduld ist die Hälfte des Glaubens.

Bukhārī

Gott sagt: Wenn ich meinen Diener an seinen beiden Lieblingen (*Augen*) prüfe und er sich geduldig zeigt, gebe ich ihm als Ersatz für sie das Paradies.

Bukhārī

Wem Gott Gutes will, den prüft er mit Krankheit.

Bukhārī

Nichts trifft den Menschen an Schwäche, Krankheit, Sorge, Trauer, Schaden oder Gram, nicht einmal die Dorne, die ihn sticht, ohne daß Gott einen Teil seiner Sünden damit sühnt.

Bukhārī

Eine der Töchter des Propheten schickte einen Boten zu ihm und ließ ihn rufen und ihm mitteilen, daß ein Knabe von ihr im Sterben liege.
Der Gesandte Gottes sagte: Kehre zu ihr zurück und sag ihr: Gott dem Erhabenen gehört, was er nimmt, und ihm gehört, was er gibt. Alles hat bei ihm eine festgesetzte Frist. Befiehl ihr, sie soll geduldig sein und auf den Lohn Gottes hoffen.
Denn Gott sagt: Wenn ich meinem Diener seinen Vertrauten aus der Mitte der Menschen im Diesseits wegraffe und er daraufhin sich geduldig zeigt und auf den entsprechenden Lohn hofft, so gehört ihm das Paradies als Lohn.

Bukhārī

Der Gesandte Gottes sagte: Wenn das Kind des Dieners stirbt, sagt Gott der Erhabene zu seinen Engeln: Habt ihr das Kind meines Dieners weggerafft?

Sie sagen: Ja.
Er sagt: Habt ihr die Frucht seines Herzens weggerafft?
Sie sagen: Ja.
Da sagt er: Was hat mein Diener gesagt?
Sie sagen: Er hat dich gelobt und rezitiert: Wir gehören Gott, und zu ihm kehren wir zurück.
Gott der Erhabene sagt: Baut meinem Diener ein Haus im Paradies und nennt es »Das Haus des Lobes«.

Tirmidhī

Keiner von euch wünsche sich den Tod wegen einer Drangsal, die ihn trifft. Wenn er es unbedingt tun will, so soll er sagen: O mein Gott, laß mich leben, solange das Leben für mich besser ist, und berufe mich ab, wenn der Tod für mich besser ist.

Bukhārī; Muslim

Unter denen, die vor euch lebten, gab es einen Mann, der eine Wunde hatte. Er wurde mutlos, nahm ein Messer und schnitt sich damit die Hand ab. Sein Blut floß, und schließlich starb er. Gott sagte: Mein Diener kommt zu mir aus eigener Entscheidung! Ich verwehre ihm das Paradies.

Bukhārī

Es waren drei Männer von den Kindern Israels. Der eine litt an Aussatz, der andere hatte einen Kahlkopf, der dritte war blind. Gott wollte sie nun auf die Probe stellen und sandte einen Engel zu ihnen.
Er kam zum Aussätzigen und sagte: Was hast du am liebsten?
Er sagte: Eine schöne Farbe, eine schöne Haut, und daß sich von mir entfernt, was mich in den Augen der Menschen unansehnlich macht.

Er strich mit der Hand über ihn, da entfernte sich sein Schmutz, und eine schöne Farbe wurde ihm gegeben.
Er sagte: Welche Art von Besitz ist dir am liebsten?
Er sagte: Die Kamele.
Es wurde ihm daraufhin eine trächtige Kamelstute gegeben.
Und er sagte: Sie gereiche dir von Gott her zum Segen!

Er kam zum Kahlen und sagte: Was hast du am liebsten?
Er sagte: Ein schönes Haar, und daß sich von mir entfernt, was mich in den Augen der Menschen unansehnlich macht.
Da strich er mit der Hand über ihn, und es entfernte sich von ihm, und ein schönes Haar wurde ihm gegeben.
Er sagte: Welche Art von Besitz ist dir am liebsten?
Er sagte: Die Rinder.
Es wurde ihm daraufhin eine trächtige Kuh gegeben.
Und er sagte: Sie gereiche dir von Gott her zum Segen!

Er kam zum Blinden und sagte: Was hast du am liebsten?
Er sagte: Daß Gott mir mein Augenlicht zurückgibt, so daß ich die Menschen sehen kann.
Er strich mit der Hand über ihn, da gab ihm Gott sein Augenlicht zurück.
Er sagte: Welche Art von Besitz ist dir am liebsten?
Er sagte: Die Schafe.
Es wurde ihm daraufhin ein Mutterschaf gegeben.
Die Tiere brachten ihre Jungen zur Welt, so daß (mit der Zeit) der eine eine Kamelherde, der andere eine Rinderherde und der dritte eine Schafherde besaß.

Dann kam er zum Aussätzigen in dessen Zustand und Gestalt und sagte: Ich bin ein armer Mann, alle Stricke sind mir auf meiner Reise gerissen. So habe ich heute keine Lebensversorgung mehr, außer wenn Hilfe von Gott und von dir her kommt. Ich bitte dich im Namen dessen, der dir die schöne Farbe, die schöne Haut und den Besitz gegeben hat, um ein Kamel, daß ich mich auf meiner Reise versorgen kann.
Er sagte: Es sind viele, die in bezug auf die Herde ihre Rechte geltend machen.

Er sagte: Mir scheint, ich kenne dich. Warst du nicht ein Aussätziger, den die Menschen in seiner Armut als unansehlich betrachteten, dann hat dich Gott beschenkt?
Er sagte: Das Vermögen habe ich vielmehr als Erbe von Generation zu Generation erhalten.
Er sagte: Wenn du lügst, so möge Gott dich in deinen früheren Zustand zurückversetzen!

Und er kam zum Kahlen in dessen Zustand und Gestalt und sprach zu ihm, wie er zu jenem gesprochen hatte. Auch dieser erwiderte ihm, wie jener erwidert hatte.
Da sagte er: Wenn du lügst, so möge Gott dich in deinen früheren Zustand zurückversetzen!

Und er kam zum Blinden in dessen Zustand und Gestalt und sagte: Ich bin ein armer Mann auf der Reise. Alle Stricke sind mir auf meiner Reise gerissen, so habe ich heute keine Lebensversorgung mehr, außer wenn Hilfe von Gott und von dir her kommt. Ich bitte dich im Namen dessen, der dir das Augenlicht zurückgegeben hat, um ein Schaf, daß ich mich auf meiner Reise versorgen kann.
Er sagte: Ich war blind, und Gott hat mir mein Augenlicht zurückgegeben. Nimm, was du möchtest, und laß stehen, was du willst. Bei Gott, ich werde dich heute nicht belangen für etwas, was du um Gottes des Erhabenen willen nimmst.
Er sagte: Behalte deinen Besitz. Ihr wurdet ja nur auf die Probe gestellt. Gott hat Wohlgefallen an dir, und er ist über deine beiden anderen Gefährten zornig.

Bukhārī

Gott hat mir eingegeben, ihr sollt demütig sein, auf daß keiner sich über den anderen erhebe und keiner den anderen ungerecht behandle.

Muslim; Tirmidhī

Gott liebt die Milde in jeder Angelegenheit.

Bukhārī

Wenn jemand einem anderen wegen etwas flucht, so steigt sein Fluch zum Himmel: Die Tore des Himmels bleiben vor ihm verschlossen. Der Fluch steigt zur Erde herab: Ihre Tore bleiben vor ihm verschlossen. Er richtet sich nach rechts und nach links. Wenn er keinen Weg findet, kehrt er zu dem zurück, dem der Fluch galt: Hat er ihn verdient (dann ruht er auf ihm), sonst kehrt er zu dem zurück, der ihn ausgesprochen hat.

Abū Dāwūd

Gott hat vorgeschrieben, alles gut zu verrichten. Wenn ihr tötet, dann tötet in rechter Weise. Wenn ihr schlachtet, dann schlachtet in rechter Weise; ihr sollt euer Schlachtmesser schärfen und dem Schlachttier es erträglicher machen.

Muslim

Wem die Sanftmut vorenthalten wurde, dem ist das Gute allesamt vorenthalten worden.

Muslim

Gott ist sanftmütig, und er liebt die Sanftmut, und er belohnt sie mit dem, was er der Gewalt nicht gibt.

Muslim

Der Starke ist nicht, der die Menschen zu Boden wirft. Der Starke ist der, der im Zorn seine Seele beherrscht.

Bukhārī; Muslim

Der Zorn ist ein Feuer im Herzen der Menschen: Habt ihr nicht die Röte seiner Augen und das Schwellen seiner Halsadern gesehen? Wer etwas von alledem spürt, der halte sich in der Nähe der Erde*.

Abū Dāwūd

Wird einer von euch zornig, wenn er steht, dann soll er sich setzen. Weicht der Zorn doch nicht ab, dann soll er sich hinlegen.

Abū Dāwūd

Die großen Sünden sind die Beigesellung gegenüber Gott, die Impietät zu den Eltern, der Mord und der falsche Eid.

Bukhārī

Hütet euch vor dem Neid. Denn der Neid frißt die guten Taten, wie das Feuer das Holz (bzw. das Gras) frißt.

Ibn Mādja

* D. h.: er soll sich hinsetzen.

Familie, Verwandte, Pietät

Kulayb al-Ḥanafī kam zum Gesandten Gottes und sagte: O Gesandter Gottes, wem schulde ich Pietät?
Er sagte: Deiner Mutter, deinem Vater, deiner Schwester, deinem Bruder, deinem Sklaven, der darauf folgt. So ist es Recht und Pflicht und Zusammenhalten der Verwandtschaftsbande.

Abū Dāwūd

Ein Mann kam zum Gesandten Gottes und sagte: O Gesandter Gottes, wer hat am ehesten Recht auf gute Gesellschaft von mir?
Er sagte: Deine Mutter.
Er sagte: Und wer dann?
Er sagte: Deine Mutter.
Er sagte: Und wer dann?
Er sagte: Deine Mutter.
Er sagte: Und wer dann?
Er sagte: Dein Vater.

Bukhārī; Muslim

Jemand ersuchte den Gesandten Gottes, ihm die Teilnahme am heiligen Krieg zu erlauben. Er sagte: Sind deine Eltern noch am leben?
Er sagte: Ja.
Er sagte: Vollbringe deinen Einsatz ihnen gegenüber.

Bukhārī; Muslim

Djāhima kam zum Propheten und sagte: O Gesandter Gottes, ich möchte in den Feldzug mitziehen, so bin ich gekommen, dich um Rat zu bitten.

Er sagte: Hast du noch deine Mutter?
Er sagte: Ja.
Er sagte: Dann bleibe bei ihr, denn das Paradies liegt zu ihren Füßen.

Nasā'ī

Der Gesandte Gottes küßte *(sein Enkelkind)* Ḥasan oder Ḥusayn, den Sohn `Alīs. Aqra` ibn Ḥabīs war bei ihm. Da sagte Aqra`: Ich habe zehn Kinder, und ich habe keines von ihnen je geküßt.
Der Gesandte Gottes blickte ihn an und sagte: Wer kein Erbarmen zeigt, erfährt auch kein Erbarmen.

Bukhārī; Muslim

Nach Asmā' bint Abī Bakr:
Meine Mutter kam zu mir, sie war noch Polytheistin. Ich bat den Gesandten Gottes um Rat und sagte: Meine Mutter ist zu mir gekommen und bittet um etwas. Soll ich es ihr schenken?
Er sagte: Ja, beschenke deine Mutter.

Bukhārī; Muslim; Abū Dāwūd

Nach `Ā'isha:
Eine Frau, die zwei Töchter bei sich hatte, trat bei mir ein und bettelte. Sie fand bei mir nichts außer einer Dattel. Ich gab sie ihr. Sie teilte sie zwischen ihren beiden Töchtern aus und ging weg.
Als der Gesandte Gottes zu mir kam, erzählte ich ihm davon. Da sagte er: Wer durch diese Töchter der Prüfung ausgesetzt ist, ihnen aber Gutes tut, dem werden sie eine Trennwand gegen das Höllenfeuer sein.

Bukhārī; Muslim; Tirmidhī

Wer drei Töchter ernährt, oder drei Schwestern oder zwei Schwestern oder zwei Töchter, und sie erzieht, ihnen Gutes tut und sie verheiratet, der erhält das Paradies.

Abū Dāwūd; Tirmidhī

Ein Mann sagte: O Gesandter Gottes, gibt es etwas, womit ich Pietät zu meinen Eltern nach ihrem Tod zeigen kann?
Er sagte: Ja, das Gebet für sie, die Bitte für sie um Vergebung, die Erfüllung ihres Vermächtnisses nach ihnen, das Zusammenhalten der Verwandtschaftsbande, die ohne sie nicht zusammengehalten werden können, (endlich) die Ehrung ihres Freundes.

Abū Dāwūd

Die Verwandtschaftsbande hängen am Thron (Gottes) und sagen: Wer uns zusammenhält, den hält Gott zusammen. Und wer uns zerreißt, den zerreißt Gott.

Bukhārī; Muslim

Der Prophet sagte von den Sklaven und Leibeigenen: Es sind eure Brüder und eure Knechte, die Gott eurer Verfügungsgewalt unterstellt hat. Wem aber Gott Gewalt über seinen Bruder gibt, der soll ihm von dem zu essen geben, was er selbst ißt, und der soll ihn mit dem bekleiden, was er selbst anzieht. Ihr sollt sie nicht mit dem betrauen, was sie nicht bewältigen können. Und wenn ihr sie damit betraut, dann helft ihnen dabei.

Bukhārī; Muslim

Keuschheit, Unzucht, Ehebruch

Wer mir den guten Gebrauch dessen, was zwischen seinen Kiefern ist (*Zunge*), und dessen, was zwischen seinen Beinen ist (*Scham*), garantiert, dem garantiere ich das Paradies.

Bukhārī

Die Augen begehen Unzucht. Ihre Unzucht ist der Blick.

Bukhārī; Muslim

O ʿAlī, laß dem einen Blick nicht einen anderen Blick folgen. Denn der erste Blick gehört (noch) dir, der letzte aber gehört dir nicht mehr.

Tirmidhī

Ein Mann befindet sich nie allein mit einer Frau, ohne daß nicht der Teufel sich als dritter zu ihnen gesellt.

Tirmidhī

Der Mann darf sich nicht allein mit einer Frau befinden, es sei denn, er gehört zu den Männern, die sie nicht heiraten dürfen (*wie Vater, Sohn usw.*). Die Frau darf mit keinem Mann reisen, es sei denn, er gehört zu denen, die sie nicht heiraten dürfen.

Muslim

Der Prophet sagte: Hütet euch, zu den Frauen zu treten. Da sagte einer der Anhänger (Anṣār): Wie ist es mit dem Schwager? Er sagte: Der Schwager bringt den Tod.

Bukhārī

Die Frau, die sich parfümiert und an Leuten vorbeigeht, damit sie ihren Duft vernehmen, begeht Ehebruch. Und jedes Auge begeht Ehebruch.

Nasā'ī

(Unter den Bewohnern der Hölle beschreibt der Prophet folgende Personen:)
Frauen, die bekleidet und dennoch nackt sind, verführt und verführend, deren Köpfe so groß aussehen wie der Kamelhocker: Sie gehen nicht ins Paradies ein, und sie finden dessen Geruch nicht, obwohl sein Geruch meilenweit wahrnehmbar ist.

Muslim

Gerechtigkeit

Meide die Ungerechtigkeit. Die Ungerechtigkeit ist Dunkelheit am Tage der Auferstehung.

Muslim

Nimm dich in acht vor der Klage der ungerecht Behandelten, denn zwischen ihr und Gott gibt es keinen Vorhang.

Bukhārī; Muslim

Vier Eigenschaften machen einen Menschen zum reinen Frevler. Wer nur eine davon besitzt, besitzt ein entsprechendes Maß an Frevel, bis er sich deren entledigt. Diese sind: das Anvertraute veruntreuen, beim Reden lügen, den Vertragspartner heimtükkisch angreifen, im Streit ungerecht sein.

Bukhārī; Muslim

Am Tage der Auferstehung werde ich der Widersacher dreier Menschen sein. Es sind der, der bei meinem Namen ein Versprechen gegeben, aber sein Wort nicht gehalten hat; und der, der einen freien Menschen verkauft und seinen Preis ausgegeben hat; und der, der einen Arbeiter anheuert, von ihm das Vereinbarte erhalten, ihm aber seinen Lohn nicht gegeben hat.

Bukhārī

Wer Nahrung hortet (*um höhere Preise zu erzielen*), sündigt.

Muslim; Abū Dāwūd

Vier Laster machen einen zum Heuchler. Wenn eines von ihnen sich in einem Menschen befindet, befindet sich in ihm eine Eigenschaft des Heuchlers, bis er sich dessen entledigt. (Heuchler ist derjenige) der, wenn er spricht, lügt; der, wenn er verspricht, sein Versprechen nicht hält; der, wenn er streitet, ausfällig wird; der, wenn er eine Vereinbarung schließt, (seinen Partner) hinterhältig überfällt.

Bukhārī; Muslim

Wahrhaftigkeit, Lüge, Heuchelei

Pflegt die Wahrhaftigkeit. Die Wahrhaftigkeit führt zur Rechtschaffenheit, die Rechtschaffenheit führt zum Paradies ... Hütet euch vor der Lüge. Die Lüge führt zur Sündhaftigkeit, die Sündhaftigkeit führt ins Höllenfeuer.

Bukhārī; Muslim

Ich hörte den Gesandten Gottes nur für drei Fälle ein wenig Lüge erlauben: Wenn der Mann etwas sagt, um Eintracht zu stiften; wenn der Mann im Krieg etwas Falsches sagt; und wenn der Mann sich mit seiner Frau unterhält und die Frau sich mit ihrem Mann unterhält.

Muslim

Wenn der Diener (Gottes) lügt, entfernt sich der Engel von ihm eine Meile weit wegen des Gestankes dessen, was er begangen hat.

Tirmidhī

Der schlimmste Mensch ist der Mensch mit zwei Gesichtern. Er begegnet den einen mit einem Gesicht und begegnet den anderen mit einem anderen Gesicht.

Bukhārī

Wer seine Taten hinausposaunt, dem wird Gott sein Inneres hinausposaunen (*und ihn bloßstellen*). Wer heuchelt, dessen Heuchelei stellt Gott bloß.

Bukhārī

Meine ganze Gemeinde ist gesund bis auf diejenigen, die die Dinge hinausposaunen. Dazu gehört folgendes: Jemand tut in der Nacht etwas, er erreicht den Morgen, während Gott ihn zugedeckt hat. Dann kommt einer und sagt: Du, du hast gestern dies und jenes getan.
(Gott), sein Herr, hatte seine Tat in der Nacht verborgen gehalten, da kommt jener am Morgen und entfernt von ihm den Schleier Gottes.

Bukhārī; Muslim

Der (wahre) Gläubige verleumdet nicht, er flucht nicht, er frevelt nicht, und er ist nicht niederträchtig im Reden.

Bukhārī

Ehe, Ehepartner

Drei Männer kamen zu den Wohnungen der Frauen des Gesandten Gottes und erkundigten sich nach der frommen Praxis des Propheten. Als sie es hörten, schienen sie es geringzuachten. Sie sagten: Was sind wir denn gegenüber dem Gesandten Gottes, wo ihm seine frühere und seine spätere Schuld vergeben worden ist (*vgl. Koran 48,2*). Der eine sagte: Ich aber bete die ganze Nacht durch. Ein anderer sagte: Ich faste die ganze Zeit und breche das Fasten nie. Der dritte sagte: Ich enthalte mich der Frauen und heirate nie.
Der Gesandte Gottes kam hinzu und sagte: Seid ihr es, die dies und jenes gesagt haben? Bei Gott, ich bin sicher unter euch derjenige, der Gott am meisten fürchtet und am frömmsten ist,

und ich heirate Frauen. Wer sich von meinem Weg abwendet, gehört nicht zu mir.

Bukhārī; Muslim

Der Prophet sagte: Ihr jungen Männer, wer von euch die Pflichten der Ehe erfüllen kann, der heirate. Das hilft besser, den Blick zu senken und die Keuschheit zu wahren. Wer es nicht kann, soll sich dem Fasten zuwenden, denn es ist für ihn die Überwindung der Begierde.

Bukhārī; Muslim

Die ältere Unverheiratete hat eher das Recht, über sich selbst (zu verfügen), als ihr Sachwalter. Und die Jungfrau muß nach ihrer Erlaubnis gefragt werden, wenn es um ihre Person geht.

Muslim; Abū Dāwūd

Die ältere unverheiratete Frau darf nur mit ihrem eigenen Einverständnis verheiratet werden. Die Jungfrau darf nur verheiratet werden, nachdem sie nach ihrer Erlaubnis gefragt wurde.

Bukhārī; Muslim

Einige unter den Gefährten des Gesandten Gottes sagten zum Propheten: O Gesandter Gottes, die Reichen sind uns in bezug auf den Lohn voraus, denn auch sie beten, wie wir beten, und auch sie fasten, aber sie spenden vom Überfluß ihres Reichtums. Er sagte: Hat Gott nicht auch euch gegeben, wovon ihr spenden könnt? Durch jedes Lob erfolgt eine Spende, durch jede Verherrlichung *(Gottes)* erfolgt eine Spende, durch jede Lobpreisung erfolgt eine Spende, durch jeden Jubelruf erfolgt eine Spende.

Das Gute gebieten ist eine Spende, das Verwerfliche verbieten ist eine Spende. Und wenn einer von euch *(mit seiner Frau)* verkehrt, bringt er eine Spende.
Sie sagten: O Gesandter Gottes, wenn einer von uns seine Begierde befriedigt, wie kann er dafür eine Belohnung erhalten?
Er sagte: Was meint ihr, wenn er sie auf verbotene Weise befriedigt, hätte er nicht eine Schuld auf sich geladen? So ist es umgekehrt, wenn er sie auf berechtigte Weise befriedigt, erhält er dafür eine Belohnung.

Muslim

Unter den Gläubigen zeigen diejenigen den vollkommensten Glauben, die den besten Charakter besitzen. Und die besten von euch sind diejenigen, die ihre Frauen am besten behandeln.

Tirmidhī

Eines Tages kam eine Frau zum Gesandten Gottes.
Er fragte sie: Hast du einen Ehemann?
Sie sagte: Ja.
Er sagte: Wie stehst du zu ihm?
Sie sagte: Ich lasse ihn nicht dessen entbehren, was ich zu leisten vermag.
Er sagte: Sieh zu, wie du dich ihm gegenüber verhältst, denn er ist dein Paradies und dein Feuer.

Naṣā'ī

Jede Frau, die stirbt, während ihr Mann mit ihr zufrieden ist, geht ins Paradies ein.

Ibn Mādja; Tirmidhī

Wenn ein Mann seine Frau in sein Bett ruft, sie aber nicht kommt, so daß er zornig die Nacht verbringt, dann werden die Engel sie verfluchen, bis es Morgen wird.

Bukhārī; Muslim

Eine Frau hatte dem Propheten geklagt, daß ihr Mann sie schwer geschlagen habe. Er mißbilligte dies und sagte: Wie kann jemand von euch seine Frau schlagen, wie man einen Sklaven schlägt, und dann, ohne sich zu schämen, kommen und sie umarmen.

Bukhārī

Der eine von euch entschließt sich, seine Frau auszupeitschen, wie man einen Sklaven auspeitscht, und dann ist es möglich, daß er am Ende seines Tages mit ihr schläft.

Bukhārī; Muslim; Tirmidhī

Es ist der Frau nicht gestattet zu fasten, während ihr Mann anwesend ist, es sei denn mit seiner Erlaubnis; und auch nicht jemandem zu erlauben, sein Haus zu betreten, es sei denn mit seiner Erlaubnis.

Bukhārī

Brüderlichkeit, Hilfsbereitschaft, Liebe

Niemand von euch glaubt (wirklich), bis er seinem Bruder das wünscht, was er sich selbst wünscht.

Bukhārī; Muslim

Wer vom Höllenfeuer entfernt und ins Paradies geführt werden will, ... der tue den Menschen das an, was er wünscht, daß man es ihm selbst antut.

Muslim

Der Muslim ist der Bruder des Muslims. Er behandelt ihn nicht ungerecht und weist ihn nicht zurück. Wer seinem Bruder in der Not beisteht, dem steht Gott in seiner Not bei.

Bukhārī

Der Gläubige ist für den Gläubigen wie der Bau; der eine Teil hält den anderen fest.

Bukhārī; Muslim

Die Gläubigen gleichen in ihrer gegenseitigen Freundschaft, Barmherzigkeit und Güte dem Körper. Wenn ein Glied leidet, so kümmern sich alle übrigen Glieder des Körpers um ihn mit Wachen und Fieber.

Bukhārī; Muslim

Es gab zwei Brüder zur Zeit des Propheten. Der eine pflegte zum Propheten zu gehen, der andere mühte sich im Beruf ab. Derjenige, der seinem Beruf nachging, beschwerte sich über seinen Bruder beim Propheten. Dieser sagte: Vielleicht wird dir durch ihn der Lebensunterhalt beschert.

Tirmidhī

Verachte die kleinste gute Tat nicht, auch wenn sie darin besteht, daß du deinem Bruder mit freundlichem Gesicht begegnest.

Muslim

Beneidet nicht einander. Überbietet euch nicht gegenseitig im Handel. Haßt nicht einander. Kehrt nicht einander den Rücken. Verkauft nicht, was andere unter euch verkaufen. Seid Diener Gottes und Brüder.
Der Muslim ist der Bruder des Muslims. Er tut ihm nicht Unrecht. Er weist ihn nicht zurück, er belügt ihn nicht, er verachtet ihn nicht. Die Frömmigkeit sitzt hier *(in seiner Brust).* Es ist des Bösen genug, wenn einer seinen muslimischen Bruder verachtet. Der ganze Muslim ist für einen anderen Muslim unantastbar: sein Blut, sein Eigentum und seine Ehre.

Muslim

Während der Prophet dasaß, kam ein Mann vorbei. Da sagte er zu einem Mann, der bei ihm saß: Was hältst du von diesem?
Er sagte: Das ist ein Mann von den ehrenwerten Menschen. Dieser ist, bei Gott, würdig, daß, wenn er um die Hand einer Frau anhält, man sie ihm zur Frau gibt, und wenn er Fürsprache einlegt, man seine Fürsprache annimmt.
Der Gesandte Gottes schwieg.

Dann kam ein anderer Mann vorbei. Da sagte der Gesandte Gottes: Was hältst du von diesem?
Er sagte: O Gesandter Gottes, dieser gehört zu den Armen unter den Muslimen. Ihm gegenüber geziemt es, daß, wenn er um die Hand einer Frau anhält, man sie ihm nicht zur Frau gibt, und wenn er Fürsprache einlegt, man seine Fürsprache nicht annimmt, und wenn er spricht, man seinen Worten nicht zuhört.
Da sagte der Gesandte Gottes: Dieser ist besser als eine ganze Erdenbevölkerung gleicher Art wie der erste.

Bukhārī

Der Prophet sagte: Leiste deinem Bruder Beistand, sei es, daß er ungerecht handelt, sei es, daß er ungerecht behandelt wird ... Da sagte ein Mann: O Gesandter Gottes, ich leiste ihm Beistand, wenn er ungerecht behandelt wird. Aber was meinst du, wenn er selbst ungerecht handelt, wie kann ich denn ihm beistehen?
Er sagte: Du behütest ihn davor, oder du hinderst ihn daran, Ungerechtigkeit zu begehen. Das ist dein Beistand für ihn.

Bukhārī

Wer im Diesseits eine der vielen Nöte von einem Gläubigen abwendet, von dem wendet Gott im Jenseits eine der vielen Nöte ab. Wer einem Bedrängten Erleichterung verschafft, dem verschafft Gott Erleichterung im Diesseits und im Jenseits. Wer die Schwächen eines Muslims zudeckt, den behütet Gott im Diesseits und im Jenseits. Gott hilft seinem Diener, solange der Diener seinem Bruder hilft.

Muslim

Der Prophet sagte: Jeder Muslim hat ein Almosen zu geben.
Da sagte einer: Was ist, wenn er es nicht kann?

Er sagte: Er soll mit seinen Händen arbeiten, so bringt er Nutzen für sich und kann Almosen geben.
Er sagte: Was ist, wenn er es nicht kann?
Er sagte: Dann helfe er dem bedrückten Notleidenden.
Er sagte: Was ist, wenn er es nicht vermag?
Er sagte: Er soll dann das Rechte gebieten und das Verwerfliche verbieten.
Er sagte: Was ist, wenn er es nicht tut?
Er sagte: Dann soll er das Böse meiden, denn auch das ist ein Almosen.

Bukhārī; Muslim

Als wir auf der Reise mit dem Propheten waren, kam ein Mann auf seinem Reittier und fing an, seine Blicke nach rechts und nach links zu richten. Da sagte der Gesandte Gottes: Wer mehr Reittiere besitzt, als er braucht, überlasse den Überfluß dem, der keines hat. Und wer mehr Nahrung hat, als er benötigt, überlasse den Überfluß dem, der keine Nahrung hat.
Und er setzte seine Rede fort, indem er verschiedene Arten von Besitz aufzählte, so daß wir sahen, daß niemand Recht auf Überfluß hat.

Muslim

Besucht den Kranken, gebt dem Hungrigen zu essen und befreit die Gefangenen.

Bukhārī

Gott, der Hohe und Erhabene, wird am Tage der Auferstehung sagen: O Kind Adams, ich bin krank gewesen, und du hast mich nicht besucht.

Er wird sagen: O mein Herr, wie kann ich dich besuchen, wo du doch der Herr der Welten bist?
Er wird sagen: Wußtest du nicht, daß mein Diener so und so krank war, und du hast ihn nicht besucht. Hättest du ihn besucht, hättest du mich bei ihm gefunden; wußtest du es nicht?
– O Kind Adams, ich habe dich um etwas zu essen gebeten, und du hast mir nicht zu essen gegeben.
Er wird sagen: O mein Herr, wie kann ich dir zu essen geben, wo du doch der Herr der Welten bist?
Er wird sagen: Wußtest du nicht, daß mein Diener so und so dich um etwas zu essen gebeten hat, und du hast ihm nicht zu essen gegeben. Hättest du ihm zu essen gegeben, hättest du es bei mir gefunden; wußtest du es nicht?
– O Kind Adams, ich habe dich um etwas zu trinken gebeten, und du hast mir nicht zu trinken gegeben.
Er wird sagen: O mein Herr, wie kann ich dir zu trinken geben, wo du doch der Herr der Welten bist?
Er wird sagen: Mein Diener so und so hat dich um etwas zu trinken gebeten, und du hast ihm nicht zu trinken gegeben. Hättest du ihm zu trinken gegeben, hättest du es bei mir gefunden; wußtest du es nicht?

Muslim

Wer sich der Menschen nicht erbarmt, dessen erbarmt sich Gott nicht.

Bukhārī; Muslim

Wer sich anderer nicht erbarmt, wird keine Barmherzigkeit finden.

Bukhārī

Ein Mann war unterwegs, und es überfiel ihn ein großer Durst. Er fand einen Brunnen, stieg hinab und trank. Als er herausstieg, fand er einen Hund mit ausgestreckter Zunge, der aus Durst den Staub leckte.
Der Mann sagte: Dieser Hund erleidet aus Durst das gleiche, was ich selbst erlitten habe.
Er stieg in den Brunnen wieder hinab, füllte seinen Schuh mit Wasser und hielt ihn mit dem Mund fest, bis er emporstieg. Dann tränkte er den Hund.
Gott dankte es ihm und schenkte ihm Vergebung.
Sie sagten: O Gesandter Gottes, haben wir auch in bezug auf die Behandlung der Tiere einen Lohn zu erwarten?
Er sagte: Für die Tränkung eines jeden Lebewesens gibt es einen Lohn.

Bukhārī; Muslim

Die Pforten des Paradieses werden montags und donnerstags geöffnet, und es wird einem jeden vergeben, der ihm *(Gott)* nichts anderes beigesellt, nur dem Mann nicht, der im Streit mit seinem Bruder liegt. Es wird gesagt: Laßt diese zwei warten, bis sie sich versöhnen. Laßt diese zwei warten, bis sie sich versöhnen. Laßt diese zwei warten, bis sie sich versöhnen.

Muslim

Gott, der Erhabene, wird am Tag der Auferstehung sagen: Wo sind diejenigen, die um meiner Herrlichkeit willen einander liebten? Heute will ich sie unter meinen Schatten nehmen, an diesem Tag, an dem es keinen Schatten gibt außer meinem Schatten.

Muslim

Der Prophet Muḥammad erzählt:
Ein Mann ging einen Bruder in einem Dorf besuchen. Gott schickte ihm einen Engel den Weg entgegen. Als er ihm begegnete, sagte er: Wohin gehst du?
Er sagte: Ich möchte einen Bruder von mir in diesem Dorf besuchen.
Er sagte: Ist er dir etwas schuldig, so daß du von ihm die Schuld zurückfordern willst?
Er sagte: Nein, nur daß ich ihn um Gottes willen liebe.
Er sagte: Ich bin der Sendbote Gottes, der zu dir mit der Botschaft kommt, daß Gott dich so liebt, wie du ihn *(den Bruder)* um Gottes willen liebst.

Muslim

Diejenigen, die um meiner Herrlichkeit willen einander lieben, werden Kanzeln aus Licht erhalten, und die Propheten und die Märtyrer werden sie selig preisen.

Tirmidhī

Wenn jemand von euch seinen Bruder liebgewonnen hat, so sage er es ihm.

Abū Dāwūd; Tirmidhī

Regierungsverantwortung

Ihr seid alle Hüter, und jeder von euch ist verantwortlich für das, was seiner Obhut anvertraut ist. Der Imām ist Hüter und verantwortlich für seine Untertanen. Der Mann ist Hüter seiner Familie und ist verantwortlich für seine Angehörigen. Die Frau ist Hüterin im Hause ihres Mannes und ist verantwortlich für ihre Angehörigen. Der Knecht ist Hüter des Eigentums seines Herrn und ist verantwortlich für das ihm anvertraute Gut. Der Mann ist Hüter des Vermögens seines Vaters und ist verantwortlich für das ihm anvertraute Vermögen. Ihr seid alle Hüter, und jeder von euch ist verantwortlich für das, was seiner Obhut anvertraut ist.

Bukhārī; Muslim

Wenn der Diener, dem Gott die Gemeinde anvertraut, um sie zu regieren, stirbt, nachdem er seine Gemeinde betrogen hat, dann wird Gott ihm den Eintritt ins Paradies verwehren.

Bukhārī; Muslim

O Gott, wer Regierungsverantwortung über meine Gemeinschaft trägt und zu den Menschen streng ist, zu dem mögest du auch streng sein. Und wer sie mit Milde behandelt, den behandle auch du mit Milde.

Muslim

Gesetzliche Strafen: Diebstahl, Unzucht, Ehebruch

Die Qurayshiten waren bekümmert wegen einer Frau aus der Sippe der Makhzūm, die gestohlen hatte. Sie sagten: Wer spricht in ihrer Sache mit dem Gesandten Gottes?
Sie sagten: Wer wagt es, ein Wort bei ihm einzulegen, außer Usāma ibn Zayd, dem Liebling des Gesandten Gottes?
Da sprach Usāma mit ihm. Der Gesandte Gottes sagte: Du legst Fürsprache ein in einer Straftat, die von Gott selbst mit einer gesetzlichen Strafe belegt ist?
Dann stand er auf und hielt eine Ansprache. Dann sagte er: Was diejenigen, die vor euch waren, ins Verderben gestürzt hat, ist die Tatsache, daß sie pflegten, den Vornehmen, wenn er gestohlen hatte, laufen zu lassen, und den Schwachen, wenn er gestohlen hatte, der gesetzlichen Strafe zu unterziehen. Bei Gott, würde Fāṭima, die Tochter Muḥammads *(= meine Tochter)* stehlen, so würde ihre Hand abgehackt werden.

Bukhārī; Muslim

Das Blut eines Muslims darf nur in drei Fällen legitimerweise vergossen werden: wenn es um einen älteren Ehebrecher geht, als Strafe für einen Mord und bei demjenigen, der von seiner Religion abfällt und seine Gemeinschaft verläßt.

Bukhārī; Muslim

`Alī sagte in einer Predigt: O ihr Menschen, erfüllt die gesetzlichen Strafen an euren Sklaven, die verheiratet, und an denen, die unverheiratet sind. Eine Magd des Propheten hat (einmal) Unzucht begangen, da befahl er mir, ihr Peitschenhiebe zu verabreichen. Ich kam zu ihr, sie war aber noch nicht lange aus dem Wochenbett heraus. Ich befürchtete, wenn ich ihr die Peitschenhiebe verabreiche, daß sie sterben würde. Ich teilte es dem Propheten mit. Er sagte: Du hast gut gehandelt. Laß sie, bis sie sich erholt hat.

Muslim; Abū Dāwūd; Tirmidhī

Eines Tages kam ein Mann namens Mā`iz und bekannte sich des Ehebruchs schuldig. Er bat den Propheten, auf ihn die gesetzliche Strafe anzuwenden. Er bestand darauf, obwohl der Prophet ihm etliche Möglichkeiten zeigte, der Strafe zu entrinnen. Später erfuhr der Prophet, daß ein anderer Mann den Schuldigen dazu gedrängt hatte, sich selbst anzuzeigen. Der Prophet sagte dann zu ihm: Hättest du ihn mit deinem Kleid bedeckt, es wäre besser für dich gewesen.

Bukhārī

Eine Frau kam zum Propheten. Sie war infolge eines Ehebruchs schwanger. Sie sagte: O Gesandter Gottes, ich habe eine gesetzliche Strafe verdient, so verhänge sie über mich.
Der Gesandte Gottes rief ihren Sachwalter zu sich und sagte: Sei gut zu ihr. Und sobald sie ihre Niederkunft gehabt hat, bringe sie zu mir.
Er tat so. Da befahl der Prophet, und ihre Kleider wurden um sie festgebunden. Dann befahl er, und sie wurde gesteinigt. Dann hielt er das Gebet für sie.
Da sagte `Umar zu ihm: Du betest für sie, o Prophet Gottes, wo sie doch Ehebruch begangen hat!
Da sagte er: Sie hat eine Reue gezeigt, die, wenn sie auf siebzig Leute aus Medina verteilt würde, sie alle umfassen würde. Gibt es denn eine bessere Reue als die, daß sie ihr Leben Gott geschenkt hat?

Muslim

Ein Mann kam zum Propheten und sagte: Ich habe eine Strafe verdient, so verhänge sie über mich.
Da kam die Zeit des Gebets, so betete er mit dem Gesandten Gottes. Nachdem er das Gebet verrichtet hatte, sagte er: O Gesandter Gottes, ich habe eine Strafe verdient, so erfülle an mir die Bestimmungen des Buches Gottes.
Er sagte: Hast du dem Gebet mit uns beigewohnt?
Er sagte: Ja.
Er sagte: Es ist dir vergeben worden.

Bukhārī; Muslim

Nach Ibn `Umar:
Während eines der Beutezüge des Gesandten Gottes fand man eine getötete Frau. Da verbot er das Töten von Frauen und Kindern.

Bukhārī; Muslim

Tod und Gericht, Vergeltung, Paradies/Hölle

Der Prophet sagte: Wenn einer die Begegnung mit Gott liebt, so liebt Gott die Begegnung mit ihm. Und wenn einem die Begegnung mit Gott zuwider ist, so ist die Begegnung mit ihm Gott zuwider.
`Ā'isha (oder eine seiner Frauen) sagte: Uns ist der Tod zuwider.
Er sagte: Es geht nicht darum. Vielmehr, wenn der Gläubige im Sterben liegt, wird ihm das Wohlwollen Gottes und sein Ehrerweis als Frohbotschaft verkündet. Dann ist ihm nichts lieber als das, was ihm bevorsteht. So liebt er die Begegnung mit Gott, und Gott liebt die Begegnung mit ihm. Wenn dagegen der Ungläu-

bige im Sterben liegt, wird ihm die Pein Gottes und seine Strafe verkündet. Dann ist ihm nichts mehr zuwider als das, was ihm bevorsteht. Ihm ist die Begegnung mit Gott zuwider, und Gott ist die Begegnung mit ihm zuwider.

Bukhārī

Am Tag der Auferstehung wird Gott einen Mann aus meiner Gemeinschaft vor allen Geschöpfen erlösen. Er breitet vor ihm neunundneunzig Verzeichnisbücher aus, jedes davon so weit, wie der Blick reicht. Da sagt er: Verleugnest du etwas davon? Haben meine Schreiber, die alles aufbewahren, dir Unrecht getan?
Er sagt: Nein, o mein Herr.
Er sagt: Hast du eine Entschuldigung?
Er sagt: Nein, o mein Herr.
Er sagt: Doch, du hast eine gute Tat. Heute soll dir kein Unrecht getan werden.
Da wird ein Zettel hervorgebracht, auf dem steht: Ich bezeuge, es gibt keinen Gott außer Gott, und ich bezeuge, Muḥammad ist sein Diener und sein Gesandter.
Er sagt: Du sollst dem Wägen (deiner Taten) beiwohnen.
Er sagt: O mein Herr, was ist dieser (eine) Zettel gegen (all) diese Verzeichnisbücher?
Er sagt: Dir soll kein Unrecht getan werden.
Die Verzeichnisbücher werden auf eine Waagschale gelegt, und der Zettel oben auf eine Waagschale. Die Verzeichnisbücher gehen nach oben wie ein leichtes Gewicht, der Zettel nach unten wie ein schweres Gewicht. Denn niemand hat ein schweres Gewicht gegen den Namen Gottes.

Tirmidhī

Ein Mann tat nie etwas Gutes. Er lieh den Menschen Geld und pflegte seinem Boten zu sagen: Nimm, was leicht beizubringen ist, und laß liegen, was schwer zu erreichen ist, und laß (den

Leuten das übrige) nach, auf daß Gott auch uns nachlassen möge.
Als er nun starb, sagte Gott: Hast du etwas Gutes getan?
Er sagte: Nein. Nur daß ich einen Knecht hatte. Ich lieh den Menschen Geld. Und wenn ich ihn schickte, das Geld zurückzufordern, sagte ich zu ihm: Nimm, was leicht beizubringen ist, und laß liegen, was schwer zu erreichen ist, und laß (den Leuten das übrige) nach, auf daß Gott auch uns nachlassen möge.
Gott sagte: Ich lasse dir (deine Schuld) nach.

Nasā'ī

Niemals werden zwei Engel, welche alles aufbewahren, vor Gott das bringen, was sie nachts oder tagsüber bewahrt haben, und niemals wird Gott am Anfang des Blattes und am Ende des Blattes etwas Gutes finden, ohne daß er sagen würde: Ich nehme euch zu Zeugen, ich habe meinem Diener vergeben, was zwischen den beiden Enden des Blattes steht.

Tirmidhī

Gott läßt die Leute des Paradieses ins Paradies eingehen, er läßt durch seine Barmherzigkeit hineingehen, wen er will. Und er läßt die Leute des Höllenfeuers ins Feuer eingehen. Dann sagt er: Schaut hin, bringt heraus den, in dessen Herzen ihr auch nur das Gewicht eines Senfkörnchens Glauben findet.
Da bringen sie sie heraus wie verbrannte schwarze Scheite. Sie werden in den Fluß des Lebens (oder: in den Regenbach) geworfen, und sie wachsen darin, wie der Wüstensamen am Bachufer wächst. Habt ihr nicht gesehen, wie er (dort) gelb und geschmeidig herauskommt?

Muslim

Gott sagt zu dem, der die leichteste Pein im Höllenfeuer erleidet: Wenn du etwas auf der Erde hättest, würdest du es wohl als Lösegeld für dich hergeben?
Er sagt: Ja.
Er sagt: Ich habe doch von dir etwas Leichteres als dies verlangt, als du noch in den Lenden Adams warst, und zwar daß du mir nichts beigesellen sollst. Aber du hast es abgelehnt.

Bukhārī

Der erste unter den Menschen, über den das Urteil am Tag der Auferstehung gefällt wird, ist ein Mann, der als Märtyrer gestorben war. Er wird gebracht. Er *(Gott)* läßt ihn seine Gnaden erkennen, und er erkennt sie. Er sagt: Was hast du dafür getan?
Er sagt: Ich habe um deinetwillen gekämpft, bis ich als Märtyrer starb.
Er sagt: Du lügst. Du hast vielmehr gekämpft, damit man sagt: Siehe, ein Mutiger! Und man hat es auch gesagt.
Dann ergeht ein Befehl über ihn, und er wird auf seinem Gesicht geschleppt und ins Höllenfeuer geworfen.

Dann folgt ein Mann, der das Wissen erworben und auch gelehrt hat, und der den Koran rezitiert hat. Er wird gebracht. Er *(Gott)* läßt ihn seine Gnaden erkennen, und er erkennt sie.
Er sagt: Was hast du dafür getan?
Er sagt: Ich habe das Wissen erworben und auch gelehrt, und ich habe den Koran rezitiert.
Er sagt: Du lügst. Du hast vielmehr das Wissen erworben, damit man sagt: Siehe, ein Gelehrter! Und du hast den Koran rezitiert, damit man sagt: Er ist ein Rezitator! Und man hat es auch gesagt.
Dann ergeht der Befehl über ihn, und er wird auf seinem Gesicht geschleppt und ins Höllenfeuer geworfen.

Dann folgt ein Mann, den Gott großzügig bedacht und ihm von jeder Art Vermögen beschert hatte. Er wird gebracht. Er *(Gott)* läßt ihn seine Gnaden erkennen, und er erkennt sie.

Er sagt: Was hast du dafür getan?
Er sagt: Ich habe auf jedem Weg gespendet, auf dem du liebst, daß man spendet.
Er sagt: Du lügst. Du hast es getan, damit man sagt: Er ist freigebig. Und man hat es auch gesagt.
Dann ergeht der Befehl über ihn, und er wird auf seinem Gesicht geschleppt und ins Höllenfeuer geworfen.

Muslim; Tirmidhī; Nasā'ī

Wenn Gott die Leute des Paradieses ins Paradies und die Leute des Höllenfeuers ins Feuer eingehen läßt, wird der Tod herbeigebracht und auf den Wall hingestellt, der zwischen den Leuten des Paradieses und den Leuten des Feuers steht. Dann wird gesagt: Ihr Leute des Paradieses! Diese blicken auf voller Angst. Dann wird gesagt: Ihr Leute des Feuers! Diese blicken auf in froher Stimmung und hoffen auf eine Fürsprache (zu ihren Gunsten). Es wird zu den Leuten des Paradieses und zu den Leuten des Feuers gesagt: Kennt ihr den?
Sie sagen, diese und jene: Wir kennen ihn. Das ist der Tod, der mit uns betraut ist.
Er wird hingelegt, und er wird geschlachtet auf dem Wall, der zwischen dem Paradies und dem Feuer steht.
Dann wird gesagt: Ihr Leute des Paradieses, es ist nun die Ewigkeit, es gibt keinen Tod mehr. – Ihr Leute des Feuers, es ist nun die Ewigkeit, es gibt keinen Tod mehr.

Tirmidhī

Gott sagt zu den Leuten des Paradieses: Ihr Leute des Paradieses!
Sie sagen: Da sind wir, o unser Herr, dir gebührt eine doppelte Seligkeit.
Er sagt: Seid ihr zufrieden?
Sie sagen: Warum sollten wir nicht zufrieden sein, wo du uns gegeben hast, was niemandem von deinen Geschöpfen gegeben wurde?

Er sagt: Ich gebe euch etwas Besseres als dies.
Sie sagen: O Herr, was ist denn besser als dies?
Er sagt: Ich lasse mein Wohlgefallen auf euch ruhen, so daß ich euch fortan niemals mehr zürne.

Bukhārī

Wenn die Leute des Paradieses ins Paradies eingehen, sagt Gott: Wünscht ihr euch, daß ich euch noch mehr gebe?
Sie sagen: Hast du uns nicht unsere Gesichter weiß gemacht? Hast du uns nicht ins Paradies eingehen lassen und uns vor dem Höllenfeuer gerettet?
Da zieht er den Vorhang weg. Siehe, ihnen ist nichts geschenkt worden, was ihnen lieber wäre als das Hinschauen zu Gott.

Muslim

Während die Leute des Paradieses sich in ihrer Wonne befinden, strahlt über ihnen ein Licht auf. Sie erheben ihre Häupter, und siehe, der Herr erscheint über ihnen von oben. Er sagt: Friede sei über euch, ihr Leute des Paradieses! (Und das ist die Anrede Gottes: »Friede, als Anrede von einem barmherzigen Herrn«: Koran 36,58.) Er schaut zu ihnen, und sie schauen zu ihm. Und sie kümmern sich um nichts mehr von der Wonne, solange sie zu ihm schauen, bis er ihnen verhüllt wird. Jedoch verweilen sein Licht und sein Segen über ihnen in ihren Behausungen.

Ibn Mādja

Einige sagten: O Gesandter Gottes, werden wir am Tag der Auferstehung unseren Herrn schauen?
Er sagte: Schadet euch etwa die Sonne, wenn vor ihr keine Wolken hängen?
Sie sagten: Nein, o Gesandter Gottes.

Er sagte: Schadet euch etwa der Mond bei einer Vollmondnacht, wenn vor ihm keine Wolken hängen?
Sie sagten: Nein, o Gesandter Gottes.
Er sagte: Auf diese Weise werdet ihr ihn am Tag der Auferstehung schauen. Gott versammelt die Menschen und sagt: Wer etwas verehrte, soll ihm folgen. Da folgt der Sonne, wer sie verehrte, und da folgt dem Mond, wer ihn verehrte, und da folgt den Götzen, wer sie verehrte. Übrig bleibt diese Gemeinschaft samt ihren Heuchlern. Gott kommt dann zu ihnen in einer anderen Gestalt als der, die sie kennen, und sagt: Ich bin euer Herr.
Sie sagen: Wir suchen bei Gott Zuflucht vor dir. Wir bleiben hier stehen, bis unser Herr zu uns kommt. Wenn unser Herr zu uns kommt, werden wir ihn erkennen.
Gott kommt dann zu ihnen in der Gestalt, die sie kennen, und sagt: Ich bin euer Herr.
Sie sagen: Du bist unser Herr. Und sie folgen ihm.
Die Brücke der Hölle wird geschlagen. Ich werde der erste sein, der sie überqueren wird. Und die Propheten werden an diesem Tag rufen: O unser Gott, laß uns heil, laß uns heil hinübergelangen.
An der Brücke sind Haken wie die Affendornen ..., über deren Maße nur Gott Bescheid weiß. Sie schaffen die Menschen weg nach ihren Werken: Einige gehen zugrunde wegen ihrer Taten, andere werden hingeworfen, sie können sich aber retten.
Wenn Gott schließlich damit fertig ist, über seine Diener zu richten, und nun aus dem Höllenfeuer herausholen möchte, wen er will von denen, die bezeugt haben, daß es keinen Gott gibt außer Gott, befiehlt er den Engeln, sie herauszuholen. Sie erkennen sie am Zeichen der Niederwerfungsspuren – und Gott hat es dem Feuer verboten, die Spur der Niederwerfung beim Sohn Adams zu fressen. Sie holen sie heraus, schwarz vom Feuerbrand. Über sie wird Wasser gegossen, das man Wasser des Lebens nennt, und sie wachsen, wie der Wüstensamen auf dem wächst, was der Bach mitschleppt.
Übrig bleibt ein Mann, mit dem Gesicht über dem Feuer. Er sagt: O mein Herr, sein Wind richtet mich zugrunde und seine Flammen verbrennen mich. So entferne mein Gesicht vom Feuer.

Er hört nicht auf, Gott anzurufen. Dieser sagt: Vielleicht wirst du, wenn ich es dir gewähre, mich wieder um etwas anderes bitten.
Er sagt: Nein, bei deiner Macht, ich werde dich nicht um etwas anderes bitten.
So entfernt er sein Gesicht vom Feuer.
Danach sagt er: O mein Herr, bring mich in die Nähe des Tores des Paradieses.
Er sagt: Hast du nicht behauptet, du wirst mich um nichts anderes bitten? Weh dir, Sohn Adams, wie hinterlistig bist du doch!
Er hört nicht auf anzurufen.
Da sagt er: Vielleicht wirst du, wenn ich dir dies gewähre, mich wieder um etwas anderes bitten.
Er sagt: Nein, bei deiner Macht, ich werde dich nicht um etwas anderes bitten.
Und er gibt Gott allerlei Versicherungen und Verpflichtungen, daß er ihn nicht um etwas anderes bitten würde. Da bringt er ihn in die Nähe des Tores des Paradieses. Und wenn er sieht, was darin ist, schweigt er so lange, wie Gott will, daß er schweigt.
Dann sagt er: O mein Herr, laß mich ins Paradies eintreten.
Dann sagt er (*Gott*): Hast du nicht behauptet, du wirst mich um nichts anderes bitten? Weh dir, Sohn Adams, wie hinterlistig bist du doch!
Er sagt: O mein Herr, laß mich nicht zum Unglücklichsten unter deinen Geschöpfen werden.
Er hört nicht auf anzurufen, bis er, d. h. Gott der Erhabene, lacht. Wenn er über ihn lacht, erlaubt er ihm hineinzugehen. Wenn er hineingeht, wird zu ihm gesagt: Wünsche dir etwas von dem hier.
Und er wünscht es sich.
Dann wird zu ihm gesagt: Wünsche dir etwas von dem da.
Und er wünscht es sich, bis er nichts mehr zu wünschen hat.
Da sagt er zu ihm: Dies gehört dir, und nochmals das gleiche hinzu.

Bukhārī; ähnlich bei Muslim

Namen- und Sachregister zum Koran

Aaron 2,248; 4,163; 5,23.25; 6,84; 7,122.142.150–151; 10,75.87–89; 19,28.53; 20,30–35.42–50.56.63.70.90.92–94; 21,48; 23,45–48; 25,35–36; 26,13.15–16.36.48; 28,34–35; 37,114–122

Abel 5,27–32

Abfall vom Glauben/Apostasie 2,217; 3,77.86–91.106.177; 4,89.115.137; 5,54; 6,13; 16,106–107; 47,25–28.31–32

Abgabe (Zakāt) / Almosen / Spenden 2,43.83.110.177.215. 254.263.264.265.267.270–274.277; 3,92.134; 4,38.77.162; 5,12.55; 7,156; 8,3; 9,5.11.18.60.67.70.79–80.99; 13,22–23; 14,31; 17,28; 18,81; 19,13.31.55; 21,73; 22,35.41.78; 23,4; 24,37.56; 25,67; 27,3; 30,39; 31,4; 32,16; 34,39; 35,29; 36,47; 41,7; 51,19; 57,7.18; 58,12–13; 63,10–11; 64,16–18; 70,24–25; 73,20; 98,5

Abraham 2,124–133.135–136.140.256.260; 3,33.65–68.84.95.97; 4,53–54.125.163; 6,74–84.161; 9,70.114; 11,69–76; 12,6.38; 14,35–41; 15,51–56; 16,120–123; 19,41–49.58; 21,51–72; 22,26.43.78; 26,69–102; 29,16–19.24–27.31; 33,7; 37,83–113; 38,45–47; 42,13; 43,26–28; 51,24–37; 53,37; 57,26; 60,4–5; 87,19; 90,3

Adam 2,30–37; 3,33–34.59; 4,1; 5,27; 7,11.19–27.31.35.172.189; 15,26.28–30.33; 17,61–62.70; 18,50; 19,2–3.58; 20,115–123; 36,60; 38,71–76

Adoption 33,4–5.37

Araber 9,90–99.101–110.120–121; 11,49; 12,102; 13,30–31,36; 14,46; 21,10.36–40.42.46.50; 22,78; 24,53–55; 25,30.40–42.60; 26,3–8.197–207; 27,67–72; 28,46–57; 33,20; 34,15–19; 36,13–21; 38,2–12; 39,3; 41,26–29.41–44; 42,13–16; 43,5.26–35.57–58; 44,13–16; 48,11–12.15–17; 49,14–18; 53,2.19–23; 62,2–3; 73,11; 89,17–20

Auferstehung der Toten (siehe auch Gericht und Vergeltung) 2,85.113.174.212; 3,55.77.161.180.185.194; 4,87.109.141.159; 5,14.36.64; 6,12.29.36; 7,14.32.57.167.172; 10,60.93; 11,7. 60.98.99; 15,36; 16,21.25.27.38.92.124; 17,13.49.58.62.97.98; 18,105; 19,15.33.95; 20,100.101.124; 21,47; 22,5.7.9.17.69; 23,16.37.82.100; 25,69; 26,87; 27,65; 28,41.42.61.71.72; 29,13.25; 30,50.56; 31,28; 32,25; 35,14; 37,16.144; 38,76; 39,15.24.31.47.60.67; 41,40; 42,45;

45,17.26; 46,5; 56,47; 58,6.7.18; 60,3; 64,7; 68,39; 72,7; 75,1.6; 83,4
Aufhebung / Abrogation 2,106; 10,15; 16,101; 17,86; 87.6.7
`Ād 7,65–72; 9,70.74; 11,50–60; 14,9.22.42; 25,38–39; 26,123–140; 29,38; 38,12; 40,31; 41,13–16; 46,21–26; 50,13; 51,41; 53,50; 54,18–21; 69,4.6–8; 89,1–2.6–7
`Arafāt 2,198

Beratung 42,36.38
Bitte um Vergebung 2,199; 3,135.159; 4,64.106.110; 5,74; 8,33; 9,80.113; 11,3.52.61.90; 12,29.97–98; 18,55; 19,47; 24,62; 27,46; 38,24; 40,7.55; 41,6; 42,5; 47,19; 48,11; 51,18; 60,4.12; 63,5–6; 71,10; 73,20; 110,3
Böse (das) 2,169; 3,30.120.174; 4,17.78.79.110.123.148.149; 6,54; 7,73.95.131.165.188; 9,37; 11,54.64; 12,24.25.51.53; 13,6.11.22; 16,27.28.59.94.119; 23,96; 26,156; 27,11.46.62; 28,54; 30,36; 33,17; 35,8; 39,61; 40,37; 41,34; 42,48; 47,14; 60,2
Brüderlichkeit 3,103; 4,25; 49,10.13
Byzantiner 30,2–4

Christen 2,62.111.113.116.120.135.140.213; 3,64.67.113–114.186.199; 5,5.14.18.46–47.51.57.59.65–66.68.82–85; 9,30–33; 18,4–2; 21,92–93; 22,17; 38,7; 57,27; 98,1
Trinität 4,171; 5,73

David 2,250–251; 4,163; 5,78; 6,84; 17,55; 21,78–80.105; 27,15–16; 34,10–11.13; 38,17–26.30
Der mit den zwei Hörnern (Dhū l-Qarnayn) 18,83.98
Dhū l-Kifl 38,48
Diesseits 2,85.86.204.212; 3,14.117.185; 4,74.94.109; 6,29.32.70.130; 7,32.51.152; 9,38.55; 10,7.23.24.64.88.98; 11,15; 13,26.34; 14,3.27; 16,107; 18,28.45.46.104; 20,72.131; 23,33.37; 24,33; 28,60.61.79; 29,25.64; 30,7; 31,33; 33,28; 35,5; 39,26; 40,39.51; 41,16.31; 42,36; 43,32.35; 45,24.35; 46,20; 47,36; 53,29; 57,20; 79,38

Djinn 6,100.128.130; 7,38; 11,119; 15,27; 20,120; 27,39.40; 37,158; 41,25.29; 46,18.29–30; 51,56; 55,15.33.39; 72,1–17; 114,6

Ehe, Eherecht 2,102.187.197.221.223.224.228.235; 4,3–4.19.22–5.126–130; 5,5; 7,189–190; 16,72; 23,5–7; 24,3.26.32–33.60; 30,21; 33,37.49; 60,10–12; 66,1.3–5; 70,29–30

Ehebruch 4,15–16.25; 24,2–10.13.23; 33,30; 65,1

Eid 2,224–227; 3,77; 5,89.106–108; 6,109; 9,12–13; 16,38.91–2.94; 24,53; 35,42; 48,10; 58,16; 63,2; 66,2; 68,10.39; 89,5

Elias 6,85; 37,123–132

Elischa 6,86; 38,48

Engel 2,30–34.98.102.161.177.210.248.285; 3,18.39.42–43.45.80.87.123–125; 4,97.136.166.172; 6,8–9.61.93.111.158; 7,11.20; 8,9.12.50; 10,21; 11,12.69–71.73.76–78.81; 13,11.13.23–24.37; 15,7–8.28.30.51–65.68–70; 16,2.28.32–33.49.57; 17,40.61.92.95; 18,50; 19,17.64; 20,116; 21,26.103; 22,75; 23,24; 25,7.21–22; 29,31–34; 32,11; 33,9.43.56; 34,40; 35,1; 37,149–150; 38,71–73; 39,75; 40,7–9; 41,14.30; 42,5; 43,19; 47,27; 50,17–19; 51,24–34; 53,26–27.60.77.80; 66,4.6; 67,20; 69,17; 70,4; 71,30–31; 74,30–31; 76,6; 82,10–12; 89,22; 97,4

Evangelium 2,97.253; 3,3–4.23.48–50.65; 5,46–47.66.68.110; 7,157; 9,111; 48,29; 57,27

Ewigkeit der jenseitigen Vergeltung 2,25.39.81.82.162.217.257.275; 3,15.88.107.116.136.198; 4,13.14.57.93.122.169; 5,80.85. 119; 6,128; 7,20.36.42; 9,17.22.63.68.72.89.100; 10,26.27. 52; 11,23.107.108; 13,5; 14,23; 16,29; 18,108; 20,76.101; 21,8.34.99.102; 23,11.103; 25,15.16.76; 29,58; 31,9; 32,14; 33,65; 39,72.73; 40,76; 41,28; 43,71.74; 46,14; 47,15; 48,5; 50,34; 57,12.22; 58,17; 59,17; 64,9.10; 65,11; 72,23; 98,6.8

Familie 2,215; 4,36; 6,151; 8,41.72–75; 13,23; 16,90; 17,23–24.26; 29,8; 31,14–15; 33,4.6; 40,8; 42,23; 46,15–18; 52,21; 58,2; 64,14–15

Fasten 2,183–185.187.196; 5,89.95; 9,112; 19,26; 33,35; 58,4

Frau/Frauen 2,178.221–223.226.228.234–235.240.241.282; 3,195; 4,1–4.15.19.25.32.34.36.98–99.124.127–129; 9,72; 12,28; 13,23;

16,57–59.97; 23,6; 24,2.6.26.31–33.60; 30,21; 33,4.28–34.51.55.59; 36,55–56; 40,40; 43,16–18.69–70; 47,19; 48,6; 57,18; 58,1; 64,14; 65,1–6; 66,1–5.10–12; 70,30; 75,39; 81,8–9

Frevel, Frevler 2,59.99.197.282; 3,92.110; 5,25.26.47.49.59.81.108; 6,49.121.145; 7,102.145.163.165; 9,8.24.53.67.80.84.96; 10,33; 17,16; 18,50; 21,74; 24,4.55; 27,12; 28,32; 29,34; 32,18.20; 43,54; 46,20.35; 49,6.7.11; 51,46; 57,16.26.27; 59,5.19; 61,5; 63,6

Fürsprache 2,48.123.254.255; 4,85; 6,51.70.94; 7,53; 10,3.18; 19,87; 20,109; 21,28; 26,100; 30,13; 32,4; 34,23; 36,23; 39,43.44; 40,18; 43,86; 53,26; 74,48

Gabriel 2,97–98; 16,102; 26,193; 53,5–9.13–17; 66,4; 81,19–25

Gebet 2,3.43.45.83.110.153.177.238.277; 4,43.77.101–103.142.162; 5,6.12.55.58.91.106; 6,72.92.162; 7,170; 8,2.35; 9,5.11.18.54.71.99.103; 10,87; 11,87.114; 13,22; 14,31.37.40; 17,78.110; 19,31.55.59; 20,14.132; 21,73; 22,35.40.41.78; 23,2.9; 24,37.56.58; 27,3; 29,45; 30,31; 31,4.17; 33,33; 35,18.29; 42,38; 58,13; 62,9.10; 70,23.34; 73,20; 98,5; 107,5

Geduld 2,45.153.155–157.177.250; 3,17.120.125.145.200; 11,115; 16,126–127; 18,28.67; 20,130; 21,85; 22,34–35; 28,54.79–80; 29,58–59; 31,17; 40,55; 50,39; 73,10; 76,24; 90,17; 103,1–3

Geiz 3,180; 4,37.128; 9,76; 17,29.100; 25,67; 47,36–38; 53,33–34; 57,23–24; 59,9; 64,16; 70,18; 104,1–4

Gerechtigkeit 2,177; 3,75–76; 4,58–59; 5,8.41–42; 6,152; 7,29.85; 8,27; 11,85–86; 17,34–35; 26,181–183; 55,7–9; 83,1–5

Gericht und Vergeltung 1,4; 2,48.165.259; 3,9–10.25.30.106–107.162–163.185.194; 4,87; 6,12.31.36.38.40.51.60.128.130–134; 7,6–10.34.57.187; 9,117; 10,45–54; 11,102–105; 12,107; 13,2.5; 14,21–22.42–52; 15,35.85; 16,38–39.61.77.84–85.111; 17,13–4.49–52.71–72.97–99; 18,21.36.47–49.99–101; 19,36–40.66–68.75.93–95; 20,15.102–111; 21,1–2.38–40.47.49.104; 22,1–2.5–7.17.55–57; 23,15–16.35–42.78–90.101–117; 25,11.17–19.21–29; 26,82; 27,65–72.82–90; 28,62–67; 30,12–16.43.55–60; 31,28.33–34; 32,10–14.25–30; 33,63; 34,3–5.7–9.29–30; 35,9.45; 36,48–54.59–68.78–83; 37,11–35; 38,78; 39,67–71.73; 40,10–11.16–18.46.59; 41,19–23.47.50; 42,17–18.22.47; 43,11. 61.65–68.85; 44,10–16.34–38.40–42; 45,24–37; 46,33–35; 47,18; 50,1–5.15.20–30.41–45; 51,1–14.46; 52,1–13;

53,58–62; 54,1–11.41–48; 55,31–40; 56,1–11.56–74.88–96; 60,3; 64,7.9; 68,35–44; 69,13–37; 70,1–18.26; 73,14.17–19; 74,1–26.38–55; 75,1–15.22–40; 77,1–50; 78,1–5.17–20.38–40; 79,1–14.34–46; 80,33–42; 81,1–14; 82,1–19; 83,1–21; 84,1–25; 88,1–26; 89,21–30; 95,7; 99,1–8; 100,1–11; 101,1–10; 102,1–8; 107,1

Glaube (neben unzähligen Versen, die das Verbum »glauben« gebrauchen) 2,93.108.109.143; 3,86.90.100.106.158.167.173. 177. 193; 4,25; 5,5; 6,82; 8,2; 9,23.66.124; 10,9.98; 16,106; 30,56; 32,29; 33,22; 40,10.28.85; 42,52; 48,4; 49,7.11.14.17; 52,21; 58,22; 59,9.10; 60,10; 74,31

Gleichnis/Gleichnisse 2,17–20.26.171.174.261.264–266; 3,59.117; 6,122; 7,40.58.176; 10,24; 11,24; 13,17; 14,18.24–26; 16,60.74–76.92.112; 17,48.89; 18,32–45.54; 22,73; 24,34–35.39–40; 25,9.33.39; 29,41.43; 30,27–28.58; 36,13–27.78–81; 39,27–29; 41,39; 43,8.17.56–57.59; 45,23; 47,3.10.15.38; 48,29; 57,20; 59,15–16.21; 62,5; 63,4; 66,10–12; 67,22; 68,17–33; 74,31

Götzendienst/Polytheismus 2,96.105.165; 4,36.48.50–52.116–117; 5,60.76; 6,1.19.64.71.74.78–82.88.121.136–137.148.151; 7,33.37.173.190–198; 9,1–7.17.28.33.36.113; 10,18.28–29.34–35.104–106; 11,53–54.87.101.108; 12,106–108; 13,14.16.33; 14,30.35; 15,94–95; 16,1.3.20–21.27.35.51.54.56.86–88.100.120.123; 17,22.39.42.56–57; 18,15–16.38.42.52.100.102; 19,42.46.49.81–82; 20,88–91.97; 21,36.43.57–63.66–68.98–99; 22,12–13.17.30–31.71.73; 24,3; 25,3.55.68; 26,71.75.92–93.213; 28,62–64.71–72.74.87; 29,17.25.41.52.65–67; 30,13.31.33.35.40.42; 31,13.15; 33,73; 34,22.27; 35,13–14.40; 36,23.74–75; 37,22–33.36.86.91–95; 38,5–6.9–10; 39,8.36.38.43.45.64–65; 40,12.42.66; 41,6–7.47; 42,6.9.13.21; 43,15.20.86; 46,4–6.28; 48,6; 52,43; 53,19–25; 60,12; 61,9; 68,41; 71,23; 72,2.18.20; 98,1.6; 109,1–6

Gog und Magog 21,95–97

Gott

1. *Seine Existenz* 6,73–78; 13,2–4; 22,18; 29,61–63; 64,1–4; 67,19.30; 87,1–5
2. *Seine Einzigkeit/Monotheismus* 2,116–117.163.165.255; 3,2.5–6.18; 4,48–49.116; 5,17.72–77; 6,21–24.56.80–81.94.100–103.106.148; 9,28; 10,18.28–36.66.68–70; 13,16.33–34; 16,35–36.57.62.72–73; 17,22.39–40.42–44.111; 19,35.88–91; 21,18–29; 22,31.34.71; 23,91–92; 25,1–2; 27,59–65; 28,62–88; 30,40; 34,27; 37,4–5.149–163; 39,4.14–15.27–32.36–38.43–46.64–67; 40,3.

12–15.20.66; 41,6–7.9.37–38; 43,15.81–83.87; 44,8; 46,5–6; 51,51; 59,1.22–24; 72,3; 112,1–4
3. *Seine Erhabenheit* 6,100; 7,190; 10,18; 16,1.3; 17,43; 20,114; 23,92.116; 27,63; 28,68; 30,40; 39,67; 72,3
4. *Seine Souveränität* 2,117; 7,54; 10,31; 13,2; 22,18; 25,2; 42,49
5. *Er ist der Schöpfer. Er ist allmächtig* 2,22.74.115–117.164. 255. 159–160.284; 3,5–6.83.97.189; 4,126.131–134; 6,1–3.12–18.59–65.95–99.103; 7,54; 10,3–6; 13,8–18; 14,19–20.32–34; 15,16–25; 16,1–22.40.48–52.60–61.77.79–81; 22,61–66.74–76; 24,35. 41–45; 25,45–50; 27,60–65; 30,19–28.46.48; 31,10–11.16. 25–30; 35,41; 36,36.42; 39,5.21.62–63; 40,60–69; 41,39; 42,9–12.19.29; 43,9–13.85; 46,33; 50,6–11; 51,47–49.56–60; 53,42–55; 55,1–30; 57,4–6; 67,1–4.13–17; 80,23–32; 85,13–16
6. *Er macht lebendig und läßt sterben* 10,31.56; 22,66; 23,80; 30,19.40; 44,8; 45,26; 50,43; 53,44; 56,60; 67,2; 80,21
7. *Er setzt die Fristen fest* 6,2; 10,49; 15,5; 23,43; 29,5; 35,11; 40,67; 63,11
8. *Er sieht alles wohl* 2,96.110.233.237.265; 3,15.20.156.163; 4,58. 134; 5,71; 8,39.72; 11,112; 17,1.17.30.96; 20,35; 22,61.75; 25,20; 31,28; 33,9; 34,11; 35,31; 40,20.44.56; 41,40; 42,11.27; 48,24; 49,18; 57,4; 58,1; 60,3; 64,2; 67,19; 84,15
9. *Er hört und weiß alles* 2,127.224.244; 4,85.134.148; 5,76; 6,13.115; 8,53; 9,89; 10,65; 17,1; 18,26; 21,4; 26,220; 29,5.60; 31,28; 34,50; 40,20.56; 41,36; 42,11; 44,6
10. *Er läßt nicht unbeachtet, was die Menschen tun* 2,144.149.255; 4,86; 22,76
11. *Er ist der Freund, der Sachwalter der Menschen* 2,107.257; 3,76; 5,55; 6,51; 7,155; 9,116; 11,12; 12,64.101; 18,44.102; 23,88; 33,48; 42,9.28; 67,19; 73,9; 76,11
12. *Er teilt den Lebensunterhalt zu* 2,212; 3,27.37; 5,64; 6,14; 7,10; 11,6; 13,26; 14,31; 15,20; 16,26.75.114; 17,18.30.31; 20,132; 26,79.132; 27,64; 28,54.82; 29,60.62; 34,24.36; 35,3; 36,35.47.72; 39,52; 40,13; 42,12.27; 43,32; 67,15.21
13. *Er stellt die Menschen auf die Probe* 2,49.124.155.249; 3,152. 154.186; 4,6; 5,48.94; 6,165; 7,141.163.168; 8,17; 10,30; 11,7; 14,6; 16,92; 18,7; 21,35; 23,30; 27,40; 33,11; 37,106; 44,33; 47,4.31; 67,2; 68,17; 76,2; 86,9; 89,15–16
14. *Er setzt die Menschen der Versuchung aus* 5,41; 6,53; 7,155; 17,60; 20,40.85.131; 21,35.111; 22,11; 25,20; 29,3; 37,63; 38,24.34; 39,49; 44,17; 54,27; 60,5; 64,15; 72,17; 74,31

15. *Er rettet die Gläubigen* 2,49.50; 7,64.72.83.89.141.165; 10,73.103; 11,58.66.94; 19,72; 20,80; 21,9.71.74.76.88; 23,28; 26,65.119.170; 27,53.57; 29,15.24.32; 31,32; 37,76.115.134; 39,61; 41,18.30; 54,34
16. *Er ist gütig und voller Huld* 2,105.243.251; 3,73.74.152.174; 5,54.118; 8,29; 10,107; 12,56.76; 14,11; 16,53; 27,73; 28,5.82; 42,8; 57,21.29; 62,4
17. *Er ist langmütig* 2,225.235.263; 3,155; 4,12; 5,101; 9,114; 11,75.87; 17,44; 22,59; 33,51; 35,41; 37,101; 64,17
18. *Er ist der Erbarmer. Er ist barmherzig* 1,1.3; 2,37.54.128.143.160.163.173.182.192.199.218.226; 3,31.89.129; 4,16.23.25.29.64.96.100.106.110.129.152; 5,3.34.39.74.98; 6,54.145.165; 7,151.153.167; 8,69.70; 9,5.27.91.99.102.104.117.118.128; 10,107; 11,41.90; 12,64.92.98; 13,30; 14,36; 15,49; 16,7.18.47.110.115.119; 17,66.110; 19,18.26.44.45.58.61.69.78.85.87.88.91. 92.93.96; 20,5.90.108.109; 21,26.36.42.83.112; 22,65; 23,109.118; 24,20.22. 33.62; 25,6.59.60.63.70; 26,5.9.68.104.122.140.159.175. 191.217; 27,11.30; 28,16; 30,5; 32,6; 33,5.24.43.50.59.73; 34,2; 36,5.11.15.23.52.58; 39,53; 41,2.32; 42,5; 43,17.19.20.33.36.45.81; 44,42; 46,8; 48,14.29; 49,5.12.14; 50,33; 52,28; 55,1; 57,9.28; 58,12; 59,10.22; 60,7.12; 64,14; 66,1; 67,3.19.20.29; 73,20; 78,37.38
19. *Er ist voller Vergebung* 2,173.182.192.199.218.225.226.235; 3,31.89.129.155; 4,23.25.43.96.99.100.106.110.129.152; 5,3.34.39.74.98.101; 6,54.145.165; 7,153.167; 8,69.70; 9,5.27.91.99.102; 10,107; 11,41; 12,53.98; 14,36; 15,49; 16,18.110.115.119; 17,25.44; 18,58; 20,82; 22,60; 24,5.22.33.62; 25,6.70; 27,11; 28,16; 33,5.24.50.59.73; 34,2.15; 35,28.30.34.41; 38,5; 39,53; 40,42; 41,32; 42,5.23; 46,8; 48,14; 49,5.14; 57,28; 58,2.12; 60,7.12; 64,14; 66,1; 67,2; 71,10; 73,20; 85,14
20. *Er ist bei der Vergeltung nicht ungerecht* 2,272.279.281; 3,25.117.161.182; 4,40.49.77.124; 6,131.160; 8,51.60; 9,70; 10,44. 47.54; 11,101.117; 16,33.111.118; 17,71; 18,49; 19,60; 21,47; 22,10; 23,62; 29,40; 30,9; 36,54; 39,69; 40,17; 41,46; 43,76; 45,22; 46,19; 50,29
Gottesfurcht, Frömmigkeit 2,177.189; 5,87; 7,26; 9,17–18.107–109; 25,72–75; 28,55.83; 30,30; 33,35; 39,33–34; 70,15–35; 98,5
Gute (das) 2,83.201; 3,120; 4,36.40.62.78.79.85.95; 6,151.160; 7,95.131.156.168; 9,50; 11,114; 13,6.22; 16,30.41.90.122.125; 17,23; 25,70; 27,46.89; 28,54.84; 33,21; 39,10; 41,34; 42,23; 46,15; 55,60; 60,4.6
Gute (das)/die guten Werke 2,25.62.82.277; 3,57; 4,34.57.122.124.173; 5,9.69.93; 7,43; 9,102; 10,4.9; 11,11.23; 13,29; 14,23;

17,9; 18,2.30.46.88.107.110; 19,60.76.96; 20,75.82.112; 20,82; 21,94; 22,14.50.56; 23,51.100; 24,55; 25,70.71; 26,227; 28,67.80; 29,7.9.58; 30,15.44.45; 31,8; 32,12.19; 33,31; 34,11.37; 35,7.37; 38,24.28; 40,40.58; 41,8.33.46; 42,22.23.26; 45,15.21.30; 46,15; 47,2.12; 48,29; 64,9; 65,11; 84,25; 85,11; 95,6; 98,7; 103,3

Hāmān 28,6; 29,39; 40,24.36
Ḥanīf (Anhänger des reinen Glaubens) 2,135; 3,67.95; 4,125; 6,79.161; 10,105; 16,120.123; 22,31; 30,30; 98,5
Hārūt und Mārūt 2,102
Heilige Monate 2,194.217; 5,2.97; 9,1–5.36–37; 89,1–3
Herabsendung (des Buches ...) 2,4.23.41.90.91.97.136.159.170. 174.176.185.213.231.285; 3,3.4.7.53.65.72.84.93.199; 4,47.60. 61. 105.113.136.140.162.166; 5,44–49.59.64.66.67.68.81.83. 101.104; 6,7.91.92.93.114.155.156.157; 7,2–3.157.196; 8,41; 9.64.86.97. 124.127; 10,94; 11,4; 12,2; 13,1.19.36.37; 14,1; 15,6.9; 16,24.44.64. 89.101.102; 17,82.105.106; 18,1; 20,2.4.113; 21,10.50; 22,16; 24,1.34.46; 25,1.6.32; 26,192.193.198; 29,46.47.51; 31,21; 32,2; 34,6; 36,5.15; 38,8.29; 39,1.2.23.41.55; 40,2; 41,2.42; 42,15; 43,17.31; 44,3; 45,2; 46,2.30; 47,2.9.20.26; 56,80; 57,9.16.25; 58,5; 59,21; 64,8; 65,5.10; 69,43; 76,23; 97,1 (siehe auch Offenbarung)
Herausforderung 2,23; 10,37–38; 11,13–14; 17,88; 52,34
Heuchler 2,8–20; 3,166–167.172.178; 4,60–63.77.83.88–91.107–115.138–143.145–146; 5,41.52–53; 8,49; 9,42–59.64–68.73–78.90.93–94.101–107.107–110.125–127; 24,47–50; 29,10–11; 33,1.12–18.24.48.60–61.73; 47,26; 48,6.11.15; 57,13–15; 58,14; 59,11–17; 60,1; 63,1–8; 66,9
Hochmut 2,34.87; 4,172.173; 5,82; 6,93; 7,13.36.40.48.75.82. 88.133.146.206; 10,75; 14,21; 16,22.23.29.49; 17,37.111; 21,19; 23,46; 24,11; 25,21; 28,39; 29,39; 31,7; 32,15; 34,31.32.33; 35,43; 37,35; 38,74.75; 39,59.60.72; 40,27.35.47.48.56.60.76; 41,15.38; 45,8.31; 46,10; 59,23; 63,5; 71,7; 74,33
Hölle 2,24.39.80–81.119.126.167.175.201.206.217.221.257.275; 3,10. 12.16.24.106.131.151.162.185.191–192.197; 4,10.14.55–56. 93.97. 115.121.140.145.169; 5,10.29.37.72.86; 6,27.30; 7,18.36.38–39.41. 44.47–48.50.179; 8,14.16.36–37; 9,34–35.49.63.68.73.81. 95.109. 113; 10,8.87; 11,16–17.98.106.113,119; 13,5.18.25.35; 14,16–17.29; 15,43–44; 16,29.62; 17,8.97; 18,29.53.100.102.106; 19,68.

70–71.86; 20,74.127; 21,29.39–40.98–100; 22,4.19–22.51.72; 23,103.107–108; 24,57; 25,11–14.34.65–66; 26,91.94.96; 27,90; 28,41; 29,25.54–55.68; 31,21; 32,13.20; 33,64–66; 34,12.42; 35,6. 36–37; 36,63–64; 37,23–24.55.62–70; 38,55–64.85; 39,16.19. 24–25.32.47–48.60.71–72; 40,6–7.43.46–50.60.70–76; 41,19–24.28.40; 42,7.44–45; 43,74.77; 44,43–50.56; 45,10.34; 46,20; 47,12.15; 48,6.13; 50,24–26.30; 51,13; 52,11–16.18; 53,48; 55,43–44; 56,41–56.94; 57,15.19; 58,8.17; 59,3.17.20; 64,10; 66,6–7.9–10; 67,5–11; 69,31; 70,15–18; 72,15.23; 74,26–37,42; 76,4; 78,21–30; 79,36–39; 81,12; 82,14; 83,7.16; 84,12; 85,10; 87,12–13; 88,1–7; 89,23; 90,20; 92,14; 96,18; 98,6; 101,11; 102,6; 104,4–9

Hūd 7,65–72; 11,50–60; 26,123–140; 46,21–26

Iblīs (Satan) 2,34.36.168–169.208.212.256–257.268.275; 3,36.155. 175; 4,38.51.60.76.83.117–120; 5,60; 6,43.68.112.121.142; 7,11–18.20–22.27.30.175.179.200–203; 8,11.48; 12,5.42.100; 14,22; 15,17.31–42; 16,36.63.98–100; 17,27.53.61–65.88; 18,50–51,63; 19,44–45.83; 20,116–177.120; 22,3.52–53; 23,97; 24,21; 25,29; 26,95.210–212.221–222; 27,17.24; 29,38; 31,21.33; 32,13; 33,67–68; 34,12–14.20–21.41; 35,6; 36,60; 37,7; 38,37.41.73–85; 39,17; 40,9; 41,29.36; 43,36–38.62; 47,25; 58,10.19; 59,16; 67,5; 81,25

Idrīs 19,56; 21,85–86

Ijob 4,163; 6,84; 21,83–84; 38,41–44

ʿImrān 3,34–35; 66,12

Isaak 2,133.136.140; 3,84; 4,163; 6,84; 11,71; 12,6.38; 14,39; 19,49; 21,72; 29,27; 37,112–113; 38,45–47

Islam 2,111–112.127–128.135.140–141; 3,19.67–68.83.84–85.118; 4,125; 5,3; 9,74; 11,116–117; 21,92–93; 22,78; 30,30; 39,22; 41,33; 42,13; 49,17; 61,17; 98,5; 110,1–3

Ismael 2,124–125.133.136.140; 3,84; 4,163; 6,86; 14,37.39; 19,54–55; 21,85–86; 37,101–106; 38,48; 90,3

Jakob 2,132–133.136.140; 3,84; 4,163; 6,84; 11,71; 12,4.6.8–9.11–13.16–18.38.59.61.63–68.78.80–87.93–99; 19,6.49; 21,72; 38,45–47

Jenseits 2,4.86.94.102.114.130.200.201.217.220; 3,22.45.56.77.85. 145.148.152.176; 4,74.77.134; 5,5.33.41; 6,32.92.113.150; 7,45. 147.156.169; 8,67; 9,38.69.74; 10,64; 11,16.19.22.103; 12,37.57. 101.109; 13,26.34; 14,3.27; 16,22.30.41.60.107.109.122; 17,7.10. 19.21.45.72.104; 20,127; 22,11.15; 23,33.74; 24,14.19.23; 27,3.4. 5.66; 28,70.77.83; 29,20.27.64; 30,7.16; 31,4; 33,29.57; 34,1.8.21; 38,7; 39,9.26.45; 40,39.43; 41,7.16.31; 42,20; 43,35; 53,25.27; 57,20; 59,3; 60,13; 68,33; 74,53; 75,21; 79,25; 87,17; 92,13; 93,4

Jesus Christus 2,73.87.91.136.253; 3,39.45–63.84; 4,157–159.163. 171–172; 5,17.46–47.72–78.110–119; 6,85; 9,30–31; 19,16–37; 21,91; 23,50; 33,7; 42,13; 43,57–65; 57,27; 61,6.14

Jonas 4,163; 6,86; 10,98; 21,87–88; 37,139–148; 68,48–50

Josef 3,72; 6,84; 12,4–101

Juden / Kinder Israels 2,40–105.109.111.114.120.122.133.140.146. 159.211.214.243.246.259; 3,19–22.26.54.64–82.93.98–100.110–115.187; 4,44–47.51–55.153–162.171; 5,5.13.15.18–22.24.26. 32.41.44.51–52.57–66.68–72.77–78.80–82.110; 6,146; 7,105. 128–129.134.137–138.148–155.159–171; 9,29–30; 10,84–87.90. 93; 14,5–6; 16,118; 17,2.101.103–104; 19,58; 20,47.78.80–83. 85–90; 21,21–24; 22,17; 26,17.22.52.54.59.61.65.197; 27,76; 29,46; 32,23–24; 33,26; 40,53; 43,59; 44,18.23.30.32–33; 45,16–17; 46,10; 57,26; 58,14; 59,2.11; 61,5–6.14; 62,6; 98,1.4–6

Keuschheit 4,25; 23,5–6; 24,4.23.30–31.33; 33,35.59; 37,48; 70,29

Kinder 2,233; 3,10.116; 4,11–12.75.97–98.127.176; 6,137.140.151; 8,28; 9,55.69.85; 17,31; 18,46; 31,33; 34,34.37; 42,49–50; 52,21; 57,20; 58,2.17; 60,12; 63,9; 64,14–15; 71,21; 73,17

Korach → Qārūn

Koran 2,2.23–24.38–39.75.89.91.97.101.105–106.120–121.129. 151.159.176–177.185.209.213; 3,3.7.23.78–79.138.164; 4,82.105. 113.127. 136.140.166; 5,5.15.48–49.60.101; 6,19–20.25.27–28. 34.38.51.65.73.90.92.105.114–115.155–157; 7,2–3.185.196. 203–204; 8,31; 9,6.40.111.124–125.127; 10,1.15–16.19.37–40.57–58.61.64.93.96; 11,1.12.13–14.17; 12,1–3.104. 111; 13,1. 31.36–37.39; 14,1.52; 15,1.9.13.87.91; 16,44. 64.89.98.101–105; 17,9. 41.45–46.58.60.82.88–89.105–106; 18,1–5.27.54.57; 19,16. 51. 54.97; 20,2–4.113–114; 21,2.5.10.50; 22,16.54–55.70.72.78; 23,62.66.71.105; 24,1.34; 25,1.4–6.29–30.32.52; 26,2.192–199.

210–212; 27,1–2.6.75–77.92; 28,2.48–49.51.52–53.85–87; 29,45.47.51; 30,58; 31,2–3.7.20; 32,2–3; 33,6; 34,31; 35,25. 29. 31–32; 36,2.69.70; 37,3.170; 38,1.8.29.87; 39,1–2.23.27–28.41; 40,2.69.70; 41,2–4.26.41–42.44.52–53; 42,7.10.17.35.52; 43,2–5.21.29–31.44.61; 44,2–6.58; 45,2.11.20; 46,2.4.7–12.29–30; 47,24; 50,1.45; 51,9.23; 52,2–3.33–34; 53,4–10.29; 54,17; 55,2; 56,75–82; 57,9.19; 59,21; 61,9; 62,2; 64,8; 65,10; 68,15.44.51–52; 69,40–43.48–51; 72,1–2.13; 73,4.19–20; 74,24–25.49.54–56; 75,16–19; 76,23.29; 80,11–16; 81,19–28; 83,13; 84,21; 85,21–22; 86,13–14; 87,6–13; 97,1; 98,2–3

Krieg/Kampf 2,58–59.154.191–195.216–218.244–252.261; 3,13. 110–111.121–128.139–175.195–197; 4,71–78.84.88–91. 94–95. 100–104; 5,33–35.56; 8,5–12.15–26.30.39–48.55–65. 67–68. 70–71.74–75; 9,3.5.7–15.19–22.25–27.29.32–33.36–57.73. 81–96.111–114.121–123; 16,110; 22,39–40.58.78; 33,9–22.25–27; 47,4–7.20–24.35; 48,16–29; 57,10.25; 58,21; 59,2–14; 60,11; 61,4.8–10.13; 66,9

Leute des Buches (Juden und Christen) 2,105.109; 3,64.65.69–72.75.98.99.110.113.199; 4,123.153.159.171; 5,15.19.47.59.65. 68.77; 21,7; 29,46; 33,26; 57,29; 59,2.7; 98,1.6

Lot 2,59; 6,86; 7,80–84; 11,5.70.77–83.89; 15,59–77; 21,71.74–75; 22,43; 26,160–175; 27,54–58; 29,26.28–35; 37,133–138; 38,13; 50,13; 54,33–39; 60,10

Luqmān 31,12–13

Maria 2,87.253; 3,27.33–47; 4,156–157.171; 5,17.46.72.75.78.110. 112.114.116; 19,16–34; 21,91; 23,50; 33,57; 57,27; 61,6; 66,12

Meer 2,50.164; 5,96; 6,59.63.97; 7,138.163; 10,22.90; 14,32; 16,14; 17,66–67.70; 18,60.61.63.79.109; 20,77; 22,65; 24,40; 25,53; 26,63; 27,61.63; 30,41; 31,27.31; 35,12; 42,32–34; 44,24; 45,12; 52,6; 55,19–20.24; 81,6; 82,3

Mekka 2,115.125–127.191.194; 3,96–97; 4,89.97; 5,97; 6,92; 14,35.37; 16,112; 17,1.76; 22,26; 27,91; 28,57; 29,67; 32,3; 36,6; 42,7; 43,31; 47,13.19; 48,20.24; 50,13; 57,10; 90,1–2; 95,3

Mensch/Menschen 2,30–33.213; 4,1.28; 6,98; 7,189; 10,19;

15,26–27.28–35; 16,4–18.65–67.78.80–81; 17,11.67–70.83; 18,54; 20,123; 21,37; 22,5.11; 23,12–14.17–22; 27,62; 29,65; 30,36.41.54; 31,20; 32,7–9; 33,72; 35,11–13.15.27–28; 36,77; 38,71–74; 39,6.49; 40,64.67; 42,48; 45,12–13; 49,13; 53,45–46; 70,19–21; 75,36–39; 76,2; 78,8–16; 79,27–33; 80,17–22; 86,5–10; 89,15–16; 90,1–11; 95,1–8; 100,6–7

Michael (Mīkāl) 2,98

Missetat 2,81.271; 3,193.195; 4,18.31; 5,12.65; 6,160; 7,153.168; 8,29; 10,27; 11,10.78.114; 16,34.45; 25,70; 27,90; 28,84; 29,4.7; 35,10; 39,48.51; 40,9.40.45; 42,25; 45,21.33; 46,16; 47,2; 48,5; 64,9; 65,5; 66,8

Mönche 3,99; 5,82; 9,31.34; 24,36–38; 57,27

Mord/Totschlag 2,178; 4,29.92–93; 5,32; 6,151; 17,33; 25,68

Mose 2,47–57.60–61.63–73.87.92–93.108.116–117.246.248.253; 3,79–80.84; 4,153–155.164; 5,20–26; 6,84.91.154; 7,103–156.160; 9,7.17–19.28; 10,75–92; 11,96–99; 14,5–8; 17,2.101–104; 18,60–82; 19,51–53; 20,9–98; 21,48.51; 23,45–49; 25,35; 26,10–58.61–65; 27,7–12; 28,3–44.46.48.76; 29,39; 32,23; 33,7.69; 37,114–122; 40,23–46.53; 41,45; 42,13; 43,46–56; 44,18–33; 46,30; 51,38–40; 53,36; 61,5; 73,15–16; 79,15–20; 87,19

Muḥammad

1. *Wesen seiner Sendung, Aufgabe* 2,119.252; 3,62.79.97.144.159; 4,67.99; 6,14.19; 7,158; 11,2; 13,7; 16,64.89; 17,54; 18,110; 21,107; 22,49; 25,56; 27,91–93; 33,40.45–47; 34,28; 35,24; 36,2–6; 69,70; 42,6; 46,9; 48,8–9; 94,1–8
2. *Bestätigung seiner Sendung* 2,120; 3,61.63.183–184; 4,78–79.163.166; 5,19; 6,8–11.20.26.35–90; 7,184–185.187; 9,129; 10,2.15–16.41–43.104; 11,12–14.35; 13,27.40.43; 15,6–8; 21,3–5.16–17; 23,72; 25,7–10.57; 33,48; 34,47; 38,86; 42,2.7.52–53; 53,1–18; 61,6; 68,46–50
3. *Seine Persönlichkeit, sein Anspruch und seine Stellung* 2,146; 3,31–32.132.152; 4,41.59.64–65.69.80–81.113; 5,49–50; 6,104–105. 107; 7,157; 8,20.46; 9,58–63.128; 10,94–95; 17,47–48.73–77; 18,6.28; 21,36.41–46; 22,42–43; 24,51–56.73; 25,41–44.77; 26,215–216; 28,44–47; 29,48; 32,3; 33,6.33.36.57.69.71; 37,35–38; 41,6; 42,15; 46,35; 47,33; 48,10.17; 52,31.48; 57,28; 58,5.8–9.21–22; 59,7; 60,12; 64,12; 62,2; 68,1–6.51; 72,18–24; 88,21–22
4. *Seine Eigenschaften und Vorrechte* 5,11; 8,1.5–8.30.41; 9,40.61; 15,87–99; 17,1.90–96; 22,15.52–53; 24,11–16; 25,52; 27,79–81;

33,6.28–34.38–39.50–53.56.59–62; 40,77–78; 48,28–29; 49,1–5; 59,6–7; 66,1–5; 73,1–9.20

Muslim/Muslime/gottergeben sein 2,112.128.131.132–133.136; 3,20.52.64.67.80.83–84.102; 4,125; 5,44.111; 6,14.71.163; 7,126; 10,72.84.90; 11,14; 12,101; 15,2; 16,81.89.102; 17,31; 21,108; 22,34; 27,38.42.44.81.91; 28,53; 29,46; 30,53; 31,22; 33,35; 39,12.54; 40,66; 41,33.69; 46,15; 48,16; 49,14.17; 51,36; 66,5; 68,35; 72,14

Nichtmuslime/Haltung ihnen gegenüber (siehe auch Kampf und Krieg; Toleranz und Frieden; keine volle Gemeinschaft, keine Freundschaft) 3,28.118.120; 4,89.144; 5,51.57.58.80.81; 6,1–2; 8,55–58. 60.72–73; 9,23–24; 58,22; 60,1–3.13

Noach 3,33; 4,163; 6,84; 7,59–64; 9,70; 10,71–73; 11,25–48; 14,9; 17,3.17; 19,58; 21,76–77; 22,42; 23,23–29; 25,37; 26,105–122; 29,14–15; 33,7; 37,75–83; 38,12; 40,5–6.31; 42,13; 50,12; 51,46; 53,52; 54,9–16; 57,26; 66,10; 71,1–27

Offenbarung (siehe auch Herabsendung) 3,44; 4,163; 6,19.50. 93.106.145; 7,203; 8,12; 10,2.87.109; 11,12.36.37; 12,3.102.109; 13,30; 16,43.123; 17,73.86; 18,27.110; 20,13.38.48.77.114; 21,7.25.73.108; 23,27; 26,52.63; 29,45; 33,2; 34,50; 35,31; 38,70; 39,65; 41,6; 42,3.7.13.51.52; 43,43; 46,9; 53,4; 72,1

Paradies 2,25.35.82.111.214.221.265–266; 3,15.106–107.133.136. 142.185.195.198; 4,13.57.122.124; 5,12.65.72.85.119; 6,99.141; 7,22.27.40–52; 8,4; 9,21–22.72.89.100.111; 10,9–10.25–26; 11,23.108; 13,4.20–24.35; 14,23; 15,45–48; 16,30–32; 17,91; 18,31.39–40.107–108; 19,60–63; 20,76.117.121; 21,101–103; 22,14.23–24.56; 23,8–11.19; 25,8.10.15–16.24.75–76; 26,57. 85.90.134.147; 29,58; 30,15; 31,8–9; 32,15–17.19; 34,37; 35,33–35; 36,26.34.54–58; 37,40–61; 38,49–54; 39,20.73–75; 40,8.40; 41,30–32; 42,7.22; 43,69–73; 44,51–57; 46,14.16; 47,6.12.14–16; 48,5.17; 50,9.31–35; 51,15; 52,17–28; 53,15; 54,54; 55,46–78;

56,8–40.89–91; 57,12.21; 58,22; 59,20; 61,12; 64,9; 65,11; 66,8.11; 68,17.34; 69,19–24; 70,35.38; 71,12; 74,40; 76,5–22; 77,41–44; 78,16.31–38; 79,41; 81,13; 83,18.22–36; 85,11; 88,8–16; 89,30; 98,8; 101,7

Polytheismus siehe Götzen

Propheten/Gesandte 2,87.253.285; 3,21.80–82.179.181–182; 4,69. 150–152.164–165; 5,32; 6,48; 7,6.35.94–100; 10,13–14.74; 11,120; 12,110–111; 13,7.32; 14,4.9–17; 15,10–15.80–84; 16,2.35–36.43–44.63.113; 17,55; 21,7–8.25; 22,42–48; 23,31–44.51; 25,51; 26,208–209; 33,7–8.38–39; 35,4.24.42–44; 36,13–32; 38,12–14; 40,21–22.51–52.78.81–85; 41,44; 43,6–8.23–25; 44,5–7; 46,21–28.32–34; 50,12.36–37; 51,52–55; 57,25; 69,9–12

Qārūn (Korach) 28,76–82; 29,39; 40,24

Rangstufen 2,228.237.253; 3,162–163; 4,32.34.95–96; 6,83.132. 165; 8,2–4; 9,20; 12,76; 16,71; 17,21.55; 20,75; 43,32; 46,19; 57,10; 58,11

Reinigungsriten 4,43; 5,6–7

Reisende 2,177.215; 4,36; 8,41; 9,60; 17,26; 30,38; 59,7

Religion 2,132.193.217.256; 3,19.73.83.85; 4,46.125.171; 5,3.54. 57.77; 6,70.137.159.161; 7,29.51; 8,39.49.72; 9,11.12.29.33.36.122; 10,22.104.105; 12,40.76; 16,52; 22,78; 24,2.25.55; 29,65; 30,30.32.43; 31,32; 33,5; 39,2.3.14; 40,14.26.65; 42,13.21; 48,28; 49,16; 60,8.9; 61,9; 98,5; 109,6; 110,2

Reue 2,54.160.222.279; 3,86–90.135–136; 4,16–18.26.110.146; 5,34.39–40.74; 6,54; 7,143.153.168; 9,3.5.11.74.104.112.126; 11,3–5.52.61.75.88.90.112; 13,27.30; 16,119; 17,25; 19,60; 20,82; 24,5.31; 25,70–71; 28,67; 30,31.33.41; 31,15; 32,21; 34,9; 38,17.24.30.34.44; 39,8.17.54–59; 40,3.7.13; 42,10.13.25; 43,48; 46,15.27; 49,11; 50,8.32.33; 60,4; 66,4.5.8; 85,10

Ṣāliḥ 7,73–79; 9,70.95; 11,61–78.89; 14,9; 15,80–84; 17,59; 22,42; 25,38; 26,141–158; 27,45–53; 29,38; 38,13; 40,31; 41,13–17; 50,12; 51,43–45; 53,51; 54,23–31; 69,4–5; 85,18; 89,9; 91,11–14

Salomo 2,102; 4,163; 6,84; 21,81–82; 27,15–44; 34,12–14; 38,30–40
Satan siehe Iblīs
Scheidung 2,225–233.236–237.241–242; 4,19–21.35.130; 33,28.37.49; 58,2–4; 65,1–2.4–5.6–7
Shu`ayb/Madyan 7,85–93; 11,84–95; 26,176–191; 29,36–37
Sklaven/Sklavinnen 2,178.221; 4,24–25.36; 5,89; 9,60; 16,71; 23,6; 24,32–33.58; 30,28; 33,50; 47,4; 58,3–4; 70,30.35; 90,13
Spaltung/Konfessionen 2,253; 3,7.19.105; 6,159; 21,93; 23,53–56; 30,32; 42,13–14; 98,4
Speisegebote 2,168.172.173; 3,93–94; 4,160; 5,1.3–5.87–88.93.96; 6,118–119.121.140.142–146.150; 10,59; 16,66–67.114–115; 22,28.30
Streit/Auseinandersetzung 2,76.139.150.176.197.213.253.258.285; 3,19–20.61.65–66.73.103.105.152; 4,59.107.109.115.150–151; 6,25.80.121.153.159; 7,71; 8,6.43.46; 10,19.93; 11,32.74.110; 13,13; 16,64; 18,56; 22,3.8.67–69; 24,63; 27,76; 28,4; 30,31; 31,20; 40,4–5.35.47.56.69; 41,45; 42,10.13–16.35; 43,63.65; 45,17; 58,1; 98,4
Sünde, Schuld 2,28.58.85.173.181.182.188.203.206.219.276.286; 3,11.16.31.135.147.178.193; 4,20.48.50.92.111.112; 5,2.18.29.49.62.63; 6,6.107.120; 7,33.100.161; 8,52.54; 9,102; 12,29.91.97; 14,10; 17,3.17; 20,73; 24,11; 25,58.85; 26,14.51.82; 28,8.78; 29,12.40; 33,5.58.71; 39,53; 40,3.11.21.55; 42,37; 46,31; 47,19; 48,2; 49,12; 51,59; 53,32; 55,39; 58,8.9; 61,12; 67,11; 69,9.37; 71,4.25; 81,9; 91,14; 96,16

Testament 2,180.240; 4,11–12.131; 5,106; 6,144.151–153; 36,50
Thamūd (siehe auch Ṣāliḥ) 7,73–79; 9,70; 11,61–78.95; 14,9; 17,59; 22,42; 25,38; 26,141–159; 27,45–53; 29,38; 38,13; 40,31; 41,13–14.17; 50,12; 51,43; 53,51; 54,23–30; 69,4; 85,18; 89,9; 91,11–15
Toleranz/Frieden (friedliche Haltung) 2,62.109.137.139.148.193.256.272; 3,20.64.73.111–114.199; 4,88.90.94.140; 5,34.44–48. 69; 6,35.39.66.68–70.106–108.121.135.149.164; 7,87.199; 8,59. 61; 10,41.42–43.99.108; 11,93.121; 12,103.108; 13,31; 15,85; 16,9.37.82.125; 17,7.15.53–54; 20,130; 21,35; 22,67–69; 25,43.63; 26,126; 27,80–81.91–92; 28,55.56; 29,18.46; 30,44.52–53; 31,15; 32,13;

33,48; 34,50; 36,17; 39,3.39.41; 41,46; 42,9.15.48; 43,40.83.89; 45,14.15; 59,2.4; 73,10; 109,1–6

Tora 2,53.85; 3,3–4.23.48.50.65.70.93; 5,43–46.66.68.110; 6,91. 154; 7,144–145.157; 9,111; 10,75; 11,17.110; 17,2.4–5; 21,48; 23,49; 25,35; 28,43.48; 32,23; 37,117; 40,53–54; 41,45; 46,12; 48,29; 52,2–3; 53,36; 61,6; 62,5

Unglaube (neben unzähligen Stellen, die das Verbum »ungläubig sein« gebrauchen) 2,88.93.108.217; 3,52.80.90.167.176.177; 4,46. 137.155.156; 5,41.61.64.68; 9,12.17.23.37.74.97.107; 14,28; 16,106; 17,89.99; 18,80; 25,50; 30,44; 31,23; 35,39; 39,7.8; 49,7

Ungläubig / Ungläubige 2,19.24.34.89.90.98.104.109.161.191.250. 254.264.266.286; 3,13.28.32.91.100.131.141.147; 4,18.37.101. 102.139. 140.141.144.151.161; 5,44.54.57.67.68.102; 6,89.122.130; 7,37. 45.50.76.93.101; 8,14.18; 9,2.26.32.37.49.55.68.73.85. 120.123.125; 10,2.86; 11,19.42; 12,37.87; 13,14.35.42; 14,2; 16,27.83.107; 17,8; 18,100.102; 19,83; 21,36; 22,44; 23,99–100. 117; 25,26.52; 26,19; 27,43.86; 28,82; 29,47.54,68; 30,8.13.45; 32,10; 33,1.8.48.64; 34,34; 35,39; 36,70; 38,4.74; 39,32.59.71; 40,14.25.47–48.50.74.85; 41,7.14.40; 42,26; 43,30; 46,6; 47,10. 11.34; 48,13.29; 50,2; 54,8.43; 57,20; 58,4.5; 60,10.11.13; 61,7–9; 66,9; 67,20.28; 69,50; 70,2; 71,26; 74,10.31; 76,4; 80,42; 83,34.36; 86,17; 109,1

Ungläubig/Ungläubige, Beschreibung ihrer Haltung und ihrer Strafe 2,114.161–162.170–171.210; 3,12.106–116–120.149; 4,18. 39.56.167–170; 5,10.36–37.60–63.104; 6,1.4–5.12.29–31.33. 39–49.57–58.109–111; 7,40; 8,30–39.50–56; 10,7–8; 11,18–22.109; 13,31; 15,2–3.88; 16,33–34.104–105; 18,52–53.55; 19,73–80; 20,128.134–135; 22,72; 23,63–77.93–96; 24,39–40.57; 25,40.55; 26,3–8.200–207; 27,4–5; 29,12–13.23.41–43.52–54; 31,23; 34,38; 35,7.39; 36,45–46; 38,2.27–28; 41,41; 45,3–11; 47,4.8–12.18.29–30.34; 48,13; 52,35–47; 53,28; 57,8–9; 64,5–6.10; 66,9; 67,6–7; 70,36–44; 73,10–13; 85,17–20; 88,17–26; 109,1–6

Unheil/Unheilstiften 2,11.12.27.30.60.205.220; 3,63; 5,32.33.64; 7,74.86.103.127.142; 10,40.81.91; 11,85.116; 13,25; 16,88; 18,94; 26,152.183; 27,14.48; 28,4.77.83; 29,30.36; 30,41; 38,28; 40,26; 89,12

Unzucht 4,15–16.19.24–25; 6,151; 7,28.33; 17,32; 23,7; 24,2–3.33; 25,68; 26,165; 27,55; 29,28–29; 33,30; 60,12
`Uzayr 9,30

Verantwortung/Erwerben 2,90; 4,111; 5,105; 6,70.104.164; 10,44. 108–109; 11,21; 13,11; 17,15–17.84; 18,7–8.29.58.59; 23,62; 27,74–75; 29,3.6; 34,25.42; 35,18; 39,7; 40,9; 41,46; 42,20; 45,15.21–22; 46,19; 53,31.38–41; 65,7; 67,1–2; 74,38.55–56; 76,29–31; 81,29; 90,10; 91,7–10
Vergebung 2,175.221.263.268.285; 3,133.136.157; 4,96; 5,9; 8,4.74; 11,11; 13,6; 22,50; 24,26; 33,35; 34,4; 35,7; 36,11; 41,43; 47,15; 48,29; 49,3; 53,32; 57,20.21; 67,12; 74,56
Vergeltung 2,48.85.123.191; 3,87.136.144–145; 4,93.123; 5,29.33. 38.85.95; 6,84.93.120.139.146.157; 7,40–41.147.152.180; 9,26.82. 95.121; 10,4.13.27.52; 12,22; 14,51; 16,31.96–97; 17,63.98; 18,106; 20,15.127; 21,29; 23,111; 24,38; 25,15.75; 27,90; 28,14.84; 29,7; 30,45; 31,33; 32,17; 33,24; 34,4.17.33.37; 35,36; 36,54; 37,39.80.105.110.121.131; 39,34–35; 40,17.40; 41.27–28; 42,40; 45,14.22.28; 46,14.20.25; 52,16; 53,31.41; 54,14.35; 55,60; 56,24; 59,17; 66,7; 76,12.22; 77,44; 78,26.36; 92,19; 98,8
Verleumdung 4,20.112.148.156; 24,4–5.16.18–20.23–25; 49,6.12; 60,12; 68,10–16
Verschwendung 6,141; 17,26–27.29; 25,67
Versuchung 2,102.191.193.217; 3,7; 4,91.101; 5,41.49.71; 6,23.53; 7,27.155; 8,39.73; 9,47–49.126; 10,83.85; 16,110; 17,60.73; 20,40.85.90.131; 21,35.111; 22,11.53; 24,63; 25,20; 27,47; 29,2–3.10; 33,14; 37,63; 38,24.34; 39,49; 44,17; 51,13–14; 54,27; 57,14; 60,5; 64,15; 72,16–17; 74,31; 85,10
Verwandte 2,83.177.180.215; 4,7–8.33.36.135; 5,106; 6,152; 8,41; 9,113; 16,90; 17,26; 24,22; 26,214; 30,38; 33,6; 35,18; 42,23; 59,7; 90,15
Vorherbestimmung/Prädestination/Vorsehung 2,5–7.64.105.213. 245.253.255.269.272; 3,73–74.129.145.154; 4,83.175; 6,2.25.35. 83.88.111.112.125.126.149; 7,30.34.178.186; 9,28; 10,25.49.96.97. 100–101.107; 11,6.9.118–119; 12,110; 13,26.31.33; 14,4; 15,4–5; 16,9.108–109; 17,18–20.30.45.58.86–87; 18,57; 19,76; 21,9; 22,16.18; 23,43; 24,21.38.46; 27,74–75; 28,56; 29,63; 30.36–37; 34,3.39; 35,11; 36,43; 39,23; 42,13.27; 45,23; 47,17; 49,7–8;

54,51–53; 57,21–22.28–29; 59,3.19–20; 62,4; 64,11; 65,3; 71,4; 72,25–28; 76,27–31

Waisen 2,83.177.215.220; 4,2–3.5–6.8–10.36.127; 6,152; 8,41; 17,34; 59,7; 89,16–17; 90,12–15; 93,9; 107,1–2
Wallfahrt 2,158.189.196–200.203; 3,96–97; 5,1–2.94–97; 22,25. 32–33.36–37
Wein 2,219; 4,43; 5,90–91; 6,99; 12,36.41; 16,67; 47,15; 56,18–19
Weisheit 2,129.151.231.151.169; 3,48.81.164; 4,54.113; 5,110; 16,125; 17,39; 31,12; 33,34; 38,20; 43,63; 54,5; 62,2
Wind/Winde 2,164; 3,117; 7,57; 10,22; 14,18; 15,22; 17,69; 18,45; 21,81; 22,31; 25,48; 27,63; 30,46.48.51; 33,9; 34,12; 35,9; 38,36; 41,16; 42,32–34; 45,5; 46,24–25; 51,41–42; 54,19–20; 69,6–7
Wolken 2,164; 7,57; 13,12; 24,40.43; 27,88; 30,48; 35,9; 52,44
Wucher/Zinsnehmen 2,275–276.278–279; 3,130; 4,161; 30,39

Zakaria 3,37–41; 6,85; 19,2–11; 21,89–90
Zauberer 10,78–81; 20,58–73; 26,36–51
Zeichen und Wunder 2,118–119.145.210; 3,183; 4,153–155; 6,7–9.23–25.35–37.109.111.124–125.158; 7,132.146; 8,9.12; 10,20. 96–97; 11,12; 12,105; 13,7.27.31.38; 15,7–8; 16,33; 17,1.59–60.90–95.97; 20,133; 21,5–6; 25,7.21; 26,4; 29,50–52; 33,9; 37,14–15; 41,14; 43,53; 54,1.2
Zeugen/Zeugnis 2,23.133.140.143.181.204.282–283; 3,99.140; 4,6. 15.135; 5,8.44.106–108; 6,19.130.144.150; 7,37.172; 11,17; 16,84.89; 17,96; 22,78; 24,4–9.13.24; 25,72; 37,1; 39,69; 41,20–22.47; 57,19
Zorn/Groll 3,119.134; 7,150.154; 9,15.120; 20,86; 21,87; 22,15; 25,12; 33,25; 42,37; 48,29; 67,8

Bibelstellenregister

In diesem Verzeichnis sind die Bibelstellen zusammengestellt, auf die im Kurzkommentar zum Koran sowie in den Texten aus der Tradition (Ḥadīth) zu Themen des Korans verwiesen wird.

Altes Testament

Genesis
16,1–3: 2,61

Exodus
2,11–22: 20,40
4,1–7: 20,17–23; 26,32 f.
4,10–16: 20,25–32; 26,12 f.
7,14–11,10: 7,133
20,1–21: 17,22–39
21,23–25: 5,45
22,24: 4,161
32: 20,83–98; 7,148–156
32,20: 2,93
32,27–29: 2,54
32,30–35: 7,155
33,18–23: 7,143
34,28: 7,142

Levitikus
9,24: 3,183
24,19–20: 5,45
25,35–37: 4,161
26,41: 4,155

Numeri
11,5: 2,61
11,16: 7,155
12: 33,69
13,30: 5,23
14,6–9.24.38: 5,23
16,1–17,28: 28,76; 29,39; 40,24
16,31–35: 7,155
19,1–10: 2,67–71

Deuteronium
9,21: 2,93
19,21: 5,45
21,1–9: 2,72–73
33,20: 4,161

Richter
7,5 ff.: 2,249

1. Samuel
8: 2,246

2. Samuel
12,1–4: 38,21

1. Könige
18: 3,183

Jesaja
64,3: Anhang, S. 495

Jeremia
9,25: 4,155

Neues Testament

Matthäus
6,3: Anhang, S. 513
6,25–26: Anhang, S. 498
13,3–9: 7,58
13,8.31–32: 48,29
18,12–14: Anhang, S. 499
19,24: 7,40
20,1–16: Anhang, S. 499
23,37: 2,61; 3,21
25,1–13: 57,12–13
26,20–29: 5,112

Markus
4,26–27.30–32: 48,29
10,25: 7,40
14,17–25: 5,112

Lukas
1,5–25: 3,38 ff.; 19,2–11
1,34.37: 3,47
13,34: 2,61; 3,21
15,4–7: Anhang, S. 499
18,20: 17,22–39
18,25: 7,40
22,14–23: 5,112
23,34: Anhang, S. 502

Apostelgeschichte
10,9–16: 5,112

1. Korinther
2,9: Anhang, S. 495